DROIT PÉNAL GÉNÉRAL

Jacques Leroy

Professeur à l'Université d'Orléans
Doyen honoraire de la Faculté de droit,
d'économie et de gestion

DROIT PÉNAL GÉNÉRAL

7e édition

LGDJ une marque de Lextenso

70, rue du Gouverneur Général Éboué • 92131 Issy-les-Moulineaux Cedex
ISBN : 978-2-275-05445-2 • ISSN 0990-3909

Sommaire

Bibliographie générale

Traités, manuels, ouvrages

BONFILS Ph., VERGÈS E. et CATELAN N., *Droit pénal et procédure pénale, Travaux dirigés*, LexisNexis, 3e édition, 2013.

BONFILS Ph., GIACOPELLI, M., *Droit pénal général*, coll. « Synthèse », Cujas, 2018.

BOULOC B., *Droit de l'exécution des peines*, Dalloz, 5e édition, 2017.

BOULOC B., *Droit pénal général*, Dalloz, coll. « Précis », 25e édition, 2016.

BOULOC B. et MATSOPOULOU H., *Droit pénal général et Procédure pénale*, Sirey, 19e édition, 2014.

CARBASSE J.-M., *Histoire du droit pénal et de la justice criminelle*, PUF, coll. « Droit fondamental », 3e édition, 2014.

CHABAS, F., *Responsabilité civile et responsabilité pénale*, Montchrestien, 1975.

CONTE Ph. et MAISTRE DU CHAMBON P., *Droit pénal général*, A. Colin, coll. U, 7e édition, 2004.

DECOCQ A., *Droit pénal général*, A. Colin, coll. U, 1971.

DESPORTES F. et LE GUNEHEC F., *Droit pénal général*, Economica, 16e édition, 2009.

DREYER E., *Droit pénal général*, LexisNexis, 4e édition, 2016.

GARÇON E., *Code pénal annoté*, Sirey, 3 tomes, 2e édition par M. Rousselet, M. Patin et M. Ancel, 1952 à 1959.

GARÇON E. et PELTIER V., *Droit de la peine*, LexisNexis, 2e édition, 2015.

GARÉ Th. et GINESTET C., *Droit pénal et procédure pénale*, Dalloz, coll. « hyper-Cours », 9e édition, 2016.

GARRAUD R., *Traité théorique et pratique de droit pénal et de criminologie*, Sirey, 6 tomes, 3e édition, 1913 à 1935.

GASSIN R., CIMAMONTI S. et BONFILS PH., *Criminologie*, Dalloz, 7e édition, 2011.

LARGUIER J., CONTE Ph. et MAISTRE DU CHAMBON P., *Droit pénal général*, Dalloz, coll. « Mémentos », 22e édition, 2014.

LETURMY L. et KOLB P., *Droit pénal général*, Gualino, 12e édition, 2017.

LOMBOIS Cl., *Droit pénal général*, Hachette, 1994.

MASCALA C., *Droit pénal général*, Montchrestien, 2003.

MAYAUD Y., *Droit pénal général*, PUF, coll. « Droit fondamental », 6e édition, 2018.

MAYAUD Y. *Les grands articles du Code pénal*, Dalloz, 3e édition, 2017.

MERLE R. et VITU A., *Traité de droit criminel*, Cujas, tome 1, *Problèmes généraux de la science criminelle, droit pénal général*, 7e édition, 1997.

MORVAN P., *Criminologie*, LexisNexis, 2e édition, 2016.

PAULIN C., *Droit pénal général*, Litec, 6e édition, 2010.

Pin X., *Droit pénal général,* Dalloz, coll. « Cours », 9e édition, 2018.

Poncela P., *Droit de la peine,* PUF, coll. « Themis », 2e édition, 2001.

Pradel J., *Droit pénal général,* Cujas, 21e édition, 2016.

Pradel J. et Varinard A., *Les grands arrêts du droit pénal général,* Dalloz, 10e édition, 2016.

Rassat M.-L., *Droit pénal général,* Ellipses, 3e édition, 2014.

Rebut D., *Droit pénal international,* Dalloz, coll. « Précis », 2e édition, 2015.

Robert J.-H., *Droit pénal général,* PUF, coll. « Themis », 6e édition, 2005.

Roujou de Boubée G., Bouloc B., Francillon J. et Mayaud Y., *Code pénal commenté, article par article,* Livre I à IV, Dalloz, 1996.

Sordino M.-C., *Droit pénal général,* Ellipse, 6e édition, 2016.

Soyer J.-C., *Droit pénal et procédure pénale,* LGDJ, 21e édition, 2012.

Verny E., Décima O. et Détraz S., *Droit pénal général,* LGDJ, coll. « Cours », 2e édition, 2016.

2. Encyclopédies

Juris-Classeur pénal, LexisNexis.

Répertoire de droit pénal et de procédure pénale, 6 volumes, Dalloz.

3. Revues

Droit pénal, LexisNexis.

Actualité Juridique pénal, Dalloz.

Revue pénitentiaire et de droit pénal, Cujas.

Revue de science criminelle et de droit comparé, Dalloz.

PREMIÈRE PARTIE

INTRODUCTION GÉNÉRALE

1. Dans un sens très général, le crime est défini comme une « transgression particulièrement grave, attentatoire à l'ordre et à la sécurité, contraire aux valeurs sociales admises, réprouvée par la conscience et punie par les lois »[1]. Il a toujours existé. Dans un milieu social primitif, un tel acte appelle une réaction violente et immédiate : la vengeance. Si elle s'exerce sans limite, la vengeance donnera naissance à une succession de représailles réciproques. À mesure que les sociétés s'organisent et se dotent d'institutions politiques et judiciaires, la riposte devient sociale. Elle doit tenir compte de plusieurs intérêts : L'intérêt de la *société*, d'abord. Le droit doit sauvegarder l'ordre social établi et mis en péril par le crime. L'intérêt de la *victime*, ensuite. Celle-ci souffre dans son corps ou moralement. Elle doit bénéficier d'une réparation pour le préjudice subi. L'intérêt de *l'auteur du crime*, enfin. Pour que l'ordre social soit sauvegardé, il faut que le mal causé soit puni tout en contenant la riposte dans certaines limites. Les citoyens doivent être protégés contre des poursuites et des jugements arbitraires.

2. La transgression de l'ordre social donne ainsi naissance à une situation comportant trois acteurs : l'auteur de la transgression, le groupe social et la victime. Le droit pénal, quant à lui, est un droit qui règle essentiellement les rapports juridiques entre l'auteur et le groupe social. Certes, le droit pénal n'est pas indifférent à l'indemnisation de la victime : par exemple, celle-ci peut demander des dommages et intérêts à l'auteur de son préjudice devant la juridiction pénale, et l'auteur de l'acte commis pourra bénéficier dans certains cas, au moment du jugement, d'un ajournement ou d'une dispense de peine selon que le dommage est en voie d'être réparé ou a été réparé. Il n'en reste pas moins que la satisfaction de l'intérêt de la victime n'est pas l'objectif prioritaire du droit pénal. Elle ressortit au droit de la responsabilité civile qui établit entre l'auteur du dommage et la victime un rapport de droit privé, alors que le droit pénal fait naître un rapport de droit public.

3. La réaction sociale au crime prend originairement la forme d'une *peine*. Garraud enseignait d'ailleurs au début du XXe siècle que « le droit criminel ou droit pénal comprend l'ensemble des lois qui réglementent dans chaque pays l'exercice de la répression par l'État »[2]. Aujourd'hui, la réaction sociale inclut aussi la prévention du crime et la réinsertion du condamné. Saleilles écrivait dès 1898 : « On ne voyait donc que le fait réalisé : on veut voir aujourd'hui le résultat à obtenir. Le but de la peine n'est pas, au sens strict du mot, de frapper pour un fait passé, comme s'il s'agissait de donner satisfaction à un sentiment de vengeance individuelle ou collective, mais de promouvoir un résultat à venir »[3]. Le droit pénal contemporain s'inscrit résolument dans cette perspective avec le développement des peines alternatives à l'emprisonnement, tel le travail d'intérêt

1. *Vocabulaire juridique*, Association Henri Capitant, sous la direction de Cornu G., PUF, 2018
2. *Précis de droit criminel*, 1921, p. 1.
3. *L'individualisation de la peine*, 1898, p. 11 et 12.

général, la privation ou la restriction de droits ou bien la création de la contrainte pénale.

4. Le droit pénal est une discipline juridique spécifique. Pour s'en convaincre, il convient :

En premier lieu, de procéder à une approche de la discipline au travers de son objet, le phénomène criminel (chapitre 1). En second lieu, de proposer une définition du droit pénal au moyen de ses caractéristiques (chapitre 2).

CHAPITRE 1

Approche de la discipline

5. Dans tous les pays, à toutes les époques, il se commet un certain nombre d'actes qui constituent autant d'atteintes à des règles que la collectivité juge fondamentales et que l'on peut comprendre sous le terme de *phénomène criminel.* (section 1) Ce phénomène criminel appelle une *réaction sociale* appropriée (section 2).

Section 1
Le phénomène criminel

6. Il faut prendre la *mesure* du phénomène (§ 1) avant d'en donner une *définition* précise (§ 2).

§1. Existence du phénomène

A. Ampleur

7. Le recours aux statistiques policières et judiciaires permet de connaître le volume des comportements infractionnels.

Les statistiques *policières* sont dressées par la Direction générale de la police judiciaire. Elles comptabilisent les infractions qui ont amené la police à intervenir, c'est-à-dire les actes qui sont révélés aux services de police ainsi que ceux commis par des délinquants placés en état d'arrestation[1].

---

1. Les données relatives aux crimes et délits enregistrés par les services de police et de gendarmerie sont fournies par le service statistique ministériel de la sécurité intérieure. V. également le rapport annuel de l'Observatoire national de la délinquance et des réponses pénales. L'informatisation des données est réalisée par le Traitement d'antécédents judiciaires (TAJ) qui fusionne, depuis le décret n° 2012-652 du 4 mai 2012 (CPP, art. R. 40-23 et s.), les systèmes JUDEX (Système judiciaire de documentation et d'exploitation) pour ce qui concernait la Gendarmerie nationale et STIC (Système de traitement des infractions constatées) pour ce qui concernait la Police nationale). V. Gassin R., Cimamonti S. et Bonfils Ph., *Criminologie*, Dalloz, 7e éd., 2011, n° 156 et s.

Les statistiques *judiciaires* sont publiées tous les ans dans les « statistiques annuelles sur la justice ». Elles comptabilisent les plaintes, dénonciations portées à la connaissance des parquets ainsi que les condamnations prononcées par les cours et tribunaux[2].

Alors que les statistiques policières enregistrent la criminalité apparente et non la criminalité réelle (c'est-à-dire les infractions effectivement commises mais n'ayant fait l'objet d'aucune plainte), les statistiques judiciaires font apparaître les comportements qui sont véritablement attentatoires aux valeurs fondamentales protégées, du moins lorsqu'ils font l'objet d'une condamnation. C'est la *criminalité légale*. Cette criminalité est une sorte de résidu, la police, les parquets et les magistrats ayant auparavant éliminé les actes peu graves.

8. L'outil statistique comporte sa propre limite. Notamment, les statistiques policières rendent compte beaucoup plus de l'activité de la police que du phénomène réel de la délinquance (c'est le fameux « chiffre noir » de la délinquance). L'amélioration des relations entre la police et les citoyens, par le climat de confiance instauré, incite les victimes à porter plainte plus fréquemment sans que l'on puisse en déduire une augmentation du taux de la délinquance. Pour affiner la connaissance du phénomène criminel, les statistiques doivent être complétées par des enquêtes de « victimisation »[3], c'est-à-dire reposant sur des témoignages de victimes d'infractions.

Précisément, l'Observatoire national de la délinquance et des réponses pénales (ONDRP), mis en place en 2003, organe indépendant installé au sein de l'INHESJ (Institut national des hautes études de la sécurité et de la Justice), contribue à cette connaissance en regroupant les données de la police et en produisant, outre ces enquêtes de victimisation, des enquêtes sur le coût de la délinquance. L'ensemble fait l'objet d'une publication dans un rapport annuel.

B. Causes

9. L'étude des facteurs qui conduisent un individu à commettre une infraction s'appelle la *criminogénèse*. Son développement commence à la fin du XIXe siècle, dès après la publication, en 1876, de *L'homme criminel* par Cesare Lombroso, professeur de médecine légale à Turin.

Jusqu'à cette date, le crime était attribué soit à la fatalité (c'est le destin qui fit d'Œdipe le meurtrier de son père) soit, sous l'influence du christianisme, au mauvais usage de la liberté (le crime était assimilé au péché). Au

2. Ces statistiques sont contenues à la fois dans « *l'Annuaire statistique de la justice* » et dans « *Les chiffres-clés de la justice* », publication diffusée par la sous-direction de la Statistique et des Études du ministère de la Justice.

3. V. les publications du Centre de recherches sociologiques sur le droit et les institutions pénales (CESDIP), rattaché au ministère de la Justice : par ex. : Zauberman R. et Robert Ph., *Un autre regard sur la délinquance*, L'Harmattan, 1995 – Robert Ph., Zauberman R., Pottier M.-L., Lagrange H., *Enquêtes de victimisation et statistiques policières*, Guyancourt, déc. 1998 – Mucchielli L., *Recherches sur les homicides : auteurs et victimes*, Guyancourt, janv. 2002.

XVIIe siècle, grâce aux travaux de Descartes et à l'essor des sciences de l'homme, on commença à admettre que le crime pouvait avoir une origine rationnelle. Au siècle suivant, Beccaria et Voltaire[4] invitèrent à tenir compte de la personne même du délinquant (son âge, son degré de méchanceté) et de l'environnement économique et social dans lequel il évoluait (la débauche, l'oisiveté favorisent l'activité criminelle). Mais c'est Lombroso qui donna un essor considérable à la criminogénèse. Il considérait en particulier que les conditions indépendantes de la volonté, comme l'hérédité, les maladies nerveuses, jouent un rôle déterminant dans le façonnement de la psychologie du criminel et sont de nature à diminuer sa responsabilité. En d'autres termes, l'homme criminel est, aux yeux de Lombroso, beaucoup plus un malade qu'un coupable.

10. Les criminologues distinguent deux catégories de facteurs qui interviennent dans l'acte criminel : ceux qui *prédisposent* l'individu à commettre l'acte ; ceux qui déclenchent le *passage à l'acte.*

1. Les facteurs prédisposants

11. Ces facteurs ne provoquent pas directement l'acte criminel mais le favorisent. Ils vont avoir besoin d'une circonstance supplémentaire pour conduire l'individu à commettre l'infraction. Ainsi en serait-il de la consommation d'alcool ou de la lecture d'un ouvrage décrivant une scène de crime. Heureusement, chez bon nombre de personnes, les valeurs morales ou la pression d'un groupe constitueront autant de remparts au passage à l'acte. Durkheim enseignait à cet égard que l'insertion de l'individu dans une société le protégeait contre le risque de commettre une infraction[5]. Les sociologues s'accordent pour distinguer au sein des facteurs prédisposants les facteurs endogènes et les facteurs exogènes.

12. Facteurs *endogènes* : il s'agit de l'âge, du sexe, des caractéristiques morphologiques et biologiques ainsi que du psychisme.

Les études statistiques du ministère de la Justice font apparaître que **l'âge** exerce une influence tant d'un point de vue quantitatif que du point de vue de la nature des infractions commises. Par exemple, la délinquance la plus élevée s'établit entre quinze et trente ans. Les adolescents commettent surtout des vols, violences et voies de fait. Plus âgés, ils y ajoutent les agressions sexuelles, des meurtres et homicides par imprudence. Les escroqueries, abus de confiance et infractions financières sont commis par des adultes expérimentés.

Les **femmes,** commettent semble-t-il moins d'infractions que les hommes. On a proposé d'expliquer cette sous-représentation par l'enfermement social dont les femmes seraient l'objet[6] : le fait que la femme n'exerce pas toujours d'activités sociales analogues à celle de l'homme rendrait moins fréquentes

4. Voltaire, *Commentaire sur le livre* Des Délits et des Peines *de Beccaria*, *Mélanges*, La Pléiade, p. 777, 785 et 786.

5. V. *Les règles de la méthode sociologique*, Paris, 1895.

6. Sur la criminalité des femmes, Cario R., *Femmes et criminelles*, préface de Pinatel J., Erès, 1992.

les occasions de commettre les infractions en liaison avec de telles activités. À l'examen, cette thèse est trop réductrice. L'émancipation de la femme, son accès au monde du travail conduisent à rapprocher les taux de criminalité féminine et masculine. En outre, pour ce qui concerne la délinquance des mineurs, on observe aujourd'hui que la criminalité des filles s'accroît et devient aussi violente que celle des garçons. S'il y a une différence entre la criminalité de la femme et celle de l'homme, c'est moins quant au volume des infractions qu'au regard du type d'infractions commises que cette différence est perceptible ; il y a des infractions plus fréquemment féminines : meurtre d'un nouveau-né, vol à l'étalage, empoisonnement.

Les **caractéristiques morphologiques et biologiques** renvoient à l'hérédité, à certaines anomalies chromosomiques ou cérébrales, ou bien encore à ce qu'on appelle la morpho-caractérologie[7]. C'est en se servant de l'hérédité que Lombroso et Ferri[8] décriront leur « homme criminel » ou « criminel-né ». Le criminel-né est présenté comme un être primitif à la capacité réduite du crâne, aux arcades sourcilières proéminentes et aux oreilles écartées. Cette thèse est trop caricaturale. Nous n'y insisterons pas. Tout comme est contestable l'explication par le seul supplément de chromosomes chez certains sujets criminels, ou bien par les lésions cérébrales provoquées par l'abus d'alcool ou d'autres maladies[9]. La *morpho-caractérologie*, quant à elle, prétend comparer les délinquants et les non délinquants afin d'établir un lien entre la morphologie et le caractère, et d'essayer de comprendre la fréquence de certaines infractions commises plus particulièrement ou bien par des personnes nerveuses, ou bien par des individus présentant des troubles hormonaux, etc.

13. Quant au **psychisme** de l'individu, sa mentalité en d'autres termes, son influence sur l'action criminelle est déterminante. Certains troubles psychiques ou neuropsychiques sont de nature à abolir tout discernement. Dans ce cas, aucune responsabilité pénale ne pourra être retenue[10]. En revanche, si les troubles ne font qu'altérer ou entraver le contrôle des actes de la personne, celle-ci demeure punissable, mais cette circonstance doit être prise en considération par la juridiction qui détermine la peine et en fixe le régime[11]. Parmi les nombreuses théories qui tentent d'expliquer la formation chez une personne d'une « mentalité criminelle », il en est une qui doit être soulignée : celle développée par le psychiatre Étienne de Greeff[12], considéré comme l'un des premiers à proposer une

7. Pende, *La biotypologie et la clinique de la personne humaine au service de la criminologie*, IIe congrès international de criminologie, Paris, 1950, tome 2, p. 195 – Sheldon, *Les variétés de la constitution physique de l'homme*, PUF, 1950.

8. Ferri E., *La sociologie criminelle*, 1893.

9. Di Tullio, *Manuel d'anthropologie criminelle*, 1951.

10. V. C. pén., art. 122-1, al. 1.

11. C. pén., art. 122-1, al. 2.

12. De Greeff É., *Les instincts de défense et de sympathie*, PUF, 1947.

théorie du passage à l'acte. De Greeff distingue chez tout individu deux types de psychismes :

Un « psychisme de base » caractérisé par des fonctions instinctives et des fonctions dites « incorruptibles » ou permanentes. Les fonctions instinctives comprennent l'instinct de défense de soi et l'instinct de sympathie qui, à l'inverse, pousse vers autrui et conduit à la protection de l'espèce. Les fonctions permanentes liées à l'instinct de défense seront ainsi déclenchées automatiquement par l'effet d'une situation donnée ressentie par la personne comme une agression, une mise en danger de soi. Ces fonctions qui se mettent en œuvre mécaniquement commanderont une réaction de défense pouvant aller jusqu'à l'homicide.

C'est là qu'intervient le « psychisme supérieur » construit autour d'un ensemble de valeurs (le respect, l'amour d'autrui), véritable rempart contre le libre cours de l'instinct de défense. C'est la force du système de valeurs édifié par la personne en fonction de son caractère et de son intelligence qui sera de nature à la prémunir contre le passage à l'acte criminel. Les troubles qui affecteront son caractère ou son intelligence favoriseront à l'inverse le passage à l'acte.

14. Facteurs *exogènes* : sont classés habituellement dans cette catégorie le phénomène d'*urbanisation*, l'exercice d'une *profession* ou bien l'*immigration*. L'importance de ces facteurs est déterminante. Dès la fin du XIXe siècle, les travaux d'Enrico Ferri avaient, du reste, déjà établi le lien étroit entre la criminalité et le milieu[13].

Il apparaît que la délinquance est plus forte dans les **villes**, là où il y a une forte concentration de population[14], que dans les campagnes. Elle se traduit par ailleurs souvent par une criminalité de nature différente. Ainsi les infractions contre les personnes sont plus fréquentes dans les zones peu urbanisées, tandis que dans les villes celles dirigées contre les biens sont plus fréquentes. Ces constatations doivent naturellement être relativisées. Il faut tenir compte, par exemple, pour des villes de taille équivalente, du type d'habitat et de la catégorie sociale des habitants. Il y a, comme chacun sait, des banlieues pauvres plus propices à la criminalité et des quartiers riches dans lesquels les actes de délinquance sont moins nombreux.

Les criminologues établissent aussi une corrélation entre l'exercice d'une **profession** donnée et la criminalité. Les ouvriers et les industriels seraient des professions à risque tandis que la catégorie des agriculteurs et des employés comporterait un taux de criminalité plus faible.

Enfin l'**immigration** n'est pas indifférente dans l'évaluation de la criminalité. Les chiffres produits par le ministère de la Justice font état d'un taux de délinquance et de condamnation plus élevé dans la population étrangère[15].

---

13. Ferri E., *op. cit.*

14. Gassin R., Cimamonti S. et Bonfils Ph., *op. cit.*, n° 531 et s. La géographie criminelle fait apparaître quatre régions plus exposées : l'Île-de-France, Provence-Alpes-Côte d'Azur, Rhône-Alpes, Nord-Pas-de-Calais. La délinquance est, semble-t-il, plus élevée dans les villes de plus de 200 000 habitants.

15. V. Gassin R., Cimamonti S. et Bonfils Ph., *op. cit.*, n° 535 et s. ; H. Lagranges, *Le déni de culture*, Le Seuil, 2010, qui relève que la surreprésentation des jeunes issus d'Afrique noire dans la délinquance

2. Le passage à l'acte

15. Pour qu'il ait lieu, deux conditions doivent être réalisées. Il faut une situation criminogène et une volonté. L'infraction est une conduite humaine voulue[16]. Nous verrons ultérieurement l'importance de l'état d'esprit de l'agent criminel dans la constitution de l'infraction. Il n'y a pas de déterminisme en la matière. Une personne peut appartenir à un milieu social défavorisé, habiter un quartier mal fréquenté ou appartenir à une famille de délinquants sans être forcément elle-même un délinquant.

Le passage à l'acte *individuel* n'obéit pas au même processus que le passage à l'acte en groupe. De multiples situations peuvent « préparer » la décision de commettre un acte criminel, faire en sorte que ce qui n'était qu'une lointaine idée dans le subconscient de la personne s'impose à cette dernière avec une telle force que l'exécution du projet ne peut être différée ou évitée. Il peut s'agir soit d'une circonstance concomitante à l'acte, ayant pour cause immédiate l'infraction (ex. les coups et blessures ou le meurtre commis par colère ou sous l'emprise d'une passion non contrôlée), soit d'une situation qui, par sa durée, crée une occasion permanente (dans le délit de prise illégale d'intérêts, la fonction occupée par l'agent offre continuellement l'occasion de l'infraction)[17].

Le passage à l'acte *en groupe* trouvera plutôt son origine dans une dynamique causée par une promiscuité exacerbant une agressivité jusqu'alors refoulée. Il peut s'expliquer aussi par l'empire qu'exercera un « leader » sur une communauté (phénomène des bandes). Le lynchage est une autre illustration du passage à l'acte en groupe. La personne au sein d'une foule déchaînée perd toute faculté de résistance et se laisse déterminer par ce qui serait des « ondes » d'imitation[18]. A-t-elle encore dans ces circonstances son entier discernement ? Le doute est permis et l'on pourrait trouver des circonstances atténuantes à cette association criminelle.

---

s'expliquerait par un facteur « culturel ». Selon l'auteur, pour la limiter il faudrait mettre en place une politique d'intégration qui tiendrait compte des particularités culturelles des migrants. Cette opinion n'est pas partagée par L .Mucchielli (L. Mucchielli et V. Goaziou, *La violence des jeunes en question*, Champ social, 2009) qui dénonce l'ethnicisation des analyses sociologiques. V. sur ce débat, *Le Monde*, 14 septembre 2010.

16. Sur le processus du passage à l'acte, v. Gassin R., Cimamonti S. et Bonfils Ph., *op. cit.*, n° 657 et s.

17. Chacun peut avoir ses raisons. Voici ce qu'écrit Jean-Jacques Rousseau : *Les Confessions*, Genève, 1782, t. 1, Livre premier, p. 87 et s. « À force d'essuyer de mauvais traitements, j'y devins moins sensible ; ils me parurent enfin une sorte de compensation du vol, qui me mettait en droit de le continuer [.]. Je jugeais que me battre comme un fripon, c'était m'autoriser à l'être. Je trouvais que voler et être battu allaient ensemble et constituaient en quelque sorte un état, et qu'en remplissant la partie de cet état qui dépendait de moi, je pouvais laisser le soin de l'autre à mon maître. Sur cette idée je me mis à voler plus tranquillement qu'auparavant. »

18. Tarde G., *Les lois de l'imitation*, Paris, 1890. V. également, Gassin R., Cimamonti S. et Bonfils Ph., *op. cit.*, n° 743 ; Pradel J., *Droit pénal général*, Cujas, 21e éd., 2016, n° 43.

§2. Définition du phénomène criminel

16. Une approche juridique du phénomène conduit à l'identifier à l'infraction ou plus exactement à l'ensemble des infractions susceptibles d'être commises dans un État donné.

L'infraction est d'abord un fait. Ce fait est civil au regard de la victime du dommage et sera générateur d'une réparation. Ce même fait deviendra infraction quand il sera prévu et réprimé par la loi, parce qu'au-delà de l'atteinte directe portée à la victime il atteint la société dans son ensemble et remet en cause l'ordre social. Ainsi, derrière l'approche juridique transparaît nécessairement une approche sociologique.

A. L'approche juridique

17. Le fait commis est une infraction quand, d'une part, il constitue une atteinte à l'ordre social et que, d'autre part, cette atteinte est traduite en termes législatifs.

1. Atteinte à l'ordre social

18. La notion d'État est au centre de toute définition du droit pénal. La naissance du droit pénal coïncide par conséquent avec l'existence des sociétés étatiques. Dès que l'État intervient pour prévoir et organiser la répression, les conditions sont réunies pour la formation d'un droit pénal. Mais encore faut-il que soit instauré un rapport de hiérarchie entre celui qui applique la sanction et celui qui la subit. En effet, tant que les structures politiques sont fondées sur un principe d'égalité des membres de la collectivité, la régulation de la violence se fait selon un mécanisme d'échange[19]. C'est à mesure que les forces du pouvoir politique se confirment que la détermination puis l'application de la peine quittent la sphère du commerce juridique pour devenir le monopole de l'État. Lorsque des agissements sont d'une telle gravité qu'ils mettent en péril les valeurs fondamentales auxquelles la société est attachée, la mesure prise à titre de sanction doit être de nature à pourvoir à la défense de l'ordre menacé. Sans la force coercitive de l'État, elle ne pourrait remplir cette fonction.

2. Traduction de l'atteinte en termes législatifs

19. L'ordre social auquel l'auteur de l'infraction porte atteinte est un ordre législatif. C'est au législateur d'en fixer souverainement le contenu. La gravité du fait est le critère de rattachement à la catégorie des infractions. Sur ce point, le Code pénal est clair : selon son article 111-1, « les infractions pénales sont classées, suivant leur gravité, en crimes, délits et contraventions ». Ce principe de légalité, qui est à la base de tout le droit pénal français, interdit donc de poursuivre et sanctionner tout

19. V. *infra*, n° 40.

comportement jugé contraire à un certain ordre social si le législateur a oublié de le traduire en incrimination et de fixer une peine correspondante. Pareillement un texte qui prévoirait une infraction ne saurait être étendu par analogie à d'autres faits similaires ou à des faits commis antérieurement à son entrée en vigueur. La loi pénale, du moins plus sévère, est d'interprétation stricte et non rétroactive[20] sous peine de nier la légalité criminelle.

Le contenu de l'ordre social est variable. Il existe néanmoins un ordre incompressible comprenant des actes punissables à toutes les époques et dans tous les pays : homicide, viol, atteintes aux biens, tel le vol. Enrico Ferri y voyait des délits naturels opposés aux délits artificiels qui supposent une société dont l'organisation est plus complexe et correspondent à des infractions en matière sociale, économique ou administrative. Le législateur peut dès lors élargir ou réduire l'ordre social en fonction des exigences de la société à un moment donné. Il peut criminaliser de nouveaux faits ou décriminaliser des comportements qu'il considère comme ne devant plus relever de la loi pénale[21].

Une fois fixé le contenu de cet ordre social, l'incrimination et la sanction s'appliqueront à tous. C'est la conséquence du caractère général de la loi. Dans cette logique, pour tous ceux qui commettent un fait réprimé identique, la sanction devrait être objectivement la même. Toutefois, au regard des fins poursuivies par la peine, à savoir une souffrance infligée à l'auteur de l'infraction mais également son reclassement social, il devient nécessaire d'adapter la peine prononcée à la personnalité du condamné. Le délinquant ne doit pas être considéré comme un être abstrait. Le jugement pénal porte beaucoup plus sur la personne qui a commis l'acte que sur l'acte lui-même. Ainsi, le phénomène criminel n'est pas une abstraction juridique mais une réalité humaine ; et l'approche sociologique s'impose pour affiner la définition.

B. L'approche sociologique

20. Elle permet d'aborder le fait criminel de manière empirique et le rattache à la vie sociale. Elle met en lumière l'autre face de la société, celle qui est négative et constituée de la masse des délinquants. Deux aspects de l'agissement criminel sont mis en exergue : son caractère *humain* et *antisocial*.

1. Un acte humain

21. À l'époque contemporaine, ni les choses ni les animaux ne peuvent commettre une infraction. Seul l'être humain doué d'intelligence et

20. V. *infra*, n° 192 et s. et 206.

21. Par exemple, les incriminations de vagabondage et de mendicité prévues dans le Code pénal de 1810 n'ont pas été reprises dans l'actuel code. L'incrimination s'est déplacée vers l'exploitation de la mendicité. La loi n° 2003-239 du 18 mars 2003 en choisissant d'incriminer dans un article 312-12-1 du Code pénal « la demande de fonds sous contrainte », soit une forme de mendicité agressive, restaure, au moyen d'un artifice, le délit.

de volonté peut se révolter contre les interdits édictés par la collectivité. Certes, l'article 121-2 du Code pénal reconnaît la responsabilité pénale de la personne morale. Mais en vérité une personne physique en sera le relais nécessaire[22]. Comme nous aurons l'occasion de le rappeler, la responsabilité pénale est une responsabilité subjective. C'est tout le sens du célèbre arrêt de la chambre criminelle de la Cour de cassation rendu dans l'affaire *Laboube* : « Toute infraction, même non intentionnelle, suppose que son auteur ait agi avec intelligence et volonté »[23].

2. Un acte antisocial

22. L'infraction cause par nature un dommage social distinct du dommage individuel.

Quant à la *victime*, celle-ci est la société dans son ensemble, comprise comme une entité. Aussi le dommage social ne doit-il pas être compris uniquement comme le dommage subi par le corps social dans ses *structures politiques* (c'est alors l'État qui est visé[24]), mais aussi comme le dommage résultant de ce que des *valeurs jugées primordiales* par la collectivité sont bafouées. C'est le cas du respect de l'intégrité physique ou du respect de la propriété. D'ailleurs, dans ces hypothèses, la société « subit » moins le dommage qu'elle ne le « ressent ». Il y a dilution du préjudice dans le groupe social. À l'inverse, le dommage individuel touche la victime dans sa personne même, c'est-à-dire dans son corps, son honneur ou ses biens.

Quant à son *domaine*, le trouble social n'est pas seulement celui qui est causé mais encore celui qui risque d'être causé par l'infraction. La société doit non seulement punir mais encore prévenir. À cet égard, l'état dangereux de certaines personnes, qui fait naître la crainte d'actes antisociaux graves, peut justifier non seulement l'application de mesures de sûreté, comme c'est le cas s'agissant d'alcooliques ou d'anormaux, mais encore la création de véritables incriminations. La mendicité a pu ainsi être considérée potentiellement dangereuse sous l'empire du Code pénal de 1810 et constituer un délit, ce qu'elle n'est plus (du moins quand elle n'est pas agressive). En revanche, la répression de la tentative ou du délit formel[25] est toujours bien réelle.

22. Pour la Cour de cassation, la responsabilité pénale de la personne morale est difficilement une responsabilité autonome : Cass. crim., 18 janv. 2000 : D. 2000.636, note Saint-Pau – 23 mai 2006, inédit, n° 05-84846 – comp. : Cass. crim., 20 juin 2006 : Bull. crim. n° 188 – 6 mai 2014, n° 13-81406 et n° 12-88354. Sur cette question, v° *infra*, n° 478.

23. Cass. crim., 13 déc. 1956 : Dr. pén. 1957.349, note Patin M.

24. Ce qui est le cas des infractions « contre la chose publique » ou « contre la nation, l'État et la paix publique », v. Livre IV du Code pénal.

25. Sur les définitions, v. *infra*, n° 360 et s. et 378 et s.

Section 2
La réaction sociale au phénomène criminel

23. La peine est au cœur du système pénal : le droit pénal est un droit qui punit certains actes. On peut s'interroger sur les fondements de la réaction sociale (sous-section 1) avant d'en exposer les manifestations (sous-section 2).

Sous-section 1
Les fondements de la réaction sociale

24. Pourquoi punir ? Quelles doivent être les fonctions de la peine ? Ces questions ne peuvent pas ne pas se poser. Maurice Cusson a tenté d'y répondre dans un remarquable ouvrage[26]. Les fondements de la réaction au phénomène criminel sont très nombreux et tiennent au foisonnement des conceptions propres à orienter une répression[27]. Certaines font appel à des considérations d'ordre moral ou philosophique (§ 1) ; d'autres prennent appui sur la criminologie (§ 2) ; d'autres encore se situent sur un plan plus politique (§ 3).

§1. Fondements d'ordre moral et philosophique

A. La rétribution

25. Le point de départ est le postulat métaphysique du libre arbitre de l'individu. Seul celui qui a une volonté libre et une conscience lucide peut être déclaré responsable et condamné à une peine. En bravant les interdits sociaux, l'homme fait un mauvais usage de sa liberté. Il commet une faute. En ce sens, la faute se distingue de l'échec, qui est imputé à un événement. La responsabilité qui naît ainsi de la faute est une responsabilité morale. Elle se traduit par une peine rétributive, contrepartie du mal causé par le fautif et qui aura un caractère afflictif. C'est à ce prix que la rétribution peut effacer ou atténuer le mal infligé à la communauté.

Cette doctrine est celle du droit primitif et trouve d'ardents défenseurs en les personnes de Platon, saint Thomas d'Aquin et saint Augustin[28]. Avant que la doctrine de l'Église ne s'en empare, en assimilant l'infraction au péché et en faisant de la peine un mode d'expiation, la pratique de la vengeance

26. Cusson M., *Pourquoi punir ?*, Dalloz, 1987.

27. Pour une vue d'ensemble des doctrines, Pradel J., *Histoire des doctrines pénales*, PUF, collection « Que sais-je ? », 1991.

28. Sur cette doctrine : *Rétribution et justice pénale*, PUF, 1983.

privée a été, d'une certaine manière, une lointaine manifestation de la rétribution. En effet, la vengeance s'apparente au recouvrement d'une dette et permet à la victime d'un dommage personnel de trouver une compensation suffisante et légitime dans la souffrance infligée délibérément à l'auteur de ce dommage. La loi du talion s'inspire de ce principe. Lorsque la répression quittera les mains de la victime pour celles de l'État, la peine publique, marquée par cette origine, maintiendra cette référence à une souffrance. Toutefois, une grande différence oppose la vengeance et la peine prononcée par le pouvoir étatique : dans le système vindicatoire, le mal infligé par la victime est destiné à compenser le mal subi ; la mesure de la réaction privée n'est donc pas la gravité de l'infraction, encore que les systèmes de composition légale, obligatoire et forfaitaire (condamnation au triple ou au quadruple en cas de vol, par exemple) comprennent déjà non seulement l'indemnisation du préjudice mais aussi une peine. En présence des châtiments publics, toujours cruels, le doute n'est plus permis : la peine ne peut plus avoir une fonction de réparation ; elle n'annule pas le préjudice ; elle ajoute un mal à un autre mal ; elle devient rétributive au sens strict.

Beaucoup plus tard, à l'époque classique et au XVIIIe siècle, la doctrine de la rétribution sera laïcisée. À la religion sera substituée la morale. L'école de la Justice absolue, dont l'un des initiateurs fut Emmanuel Kant, défendait l'idée selon laquelle la peine est un impératif moral catégorique qui doit être satisfait à tout prix, même si l'application du châtiment se trouve dépourvue de toute utilité[29].

B. L'utilitarisme

26. Cette doctrine est développée notamment par Montesquieu, Beccaria et Bentham[30] en réaction contre la doctrine chrétienne de l'expiation. Toute idée de pénitence, de recherche de salut individuel est écartée. Seule compte l'utilité sociale de la peine. Ainsi Montesquieu préconise des peines proportionnées : « Un législateur sage aurait cherché à ramener les esprits par un juste tempérament des peines et des récompenses »[31] ; ou bien « Il est essentiel que les peines aient de l'harmonie entre elles, parce qu'il est essentiel que l'on évite plutôt un grand crime qu'un moindre, ce qui attaque la société que ce qui la choque moins »[32]. Quant à Beccaria, son grand mérite est d'avoir été le premier à systématiser la matière pénale autour des grands principes qui guideront les législateurs à venir. On y retrouve la légalité des incriminations

29. L'exemple de « l'île abandonnée » donné par Kant est particulièrement saisissant : les membres d'une communauté installée sur une île décident de se disperser et de quitter l'île. Un homicide est alors commis. Bien que la société pour laquelle la règle de droit avait été établie doive disparaître, le meurtrier sera condamné et exécuté parce que la règle morale exige que justice soit faite. *Métaphysique des mœurs*, éd. Vrin, 1993, 1re partie, Doctrine du Droit, p. 216.

30. MONTESQUIEU, *De l'esprit des lois*, 1748 – BECCARIA, *Des délits et des peines*, 1764 – BENTHAM, *Traité des peines légales*, 1775.

31. *De l'esprit des lois*, livre VI, chap. XIII.

32. *Ibid.*, livre VI, chap. XVI.

et des peines, l'égalité entre les délinquants, la modération, la promptitude et la proportion des peines. L'utilité de la sanction est partout affirmée : « Plus la peine sera prompte et suivra le délit, plus elle sera juste et utile[33] ; les châtiments n'ont pour but que d'empêcher le coupable de nuire désormais à la société, et de détourner ses concitoyens de la voie du crime ; parmi les peines, et dans la manière de les appliquer en proportion des délits, il faut donc choisir les moyens qui feront sur l'esprit du peuple l'impression la plus efficace et la plus durable et en même temps la moins cruelle sur le corps du coupable »[34]. Bentham, disciple de Beccaria, prolongera la doctrine de ce dernier en développant l'idée d'individualisation de la peine, toujours pour que la sanction soit juste et utile.

La loi pénale doit donc chercher à dissuader de commettre l'acte criminel en comptant sur l'intelligence et la raison de celui qui, averti, sait à quoi il s'expose et est prêt à accepter une juste peine. Par ailleurs, le modernisme, la prescience de Beccaria impressionnent : au paragraphe 30 de son ouvrage *Des délits et des peines* on peut lire que « la peine la plus naturelle du vol sera donc cette sorte d'esclavage qui est la seule qu'on puisse appeler juste, c'est-à-dire l'esclavage temporaire qui rend la société maîtresse absolue de la personne et du travail du coupable pour lui faire expier, par cette dépendance, le dommage qu'il a causé et la violation du pacte social ». Il venait d'inventer le travail d'intérêt général que nous mettrons deux siècles à redécouvrir !

Nous ajouterons que si la loi de fond doit dissuader, la loi de forme doit être efficace. Le système procédural doit être tel que tout espoir de rester impuni doit être ôté au criminel. La certitude du châtiment vaut autant, et peut-être plus, qu'un châtiment exemplaire[35].

§2. Fondements d'ordre criminologique

27. La criminologie, cette « science du crime[36] », ne peut pas ne pas proposer des justifications, du moins des explications, à la réaction sociale[37]. Les premiers travaux datent de la fin du XIXe siècle et s'enrichissent continuellement. Nous limiterons nos développements à ceux qui nous semblent les plus significatifs[38]. Il s'agit du *déterminisme*, de l'*éclectisme* et de la *défense sociale*.

33. *Traité*, § XIX.

34. *Ibid.*, § XV.

35. V. Leroy J., « La force dissuasive de la norme pénale de fond », in *La force normative*, LGDJ, 2009, p. 389 et s.

36. Gassin R., Cimamonti S. et Bonfils Ph., *op. cit.*, n° 2.

37. Il existe même une criminologie dite « de la réaction sociale » comme le courant interactionniste, analysant les déviances ou encore le courant organisationnel qui met l'accent sur le fonctionnement et les méthodes d'action des acteurs de l'administration de la justice pénale. Certains considèrent que ces études ressortissent plus à la sociologie pénale qu'à la criminologie proprement dite : en ce sens Gassin R., Cimamonti S. et Bonfils Ph., *op. cit.*, n° 301 et s.

38. Pour une connaissance approfondie de l'ensemble des doctrines, v. Gassin R., Cimamonti S. et Bonfils Ph., *op. cit.*, n° 202 et s.

A. Le déterminisme

28. Auguste Comte ne connaissait rien d'autre que l'expérience. Il est le fondateur de l'école positiviste[39]. Il réfute le libre arbitre de l'homme. Ce dernier ne choisit pas entre le bien et le mal. Il est déterminé soit en raison de ses caractéristiques physiques, soit par le milieu social dans lequel il vit. Cette philosophie est à l'origine d'une école de criminologie restée célèbre pour ses thèses radicales et constituée d'un groupe de penseurs italiens auxquels on peut adjoindre un français : il s'agit de Lombroso (1836-1909), médecin et auteur de *L'homme criminel* ; Garofalo (1852-1924), magistrat et auteur d'un ouvrage intitulé *Criminologie* ; Ferri (1856-1928), professeur ayant écrit un traité intitulé *Sociologie criminelle* ; enfin Lacassagne (1843-1924), médecin et fondateur des archives d'anthropologie criminelle.

Indiscutablement, ce sont les doctrines de Lombroso et de Ferri qui sont restées les plus célèbres.

Ainsi, pour Lombroso, l'individu est sous la tyrannie de son organisme. L'hérédité, les maladies nerveuses, les caractéristiques anatomiques et physiologiques jouent un rôle capital dans la psychologie du criminel. Pour la première fois il est proposé non plus de s'arrêter à l'acte abstrait qui a été commis pour en déduire une peine, mais de prendre en considération celui qui l'a commis. L'approche expérimentale prévaut sur l'approche juridique et abstraite. Aux yeux de Lombroso qui était psychiatre, le criminel est beaucoup plus un malade qu'un coupable. Il en a une approche anthropologique et sa description du criminel-né est restée célèbre : il s'agit d'un être qui se caractérise par « l'étroitesse du front, le développement exagéré des sinus frontaux, la fréquence plus grande des sutures médico-frontales, de la fossette occipitale moyenne [...], l'épaisseur plus grande de la boîte du crâne, le développement disproportionné des mâchoires et des pommettes [...], les cheveux plus épais et hérissés, les oreilles à anse ou charnues [...], la sensibilité considérablement diminuée [...], la paresse [...], une extrême vanité, la passion du sang, du jeu, des alcools... »[40]. Le lecteur s'en rend compte : la description de l'homme criminel est caricaturale. Ferri, élève de Lombroso, lui en fera d'ailleurs le reproche. La doctrine de Lombroso a un mérite : elle rassure. Le criminel-né est différent du citoyen respectable. Le criminel est donc l'autre, celui qui n'est pas comme nous. Par conséquent, nous qui sommes normaux sommes prémunis du risque de devenir criminel !

29. La thèse de Ferri est plus réaliste et accomplie[41]. Tout en prenant appui sur les observations de Lombroso, Ferri ajoute aux facteurs anatomiques et physiologiques liés à l'individu l'influence du milieu extérieur : le climat, les saisons, la densité de la population, le type d'organisation familiale, économique, le système éducatif, etc. Ferri prétend en outre

39. Comte A., *Cours de philosophie positive*, Paris, 1830-1842.

40. *L'homme criminel*, éd. Alcan, 1887.

41. *La sociologie criminelle*, 1905.

tirer des enseignements des statistiques criminelles ; il accordait, on le voit, déjà de grandes vertus à l'analyse quantitative. C'est une thèse qui accorde une grande place aux considérations sociologiques.

Puisque l'homme criminel n'est pas coupable, en ce sens qu'il n'a pas choisi délibérément de porter atteinte aux valeurs sociales, il ne mérite aucun blâme de la société. Sa conduite révèle plutôt un état dangereux qui doit donner lieu à l'application d'une mesure de sûreté assimilable à un traitement, au sens médical du terme, pouvant prendre cependant la forme d'une mesure répressive si la personnalité du criminel le justifie. En tout cas, ce traitement doit être adapté à la personnalité de l'individu et non à la nature de l'infraction commise ; il dépendra de la catégorie à laquelle appartiendra le criminel. Par exemple, s'il s'agit d'un criminel-né, l'élimination est préconisée (déportation ou réclusion). Pour les criminels aliénés, celui qui est curable est soigné, celui qui ne l'est pas doit être interné. Le délinquant d'habitude est relégué en milieu colonial et réadapté par le travail. Le délinquant d'occasion pourra être condamné à une peine d'emprisonnement ferme, ou avec sursis s'il y a accord de la victime. À cet égard, Ferri est opposé à l'emprisonnement de courte durée qui brise le lien social et favorise la récidive ; si l'infraction est peu grave, il faut préférer la seule réparation du dommage causé. Ferri préconise la même réponse « sociale » en présence d'actes commis sous le coup de la passion.

Indépendamment des mesures individualisées *a posteriori*, Ferri compte aussi beaucoup sur des mesures globales de prévention (qu'il appelle « substituts à la peine ») et s'attaque ainsi aux origines de la criminalité : par exemple, l'éclairage des rues diminuera les vols et agressions nocturnes ; l'abolition des monopoles enrayera la contrebande ; l'aide aux démunis prémunira contre la mendicité, l'escroquerie ou le vol.

30. Malgré leurs efforts, les conclusions auxquelles sont parvenues les positivistes pèchent par radicalisme. Leurs conclusions sont trop absolues. Les sanctions préconisées visent avant tout à protéger la société contre ce « microbe social » que reste le criminel. Ce manque de relativisme dans l'analyse des causes de la délinquance et des réponses à y apporter condamnait à terme l'application de la doctrine positiviste. Cela dit, elle a eu une influence indéniable sur le droit positif.

Une influence *immédiate*, d'abord, dans le sens de l'élimination et de l'éloignement des délinquants dangereux : ainsi, une loi du 27 mai 1885 institue la relégation des multi-récidivistes et l'interdiction de séjour ; en faveur de l'individualisation de la répression, la loi du 14 août 1885 autorise la libération conditionnelle en cas de bonne conduite ; la loi du 26 mars 1891 crée le sursis à l'exécution de la peine d'emprisonnement ; celle du 22 juillet 1912 prévoit à l'encontre des mineurs délinquants des mesures éducatives et crée des mesures d'interdiction, véritables mesures de sûreté.

Une influence *à plus long terme*, ensuite, dans la mesure où la notion d'infraction-obstacle que connaît notre droit positif participe bien de l'idée qu'il faut incriminer des comportements en raison du seul fait qu'ils sont dangereux et susceptibles de troubler l'ordre social. En d'autres termes, on érige un comportement en infraction pour faire obstacle à une infraction prévisible (tel est le cas du complot contre l'autorité de l'État, de la conduite sous l'empire d'un état alcoolique ou de l'abandon d'une arme dans un lieu public). Ce type d'infraction est la conséquence des thèses positivistes. Surtout, grâce aux positivistes, il devient acquis qu'il faut s'intéresser plus au criminel qu'à son acte. La loi du 25 février 2008 relative à la rétention de sûreté et à la déclaration d'irresponsabilité pénale pour cause de trouble mental en reconnaissant que la seule dangerosité et le trouble mental peuvent justifier selon les cas une privation de liberté ou une interdiction, mesures très comparables à des peines, marque indiscutablement sa filiation avec les thèses positivistes. Quant à la loi du 10 mars 2010 tendant à amoindrir le *risque* de récidive, elle s'inscrit toujours dans cette tendance.

B. L'éclectisme

31. L'éclectisme est une méthode consistant à emprunter à plusieurs doctrines des principes différents pour créer un système unique. La démarche est séduisante puisqu'elle conduit à puiser ce qu'il y a de positif dans chacune des thèses en présence pour en faire la synthèse. Les pénalistes qui s'en réclament vont ainsi fonder la réaction sociale à la fois sur le libre arbitre et sur le déterminisme. L'homme est influencé par différents facteurs individuels et sociaux mais il est doué de volonté et d'intelligence. En d'autres termes, le milieu physique, social ou économique pourra le prédisposer à commettre une infraction ; toutefois le passage à l'acte supposera de sa part une démarche volontaire. Cette tendance, à laquelle se rattache la majorité des criminalistes français contemporains, permet finalement de concilier les différentes fonctions de la peine : rétribution, intimidation, resocialisation, et c'est le fameux passage à l'acte qui cristallisera ces fonctions de la peine. Le mouvement de la défense sociale nouvelle, né après la Seconde Guerre mondiale, s'inscrit du reste dans ce courant de pensée.

C. La défense sociale

32. Le mouvement plus large dit de la « défense sociale » prend ses racines dans le positivisme italien. Ferri employait déjà l'expression de défense sociale[42] au sens de défense du groupe, et Adolphe Prinz, le premier qui développa cette thèse dans son ouvrage *La défense sociale et les transformations du droit pénal,* publié en 1910[43], prônait, à l'instar des positivistes, l'élimination des délinquants dangereux et la mise en œuvre de mesures *ante delictum.*

Mais l'école de la défense sociale se rattache surtout à deux noms : Filippo Gramatica et Marc Ancel, chacun exprimant un courant différent.

---

42. *Sociologie criminelle, op. cit.*, p. 348.

43. Pour un résumé des idées de Prinz, v. Pradel J., *Histoire des doctrines pénales*, préc., p. 90 et s.

1. Le courant italien de Filippo Gramatica

33. Sa pensée est exprimée dans ses *Principes de défense sociale*, ouvrage publié en 1960 et opérant la synthèse de propositions formulées dès 1934. L'auteur considère que la responsabilité pénale telle que la concevaient les classiques n'a pas sa place dans un système de défense sociale fondée sur l'amélioration et la réadaptation sociale du délinquant. Gramatica a une conception du droit pénal centrée autour de ce qu'il appelle la subjectivisation de la règle. Celle-ci suppose l'orientation du droit vers l'appréciation du sujet. Elle a pour conséquence le remplacement du concept de responsabilité pénale par celui « d'antisocialité ». L'infraction, concept juridique, devient « l'indice d'antisocialité » qui déclenche la règle de défense. Les mots de *délinquant*, d'*infraction*, de *responsabilité*, de *peine*, sont bannis du vocabulaire de Gramatica. La défense sociale se substitue au droit pénal. Le délinquant devient un « déviant ». La commission d'un acte interdit par la loi n'est même plus nécessaire. L'état dangereux suffit à justifier la réaction sociale. La question « Qui est responsable ? » n'a plus lieu d'être. Comme la sanction prend la forme d'une défense et non d'une peine, elle peut être indéterminée puisqu'il faut adapter la mesure ordonnée à la personnalité du déviant. L'apport essentiel, à nos yeux, de la défense sociale de Gramatica est donc de recentrer les mesures prises sur la personne même de l'intéressé, la société n'en devenant bénéficiaire que par contrecoup.

2. Le courant français de Marc Ancel

34. Marc Ancel, qui fut président de la chambre criminelle de la Cour de cassation, se rattache à la conception de Gramatica dans la mesure où la personnalité de l'auteur de l'acte reste essentielle dans la détermination de la forme de la réaction sociale. Mais, à la différence de la tendance italienne, Marc Ancel ne réclame pas la disparition du droit pénal. C'est en cela que ses propositions sont nouvelles. Elles sont développées dans un ouvrage paru en 1954 et intitulé *La défense sociale nouvelle*[44]. Une école venait alors de naître et son influence fut et reste considérable en France et à l'étranger[45].

Pour Marc Ancel, le droit pénal doit rester un cadre pour la défense sociale. Il préconise toutefois une « déjuridicisation » partielle : certains concepts sont maintenus, tel celui d'infraction, d'autres abandonnés, comme la présomption de connaissance de la loi, la théorie du délit impossible ; les concepts de responsabilité ou de peine doivent être redéfinis en fonction des données de la criminologie, à savoir : après le jugement de l'*acte* commis, il doit y avoir une seconde phase, le jugement de l'*homme*,

44. *La défense sociale nouvelle*, éd. Cujas, 1re éd. 1954 ; 3e éd. 1981. V. également du même auteur, « Défense sociale et réforme du droit pénal », RSC 1979, p. 181.

45. Le mouvement de la « défense sociale » est à l'origine d'un centre de recherche au sein du Centre français de droit comparé, de nombreuses publications du Centre de recherche de défense sociale, d'une chronique à la Revue de science criminelle et de droit pénal comparé jusqu'en 1991.

éclairé par l'observation scientifique et conduisant à une « sanction » pouvant présenter les caractères d'une peine ou d'une mesure de sûreté. La sanction, quelle que soit sa nature, ne doit plus être conditionnée par la responsabilité morale de l'individu mais par l'ensemble de sa personnalité. C'est un droit pénal à visage humain tandis que la tendance italienne conduit à la négation du droit pénal. C'est un droit pénal resocialisateur, centré autour d'une « pédagogie de la responsabilité », prenant en compte les intérêts de la victime, et forgeant de grands espoirs dans des sanctions autres que répressives, sanctions administratives ou civiles, ou dans des solutions alternatives aux poursuites pénales.

35. La « défense sociale nouvelle » imprègne les grandes réformes qu'a connues notre législation pénale depuis 1945. L'une de ses premières manifestations est l'ordonnance du 2 février 1945 sur l'enfance délinquante. En 1976, le premier avant-projet de réforme du Code pénal de 1810, en s'écartant du vocabulaire traditionnel, en est un deuxième exemple[46]. La tendance de l'actuel Code pénal à l'éviction de l'emprisonnement ferme, à l'individualisation de la peine, au développement de la médiation, n'est pas sans s'inspirer de cette école. Il est certain que l'école de la « défense sociale nouvelle » défend des thèses qui présentent des aspects séduisants : la fixation de la peine en fonction de l'état dangereux du condamné et non de son unique degré de responsabilité, la conviction que le délinquant atteint d'un trouble mental doit être traité hors du cadre du droit pénal. En revanche, la « défense sociale nouvelle », à l'état pur en quelque sorte, pèche par excès d'idéalisme : la psychiatrie enseigne que l'auteur d'une infraction garde un sens de la responsabilité de son acte, suffisamment développé pour justifier un châtiment à raison de la faute commise ; un raisonnement logique conduit d'ailleurs à se demander comment il est possible d'imposer une resocialisation sur le fondement d'un acte que l'on refuse de blâmer. On ajoutera que la « déjuridicisation » des concepts est dangereuse. Elle conduit tôt ou tard au déclin puis à l'abandon de la légalité criminelle. Gare à l'imprécision juridique susceptible de rendre inopérant le droit pénal ! Les pénalistes contemporains cherchent à cet égard à redonner au droit pénal la place qui doit être la sienne[47]. C'est aussi d'une certaine manière le sens de la politique pénale affichée dans l'exposé des motifs de la loi d'orientation et de programmation pour la justice n° 2002-1138 du 9 septembre 2002[48] ainsi que dans les

46. Il n'y avait plus de personnes « responsables » mais des personnes « punissables » ; il n'y avait plus de « peines » mais des « sanctions ».

47. Ces idées sont reprises par les systèmes néoclassiques auxquels se rattachent la plupart des pénalistes actuels. V. sur ce courant, Merle R. et Vitu A., *Traité de droit criminel*, éd. Cujas, t. 1, n° 88 et s. ; Pradel J., *Droit pénal général*, *op. cit.* n° 112. ; Sizaire V., « Que reste-t-il de la défense sociale nouvelle ? », *RSC* 2017.261.

48. Il s'agit, entre autres orientations, « de développer l'effectivité de la réponse pénale. La mise en œuvre de cet objectif passe par un traitement judiciaire rénové de la réponse pénale, le développement de la capacité de mise à exécution des peines en milieu pénitentiaire... ». En particulier, l'ordonnance du 2 févr. 1945 sur l'enfance délinquante est modifiée dans le sens d'un renforcement de la responsabilité pénale des mineurs dès l'âge de 10 ans et, en plus des mesures éducatives, sont créées des « sanctions éducatives » ; en cas d'inexécution, une mesure de placement pourra être prononcée par le juge des enfants.

lois n° 2007-297 du 5 mars 2007 relatives à la prévention de la délinquance, n° 2007-1198, du 10 août 2007 renforçant la lutte contre la récidive des majeurs et des mineurs, n° 2014-896 du 15 août 2014 relative à l'individualisation des peines et renforçant l'efficacité des peines, n° 2014-1353 du 13 novembre 2014 renforçant les dispositions relatives à la lutte contre le terrorisme ou bien encore très récemment dans la loi n° 2016-731 du 3 juin 2016 renforçant la lutte contre le crime organisé, le terrorisme et leur financement et améliorant l'efficacité et les garanties de la procédure pénale.

§3. Fondement d'ordre politique

36. Qu'il s'agisse des références à la morale, à la philosophie ou à la criminologie, les théories dont il a été fait état visent à légitimer la réaction sociale et à en déterminer les formes. Elles se déduisent de l'observation selon laquelle les infractions constituent un phénomène criminel et les délinquants des sujets de criminologie. Il faut, selon les opinions, punir ou traiter parce que l'individu a mal usé de sa liberté ou bien est assimilé à un malade.

Il y a une autre façon de voir les choses[49] : redécouvrir la voie qui était prioritaire dans les anciens traités de droit pénal et qui a été masquée par celles proposées par les écoles de criminologie. Il s'agit du concept de *souveraineté*.

37. Les notions d'ordre social et de souveraineté sont essentielles pour comprendre la formation du droit pénal : l'ordre social, parce qu'il a fait naître la responsabilité pénale en permettant que des atteintes à des particuliers soient considérées comme lésant également l'intérêt de la société tout entière ; la souveraineté, parce qu'elle explique pourquoi les poursuites doivent appartenir exclusivement à l'État par l'intermédiaire de ses représentants. La souveraineté est le pouvoir, dans une société politique, de commander et de contraindre. Ce pouvoir doit être rationnel et légitime si l'on veut être en mesure de distinguer le pouvoir souverain du despotisme ou de la tyrannie. Tant pour les anciens auteurs[50] que pour les auteurs contemporains[51], la souveraineté est la forme qui donne l'être à l'État. La théorie de la souveraineté devient le fondement de toute action étatique légitime (législative, exécutive ou judiciaire). Appliquée au droit pénal, elle signifie que celui-ci est construit par le corps social pour sauvegarder sa cohésion. Beccaria écrivait : « Quelquefois, on s'abstient de punir un délit peu important lorsque l'offensé le pardonne. C'est un acte de bienfaisance, mais un acte contraire au bien public. Un particulier peut bien ne pas exiger la réparation du tort qu'on lui fait. Mais le pardon qu'il accorde ne peut détruire la nécessité de l'exemple. Le droit

49. V. l'analyse de Poncela P., « Droit de punir et pouvoir de punir : une problématique de l'État », *in La Philosophie pénale, Archive de philosophie du droit*, Sirey, tome 28, 1983, p. 124, spéc., p. 126.

50. Loyseau, *Des seigneuries*, éd. Joly 1606 ; Hobbes Th., *Leviathan*, 1651, Dalloz, 1999, p. 177-178.

51. de Jouvenel B., *De la souveraineté*, Paris, 1955.

de punir n'appartient à aucun citoyen en particulier ; il appartient aux lois qui sont l'organe de la volonté de tous. Un citoyen offensé peut renoncer à sa portion de ce droit mais il n'a aucun pouvoir sur celles des autres »[52]. L'exercice du droit de grâce se comprend dès lors. De même que les décisions de justice qui sont rendues au nom du peuple français, ou le fait que le ministère public exerce l'action publique au nom de la société (c'est à lui que le peuple s'en remet pour savoir s'il y a ou non un trouble à l'ordre social suffisamment grave nécessitant une réaction pénale)[53], ou encore le fait que pendant de nombreuses années, les décisions rendues par les cours d'assises n'aient pu faire l'objet d'un recours[54].

On pourrait donc dire que l'État exprimant la légitimité, le droit de punir, concentré en ses mains, est nécessairement légitime ; que c'est le peuple lui-même qui légitime la réaction étatique[55].

Sous-section 2
Les manifestations de la réaction sociale

38. Plus que toute autre branche du droit, le droit pénal est lié à la constitution politique des États. La réaction, à l'origine individuelle, deviendra sociale à mesure que les sociétés s'organisent et se dotent d'institutions politiques et judiciaires.

La période de codification napoléonienne marque une étape décisive, du moins pour le droit pénal de fond. En effet, dans les siècles antérieurs, les juges pouvaient qualifier « infraction » un fait qui n'était pas désigné expressément comme tel par les sources positives du droit. Les peines étaient arbitrées par le juge. À partir du Code pénal de 1810, le principe de légalité s'impose et fixe un cadre protecteur d'une égalité de traitement des délinquants. S'agissant de la procédure pénale, l'étape décisive est beaucoup plus l'Ordonnance criminelle de 1670 que le Code d'instruction criminelle promulgué en 1808. C'est elle qui a codifié la procédure inquisitoire de l'Ancien Régime, reprise par le Code napoléonien et reconduite pour ce qui concerne l'instruction par le Code de procédure pénale de 1958.

Il convient de traiter d'abord du droit pénal d'avant la codification napoléonienne (§ 1), puis de celui issu de la codification (§ 2) ; enfin, il faudra consacrer quelques développements au Code pénal actuel, né en 1992 (§ 3).

52. *Des délits et des peines*, Flammarion, 1979, § XX.

53. C'est pourquoi il revient au ministère public le soin d'apprécier l'opportunité des poursuites.

54. Comment peut-on faire juger à nouveau un verdict rendu par le peuple ? Le législateur contemporain qui a instauré un « appel » des arrêts de cours d'assises ne s'est pas embarrassé de telles considérations. V. Roumier W., *L'avenir du jury criminel*, LGDJ, 2003.

55. Poncela P., art. préc., p. 126.

§1. Le droit pénal d'avant la codification[56]

A. Le droit pénal de l'Antiquité : l'exemple du droit romain

39. L'exemple le plus significatif est celui du droit romain qui occupe une place de choix parmi les anciennes civilisations en raison de son rayonnement géographique et de son influence sur les législations antiques, qu'il s'agisse du droit canonique, des premières lois barbares ou du droit féodal puis monarchique. Par exemple, en matière de procédure, Faustin Hélie, auteur d'un célèbre traité d'instruction criminelle au XIXe siècle, se référait au droit romain pour expliquer une grande partie du Code d'instruction criminelle[57].

Si on considère le droit romain dans son ensemble, la victime directe de l'infraction apparaît généralement comme l'agent de la répression. À la vérité, cette affirmation se vérifie pendant la période républicaine. L'époque royale qui la précède et la période impériale qui la suit révèlent déjà une justice pénale plus centralisée entre les mains du souverain[58].

1. Le droit de l'époque royale

40. Cette époque est très lointaine et correspond à la naissance de Rome, à ce qu'on peut appeler l'état social primitif. La poursuite des crimes et délits appartient essentiellement à la victime qui exerce sa vengeance ; toutefois, il apparaît que cette vengeance ne se pratique que dans des cas bien déterminés.

La vengeance est l'expression de la solidarité familiale. Quand un tort est causé à un membre du clan, c'est tout le clan qui est atteint. Cette vengeance privée tend à réparer l'injure subie par la victime. Ainsi, la loi des XII tables, rédigée au début de la République romaine mais transcrivant des coutumes et usages antérieurs, institue le talion et son substitut, la composition volontaire. La *loi du talion* exprime un rapport de réciprocité entre le coupable et la victime ; elle détermine la mesure de la sanction par référence au préjudice causé : « œil pour œil, dent pour dent ». La *composition volontaire* est déjà un moyen pour l'offenseur de racheter le prix de la vengeance. La relation de fait entre le coupable et la victime se transforme en relation de droit : l'offensé devient le créancier du coupable ; la peine se fond dans une indemnité. La vengeance apparaît ainsi à une époque où le pouvoir politique n'est pas assez puissant pour s'arroger le monopole du châtiment. Elle est comprise comme un moyen d'assurer la cohésion entre les communautés familiales.

56. V. Carbasse J.-M., *Histoire du droit pénal et de la justice criminelle*, PUF, collection « Droit fondamental », 3e éd., 2014.

57. *Instruction criminelle*, 2e éd. 1866, Paris, t. 1, n° 18.

58. Sur le droit pénal romain, on peut consulter Théodore Mommsen, *Le droit pénal romain*, Paris, 1907, trois tomes.

Le pouvoir politique se contentera dans un premier temps d'imposer la composition (ce sera la *composition légale*).

La vengeance, quel que soit son mérite, n'a pas le caractère général qu'on se plaît habituellement à relever. D'abord, elle s'applique exclusivement dans les rapports interfamiliaux. Elle n'a pas sa place au sein même de la famille qui est soumise à ce que Mommsen appelle la discipline domestique. Le meurtre d'un parent, les atteintes aux valeurs fondamentales de la famille ressortissent à la juridiction du père de famille. Il s'agit d'une justice arbitraire, s'exprimant non plus en termes de réciprocité mais en termes d'expiation. La procédure appliquée par le *pater familias* est inquisitoriale ; la sanction prend la forme d'un châtiment, sans corrélation nécessaire entre l'acte et la peine. Ensuite, la vengeance doit s'inscrire dans la distinction qui domine tout le droit pénal romain, la distinction des délits privés et des délits publics. La vengeance ne concerne que les délits privés. À l'égard des délits publics (régicide, haute trahison), c'est l'autorité royale qui détient le droit de poursuite.

On constatera par la suite un élargissement de la catégorie des délits publics, prémices au développement d'un véritable droit pénal. Peu avant l'installation de la République, le meurtre d'un homme libre, l'incendie volontaire, le vol de récolte auront quitté le domaine des délits privés pour celui des délits publics.

2. Le droit de l'époque républicaine

41. La République opère un transfert de souveraineté au profit du peuple romain. Il est créé une procédure pénale publique au côté d'une procédure pénale privée.

L'action pénale privée est aux mains de la victime et a pour objet de sanctionner le tort qui lui est causé. C'est une procédure comparable à une procédure civile destinée à se conclure par une transaction. C'est ainsi que sont poursuivis le vol ou les atteintes à la propriété.

L'action pénale publique réprime le tort causé à la société, à l'État. Elle obéit à un système d'accusation populaire devant un jury. Tout citoyen romain peut être accusateur. Il se charge alors seul de toutes les recherches de preuve et procède lui-même à l'instruction de l'affaire. Cette justice pénale originale s'explique parfaitement dans un système politique qui confie à tout citoyen romain la détention d'une parcelle de la souveraineté publique. Mais la référence à la vengeance devient inappropriée. C'est d'*accusation privée* qu'il convient de parler.

3. Le droit de l'époque impériale

42. Il développe les procédures « extraordinaires », appelées ainsi pour les différencier de la procédure ordinaire de l'accusation. Ces procédures se caractérisent par la faculté pour le magistrat de poursuivre le crime sans qu'il soit nécessaire qu'il y ait un accusateur. L'accusation se transforme en *dénonciation*. La procédure devient inquisitoire.

D'une manière générale, à l'époque romaine, le fondement de la réaction sociale est la responsabilité morale, ce qui fait que l'impunité est admise pour le fou et le très jeune enfant (*infans*). Quant aux peines, elles sont sévères et même souvent atroces. Il y a chez les Romains une volonté d'intimider, de faire expier.

B. Le droit de l'Ancien Régime

43. Il s'organise autour de la rédaction de l'Ordonnance criminelle de 1670 ; du moins cette césure est-elle plus sensible pour la procédure que pour les règles de fond. De nombreux concepts sont forgés : les éléments de l'infraction et leur classification ; la notion de responsabilité ; la distinction procédurale entre l'action publique ayant pour but la répression, et l'action civile ayant pour but la réparation du dommage causé par l'infraction.

1. La période antérieure à l'Ordonnance criminelle de 1670

a. Le Moyen Âge

44. L'évolution que connaît le droit pénal est comparable à celle de la période romaine. On y retrouve les mêmes étapes.

Certaines coutumes germaniques reconnaissent aux victimes le droit de se venger à moins que le coupable n'accepte de verser une composition. Cette somme d'argent correspond à la fois à la réparation du préjudice (c'est le *wergeld,* versé à la victime) et à une amende (le *fredum,* versé au fisc).

Sous les Francs, la loi salique voit en la vengeance un instrument de la répression au côté de la poursuite d'office. À l'époque carolingienne, les poursuites d'office se développent, les fameux *missi dominici,* fonctionnaires envoyés par le souverain, jouant en quelque sorte un rôle analogue au ministère public que nous connaissons.

45. La période féodale se caractérise, quant à elle, par une voie de droit, l'*accusation*, et une voie de fait, la *guerre privée* ; la féodalité est connue pour sa justice fondée sur l'accusation privée : la procédure est accusatoire, c'est-à-dire orale, publique et contradictoire ; la victime a la charge de rassembler les preuves de la culpabilité de l'auteur présumé de l'infraction. La procédure prend la forme d'un débat entre la victime, accusatrice, et le coupable. Toutefois il n'est pas inutile d'observer qu'à cette époque, c'est déjà au nom du seigneur, successeur du pouvoir carolingien, que le droit de punir s'exerce. La victime n'agit plus dans son unique intérêt. Il y a un changement dans la signification de son rôle procédural.

Malgré tout, la vengeance persiste au travers des guerres privées, exprimant toujours la solidarité familiale.

b. La période monarchique

46. Elle s'ouvre dès le XIIIe siècle et permet à la royauté de s'affirmer. L'action pour l'application des peines sera monopolisée par les juridictions royales. La procédure inquisitoire, écrite, secrète et non contradictoire, déjà appliquée devant les officialités depuis le XIIIe siècle, sera ainsi transposée devant les cours laïques au XVe siècle.

Trois traits marquants caractérisent cette évolution :

D'abord, la dénonciation prend le pas sur l'accusation ; quand elle est privée, elle présente l'avantage pour la victime de rester en dehors du procès et d'échapper à toute responsabilité en cas d'insuccès des poursuites.

Ensuite, un ministère public, en la personne des procureurs du Roi, se met en place naturellement pour remédier à la négligence des victimes dans l'exercice de l'accusation et pour assurer les poursuites d'office, de plus en plus fréquentes.

Enfin les ordonnances royales de Villers-Cotterêts (1539) et de Blois (1579) consacrent ce qu'on appelle aujourd'hui la constitution de partie civile[59] : la partie publique porte plainte de l'infraction ; la victime ne porte plainte que des faits pénaux qui lui ont causé un dommage.

2. L'Ordonnance criminelle de 1670

47. Elle est attachée à une période marquée par l'absolutisme du pouvoir royal. Elle consacre indirectement la distinction entre l'action publique et l'action civile. Il faut se souvenir qu'à cette époque l'œuvre doctrinale s'incorpore à l'œuvre législative. Or des criminalistes comme Jousse ou Muyard de Vouglans, interprétant l'Ordonnance, s'emploient justement à bien différencier les finalités respectives des deux actions[60], ce qui fait qu'à partir de cette date les définitions des actions publique et civile ne seront plus remises en cause.

Sur le plan procédural, l'Ordonnance développe le système inquisitoire et institutionnalise le recours à la torture pour obtenir les aveux.

48. La responsabilité établie, la peine prononcée, du moins en cas de crime, est d'une extrême sévérité. Elle s'exerce sur le corps même du condamné et la souffrance physique est un élément constituant de la peine. Il y a dans l'application de la sanction les idées d'expiation et

59. Ordonnance de Blois, citée par Faustin Hélie, *op. cit.*, n° 336 : « Les procureurs généraux en cour de parlement et leurs substituts en chacun siège et semblablement les procureurs fiscaux des seigneurs sont tenus faire diligente poursuite et recherche des crimes, sans attendre qu'il y ait instigateur, dénonciateur ou partie civile ».

60. En effet, les qualificatifs de « publique » et de « civile » accolés aux deux actions ne sont pas utilisés ; en revanche, le régime défini par leurs finalités respectives est bien reconnaissable. V. Jousse, *Traité de la justice criminelle de France*, partie IV, Titre XXI, n° 157 : la punition des crimes ne regarde que le ministère public et « non les particuliers qui ne peuvent conclure qu'à des réparations civiles ; aussi ces derniers peuvent renoncer à ce droit ».

d'intimidation. D'où des supplices atroces en public, tels l'écartèlement ou la roue[61].

C. Le droit pénal révolutionnaire

49. C'est une période de grands bouleversements. Depuis le milieu du XVIIIe siècle, des critiques sévères se propagent en Europe contre le système pénal. Montesquieu, Rousseau, Voltaire, Beccaria[62] se retrouvent sur certains principes fondamentaux :

- Principes de *légalité* et de *nécessité* des incriminations et des peines. Seule la loi, expression de la volonté générale, doit créer des infractions, et seulement si le fait cause un tort véritable à la société ; le juge ne peut que tirer les conséquences de la loi en l'interprétant strictement. Les peines prononcées doivent être strictement nécessaires. Tout surcroît de rigueur est inutile ; elles doivent être proportionnées à l'acte.
- Principe de la *présomption d'innocence* au profit de celui qui fait l'objet de poursuites pénales.

50. Ces principes seront consacrés dans la *Déclaration des droits de l'homme et du citoyen* de 1789 (articles 7, 8 et 9). Les révolutionnaires pousseront cependant à l'extrême la légalité des peines en instituant des peines fixes. Par ailleurs ils adopteront une classification tripartite des infractions en délits de police municipale, délits de police correctionnelle et délits entraînant une peine afflictive et infamante.

51. Trois textes sont à retenir durant la Révolution :

La *loi des 16 et 29 septembre 1791* qui fixe les règles de la procédure criminelle ; elle accorde un rôle important au citoyen puisqu'est restaurée l'accusation privée ; la partie publique disparaît. L'accusateur public, fonctionnaire élu, n'est plus titulaire du droit d'accuser ; il n'est que l'avocat de l'accusation. Cette loi complète une loi des 19 et 22 juillet 1791 votée en matière de police municipale et correctionnelle.

Le *code du 3 brumaire an IV* dit « code des délits et des peines », œuvre de la Convention : ce texte distingue très nettement les actions publique et civile ; c'est même la première fois que l'action civile est définie en des termes comparables à ceux que nous connaissons actuellement : article 6 : « L'action civile a pour objet la réparation du dommage que le délit a causé. Elle appartient à ceux qui ont souffert du dommage ». Le code revient donc sur l'attitude de la Constituante qui avait effacé la distinction.

61. V. sur le sens des supplices sous l'Ancien Régime, FOUCAULT M., *Surveiller et punir*, Gallimard, 1975, 1re partie.

62. Après la mort de Voltaire, les critiques contre une procédure inique propre à forger des erreurs judiciaires furent reprises devant l'Assemblée constituante par Adrien Duport, conseiller au parlement de Paris et futur député de l'Assemblée nationale.

La *loi du 7 pluviôse an IX*, votée sous le Consulat, achève la reconstruction du ministère public. Le commissaire du gouvernement remplace l'accusateur public et redevient la seule véritable partie publique.

§2. La codification napoléonienne et l'évolution ultérieure

A. La codification

52. Elle se traduit sur le plan du fond et de la forme : le Code pénal achevé le 20 février 1810 ; le Code d'instruction criminelle, achevé le 16 décembre 1808, auquel il faut rattacher une loi plus globale sur l'organisation judiciaire, la loi du 20 avril 1810. Ces trois textes entreront en vigueur le 1er janvier 1811.

1. Le Code pénal

53. Selon les propres termes d'Ortolan, il s'est agi « de donner par-dessus tout force au pouvoir, force aux institutions, énergie aux peines »[63].

Idéologiquement, le Code pénal de 1810 se caractérisait :

D'abord, par **l'influence de la philosophie utilitariste** de Bentham, qui voulait qu'une peine ne pût être fondée que sur un dommage social.

Ensuite, par la **sévérité de la réaction sociale**. Il fallait intimider : d'où la répression de la tentative, assimilée à l'acte commis, de la complicité, punie des mêmes peines que celles affectant l'acte principal. Des incriminations telles que la mendicité ou le vagabondage étaient destinées à jouer un rôle préventif de comportements plus graves. Sur le plan des modalités de la peine, des peines corporelles étaient prévues (le carcan, la mutilation du poing droit de celui convaincu de parricide) ; évidemment, la peine de mort était maintenue.

En troisième lieu, par une **volonté de compromis** entre le droit monarchique et le droit révolutionnaire. Ainsi, l'admission des circonstances atténuantes, qui permettait aux juges de prononcer une peine inférieure au minimum légal en cas de délits, était un retour à l'arbitraire du juge de l'Ancien Régime. En revanche, le principe de la légalité des incriminations et des peines, l'égalité devant la loi, la classification des infractions en trois classes étaient empruntés au droit de la Révolution.

Enfin, par une **approche abstraite** du traitement de la délinquance. L'auteur de l'infraction était regardé comme une entité. Le législateur napoléonien considérait que les délinquants obéissaient à des mobiles si différents, avaient des personnalités tellement complexes que le droit, dans sa généralité, ne pouvait les appréhender. Seul devait compter l'acte commis. Le Code pénal s'intéressait plus au crime qu'au criminel.

63. Ortolan E., *Éléments de droit pénal*, Paris, 3e éd. 1863, t. 1, p. 73.

54. Sur un plan technique, plusieurs reproches ont été adressés à ce code :

L'illogisme du plan : le code traitait, en effet, de la peine avant de traiter de l'infraction. Par exemple, l'article 1er alinéa 1 disposait que : « l'infraction que les lois punissent de peines de police est une contravention ». Il eût fallu définir la contravention en soi, la peine n'étant qu'une conséquence de l'infraction. Une observation similaire pouvait être faite à propos du délit ou du crime.

L'absence d'une théorie générale de l'infraction : les règles générales applicables à toutes les infractions étaient dispersées et à rechercher au détour des dispositions légales.

L'absence de définition de la faute pénale, de la prise en considération de l'erreur, de l'état de nécessité, de la légitime défense des biens.

2. Le Code d'instruction criminelle

55. La procédure pénale retenue procédait d'un compromis entre les systèmes inquisitoire et accusatoire. Il y avait désormais une séparation des fonctions de poursuite, d'instruction et de jugement. La règle se maintiendra par la suite.

Durant l'enquête et l'instruction s'appliquait une procédure de type inquisitorial. La police judiciaire, placée sous l'autorité du procureur de la République, recueillait les premiers éléments de l'enquête. Puis le juge d'instruction mettait en état l'affaire aux fins d'être jugée ; la procédure restait écrite, secrète et non contradictoire. L'inculpé ne connaissait pas les charges relevées contre lui ; il n'avait pas droit à l'assistance d'un avocat.

À l'audience, la procédure devenait accusatoire. Les débats étaient publics, contradictoires, ce qui n'excluait pas d'être conduits par le président de la juridiction. La procédure de jugement contemporaine reprend ces caractéristiques.

B. L'évolution ultérieure

56. Une bonne loi pénale est une loi qui sait préserver l'intérêt de la société sans sacrifier le délinquant sur l'autel de la répression. C'est une loi qui n'oublie pas non plus la victime directe de l'infraction, celle qui a souffert dans son corps ou son patrimoine. Il faut parvenir à un équilibre entre ces différents intérêts, ce qui a été et reste un but difficile à atteindre. D'où une évolution législative chaotique, fonction de la réalité du phénomène criminel à un moment donné et du souci constant, depuis le milieu du XIXe siècle, d'individualiser la peine et de tenir compte de la personnalité du délinquant.

1. La difficile conciliation des intérêts de la société et du délinquant

57. Dans un premier temps, sous l'influence des doctrines utilitaristes, on assiste à un adoucissement des peines : une *loi du 28 avril 1832* abolit les peines corporelles, correctionnalise certains crimes et institue une double échelle des peines pour les infractions de droit commun et les infractions politiques. Sur le terrain procédural, elle accorde au jury d'assises le droit de retenir des circonstances atténuantes.

Puis, sous l'influence des doctrines positivistes, il y a une volonté tant d'éliminer les délinquants dangereux que d'individualiser la répression : ainsi une *loi du 27 mai 1885* institue la relégation des récidivistes et l'interdiction de séjour. Une *loi du 14 août* de la même année crée la libération conditionnelle ; la *loi du 26 mars 1891* met en place le sursis à exécution des peines d'emprisonnement ; la *loi du 22 juillet 1912* crée des peines complémentaires et réforme le droit des mineurs délinquants, notamment en instituant avant 13 ans une présomption absolue d'irresponsabilité, la liberté surveillée et le tribunal pour enfants.

58. Depuis la Seconde Guerre mondiale, l'école de la défense sociale nouvelle a permis d'accentuer le mouvement en faveur d'un droit pénal centré en priorité sur la personne du délinquant. L'*ordonnance du 2 février 1945* relative à l'enfance délinquante est un exemple éclatant de ce phénomène en faisant prévaloir les mesures éducatives sur les mesures répressives.

Sur un plan plus général, la ratification par la France, en 1974, de la *Convention européenne de sauvegarde des droits de l'Homme et des libertés fondamentales* ne peut que confirmer cette tendance. Cela dit, à certains moments, la répression prend le pas sur la politique plutôt libérale en matière de lutte contre la délinquance. Le nouveau contexte socio-économique donne naissance à une criminalité plus diversifiée en matière de production, de distribution de nouvelles technologies. Cette criminalité s'internationalise également. En outre, la délinquance urbaine est devenue de plus en plus préoccupante. La législation est donc, globalement, assez contrastée.

59. Sur le fond, on assiste ainsi à une véritable inflation des incriminations : il se met en place, au fil des réformes, un droit pénal économique, financier, social, informatique, un droit pénal de l'urbanisme, de l'environnement... De nouvelles incriminations apparaissent pour répondre à des comportements particulièrement violents : *loi du 8 juin 1970*, dite « loi anti-casseurs », qui instaure une responsabilité collective (cette loi est abrogée en 1981) ; loi du *15 juillet 1970* sur les détournements d'avion ; *loi du 2 février 1981*, dite « loi sécurité et liberté »[64] ; *loi du 9 septembre 1986* sur la répression des actes de terrorisme.

64. Cette loi, issue d'un projet présenté par le garde des Sceaux, Alain Peyrefitte, a été très contestée. L'on avait fait remarquer alors que le mot « sécurité » apparaissait quatre-vingt-quinze fois dans le texte, tandis

Toutefois, la prise de conscience que le droit pénal ne peut être la réponse à tous les écarts de conduite commis se traduit, dès avant la mise en chantier du Code pénal actuel, par un mouvement inverse de dépénalisation ; ainsi en est-il pour les chèques sans provision *(loi du 30 décembre 1991)*, en matière de concurrence *(ordonnance du 1er décembre 1986)*, de redressement et liquidation des entreprises *(loi du 25 janvier 1985)* ou encore en matière de mœurs *(loi du 11 juillet 1975* supprimant l'incrimination de l'adultère ; *loi du 17 janvier 1975* à propos de l'avortement ; *loi du 4 août 1982* concernant l'homosexualité).

Du point de vue des **pénalités**, le sursis avec mise à l'épreuve est instauré en 1959. Une *loi du 11 juillet 1975* crée les peines de substitution à l'emprisonnement ainsi que la dispense de peine quand il apparaît que le reclassement du prévenu est acquis, que le dommage est réparé et que le trouble social a cessé. La *loi du 6 août 1975* complète le dispositif avec l'ajournement de peine lorsque le reclassement du prévenu est en voie d'être acquis, que le dommage est en voie d'être réparé, que le trouble social va cesser. Il faut citer également la *loi du 10 juin 1983* qui crée de nouvelles alternatives à l'emprisonnement : le travail d'intérêt général et le jour-amende, et l'importante *loi du 9 octobre 1981* qui abolit la peine de mort[65]. L'année 1992 est à marquer d'une pierre blanche : un nouveau Code pénal est voté. Indépendamment des sanctions pénales, le législateur autorise le recours à des sanctions administratives : la suspension de permis de conduire par le préfet ; des sanctions pécuniaires et injonctions prononcées par des autorités administratives indépendantes (par ex. l'Autorité de la concurrence ou l'Autorité des marchés financiers). La loi n° 2014-896 du 15 août 2014 relative à l'individualisation des peines et renforçant l'efficacité des sanctions pénales remet en cause les peines plancher instituées en 2007 et crée une nouvelle peine, la contrainte pénale, pouvant être prononcée lorsque la personnalité et la situation matérielle, familiale et sociale de l'auteur d'un délit puni d'une peine d'emprisonnement d'une durée inférieure ou égale à cinq ans (à compter du 1er janvier 2017 cette condition est supprimée) et les faits de l'espèce justifient un accompagnement socio-éducatif individualisé et soutenu. Le Sénat, initialement, avait fait preuve d'une audace remarquable : pour certains délits seule la contrainte pénale était prévue à titre de peine principale, ce qui était une première en termes de sanctions pénales, l'emprisonnement et l'amende ayant toujours été les sanctions principales encourues. Les débats parlementaires ultérieurs ont eu raison de cette tentative. Toutefois, il était prévu que dans les deux ans suivant la promulgation du texte, le Gouvernement remettrait un rapport au Parlement étudiant la possibilité de sanctionner certains délits d'une contrainte pénale à titre de peine principale, en supprimant la peine d'emprisonnement encourue. Cette loi s'attaque aussi au régime d'exécution des peines et à la responsabilité pénale des personnes atteintes d'un trouble mental.

---

que le mot « liberté » n'était utilisé que cinq fois ! Cette loi fut abrogée partiellement deux ans plus tard. V. sur les raisons et l'émotion provoquée par le texte : Peyrefitte A., *Les chevaux du lac Ladoga*, Plon, 1981.

65. Badinter R., *L'abolition*, Fayard, 2000.

Aujourd'hui, l'expérience de la contrainte pénale n'a pas convaincu et le projet de loi de réforme de la justice, enregistré à la présidence du Sénat le 20 avril 2018, supprime la contrainte pénale pour la fusionner avec le sursis probatoire et crée une nouvelle peine : la détention à domicile sous surveillance électronique. Le droit pénal est, on le voit, en pleine mutation.

60. Quant aux lois de **procédure**, elles ont surtout pour but d'améliorer le sort de la personne poursuivie. Mais la machine réformatrice s'emballe depuis 1985. Quelques grandes dates à retenir :

- La *loi du 8 décembre 1897* qui crée pour la première fois des droits pour l'inculpé (celui de connaître les charges qui sont retenues à son encontre, celui de bénéficier de l'assistance d'un avocat). Ces innovations passeront sans changement dans le Code de procédure pénale de 1959.
- Le *Code de procédure pénale*, promulgué en 1959, qui se substitue au Code d'instruction criminelle de 1808. Ce code instaure notamment pendant l'instruction l'obligation de constituer deux dossiers : le dossier de l'infraction et le dossier de personnalité permettant à la juridiction de jugement d'individualiser la peine.
- La *loi du 17 juillet 1970* relative à la garantie des droits individuels des citoyens, qui substitue la détention « provisoire » à la détention « préventive » et crée le contrôle judiciaire pour éviter un recours trop fréquent à la détention provisoire.
- La *loi du 4 janvier 1993*, qui a pour but de renforcer les garanties individuelles tout en préservant l'équilibre entre les parties en présence au cours de la procédure. Pour la première fois, la loi du 4 janvier touche à la philosophie de la procédure. Il y a un renforcement très net de son caractère contradictoire afin que la procédure pénale française soit conforme aux exigences de la Convention européenne des droits de l'Homme (respect des droits de la défense, de la présomption d'innocence, célérité de la procédure, équilibre entre les parties). La loi consacre également le recours à des alternatives aux poursuites, comme la médiation. Cette loi a probablement été trop loin et a été jugée comme sacrifiant l'efficacité de la justice pénale. Aussi, quelques mois plus tard, certaines de ses innovations sont-elles abrogées par la loi du 24 août 1993.

61. Mais le vent de la réforme continue de souffler tant sur le plan du fond que sur celui de la procédure : une nouvelle loi est ainsi votée le *15 juin 2000* pour renforcer la présomption d'innocence et les droits des victimes ; on profite d'ailleurs de l'occasion pour instituer ce qu'on n'était pas parvenu à faire quelques années auparavant : un recours contre les décisions de cours d'assises. L'amplification du phénomène criminel, attribuée à tort ou à raison à cette loi, conduit alors à la réformer par celle du *4 mars 2002* (dite loi complétant la loi du 15 juin 2000) dans le sens de la répression.

La loi d'orientation et de programmation pour la justice du *9 septembre 2002* s'inscrit dans la même politique répressive en réformant le droit pénal des mineurs, en simplifiant la procédure pénale pour la rendre plus efficace, en améliorant le fonctionnement et la sécurité des établissements pénitentiaires.

Il en est de même de la loi du 18 mars 2003 pour la sécurité intérieure ou bien de celle du 9 mars 2004 portant adaptation de la justice aux évolutions de la criminalité qui dépasse de beaucoup l'objectif affiché à l'origine, à savoir la lutte contre la criminalité organisée. En réalité, ce texte tentaculaire s'étend à la lutte contre la criminalité de droit commun (l'une des mesures phares étant la création, en matière correctionnelle, d'une comparution sur reconnaissance préalable de la culpabilité). Le législateur n'est pas pour autant rassasié : deux nouvelles lois sont votées le 5 mars 2007, l'une sur le renforcement de l'équilibre de la procédure pénale, l'autre sur la prévention de la délinquance ; l'année n'est pas encore achevée que le droit des mineurs, tout juste modifié dans la loi sur la prévention de la délinquance, est réformé à nouveau dans une loi du 10 août 2007 renforçant la lutte contre la récidive. L'année 2008 n'est pas en reste avec la loi du 25 février sur la rétention de sûreté et la déclaration d'irresponsabilité pour trouble mental. Quant à 2009, l'année s'ouvre avec un avant-projet de Code de la justice pénale des mineurs et s'achève avec le vote d'une nouvelle loi pénitentiaire (loi du 24 novembre). 2010 est l'occasion de publier le 10 mars une loi tendant à amoindrir le risque de récidive, et de diffuser un avant-projet de réforme du code de procédure pénale audacieux proposant ni plus ni moins la suppression du juge d'instruction sans pour autant toucher au statut du parquet maintenu hiérarchiquement subordonné au ministre de la justice ! Ce n'est plus une réforme mais une révolution. Ce projet n'aura pas de suites. On notera également la loi du 9 août 2010 portant adaptation du droit pénal à l'institution de la Cour pénale internationale. Elle allonge la liste des crimes contre l'humanité et définit pour la première fois le crime de guerre en y adjoignant un régime juridique détaillé. L'année 2011 est marquée successivement par une loi du 14 avril modifiant le régime de la garde à vue, une loi du 10 août relative à la participation des citoyens au fonctionnement de la justice pénale et au jugement des mineurs et une loi du 13 décembre sur la répartition des contentieux et l'allégement de certaines procédures juridictionnelles. L'année est, donc, dominée majoritairement par des préoccupations de procédure pénale. 2012 s'ouvre sur une loi du 27 mars dite loi de programmation relative à l'exécution des peines : un certain nombre de modifications du Code pénal et du Code de procédure pénale portent sur l'amélioration de l'exécution des peines ; un rapport définissant les objectifs de la politique d'exécution des peines est annexé à la loi. L'année s'achève avec le vote de la loi du 21 décembre 2012 relative à la sécurité et à la lutte contre le terrorisme. Pour 2013, doit être relevée la loi du 25 juillet 2013 relative aux attributions du garde des Sceaux et des magistrats du ministère public en matière de politique pénale et de mise en œuvre de l'action publique qui tente de relâcher les liens entre le ministre de la Justice et le parquet. Pour 2014, on signalera évidemment la loi du 15 août 2014 relative à l'individualisation des peines et renforçant l'efficacité des sanctions pénales, à propos de laquelle les débats parlementaires se cristallisèrent notamment autour de la peine de contrainte pénale, destinée à éviter, une fois de plus, le recours à l'emprisonnement ferme. On ajoutera la loi n° 2014-535 du 27 mai 2014 portant transposition de la directive du Parlement européen et du Conseil relative au droit à l'information dans le cadre des procédures pénales et créant notamment un statut pour le suspect entendu hors d'un placement en garde à vue ainsi que la loi n° 2014-1353 du 13 novembre 2014 renforçant les dispositions relatives à la lutte contre le terrorisme. Pour ce qu'il en est de 2015 et de 2016, la loi n° 2015-993 du 17 août 2015 adapte une fois de plus la procédure pénale au droit de l'Union européenne et les attentats terroristes de grande ampleur commis la même année ne pouvaient pas ne pas conduire le législateur à réagir : c'est le cas avec la loi n° 2015- 9121 du 24 juillet 2015 dans le domaine du renseignement ; c'est le cas également avec la loi n° 2016-731 du 3 juin 2016 renforçant la lutte contre le crime organisé, le terrorisme et leur financement et améliorant l'efficacité et les garanties de la procédure pénale, loi destinée à prendre la succession de l'état d'urgence instauré après les attentats commis à Paris en novembre 2015 et prorogé par la loi n° 2016-987 du 21 juillet 2016, qui en profite pour prendre d'autres mesures renforçant la lutte antiterroriste. La loi n° 2016-1547 du 18 novembre 2016, quant à elle, cherche plutôt à « moderniser » la justice du XXIe siècle en tirant les conséquences de la suppression des juges de proximité, en abrogeant les dispositions qui avaient institué le tribunal correctionnel des mineurs ou bien encore en supprimant la mesure emblématique de la loi du 5 mars 2007 issue de l'affaire d'Outreau consistant à instituer une collégialité au niveau des juridictions d'instruction, ce qui peut se discuter. Mais La loi n° 2017-1510 du 30 octobre 2017 retrouve des préoccupations sécuritaires en inscrivant notamment dans le Code de procédure pénale des mesures qui auraient dû restées exceptionnelles puisque liées à un état d'urgence. On citera aussi parmi les multiples textes votés, la loi n° 2017- 242 du 27 février 2017 portant réforme de la prescription en matière pénale et allongeant les délais en cas de crime ou de délit. À croire que tous ces textes n'ont pas suffisamment moderniser la justice, un nouveau projet de loi de programmation et de réforme pour la justice s'attache, depuis le printemps 2018, à tenir compte des contraintes budgétaires et propose de nouvelles modifications destinées une fois de plus à simplifier la procédure pénale et à renforcer l'efficacité et le sens de la peine.

Procédure pénale, et droit de la peine, le tout dominé notamment par la lutte contre le terrorisme, concentrent donc, ces dernières années, l'énergie du législateur.

Si l'on excepte les textes rendus nécessaires par la menace terroriste, on ne peut qu'être inquiet de cette boulimie de réformes[66]. Il serait sage, pensons-nous, de laisser aux réformes le temps de faire leurs preuves. L'instabilité législative est tout aussi nuisible à la justice pénale qu'une loi jugée à un moment donné inappropriée.

66. D'autant plus que les dernières lois (2014 et 2016) profitent de l'occasion de lutter énergiquement contre le terrorisme, ce qui est évidemment légitime, pour mêler dispositions de lutte contre le terrorisme et dispositions s'appliquant à des infractions de droit commun. La loi du 3 juin 2016, en renforçant la place du procureur de la République au cours de l'enquête de police, conduit, sans l'avouer, à accentuer la marginalisation du recours à l'instruction, ce qui risque bien un jour ou l'autre de la faire disparaître dans sa configuration actuelle.

2. La progression de la protection des victimes

62. Si l'on excepte une loi de procédure du 22 mars 1921 qui a étendu à la victime le droit d'être assistée par un avocat durant l'instruction, à l'imitation de ce que la loi du 8 décembre 1897 avait admis pour l'inculpé, la protection des victimes ne semblait guère du ressort du droit pénal. La raison en est connue : le droit pénal, en établissant un rapport de droit entre la société et le délinquant, considérait que le sort des victimes ressortissait à d'autres droits, le droit civil essentiellement.

Il faut attendre 1970 pour que la législation répressive commence à se mettre au service des intérêts de la victime des infractions, en prévoyant diverses mesures propres à accélérer l'indemnisation de leur préjudice.

Par exemple, la loi du *17 juillet 1970*, qui institue le contrôle judiciaire, prévoit que le cautionnement versé par l'inculpé vise en partie à la réparation des dommages causés par l'infraction. Puis la loi du *3 janvier 1977*, complétée par celles des *2 février 1981*, *8 juillet 1983* et *6 juillet 1990*, attribue un recours en indemnité aux victimes de faits délictueux leur ayant causé sous certaines conditions des dommages physiques graves ou patrimoniaux. L'indemnité est allouée par une commission[67] instituée dans le ressort de chaque Tribunal de grande instance. La loi du *8 juillet 1983* crée également un délit d'organisation frauduleuse de l'insolvabilité (C. pén., art. 404-1). Quant au Code pénal actuel il inscrit clairement parmi les obligations qui peuvent être imposées au condamné, en cas d'ajournement ou de sursis avec mise à l'épreuve, l'indemnisation des victimes (art. 132-45). Depuis, la plupart des réformes comportent quelques dispositions, voire toute une partie, consacrées aux victimes : c'est le cas avec la loi du *4 janvier 1993* qui légalise la pratique de la médiation pénale, de celle du *23 juin 1999* sur la composition pénale, des lois du *15 juin 2000* et du *9 septembre 2002*, du *9 mars 2004* et dernièrement encore des lois du *10 mars 2010* sur la récidive et du *9 juillet 2010* sur la confiscation (ce dernier texte crée dans le Code de procédure pénale un article 706-164 relatif au paiement des dommages et intérêts sur les biens confisqués).

Il faut tenir compte aussi de la loi du *15 août 2014* qui modifie l'article 707 du Code de procédure pénale afin d'énumérer les principes généraux régissant les droits reconnus aux victimes au stade de l'exécution de la peine : il s'agit du droit d'obtenir réparation, du droit à être informée de la fin de l'exécution d'une peine privative de liberté et du droit à ce que sa tranquillité et sa sûreté soient assurées. Plus concrètement, il y a des dispositions sur les bureaux d'aides aux victimes, les mesures de justice « restaurative » (sous-titre II du titre préliminaire du Livre 1er du Code de procédure pénale comprenant un article 10-1), l'affectation de sommes destinées à l'indemnisation des parties civiles et non réclamées (CPP, art. 728-1 modif.). Le projet de loi prévoyait aussi des dispositions visant à instaurer une contribution pour l'aide aux victimes au moyen d'une majoration de certaines amendes pénales. Cependant, le Conseil constitutionnel déclara ces dispositions non conformes à la Constitution par sa décision n° 2014-696 DC du 7 août

67. CIVI : Commission d'indemnisation des victimes d'infractions : v. CPP, art. 706-3 à 706-15.

2014[68]. On ajoutera la loi du *17 août 2015* portant adaptation de la procédure pénale au droit de l'Union européenne qui comporte des dispositions tendant à transposer la directive 2012/29/UE du Parlement européen et du Conseil du 22 octobre 2012 établissant des normes minimales concernant les droits, le soutien et la protection des victimes. Entre autres dispositions nouvelles, le titre préliminaire du Livre 1 du Code de procédure pénale est complété par un sous-titre III intitulé « *Des droits des victimes* » (art. 10-2 à 10-5). La loi du 3 juin 2016 n'oublie pas non plus le sort des victimes d'actes de terrorisme : l'article 2-9 du Code de procédure pénale qui reconnaît aux associations de défense des victimes de tels actes le droit de se constituer partie civile, à condition que ces associations soient déclarées depuis cinq ans au moins à la date des faits, est complété par un alinéa dispensant une association nouvellement créée poursuivant la même fin de la condition d'ancienneté si elle est agréée. C'est une disposition de circonstance, ajoutée d'ailleurs au projet de loi initial au cours de travaux parlementaires, permettant ainsi de répondre au souhait des associations qui se sont constituées après les attentats du 13 novembre 2015.

Sur le plan international, *le statut de Rome de la Cour pénale internationale,* en date du 17 juillet 1998, prévoit également des dispositions sur la protection, la participation au procès et l'indemnisation des victimes (art. 68 et 75 du statut), Ce faisant, il marque une réelle progression dans la reconnaissance des victimes de crimes internationaux, celles-là mêmes qui aux yeux des tribunaux *ad hoc* pour l'ex-Yougoslavie et le Rwanda étaient encore assimilées à des témoins.

§3. Le Code pénal actuel

63. Les réformes successives, tant de fond que de forme, qui, durant la plus grande partie du XXe siècle, ont cherché à adapter le droit pénal à l'évolution des mentalités et des idées, ne pouvaient parvenir à faire oublier que notre Code pénal datait de 1810 et que, plus les années passaient, plus il était marqué par l'époque à laquelle il avait été conçu. La ratification de la Convention européenne des droits de l'Homme, du Pacte international relatif aux droits civils et politiques de 1966, les réformes entreprises à cet égard par divers pays voisins (comme l'Allemagne, l'Espagne), imposaient à terme une réforme de grande ampleur de la législation française. Ce qui fut fait.

Le Code pénal actuel est issu de quatre lois du 22 juillet 1992 et d'une loi du 16 décembre 1992, auxquelles s'ajoute un décret du 29 mars 1993. La première loi est consacrée à la partie générale du code, la deuxième aux infractions contre les personnes, la troisième aux infractions contre les biens, la quatrième aux infractions contre la nation, l'État et la paix publique. La loi du 16 décembre 1992 fixe l'entrée en vigueur du code (1er mars 1994), crée un livre V « Autres crimes et délits » et porte adaptation d'autres lois et codes ; le décret de 1993 crée une partie réglementaire dont la majeure partie est

68. JO 17 août, p. 13659.

relative aux contraventions. Une ordonnance de 28 mars 1996 crée d'une part un livre VI « Des contraventions » resté vide pendant dix ans jusqu'à ce qu'une loi du 13 avril 2016 ne vienne inscrire un article unique pour réprimer d'une amende ceux qui notamment obtiennent des relations sexuelles d'une personne se livrant à la prostitution, d'autre part un livre VII portant « Dispositions relatives à l'outre-mer ». Enfin, une loi du 9 août 2010 ajoute un livre IV bis consacré aux crimes et délits de guerre.

A. Genèse

64. La progression vers ce nouveau code est longue. Après une première tentative, en 1934, avec un avant-projet dit « Code pénal Paul Matter », qui ne peut voir le jour en raison de la Seconde Guerre mondiale, il faut attendre 1966 pour que les travaux reprennent sous l'impulsion du garde des Sceaux, Jean Foyer. En 1974, une commission « de révision » est, à nouveau, installée par Jean Lecanuet, nouveau ministre de la Justice. Ses travaux donnent lieu à une première proposition en juillet 1976 qui a la particularité de s'éloigner du vocabulaire habituel : la référence à la « responsabilité » disparaît au profit des « personnes punissables » ; les « pénalités » deviennent des « sanctions » alors qu'on aurait pu conserver le terme de « peine » puisqu'il y avait des personnes « punissables ». Ce nouveau vocabulaire, nous l'avons dit, traduit des concepts nouveaux : l'individualisation de la sanction, le traitement des délinquants, chers à l'école de la défense sociale nouvelle. Cet avant-projet entend réagir contre le caractère abstrait donné à la responsabilité dans le code de 1810. À la vérité, les auteurs du rapport n'entendent pas bannir la responsabilité mais l'envisager au travers de la personnalité de l'auteur de l'infraction.

Ces travaux donnent lieu à un avant-projet définitif en avril 1978. Mais le vote, peu après, de la loi « sécurité et liberté » du 2 février 1981 introduit dans notre législation des dispositions qui sont incompatibles avec l'esprit de cet avant-projet.

À la suite de l'élection présidentielle de 1981, un décret du 22 octobre 1981 modifie la composition de la commission. Le nouveau garde des Sceaux, Robert Badinter, en assure désormais la présidence. La commission propose un troisième avant-projet en 1983, qui forme la matière d'un véritable projet de loi déposé devant le Sénat en 1986[69] et comportant trois livres, l'un portant sur des dispositions générales, un deuxième sur les infractions contre les personnes, le dernier sur les infractions contre les biens. On retrouve dans ce projet les concepts de responsabilité pénale et de peines : le concept de responsabilité parce que la commission parvient à la conclusion qu'il est de mauvaise politique de minorer la faute commise ; le concept de peine parce qu'un Code pénal est par nature un code des peines. Il ne faut pas se voiler la face : toute sanction est ressentie par celui qui la subit comme une peine.

69. *Projet de nouveau Code pénal*, Dalloz, 1988.

Malheureusement, la discussion parlementaire n'a pas lieu et le projet est mis en sommeil jusqu'en 1989. La discussion commence en mai : la partie générale d'abord ; puis la partie spéciale constituée des livres II à V, ce dernier livre ne comportant alors qu'un seul article sur les sévices graves envers les animaux. La discussion finale a lieu en juillet 1992.

65. C'est une réforme qui a été, dans l'ensemble, consensuelle. En effet, elle n'a pas été soumise à la censure du Conseil constitutionnel, pourtant saisi systématiquement des principaux textes de nature répressive. On a pu dire à cet égard que la prudence l'avait emporté sur l'audace et que les véritables changements n'avaient peut-être pas eu lieu.

B. Utilité

66. Les premiers commentateurs ne se sont pas privés d'observer que la commission à laquelle est attribuée la paternité du code s'appelait « commission de révision ». Une telle commission devait donc réviser et non abroger[70]. Un grand nombre de parlementaires et de magistrats ne souhaitaient pas un tel bouleversement. Certes, il y avait des incriminations obsolètes (ex. la mendicité), des lacunes (la légitime défense des biens, l'état de nécessité ou la responsabilité des personnes morales) ; il suffisait, disait-on, de compléter le code de 1810. N'en avait-il pas été ainsi avec le Code civil depuis 1804 ? En réalité, comme l'avait souligné le ministre de la Justice à de nombreuses reprises au cours des travaux préparatoires, outre la rénovation des incriminations, il fallait par-dessus tout renforcer l'État de droit et prendre en compte la Convention européenne des droits de l'Homme ; il fallait que le code affirmât quelques principes fondamentaux, sans doute déjà applicables dans l'ordre juridique, mais absents du point de vue formel : telles la légalité ou la responsabilité. Il fallait aussi, pour que le code fût accessible à tous les citoyens, que sa présentation fût claire et logique. Or le code de 1810 traitait des peines avant de traiter de la responsabilité du délinquant, ce qui n'était guère satisfaisant. Il fallait enfin un recentrage sur l'auteur de l'infraction et sur sa responsabilité personnelle.

En somme, un Code pénal digne d'une nation moderne et démocratique devait remplir une double fonction[71] : une fonction *répressive* clairement affichée parce que par essence une loi pénale a pour finalité de défendre la société ; une fonction *expressive* en affichant les valeurs fondamentales auxquelles il n'est pas permis de porter atteinte sans encourir une peine. Le Code pénal est le miroir dans lequel se reflètent ces valeurs. Celles-ci doivent,

70. Robert J.-H., *Avant-propos à la présentation des dispositions du nouveau Code pénal*, Éditions techniques, 1992.

71. Tel était le propos de M. Badinter dans sa présentation du projet de nouveau Code pénal, *op. cit.*, p. 10.

au surplus, être définies les unes par rapport aux autres. Or une nouvelle hiérarchie s'imposait. Le code de 1810 avait placé en tête les crimes et délits contre la chose publique. Le code actuel accorde la priorité aux crimes et délits contre les personnes ; l'être avant la nation. Le Code pénal a, ainsi, voulu afficher son rattachement aux droits de l'homme[72].

72. V. Lascoumes P., Poncela P. et Lenoël P., *Au nom de l'ordre, une histoire politique du Code pénal*, Hachette, 1989 : le Code pénal constitue « l'affirmation d'une éthique sociale fondée sur une certaine idée de l'homme considéré comme un être libre, titulaire de droits fondamentaux dont le respect s'impose à tous, y compris à l'État ».

CHAPITRE 2

Définition du droit pénal

67. D'un point de vue terminologique, les termes de « droit pénal » sont plus restreints que ceux de « sciences criminelles » qui regroupent l'ensemble des disciplines ayant pour objet le phénomène criminel. Les sciences criminelles constatent ce dernier quantitativement et qualitativement ; elles l'expliquent ou tentent de le faire ; elles cherchent à le réduire, à défaut de pouvoir l'éradiquer. Les mots « droit pénal » mettent l'accent sur son objet : le prononcé d'une peine. Mais on pourrait aussi parler de « droit criminel »[1], sachant que le qualificatif met alors plutôt l'accent sur l'acte commis.

Pour définir en soi le droit pénal, il convient d'abord d'en voir les caractéristiques (section 1), puis de le confronter avec les autres disciplines environnantes (section 2).

Section 1
Les caractéristiques du droit pénal

68. Le droit pénal est la branche du Droit qui punit certains actes appelés infractions. Cette première définition, très succincte, recouvre une grande diversité de règles qui n'exclut pas une profonde unité d'esprit entre elles (sous-section 1). Le droit pénal utilise par ailleurs un certain nombre de concepts fondamentaux qu'il faudra préciser (sous-section 2).

1. Tel est l'intitulé du traité de MM. Merle et Vitu. Notons au passage que la Cour de cassation comporte une chambre « criminelle » à laquelle sont déférées toutes les affaires ressortissant au « droit pénal ».

Sous-section 1
Pluralité et unité d'esprit du droit pénal

69. Quelles sont les composantes du droit pénal (§ 1) ? Quelle en est l'unité d'esprit (§ 2) ?

§1. Les composantes essentielles du droit pénal

70. Certaines sont traditionnelles : c'est ainsi qu'il existe un droit pénal général, un droit pénal spécial, un droit de l'exécution de la peine, une procédure pénale. D'autres tiennent compte de préoccupations plus actuelles.

A. Les disciplines classiques

1. Le droit pénal général

71. Il est contenu dans les articles 111-1 à 133-17 pour les crimes et délits, ce qui correspond au livre 1er du code, et les articles R. 610-1 à R. 610-5 pour les contraventions. C'est le droit de l'infraction et il réalise la synthèse des règles du droit pénal spécial. À titre de comparaison, le droit pénal général est au droit pénal spécial ce qu'est, en droit civil, le droit des obligations au droit des contrats spéciaux. Alors que le droit pénal spécial décrit, concrètement, des comportements et les peines encourues, le droit pénal général est abstrait. Il énonce des principes fondamentaux, des normes applicables à l'ensemble des comportements constitutifs d'une infraction. Il traite des sources du droit pénal, du principe de la légalité et de ses corollaires, la non-rétroactivité et l'interprétation stricte de la loi pénale, des éléments constitutifs de l'infraction, de son auteur et de sa responsabilité, des peines encourues et de leur régime.

2. Le droit pénal spécial

72. Il s'agit du droit *des* infractions. Comme nous venons de le souligner, il analyse les différents comportements incriminés et réprimés par la loi en fonction des intérêts protégés. Le droit pénal spécial correspond à un recueil d'infractions. Il illustre le droit pénal général. C'est grâce à lui que l'autorité publique sait si tel acte commis doit ou non être puni. Elle y parvient au moyen d'une opération intellectuelle qu'on appelle la *qualification*.

Du point de vue de ses sources, le droit pénal spécial se trouve dans les livres II à V du code, pour les crimes et délits (parmi lesquels il y a désormais un livre IV *bis* consacré aux crimes et délits de guerre), dans un livre VI, créé en 1996 pour les contraventions, subdivision restée vide jusqu'à ce qu'une loi du 13 avril 2016 crée l'incrimination de recours à la prostitution ainsi que dans les articles R. 621-1 à R. 655-1, regroupant la presque totalité des contraventions, auxquels il faut ajouter les très nombreux textes extérieurs, non codifiés malgré l'intention des rédacteurs d'inscrire l'ensemble de la matière pénale dans le livre V pour qu'elle soit facilement accessible aux citoyens. Mais, à ce jour, force est de constater que cette partie du code reste très décousue : seules quelques infractions en matière de santé publique (celles relatives à l'éthique biomédicale) voisinent avec les sévices graves ou actes de cruauté envers les animaux ! On ajoutera que, depuis une ordonnance du 28 mars 1996, modifiée en 2011 et 2016, le Code pénal comprend un livre VII consacré aux dispositions relatives à l'Outre-mer.

3. Le droit de l'exécution de la peine

73. C'est une discipline en pleine évolution. Initialement elle était dénommée « droit pénitentiaire » parce qu'elle s'intéressait principalement au régime d'exécution des peines en milieu carcéral[2]. Cependant, avec la diversification des peines (par exemple le jour-amende, le travail d'intérêt général, les peines privatives ou restrictives de droits qui sont des alternatives à l'emprisonnement en matière correctionnelle, ou bien, plus récemment, le suivi socio-judiciaire et l'injonction de soins qui peut l'accompagner, en cas de condamnation pour certaines infractions sexuelles), les modalités d'exécution de certaines d'entre elles en milieu ouvert ont conduit un auteur à préférer le terme plus compréhensif de « pénologie »[3]. Aujourd'hui c'est l'appellation « droit de l'exécution de la peine » qui prédomine[4]. Une autre question se pose à propos de cette discipline : s'agit-il d'une discipline autonome ou bien se rattache-t-elle au droit pénal général ou à la procédure pénale ? Législativement, l'exécution des peines a été rattachée à la procédure pénale (articles 707 et s. sur l'exécution des sentences pénales, la détention, la libération conditionnelle...). Toutefois, des dispositions qui se trouvaient dans le Code de procédure pénale ont été transférées dans le Code pénal (par exemple celles sur le sursis, la mise à l'épreuve, la semi-liberté, ou bien les dispositions sur la période de sûreté), ce qui fait qu'au sein même de l'exécution des peines on peut déceler des questions de fond ressortissant au Code pénal et des questions de procédure ressortissant au Code de procédure pénale. Doctrinalement, il est difficile d'aborder le droit pénal général en ne traitant pas de la peine sous tous ses aspects : fixation

2. Stefani G., Levasseur G. et Jambu-Merlin R., *Criminologie et science pénitentiaire*, Dalloz, 1968.

3. Bouloc B., *Pénologie*, Dalloz, collection « Précis », 3e éd., 2005. Déjà en ce sens, Smelck et Picca, *Pénologie et droit pénitentiaire*, Paris, 1967.

4. En ce sens, Bouloc B., *Droit de l'exécution des peines*, Dalloz, coll. « Précis », 5e éd., 2017.

légale, prononcé judiciaire et exécution. Une autre solution est d'isoler le droit de la peine. Certains s'engagent dans cette voie[5].

4. La procédure pénale

74. Elle comprend les règles applicables entre le moment où l'infraction a été commise et la condamnation. La procédure pénale est la mise en œuvre du droit pénal « de fond ». Elle se traduit par l'exercice d'une « action publique » à laquelle peut être jointe une « action civile ». Plus précisément, elle va permettre la constatation des infractions, le rassemblement des indices (qui deviendront éventuellement des charges, puis des preuves de culpabilité), la recherche des auteurs et leur jugement par les juridictions compétentes. Elle obéit à certains principes directeurs qui constituent, désormais, autant de droits dont est investie la personne poursuivie : droit d'être jugé dans un délai raisonnable, droit au respect de la présomption d'innocence, à une procédure équitable et contradictoire, à un tribunal indépendant et impartial, à un réexamen de la décision rendue (article préliminaire inséré par la loi du 15 juin 2000).

B. Les disciplines nouvelles

75. Elles sont liées soit à l'internationalisation de la criminalité, soit à une volonté de mieux connaître les droits des pays étrangers, voire au souci d'une meilleure spécialisation de la matière.

1. L'internationalisation de la criminalité

a. Le droit pénal international et européen

76. Le développement de la criminalité internationale a rendu nécessaire la fixation de solutions pour résoudre des conflits d'origine étatique, conflits inévitables dans la mesure où les règles pénales mettent en cause la souveraineté des États. La question est la suivante : quel est le champ d'application de la loi pénale française, de la compétence des juridictions pénales françaises en présence d'une infraction présentant un élément d'extranéité ? Par exemple, un crime ou un délit commis en France par un étranger ou contre un étranger ; un crime ou un délit commis à l'étranger par un Français. Les solutions apportées par le droit interne font appel à différents critères (celui de la compétence territoriale, de la compétence personnelle ou réelle voire de la compétence dite « universelle ») et ressortissent à ce qu'il convient d'appeler le droit pénal international. Quant à l'extradition, ou aux effets internationaux des jugements rendus, il s'agit là de questions qui aujourd'hui trouvent une réponse dans les

5. Garraud R., *Précis de droit criminel*, Paris, 1921, p. 13 employait déjà l'expression « science de la peine » ; Poncela P., *Droit de la peine*, PUF, collection « Thémis », 2001 ; Bonis-Garçon E. et Peltier V., *Droit de la peine*, LexisNexis, 2e éd., 2015.

multiples conventions bilatérales ou multilatérales[6] et depuis la loi du 9 mars 2004, dans les articles 696 et s. du Code de procédure pénale pour ce qu'il en est de l'extradition. On signalera également la loi du 9 juillet 2010 visant à faciliter la saisie et la confiscation en matière pénale qui intègre dans le Code de procédure pénale des dispositions sur l'exécution des décisions de confiscation prononcées par les autorités judiciaires étrangères (art. 713-36 à 713-41 nouv.) et sur l'entraide internationale aux fins de saisies des produits d'une infraction en vue de leur confiscation ultérieure (art. 694-10 à 694-13 nouv.).

À l'échelon européen, il existe parmi d'autres une convention d'*extradition* entre les États membres de l'Union européenne (acte du Conseil du 27 octobre 1996) qui complète la convention européenne d'extradition en date du 13 décembre 1957 (ratifiée par la France en 1985), la convention pour la répression du *terrorisme,* signée en 1977 (ratifiée en 1987) et la convention européenne relative à la procédure simplifiée d'extradition de 1995. Cette convention d'extradition est remplacée dans bien des cas par la décision-cadre sur le mandat d'arrêt européen. Sur un plan plus global, le traité d'Amsterdam du 2 octobre 1997 comportait déjà un titre VI intitulé « Dispositions relatives à la *coopération policière et judiciaire* en matière pénale ». Il y est mentionné une action commune des États membres de l'Union européenne, visant à faciliter et accélérer la coopération entre les ministères et les autorités judiciaires ou équivalentes, compétents pour ce qui est de la procédure et de l'exécution des décisions ; à faciliter l'extradition ; à prévenir les conflits de compétence ; à adopter des mesures instaurant des règles minimales relatives aux éléments constitutifs des infractions pénales et aux sanctions applicables dans le domaine de la criminalité organisée, du terrorisme et du trafic de drogue. Dans certains domaines, des avancées concrètes et significatives ont lieu. C'est le cas de la décision-cadre du 13 juin 2002 sur le mandat d'arrêt européen, évoquée précédemment ; cette décision est transposée dans le Code de procédure pénale aux articles 695-11 et suivants par la loi du 9 mars 2004 ; il faut aussi ajouter la mise en place par cette même loi de la procédure simplifiée d'extradition entre les États membres de l'Union européenne (CPP, art. 696-25 et s.) ou la loi du 10 mars 2010 créant dans le chapitre II du titre III du Livre I du Code pénal une sous-section 6 relative aux *effets des condamnations prononcées par les juridictions pénales d'un État membre de l'Union européenne.* Pareillement la loi du 9 juillet 2010 prévoit de nouvelles dispositions en application de la décision-cadre du Conseil de l'Union européenne du 6 octobre 2006 sur la transmission et l'exécution des décisions de confiscation (CPP, art. 713 à 713-15 nouv.). Depuis ces dernières années, le nombre de textes visant à adapter notre droit pénal au droit de l'Union européenne s'accroît : lois du 27 mai 2014 (procédure pénale), du 30 décembre 2014 (matière économique et financière), du 17 août 2015 (procédure pénale).

---

6. V. sur les différents problèmes posés par le droit pénal international : Lombois C., *Droit pénal international*, Dalloz, 1979 ; Huet A. et Koering-Joulin R., *Droit pénal international*, PUF, 2001 ; Rebut D., *Droit pénal international*, Dalloz, collection « Précis », 2e éd., 2015.

77. Un véritable droit pénal européen est donc en train de se construire. Un *corpus juris* constitué de propositions sur des principes de droit pénal substantiel et de procédure a d'ores et déjà été publié[7]. Pour l'un de ses plus fervents défenseurs, le professeur Mireille Delmas-Marty, la seule voie raisonnable est celle qui consiste à appréhender le droit pénal européen de manière pluraliste en respectant les particularismes de chaque État. La démarche consiste alors à « ordonner le multiple » en combinant l'unification des règles quand elles sont identiques et l'harmonisation des principes, en préservant pour chaque État « une marge nationale d'appréciation ». Ces principes sont des « principes directeurs »[8]. Ce droit pénal européen doit constituer pour l'Europe un rempart contre le risque d'hégémonie de certains États puissants (on pense évidemment aux États-Unis) dans la mondialisation du droit. L'application du traité de Lisbonne, signé le 13 décembre 2007 et entré en vigueur le 1er décembre 2009, accélère à n'en point douter, la communautarisation du droit pénal : selon l'article 61 du Traité sur le fonctionnement de l'Union européenne, l'Union doit œuvrer pour assurer un niveau élevé de sécurité par des mesures de prévention et de lutte contre la criminalité. Le texte incite à développer la coopération entre les autorités policières et judiciaires, la reconnaissance mutuelle des décisions judiciaires en matière pénale et, si nécessaire, le rapprochement des législations pénales. L'article 83 § 1 de ce traité permet même de fixer des règles minimales pour ce qui concerne la définition des infractions et des sanctions pour certaines formes graves de criminalité[9].

b. Le droit international pénal

78. Il traite de la répression des infractions imputables aux États ou à leurs dirigeants. Cela concerne les crimes de guerre et les crimes contre l'humanité. À cet égard, le Code pénal contient, pour la première fois, des dispositions spécifiques, du moins pour la seconde catégorie (articles 211-1 à 213-5). Ce droit international se construit petit à petit.

En effet, l'institution par les vainqueurs de la Seconde Guerre mondiale, en 1945, du tribunal militaire de Nuremberg pour juger les criminels nazis a été suivie récemment par le tribunal pénal pour l'ex-Yougoslavie (dont le siège est à La Haye) et le tribunal pénal pour le Rwanda (siège à Arusha). Il s'agit toujours de juridictions *ad hoc* dotées d'une compétence bien limitée, comme l'était le tribunal de Nuremberg. Le traité de Rome du 17 juillet 1998 va plus loin : il crée une cour pénale internationale permanente chargée par la communauté internationale de juger les auteurs de génocides, crimes

7. Ce *corpus juris*, centré sur la protection des intérêts financiers de l'Union européenne et rédigé à partir des travaux de groupes d'experts par Delmas-Marty M., a été publié en 1997 aux éd. Economica. Sur sa mise en œuvre, on consultera les quatre volumes qui y sont consacrés, éd. Interscientia, 2000-2001.

8. Delmas-Marty M. a développé ses thèses dans de nombreux ouvrages et articles. On peut lire notamment : *Pour un droit commun*, Seuil, 1994 ; *Trois défis pour un droit mondial*, Seuil, 1998. Pour une vue d'ensemble, Pradel J., Corstens G. et Vermeulen G., *Droit pénal européen*, Dalloz, collection « Précis », 3e éd., 2009.

9. Cf. *infra* n° 148.

contre l'humanité, t crimes de guerre et crime d'agression[10]. Sa compétence est complémentaire des systèmes juridiques nationaux. Cependant, en soumettant l'entrée en vigueur du statut à la ratification ou à l'adhésion de soixante États auprès du secrétaire général de l'ONU, les États signataires avaient pris le risque de différer considérablement la mise en place effective de la cour pénale internationale. À l'expérience, cette crainte se révèle vaine puisque le nombre des signatures exigées a été obtenu. La cour est donc devenue une réalité depuis le 1er juillet 2002.

2. La connaissance des droits étrangers

79. Elle est obtenue grâce au *droit comparé,* défini comme l'étude des différences et des ressemblances entre deux ou plusieurs droits nationaux. Ces études appliquées au droit pénal sont de plus en plus nombreuses[11]. La confrontation des législations fait apparaître leurs atouts dont il est possible de s'inspirer pour transformer un système juridique donné, « à condition de travailler sur la comparaison des principes et non pas sur leur dévoiement »[12]. On peut penser que la construction de l'espace judiciaire européen favorisera le développement du droit comparé, qui doit cesser d'être une discipline académique.

3. Une meilleure spécialisation de la matière

80. C'est à quoi répondent, par exemple, des disciplines comme le droit pénal des affaires[13] ou le droit pénal des mineurs[14].

---

10. Sur cette instance, Revue internationale de droit pénal, 1er et 2e semestres 2000, p. 1 et s.

11. V. *Procédures pénales d'Europe*, ouvrage dirigé par Delmas-Marty M., PUF, 1995 – Pradel J., *Droit pénal comparé*, Dalloz, 4e éd. 2016. En outre, il existe depuis 1936 une Revue de science criminelle et de droit comparé, et l'Association internationale de droit pénal, qui succéda en 1924 à l'Union internationale de droit pénal fondée en 1889, contribue magistralement à la promotion des études pénales comparées.

12. Soulez-Larivière D., « France-Amérique », *in Le droit français s'américanise-t-il ?*, La Revue des deux mondes, juin 2000, p. 18. Par exemple, depuis une dizaine d'années, à l'imitation du droit anglo-saxon, le principe du contradictoire, caractéristique de la procédure accusatoire, fait une entrée en force au cours de la procédure française d'instruction, par nature inquisitoire. L'influence étrangère est dans ce cas bénéfique et permet de mieux respecter les droits de la défense. À l'inverse, le droit, reconnu au citoyen américain par le cinquième amendement à la Constitution, de garder le silence à tout moment du procès, produit aux États-Unis des effets pervers : destiné à l'origine à protéger la personne poursuivie contre l'extorsion des aveux, ce droit a donné naissance à des pratiques consistant à accorder des immunités à certains témoins en contrepartie d'aveux. Sans en rejeter le principe, le droit français a introduit, sinon le droit au silence (qui est en réalité un droit naturel), du moins l'obligation pour l'officier de police judiciaire, au cours de l'enquête de police, d'informer le suspect du droit de se taire (V. CPP, article 63-1, al. 1, modifié par la loi n° 2011-392 du 14 avr. 2011). Sur le phénomène d'américanisation du droit, v. aussi : Nieto Mártin A., « Américanisation ou européanisation du droit pénal économique », RSC 2006, 767 et s.

13. Les ouvrages sont nombreux : Delmas-Marty M. et Giudicelli-Delage G., *Droit pénal des affaires*, PUF, 4e éd., 2000 – Jeandidier W., *Droit pénal des affaires*, Dalloz, 2005 – Véron M., *Droit pénal des affaires*, Dalloz, collection « Cours », 11e éd., 2016 – Larguier J. et Conte Ph., *Droit pénal des affaires*, A. Colin, 2004 ; Stasiak F., *Droit pénal des affaires*, LGDJ, 2e éd., 2009 – Lepage A., Maistre du Chambon P. et Salomon R., *Droit pénal des affaires*, Litec, 5e éd., 2018.

14. V. par exemple : Renucci J.-F., *Droit pénal des mineurs*, Masson, 1994 – *Le mineur et le droit pénal*, sous la direction de Nérac-Croisier R., 1998 ; Bonfils Ph. et Gouttenoire A., *Droit des mineurs*, Dalloz, collection « Précis », 2e éd., 2014.

Au sein d'une catégorie naissent parfois des sous-catégories. Ainsi, le droit pénal de l'environnement ou celui de l'urbanisme, intégrés à l'origine dans le droit pénal des affaires, accèdent à l'autonomie[15]. Il s'agit d'ensembles juridiques transversaux se situant au carrefour du droit public et du droit privé et atteignant un degré de complexité telle qu'il est préférable de leur consacrer des travaux spécifiques. Il y a également l'idée que le droit pénal n'est plus seulement un droit s'appliquant à un individu en soi (ou à une entreprise) mais aussi à un individu pris en qualité de citoyen.

Quant au droit des mineurs, son particularisme tient d'une part à son texte fondateur, l'ordonnance du 2 février 1945, non incorporée dans le Code pénal, d'autre part à la personne même du délinquant, être en devenir, ce qui, en cas d'infraction, appelle des réponses appropriées, tant sur le fond que sur la procédure. Afin d'adapter la législation à la délinquance contemporaine des mineurs un avant-projet de réforme issu des travaux de la commission présidée par le professeur Varinard a déjà été rédigé[16].

§2. L'unité d'esprit du droit pénal

81. D'abord, c'est au travers de la politique criminelle que l'on peut constater l'unité d'inspiration des diverses branches du droit pénal. Pour lutter utilement contre la criminalité, il faut agir à la fois sur les incriminations (c'est le droit pénal spécial), sur les règles d'organisation judiciaire ou de procédure (c'est la procédure pénale) et sur les peines (c'est la pénologie)[17]. S'agissant du droit pénal général, il en est le point de convergence et fixe le cadre dans lequel « vivent » les règles pénales spéciales.

On insistera particulièrement sur le lien existant entre le droit pénal substantiel et le droit pénal procédural. Contrairement aux règles de droit privé comme le droit civil ou commercial, le droit pénal de fond ne s'applique que dans le cadre d'une procédure judiciaire. C'est elle qui lui donne son efficacité, à tel point qu'au moment de la discussion du projet de réforme du Code

15. Goutal D., *Droit répressif de l'environnement*, Economica, 2000 – Léost R., *Droit pénal de l'urbanisme*, Le Moniteur, 2001 – Jacquot H. et Priet F., *Droit de l'urbanisme*, Dalloz, collection « Précis », 7e éd., 2015, n° 999 et s. Robert J.-H. et Fossier Th., *Droit répressif de l'urbanisme*, Economica, 2017.

16. V. *Adapter la justice pénale des mineurs, Rapport de la commission présidée par le recteur André Varinard*, La Documentation française, 2009. Le texte de l'avant-projet de réforme est consultable sur le site du ministère de la Justice : www.justice.gouv.fr

17. C'est précisément ce qu'a fait le législateur avec la loi d'orientation et de programmation pour la justice du 9 sept. 2002 dans laquelle se mêlent des dispositions de fond (l'outrage à enseignant devenant une circonstance aggravante du délit d'outrage : C. pén., art. 433-5, al. 3), des dispositions de procédure (création de juges de proximité, jugement à délai rapproché des mineurs multirécidivistes, dispositions tendant à simplifier la procédure pénale et à accroître son efficacité), de nouvelles sanctions (les sanctions éducatives pour les auteurs d'infractions âgés de 10 à 13 ans), des mesures d'exécution des peines (placement des mineurs en centres éducatifs fermés). La loi du 9 mars 2004 procède de façon identique : on y trouve des dispositions créant la catégorie des infractions de criminalité organisée, la comparution sur reconnaissance préalable de culpabilité, modifiant le droit de l'exécution de la peine (création notamment du tribunal de l'application des peines, de la contrainte judiciaire pour le recouvrement des amendes – procédure se substituant à la contrainte par corps...). Le projet de loi de programmation 2018-2022 et de réforme de la justice, en inscrivant des dispositions pour simplifier et renforcer l'efficacité de la procédure pénale et de la peine poursuit toujours le même but.

de procédure pénale, qui deviendra la loi du 4 janvier 1993, certains parlementaires, jugeant le texte laxiste, s'interrogeaient sur l'avenir du nouveau Code pénal qui venait lui aussi d'être voté.

Ensuite, l'unité du droit pénal est renforcée par un certain nombre de principes dont l'application est générale : principe de légalité, d'égalité de traitement des personnes poursuivies (tant du point de vue de la procédure que de celui des sanctions prononcées ou appliquées), du respect de la dignité humaine (interdiction des traitements dégradants et humiliants, aussi bien au cours d'opérations de police que pendant une incarcération) ; de proportionnalité (dans le recours par le juge d'instruction à la détention provisoire ou bien dans la fixation des peines en rapport avec la gravité de l'infraction) ; de culpabilité (qui veut que les poursuites soient conditionnées par une faute reprochée à la personne poursuivie).

Sous-section 2 Les concepts fondamentaux du droit pénal général

82. Il y a deux concepts fondamentaux : celui d'*infraction* (§ 1) et celui de *peine* (§ 2). Chacun de ces concepts met en jeu d'autres notions : celles d'*incrimination*, de *responsabilité*, de *mesure de sûreté,* qui permettent de mieux comprendre ce qu'est le droit pénal.

§1. Le concept d'infraction

83. L'infraction a un contenu différent selon que l'on se place du point de vue moral, criminologique ou juridique. Pour affiner la définition, il peut être utile de la rapprocher d'autres notions.

A. Les différentes approches

1. Approche morale

84. L'infraction apparaît comme un fait moralement répréhensible. C'est la conception qu'en avait l'ancien droit. Dans un État laïc où l'ordre social est prioritaire, il n'est pas possible d'en réduire ainsi le domaine. En raison de leur diversité au sein d'une même collectivité et de leur imprécision, les règles morales sont une garantie insuffisante contre les risques d'arbitraire dans l'application de la sanction tant qu'elles ne sont pas traduites en termes législatifs. Précisément, cette conception ne correspond pas à notre droit positif, qui incrimine des comportements n'ayant rien à voir avec la morale (infractions aux règles de circulation, infractions en matière économique, sociale, d'urbanisme).

2. Approche criminologique

85. L'infraction est considérée sous son aspect de phénomène criminel. On aura des réponses différentes : pour les uns, l'infraction existe dès que le comportement révèle une personnalité dangereuse ; pour les autres, il doit y avoir une atteinte à une valeur commune de la collectivité (c'est la position des sociologues). En tout cas l'infraction ne serait pas dépendante d'un catalogue légal. C'est une approche trop imprécise qu'il faut écarter.

3. Approche juridique

86. Le critère retenu est ici un critère formel : le fait constitutif d'infraction doit être imputable à son auteur, prévu et sanctionné par la loi. Cela ne veut pas dire que toute considération morale ou criminologique est à exclure, mais que la définition est avant tout une définition légale. La doctrine dans sa grande majorité est en ce sens[18]. Certains critiquent cette définition, qu'ils jugent abstraite et désincarnée[19]. Un auteur a proposé justement de lui redonner une dimension humaine en présentant l'infraction comme « une conduite humaine imputable et coupable »[20], ce qui ne saurait exclure, de toute façon, la référence à la loi. Cela étant dit, définir l'infraction étant davantage le travail de la doctrine que celui du législateur, il est intéressant d'observer que, globalement, les auteurs se répartissent en trois groupes lorsqu'il s'agit de pousser plus avant l'analyse :

87. 1er groupe : il correspond à un courant classique qui présente l'infraction comme un ensemble de trois éléments constitutifs : l'élément *légal,* à savoir le texte de loi ou le texte réglementaire qui incrimine le comportement ; l'élément *matériel,* c'est-à-dire le fait commis ; enfin l'élément *moral* qui recouvre la culpabilité. Parfois un élément supplémentaire est ajouté, l'élément *injuste,* afin de signifier que pour être une infraction l'acte ne doit pas être justifié par un texte (ainsi en est-il de l'homicide commis à titre de légitime défense).

Cette présentation est gênante : l'infraction est un acte imputable à son auteur. Elle a obligatoirement une dimension humaine. Or une norme, règle abstraite, ne saurait être incorporée à un acte. Il ne faut pas confondre infraction et incrimination. Sur les trois ou quatre éléments rappelés, il y en a au moins un qui devrait être écarté. Il s'agit de l'élément légal. D'ailleurs, parler d'élément légal est impropre. Y aurait-il des infractions légales ? Il conviendrait de parler plutôt d'élément illicite si on veut maintenir la loi parmi les éléments constitutifs. À la réflexion, il est plus judicieux de dire que la loi est une *condition préalable* de l'infraction.

---

18. V. par ex. Bouloc B., *Droit pénal général,* Dalloz, collection « Précis » 25e éd., 2016, n° 97 – Pradel J., *Droit pénal général,* Cujas, 21e éd., 2016, n° 290 – Rassat M.-L., *Droit pénal général,* Ellipses, 2e éd., 2006, n° 228 et 230 – Soyer J.-C., *Droit pénal et procédure pénale,* 21e éd., 2012, n° 58 et s.

19. Rassat M.-L., *ibid.*

20. Dana A. Ch., *Essai sur la notion d'infraction pénale,* LGDJ, 1982.

88. 2e groupe : il s'agit d'auteurs qui privilégient la dimension *humaine* de l'infraction. M. Decocq fut à cet égard l'un des premiers à mettre l'accent sur le lien étroit entre le fait et la personne (le fait devient acte)[21]. L'infraction serait un acte commis avec un certain état d'esprit à l'égard des valeurs sociales protégées : soit de l'hostilité (et il y aura intention criminelle) ; soit de l'indifférence (et l'on parlera de négligence, maladresse, imprudence). Mais la question de savoir si cet acte peut être imputé à son auteur serait une question distincte qui se pose après celle de l'existence de l'infraction. Feraient donc partie de l'infraction, selon cette conception, la *matérialité* de l'acte et la *culpabilité,* à l'exclusion de l'*imputabilité* de cet acte. En d'autres termes, imputable ou non, l'acte resterait une infraction. M. Dana poussera plus loin l'identification de l'infraction à la conduite humaine, puisqu'il écrit que l'infraction est une conduite humaine imputable et coupable ; il assemble dans un même concept le fait, la culpabilité et l'imputabilité ; il y a une très forte personnalisation de l'infraction. Celle-ci rejoint la responsabilité pénale[22]. Quand on regarde les textes d'incrimination, on constate toutefois que le législateur décrit une action et un état d'esprit, c'est tout ; il ne pousse pas jusqu'à l'imputabilité.

89. 3e groupe : nous trouvons des auteurs pour lesquels l'infraction est avant tout un acte matériel, un « fait tangible »[23]. La question de la culpabilité (et *a fortiori* de l'imputabilité) est alors détachée des éléments constitutifs de l'infraction pour être étudiée à l'occasion de la responsabilité pénale. Les éléments constitutifs (expression conservée par M. Pradel) se réduisent au comportement matériel, au préjudice et au lien de causalité. Cette approche correspond assez bien à l'idée commune selon laquelle l'individu *commet* une infraction, c'est-à-dire un acte qui lui est extérieur.

90. Sachant que la définition de l'infraction est une définition légaliste, peut-on trouver dans le Code pénal actuel matière à réflexion ?

En dépit d'un livre premier intitulé *Dispositions générales* et d'un souci de préciser certains concepts (celui d'auteur : art. 121-4 ; de complice : art. 121-7 ; de concours d'infractions : art. 132-2), le législateur n'a pas défini l'infraction pénale en soi. L'on sait seulement à l'article 111-1 que les infractions sont classées suivant leur gravité en crimes, délits et contraventions, ce qui confirme, s'il en est besoin, que l'infraction se détermine au regard des valeurs sociales protégées et de la gravité de l'atteinte.

---

21. *Droit pénal général,* A. Colin, 1971, p. 151 et s. – dans le même sens, Rassat M.-L., *op. cit.*, n° 230 – il est intéressant de relever que l'ouvrage de M. Bouloc précité extrait désormais la légalité pénale des éléments constitutifs de l'infraction (pour l'inclure parmi des « grands principes »), après l'y avoir maintenu durant de nombreuses rééditions. L'auteur voit maintenant dans la loi non plus un élément constitutif mais un « élément n° nécessaire et fondateur », 102.

22. V. *infra,* n° 92.

23. Pradel J., *op. cit.*, n° 399. À rapprocher de la démarche de M. Robert J. H. qui distingue la matérialité du fait infractionnel et l'imputation dans sa dimension subjective regroupant les causes de non imputabilité et la culpabilité : *Droit pénal général,* PUF, collection « Themis », 6e éd., 2005.

Malgré tout, il y a des indices :

Le *plan* d'abord : le titre premier est consacré à la loi pénale, le titre deuxième à la responsabilité pénale et le titre troisième aux peines. Nous pouvons en déduire la définition suivante : l'infraction est un fait incriminé (titre 1), imputable à son auteur (titre 2) et réprimé par la loi (titre 3).

Certains *textes* ensuite : l'article 111-3 dispose que « nul ne peut être puni pour un crime ou pour un délit dont les *éléments* ne sont pas définis par la loi » ; l'article 112-1 énonce que « sont seuls punissables les *faits constitutifs* d'une infraction » ; quant à l'article 112-4, il prévoit que la peine cesse de recevoir exécution quand elle a été prononcée « pour un *fait* qui, en vertu d'une loi postérieure au jugement, n'a plus le caractère d'une infraction pénale »[24]. Il y a donc des *éléments* ou des *faits constitutifs* décrits par le texte légal ; ces éléments sont le *fait* et la *culpabilité*[25]. La loi est exclue des éléments de l'infraction puisque c'est elle qui les définit.

En conclusion, on se rend compte que si, sur un plan doctrinal, il y a de nombreuses manières de présenter l'infraction, la définition classique, avec ses trois éléments, est toujours très utilisée en pratique.

Elle nous paraît sans inconvénient majeur, à condition d'en bien connaître les limites.

B. Le rapprochement de l'infraction d'autres concepts

1. Infraction et incrimination

91. Le terme d'*incrimination* est issu de « *crimen* » qui en latin est synonyme d'infraction ; l'incrimination est la description par le législateur de comportements érigés en infractions. Le mot *infraction* s'applique davantage à l'acte commis qui correspond à la description légale. Selon le point de vue où l'on se place, on pourrait dire qu'une infraction est soit l'incrimination d'un fait (point de vue du législateur), soit un fait incriminé (si l'on se place du point de vue du délinquant).

2. Infraction et responsabilité pénale

92. La responsabilité pénale a pour objet l'infraction et pour but la défense sociale. Le droit de la responsabilité pénale est le droit de l'infraction. Quelles que soient les définitions de la responsabilité pénale, elles conduisent toutes à la notion d'infraction qui en est le fait générateur[26].

---

24. Cette terminologie renvoie à celle utilisée dans les textes incriminateurs : comparer à propos de l'escroquerie l'ancien article 405 du Code pénal (« quiconque, soit en faisant usage de faux noms... ») et le nouvel article 313-1 (« l'escroquerie est le *fait*, soit par l'usage d'un faux nom... »).

25. Même si le texte ne dit rien sur l'état d'esprit de l'auteur, l'article 121-3 exige de toute façon une intention ou une faute en matière de crime et de délit.

26. Pour M. Decocq (« L'infraction et la responsabilité dans l'avant-projet de Code pénal », JCP 1979.1. 2926), « la responsabilité pénale est l'obligation de subir l'effet que le droit pénal, réagissant à une donnée, attache à celle-ci ». La donnée est l'infraction. M. Dana (*op. cit.*, p. 35) considère également qu'il n'y a pas de responsabilité pénale sans infraction ni d'infraction sans responsabilité pénale : « De l'existence ou de l'inexistence de l'infraction dépendra la responsabilité ou l'irresponsabilité pénale de l'auteur du fait matériel.

Traditionnellement, la responsabilité est présentée comme la conséquence de l'infraction. Isolée de l'acte matériel, la responsabilité pénale comprend alors deux éléments : la *culpabilité*, qui se détermine par rapport à la société, à savoir l'intention ou la faute ; l'*imputabilité*, qui se détermine par rapport à l'auteur, et permet d'attribuer ou non à ce dernier la faute qui a été commise. À titre d'exemple, une personne affectée d'un trouble mental peut commettre une infraction parce qu'elle a voulu l'acte ; pour autant, l'acte ne lui sera pas imputable, à défaut pour elle de disposer de la faculté de comprendre la portée de cet acte.

À considérer le Code pénal, on s'aperçoit que l'ensemble du titre 2 du livre premier est consacré à la responsabilité pénale placée, ainsi, au centre du dispositif législatif, prenant ses racines en amont dans la loi pénale et emportant, en aval, une peine. Aussi serait-il possible de convertir l'étude du droit pénal général en l'étude d'un droit de la responsabilité pénale, comme il existe un droit de la responsabilité civile. On y étudierait pareillement le fait générateur, le lien de causalité et le dommage[27]. Le danger de ce choix serait peut-être de faire passer au second plan l'idée selon laquelle la loi répressive porte déjà sur des actes limitativement énumérés.

3. Infraction pénale, délit civil et faute disciplinaire

a. Infraction pénale et délit civil

93. Ces comportements ne doivent pas être confondus. Si tout fait quelconque qui cause à autrui un dommage engage la responsabilité civile de l'auteur de ce fait (C. civ., art. 1382), il n'en est pas de même pour la responsabilité pénale commandée par le principe de la légalité : seuls certains faits, les plus graves, seront constitutifs d'une infraction.

Par ailleurs, le rôle du dommage individuel est différent. Le dommage est de l'essence même de la responsabilité civile. Planiol écrivait déjà, au début du xxe siècle, que « par opposition à la responsabilité pénale, être civilement responsable, c'est être obligé de réparer au moyen d'une indemnité pécuniaire un dommage souffert par une autre personne »[28]. C'est encore plus vrai aujourd'hui, où le développement de l'assurance, par l'objectivation de la responsabilité qui en est résultée, a conduit à faire de la réparation des dommages le seul but du droit de la responsabilité civile. Des illustrations de cette évolution sont données dans tous les ouvrages de responsabilité civile.

À l'inverse, en matière pénale, il existe une dissociation entre le comportement répréhensible et le préjudice causé à la victime de l'infraction. Toute infraction n'est pas nécessairement un fait dommageable : la simple

La dissociation infraction/responsabilité est alors insoutenable, et cela n'a rien d'étonnant puisque le droit pénal général, en entier, a pour objet l'étude de la responsabilité pénale qui a justement l'infraction pour objet ».

27. En ce sens, Chabas F., *Responsabilité civile et responsabilité pénale*, Montchrestien, 1975 – Dreyer E., *Droit pénal général*, LexisNexis, 4e éd., 2016.

28. « Le fondement de la responsabilité civile », Rev. crit., 1905, p. 277.

tentative est punissable (C. pén., art. 121-5), de même que, dans certains cas, le fait simplement susceptible de causer un dommage (conduite d'un véhicule sous l'empire d'un état alcoolique).

94. Sur le plan de la *sanction,* nous savons déjà qu'en présence d'un dommage la sanction prend la forme de dommages et intérêts dont le but est de compenser le préjudice souffert. Même s'il est concevable que la responsabilité civile puisse avoir une fonction répressive[29], l'indemnité versée étant alors destinée moins à procurer à la victime un équivalent qu'à atteindre l'auteur du dommage dans ses biens, telle n'est pas sa fonction. Quant à l'infraction pénale, elle est sanctionnée par une peine qui ne peut avoir pour but la réparation du préjudice individuel. Peut-être satisfera-t-elle indirectement le désir de vengeance, mais ce n'est pas l'objectif recherché.

b. Infraction pénale et faute disciplinaire

95. La *faute* disciplinaire consiste en la violation de règles précises applicables à certains groupes sociaux ou professionnels, afin de préserver l'honorabilité ou la dignité de la fonction (médecins, avocats, etc.). La loi pénale étant d'application générale, la faute pénale peut être commise par tout citoyen. En outre, le principe de la légalité des incriminations n'est pas applicable en matière disciplinaire.

Les *sanctions* sont également différentes : la faute pénale est punie d'une peine prononcée par une juridiction judiciaire ; l'auteur d'une faute disciplinaire encourt une mesure disciplinaire prenant par exemple la forme d'un blâme, d'une suspension ou d'une interdiction professionnelle, et prononcée par des instances spécifiques (commission disciplinaire, conseil de l'ordre). Toutefois il est concevable qu'une faute pénale puisse donner lieu à la fois à des sanctions pénales et disciplinaires.

§2. Le concept de peine

96. La peine caractérise la fonction répressive du droit pénal au même titre que l'infraction. Pourtant, influencé par les idées défendues par l'école de la défense sociale nouvelle, l'avant-projet de réforme de 1976 avait cru plus judicieux de substituer au terme de « peine » celui de « sanction », afin de mieux rendre compte de la diversité des mesures susceptibles d'être ordonnées. L'inconvénient de l'usage d'une telle terminologie était de dissimuler la réalité : qu'il s'agisse d'une mesure privative de liberté, d'une amende ou d'une restriction de droits, la sanction est toujours comprise par celui qui en est atteint comme un châtiment. C'est pourquoi le Code pénal actuel ne cherche pas à faire illusion et

29. Starck B., *Essai d'une théorie générale de la responsabilité civile considérée en sa double fonction de garantie et de peine privée,* Th. Paris, 1947 – Carval S., *La responsabilité civile dans sa fonction de peine privée,* LGDJ, 1995.

conserve le terme traditionnel de peine, sans remettre en cause la nouvelle philosophie qui inspire désormais le droit de la peine.

A. La nouvelle philosophie de la répression

97. Le code maintient la hiérarchie entre les peines criminelles, correctionnelles et contraventionnelles. Mais, d'une part, il fallait tirer les conséquences de la reconnaissance de la responsabilité des personnes morales ; d'autre part, il convenait d'affirmer clairement le sens prioritaire de la peine : l'amendement et le reclassement du condamné.

1. Peines criminelles

98. Naguère, les peines criminelles les plus graves étaient qualifiées d'« afflictives et infamantes » (C. pén., anciens art. 6 et 7). « Afflictive » signifiait que la punition devait être une souffrance ; « infamante » voulait dire que le condamné était désigné à la réprobation publique. Il existait même des peines exclusivement infamantes (le bannissement, la dégradation civique). Ces qualifications ont été abandonnées, ce qui laisse intacte la question de savoir si, individuellement, lesdites peines ne sont pas toujours ressenties intérieurement par le condamné comme afflictives et infamantes. Du moins le législateur ne s'en réclame plus.

Dans l'échelle des peines criminelles applicables aux personnes physiques, la grande innovation du code est la création de la peine de trente ans de réclusion criminelle, encourue pour des crimes punis antérieurement de la réclusion criminelle à perpétuité, la peine la plus grave étant dorénavant cette dernière depuis l'abolition de la peine de mort. Évidemment, il n'y a aucune équivalence entre les deux peines, d'autant plus que la perpétuité n'existe pas, avec les mesures de libération conditionnelle dont peut bénéficier sous certaines conditions le condamné[30]. C'est pourquoi, face à des crimes particulièrement odieux, le vieux démon de la peine de mort resurgit périodiquement[31]. Pour le chasser, en 1994, un projet de loi avait tenté d'instituer une perpétuité réelle en cas de meurtre ou d'assassinat d'un mineur de quinze ans, précédé ou accompagné de tortures. La loi qui en est issue (loi du 1er février 1994), sensible aux critiques des milieux pénitentiaires, ne la consacre pas vraiment (CPP., art. 720-4, modif. par la loi du 9 mars 2004) : s'agissant plus particulièrement de la réclusion criminelle à perpétuité, le tribunal de l'application des peines ne pourra permettre un retour provisoire ou anticipé à la liberté, une fois le délai de trente ans écoulé, qu'après avoir obtenu l'expertise réalisée par un collège de trois experts médicaux inscrits sur la liste

30. Le condamné doit toujours bénéficier d'une perspective d'élargissement : CEDH, 17 janv. 2017, *aff. Hutchinson C/RU*, n° 57592/08, *Dr.pén.* 2017, comm., n° 51, note Bonis-Garçon E.

31. Le rétablissement de la peine de mort devient de plus en plus hypothétique, quasiment impossible. Outre le protocole n° 6 du 28 avr. 1983 à la Convention européenne des droits de l'Homme qui abolit la peine de mort sans prévoir de réserve ou dérogation, il y a maintenant la loi constitutionnelle du 23 févr. 2007 qui ajoute un article 66-1 au titre VIII de la Constitution : « nul ne peut être condamné à la peine de mort ». Rétablir la peine de mort supposerait à la fois de dénoncer la Convention et de modifier la Constitution.

des experts agréés près la Cour de cassation qui se prononceront sur l'état de dangerosité du condamné. Si alors une libération conditionnelle était ordonnée, les mesures d'assistance et de contrôle pourraient être fixées sans limitation de temps. À défaut d'une privation de liberté à perpétuité, il y aurait un « contrôle judiciaire à perpétuité ». Le Conseil constitutionnel a jugé cette peine dite « incompressible » compatible avec la conception de l'incarcération en droit français, qui prétend non seulement protéger la société mais aussi favoriser l'amendement du criminel[32]. La loi du 3 juin 2016 vient d'étendre aux condamnés pour actes de terrorisme cette peine de réclusion criminelle à perpétuité qu'on qualifie de « réelle », mais en fixant des conditions plus rigoureuses pour leur éventuelle remise en liberté au terme des trente années de période de sûreté.

99. Pour les personnes morales, le code prévoit l'amende qui est la sanction de principe. Elle est fixée au quintuple du montant de l'amende encourue par les personnes physiques pour une infraction identique. Il y a aussi des peines spécifiques : la dissolution (substitut de la peine de mort ; pour des raisons d'ordre constitutionnel, la dissolution ne peut pas être prononcée à l'encontre des partis et groupements politiques, syndicats et institutions représentatives du personnel), le placement sous surveillance judiciaire, l'exclusion des marchés publics, diverses mesures d'interdiction. Ces peines sont communes aux matières criminelle et correctionnelle.

2. Peines correctionnelles et contraventionnelles

100. Dans la première catégorie, il n'y a plus de hiérarchie entre peines principales (emprisonnement et amende), peines dites de substitution à l'emprisonnement (travail d'intérêt général) et peines dites complémentaires (interdictions, confiscation). La loi du 15 août 2014 relative à l'individualisation des peines et renforçant l'efficacité des sanctions pénales, ajoute, dans le même esprit, la contrainte pénale, destinée toutefois à disparaître, selon le projet de réforme de la justice, au profit de la détention à domicile sous surveillance électronique. La contrainte pénale serait en réalité absorbée par le sursis probatoire.

Il y a un changement complet de philosophie : toutes les peines sont équivalentes, et dans un souci de privilégier l'individualisation des peines, le législateur invite même le juge pénal, ce qui est remarquable, à éviter l'emprisonnement ferme. L'article 132-19, modifié par la loi du 15 août 2014, dispose que la juridiction ne peut prononcer une peine d'emprisonnement sans sursis qu'en dernier recours, notamment si toute autre sanction est manifestement inadéquate. Dans ce cas, la peine d'emprisonnement doit en principe faire l'objet d'un aménagement. Si ce n'est pas possible, le juge ne prononcera l'emprisonnement sans sursis qu'après avoir spécialement motivé son

32. Cons. const., 20 janv. 1994, n° 93-334 DC : *JO* 26 janv. 1994, p. 1380.

choix. La Cour de cassation est vigilante sur le respect de cette motivation spéciale[33].

Dans la seconde catégorie, si l'on retrouve les peines traditionnelles d'amende et d'interdiction, le code a supprimé enfin la peine d'emprisonnement. Deux raisons à cela : l'effet désocialisant des courtes peines d'incarcération, et la disproportion entre la sanction et le caractère intrinsèque de la contravention, simple manquement à la discipline de la vie en société.

B. Peine et mesure de sûreté

101. Ces deux sanctions, distinctes naguère, ont tendance à se confondre aujourd'hui.

1. La distinction de principe

102. Une *peine* au sens strict est un châtiment. Elle est en principe déterminée au jour du jugement. Même si l'évolution de la politique pénale permet des aménagements au cours de l'exécution de la peine, il y a des textes qui limitent cette liberté (art. 132-23 du Code pénal sur la période de sûreté). La peine a également un caractère définitif après l'expiration des délais de recours (le pourvoi en révision, prévu par les articles 622 et suivants du Code de procédure pénale, est enfermé dans des conditions très strictes).

Une *mesure de sûreté* est une mesure individuelle contraignante imposée à des personnes qui ont un comportement dangereux pour leurs semblables. Tandis que la peine réprime, la mesure de sûreté prévient l'infraction ou la récidive. Dépourvue de toute dimension morale, la mesure de sûreté prend la forme de dispositions d'ordre éducatif, médical, ou se traduit par des mesures d'interdiction ou de surveillance. Liée à l'état dangereux de la personne, la mesure de sûreté doit être indéterminée et révisable, et ne doit pas faire l'objet de remise à l'occasion d'amnistie ou de grâce, puisqu'elle a pour but de protéger la société contre des personnes potentiellement dangereuses. Un délinquant amnistié, par exemple, reste une menace pour l'ordre social.

2. Le rapprochement de la peine et de la mesure de sûreté

103. Ce rapprochement était souhaité depuis longtemps par les criminologues, en particulier par l'école de la défense sociale nouvelle. Celle-ci défendait un système unique de « mesures de défense sociale ». L'ordonnance sur l'enfance délinquante de 1945, le Code de procédure pénale de 1959 tiennent compte de cette préoccupation. De nombreux articles du Code de procédure pénale mettent l'accent sur la « réadaptation sociale » (art. 720-4), la « réinsertion » (707 ; 723-3), « le reclassement » (744). Dans un certain sens, l'idée de reclassement grâce à des mesures correctrices n'avait jamais été absente du système répressif, même à l époque

33. Cass. crim., 21 juin 1995 : Bull. crim., n° 231 ; RSC, 1996, p. 141, obs. Dintilhac J.-P. et p. 368, obs. Bouloc B.

napoléonienne. En matière de délit, les peines ne sont-elles pas dénommées « correctionnelles » ?

104. Le véritable processus de rapprochement de la peine et de la mesure de sûreté n'a été enclenché que dans les années 1970. La loi nº 75- 624 du 11 juillet 1975 en fut le maître d'œuvre à un double titre :

D'abord, en autorisant le juge correctionnel à prononcer, à la place de la peine principale d'emprisonnement ou d'amende, l'une des sanctions pénales complémentaires ou accessoires (qui étaient en fait des mesures de sûreté) encourues par le condamné[34].

Ensuite, en élevant purement et simplement au rang de peines diverses mesures de sûreté quand un délit est puni de l'emprisonnement[35].

L'actuel Code pénal n'a eu qu'à amplifier le mouvement, comme nous l'avons remarqué, en fondant dans un seul concept les peines *stricto sensu* et les mesures de sûreté, et en faisant de ces dernières non plus seulement des peines de substitution mais des peines alternatives à l'emprisonnement et à l'amende, ayant la même valeur. Le vote, puis l'application de la loi nº 2008-174 du 25 février 2008 sur la rétention de sûreté et la déclaration d'irresponsabilité pénale pour cause de trouble mental reposent le problème de la nature juridique des mesures de sûreté. En effet, cette loi n'exclut pas que soient ordonnées des « mesures de sûreté », en tous points semblables à des interdictions qui seraient prononcées à titre de peines alternatives, en dépit d'une déclaration d'irresponsabilité. La Cour de cassation est troublée par tant d'audace législative. Après avoir jugé que ces mesures de sûreté sont en réalité des peines ne pouvant recevoir application immédiate[36], la chambre criminelle est revenue sur sa position quelques mois plus tard, distinguant contre toute évidence peine et mesure de sûreté[37]. La volonté de permettre une application de ces nouvelles mesures à des infractions commises avant l'entrée en vigueur peut expliquer ce revirement. Il n'est pas pour autant justifié.

La contrainte pénale, instituée par la loi du 15 août 2014, participe aussi à la fois de la peine et de la mesure de sûreté.

34. C. pén., ancien art. 43-1. Les sanctions accessoires s'ajoutaient de plein droit à la peine principale sans avoir besoin d'être prononcées expressément. Elles ont disparu dans le Code pénal actuel. Quant aux sanctions complémentaires, certaines sont obligatoires, d'autres facultatives ; dans les deux cas elles doivent être prononcées par le juge.

35. C. pén., ancien art. 43-3. Les sanctions prévues sont : la suspension de permis de conduire, l'interdiction de conduire, la confiscation d'un véhicule, le retrait du permis de chasse, l'interdiction de détenir une arme.

36. Cass. crim., 21 janv. 2009 : D. 2009, p. 1111, note Matsopoulou H. ; JCP 2009.II.10043, note Détraz S.

37. Cass. crim., 16 déc. 2009 : Dr. pén. 2010, p. 15. Sur cet arrêt, vº l'article de Matsopoulou H., « L'application des "peines" puis des "mesures de sûreté" aux personnes atteintes de troubles mentaux : l'incohérence jurisprudentielle et ses conséquences », Dr. pén. 2010, p. 11.

Section 2
Le droit pénal et autres règles ou disciplines

105. La règle de droit pénal se distingue de la règle morale ou religieuse (§ 1) et doit être rapprochée d'autres sciences juridiques (§ 2).

§1. Règle pénale et règle morale ou religieuse

A. Règle de droit pénal et morale

106. À l'époque contemporaine, la règle de droit pénal n'est plus la traduction législative de règles morales. Il y a des liens indiscutables entre les deux, comme on peut le vérifier avec les notions de responsabilité ou de libre arbitre, ou encore avec les incriminations de meurtre ou de vol. Il existe également des règles appartenant à la morale collective, dont la violation est sanctionnée pénalement : on citera le devoir de porter secours à une personne en danger. Historiquement, il y avait superposition du droit pénal et de la morale, les seules infractions punissables étant des atteintes à des valeurs morales. D'ailleurs Garraud, dans son précis de droit criminel datant de 1921, n'hésitait pas à classer les infractions « au point de vue de leur moralité » et consacrait de nombreux développements « aux degrés de moralité de l'infraction » ; en réalité, il s'agissait de la culpabilité, soit le dol criminel et la faute pénale, que les pénalistes appellent « élément moral de l'infraction ».

Si, aujourd'hui, chacune des règles évolue dans sa propre sphère, c'est parce qu'elles ne poursuivent pas le même objectif. La morale prétend améliorer l'homme du point de vue de l'éthique. Le droit pénal, ensemble de règles objectives, a une ambition plus collective : sauvegarder l'ordre social. D'où certaines pratiques immorales mais encouragées[38]. Il en résulte deux observations :

La première est que la morale condamne là où le droit pénal ne sanctionne pas. Des attitudes contraires à des règles de morale individuelle, comme le mensonge ou la jalousie, ne sont pas sanctionnées pénalement pour elles-mêmes. Toutefois, le mensonge peut être à l'origine d'une escroquerie. Il sera dans ce cas puni, mais indirectement, par voie de conséquence.

La seconde est que le droit pénal peut punir là où la morale ne condamne pas. Les domaines social, fiscal, économique, ont peu de rapport avec la morale. L'euthanasie est punie comme meurtre, voire comme assassinat : sur le plan de la morale, la question se discute.

38. En matière de lutte contre le terrorisme, la loi encourage, en effet, la dénonciation : v. C. pén., art. 422-1 et 422-2.

B. Règle de droit pénal et religion

107. Depuis la loi du 9 décembre 1905, la France a opté pour un régime de laïcité. Il est dès lors difficile que religion et règles de droit pénal se rencontrent ; en vérité, elles se côtoient sans indifférence mais sans volonté de domination[39].

La loi pénale n'est pas indifférente à la religion lorsqu'elle reconnaît l'objection de conscience[40] ou fixe les modalités du serment des témoins devant la cour d'assises[41]. En outre, la Cour de cassation a admis qu'un témoin de religion musulmane puisse prononcer un serment conforme à sa doctrine religieuse[42].

En revanche, la loi pénale n'a pas à se soumettre à la règle religieuse. Elle refuse d'incriminer ou supprime l'incrimination de certains actes réprouvés par la religion : ainsi en est-il du suicide, de l'adultère, de l'interruption volontaire de grossesse ou de l'homosexualité. Le secret de la confession ne saurait avoir une force plus grande que le secret professionnel[43]. Il doit être levé, selon les termes de l'article 226-14 du Code pénal, en cas de privations ou de sévices, y compris lorsqu'il s'agit d'atteintes ou mutilations sexuelles, infligées à un mineur ou à une personne qui n'est pas en mesure de se protéger en raison de son âge ou de son état physique ou psychique. Sur le terrain des sanctions, le nouveau catéchisme de l'Église catholique, publié en 1998, disposait en son article 2267 que « l'enseignement traditionnel de l'Église n'exclut pas, quand l'identité et la responsabilité du coupable sont pleinement vérifiées, le recours à la peine de mort si celle-ci est l'unique moyen praticable pour protéger efficacement de l'injuste agresseur la vie d'êtres humains ». Certes, le texte ajoutait que si l'autorité disposait de moyens non sanglants de mettre hors d'état de nuire l'agresseur, elle devait s'en tenir à ces moyens. La version précédente du texte ne comportait pas cette réserve qui, en pratique, permettait de mettre en accord la position de l'Église avec notre législation. La doctrine de l'Église évolue cependant favorablement puisqu'un récent rescrit du pape de mai 2018 demande que soit modifié une nouvelle fois l'article 2267 dans le sens d'une opposition catégorique à la peine de mort. Le texte fera état du caractère inhumain de la peine de mort qui « blesse la dignité personnelle », l'Église s'engageant de façon déterminée en vue de son abolition partout dans le monde.

Enfin, on observera qu'en cas de conflit entre la loi pénale et une coutume religieuse préconisant une pratique interdite sur le territoire français par application du principe de territorialité, la coutume doit céder. C'est le problème des mutilations sexuelles qui ont conduit à plusieurs reprises des

39. V. Pradel J., « La religion face au droit criminel », *Mélanges Chavanne*, Litec, 1990, p. 149.

40. C. serv. nat., art. L. 116-1 et s.

41. CPP, art. 331. La formule est jugée sacramentelle : Cass. crim., 5 janv. 1984 : D. 1984.IR.145.

42. Cass. crim., 15 févr. 1838 : Bull. crim., n° 42 : « Attendu que les circonstances que ce serment a été par lui prêté la main posée sur le coran dans la forme usitée chez les mahométans et par-devant le sieur X, assesseur musulman, sont des circonstances purement accessoires aux yeux de la loi française ; qu'elles ne peuvent altérer la régularité intrinsèque du serment prêté dans la forme, dans le lieu et devant les magistrats que la loi détermine ».

43. Cass. crim., 4 déc. 1891 : Dr. pén. 1892. 1. 139.

ressortissantes africaines devant des cours d'assises. Les auteurs de tels actes sont désormais condamnés à des peines de prison ferme. La question est complexe, car ceux qui se livrent à ces pratiques sont bien souvent des victimes de ces coutumes[44].

§2. Droit pénal et autres sciences juridiques

A. Droit pénal, sciences criminelles, politique criminelle

1. Droit pénal et sciences criminelles

a. Les rapports du droit pénal et de la criminologie

108. Une définition rapide de la criminologie consiste à dire qu'il s'agit de l'étude scientifique du phénomène criminel[45], ce qui reste abstrait. Dire qu'il s'agit de l'étude du phénomène criminel dans son ampleur, ses causes et ses remèdes, permet déjà de fixer une orientation et un contenu à la criminologie. Le phénomène criminel s'identifiant à l'ensemble des infractions, et celles-ci étant des conduites humaines en rébellion contre l'ordre social ou simplement contraires à ce dernier, on voit que la criminologie peut avoir un domaine extrêmement large, faisant de cette science une discipline de synthèse associant la politique criminelle, la sociologie pénale, la criminalistique ou science du procès, la pénologie. L'école américaine classique y englobe également « le processus d'élaboration des lois, de l'infraction aux lois et des réactions provoquées par l'infraction aux lois »[46]. Le défaut de cette définition très compréhensive est d'inviter à faire de la criminologie une science idéologique. À l'opposé, certains avaient défendu la thèse selon laquelle la criminologie devait être limitée à l'étude des causes du crime, excluant celle de la réaction sociale[47]. Cette approche de la criminologie suscite les mêmes réserves.

On préférera l'approche expérimentale orientée vers l'utilité pratique de la criminologie et associant à la théorie générale l'étude médicale, sociale et psychologique du délinquant (ce qu'on appelle la « criminologie clinique »), qui seule permet de proposer un traitement efficient de la délinquance au plan répressif et préventif[48]. L'apport de la criminologie au droit pénal peut, à cette condition, être fructueux comme l'atteste l'influence de concepts tels que l'individualisation de la répression ou le traitement du délinquant dans

44. V. à titre d'exemple, Cour d'assises de Paris, 16 févr. 1999, Le Monde des 11 et 16 févr. 1999.

45. Gassin R., Cimamonti S., Bonfils Ph., *op. cit.*, n° 2 – *Vocabulaire juridique* de l'Association Henri Capitant sous la direction de Cornu G., PUF, 2018, *v°* criminologie. Morvan P., *Criminologie*, LexisNexis, 2ᵉ éd. 2016.

46. Sutherland et Cressey, *Principes de criminologie*, 1966, p. 11 et s. Cette définition a permis ultérieurement au courant dit « inter-actionniste » de se développer : v. Gassin R., Cimamonti S., Bonfils Ph., *op. cit.*, n° 8 et 302 et s.

47. Cuche P., « Un peu de terminologie », RPDr. pén. 1900, p. 466 – Stéfani G., Levasseur G. et Jambu-Merlin R., *Criminologie et science pénitentiaire*, Dalloz, 1982, n° 2.

48. Gassin R., Cimamonti S., Bonfils Ph., *op. cit.*, n° 41 et s. – Cusson M., *La criminologie*, Hachette, 1998, p. 15.

les principales réformes pénales depuis 1945. Réciproquement, l'évaluation des effets concrets des réformes législatives sur la diminution de la délinquance doit permettre à la criminologie d'affiner certaines de ses conclusions. En tout cas une chose est certaine : le droit pénal, en tant que science normative, ne saurait vivre uniquement à l'ombre de la criminologie, dont les préoccupations ne coïncident pas toujours avec celles du législateur. La pression de l'opinion publique, le surgissement d'une délinquance particulièrement violente ou d'une situation politique d'exception, l'affirmation des droits de l'homme, peuvent contraindre l'autorité publique à prendre ses distances avec la criminologie : ainsi en est-il avec les infractions de nature politique, le terrorisme, la délinquance dans certains quartiers des villes, qui appellent à prendre des mesures répressives fort éloignées des préoccupations criminologiques. De même, la protection de l'intégrité physique de l'individu et de sa dignité interdit d'user de méthodes d'investigation comme le sérum de vérité, ou de traitements comme la castration ou une intervention sur le cerveau dans la prévention de la récidive d'agressions sexuelles particulièrement graves. Certains criminologues sont pourtant de cet avis[49].

b. Les rapports du droit pénal et de la sociologie pénale

109. La sociologie pénale étudie les différentes modalités de la réaction sociale en tant que faits sociaux[50]. Son rôle joue sur la détermination des infractions et de leurs sanctions, le déroulement du procès et l'application des peines. Il s'agit de mettre en exergue la perception que peut avoir la société du système pénal et l'impact de celui-ci sur certains groupes sociaux. La sociologie est indiscutablement associée au processus législatif :

- *a priori*, en encourageant certaines réformes : par exemple, des correctionnalisations de crimes lorsque la qualification retenue est en décalage avec la conscience collective (l'avortement avait été correctionnalisé en 1921 avant d'être autorisé sous certaines conditions en 1975). En 1993, à la suite de plusieurs affaires criminelles jugées par des cours d'assises, un colloque s'était tenu sur le thème du « peuple magistrat ». Le peuple, appelé à juger ses semblables au sein du jury, peut-il se tromper ? La question avait une résonance politique, mais aussi sociologique. L'idée s'est imposée petit à petit qu'il fallait instituer un recours des arrêts rendus par les cours d'assises, ce qui fut fait par la loi du 15 juin 2000.
- *a posteriori*, en alertant sur les dangers de réformes de circonstances : c'est le cas des réactions contre la loi n° 2002-1138 du 9 septembre 2002 qui a modifié l'ordonnance du 2 février 1945 sur l'enfance délinquante dans le sens de la répression. Les sociologues s'interrogent aujourd'hui sur la pertinence de la menace de l'emprisonnement en cas d'outrage à

49. À un degré moindre, la médecine commence malgré tout à être associée à la justice pénale dans la lutte contre la délinquance sexuelle, avec la loi du 17 juin 1998 qui crée un suivi sociojudiciaire comprenant une injonction de soins, C. pén., art. 131-36-4.

50. Sur la distinction entre sociologie criminelle et sociologie pénale : Gassin R., Cimamonti S., Bonfils Ph., *op. cit.*, n° 29 et s. – Carbonnier J., *Sociologie juridique*, PUF, 1994, p. 41 et 42.

enseignant, sur la judiciarisation de « l'espace scolaire », sur la stigmatisation d'un groupe social constitué de personnes habitant des quartiers défavorisés. C'est sous l'angle de son impact social que la loi est analysée. La sociologie attire l'attention sur le fait qu'une certaine forme de violence (par exemple la violence scolaire) peut trouver une riposte ailleurs que dans une réforme de la loi pénale, en restaurant la discipline au sein des établissements scolaires.

c. La criminalistique

110. Elle regroupe des sciences qui ont pour objet la recherche des infractions et de leurs auteurs. Concrètement, on y trouve la *médecine légale*, la *toxicologie* et la *police scientifique*. Toutes les trois seront associées dans la conduite de l'enquête de police judiciaire, de l'instruction et du jugement :

- La médecine légale, parce qu'elle permet de connaître les causes et les circonstances du décès d'une victime ;
- La toxicologie, parce qu'elle renseigne sur le pouvoir toxique de certaines substances ; le recours à cette science est particulièrement utile dans la mesure où le Code pénal distingue, au regard des peines encourues pour empoisonnement, selon que les substances employées sont nuisibles ou de nature à entraîner la mort (comparer C. pén., art. 221-5 et 222-15) ;
- La police scientifique, parce qu'elle permet d'identifier le criminel et d'établir la preuve du crime. Alphonse Bertillon, chef du service d'identification à la Préfecture de Paris, en fut le précurseur. Dès 1879 il vit tout le bénéfice qu'on pouvait tirer de l'*anthropométrie*. Cette technique, dénommée par la suite « bertillonnage », reposait sur les observations de certains savants, en particulier Quételet, selon lesquelles, chez un même individu, certaines dimensions du corps humain restent constantes à partir d'un certain âge. En consignant sur des fiches ces relevés et en les classant, il devenait plus aisé d'identifier les récidivistes. Depuis, les techniques se sont perfectionnées et progressent continuellement : méthode dactyloscopique fondée sur le relevé et la classification des empreintes digitales, recherches génétiques, utilisation de logiciels[51] permettant d'établir des liens entre différentes personnes impliquées dans des enquêtes parfois éloignées les unes des autres dans le temps, de découvrir des incohérences dans des témoignages reçus. Ces logiciels sont une aide précieuse afin de résoudre des affaires complexes de nature financière ou des crimes en série. La police scientifique apporte également son concours en matière d'authentification de documents.

51. Il s'agit des logiciels « Anacrime ». Sur l'aventure de la police scientifique depuis ses origines : Thorwald J., *La grande aventure de la criminologie*, A. Michel, 1967 ; du même auteur, *L'heure du détective*, A. Michel, 1969 – Ceccaldi F., *La criminalistique*, PUF, collection « Que sais-je ? », 1969 – V. également Montet L., *Tueurs en série. Introduction au profilage*, PUF, 2000.

2. Droit pénal et politique criminelle

111. L'expression « politique criminelle » est couramment utilisée de nos jours. Elle fait d'ailleurs partie du vocabulaire utilisé par les pénalistes depuis la fin du XIXe siècle[52].

La politique, au sens général, est une science et une pratique ayant pour objet le gouvernement des sociétés humaines. Elle se définit par rapport à la chose publique. Dès lors, son usage en matière pénale paraît naturel, puisque le droit pénal établit un rapport de droit entre un coupable et un État. Les auteurs sont, cependant, partagés sur le contenu de la politique criminelle. Si on met l'accent sur le qualificatif « criminelle », on n'y verra qu'un « ensemble de procédés répressifs par lesquels l'État réagit contre le crime » (Feuerbach), approche trop réductrice, car la lutte contre la délinquance peut prendre d'autres voies que la répression. C'est pourquoi nous préférons insister sur l'autre élément constitutif de l'expression, le mot « politique », parce qu'il évoque, de la part de l'autorité publique, une stratégie ciblée sur des objectifs précis et utilisant des moyens appartenant, certes, au domaine pénal, mais aussi aux domaines social, urbanistique ou culturel. Une politique criminelle est un plan d'ensemble autour de principes directeurs afin d'orienter l'action d'institutions privées ou publiques en faveur de la prévention de la délinquance, et l'action des autorités judiciaires lorsque la répression est nécessaire[53]. Cette action politique doit aussi tenir compte des implications économiques des mesures envisagées.

B. La question de la place du droit pénal au sein des disciplines juridiques

112. Le droit pénal est une discipline juridique au côté d'autres branches du droit que sont le droit civil, le droit commercial, le droit social, le droit administratif ou le droit international. La question qui se pose est de savoir si le droit pénal est une discipline autonome ou s'il n'est que la sanction des autres règles. En d'autres termes, le droit pénal est-il *normatif* ou seulement *sanctionnateur* ? Il se greffe sur cette question une autre interrogation : comment le droit pénal s'insère-t-il dans la *summa divisio* droit public/droit privé ?

1. Le droit pénal est-il normatif ou sanctionnateur ?

113. La question de l'autonomie du droit pénal a été mise en évidence il y a une cinquantaine d'années dans un ouvrage collectif sous la

52. MAILLARD L., auteur d'une thèse intitulée *Étude historique sur la politique criminelle. L'utilitarisme* et publiée en 1899, a permis la diffusion en France d'une expression forgée dès 1803 par l'Allemand Feuerbach dans un manuel de droit pénal.

53. Même si elles se cantonnent dans le domaine sécuritaire, les lois dites « d'orientation et de programmation » sur la sécurité intérieure et la justice des 29 août et 9 sept. 2002 s'inscrivent dans ce schéma. V. sur cette question, DELMAS-MARTY M., *Modèles et mouvements de politique criminelle*, Economica 1993, qui distingue deux séries de modèles de politique criminelle : les modèles étatiques et les modèles sociétaux, *op. cit.*, p. 13 – RASSAT M.-L., *op. cit.*, n° 67 et 68 – PRADEL J., *op. cit.*, n° 59 et s.

direction de Gaston Stéfani[54]. Plus récemment, la discussion a été relancée[55]. Le débat est le suivant :

Prétendre que le droit pénal est *sanctionnateur,* c'est dire que les incriminations n'ont pour but que de renforcer les sanctions prévues par ailleurs par les règles civiles, sociales, commerciales, etc. Les anciens criminalistes soutenaient ce point de vue. Portalis ne proclamait-il pas, lors de la discussion du projet de Code pénal au Conseil d'État : « Les lois criminelles sont moins une espèce particulière de lois que la sanction de toutes les autres » ? On ajoutera en ce sens qu'à l'époque contemporaine, bon nombre de lois votées comportent un volet répressif qui renforce l'autorité du texte.

Prétendre, à l'inverse, que le droit pénal est *normatif,* c'est dire que l'on est en présence d'une discipline qui pose elle-même des règles propres, dont elle assure le respect par des moyens appropriés[56].

114. Historiquement, le droit pénal était normatif. Dans les premiers temps de l'Antiquité, à une époque où l'ordre social commençait juste à se mettre en place, le droit pénal était bien souvent la seule règle prévue. Par la suite, le juge s'attribua le pouvoir de créer des infractions pour lesquelles il fixait la peine, laissée à son libre arbitre. Par réaction, les révolutionnaires voulurent un droit pénal sanctionnateur d'origine légale et ayant un champ d'application restreint, puisqu'il ne doit protéger que les valeurs essentielles de la société.

L'examen du droit contemporain suscite cependant une hésitation. En effet, la jurisprudence a donné un certain nombre d'illustrations de la volonté chez les juges d'appliquer des lois pénales en fonction de leurs propres critères : l'abus de confiance suppose, à titre de condition préalable, l'existence d'un contrat au moyen duquel l'auteur du détournement a obtenu la remise du bien. Si le contrat est nul au regard du droit civil ou du droit commercial, la question de l'existence de l'infraction devrait se poser. La Cour de cassation juge pourtant que le vice du contrat ne met pas obstacle aux poursuites pénales[57]. En matière procédurale, la chambre criminelle a jugé, dans un arrêt célèbre, que l'adage selon lequel « nul ne peut se prévaloir de sa propre turpitude », qui fait obstacle à l'action judiciaire en nullité d'un contrat exercée par celui qui avait poursuivi un but immoral, n'était pas un obstacle à la recevabilité d'une constitution de partie civile de la part du participant à la relation immorale[58]. Ces exemples sont à interpréter avec prudence car il n'est pas sûr que les juges répressifs aient voulu faire œuvre normative ; on

54. *Quelques aspects de l'autonomie du droit pénal*, Dalloz, 1956.

55. Goutal J.-L., « L'autonomie du droit pénal, reflux et métamorphose », RSC, 1980, 927 – Alt-Maes F., « L'autonomie du droit pénal, mythe ou réalité d'aujourd'hui ou de demain ? », RSC, 1987.347.

56. V. sur le sujet l'ouvrage collectif publié sous la direction de C. Thibierge., *La force normative*, LGDJ, 2009.

57. Jurisprudence traditionnelle : Cass. crim., 9 juill. 1857 : Dr. pén. 1857.1.379 – 25 janv. 1950 : Bull. crim., n° 27.

58. Cass. crim., 7 juin 1945 : D. 1946.149, note Savatier R. (à propos de l'action d'une prostituée contre le proxénète).

peut présumer qu'ils ont voulu simplement accroître la répression dans des cas où les règles logiquement applicables se révélaient inefficaces.

Quand on porte son regard sur la législation, la tendance est plutôt sanctionnatrice que normative. Bien souvent, les incriminations que l'on pourrait appeler « naturelles » renforcent la sanction de la violation d'obligations ou de devoirs imposés par d'autres règles. C'est par exemple le cas de l'obligation de ne pas causer de dommage à autrui, sanctionnée par les articles 1240 et 1241 du Code civil et par les incriminations de coups et blessures volontaires ou involontaires ; du respect de la propriété d'autrui, dont la protection est accrue par l'incrimination de vol. En outre, de plus en plus fréquemment, des lois récentes déploient tout un arsenal répressif au soutien d'un dispositif civil ou autre, comme si les sanctions pénales étaient les seules qui puissent faire entendre raison[59]. Cela dit, il existe aussi des incriminations « autonomes » comme celles qui protègent les intérêts fondamentaux de la nation.

La difficulté à préciser le rôle exact du droit pénal se double d'une seconde difficulté.

2. Le droit pénal est-il une discipline de droit public ou de droit privé ?

115. Des arguments peuvent être avancés au soutien de l'une ou l'autre thèse.

Pour un rattachement au *droit public*, on invoque le droit de punir, qui appartient à l'État : c'est l'État, par ses représentants, qui poursuit le délinquant au moyen d'une action « publique » (le qualificatif est évocateur) ; par ailleurs, la peine est prononcée au nom du peuple français. L'existence d'une politique criminelle, fixée en grande partie au niveau étatique, renforce la conviction. Le droit privé, établissant des rapports juridiques entre personnes privées, ne peut donc accueillir le droit pénal dans ses catégories. Enfin, les juridictions administratives peuvent remplir la fonction de juge pénal en infligeant des sanctions à caractère punitif (en cas de contraventions de grande voirie ou bien quand le juge administratif prononce des sanctions fiscales ou électorales)[60].

Pour un rattachement au *droit privé*, on invoque le but de la loi pénale qui défend souvent des droits subjectifs portant sur la vie, la liberté, le patrimoine. Ensuite, les juridictions compétentes sont les juridictions judiciaires (principe de l'unité des juridictions civiles et pénales). Enfin, le droit pénal utilise des concepts de droit privé, à telle enseigne que, d'un point de vue pédagogique, l'enseignement de la matière est traditionnellement confié dans les universités à un professeur de droit privé.

116. Quelles *conclusions* peut-on tirer de ces constatations ?

---

59. La loi n° 94-665 du 4 août 1994 relative à l'emploi de la langue française est exemplaire à cet égard.

60. V. sur cette question, Saillard A., *L'appropriation des règles pénales par le juge administratif répressif*, Thèse dactyl. Orléans, 2000.

Les arguments avancés pour un rattachement au droit public sont assez convaincants.

Mais à la vérité il est difficile de se déterminer, et l'on peut être tenté d'opter pour la voie de l'autonomie, le droit pénal intervenant à la fois dans les deux branches, privée et publique[61].

Le choix entre l'appartenance à l'une ou l'autre catégorie n'est pas sans influence sur la démarche à suivre pour présenter la matière :

Ceux qui auront une vision *publiciste* du droit pénal seront tentés, à notre avis, de l'envisager au travers des relations entre les institutions publiques et le délinquant. Ils se placeront, en quelque sorte, hors de la situation juridique même créée par l'infraction, pour se situer au point de vue institutionnel. C'est ainsi que seront étudiées : d'abord la norme pénale, puis la mise en œuvre de cette norme par le juge pénal[62].

Ceux qui auront une vision *privatiste* insisteront sur l'acte commis par l'individu, sur sa responsabilité et ses suites. C'est la voie choisie pour le présent ouvrage. Le droit pénal est le droit de la répression des infractions.

61. Pradel J., *op. cit.*, n° 75 et s.

62. Doucet J.-P., *La loi pénale et le jugement pénal*, 2 vol., éd. Gaz. Pal. /Litec, 1986-1991 ; Robert J.-H., *Droit pénal général*, PUF, 6e éd., 2005.

DEUXIÈME PARTIE

L'INFRACTION

117. Le lecteur désireux de connaître la définition, par exemple du vol, ouvrira son Code pénal à l'article 311-1 et lira : « Le vol est la soustraction frauduleuse de la chose d'autrui », c'est-à-dire la conduite délibérée d'une personne, consistant à s'approprier un bien appartenant à autrui contre le gré du propriétaire. Ce comportement est ainsi décrit dans un texte légal, tant dans sa matérialité que dans la psychologie de son auteur. On dit que cet acte est *incriminé* dans l'article 311-1. S'il ne l'était pas, aucune poursuite pénale ne pourrait être engagée. En outre, pour que le voleur soit puni, encore faut-il que ce qu'il a commis lui soit *imputable*. Or, le législateur, qui a pris le parti d'une approche subjective de l'infraction, prévoit des causes d'irresponsabilité ou atténuantes de responsabilité (comme les troubles psychiques ou la minorité).

Par conséquent, en généralisant, on peut dire que l'infraction est un comportement humain incriminé et imputable. L'incrimination exprime le rattachement de l'acte à la loi ; l'imputabilité, le rattachement à une personne.

C'est sous ce double aspect qu'il convient d'analyser l'infraction.

Titre 1 : **Un comportement incriminé**

Titre 2 : **Un comportement imputable**

Titre 1
Un comportement incriminé

118. D'après le *Vocabulaire juridique Henri Capitant*, l'incrimination est « une mesure de politique criminelle consistant pour l'autorité compétente (en principe pouvoir législatif) à ériger un comportement déterminé en infraction, en déterminant les éléments constitutifs de celle-ci et la peine applicable ».

L'*incrimination* est donc un préalable (sous-titre 1) à l'acte commis (sous-titre 2).

Sous-titre 1

L'incrimination

119. L'incrimination doit être analysée dans ses sources et son application. Ses sources sont législatives et réglementaires. Son application est judiciaire.

Le processus d'incrimination législatif ou réglementaire se déroule en deux étapes :

D'abord, celle de la *qualification du fait* en infraction. C'est la plus importante. Ensuite, celle qui consiste à *qualifier l'infraction* elle-même pour la situer dans l'une des catégories juridiques ordonnées en fonction des intérêts protégés, permettant ainsi de déterminer le régime juridique de cette infraction.

120. L'application de l'incrimination est le fait des juridictions pénales à l'occasion d'une affaire donnée : les juges confrontent alors les faits dont ils sont saisis avec les lois d'incrimination. Dans cette nouvelle opération de qualification, ceux-ci peuvent se heurter à certaines circonstances constituant un obstacle à la répression : par exemple, un homicide volontaire se révèle être commis en état de légitime défense, circonstance qui empêche le maintien de la qualification légale d'infraction. Les juges ont aussi à résoudre des conflits de qualifications lorsqu'un même acte tombe sous le coup de plusieurs textes d'incrimination.

Nous envisagerons successivement l'existence de l'incrimination (chapitre 1) et sa mise en œuvre (chapitre 2).

CHAPITRE 1

L'existence de l'incrimination

121. L'incrimination a une existence légale. Le principe de la légalité criminelle en est le fondement (section 1) Les diverses infractions décrites sont regroupées en catégories (section 2).

Section 1
La légalité des incriminations

122. La légalité des incriminations, à laquelle s'ajoute celle des pénalités, est la traduction en droit pénal du principe révolutionnaire de la séparation des pouvoirs législatif et judiciaire. Beccaria l'affirmait dès 1764 : « Les lois seules peuvent fixer les peines de chaque délit, et le droit de faire des lois pénales ne peut résider que dans la personne du législateur qui représente toute la société unïe par un contrat social »[1]. Le Code pénal de 1810 s'y rattachait implicitement (v. article 4). Soucieux de renforcer l'État de droit, le Code pénal actuel affirme clairement cette fois-ci, dès le livre premier, l'importance du principe de légalité[2]. (sous-section 1). Ce principe comporte des corollaires (sous-section 2).

1. *Des délits et des peines*, § III ; Hobbes Th., *Leviathan, 1651*, Dalloz, 1999, Chap. XXVII, p. 313 : « Là où manque la loi, la faute manque aussi. »

2. Le titre 1 est intitulé : « De la loi pénale ».

Sous-section 1
Le principe

123. Le principe de la légalité criminelle est exprimé habituellement sous la forme d'un adage :

« *Nullum crimen, nulla pœna sine lege* »

Cet adage, dont la paternité est attribuée à Feuerbach, ne traduit en réalité qu'une partie du domaine du principe de légalité : en effet, la légalité s'applique non seulement aux incriminations et aux peines, mais aussi à la procédure pénale. En application de ce principe, toute infraction, toute peine, toute procédure répressive doit avoir une origine légale. Le juge qui prononce une condamnation est obligé de citer le texte de loi sur lequel elle est fondée.

124. Le principe légaliste est énoncé dans plusieurs textes internes ou internationaux :

L'article 111-2 du Code pénal aux termes duquel « la loi détermine les crimes et les délits et fixe les peines applicables à leurs auteurs. Le règlement détermine les contraventions et fixe dans les limites et selon les distinctions établies par la loi les peines applicables aux contrevenants ». On y ajoutera l'article 111-3 du même code : « Nul ne peut être puni pour un crime ou pour un délit dont les éléments ne sont pas définis par la loi ou pour une contravention dont les éléments ne sont pas définis par le règlement ».

Le préambule de la Constitution du 4 octobre 1958, par sa référence au préambule de la Constitution de 1946 (et aux principes fondamentaux de la République) et à la Déclaration des droits de l'Homme, s'ajoute l'article 34.

L'article 7 de la Déclaration des droits de l'Homme et du citoyen de 1789 : « Nul homme ne peut être accusé, arrêté ni détenu que dans les cas déterminés par la loi et selon les formes qu'elle a prescrites ».

L'article 11, § 2 de la Déclaration universelle des droits de l'Homme de 1948 : « Nul ne sera condamné pour des actions ou omissions qui, au moment où elles ont été commises, ne constituaient pas un acte délictueux d'après le droit national ou international. De même, il ne sera infligé aucune peine plus forte que celle qui était applicable au moment où l'acte délictueux a été commis ».

Les articles 2, 5 et 7 de la Convention européenne des droits de l'Homme. L'article 7 reprend en substance l'article 11, § 2 précité de la Déclaration universelle, de même que l'article 15 du Pacte international relatif aux droits civils et politiques du 16 décembre 1966.

Le principe de légalité est également consacré à l'étranger dans la Constitution allemande de 1949 ainsi que dans la Constitution espagnole de 1978.

Comment ce principe se justifie-t-il (§ 1) ? Que recouvre la notion de légalité (§ 2) ? Comment est-il respecté (§ 3) ?

§1. Justifications du principe

125. Le principe de la légalité a deux fondements :

Le premier est *idéologique*. Donner au droit pénal une origine légale, c'est prémunir le citoyen contre l'arbitraire du juge, c'est assurer à tous un traitement égal. La légalité assure ainsi la sécurité dans l'usage de la répression : chacun est informé au préalable de l'interdiction de commettre tel ou tel acte, et des pénalités encourues. Pour employer une expression bien connue, l'État « joue cartes sur table ». Par là même, la légalité se voit investie d'une fonction intimidatrice.

Le second est *politique*. Le principe de la légalité est une conséquence de la séparation des pouvoirs législatif, exécutif et judiciaire. Dans un État souverain, c'est au peuple, par ses représentants, de décider ce qui est autorisé et interdit. Comme nous l'avons rappelé, les philosophes du XVIIIe siècle, Beccaria et Montesquieu principalement, ont beaucoup fait pour l'ancrage du principe dans la mentalité des révolutionnaires.

126. Malgré sa force, le principe de la légalité a suscité des réserves :

Les unes sont venues des *criminologues* pour lesquels le droit pénal doit être tout entier tourné vers l'auteur de l'infraction. Dès lors, dresser un catalogue des actes interdits, c'est fixer un cadre trop rigide, incapable de répondre à la grande diversité des comportements criminels. En particulier, un individu dangereux ne pourra être appréhendé par le droit pénal tant qu'il n'aura rien commis. En termes de prophylaxie de la délinquance, la recherche de l'efficacité commanderait un droit pénal plus souple. Ces propos trouvent d'ardents défenseurs chez ceux qui constatent que, malgré les intentions louables du législateur, celui-ci ne peut tout prévoir, d'où des lacunes dans la répression dans lesquelles s'engouffre le candidat à la délinquance, qui cherche à commettre un acte non décrit dans la loi. Le raisonnement par analogie, repoussé par l'idéal légaliste, aurait pourtant, dans ces cas, bien des vertus, de même que le recours subsidiaire au pouvoir exécutif.

Les autres viennent des *sociologues*. Il est irréaliste de penser que la loi pénale, théoriquement égale pour tous, s'applique effectivement dans tous les cas où elle devrait s'appliquer. Le principe procédural de l'opportunité des poursuites, qui laisse le ministère public seul juge de décider si des poursuites doivent ou non être engagées, illustre au contraire la flexibilité de la loi pénale, ce qui semble contredire l'argument idéologique avancé plus haut[3].

127. Ces remarques ne sont pas déterminantes :

D'abord, les critiques des criminologues sont prises en compte, du moins sur le plan des pénalités, puisque le code accentue le mouvement de la personnalisation des peines, engagé depuis longtemps avec le jeu des circonstances atténuantes et des dispenses de peine, en y consacrant toute une section (C. pén., art. 132-24 à 132-70). Quant aux incriminations, le législateur hésite à développer la répression *ante delictum* : l'instigation, par exemple, n'est pas

3. V. Carbonnier J., *Flexible droit*, LGDJ, 9e éd., 1998, p. 146 et s.

punie pour elle-même. Le problème est d'intervenir sur la foi d'une simple intention : on risque de dévier vers le totalitarisme. En revanche, on peut concevoir des mesures de prévention, ce qui est le cas contre les alcooliques dangereux ou des pervers, ou bien la répression d'actes constitutifs d'un comportement de nature à produire un résultat contraire à l'ordre social. Notre droit connaît ainsi des infractions dites « obstacle » ou des infractions formelles[4]. Le fait d'exposer autrui à un risque immédiat de mort ou de blessures très graves par la violation manifestement délibérée d'une obligation particulière de sécurité ou de prudence, désormais incriminé par l'article 223-1 du Code pénal, se rattache aussi à cette préoccupation de prévention.

Ensuite, s'agissant du raisonnement par analogie afin de combler les vides laissés par la loi pénale, il reviendrait, à terme, par l'insécurité engendrée, à nier tout sens au principe de la légalité. Et que penser d'une délégation au pouvoir exécutif ? Les délégations évoquent souvent des périodes troublées (par exemple, elles ont existé durant le gouvernement de Vichy), ce qui n'est pas propre à en faire un procédé utilisable dans la durée. Pourtant, depuis 1958, en matière contraventionnelle, c'est bien une démission du pouvoir législatif au profit du pouvoir exécutif qui est entérinée dans les articles 34 et 37 de la Constitution, la loi ne déterminant que les crimes et les délits. Mais, d'une part, le pouvoir exécutif ne peut fixer une peine que « dans les limites et selon les distinctions établies par la loi » (C. pén., art. 111-2), d'autre part, les contraventions ne sont plus passibles de peines d'emprisonnement depuis le nouveau code, ce qui diminue la portée de la critique.

Enfin, le pragmatisme des sociologues relativise, assurément, la force du principe mais ne remet pas en cause sa nécessité dans notre ordre juridique. Comme l'écrit Jean Carbonnier : « C'est défigurer la réalité humaine et sociale qui s'exprime dans les systèmes juridiques modernes, que de n'en retenir qu'un besoin d'ordre, de régularité, partant de ponctuelle et totale effectivité des règles de droit »[5].

§2. La notion de légalité

128. Le titre 1er du livre 1er du Code pénal est intitulé : « De la loi pénale ». Puis l'article 111-2 traite successivement, en deux alinéas, de l'objet de « la loi » puis du « règlement ». Par conséquent, le mot « loi » de l'intitulé du titre 1 est pris dans un sens matériel : il s'agit de l'ensemble des normes écrites. Il faut tenir compte, à cet égard, des normes internes et internationales. Du point de vue de la hiérarchie des normes ces dernières doivent être placées en premier surtout depuis que l'espace pénal européen s'affirme.

4. Pour une définition, v. *infra*, n° 380 et s.

5. *Flexible droit*, *op. cit.*, p. 148.

Par ailleurs, la question de savoir ce qu'il en est de sources non écrites ne peut être évitée. Qu'en est-il des principes généraux, de la coutume ou de la jurisprudence ? Font-ils partie de la légalité ?

A. Légalité et normes écrites

129. Seront envisagées successivement les normes internationales et européennes, les normes nationales sans oublier de s'interroger également sur le rôle que peuvent jouer les normes étrangères dans notre droit interne.

1. Normes internationales et européennes

a. Les traités

130. La règle est simple : selon l'article 55 de la Constitution, « les traités ou accords régulièrement ratifiés ou approuvés ont, dès leur publication, une autorité supérieure à celle des lois, sous réserve, pour chaque accord ou traité, de son application par l'autre partie ».

Une fois ratifié, le traité international s'impose au législateur français. En cas de conflit entre une disposition interne et une disposition internationale, c'est la seconde qui doit primer.

b. Les normes européennes[6]

α. *L'Union européenne*

131. Elle trouve dorénavant son identité dans le traité de Lisbonne signé le 13 décembre 2007 et entré en vigueur le 1er décembre 2009. Ce traité s'inscrit dans la construction européenne engagée en 1957 avec le traité de Rome fondant la Communauté européenne et poursuivie avec les traités de Maastricht (1992), d'Amsterdam (1997) et de Nice (2000). Le traité de Lisbonne, qui se substitue au traité établissant une Constitution pour l'Europe, rejeté par une grande part des peuples, conserve les traités existants tout en les amendant profondément. Il comprend deux traités : l'un porte sur *l'Union européenne* (l'intitulé du traité de Maastricht ainsi maintenu) ; l'autre porte sur *le fonctionnement de l'Union européenne* (nouvelle dénomination du traité de Rome instituant la Communauté européenne). S'agissant des liens entre le droit pénal et celui de l'Union européenne, le traité de Lisbonne marque une extension notable des compétences de l'Union européenne de telle sorte que l'on peut parler aujourd'hui d'une *communautarisation ou plus exactement d'une européanisation du droit pénal*. Le sacro-saint principe de souveraineté étatique en matière de législation pénale est touché. Avant de voir de quelle manière, rappelons les solutions antérieures au traité.

6. Cf. « Les incidences des évolutions constitutionnelles et européennes sur la matière pénale », Colloque organisé par l'IEJ de la faculté Jean Monet de l'Université Paris-Sud 11 le 14 juin 2011, RLDA sept. 2011.

• Avant le traité de Lisbonne :

132. Il n'existait pas de droit pénal de l'Union européenne au sens de droit unifié. Il y avait seulement, sous l'impulsion de certains pénalistes[7], un ensemble de principes directeurs autour desquels il était possible d'harmoniser la lutte contre les atteintes aux intérêts financiers de la communauté[8] (à cet égard, on reste étonné qu'au moment des travaux préparatoires de la réforme du Code pénal il n'ait été prévu aucune incrimination en droit interne relative aux intérêts de la future Union européenne, alors que, selon les mots du garde des Sceaux, il s'agissait de rédiger un code pour le prochain millénaire[9]). Le traité de Maastricht comportait quant à lui trois piliers : celui de la Communauté européenne, le plus ancien ; celui de la coopération en matière de politique étrangère et de sécurité ; enfin, celui de la coopération dans le domaine de la justice et des affaires intérieures. Le droit pénal ressortissait donc traditionnellement au troisième pilier qui donnait le pouvoir d'initiative aux États membres.

133. S'agissant de la **Communauté européenne** (premier pilier), on sait que le droit communautaire était constitué par le droit originaire (traité de Rome de 1957) et ce qu'on appelle toujours le droit dérivé, c'est-à-dire les décisions, directives et règlements communautaires. Ce premier pilier contenait les objectifs essentiels de la Communauté au rang desquels se trouvaient les questions d'environnement et de concurrence. Le pouvoir de légiférer appartenait ici à la Commission. Depuis un arrêt célèbre, l'arrêt *Société Les fils d'Henri Ramel* du 22 octobre 1970[10], en cas de conflit de normes communautaire et interne, le juge pénal devait faire prévaloir la première sur la seconde. Précisons ici brièvement le fondement et le domaine de la solution.

134. Le *fondement* a évolué en même temps que se renforçait l'ordre juridique communautaire. À l'origine (et c'était le cas dans l'arrêt de 1970) était invoqué l'article 55 de la Constitution : le traité instituant la Communauté européenne ayant été ratifié, il avait acquis une force supérieure à la législation nationale. Puis a été mis en évidence le particularisme de l'ordre juridique communautaire : le traité de Rome n'était pas un traité comme les autres ; il créait de véritables institutions communes (Parlement, commission, conseil, ces deux derniers ayant même depuis l'origine le pouvoir d'édicter des normes directement applicables dans l'ordre juridique interne des États membres). Il résulta de cette analyse que le véritable fondement de la primauté du droit communautaire tenait

7. Delmas-Marty M., « Union européenne et droit pénal », Cah. dr. eur. 1997. 613.

8. *« Corpus juris » portant dispositions pénales pour la protection des intérêts financiers de l'Union européenne*, sous la direction de Delmas-Marty M., Economica, 1997 – de Angelis F., « Le *Corpus juris* portant dispositions pénales pour la protection des intérêts financiers de l'Union européenne : origines et perspectives », D. 1998, chron. 221.

9. Arpaillange P., lors des débats au Sénat, séance du 9 mai 1989, p. 550.

10. D. 1971. 221, rapport Mazard, note Rideau.

essentiellement à cet ordre juridique nouvellement créé, et qu'il devenait plus judicieux d'invoquer directement le traité fondateur que l'article 55 de la Constitution[11]. À titre de comparaison, une chambre mixte de la Cour de cassation avait déjà mis sur un pied d'égalité l'article 55 et l'ordre communautaire dans le célèbre arrêt *Jacques Vabre* du 25 mai 1975[12], de même que le feront le Conseil d'État dans l'arrêt *Nicolo*[13] en date du 20 octobre 1989 et le Conseil constitutionnel dans une décision du 21 octobre 1988[14].

135. Le *domaine*, quant à lui, était tributaire de la distinction entre les incriminations et les peines. Pour les incriminations, il n'y avait pas de difficulté lorsqu'aucune contrariété n'était constatée : c'est le droit interne qui s'appliquait. Si un conflit de normes surgissait, c'était la norme communautaire qui primait dans tous les cas[15]. Un tribunal n'aurait pu prononcer une condamnation pour des faits non contraires au droit communautaire[16]. La primauté de la norme communautaire s'appliquait au profit des règlements, des décisions et des directives[17]. La question s'était posée pourtant pour ces deux dernières, car la décision vise des particuliers et la directive ne fixe que des objectifs laissant les États membres libres des moyens propres à mettre en œuvre la directive. Cela dit, ce n'était pas parce que le droit communautaire devait être observé qu'il pouvait lui-même créer des incriminations. Seul le droit national pouvait le faire, l'acte d'incriminer et de punir étant un acte de souveraineté. En pratique, tout dépendait du type de normes. S'il s'agissait d'une directive ne fixant qu'un but, l'État devait édicter un texte législatif ou réglementaire ayant pour effet de transposer la directive. S'il s'agissait d'un règlement directement applicable, l'État procédait à son intégration, soit en reprenant dans un texte la substance même du règlement communautaire, soit en s'y référant (« intégration par référence »). En ce qui concerne les pénalités, la violation d'une norme communautaire n'était pas punissable tant que le droit national ne prévoyait pas lui-même de sanction[18] : le texte qui « transposait » ou « intégrait » devait prévoir la peine ou renvoyer à un autre texte de droit interne édictant la sanction appropriée aux yeux du législateur. Le choix de la peine n'était pas totalement libre : elle devait être conforme aux principes dégagés par la Cour

11. Ce que fit la Cour de cassation en se référant à l'article 189 du traité qui attribue un effet d'application directe (effet « *self-executing* ») aux règlements, directives et décisions : Cass. crim., 23 juin 1977 : Bull. crim., n° 238.

12. D. 1975.497, concl. Touffait A.

13. AJDA 1989.756, note Honorat E. et Baptiste E., arrêt confirmé par CE, 24 sept. 1990, *Boisdet*, AJDA 1990. 863, note Honorat E. et Schwartz R.

14. D. 1989.285, note Luchaire F.

15. Cass. crim., 21 févr. 1994 : Bull. crim., n° 74.

16. V. par ex. 18 sept. 1997 : Bull. crim., n° 305 – 29 mars 2000 : Bull. crim., n° 147.

17. Cass. crim., 24 nov. 1998 : Bull. crim., n° 311 – 29 mars 2000 : Bull. crim., n° 146.

18. CJCE, 2 févr. 1977, « *Amsterdam Bulb* » : Rec. 137 ; – Cass. crim., 18 mai 1998, cité par Soulard, *La chambre criminelle et l'ordre juridique communautaire*, Rapport Cour de cassation 1998, p. 159.

de justice des communautés européennes, et en particulier être suffisamment dissuasive[19] et obéir à la règle de la proportionnalité.

136. Deux décisions de la Cour de justice des communautés européennes (selon sa dénomination de l'époque) devaient marquer une étape décisive dans ce qu'il est convenu d'appeler la communautarisation du droit pénal La première est celle du 13 septembre 2005 (aff. C-176/03) dans laquelle la Cour de justice a considéré, en matière de protection de l'environnement, que les sanctions pénales (par principe de la compétence des États parce que relevant du troisième pilier) pouvaient être rattachées exceptionnellement au premier pilier et autoriser la Commission européenne à imposer aux États la conduite d'une politique pénale donnée. La Communauté européenne venait donc avec cette décision, de manière indirecte, de s'attribuer une compétence pénale au nom de la protection des objectifs essentiels visés au premier pilier. La seconde décision est celle du 23 octobre 2007 qui est venu confirmer la décision précédente et a systématisé la solution de 2005 (aff. C-440/05) dans le domaine de la protection environnementale.

• Avec le traité de Lisbonne[20]

137. Pour l'essentiel les règles et solutions rappelées restent applicables. Mais, et c'est loin d'être négligeable, la force de la loi nationale s'amoindrit. D'après l'article 2 § 2 du traité sur l'Union européenne « *l'Union offre à ses citoyens un espace de liberté, de sécurité et de justice sans frontières intérieures, au sein duquel est assurée la libre circulation des personnes en liaison avec des mesures appropriées en matière de [...] prévention de la criminalité et de lutte contre ce phénomène* ». Ce but est ainsi élevé au deuxième rang des objectifs de l'Union alors que dans l'ancienne rédaction du traité il figurait en quatrième position. Plus précisément dans le domaine de la coopération judiciaire en matière pénale, l'article 82 § 2 du traité sur le fonctionnement de l'Union européenne (TFUE, version consolidée) permet au Parlement européen et au Conseil d'établir des *règles minimales* sur les droits des personnes dans une procédure pénale ou sur les droits des victimes de la criminalité. Cela veut donc dire que la procédure pénale est appelée à être déterminée par le droit européen[21].

19. CJCE, 21 sept. 1989, aff. *Commission c/ Grèce* : Rec. 2965.

20. Rubi-Cavagna E. R., « Réflexions sur l'harmonisation des incriminations et des sanctions pénales prévue par le traité de Lisbonne », RSC 2009.501 et s.

21. Nous pouvons citer, à titre d'exemple récent, la directive du Parlement européen et du Conseil en date du 22 mai 2012 (*JOUE* 1er juin 2012, n° L. 142/1) relative au droit à l'information dans le cadre des procédures pénales qui vient d'être transposée dans le Code de procédure pénale par la loi n° 2014-535 du 27 mai 2014. Cette loi crée notamment un statut pour le suspect entendu sous le régime de l'audition libre. De même, la loi n° 2015-993 du 17 août 2015 portant adaptation de la procédure pénale au droit de l'Union européenne comporte notamment des dispositions sur la prévention et le règlement des conflits en matière d'exercice de la compétence dans le cadre des procédures pénales, ainsi que des dispositions sur l'application du principe de reconnaissance mutuelle d'une part aux décisions relatives à des mesures de contrôle en tant qu'alternative à la détention provisoire, d'autre part aux jugements et décisions de probation aux fins de la surveillance des mesures de probation et des peines de substitution. Il y a aussi des dispositions établissant des normes minimales concernant les droits, le soutien et la protection des victimes.

Que pourront faire les États ? Aller plus loin dans la protection sous le contrôle d'une Cour de justice de l'Union européenne cherchant à harmoniser les législations nationales. L'existence d'un *parquet européen* complétera le dispositif. Un mécanisme est toutefois prévu afin de permettre à un état de ménager « les aspects fondamentaux de son système de justice pénale » (art. 82 § 3). Une évolution du même ordre se dessine pour le droit pénal de fond. L'article 83 § 1 de ce même traité institue en effet la procédure législative ordinaire pour fixer des règles minimales relatives à la « *définition des infractions pénales* et des *sanctions* dans des domaines de criminalité particulièrement graves revêtant une dimension transfrontalière résultant du caractère ou des incidences de ces infractions ou d'un besoin particulier de les combattre sur des bases communes ». Sont visés : le terrorisme, la traite des êtres humains et l'exploitation sexuelle des femmes et des enfants, le trafic illicite de drogues, le trafic illicite d'armes, le blanchiment d'argent, la corruption, la contrefaçon de moyens de paiement, la criminalité informatique et la criminalité organisée. Ce champ de compétence auquel il convient d'ajouter ceux mentionnés dans d'autres rubriques comme les infractions en matière d'environnement, est appelé nécessairement à s'accroître. Le même texte prévoit d'ailleurs qu'« en fonction des développements de la criminalité, le Conseil peut adopter une décision identifiant d'autres domaines de criminalité qui remplissent les critères visés au présent paragraphe ». Enfin, l'article 83 § 2 prévoit que le Conseil peut prendre des directives pour établir des règles minimales relatives à la définition des infractions et des sanctions pénales lorsque le rapprochement des dispositions législatives et réglementaires des États membres en matière pénale s'avère indispensable pour assurer la mise en œuvre efficace d'une politique de l'Union dans un domaine ayant fait l'objet des mesures d'harmonisation.

On signalera que la loi du 10 mars 2010 tendant à amoindrir le risque de récidive vient de créer une sous-section dans le chapitre sur le régime des peines intitulée « Des effets des condamnations prononcées par les juridictions pénales d'un État membre de l'Union européenne » insérant les articles 132-23-1 et 132-23-2. Le premier de ces textes dispose notamment que « les condamnations prononcées par les juridictions pénales d'un État membre de l'Union européenne sont prises en compte dans les mêmes conditions que les condamnations prononcées par les juridictions pénales françaises et produisent les mêmes effets juridiques que ces condamnations ». Il y a là une généralisation de l'article 132-16-6 qui prévoyait la prise en compte des décisions judiciaires rendues par les États européens pour l'application des règles de la récidive. Par conséquent, ce dernier texte est abrogé par la loi de 2010.

Ce droit pénal de l'Union européenne qui se construit trouve déjà depuis de nombreuses années son expression au niveau du Conseil de l'Europe.

β. *La Convention européenne de sauvegarde des droits de l'Homme et des libertés fondamentales*[22]

138. En effet, l'Europe n'est pas seulement économique. Il s'édifie sur la base de ce texte, signé à Rome le 4 novembre 1950 dans le cadre du Conseil de l'Europe, ainsi que des protocoles ultérieurs, et grâce à l'impulsion de la chambre criminelle de la Cour de cassation et de la Cour européenne des droits de l'Homme, un véritable droit pénal européen[23] qui oriente la politique législative interne. La Convention a été ratifiée par la loi du 31 décembre 1973 et publiée par un décret du 3 mai 1974.

139. Deux arrêts importants de la Cour de cassation ont permis d'asseoir l'autorité de la Convention en France : le premier est une décision du 3 juin 1975 dans laquelle la chambre criminelle juge la Convention européenne directement applicable en France[24] ; le second a été rendu le 5 décembre 1978[25] : ce fut la première fois que la Cour de cassation, soulevant d'office le moyen de cassation tiré de la violation de la Convention, censura une décision sur ce fondement.

Depuis, les arrêts sont très nombreux et assurent le respect de principes tels que la prééminence du droit (d'où découlent le principe de la légalité - art. 5, 7, 8 à 11 - et celui de l'égalité entre les justiciables - art. 5, 6 et 14), la protection de la personne (sa dignité - art. 3, son droit à la vie - art. 2[26]), la garantie de la qualité du procès (respect des droits de la défense - art. 6, § 3 - égalité des armes, célérité de la procédure, impartialité du tribunal - art. 6, § 1).

140. La Cour européenne des droits de l'Homme, siégeant à Strasbourg, voit son rôle accru depuis qu'elle est devenue une juridiction unique et permanente (protocole n° 11 adopté le 11 mai 1994 et entré en vigueur le 1er novembre 1998), qu'il est possible de la saisir individuellement et directement après l'épuisement des voies de recours internes (l'intervention de la Cour est, selon les termes de l'article 35 de la Convention, subsidiaire) et que le réexamen d'une décision pénale définitive consécutif au prononcé d'un arrêt de la Cour européenne est ouvert au bénéfice de toute personne reconnue coupable d'une infraction à la suite d'une condamnation prononcée en violation des dispositions de la Convention européenne des droits de l'Homme[27]. Au fil de ses décisions la législation pénale interne se modifie, tant sur la procédure que sur le

22. Auquel on peut rattacher le Pacte international relatif aux droits civils et politiques du 16 déc. 1966 qui proclame dans le cadre de l'ONU des principes analogues à ceux de la Convention européenne. D'ailleurs, en pratique, devant les juridictions internes, les requérants visent les deux textes.

23. Pradel J., Corstens G. et Vermeulen G., *Droit pénal européen*, Dalloz, collection « Précis », 3e éd., 2009.

24. Cass. crim., 3 juin 1975 : Bull. crim., n° 141 (aff. *Respino*).

25. Cass. crim., 5 déc. 1978 : Bull. crim., n° 346 (aff. *Baroum*) ; Pradel J. et Varinard A., *Les Grands arrêts du droit pénal général*, 10e éd., 2016, n° 5.

26. Ce qui n'exclut pas la compatibilité de la loi du 17 janv. 1975 sur l'interruption volontaire de grossesse avec la Convention : Cass. crim., 27 nov. 1996 : Bull. crim., n° 431.

27. CPP, art. 626-1 à 626-6 introduits par la loi du 15 juin 2000.

fond. Pour prendre un exemple significatif, en 1990, la condamnation de la France au nom du droit au respect de la vie privée par la Cour européenne, dans une affaire d'écoutes téléphoniques ayant eu lieu à l'occasion de l'exécution d'une commission rogatoire, a conduit immédiatement l'État français à modifier sa législation par la loi du 10 juillet 1991 (CPP, art. 100 et s.)[28]. De même, les multiples condamnations de la France[29], par exemple pour brutalités policières au cours de gardes à vue, ou pour des procédures ou détentions provisoires d'une durée excessive, ont conduit le législateur à réagir par les lois du 4 janvier 1993, modifiées par celle du 24 août 1993 (présence d'un avocat au cours de la garde à vue) du 15 juin 2000 et surtout par celle du 14 avril 2011 pour ce qui concerne la garde à vue. La loi du 15 juin 2000 prévoit, d'une part, un article préliminaire au Code de procédure pénale qui reprend les grands principes de la Convention, comme ceux affirmant les caractères équitable et contradictoire de la procédure ou les caractères nécessaire et proportionné des mesures de contraintes, ou bien encore la séparation des autorités de poursuite et de jugement ; d'autre part, des dispositions spéciales renforçant « le droit d'être jugé dans un délai raisonnable »[30] ; la loi du 5 mars 2007 tendant à renforcer l'équilibre de la procédure pénale s'inscrit dans ce mouvement par ses dispositions qui, l'une réaffirme le caractère exceptionnel de la détention provisoire, d'autres le caractère contradictoire ou la célérité de la procédure pénale. Quant à la loi du 14 avril 2011, elle tire notamment les conséquences de la jurisprudence de la Cour européenne dans les affaires *Salduz c/ Turquie*, *Dayanan c/ Turquie* et *Brusco c/ France*, jugées entre 2008 et 2010[31]. Les quatre arrêts de l'assemblée plénière de la Cour de cassation du 15 avril 2011, soit le jour même de la publication de la loi au Journal officiel, n'ont fait que renforcer l'impact de la Convention et des arrêts de la Cour européenne. Pour la Cour de cassation « les États adhérents à cette Convention sont tenus de respecter les décisions de la Cour européenne des droits de l'Homme, sans attendre d'être attaqués devant elle ni d'avoir modifié leur législation ; que pour que le droit à un procès équitable consacré par l'article 6 § 1 de la Convention de sauvegarde des droits de l'Homme et des libertés fondamentales soit effectif et concret, il faut, en règle générale, que la personne placée en garde à vue puisse bénéficier de l'assistance d'un avocat dès le début de la mesure et pendant ses interrogatoires ; [...] »[32]. Ces décisions de la Cour de cassation ont eu pour résultat immédiat une application anticipée de certaines dispositions de la loi du 14 avril 2011. Jamais

28. CEDH, 24 avr. 1990, aff. *Huvig et Kruslin c/ France* (2 espèces) : D. 1990.353, note PRADEL J. ; JCP 1990. I.21541, obs. JEANDIDIER W.

29. MARGUÉNAUD J.-P., « La dérive de la procédure pénale au regard des exigences européennes », D. 2000, chron. 249.

30. Chapitre III de la loi insérant de nouveaux articles sur la durée des enquêtes et instructions.

31. CEDH, 27 nov. 2008, aff. *Salduz c/ Turquie*, n° 36391/02 ; Dr. pén. 2009, chron. DREYER E., 4, n° 27 ; RSC 2010.231, obs. A. GIUDICELLI – 13 oct. 2009, aff. *Dayanan c/ Turquie*, n° 7377/03 : D. 2009.2897, note RENUCCI J.-F. – 14 oct. 2010, aff. *Brusco c/ France*, n° 1466/07 : D. 2011. 277, note RENUCCI J.-F. et p. 338, note PRADEL J.

32. Cass. ass. plén., 15 avr. 2011, n° 10-17049, n° 10-30242, n° 10-30313, n° 10-30316, Dr. pén. 2011, comm. 84, obs. MARON A. et HAAS M. ; PRADEL J. et VARINARD A., *op. cit.*, n° 5.

par le passé, la place de la Cour européenne des droits de l'Homme n'avait été reconnue avec une telle force dans les ordres juridiques internes[33].

Sur le fond, la Cour européenne essaie d'imposer sa conception de la pénalité qui doit être proportionnée, ne pas revêtir la forme d'un châtiment inhumain et dégradant[34], *a fortiori* ne pas être une condamnation à mort[35].

La Cour européenne peut aussi inviter à décriminaliser certains comportements, comme ce fut le cas de l'homosexualité au nom du droit au respect de la vie privée[36]. Elle peut aussi inviter à criminaliser certains actes comme l'esclavage domestique ou le maintien en état de servitude[37].

2. Normes nationales

141. Il s'agit de la Constitution, des textes législatifs, des règlements, d'autres sources, telles les circulaires ou les conventions collectives.

a. La Constitution

142. Par application de la hiérarchie des normes, la Constitution oblige le législateur et *a fortiori* le pouvoir réglementaire.

Le préambule contient en germe tous les principes supérieurs que consacrera ultérieurement le Conseil constitutionnel ; il renvoie au préambule de la Constitution de 1946 et à la Déclaration des droits de l'homme et du citoyen de 1789. Sont, ainsi, de valeur constitutionnelle, l'égalité devant la loi (art. 6), le respect de la présomption d'innocence (art. 9), le principe de la légalité (art. 7), la règle de la non-rétroactivité de la loi pénale moins favorable (art. 8).

L'article 2 de la Constitution affirme que « la France assure l'égalité devant la loi de tous les citoyens sans distinction d'origine, de race ou de religion ». Cette disposition est à l'origine de certaines infractions ressortissant à la catégorie des discriminations (C. pén., art. 225-1 à 225-4).

Il faut ajouter les articles sur la grâce (art. 17 complété désormais par les articles 133-7 et 133-8 du Code pénal), sur l'inviolabilité parlementaire (art. 26 modifié par la loi constitutionnelle du 4 août 1995), sur l'autorité judiciaire (art. 66 aux termes duquel « nul ne peut être arbitrairement détenu. L'autorité judiciaire, gardienne de la liberté individuelle, assure le respect de ce principe dans les conditions prévues par la loi »), sur la Haute Cour (art. 67 et 68 modifiés par la loi constitutionnelle du 23 février 2007) ainsi que sur la

33. Sur cette évolution, notre ouvrage, *Procédure pénale*, LGDJ, 5e éd. n ° 510 et Leroy J., *La garde à vue après la réforme*, LexisNexis, 2011, n° 20 et 21 ; « La garde à vue et la jurisprudence de la Cour européenne des droits de l'Homme », *in* « Les incidences des évolutions constitutionnelles et européennes sur la matière pénale », Droit des affaires, Lamy, sept. 2011, p. 59 et s.

34. À propos de la peine du fouet, CEDH, 25 avr. 1978, *Tyrer c/ Royaume-Uni*, *in* Berger V., *Jurisprudence de la Cour européenne des droits de l'homme*, Sirey, 2007, n° 14-1.

35. À propos de l'extradition vers les États-Unis, CEDH, 7 juill. 1989, aff. *Soering c/ Royaume-Uni*, *in* Berger, *op. cit.*, n° 5-1.

36. CEDH, 22 oct. 1981, aff. *Duggeon c/ Royaume-Uni*, *in* Berger, *op. cit.*, n° 154-1.

37. CEDH, 27 juill. 2005, aff. *Siliadin c/ France*, n° 73316/01.

responsabilité pénale des membres du Gouvernement (art. 68-1 à 68-3 résultant des lois constitutionnelles des 27 juillet 1993 et 4 août 1995).

b. Les textes de valeur législative

143. Les lois proprement dites. – Il s'agit des lois votées par le Parlement, promulguées par le président de la République et publiées au *Journal officiel*. La compétence législative, définie par l'article 34 de la Constitution, s'étend aux règles concernant « la détermination des crimes et délits ainsi que les peines qui leur sont applicables ; la procédure pénale ; l'amnistie, la création de nouveaux ordres de juridiction et le statut des magistrats ». Concrètement, elles se présentent sous la forme de codes (Code pénal de 1992, Code de procédure pénale de 1959, Code de justice militaire de 2006, Code de la sécurité intérieure créé par l'ordonnance n° 2012-351 du 22 mars 2012) ou de dispositions pénales incluses dans d'autres codes (Code des douanes, Code des débits de boissons, Code de l'urbanisme, Code de la santé publique, Code de la consommation...) ou de lois non codifiées (ex : loi du 29 juillet 1881 sur la liberté de la presse, ordonnance n° 2012-1218 du 2 novembre 2012 portant réforme pénale en matière maritime, modifiant la loi du 17 décembre 1926 relative à la répression en matière maritime et abrogeant le code disciplinaire et pénal de la marine marchande).

144. Les textes assimilés. – Font partie de cette catégorie : les textes des gouvernements de fait ou provisoires (dispositions prises par le gouvernement de Vichy entre 1940 et 1944 sous la condition d'avoir été validées et déclarées exécutoires ou bien d'avoir été annulées sans rétroactivité ; les ordonnances prises par le gouvernement provisoire de la République française entre 1944 et 1945 – ex : ordonnance du 2 février 1945 sur l'enfance délinquante) ; les ordonnances prises en application de l'article 92 de la Constitution de 1958 (ex. ordonnance du 15 décembre 1958 instituant un code de la route) ; les ordonnances prises sur délégation de pouvoirs consentie au président de la République suite à un projet de loi sur l'organisation des pouvoirs publics, soumis à référendum en application de l'article 11 de la Constitution (ce fut le cas de l'ordonnance du 14 avril 1962 qui mit en place une procédure d'exception pour les crimes et délits en relation avec la guerre d'Algérie) ; les décisions du président de la République prises en application de l'article 16 de la Constitution (ex : décision des 23 avril et 4 mai 1961 instituant le Haut Tribunal militaire et le Tribunal militaire pour juger certaines infractions commises durant la guerre d'Algérie) ; les ordonnances prises par le Gouvernement en vertu d'une délégation de pouvoirs consentie par le Parlement par application de l'article 38 de la Constitution, à condition d'être ratifiées par le Parlement avant l'expiration du délai fixé par la loi d'habilitation (ex : ordonnance du 1er décembre 1986 sur la liberté des prix et de la concurrence) ; dans le cas contraire, l'ordonnance n'a qu'une valeur réglementaire et sa validité peut être contestée comme tout règlement devant les juridictions administratives (recours en annulation) ou judiciaires (exception d'illégalité).

c. Les textes de valeur réglementaire

145. Il existe deux catégories de règlements :

α. *Les règlements d'application des lois*

146. Ils obéissent à la hiérarchie des normes : au sommet se trouvent les décrets en Conseil d'État[38], puis les décrets simples, les arrêtés ministériels, préfectoraux et municipaux. Ces règlements, notamment les décrets en Conseil d'État, sont indispensables pour préciser des éléments spéciaux de l'infraction, les modalités de certaines mesures, voire des sanctions. Par exemple, la loi du 17 juin 1998 relative à la prévention et à la répression des infractions sexuelles ainsi qu'à la protection des mineurs renvoie à un décret en Conseil d'État, à propos de l'interdiction de mise à disposition de certains documents aux mineurs, la fixation des catégories de documents en cause (art. 32) ainsi que le délai et les sanctions pour inexécution de l'obligation de mentionner cette interdiction sur les conditionnements, exemplaires édités ou diffusés (art. 35). C'est toujours un décret en Conseil d'État qui, dans la même loi, a pour objet de déterminer les modalités du suivi socio-judiciaire (CPP, art. 763-9). Pareillement les lois du 5 mars 2007 ont leurs conditions d'application précisées dans un décret du 3 mai 2007. En renvoyant à des règlements d'application, le législateur joue parfaitement son rôle qui n'est que de prendre des dispositions générales et permanentes. Toutefois, les dispositions pénales concernées voient leur exécution différée tant que ne sont pas pris les textes exigés, délai qui peut être mis à profit par l'auteur de faits interdits pourtant par la loi[39].

147. S'agissant des décrets simples et arrêtés, ils ne peuvent pas édicter de peines. En cas de violation de leurs prescriptions, ce sont les peines prévues par la loi en exécution de laquelle les règlements ont été pris qui recevront application[40]. À défaut, par l'amende de 38 € prévue à l'article R. 610-5 du Code pénal, aux termes duquel « la violation des interdictions ou le manquement aux obligations édictées par les décrets et

38. Il existait jusqu'en 1980 les décrets pris « en forme de règlement d'administration publique » (RAP), qui étaient des décrets pris après avis de l'assemblée générale du Conseil d'État. Ils occupaient la place la plus élevée dans la catégorie des décrets, ayant quasiment force de loi. La loi du 7 juill. 1980 les supprima pour l'avenir et même pour le passé, les anciens décrets pris en cette forme pouvant dorénavant être modifiés par un décret en Conseil d'État (pris après avis d'une section administrative du Conseil).

39. Parfois les décrets d'application peuvent être annulés ce qui remet en cause l'application des dispositions législatives correspondantes (ex : les modalités d'application de l'article 41-1-1 du Code de procédure pénale instituant une transaction judiciaire préalable à l'action publique ont été annulées par décision du Conseil d'État en date du 24 mai 2017).

40. Cass. crim., 1er juill. 1997 : Bull. crim., n° 261 ; RSC, 1998. 342, obs. M. Cerf ; Dr. pén. 1998. 9, obs. Robert J.-H. : en l'espèce, un préfet avait pris un arrêté de fermeture hebdomadaire visant certains établissements par application de l'article L. 221-7 du Code du travail ; en cas de non-respect de l'interdiction, l'article R. 262-1 du même code prévoit spécialement l'amende de police de cinquième classe ; par conséquent il n'est pas possible d'appliquer l'amende de l'article R. 610-5 du Code pénal.

arrêtés de police sont punis de l'amende prévue pour les contraventions de la 1re classe »[41] à la condition qu'il s'agisse de règlements ayant pour objet le maintien de la sécurité, de la tranquillité ou de la salubrité publique[42].

β. *Les règlements autonomes de l'article 37*

148. il s'agit de règlements qui ne sont pas pris en exécution d'une loi, parce que le pouvoir exécutif a reçu compétence pour « légiférer », c'est-à-dire pour déterminer des incriminations et les peines. C'est en ce sens qu'ils sont autonomes et affranchis du respect des lois. Au sens strict, le principe de la légalité pénale devrait exclure leur existence. D'ailleurs, il en était ainsi jusqu'à l'entrée en vigueur de la Constitution de 1958. Désormais, les articles 34 de la Constitution, en limitant la compétence de la loi à la détermination des crimes et délits, ainsi que des peines qui leur sont applicables, et 37, en disposant dans son alinéa 1er que « les matières autres que celles qui sont du domaine de la loi ont un caractère réglementaire », abandonnent aux mains du pouvoir réglementaire la matière des contraventions. C'est donc dans un sens matériel et non plus formel qu'il faut comprendre la légalité pénale.

149. À la suite de cette nouvelle délimitation de compétences, une ordonnance du 23 décembre 1958 fit disparaître du Code pénal de 1810 les articles 471 à 475 qui définissaient les contraventions, et un décret de la même date institua la deuxième partie du code dont les articles allaient être précédés par la lettre R., les articles R. 25 à R. 41 définissants les « contraventions de police et peines ». Toutefois, l'article R. 25 disposait que « les contraventions de police et les peines qui leur sont applicables dans les limites fixées par les articles 465 à 466 du Code pénal, sont déterminées par décret en Conseil d'État ». Le pouvoir d'établir des peines s'exerçait donc dans des limites légales bien que la compétence du pouvoir réglementaire fût une compétence générale[43]. Cette compétence reconnue au pouvoir exécutif était exorbitante quand on se souvient qu'il pouvait alors fixer une peine d'emprisonnement allant jusqu'à deux mois (maximum autorisé par l'article 465). Quelques années plus tard, le Conseil constitutionnel tenta de limiter l'étendue de la compétence réglementaire, d'abord en affirmant que la détermination des contraventions relevait du domaine réglementaire « lorsque lesdites peines ne comportent pas de mesures privatives de liberté »[44] (cette décision ne voulait-elle pas dire clairement qu'une contravention punie d'une peine d'emprisonnement ne pouvait relever que de la loi et que les textes réglementaires antérieurs ayant prévu une telle peine étaient inconstitutionnels ?),

---

41. L'article R. 610-5 reprend en substance l'ancien article R. 26, 15° qui visait « les décrets et arrêtés de police légalement faits ».

42. Cass. crim., 14 mars 1989 : Bull. crim., n° 127.

43. CE, 12 févr. 1960, aff. *Société Eky* : JCP 1960. II. 11629, obs. G. Vedel.

44. Cons. const., 28 nov. 1973 : D. 1974. 269.

ensuite en considérant qu'une loi qui intervient dans le domaine réglementaire n'est pas inconstitutionnelle[45].

Le Code pénal actuel suggère deux observations :

150. La première est la confirmation de l'attribution de compétence au pouvoir réglementaire en matière contraventionnelle à l'article 111-2, al. 2 : « Le règlement détermine les contraventions et fixe, dans les limites et selon les distinctions établies par la loi, les peines applicables aux contrevenants ». L'article R. 610-1 en tire la conséquence en disposant que « les contraventions, ainsi que les classes dont elles relèvent, sont déterminées par décrets en Conseil d'État ». On admet enfin que les contraventions sanctionnent plus des agissements contraires à une discipline sociale que de véritables atteintes à l'ordre social. Cependant, il y a un encadrement du pouvoir réglementaire : s'agissant des *incriminations*, c'est le législateur qui décide du nombre de catégories de contraventions. Il peut en retrancher ou en ajouter. Le règlement ne peut créer des contraventions que dans les limites autorisées par la loi. S'agissant des *peines*, le législateur en fixe la nature et, pour les amendes, les montants maximaux (C. pén., art. 131-12 et 131-13). L'article 131-12 renforce cette dépendance du décret à l'égard de la loi, même en ce qui concerne les peines complémentaires (ex. confiscation, interdictions) : alors que le législateur crée librement les peines complémentaires qu'il juge utiles, le règlement ne peut prévoir qu'une ou plusieurs des peines complémentaires énumérées à l'article 131-16 ou à l'article 131-17.

151. La seconde est la suppression de la peine d'emprisonnement. Il était difficilement admis qu'un tribunal de police pût condamner l'auteur d'une contravention à une peine d'emprisonnement pouvant aller jusqu'à deux mois. On sait que la cinquième classe des contraventions créée en 1958 avait permis de désengorger le contentieux devant les tribunaux correctionnels. Elle n'en restait pas moins choquante tant qu'existait cette peine, surtout après la décision du Conseil constitutionnel du 28 novembre 1973. Le choix opéré par le Code pénal est donc sage. Le garde des Sceaux, par circulaire du 24 juillet 1992, avait d'ailleurs invité « dès à présent » les parquets à ne plus requérir de peines d'emprisonnement (alors que le Code pénal actuel n'était pas encore applicable).

d. Les sources subsidiaires

152. Les circulaires. – Peuvent-elles créer des incriminations ? Quelle est leur force au sein des sources du droit ? La réponse comporte un principe et des exceptions.

Le *principe* est que les circulaires ne constituent pas une source du droit pénal. Elles ne sauraient créer une incrimination ni modifier une loi, un règlement autonome ou d'application[46]. La circulaire n'est qu'une mesure

45. Cons. const., 30 juill. 1982 : JO 31 juill. 1982, p. 2470.

46. Cass. crim., 28 nov. 1972 : Bull. crim., n° 363 – 3 janv. 1978 : Bull. crim., n° 2.

d'interprétation ; elle explique à ceux qui ont pour fonction d'exécuter une législation ou une réglementation la façon de procéder, les formalités à suivre[47]. La jurisprudence administrative est moins catégorique, puisqu'elle distingue, au regard du recours en excès de pouvoir, les circulaires interprétatives et les circulaires à caractère réglementaire[48].

153. Les *tempéraments* sont de plusieurs ordres :

Une circulaire peut être prise sur délégation du législateur. Dans ce cas, elle aura valeur réglementaire : par exemple, ce fut le cas d'une circulaire du ministre des Finances qui, en application d'un décret du 24 novembre 1968, lui-même pris pour appliquer une ordonnance, autorisait l'importation de devises étrangères par des touristes de bonne foi (alors que ledit décret prohibait l'importation et l'exportation des moyens de paiement)[49].

Une circulaire peut également être invoquée par l'auteur de l'infraction qui prétend avoir commis sur la base de la circulaire une erreur de droit résultant d'une contradiction entre les termes de la circulaire et ceux du texte interprété[50]. Sans être une source proprement dite du droit, la circulaire joue un rôle dans l'appréciation de la bonne foi de l'auteur de l'infraction.

Une circulaire peut aussi être prise en considération indirectement, dans la mesure où elle révélerait une imprévoyance. En effet, l'article 222-19 du Code pénal incrimine les atteintes involontaires à l'intégrité d'une personne résultant d'une « maladresse, imprudence, inattention, négligence ou manquement à une obligation de sécurité ou de prudence imposée par la loi ou les règlements ». Certes, il n'est pas question d'assimiler une circulaire au règlement dont il est fait état dans ce texte. Toutefois, la circulaire qui prescrirait certaines mesures de sécurité pourrait être prise en compte dans l'appréciation de la faute. Celui qui n'aurait pas respecté la circulaire ferait preuve d'une « négligence » ou d'une « imprudence ».

154. Enfin, la publication de la loi du 14 avril 2011 sur la garde à vue permet de découvrir un rôle inattendu de la circulaire. Le législateur avait fixé l'entrée en vigueur de la loi au 1er juin. Cependant, à la suite des arrêts de l'assemblée plénière de la Cour de cassation du 15 avril 2011 enjoignant aux États adhérents à la Convention européenne des droits de l'Homme d'appliquer sans tarder les arrêts de la Cour européenne, le garde des Sceaux a cru devoir diffuser, le même jour, à l'adresse des parquets, une circulaire portant exclusivement sur la notification du droit au silence et sur l'intervention de l'avocat lors des auditions dont l'objet était

47. V. par ex. la circulaire du 14 mai 1993 commentant les dispositions de la nouvelle partie législative du Code pénal et de la loi du 16 déc. 1992 relative à son entrée en vigueur ; circulaire du 10 janv. 2002 commentant la loi du 15 juin 2000 renforçant la protection de la présomption d'innocence et les droits des victimes. En matière procédurale, les circulaires peuvent porter le nom « d'instruction générale » : ce fut le cas de la circulaire ayant commenté le Code de procédure pénale de 1959. Ces circulaires sont publiées au Journal officiel.

48. CE, 29 janv. 1954, aff. *Institution Notre Dame du Kreisker*, DA 1954. 50, concl. Tricot B., 18 juin 1993, aff. *Institut français d'opinion publique* : Rec. 170.

49. Cass. crim., 16 janv. 1976 : Bull. crim., n° 18.

50. Cass. crim., 30 oct. 1995 : cité par Lesclous V. et Marsat C., Dr. pén., 1996, chron. 44.

la mise en œuvre immédiate des nouvelles dispositions législatives sans attendre leur date initiale d'entrée en vigueur. La hiérarchie des normes s'en trouve ainsi bouleversée, la circulaire acquérant, en fait, une prééminence sur la loi[51].

155. La circulaire peut aussi compléter une législation défaillante. C'est ainsi que le garde des Sceaux a pu inviter les enquêteurs à respecter tous les droits du suspect entendu librement dans des cas où la loi ne le prévoyait pas expressément (v° circ. du 19 décembre 2014 pour les épreuves de dépistage d'alcoolémie). Il faut dire que le raisonnement par analogie est possible dans le cas d'une mesure favorable.

156. Les conventions collectives. - Les conventions collectives et les accords conclus au sein des entreprises ont une valeur égale à celle de la loi, parce que le droit du travail est un droit fondé en priorité sur des relations contractuelles. La loi n'intervient qu'à titre subsidiaire pour garantir un minimum social. C'est le sens de l'article L. 2263-1 du Code du travail qui, en matière pénale, dispose que « lorsqu'en vertu d'une disposition législative expresse dans une matière déterminée, une convention ou un accord collectif étendu déroge à des dispositions législatives ou réglementaires, les infractions aux stipulations dérogatoires sont passibles des sanctions qu'entraînerait la violation des dispositions législatives ou réglementaires en cause ». Comme on le constate, il faut être en présence d'une convention dérogatoire[52].

3. La place des normes étrangères

157. Le droit pénal est un droit lié étroitement à des considérations politiques relatives à un État donné. Dans ces conditions se pose la question de l'application éventuelle en France de normes étrangères.

158. Le principe est la territorialité de la loi pénale française, ce qui suppose que l'infraction soit commise *sur le territoire de la République* (C. pén., art. 113-2). Le juge français n'applique pas la loi étrangère.

Qu'en est-il si l'infraction est commise *à l'étranger* ? La règle veut que ce soit la loi du pays dans lequel a été commise l'infraction qui soit applicable. S'il y a des exceptions, elles ont pour seul objet d'attribuer compétence au juge français, qui appliquera alors sa propre législation. Ainsi :

159. Si l'infraction est commise par un Français. - En présence d'un *délit*, l'article 113-6 alinéa 2 du Code pénal reconnaît la *réciprocité des incriminations* : un citoyen français qui commet à l'étranger un fait qualifié délit par la loi française peut être poursuivi et jugé par les

51. De ce point de vue, il y a même un exemple d'abrogation de fait d'une loi par une circulaire : ce fut le cas d'une circulaire du 21 octobre 1981 adressée par le garde des Sceaux aux procureurs généraux leur recommandant de ne pas appliquer la loi dite « Sécurité et liberté » promulguée le 2 février 1981 : Cf. A. Peyrefitte, *Les chevaux du lac Ladoga*, Plon, 1981 ; cette loi ne sera abrogée officiellement, pour un grand nombre de ses dispositions, qu'en 1983.

52. Cass. crim., 24 févr. 1987 : Bull. crim., n° 97 et Chalaron Y., « La sanction pénale du droit conventionnel : une nouvelle base ? », Dr. soc. 1984. 505.

juridictions françaises si le fait est puni par la législation du pays où il a été commis, quelle que soit la qualification retenue ou la peine dans ce pays[53]. Mais si le fait est amnistié ou justifié dans le pays en cause, aucune poursuite n'est possible. Le juge français devra donc malgré tout connaître la loi étrangère et se déterminer en fonction de celle-ci. À la règle de la réciprocité des incriminations il est apporté parfois des exceptions : ainsi l'article 225-12-3 du Code pénal traite du cas où un Français, voire une personne résidant habituellement sur le territoire français, utilise à l'étranger les services de mineurs prostitués. La loi française est alors applicable par dérogation au deuxième alinéa de l'article 113-6. On retrouve une disposition du même ordre en matière de proxénétisme (art. 225-11-2), en présence d'une activité de mercenaire ou quand les faits reprochés sont en lien avec le clonage humain (art. 436-3 et 511-1-1).

En cas de *crime* commis par un Français à l'étranger, c'est la loi pénale française qui reste applicable si l'acte est une infraction au regard de la législation française et si son auteur n'a pas été jugé définitivement à l'étranger (ou, en cas de condamnation, s il n'a pas subi ou prescrit sa peine) : art. 113-6, al. 1 et 113-9 du Code pénal. Par conséquent, le juge devra, le cas échéant, s'informer sur la législation du pays de l'infraction et la respecter.

On ajoutera que l'article 113-7 rend la loi pénale française applicable à tout crime et à tout délit puni d'emprisonnement commis par un Français à l'étranger quand la victime est de nationalité française au moment de l'infraction. Dans ce cas, en présence d'un délit, la réciprocité des incriminations n'est pas exigée. L'article 113-7 absorbe l'article 113-6 alinéa 2.

160. Si l'infraction est commise par un étranger. - La loi française est en principe inapplicable. À titre d'exception, l'article 113-7 du Code pénal rend la loi française applicable quand la victime est de nationalité française au moment de l'infraction. En outre, l'article 113-10 du même code énonce que « la loi pénale française s'applique aux crimes et délits qualifiés d'atteintes aux intérêts fondamentaux de la nation et réprimés par le titre Ier du Livre IV, à la falsification et à la contrefaçon du sceau de l'État, de pièces de monnaie, de billets de banque ou d'effets publics réprimées par les articles 442-1, 443-1 et 444-1 et à tout crime ou délit contre les agents ou les locaux diplomatiques ou consulaires français, commis hors du territoire de la République ». De même, depuis la loi du 9 mars 2004 la loi française est applicable à tout crime ou délit puni d'au moins cinq ans d'emprisonnement commis par un étranger dont l'extradition a été refusée à l'État requérant par les autorités françaises soit parce que le fait commis à l'étranger est puni d'une peine ou d'une mesure de sûreté contraire à l'ordre public français, soit parce que la personne réclamée aurait été jugée dans l'État requérant par un tribunal n'assurant pas les garanties fondamentales de procédure et de protection des droits de la défense, soit enfin parce que le fait commis revêt le caractère d'une infraction politique (art. 113-8-1).

53. Cass. crim., 8 nov. 2017, n° 17-81546, *Gaz. Pal.*, 23 janv. 2018, p.42, note Détraz S.

Pareillement, en cas d'infraction commise hors du territoire de la République, des poursuites pourront être engagées lorsqu'une convention internationale attribue compétence aux juridictions françaises (CPP., art. 689, renvoyant aux conventions prévues aux articles 689-2 à 689-13 : ex., convention de New York de 1984 contre la torture et autres peines et traitements cruels, convention européenne de 1977 contre le terrorisme, convention sur la protection physique des matières nucléaires de Vienne et New York de 1980, conventions de La Haye de 1970 et de Montréal de 1971 sur la répression de la capture illicite d'aéronefs et d'actes illicites contre la sécurité de l'aviation civile, crimes relevant de la Cour pénale internationale en application de la convention portant statut de cette cour signée à Rome en 1998, convention de New York de 2006 sur les disparitions forcées...). Mais la législation applicable reste toujours le droit français. On parle alors de compétence universelle. La compétence de la loi française est cependant subsidiaire[54]. Il ne faut pas que l'auteur de l'infraction, arrêté en France, ait été jugé définitivement à l'étranger et, en cas de condamnation, qu'il ait purgé sa peine ou que celle-ci soit prescrite.

161. Si l'infraction est un acte de terrorisme. – La loi n° 2012-1432 du 21 décembre 2012 relative à la sécurité et à la lutte contre le terrorisme a ajouté aux dispositions d'application générale en vigueur un article 113-13 attribuant compétence à la loi française pour connaître des crimes et délits qualifiés d'actes de terrorisme et réprimés par le titre II du Livre IV du Code pénal lorsque ces actes sont commis *à l'étranger par un français ou par une personne résidant habituellement sur le territoire français*. Selon les propos des rapporteurs au Sénat et à l'Assemblée nationale, il s'est agi de permettre des poursuites pénales contre ceux qui se rendraient à l'étranger pour participer à des camps d'entraînement dont l'objectif serait de perpétrer des actes de terrorisme. Il s'agit ici d'une compétence spécifique qui se distingue des hypothèses citées précédemment en matière par exemple d'utilisation à l'étranger des services de mineurs prostitués ou d'activités mercenaires, traitées comme des exceptions à la réciprocité des incriminations[55].

Par conséquent, la norme étrangère a une portée extrêmement limitée en France.

B. Légalité et sources non écrites

162. Les sources non écrites sont la jurisprudence, les principes fondamentaux et généraux ainsi que la coutume.

54. Cf. justement l'article 689-11 du Code de procédure pénale pour ce qu'il en est des crimes relevant de la compétence de la Cour pénale internationale.

55. Sur ce sujet, cf. Herran Th., « La nouvelle compétence française en matière de terrorisme. Réflexions sur l'article 113-13 du Code pénal », Dr. pén. 2013, Étude 10, p. 17.

1. La jurisprudence

163. La jurisprudence est une source d'interprétation. Toutefois, en certaines matières, elle est une force créatrice de droit : ainsi, en droit de la responsabilité civile. Peut-il en être de même pour la responsabilité pénale ?

Le principe de la légalité s'y oppose, semble-t-il : puisque l'incrimination doit avoir une base légale, la jurisprudence ne peut tout au plus qu'interpréter, fixer le contenu d'une loi sans être autorisée à mener une politique criminelle. Le juge pénal est obligé de citer l'article du code ou de la loi sur lequel est fondée la décision. L'affaire des écoutes téléphoniques, jugée en 1990 par la Cour européenne des droits de l'Homme, a permis, cependant, de poser à nouveau la question.

164. Un officier de police judiciaire, agissant sur commission rogatoire d'un juge d'instruction saisi d'un dossier criminel, avait opéré des écoutes téléphoniques qui avaient permis de recueillir des éléments suffisants pour faire condamner l'auteur des faits par une cour d'assises. La Cour européenne des droits de l'Homme condamna la France sur le fondement de l'article 8 de la Convention, c'est-à-dire pour atteinte au droit au respect de la vie privée et familiale, de son domicile et de sa correspondance[56]. Certes, l'alinéa 2 de l'article 8 prévoit l'ingérence d'une autorité publique dans l'exercice de ce droit ; mais c'est à la condition que cette ingérence soit prévue par la *loi* et qu'elle constitue une mesure nécessaire notamment à la sécurité nationale, à la sûreté publique, à la défense de l'ordre et à la prévention des infractions pénales. Le raisonnement suivi par la Cour européenne est intéressant à ce propos :

D'abord, elle considère que les écoutes téléphoniques, qui sont une ingérence de l'autorité publique dans l'exercice du droit au respect de la vie privée, ont, en France, un *fondement légal*.

Mais ensuite, elle juge ce fondement légal insuffisant car il ne contient que des dispositions non précises et difficiles d'accès, ce qui ne garantit pas le citoyen contre l'arbitraire.

Or, quel était l'état du droit positif français à ce moment ? Aucune législation n'existait ! Mais il y avait une jurisprudence de la Cour de cassation[57] construite sur la base des articles 81 et 151 du Code de procédure pénale, relatifs, le premier au juge d'instruction à qui est reconnu le droit de procéder conformément à la loi à « tous les actes d'information utiles à la manifestation de la vérité », le second, aux pouvoirs de l'officier de police judiciaire dans le cadre d'une commission rogatoire. Ces textes sont très généraux ; et pourtant la Cour européenne considère que les écoutes téléphoniques ont un « fondement légal ».

56. CEDH, 24 avr. 1990, aff. *Huvig et Kruslin c/ France*, prec.

57. Cass. crim., 9 oct. 1980 : Bull. crim., n° 255 – Cass. ass. plén., 24 nov. 1989 : Bull. crim., n° 440 – Cass. crim., 15 mai 1990 : JCP 1990.II.21541, obs. Jeandidier W.

La lecture de l'arrêt permet de comprendre. Les juges européens précisent le mot « loi » de l'article 8 de la Convention. Le terme de loi ne doit pas être compris dans un sens formel mais matériel et s'appliquant aux normes écrites et non écrites, aux actes des pouvoirs législatif et réglementaire et à la jurisprudence, parce que la Convention associe des pays de cultures juridiques différentes, et notamment des pays soumis à un système de *common law* dans lequel la jurisprudence est précisément une source créatrice de droit[58].

165. En vérité, la Cour européenne ne devrait pas pouvoir remettre en cause notre conception de la légalité. C'est le cas lorsqu'il s'agit de s'interroger sur la qualité que doit présenter la « loi pénale ». Celle-ci, au sens européen, doit en effet présenter certains caractères : elle doit être « accessible » et « prévisible ». Quant à l'accessibilité, contrairement à la loi, la jurisprudence des tribunaux et cours n'est pas publiée obligatoirement et si, en pratique, elle l'est, ses instruments de publication sont beaucoup moins accessibles que ceux des normes législatives et réglementaires *(Journal officiel)*. Quant à la prévisibilité, la jurisprudence évolue, il y a des revirements, le justiciable n'est jamais certain du sens d'une décision judiciaire. Conscient des insuffisances de la jurisprudence, l'État français a donc préféré légiférer sur les écoutes téléphoniques et a fait voter la loi du 10 juillet 1991.

166. Il n'en reste pas moins que, depuis les arrêts de l'assemblée plénière de la Cour de cassation du 15 avril 2011[59], la jurisprudence, envisagée ici de manière plus globale sur un plan européen, est appelée à avoir une autorité que l'on osait admettre. On considérait généralement que les décisions de la Cour européenne contraignaient uniquement les États adhérents à la Convention à modifier leur législation afin de la mettre en conformité avec les exigences de la Convention. Certains esprits éclairés pourraient dorénavant se demander s'il est nécessaire de faire voter une nouvelle loi et s'il ne suffirait pas d'appliquer directement la jurisprudence européenne ! Il ne faut pas céder à la tentation. Les solutions de la Cour européenne quelles que soient leurs qualités ne sont pas suffisamment précises pour être appliquées sans intervention législative. On a pu le constater avec la réforme de la garde à vue. Il ne suffisait pas d'imposer la présence d'un avocat lors des interrogatoires. Il fallait bien préciser les conditions de son intervention. Seul un texte pouvait le faire.

167. Sur le plan interne, si la jurisprudence judiciaire n'est pas une source directe du droit pénal, son rôle en matière d'interprétation des lois est loin d'être négligeable : chacun sait que l'interprétation est un moyen de définir le champ d'application d'une loi d'incrimination et que, par ce biais, il est possible implicitement de faire « œuvre

58. CEDH, 22 nov. 1995, *aff. S.W. c/RU*, n° 20166/92, spéc. n° 35.

59. Bull. crim., n° 1, 2, 3,4.

législative »[60]. Il ne faut pas non plus minimiser le rôle incitatif de la jurisprudence judiciaire dans la conduite des réformes : la chambre criminelle de la Cour de cassation, reprenant à son compte plusieurs décisions du Conseil constitutionnel qui précisément laissait en sursis, soit jusqu'au 1er juillet 2011, le régime de garde à vue pourtant attentatoire aux libertés fondamentales[61], a incité le législateur à agir vite, ce qu'il a fait en votant cette fameuse loi du 14 avril 2011[62]. Quant à l'assemblée plénière de la Cour de cassation, dans les arrêts évoqués ci-dessus, en affirmant avec force l'autorité des décisions de la Cour européenne des droits de l'Homme, elle a conduit le garde des Sceaux à mettre en œuvre par anticipation certaines dispositions de la réforme sur la garde à vue. Il est probable aussi que le statut du parquet, marqué par son manque d'indépendance, sera réformé dans un proche avenir parce que ce statut a été pointé du doigt par la Cour de cassation en décembre 2010[63], celle-ci s'alignant sur la position de la Cour européenne des droits de l'Homme exprimée depuis plusieurs années[64].

Au surplus, la jurisprudence participe, directement cette fois, au côté du Conseil constitutionnel qui consacre des principes fondamentaux, à la consécration de principes généraux.

2. Les principes fondamentaux et généraux

168. À l'échelon interne, il s'agit de principes dégagés par le Conseil constitutionnel et la chambre criminelle de la Cour de cassation.

a. Principes fondamentaux dégagés par le Conseil constitutionnel

169. On relèvera :

- le principe de la légalité criminelle (et en particulier la nécessité de textes suffisamment clairs et précis), complété par ceux de la non-

60. Par exemple, il faut se souvenir que c'est la jurisprudence, bien avant le législateur qui a retenu à titre de fait justificatif l'état de nécessité. Aujourd'hui, la Cour de cassation admet que l'exercice des droits de la défense puisse constituer un fait justificatif : Cass. crim., 11 mai 2004, n° 03-80254 : Bull. crim. n° 117 ; Dr. pén. 2004, comm. 122, note Véron M. – 16 juin 2011, n° 10-85079 : Dr. pén. 2011, comm. 100, note Véron M. ; RSC 2011.836, obs. Matsopoulou H. Sur la question de l'interprétation de la loi par le juge pénal, v° *Histoire et méthodes d'interprétation en droit criminel, Travaux du XXIe congrès de l'Association française de droit pénal,* 17 et 18 oct. 2013, Dalloz, 2015, spéc. Leroy J., « La qualification du fait et l'interprétation de la loi », p. 43 et s.

61. Notamment, Cons. const., 30 juill. 2010, n° 2010-14/22 QPC.

62. Cass. crim., 19 oct. 2010 (trois arrêts) : Bull. crim. n° 163, 164 et 165 ; sur ces arrêts : v. Georget, « À propos des arrêts de la chambre criminelle du 19 oct. 2010 : garde à vue et Convention européenne des droits de l'Homme », Dr. pén. 2010, étude 12 ; D. 2010, p. 2809, note Dreyer E. Voir aussi Cons. const., 4 mai 2012, n° 210-12/240 QPC sur la définition du harcèlement sexuel dans le Code pénal (art. 222-33) considérée comme imprécise.

63. Cass. crim., 15 déc. 2010 : D. 2011.338, note Pradel J. ; JCP G 2011, n° 214, note Leroy J.

64. CEDH, 10 juill. 2008 et 29 mars 2010, aff. *Medvedyev c/ France* : D. 2008. 3055, note Hennion-Jacquet P. ; D. 2009.600, note Renucci J.-F. ; D. 2010.1386, note Renucci J.-F. ; p. 1390, note Hennion-Jacquet P. ; RSC 2010.685, obs. Marguénaud J.-P. – 23 nov. 2010, aff. *Moulin c/ France* : D. 2010.2776, obs. Lavric S. ; D. 2011.277, note Renucci J.-F. ; p. 311, note Pradel J.

rétroactivité de la loi pénale plus sévère et de la rétroactivité de la loi pénale plus douce[65].

- le principe de nécessité et de proportionnalité de l'incrimination et de la peine[66]. Le droit pénal est l'ultime voie à laquelle le législateur doit recourir, et la sanction doit être en rapport avec la gravité de l'infraction.
- le principe de l'inviolabilité du domicile[67].
- le principe de la responsabilité pénale des personnes morales[68].

Quant au principe de l'individualisation des peines, le Conseil constitutionnel a considéré qu'il n'a pas le caractère d'un principe unique et absolu prévalant de façon nécessaire et dans tous les cas sur les autres fondements de la répression pénale. Il a autorisé le législateur à instituer des peines plancher[69].

- le principe du respect des droits de la défense parmi lesquels il y a celui de s'entretenir avec un avocat au cours de la garde à vue[70].
- le principe de l'égalité procédurale entre les justiciables[71].
- le principe de la liberté individuelle[72].

Il n'y a aucune hiérarchie entre les principes fondamentaux que le Conseil constitutionnel proclame. Tous ont une égale valeur, ce qui peut poser des problèmes de conciliation[73].

b. Les principes généraux consacrés par la Cour de cassation

170. La méconnaissance de ces principes autorise la censure de la décision déférée. On trouve dans la jurisprudence de la chambre criminelle des principes de fond, tel celui selon lequel « l'intention est un élément constitutif » de la plupart des délits[74], ou bien que « toute infraction, même non intentionnelle, suppose que son auteur ait agi avec

---

65. Cons. const., 19 et 20 janv. 1981 : D. 1982.441, note Dekeuwer A – 4 mai 2012, n° 210-12/240 QPC sur la définition du harcèlement sexuel dans le Code pénal (art. 222-33) considérée comme imprécise. 7 avr. 2017, n° 2017-625 QPC à propos du délit d'acte de terrorisme défini à l'article 421-2-6 du Code pénal.

66. Cons. const., 16 juill. 1996 : *JCP* 1996.II. 22709, obs. Nguyen Van Tuong – 7 août 2014 n° 2014-696 DC : JO 17 août 2014 p. 13659 ; 8 sept. 2017, n° 2017-752 DC, Dr.pén. 2017, comm.n° 173, note Peltier V.

67. Cons. const., 29 déc. 1983 : JCP 1984. I. 20 160 obs. Decocq A. et Drago R. – 16 juill. 1996, préc.

68. Cons. const., 25 févr. 1992 : RJC, I, 493.

69. Cons. cont., 20 janv. 1981 préc. L'actuel Code pénal (art. 132-18) conserve d'ailleurs en matière criminelle des peines minimales.

70. Cons. const., 11 août 1993 : JCP 1993. III. 66355.

71. Cons. const., 23 juill. 1975 : D. 1977.629, note Levasseur G. et Hamon L.

72. Cons.const. 12 janv. 1977 : D. 1978.173, note Hamon L. et Léauté J., et 18 janv. 1995 : Gaz. Pal. 1995, 1er semestre, lég. 110. Ces deux décisions refusent aux policiers le droit de fouiller les véhicules.

73. Par exemple, statuant à propos de la loi sur la répression du terrorisme et sur la police judiciaire, le Conseil constitutionnel, dans sa décision du 16 juill. 1996, déclare : « Considérant que la recherche des auteurs d'infractions est nécessaire à la sauvegarde de principes et droits de valeur constitutionnelle ; qu'il appartient au législateur d'assurer la conciliation entre cet objectif de valeur constitutionnelle et l'exercice des libertés publiques constitutionnellement garanties, au nombre desquelles figure la liberté individuelle, et notamment l'inviolabilité du domicile ». Tout est une question de mesure.

74. Cass. crim., 30 mars 1944 : D. 1945.246, note Desbois H. ; sur cet arrêt, Pradel J. et Varinard A., *op. cit.*, n° 2. Ce principe est inscrit dorénavant à l'article 121-3 du Code pénal.

intelligence et volonté »[75]. Cependant, la majorité des principes généraux sont des principes de procédure, souvent déjà consacrés constitutionnellement : respect des droits de la défense[76], de la présomption d'innocence (et sa conséquence, l'adage *in dubio pro reo* – le doute profite à l'accusé), principe de publicité des débats[77], principe de spécialité[78].

171. Quant à la *force* des principes généraux, s'il y a contradiction entre une loi et, par exemple, un principe de procédure, c'est la loi qui devrait prévaloir, par respect pour le principe fondamental de la légalité criminelle. Et pourtant, dans des cas exceptionnels, la chambre criminelle n'a pas hésité à invoquer les principes généraux *contra legem* : à l'occasion de poursuites pour crimes contre l'humanité, elle a jugé, ainsi, que le formalisme de la procédure d'extradition pouvait être écarté[79] et que l'imprescriptibilité de ces crimes se déduisait notamment des principes généraux du droit reconnus par l'ensemble des nations[80]. Pareillement, bien que l'article 16 de la loi du 27 mars 1927 exclût tout recours contre les arrêts des chambres de l'instruction rendues en matière d'extradition, la Cour de cassation jugea recevable les pourvois contre ces décisions au nom « des principes généraux »[81].

À lire ces décisions, on reste une fois de plus perplexe devant la toute-puissance affichée du principe de la légalité pénale dans sa conception traditionnelle. Cela dit, la Cour de cassation a pu retenir une application stricte du principe de légalité en droit interne[82].

75. Cass. crim., 13 déc. 1956, aff. *Laboube* : D. 1957.349, note Patin M. ; Pradel J. et Varinard A., *op. cit.*, n° 42.

76. La jurisprudence est très abondante : v. par ex., Cass. crim., 23 févr. 2000 : Bull. crim., n° 80.

77. Cass. crim., 15 mai 1990 : Bull. crim., n° 197.

78. Appliqué en matière d'extradition : Cass. crim., 12 juill. 1994 : Bull. crim., n° 277 : « en vertu du principe de spécialité, l'individu livré ne peut être poursuivi ou jugé contradictoirement pour aucune autre infraction que celle ayant motivé l'extradition ».

79. Cass. crim., 6 oct. 1983, aff. *Barbie* (1er arrêt) : JCP 1983. II.20107 rapport Le Gunehec Chr., concl. Dontenville, note Ruzié.

80. Même affaire, Cass. crim., 26 janv. 1984 : JCP 1984. II. 20197, rapport Le Gunehec Chr.

81. Cass. crim., 17 mai 1984 : D. 1984.536, note Jeandidier W. L'actuel art. 696-15 CPP, issu de la loi du 9 mars 2004, intégrant dans le Code, l'extradition, autorise désormais les pourvois à condition que ceux-ci soient fondés sur des vices de forme de nature à priver l'avis des conditions essentielles de son existence légale.

82. Cass. crim., 26 févr. 2014, n° 13-86631, 13-87846, 13-87888. On peut y lire : « Mais attendu qu'en statuant ainsi, alors que, les infractions de génocide et de crime contre l'humanité auraient-elles été visées par des instruments internationaux, en l'espèce la Convention sur le génocide du 9 nov. 1948 et celle sur l'imprescriptibilité des crimes contre l'humanité, applicables à la date de la commission des faits, en l'absence, à cette même date, d'une définition précise et accessible de leurs éléments constitutifs ainsi que de la prévision d'une peine par la loi rwandaise, le principe de légalité criminelle, consacré par le Pacte international relatif aux droits civils et politiques ainsi que par la Convention européenne des droits de l'homme et ayant valeur constitutionnelle en droit français, fait obstacle à ce que lesdits faits soient considérés comme punis par la loi de l'État requérant au sens de l'article 696-3, 1°, du Code de procédure pénale, la chambre de l'instruction a méconnu les textes susvisés et le principe ci-dessus énoncé ».

3. La coutume

172. Contrairement aux principes généraux du droit, qui prennent appui sur l'esprit de la loi, la coutume naît d'usages ou de pratiques collectives.

On distingue habituellement trois sortes de coutumes : la coutume *secundum legem*, (conforme à la loi), la coutume *præter legem* (applicable dans le silence de la loi) et la coutume *contra legem* (contraire à la loi). Le droit civil s'accommode de la coutume. Mais en droit pénal, le principe de la légalité n'est-il pas un obstacle à la reconnaissance de sources coutumières, puisque l'un des fondements de ce principe affirmé au moment de la Révolution était précisément la réaction contre le droit coutumier de l'Ancien Régime ?

173. C'est dire que le rôle de la coutume est marginal. Néanmoins, nous en trouvons quelques applications :

En droit pénal de fond, la coutume a été invoquée par des magistrats, dans le silence des textes, dans une affaire ou un commerçant était poursuivi pour fraude[83]. C'est encore sur ce fondement que sont légitimées les corrections sans gravité infligées par les parents à leurs enfants indisciplinés[84] et les combats de taureaux ou de coqs (il faut une tradition locale ininterrompue) en dépit des textes sur les sévices graves ou actes de cruauté envers les animaux[85].

Parfois, la loi peut renvoyer à la coutume : par exemple, sur le plan du droit communautaire, des règlements accordent des dérogations aux obligations prescrites en fonction de règles coutumières internes, fondées sur des usages locaux et non contraires à la loi de l'État concerné[86].

174. En droit pénal procédural, on signalera, à l'époque où le Code d'instruction criminelle était en vigueur, la pratique de l'enquête officieuse, devenue l'enquête préliminaire dans le Code de procédure pénale, ou bien la pratique de la correctionnalisation, par laquelle un fait qualifié légalement de crime est poursuivi délibérément sous la qualification de délit.

83. Cass. crim., 5 oct. 1967 : Bull. crim., n° 242 (aff. *Le Guern*), Pradel J. et Varinard A., *op. cit.*, n° 2 : la Chambre criminelle rejette le pourvoi dirigé contre l'arrêt d'une cour d'appel qui s'était référé « aux usages loyaux et constants du commerce ».

84. Cass. crim., 21 févr. 1990 : Dr. pén. 1990, n° 216, obs. Véron M.

85. C. pén., art. 521-1, al. 3.

86. Cass. crim., 8 févr. 1996 : Bull. crim., n° 71 : « lorsque l'administration fiscale refuse de consentir l'abattement forfaitaire habituellement admis par elle pour tenir compte de ces usages locaux, sans établir de façon précise le contenu de la règle coutumière, il appartient au juge d'appliquer à celle-ci sa propre interprétation ».

§3. Le respect de la légalité

175. Les atteintes dont le principe légaliste peut faire l'objet sont de trois ordres :

Les unes sont le fait du législateur lui-même qui, par l'abondance de son activité et les techniques auxquelles il recourt dans l'élaboration des textes, participe à un mouvement qui conduit à une baisse de la qualité de la loi.

D'autres tiennent à la violation de la hiérarchie des normes. Le contrôle est assuré ici par un juge.

D'autres tiennent au juge répressif dont la fonction est d'appliquer la loi dans sa lettre et son esprit : pourtant, l'interprétation de la norme, la qualification du fait puis de l'infraction (à savoir son rattachement aux catégories de crime, délit et contravention) peuvent donner lieu à des excès. Nous les verrons ultérieurement[87]. Nous n'envisageons dans les développements suivants que les deux premières hypothèses.

A. Le respect de la légalité dans l'élaboration des normes

176. Respecter le principe de la légalité pénale, c'est faire en sorte de ne recourir à la loi répressive que pour protéger des valeurs sociales essentielles, et de n'élaborer que des textes précis et clairs[88]. Malheureusement, la multiplication des incriminations et l'utilisation de certaines techniques de législation illustrent le dévoiement du principe.

1. Inflation des incriminations

177. Idéalement, l'acte de légiférer en matière pénale devrait être celui de faire des choix parmi divers comportements répréhensibles socialement, ceux qui méritent une sanction pénale, une sanction civile, administrative ou disciplinaire. Cet acte devrait s'inscrire dans une politique criminelle bien réfléchie et en constituer le mode d'expression privilégié.

La réalité est bien différente. Le droit pénal que nous connaissons est un droit instrumental, technocratique. On assiste à une invasion des textes dans tous les domaines de la vie sociale : consommation, urbanisme où pourtant l'efficacité des sanctions pénales est mise en doute[89]. Peu parviennent à y échapper. Nous avons déjà constaté que le droit pénal est un droit avant tout sanctionnateur[90]. Certes, la loi d'incrimination étant obligatoire, nul ne songerait à incriminer sans y recourir ; mais encore faut-il le faire avec discernement et ne pas pénaliser excessivement la vie en société. Certaines

87. V. *infra*, n° 276 et s.

88. V° récemment, Cass. crim., 26 févr. 2014 (3 espèces), arrêts précités.

89. Périnet-Marquet H., « L'inefficacité des sanctions du droit de l'urbanisme », D. 1991, chron. 37.

90. V. *supra*, n° 114.

incriminations sont déplacées[91] ou relèvent d'une pratique incantatoire[92]. La multiplicité des textes conduit à ce qu'un comportement donné pourra éventuellement relever de plusieurs textes de qualification, d'où des conflits dont on pourrait faire l'économie.

178. Dénoncée par la doctrine contemporaine, l'inflation législative commence à susciter des réactions positives :

D'abord, en agissant directement sur le nombre de lois : on constate une tendance à *dépénaliser* certains actes en droit des affaires[93], en droit de la concurrence ou en matière de circulation routière. Dans certains cas, il y a une véritable décriminalisation (cas des chèques sans provision) ; dans d'autres, la dépénalisation s'exprime sous la forme de contraventionnalisation de délits, de recours à des procédures simplifiées (amendes forfaitaires en matière de circulation routière) ou sous la forme de sanctions administratives ou fiscales.

Ensuite, indirectement, en redéfinissant certaines infractions et en invitant leurs victimes à préférer la voie civile pour obtenir une satisfaction pécuniaire ou morale. Ce fut l'un des objectifs de la loi du 10 juillet 2000 qui, resserrant la définition des délits non intentionnels, ajouta un article 4-1 au Code de procédure pénale, ainsi rédigé : « L'absence de faute pénale non intentionnelle au sens de l'article 121-3 du Code pénal ne fait pas obstacle à l'exercice d'une action devant les juridictions civiles afin d'obtenir la réparation d'un dommage sur le fondement de l'article 1241 du Code civil si l'existence de la faute civile prévue par cet article est établie... ».

2. Techniques de législation

179. Dans de nombreux arrêts, la Cour de cassation rappelle la nécessité d'une incrimination en des termes clairs et précis « pour exclure l'arbitraire et permettre au prévenu de connaître exactement la nature et la cause de l'accusation portée contre lui »[94]. Il n'est pas certain que les pratiques suivantes auxquelles recourt le législateur pour édicter des normes répondent à ces objectifs :

1° La pénalité par référence : ce procédé consiste, dans le texte incriminateur, à préciser que la pénalité encourue est celle prévue pour telle ou telle

91. Telles celles qui protègent l'usage de la langue française dans les publicités, dans les colloques... : v. articles 1er à 4 du décret du 3 mars 1995 pris pour l'application de la loi du 4 août 1994, D. 1995.I.231. Fallait-il en outre autoriser les associations constituées pour la défense de la langue française à exercer les droits reconnus à la partie civile, ce qui revient à privilégier la voie pénale sur la voie civile ?

92. C. pén., art. 433-5, al. 3, créé par l'article 45 de la loi du 9 sept. 2002, aggravant les peines du délit d'outrage en cas d'expression offensante ou injurieuse adressée à une personne chargée d'une mission de service public lorsque les faits ont été commis à l'intérieur d'un établissement scolaire ou éducatif ou à l'occasion des entrées ou sorties des élèves. La peine est de six mois d'emprisonnement et de 7 500 € d'amende. Fallait-il prévoir une peine d'emprisonnement pour protéger les enseignants de tels actes et rendre l'incrimination dissuasive ? On peut en douter. V. Leroy J., « La force dissuasive de la norme pénale de fond », *in La force normative*, LGDJ, 2009, p. 389 et s.

93. *La dépénalisation de la vie des affaires*, rapport de la commission présidée par J-M. Coulon, La Documentation française, 2008.

94. Cass. crim., 29 oct. 1991 : Bull. crim., n° 386 – 27 mars 1995 : Bull. crim., n° 125 ; 6 avr. 2004 : Bull. crim., n° 85.

autre infraction. La méthode est aléatoire. Il suffit, lors d'une réforme législative, d'abroger le texte de référence, et l'incrimination ne comporte plus de peine ; une modification de numéro d'article peut aussi aboutir à un résultat non souhaité initialement.

2° L'incrimination par renvoi : le texte de loi édicte la peine sans définir les éléments constitutifs de l'infraction. La matérialité de l'acte et la psychologie de l'auteur sont décrites dans un autre texte auquel il fait renvoi. Il peut s'agir d'un renvoi *interne* ; les textes de pénalités, en général situés dans la dernière partie de la loi, invitent à se reporter à un ou plusieurs articles précédents de la même loi qui prescrit des obligations, par exemple à caractère social, civil, commercial[95]. Il peut s'agir d'un renvoi *externe* : la pratique est plus contestable, parce que les dispositions auxquelles il est renvoyé sont étrangères à la loi de pénalité et donc plus difficilement accessibles[96]. C'est un droit pénal « bureaucratique »[97].

C'est peut-être pour répondre à ces critiques que le législateur essaie un nouveau procédé, inélégant dans la forme mais simplificateur, consistant à *répéter* la disposition légale : c'est le cas de la loi du 29 juillet 1994 en matière de bioéthique. L'article 511-2, introduit par cette loi dans le Code pénal, dispose que « le fait d'obtenir d'une personne l'un de ses organes contre un paiement, quelle qu'en soit la forme, est puni de sept ans d'emprisonnement et de 100 000 € d'amende. » L'article L. 1272-1 du Code de la santé publique reprend textuellement l'article L. 511-2 : « Comme il est dit à l'article L. 511-2 du Code pénal, le fait d'obtenir d'une personne l'un de ses organes, etc. ». Et l'on peut multiplier les exemples.

3° L'incrimination de « type ouvert » : au lieu de décrire avec un grand souci de détails l'infraction, le législateur se contente de formules vagues, laissant au juge la liberté la plus grande pour déterminer les éléments constitutifs spéciaux de ladite infraction. Ainsi, l'article L. 2146-1 du Code du travail punit « le fait d'apporter une entrave à l'exercice du droit syndical, défini par les articles L. 2141-4, L. 2141-9 et L. 2141-11 à L. 2143-22 » d'un emprisonnement d'une année et d'une amende de 3 750 euros. Si les conditions d'exercice du droit syndical dans les entreprises peuvent être connues en se reportant aux articles visés, en revanche « l'entrave » n'est pas définie dans sa matérialité, et bon nombre de violations d'obligations à la charge du chef d'entreprise sont de nature à constituer le délit. L'article 222-33 du Code pénal définissait le harcèlement sexuel comme « le fait de harceler autrui dans le but d'obtenir des faveurs de nature sexuelle ». Il s'agit d'une tautologie qui ne définit rien et est contraire au principe de légalité. Le Conseil constitutionnel, saisi d'une question prioritaire de constitutionnalité, a abrogé

---

95. Par exemple, l'article L. 480-4 du Code de l'urbanisme dispose : « L'exécution de travaux ou l'utilisation du sol en méconnaissance des obligations imposées par les titres Ier, II, IV et VI du présent livre, par les règlements pris pour leur application ou par les autorisations délivrées en conformité avec leurs dispositions (.) est punie d'une amende comprise entre 1 200 € et un montant qui ne peut excéder [.] ».

96. C'est le cas dans l'article 480-4 précité des règlements d'application ou des autorisations.

97. Delmas-Marty M., *Le flou du droit*, *op. cit.*, p. 45.

l'article en question. D'où la réécriture du texte aux fins d'une définition plus précise du délit[98].

4° Le législateur peut aussi utiliser de **nouveaux concepts** dont le contenu n'est pas délimité : par exemple, la loi du 10 juillet 2000 modifie l'article 121-3 du Code pénal et introduit la « faute caractérisée », notion inconnue jusqu'alors du droit pénal.

B. Le respect de la hiérarchie des normes

1. La conformité de la loi à la Constitution et à la Convention européenne de sauvegarde des droits de l'Homme

180. Le Conseil constitutionnel avait été institué en 1958 pour réguler les compétences dévolues au Parlement et au Gouvernement en matière d'édiction des normes. Quarante-cinq ans plus tard, le Conseil est devenu le gardien des libertés et droits fondamentaux contenus dans un « bloc de constitutionnalité » qu'il a lui-même construit[99]. Ses interventions sont de plus en plus fréquentes depuis que les conditions de sa saisine ont été élargies en 1974, soixante députés ou sénateurs pouvant lui déférer avant leur promulgation les lois qu'ils jugent contraires aux principes fondamentaux de la République. À cet égard les méthodes du Conseil s'affinent : outre l'affirmation pure et simple de principes, il formule des « réserves d'interprétation » qui s'imposent aux juridictions[100], voire se livre à des interprétations audacieuses de la Constitution[101]. Depuis la réforme constitutionnelle du 23 juillet 2008 qui vient de créer « *la question prioritaire de constitutionnalité* » (art. 61-1 de la Constitution) le Conseil constitutionnel est appelé cette fois-ci à marquer la vie judiciaire de son

98. Cons. const., 4 mai 2012, déc. n° 210-12/240 QPC ; une nouvelle loi a été promulguée : loi n° 2012-954 du 6 août 2012 relative au harcèlement sexuel.

99. V. *supra*, n° 177.

100. Par ex. décision du 5 août 1993 : JCP G, 1993. III, n° 66340, sur l'article 78-2, alinéa 7, du Code de procédure pénale, modifié par la loi du 10 août 1993 relative aux contrôles d'identité. L'alinéa en cause dispose que « l'identité de toute personne, quel que soit son comportement, peut également être contrôlée, selon les modalités prévues au premier alinéa, pour prévenir une atteinte à l'ordre public, notamment à la sécurité des personnes et des biens ». Le Conseil valide le texte, non sans inviter « l'autorité compétente à justifier dans tous les cas, des circonstances particulières établissant le risque d'atteinte à l'ordre public qui a motivé le contrôle ; que ce n'est que sous cette réserve d'interprétation que le législateur peut être regardé comme n'ayant pas privé de garanties légales l'existence de libertés constitutionnellement garanties ». Quelques mois plus tard, la cour d'appel de Lyon observait scrupuleusement la réserve d'interprétation du Conseil : Lyon, 9 avr. 1994 : JCP G. 1995. II. 22414, note Blanc G.

101. Décision du 22 janv. 1999 : D. 1999.285, note Chrestia Ph. ; RSC, 1999.614, obs. Giudicelli A. : statuant, il est vrai, non pas sur la conformité d'une loi mais sur la conformité constitutionnelle du traité portant statut de la Cour pénale internationale, le Conseil se livre à une lecture extensive de l'article 68 de la Constitution relatif à la responsabilité pénale du président de la République et à la compétence de la Haute Cour de justice, pour dire que pendant la durée de ses fonctions, le président de la République ne peut voir sa responsabilité pénale engagée que devant la Haute Cour de justice. V. dans le même sens : Cass. ass. plén., 10 oct. 2001 : D. 2002.237, note Debbasch Ch., et p. 674, note Pradel J.

empreinte[102] et à ravir *peut-être* la place occupée jusqu'alors par la Cour européenne des droits de l'Homme[103]. Selon ce texte « lorsqu'à l'occasion d'une instance en cours devant une juridiction, il est soutenu qu'une disposition législative porte atteinte aux droits et libertés que la Constitution garantit, le Conseil constitutionnel peut être saisi de cette question sur renvoi du Conseil d'État ou de la Cour de cassation qui se prononce dans un délai déterminé »[104]. Désormais, il existe l'exception d'inconstitutionnalité comme il existe une exception d'illégalité[105]. Depuis déjà de nombreuses années, tout un mouvement de pensée se développait en ce sens fondé sur la moins grande majesté des lois contemporaines et le danger représenté par une loi contraire à des libertés fondamentales qui aurait échappé en temps utile à la vigilance du Conseil constitutionnel[106]. La question prioritaire de constitutionnalité change le rôle du Conseil qui se rapproche d'une cour constitutionnelle. Plusieurs conditions doivent être réunies : la disposition législative contestée s'applique au litige ou à la procédure, ou constitue le fondement des poursuites ; cette disposition n'a pas déjà été déclarée conforme par le Conseil constitutionnel, sauf changement de circonstances ; enfin la question soulevée est « nouvelle » ou présente un caractère « sérieux » (art. 1 loi organique du 10 décembre 2009). Si la disposition législative en question est jugée contraire à la Constitution[107] elle est abrogée[108]. Le Conseil constitutionnel peut parfois être tenté de refaire la loi ainsi qu'on le constate à la lecture d'une décision du 18 novembre 2011[109] statuant sur plusieurs questions prioritaires de constitutionnalité qui portaient sur la constitutionnalité de la loi du 14 avril 2011 relative à la garde à vue. Le Conseil légitime

102. Cf. notamment Cappello A., *La constitutionnalisation du droit pénal - Pour une étude du droit pénal constitutionnel*, Thèse Paris II, 2011 ; L. Favoreu, « La constitutionnalisation du droit pénal », *in Mélanges A. Vitu*, p. 169 et s. ; Philip L., « La constitutionnalisation du droit pénal français », RSC 1985, p. 711.

103. Toutefois, il ne faut pas confondre le contrôle de constitutionnalité et le contrôle de conventionnalité. Les deux textes fondamentaux sont différents. En outre, les conditions pour poser la question prioritaire de constitutionnalité sont très précises. Ainsi, la question prioritaire de constitutionnalité soutenant que les articles 349, 350, 353 et 357 du Code de procédure pénale sont contraires à la Constitution au regard des articles 7, 8, 9 et 16 de la Convention européenne des droits de l'Homme ainsi qu'aux principes du droit à une procédure juste et équitable, d'égalité devant la loi et devant la justice n'a pas été considérée comme une « question nouvelle ». La question visait concrètement l'absence de motivation des arrêts d'assises : Cass. crim., 19 mai 2010, n° 09-83328. Il n'en fut pas de même à propos de certaines dispositions relatives à la garde à vue ; saisi par la Cour de cassation (cf. par ex. Cass. crim., 31 mai 2010, n° 05-87745,09-86381), le Conseil constitutionnel déclara les articles 62, 63, 63-1, 77 et 63-4 al. 1 à 6 du Code de procédure pénale contraires à la Constitution, ce qui remettait en cause la légalité du régime de garde à vue ; la décision d'inconstitutionnalité prenait effet le 1er juill. 2011, date à laquelle le Code de procédure pénale devait être modifié, ce qui a été fait : Décision du 30 juill. 2010, n° 2010-14/22.

104. V. Loi organique du 10 déc. 2009, JO 11 déc. modifiant l'ordonnance du 7 nov. 1958 portant loi organique sur le Conseil constitutionnel. Ce contrôle s'exerce depuis le 1er mars 2010.

105. Cass. crim., 20 déc. 1994 : Bull. crim., n° 34 - 29 mars 2000 : Bull. crim., n° 146.

106. V. Duverger M., *Le système politique français*, PUF, 1986, p. 463.

107. Cf. Cons. const., 11 juin 2010, n° 2010-6/7, JO 12 juin 2010, p. 10849, à propos de la non-inscription sur les listes électorales pendant un délai de cinq ans à compter d'une condamnation définitive pour délits financiers (art. 7 Code électoral). Il s'agit pour le Conseil constitutionnel d'une peine automatique contraire au principe d'individualisation des peines. Ce texte est par conséquent abrogé.

108. Cf. Cons. const., 4 mai 2012, préc.

109. JO 19 nov. 2011, p. 19480.

dans son principe l'audition libre d'un suspect, c'est-à-dire en l'absence de tout avocat alors que la commission des lois de l'Assemblée nationale avait retranché du projet de loi sur la garde à vue ce type d'audition qu'elle jugeait attentatoire aux droits de la défense[110]. La loi n° 2012-535 du 27 mai 2014[111] relative au droit à l'information dans le cadre des procédures pénales revient heureusement sur cette situation en créant un statut pour le suspect entendu librement. Ce dernier pourra désormais se faire assister d'un avocat si l'infraction pour laquelle il est entendu est un crime ou un délit puni d'une peine d'emprisonnement (CPP, art. 61-1).

181. Il convient d'observer que parallèlement la Cour de cassation parvient, d'une certaine manière, à opérer un contrôle très proche du contrôle de constitutionnalité par l'intermédiaire de la Convention européenne des droits de l'Homme. Celle-ci énonçant des principes analogues à ceux contenus dans le bloc de constitutionnalité et ayant une force supérieure à celle des lois, la Cour de cassation apprécie la conformité de ces dernières à la Convention. Toutefois, une décision a marqué le pas à cet égard, ce qui ne pouvait qu'inciter le législateur à reconnaître enfin l'exception d'inconstitutionnalité[112].

2. Le contrôle de la légalité des actes administratifs

182. Le contrôle est reconnu largement par l'article 111-5 du Code pénal qui dispose : « Les juridictions pénales sont compétentes pour interpréter les actes administratifs, réglementaires ou individuels et pour en apprécier la légalité lorsque de cet examen dépend la solution du procès pénal qui leur est soumis ».

183. L'article 111-5 met, ainsi, un terme à une controverse qui, depuis de nombreuses années, non seulement opposait juridictions administratives et juridictions judiciaires, mais également persistait à l'intérieur même des juridictions judiciaires. La question était de savoir, dans l'hypothèse où un acte administratif servait de fondement à une poursuite pénale, ou de moyen de défense, si le juge répressif pouvait l'interpréter et en apprécier la légalité, ou bien s'il devait renvoyer l'examen de cette question à la juridiction administrative (il y a alors ce qu'on appelle une

110. Sur cette décision, notre étude : « La décision du Conseil constitutionnel sur la nouvelle garde à vue : une décision dérangeante », Dr. pén. 2012, Études n° 4. Au regard du respect du principe de nécessité des peines, s'agissant de la peine complémentaire obligatoire de confiscation, le Conseil constitutionnel se refuse, en revanche, à interférer son pouvoir d'appréciation avec celui du législateur sauf s'il y a disproportion manifeste entre l'infraction et la peine encourue : Cons. const., 26 nov. 2010, n° 2010-66 QPC. : « L'article 61-1 de la Constitution ne confère pas au Conseil constitutionnel un pouvoir général d'appréciation et de décision de même nature que celui du Parlement [.] ; que si la nécessité des peines attachées aux infractions relève du pouvoir d'appréciation du législateur, il incombe au Conseil constitutionnel de s'assurer de l'absence de disproportion manifeste entre l'infraction et la peine encourue [.] ».

111. Cette loi transpose en droit interne la directive 2012/13/UE du Parlement européen et du Conseil en date du 22 mai 2012 : *JOUE* 1er juin 2012 n° L. 142/1.

112. Cass. crim., 12 déc. 2007 : Dr. pén. 2008, comm. n° 34, note Véron M. et Robert J.-H. : « L'appréciation de la conformité des articles 1791, 1798 *bis* et 1798 *ter* du Code général des impôts au principe de conventionnel de proportionnalité relève du contrôle de leur constitutionnalité et échappe à la compétence des juridictions de l'ordre judiciaire ».

« question préjudicielle »). D'un côté, le principe de la séparation des autorités judiciaires et administratives semblait imposer ce renvoi ; de l'autre, la plénitude de juridiction dont dispose le juge répressif pour déterminer les circonstances de l'infraction invitait à lui permettre de statuer[113]. Le Tribunal des conflits jugeait que la juridiction pénale détenait bien un pouvoir d'interprétation et d'appréciation de la légalité, mais limité exclusivement aux actes réglementaires[114]. La chambre criminelle de la Cour de cassation avait cru devoir faire de subtiles distinctions : l'interprétation des actes individuels n'était pas possible ; en revanche, l'interprétation des actes réglementaires pénalement sanctionnés était autorisée. Quant à l'appréciation de la légalité, le juge pénal était compétent, qu'il s'agît d'un acte réglementaire ou individuel, à condition que l'acte administratif fût assorti d'une sanction pénale et qu'il ait été demandé au juge de la prononcer. Si l'acte administratif était invoqué comme moyen de défense, le juge répressif était incompétent[115].

L'article 111-5 du Code pénal est donc le bienvenu, d'autant plus qu'il simplifie la matière. Quels sont les conditions et les effets du contrôle ?

a. Conditions du contrôle

184. D'abord, l'exercice proprement dit du contrôle de légalité est soumis à une condition préalable : que l'acte administratif critiqué soit véritablement *à l'origine des poursuites* pénales. Par exemple, un ressortissant de nationalité étrangère, condamné par un tribunal correctionnel à une peine d'interdiction du territoire français, invoquait l'illégalité de l'arrêté préfectoral de reconduite à la frontière pris à son encontre en exécution du jugement de condamnation. Trouvant sa source dans le jugement et non dans l'acte administratif, l'exception d'illégalité a été jugée irrecevable[116]. Pareillement, un décret pris pour l'application d'une loi définissant un délit ne peut faire l'objet d'une exception d'illégalité que dans le cas où le décret étend ou modifie la portée de la loi[117].

Ensuite, l'illégalité d'un acte administratif soulevée par une partie au procès doit l'être *avant toute défense au fond*. Cette exigence, que la Cour de cassation fonde sur l'article 386 du Code de procédure pénale, est, toutefois, tempérée par le droit, fondé sur l'article 111-5 du Code pénal, pour le juge répressif de constater d'office à tout moment l'illégalité de l'acte en question[118].

185. Enfin, quant à l'étendue des pouvoirs du juge, outre un pouvoir d'interprétation des actes réglementaires ou individuels, le juge pénal

113. Cass. crim., 20 févr. 1996 : Bull. crim., n° 95.

114. T. confl., 5 juill. 1951, aff. *Avranches et Desmarets* : S. 1952.3.1 note Auby J.-M.

115. Cass. crim., 21 déc. 1961, aff. *Dame Le Roux* : D. 1962.102, rapport Costa - 1er juin 1967, aff. *Canivet* : JCP 1968.II. 15505, note Lamarque J. – 4 juin 1991 : Bull. crim., n° 8.

116. Cass. crim., 15 janv. 1997 : Gaz. Pal., 1998.1.50.

117. Cass. crim., 9 janv. 1995 : Bull. crim., n° 8.

118. Cass. crim., 30 oct. 1989 : Bull. crim., n° 387 - 7 juin 1995 : Bull. crim., n° 208 ; Dr. pén. 1995 comm. n° 226, note Robert J.-H. ; RSC 1996.363, obs. Bouloc B.

détient celui d'apprécier leur légalité à condition que « la solution du procès pénal » dépende de cet examen. Deux observations doivent être faites à cet égard :

1. Ce contrôle de légalité exclut celui de l'opportunité de l'acte, mais inclut celui de sa *constitutionnalité*[119]. Il s'agit d'un contrôle de la conformité de l'acte administratif aux normes qui sont supérieures.

2. Ce contrôle, subordonné à la « solution du procès pénal », englobe à la fois l'hypothèse où le texte est le fondement de la poursuite et celle où il est invoqué comme *moyen de défense*. Le législateur retient la formule la plus large, à l'inverse de ce que jugeait la chambre criminelle, pour laquelle l'appréciation de la légalité d'un acte administratif n'était possible que s'il était assorti d'une sanction pénale[120]. Pourront être invoqués devant la juridiction répressive l'incompétence de l'autorité qui a pris l'acte, le détournement de pouvoir, le vice de forme, la violation de la loi et l'erreur manifeste d'appréciation.

b. Les effets du contrôle

186. La décision du juge pénal n'a que l'autorité relative de la chose jugée, ce qui signifie qu'elle ne vaut que pour l'espèce dont était saisie la juridiction répressive. Dans une autre affaire, un prévenu pourrait soulever à nouveau l'illégalité de l'acte en question. Le juge pénal n'a évidemment pas le pouvoir, que détient le juge administratif, d'annuler l'acte illégal.

Si le juge considère que l'acte administratif qui sert de fondement aux poursuites est conforme à la loi, il prononcera une peine. Si le juge considère au contraire l'acte administratif comme illégal, il prononcera une relaxe. Mais le texte illégal est toujours applicable. Le parquet doit alors informer l'autorité administrative concernée pour qu'elle remédie à cette

119. Cass. crim., 30 nov. 1992 : Dr. pén. 1993, comm. n° 45, note Robert J.-H.

120. V. la jurisprudence sur la décision administrative de *retrait de points* du permis de conduire ; parmi de nombreux arrêts : Cass. crim., 6 juill. 1993 : D. 1994.33, note Massé M. et Couvrat P. – 5 oct. 1994 : Dr. pén. 1995, comm. n° 10, 1re espèce, note Robert J.-H. : la chambre criminelle (contrairement à la Cour européenne des droits de l'homme, v. aff. *Malige c/ France,* CEDH, 23 sept. 1998 : JCP 1999. II. 10086, note Sudre F.) considère que le retrait de points affectant le permis de conduire est une mesure ne présentant pas le caractère d'une sanction pénale accessoire à une condamnation, et qu'en conséquence son fondement légal échappe à l'appréciation du juge répressif ; au surplus, de l'examen des textes qui organisent ce retrait de points ne dépend pas, au sens de l'article 111-5 du Code pénal, la solution d'une poursuite exercée, comme en l'espèce, pour contravention d'inobservation du signal d'arrêt. Dans le même sens, Cass. crim., 12 nov. 1997 : JCP 1998. IV. 1641 – en sens contraire, T. pol. Privas, 8 nov. 1994 : Dr. pén. 1995. 10, 2e espèce, note Robert J.-H. Dans un autre domaine, v. Cass. crim., 28 avr. 1998 : Bull. crim., n° 141 ; RSC 1999. 96, obs. Bouloc B. : le juge répressif saisi pour non-respect d'un arrêté de *reconduite à la frontière* fixant le pays de renvoi n'a pas à apprécier la légalité de cet arrêté, qui ne commande pas la solution du procès pénal. V° également à propos d'un arrêté d'assignation à résidence : Cass. crim., 3 mai 2017, n° 16-86155 : « s'il appartient au prévenu, poursuivi pour non-respect de l'assignation à résidence prononcée par le ministre de l'Intérieur dans le cadre de l'état d'urgence, de préciser sur quels éléments porte sa contestation des raisons retenues par l'arrêté ministériel permettant de penser que son comportement constitue une menace pour la sécurité et l'ordre public, il incombe au juge répressif, compétent pour apprécier la légalité des arrêtés d'assignation à résidence, de répondre aux griefs invoqués par le prévenu à l'encontre de cet acte administratif, sans faire peser la charge de la preuve sur le seul intéressé et en sollicitant, le cas échéant, le ministère public afin d'obtenir de l'autorité administrative les éléments factuels sur lesquels celle-ci s'était fondée pour prendre sa décision ».

irrégularité[121]. Que se passerait-il si le juge administratif avait déjà statué sur le règlement en cause et ne l'avait pas considéré comme illégal ? Le juge pénal saisi ultérieurement pourrait-il juger en sens inverse ? La Cour de cassation l'a admis[122]. Il n'y a pas d'autorité de la chose jugée par le juge administratif sur le pénal.

Sous-section 2
Les corollaires du principe

187. L'exigence d'une norme préalable à la répression implique logiquement deux autres règles :

La première est celle de l'*interprétation stricte* de la loi pénale. En effet, il y aurait violation de la légalité si le texte incriminateur était étendu à d'autres comportements qu'il ne décrit pas.

La seconde est celle de la *non-rétroactivité* de la loi pénale : il y aurait pareillement violation de la légalité si le texte incriminateur (et de pénalité) s'appliquait à des comportements qu'il ne prévoyait pas au moment où ils se sont produits.

Le droit positif retient ces deux conséquences, tout en les nuançant en fonction de la catégorie à laquelle appartient la loi : loi plus favorable ou non ; loi de fond ou de forme. Nous traiterons successivement, dans les deux paragraphes suivants, de l'interprétation et de l'application dans le temps de la loi pénale.

§1. L'interprétation de la loi pénale[123]

188. De manière lapidaire, l'article 111-4 du Code pénal dispose : « La loi pénale est d'interprétation stricte ». Ce n'est pas une nouveauté. La jurisprudence était déjà établie en ce sens au moment de la promulgation du code[124]. L'article fut adopté par les parlementaires sans discussion.

Une bonne loi pénale ne devrait pas être sujette à interprétation. Cependant, nous savons que celle-ci est inéluctable, les lois étant loin de présenter les qualités requises de précision et de clarté, et le juge étant tenu de statuer sous peine de déni de justice (C. civ., art. 4). L'interprétation de la loi, à cet égard, est partie intégrante de l'interprétation des faits. La norme pénale n'a pas de sens pour elle-même. Elle doit être incarnée dans les faits et s'ouvrir sur une décision que l'on espère juste[125]. C'est toute la difficulté : donner un

121. En ce sens, circulaire du garde des Sceaux du 4 juill. 1994 et réponse min. n° 5824, JO Sénat, 1er sept. 1994, p. 2163.

122. Cass. crim., 24 févr. 1976 : Bull. crim., n° 70. À rapprocher : Cass. crim., 22 déc. 2002, n° 01-88255 : Bull. crim., n° 226.

123. Pour une vue d'ensemble de la question, cf. *Histoire et méthodes d'interprétation en droit criminel*, préc.

124. Cass. crim., 11 juin 1965 : Bull. crim., n° 152 – 8 févr. 1977 : Bull. crim., n° 51.

125. Leroy J., « La qualification du fait et l'interprétation de la loi », *in Histoire et méthodes d'interprétation en droit criminel, préc.* p. 43 et s.

sens pénal à l'acte humain dont il est saisi ; procéder aux ajustements d'une loi pensée pour la société toute entière mais pas nécessairement pour la situation individuelle en cause.

Parfois, le législateur prend les devants et définit lui-même les termes ambigus[126]. Mais ce procédé reste l'exception. L'article 311-2 du Code pénal incrimine la soustraction frauduleuse *d'énergie* au préjudice d'autrui. Que doit-on entendre par énergie ? L'électricité assurément. Mais qu'en est-il des communications téléphoniques ? L'interprétation judiciaire doit donc suppléer l'absence d'interprétation législative. La loi est d'interprétation stricte ordonne le législateur. À la vérité, le pouvoir d'interprétation du juge se situe en un point médiant qui va de l'application littérale à l'interprétation par analogie, voire au-delà si l'on envisage le recours à des fictions légales.

Quelles sont les méthodes possibles ? Quelles sont celles qui sont retenues ?

A. Les méthodes possibles

1. L'interprétation littérale

189. Le juge ne doit rechercher le sens d'un texte que dans les termes utilisés par le législateur : un singulier n'est pas un pluriel ; telle action illicite doit rendre son contraire licite. Beccaria reconnaissait à l'interprétation littérale de grandes vertus : « Rien n'est plus dangereux que l'axiome commun, qu'il faut consulter l'esprit des lois [...] Avec des lois exécutées à la lettre, chaque citoyen peut calculer exactement les inconvénients d'une mauvaise action ; ce qui est utile, puisque cette connaissance pourra le détourner du crime. Il jouira avec sécurité de sa liberté et de ses biens ; ce qui est juste, puisque c'est le but de la réunion des hommes en société »[127].

2. L'interprétation analogique

190. Elle consiste à étendre l'application du texte à d'autres comportements que ceux qu'il décrit. Cette méthode a été défendue par les positivistes, qui voulaient affranchir les juges de la tyrannie exercée par la légalité criminelle. Par exemple, l'ancien article 408 du Code pénal incriminait l'abus de confiance à la condition que le bien détourné par l'auteur de l'infraction lui ait été remis à titre de louage, de dépôt, de mandat, de nantissement, de prêt à usage ou pour un travail salarié ou non salarié. Il eût été possible d'élargir le domaine du texte au prêt de

126. C'est ainsi que les articles 132-71 et suivants définissent certains termes comme ceux de « bande organisée », de « préméditation », d'« effraction »...

127. *Des délits et des peines*, *op. cit.*, § IV. F. Gény s'était élevé contre cette méthode. Il préférait la norme dégagée par la conscience collective. D'où l'invitation générale adressée à l'interprète à se livrer à une libre recherche scientifique. Il faut, écrit-il, rejeter le fétichisme de la loi écrite et codifiée. Toutefois, parce qu'il s'agit de droit pénal, il faut être prudent et rechercher le contenu de la volonté législative à l'aide de la formule qu'elle exprime. On se rapproche de la méthode téléologique évoquée ci-après. Sur les propositions de Gény F., cf. *Méthode d'interprétation et sources en droit privé positif*, 2 tomes, LGDJ, 2e éd. 1919.

consommation, non prévu expressément, en raisonnant par analogie avec le prêt à usage (ce qui d'ailleurs n'a pas été accepté par la Cour de cassation).

3. L'interprétation téléologique

191. Elle consiste à rechercher le but poursuivi par le législateur[128]. Le juge recherchera le sens du texte en se référant à l'intention, à l'esprit de la loi, à son contexte historique et socio-économique. Les travaux préparatoires fournissent des matériaux très utiles à l'interprète.

B. Les méthodes retenues

192. Il convient de distinguer selon que la loi est défavorable ou favorable à la personne poursuivie.

1. Lois pénales défavorables

193. La jurisprudence s'en tient à l'interprétation stricte de la loi pénale, fondée sur une méthode téléologique. Interprétation stricte ne signifie pas interprétation restrictive.

La loi peut être claire ou obscure.

194. Si elle est *claire*, son interprétation obéit à un principe et à un tempérament :

1° Le principe est l'interprétation stricte du texte, ce qui conduit à ne l'appliquer qu'aux seuls cas qu'il prévoit : la Cour de cassation est ferme sur ce point. Elle rejette l'interprétation par analogie[129]. Ainsi, les dispositions de l'article 221-6 du Code pénal qui réprime l'homicide involontaire ne peuvent recevoir application dans le cas d'un accident ayant provoqué la mort d'un fœtus. Selon l'assemblée plénière qui s'est prononcée par arrêt du 29 juin 2001, « le principe de la légalité des délits et des peines, qui impose une interprétation stricte de la loi pénale, s'oppose à ce que l'incrimination prévue par l'article 221-6 du Code pénal réprimant l'homicide involontaire d'autrui soit étendue au cas de l'enfant à naître, dont le régime juridique relève de textes particuliers sur l'embryon et le fœtus »[130]. C'est donc l'existence de lois particulières, depuis celle de 1975 sur l'interruption volontaire de grossesse, qui, aux yeux de la Cour de cassation, lui interdit de décider à la place du

128. L'adjectif « téléologique » est issu du grec *teleos*, fin.

129. La Cour de cassation refusait d'étendre aux filouteries d'aliments, de carburant ou de logement, qui consistent simplement à ne pas payer les prestations reçues, les incriminations de vol, d'escroquerie ou d'abus de confiance. Le législateur a dû intervenir : la filouterie d'aliments a été incriminée dès 1873 ; celle de carburant en 1966 ; celle de logement en 1937 ; sur cette jurisprudence ancienne, v. Garçon E., *Code pénal annoté*, par M. Rousselet, M. Patin et M. Ancel, Sirey, 1956, art. 401. Aujourd'hui, les filouteries auxquelles il faut ajouter celle de transport font l'objet de l'article 313-5 du Code pénal.

130. Cass. ass. plén., 29 juin 2001 : Bull. crim., n° 8 ; D. 2001.2917, note Mayaud Y. ; sur cet arrêt, Pradel J., D. 2001, chron. 2907 ; Demont L., Dr. pén. 2001, chron. 34 – déjà en ce sens, mais à propos d'un enfant à naître non viable, Cass. crim., 30 juin 1999 : Bull. crim., n° 174 ; JCP 2000.II.10231, note Faure G. ; JCP 2001. II. 10569, rapp. Sargos P., concl. Sainte Rose J., note Rassat M.-L. ; D. 1999.710, note Vigneau D. ; RSC 1999.813, obs. Mayaud Y. ; Defrénois 1999, art. 37047. 1048, note Malaurie Ph.

législateur d'étendre l'incrimination à un cas non expressément prévu. Le rapport de la Cour de cassation pour l'année 2001 ajoute, d'ailleurs, que la plupart des pays de l'Union européenne adoptent une position similaire et que certains prévoient une incrimination spéciale. Derrière cette motivation générale, qui évacue en réalité la question centrale de savoir si l'embryon est une « personne humaine » au sens du droit pénal (rappelons que le titre II du livre II du Code pénal dans lequel se trouve l'article 221-6 réprime « les atteintes à la personne humaine »), la Cour de cassation invite donc le législateur à prendre ses responsabilités, comme l'exige le principe de la légalité.

195. 2° Le tempérament est la nécessaire adaptation de la loi pénale au progrès technique et au besoin d'une réponse pénale à des comportements nouveaux.

Par exemple, le vol défini, dans l'ancien article 379 du Code pénal, comme la soustraction frauduleuse de la *chose* d'autrui, a été retenu, dans un arrêt célèbre, en cas de soustraction de courant électrique, alors que le Code napoléonien n'avait pu l'envisager[131]. Il en fut de même pour le vol d'usage[132] et d'information[133]. En revanche, la qualification de vol a été refusée pour la soustraction de communications téléphoniques suite à l'usage d'un minitel, celles-ci constituant des prestations de service non susceptibles d'appropriation et n'entrant pas dans la catégorie des « choses »[134] visées par le code.

S'agissant des comportements nouveaux, nous citerons les appels téléphoniques malveillants qui, avant d'être incriminés dans l'article 222-16, ressortissaient aux « voies de fait » des anciens articles 309 ou R. 40, 1° du Code pénal[135]. Les voies de fait recouvraient aussi certains actes de bizutage, prévus désormais par l'article 225-16-1. Quant à l'escroquerie au parcmètre, elle a été retenue, alors que le législateur napoléonien en rédigeant l'article 405 ne pouvait l'imaginer[136].

196. Si la loi est *obscure*, le juge doit, en présence d'une erreur matérielle, rétablir le sens réel de la phrase ; en présence de termes énigmatiques, rechercher l'intention du législateur.

L'affaire *Bailly* reste célèbre dans les annales jurisprudentielles comme exemple d'erreur matérielle : un voyageur avait été poursuivi pour être descendu d'un train avant son immobilisation. Il invoquait un décret du

131. Cass. crim., 3 août 1912 : S. 1913. 337, note Roux J.-A. ; dorénavant le vol d'énergie est incriminé à l'article 311-2 du Code pénal.

132. Cass. crim., 19 févr. 1959 : D. 1959.331, note Roujou de Boubée G. (maîtrise momentanée d'une automobile) – 8 janv. 1979 : Bull. crim., n° 13 (aff. *Logabax*, maîtrise momentanée de disquettes informatiques).

133. Cass. crim., 12 janv. 1989 : Bull. crim., n° 14 (aff. *Bourquin*), (vol du contenu informationnel de disquettes informatiques) – 3 mars 1992 : D. 1994, somm. 157, obs. Roujou de Boubée G. (vol d'une liste du personnel figurant sur un ordinateur) – 4 mars 2008 : D. 2008. 2213, chron. Détraz S. (copie sur support matériel du contenu informationnel de fichiers informatiques) – Cass. crim., 20 mai 2015, n° 14-81336, *Bull. crim.*, n° 119 ; *JCP* 2015, 887, note Beaussonie G. – 28 juin 2017, n° 16-81113, *Dr.pén.* 2017, comm., n° 141, note Conte Ph. (appropriation frauduleuse d'informations personnelles sur un réseau informatique).

134. Cass. crim., 12 déc. 1990 : Bull. crim., n° 430 ; la solution serait identique aujourd'hui, l'article 311-1 du Code pénal visant toujours la chose d'autrui.

135. Cass. crim., 3 mars 1992 : Dr. pén. 1992, comm. n° 225.

136. Cass. crim., 10 déc. 1970 : D. 1972.155, note Roujou de Boubée G.

11 novembre 1917 qui, dans un article 78, interdisait aux voyageurs « de descendre ailleurs que dans les gares *et lorsque le train est complètement arrêté* ». Le pourvoi contre la décision de condamnation, qui avait rectifié le texte entaché d'une erreur matérielle évidente, avait été rejeté[137].

197. Si le texte est énigmatique, le juge dispose évidemment d'une plus grande liberté. À titre d'exemple :

La tentative d'infraction est définie par l'article 121-5 du Code pénal comme « un commencement d'exécution ». Faut-il se livrer à une interprétation objective et considérer qu'il n'y a commencement d'exécution qu'au moment où l'auteur de l'infraction se livre à un acte qui est déjà l'exécution de l'élément matériel décrit par l'incrimination ? Faut-il préférer une interprétation subjective et s'attacher à l'acte qui révèle l'intention de parvenir au résultat prohibé ? La jurisprudence a tranché en faveur de cette dernière[138].

La qualification de recel supposant, selon l'ancien article 460, la réception ou la détention d'une chose provenant d'un crime ou d'un délit, s'appliquait-elle à ceux qui, en connaissance de cause, avaient, par un moyen quelconque, bénéficié du produit d'un crime ou d'un délit ? La Cour de cassation l'avait admis[139] et le Code pénal actuel a entériné cette interprétation en prévoyant une qualification spéciale (art. 321-1, al. 2).

2. Lois favorables

198. Une loi favorable est une loi qui sert l'intérêt de la personne poursuivie. C'est, en principe, l'interprétation par analogie qui prévaut. Ainsi, le bénéfice de l'ancien article 380 du Code pénal, accordant aux auteurs de vols commis au préjudice de certains membres de leur famille une immunité pénale, a été étendu aux auteurs d'escroqueries, d'abus de confiance et d'extorsions de signature. Le Code pénal actuel entérine cette extension du domaine de l'immunité[140]. C'est également le cas pour la légitime défense, prévue dans le Code pénal de 1810 uniquement pour les personnes, et étendue par certains arrêts aux biens[141]. Cette légalisation de certaines audaces jurisprudentielles fait que les tribunaux n'ont plus aujourd'hui à prendre l'initiative dans ces hypothèses. Mais cette interprétation dite « *in favorem* » est loin d'être aussi généralement utilisée qu'on se plaît à le dire. Par exemple, l'immunité familiale n'est pas élargie par la jurisprudence à la dégradation de biens[142]. Quant aux lois de forme ayant pour but une meilleure administration de la justice, il peut être souhaitable que des formalités légales prévues pour certains

137. Cass. crim., 8 mars 1930 : D. 1930.1.101, note Voirin R.

138. V. *infra*, n° 368.

139. Cass. crim., 9 juill. 1970 : JCP 1971. II. 16616, note Bénabent A. ; D. 1971.3, note Littman M.-J. Mais est-ce encore une interprétation stricte ? On peut en douter. V. aussi pour la qualification de viol : Cass. crim., 16 déc. 1997 : JCP 1998. II. 10047, note Mayer D. – à comparer avec Cass. crim., 21 oct. 1998 : D. 1999.75, note Mayaud Y. ; JCP 1998. II. 10215, note Mayer D.

140. V. art. 311-12 ; 312-9 ; 313-3 ; 314-4

141. Cass. Req., 25 mars 1902 : S. 1903.1.5 et aujourd'hui, art. 122-5, al. 2 C. pén.

142. Cass. crim., 9 mars 1994, n° 93-82865 : Bull. crim., n° 94 ; Dr. pén. 1994, comm. 152, note Véron M.

actes de procédure soient étendues à des actes analogues effectués à d'autres étapes procédurales. Ce fut, effectivement, en recourant à une interprétation extensive que l'article 79 du Code d'instruction criminelle permettant d'entendre les mineurs de 15 ans sans prestation de serment au cours de l'instruction fut étendu à la procédure de jugement[143]. En revanche, l'article 105 du Code de procédure pénale qui interdit d'entendre comme témoins des personnes à l'encontre desquelles il existe des indices graves et concordants d'avoir participé aux faits dont le juge d'instruction est saisi, s'il s'applique aux auditions dans le cadre d'une commission rogatoire, ne s'applique pas aux auditions dans le cadre d'une enquête préliminaire[144]. Il s'agit pourtant d'un texte protecteur des droits de la défense, dont il eût été souhaitable d'étendre le domaine. De même, l'article 63-1 du Code de procédure pénale, qui oblige les officiers de police judiciaire à informer la personne gardée à vue des droits qui lui sont reconnus, n'avait pas été étendu aux douaniers dans le cadre de la « retenue douanière », distincte de la « garde à vue »[145]. Une preuve supplémentaire du caractère exorbitant du droit douanier. C'est une jurisprudence regrettable à laquelle la loi du 14 avril 2011 sur la garde à vue a mis fin (v. C. douanes art. 323-6).

§2. L'application de la loi pénale dans le temps

199. Soit une infraction commise sous l'empire d'une loi A. Les poursuites sont engagées, mais l'infraction est jugée sous l'empire d'une loi nouvelle B qui supprime l'incrimination ou bien modifie l'un des éléments constitutifs de l'infraction ou la peine, ou encore une règle de procédure. Dans la mesure où cette loi B est entrée en vigueur avant le jugement définitif, doit-elle s'appliquer à l'affaire ?

Sous l'empire du code de 1810, la réponse se trouvait :

- d'une part, dans l'article 4 qui disposait : « Nulle contravention, nul délit, nul crime ne peuvent être punis de peines qui n'étaient pas prononcées par la loi avant qu'ils fussent commis » : c'est le principe de la non-rétroactivité de la loi pénale ;
- d'autre part, dans une jurisprudence qui, complétant l'article 4, distinguait la loi pénale de fond et la loi pénale de forme, et considérait que la loi pénale plus douce devait être rétroactive.

Le Code pénal actuel comporte des dispositions plus nombreuses, regroupées dans le chapitre II du titre Ier (articles 112-1 à 112-4). Nous exposerons les principes de solution avant le droit positif.

143. Cass. crim., 2 mars 1855 : S. 1855.I.559 ; l'article 79 du C. instr. crim. a été repris par l'article 108 du Code de procédure pénale, et la règle est dorénavant expressément applicable devant le tribunal correctionnel (art. 447) et la cour d'assises (art. 335).

144. Cass. crim., 20 août 1986 : Bull. crim., n° 247.

145. Cass. crim., 7 mars 1994 : Bull. crim., n° 89.

A. Les principes de solution

200. Ils se trouvent dans la loi. Cela dit, la question s'est posée, en doctrine, de savoir si la loi pénale, dont on dit, par principe, qu'elle est *non rétroactive*, ne devrait pas être, en réalité, *d'application immédiate*.

1. La loi

201. L'article 8 de la Déclaration des droits de l'homme et du citoyen de 1789 fait de la non-rétroactivité de la loi pénale plus sévère l'un des principes inaliénables et sacrés sur lesquels, aux yeux des révolutionnaires, doit s'édifier le nouvel ordre politique et social : « La loi ne doit établir que des peines strictement et évidemment nécessaires, et nul ne peut être puni qu'en vertu d'une loi établie et promulguée antérieurement au délit, et légalement appliquée ». C'est dire toute l'importance de ce principe qui sera repris par la jurisprudence du Conseil constitutionnel et de la Cour de cassation[146], et élevé au rang de principe universel par la Convention européenne des droits de l'homme (article 7) et le Pacte international relatif aux droits civils et politiques de 1966 (article 15-1). Le principe de non-rétroactivité ayant une force supérieure à la loi, le législateur ne devrait pas pouvoir, contrairement à ce qu'il peut faire en matière civile (où la non-rétroactivité n'a qu'une valeur législative), déclarer expressément rétroactive une loi pénale plus sévère. Malheureusement, le législateur n'est pas toujours très respectueux de la hiérarchie des normes, et en l'absence de censure du Conseil constitutionnel, le juge pénal sera contraint d'appliquer la loi[147]. C'est ainsi que l'article 19 de la loi du 9 septembre 1986 sur la criminalité et la délinquance avait rendu les dispositions sur la période de sûreté applicables « aux condamnations prononcées postérieurement à l'entrée en vigueur de la loi », ce qui sous-entendait que les infractions aient été commises avant cette entrée en vigueur.

202. Le Code pénal actuel s'inscrit dans le droit fil des textes fondamentaux que nous venons de citer avec, on le remarquera, des dispositions beaucoup plus détaillées :

L'article 112-1 dispose, dans un premier temps, que sont seuls punissables les faits constitutifs d'une infraction à la date à laquelle ils ont été commis, et que les peines prononcées sont celles légalement applicables à la même date : c'est le principe ; dans un second temps, que, « toutefois », la loi nouvelle moins sévère s'applique aux infractions commises avant son entrée en vigueur et n'ayant pas donné lieu à une condamnation passée en force de chose jugée : c'est, semble-t-il, l'exception.

Les articles 112-2 à 112-4 envisagent, quant à eux, des hypothèses dans lesquelles la loi pénale est d'application immédiate.

146. V. *supra*, n° 177.

147. À moins que ne soit soulevée une question prioritaire de constitutionnalité.

2. Le débat doctrinal

203. Deux hypothèses ne posent pas de difficultés :

1° Le cas de l'infraction commise et *définitivement jugée avant* l'entrée en vigueur de la loi nouvelle. Celle-ci ne pourrait s'appliquer sans être rétroactive (ce qualificatif étant donné, dans un sens strict, aux lois qui remettent en cause la constitution ou les effets passés d'une situation juridique). Or, cette rétroactivité est interdite.

2° Le cas de l'infraction *commise après* l'entrée en vigueur de la loi nouvelle. Celle-ci est, alors, d'application immédiate.

En revanche, si l'infraction est commise mais non définitivement jugée avant l'entrée en vigueur d'une loi nouvelle, par exemple plus sévère, la question a été posée de savoir si son éventuelle application à l'affaire signifierait qu'elle serait rétroactive (et donc que son application serait interdite).

204. Il faut s'entendre sur le moment qu'il convient de retenir pour dire qu'il y a infraction.

L'infraction crée une situation juridique qui donne naissance à deux rapports de droit, l'un entre le délinquant et la société (rapport de droit pénal), l'autre entre le délinquant et la victime (rapport de droit civil). Seul le premier nous intéresse dans le cadre de ces développements. En droit pénal, nous savons que la loi ne s'applique que dans le cadre d'une procédure judiciaire (en droit civil, une situation juridique peut produire des effets en dehors de tout contentieux). À quel moment, par conséquent, dira-t-on que la situation infractionnelle est définitivement constituée ? La question est d'importance : si la loi nouvelle entre en vigueur avant que la situation infractionnelle soit entièrement constituée, on pourra retenir son application immédiate de principe, l'inapplicabilité de la loi plus sévère devenant alors une exception. Si la loi entre en vigueur après la constitution définitive de la situation juridique, la question se posera en termes de non-rétroactivité, chaque fois qu'il s'agira d'une loi plus sévère, et de rétroactivité dans le cas contraire.

205. Deux thèses ont été défendues :

L'une, développée par Paul Roubier, consiste à dire que la situation juridique pénale comprend deux éléments : l'infraction et le jugement, celui-ci étant constitutif[148]. C'est à ce moment que la situation se cristallise.

L'autre[149] attribue au jugement pénal un caractère déclaratif : l'infraction est constituée dès que l'acte est commis, même si le juge ne l'a pas encore constaté. La preuve en est que le point de départ du délai de prescription de l'action publique est bien la commission de l'infraction, que c'est la qualification pénale des faits qui déterminera la juridiction compétente. Pour autant, la question n'est pas encore entièrement réglée parce que, selon les cas,

148. *Le droit transitoire*, Dalloz, 1960, n° 90, p. 466 et 467.

149. V. Merle R., *Essai de contribution à la théorie générale de l'acte déclaratif*, Thèse, Toulouse, 1948 – Levasseur G., « Opinions hétérodoxes sur les conflits de lois répressives dans le temps », *in Mélanges Constant*, 1971.194.

l'infraction peut se commettre à des moments différents : l'infraction continue se caractérise par un comportement coupable qui se prolonge dans le temps (exemple, le recel). Que se passe-t-il si l'action commence sous l'empire d'une loi donnée et se prolonge sous l'empire d'une loi nouvelle ? La situation infractionnelle étant définitivement constituée au moment où l'action coupable cesse, c'est la loi nouvelle qui doit s'appliquer. L'infraction d'habitude suppose l'accomplissement de plusieurs actes semblables, sachant que le premier acte commis n'est pas répréhensible. Que se passe-t-il si le deuxième acte est accompli après l'entrée en vigueur de la loi nouvelle ? Celle-ci devrait être applicable.

Nous pensons que cette seconde opinion est la plus réaliste et correspond au sens de l'article 112-1 du Code pénal selon lequel « Sont seuls punissables les faits constitutifs d'une infraction *à la date à laquelle ils ont été commis* et peuvent seules être prononcées les peines légalement applicables *à la même date* » : les lois d'incrimination ou de pénalité sont naturellement celles qui existent au moment de la commission de l'infraction. C'est une autre façon de dire que la loi pénale est non rétroactive.

En réalité, comme nous l'avons souligné plus haut, les solutions légales sont plus variées et se répartissent en fonction de la catégorie à laquelle appartient la loi pénale : lois de fond ou lois de forme.

B. Le droit positif

1. L'application dans le temps des lois de fond

206. Les lois de fond sont les lois qui créent, modifient, suppriment une incrimination ou une pénalité, ou bien encore qui modifient le régime d'exécution des peines. Les lois non rétroactives côtoient dans ce domaine les lois rétroactives et d'application immédiate.

a. La non-rétroactivité des lois pénales plus sévères

207. Cette règle, formulée à l'article 112-1, alinéas 1 et 2, est la conséquence du principe de la légalité : un acte ne peut être puni que s'il est constitutif d'une infraction au moment où il a été accompli. Destinée, par ailleurs, à protéger le citoyen contre toute incrimination ou peine arbitraires, la non-rétroactivité de la loi pénale fixe d'elle-même son propre domaine : les lois plus sévères, telles qu'une loi qui incrimine un nouveau comportement, accroît le montant d'une amende ou la durée d'une peine d'incarcération, ou institue une présomption défavorable à la défense. En revanche, si la mesure prévue par le législateur est qualifiée de « mesure de sûreté », le texte doit pouvoir s'appliquer immédiatement. Le problème est que la distinction entre la peine et la mesure de sûreté est loin d'être certaine[150]. Ces deux formes de réaction sociale sont même confondues

150. Par exemple, l'article 113-8-1 du Code pénal vise le cas où le fait « est puni d'une peine ou d'une mesure de sûreté » ; comparez également, à propos des interdictions prononcées à l'encontre d'un malade mental déclaré « irresponsable pénalement » – Cass. crim., 21 janv. 2009, n° 08-83492 : Bull. crim., n° 24 ;

aux yeux des rédacteurs du code pénal de 1992[151]. En présence d'une loi favorable à celui qui est poursuivi en justice tout danger s'évanouit et la rétroactivité s'impose.

b. La rétroactivité des lois moins sévères et des lois interprétatives

α. *Lois moins sévères*

208. Leur rétroactivité se dénomme aussi rétroactivité « *in mitius* » (du latin *mitis*, avec douceur). L'article 112-1, alinéa 3, dispose à ce propos : « Toutefois, les dispositions nouvelles s'appliquent aux infractions commises avant leur entrée en vigueur et n'ayant pas donné lieu à une condamnation passée en force de chose jugée lorsqu'elles sont moins sévères que les dispositions anciennes ». À lire le texte, on pourrait y voir un exemple d'application immédiate, plutôt que de rétroactivité, de la loi nouvelle. Ceux qui soutenaient la thèse selon laquelle l'infraction n'est constituée qu'au jour du jugement en étaient convaincus. Cependant, cette thèse est, aujourd'hui, minoritaire et peu en accord avec les termes mêmes de l'article 112-1 qui visent les « infractions commises avant l'entrée en vigueur » des dispositions nouvelles. Celles-ci reviennent donc sur une situation déjà constituée et ne peuvent qu'être rétroactives.

Trois précisions sont à donner sur les *justifications* de la rétroactivité, sur son *domaine d'application*, enfin sur la *définition* de la loi pénale moins sévère.

• Les justifications

209. D'abord, la rétroactivité de la loi pénale moins sévère est en accord avec l'intérêt de la personne poursuivie : le principe de la non-rétroactivité de la loi pénale, proclamé notamment dans la Déclaration des droits de l'homme et du citoyen de 1789, est un principe d'essence libérale dont le but est uniquement de protéger l'individu contre des lois nouvelles plus rigoureuses qui n'existaient pas au moment où l'acte, désormais interdit, a été commis. Ce principe ne doit pas se retourner contre la personne lorsqu'à l'inverse elle a tout à gagner de la loi nouvelle. Ensuite, la règle est en accord avec l'intérêt de la société : si elle juge nécessaire, par exemple, de supprimer une incrimination, pourquoi réprimer des faits antérieurs qui ne sont plus constitutifs d'une infraction ? Il n'y a plus de trouble social.

Moins qu'une exception à la non-rétroactivité de la loi pénale, la rétroactivité de la loi pénale moins sévère en est le complément et révèle la volonté du législateur d'appliquer à l'auteur de l'infraction dans tous les cas la loi la plus favorable : soit la loi contemporaine de l'infraction, soit la loi contemporaine du procès. Pour toutes ces raisons, le principe de la rétroactivité *in mitius* est repris par l'article 15 § 1 du Pacte international sur les droits civils

---

D. 2009.111, note Matsopoulou H. (la mesure de sûreté est en réalité une peine) – 16 déc. 2009, n° 09-85153 : Bull. crim., n° 216 ; Dr. pén. 2010, Étude n° 4, p. 15 (la mesure de sûreté est distincte de la peine).

151. Sur cette question, v. *infra* n°s 577 et s.

et politiques et se compte au nombre des principes du droit communautaire[152].

• Le domaine d'application

210. La rétroactivité « *in mitius* » de la loi pénale ne joue que si l'infraction est commise avant l'entrée en vigueur de la loi, et à condition que l'infraction n'ait pas donné lieu à une condamnation passée *en force de chose jugée*. La rétroactivité s'applique, par conséquent, en cause d'appel[153] et devant la Cour de cassation[154], puisqu'un jugement est passé en force de chose jugée quand il n'est plus susceptible d'aucun recours suspensif ; or, en matière pénale, le pourvoi en cassation est suspensif.

Qu'en est-il lorsque la décision est devenue *irrévocable* ? Il paraît difficile de revenir sur une telle décision[155]. Néanmoins, l'article 112-4, alinéa 2, prévoit que si une loi postérieure à un jugement de condamnation *supprime l'incrimination* sur le fondement de laquelle la condamnation a été obtenue, la peine prononcée cesse de recevoir exécution. On peut regretter que le code ne vise que la suppression d'une incrimination et laisse de côté la suppression de la seule pénalité. Malgré cela, la Cour de cassation a jugé que les personnes définitivement condamnées à une peine de réclusion criminelle avant le 1er mars 1994, date d'entrée en vigueur du Code pénal actuel, devaient bénéficier des dispositions de l'article 372 de la loi du 16 décembre 1992, dite loi d'adaptation, abrogeant les articles 29 à 31 de l'ancien Code pénal qui instituaient la peine de l'interdiction légale[156]. En réalité, cette décision n'est pas contraire à l'article 112-4, alinéa 2 ; la chambre criminelle a considéré que l'interdiction légale qui s'appliquait automatiquement aux condamnés à une réclusion à perpétuité ressortissait au régime d'exécution et d'application des peines pour lequel la loi nouvelle est d'application immédiate (article 111-2, 3°). C'est une décision intéressante qui, en faisant le lien entre la pénalité et son exécution, permet de passer outre les termes restrictifs de l'article 112-4.

211. Une autre question s'était posée : celle de savoir s'il fallait faire jouer la rétroactivité pour des lois dites « de circonstances », intervenant dans le domaine économique ou fiscal. Par exemple, une loi prévoit un régime de fixation autoritaire des prix, sanctionné par des dispositions répressives. Puis, le contexte économique évoluant, une nouvelle loi abroge le système mis en place. Si une infraction est commise durant la période d'application de la législation sur les prix, mais jugée alors que les dispositions en cause ont été abrogées, faudra-t-il appliquer la loi contemporaine de l'infraction ou la loi contemporaine du procès ?

---

152. CJCE, 3 mai 2005, aff. *Berlusconi et autres* : JCP 2006.II.10020, note Dubos O. ; RSC 2006. 163, obs. Idot L.

153. Cass. crim., 27 mai 1991 : Bull. crim., n° 221 ; 6 janv. 2004 : Bull. crim., n° 3.

154. Déjà en ce sens avant que le Code pénal ne règle la question : Cass. crim., 5 nov. 1981 : Bull. crim., n° 297.

155. Cass. crim., 22 mai 1995 : Bull. crim., n° 183 ; Dr. pén. 1995, comm. n° 214, note Véron M. ; RSC 1996. 117, obs. Bouloc B.

156. Cass. crim., 28 juin 2000, préc. ; comp. : CEDH, 12 janv. 2016 *aff. Couarré Patte c/Andorre*, n° 33427/10, *Dr.pén.* 2017, chron. 4, p. 18, n° 17, obs. Dreyer E.

La Cour de cassation s'était prononcée pendant un temps pour la non-rétroactivité[157], avec le souci d'éviter les procédés dilatoires utilisés par le délinquant pour retarder le jugement de son affaire. La rétroactivité de telles lois risquait de leur faire perdre toute efficacité. Puis la Cour de cassation a modifié sa position. Statuant à propos de la dépénalisation de certaines infractions réalisée par l'ordonnance du 1er décembre 1986 sur la liberté des prix et de la concurrence, la chambre criminelle a jugé « qu'en l'absence de dispositions contraires expresses, une loi nouvelle, même en matière économique, qui, pour une ou des incriminations déterminées, prévoit désormais des peines plus douces, s'applique aux faits commis avant son entrée en vigueur et non encore définitivement jugés »[158]. Comme on le remarquera, la Cour de cassation réservait l'hypothèse où il y aurait des dispositions contraires expresses qui excluraient la rétroactivité. Cette réserve, très critiquable déjà à l'époque, car contraire à l'article 15-1 du Pacte international relatif aux droits civils et politiques de 1966, n'a plus lieu d'être, l'article 112-1, alinéa 2, du Code pénal ne distinguant pas selon le caractère de la loi.

- La définition de la « loi pénale moins sévère »

212. On peut être en présence, soit d'une loi qui, dans son contenu, est *entièrement moins sévère*, soit d'une loi qui mêle dispositions *plus sévères et plus douces*.

Appartiennent à la première catégorie les lois qui suppriment une incrimination, qui font disparaître une circonstance aggravante ou même définissent plus strictement les éléments constitutifs d'une infraction. Ainsi, la loi du 10 juillet 2000 qui, en modifiant l'article 121-3 du Code pénal, resserre l'incrimination de délit non intentionnel, s'applique aux faits commis antérieurement à sa promulgation[159]. Est également moins sévère la loi qui abaisse une peine : à cet égard, une peine correctionnelle est moins sévère qu'une peine criminelle ; l'amende est moins sévère que l'emprisonnement ; entre deux peines de même nature et de même degré, le juge comparera les durées ou les montants. Une loi qui abolit une peine principale ou complémentaire est *a fortiori* plus douce et doit être rétroactive.

En présence d'une loi nouvelle associant des dispositions plus sévères et moins sévères, si ces dispositions sont divisibles, c'est-à-dire si leurs domaines d'application sont distincts ou leurs objets différents, seules les dispositions plus douces rétroagiront. Si la loi nouvelle constitue un tout indivisible, parfois c'est en raison de la disposition principale[160], parfois c'est en recourant à une appréciation d'ensemble du texte[161], que sera fixé le caractère plus sévère ou non de la législation en cause.

157. Cass. crim., 10 nov. 1970 : Bull. crim., n° 293 – 1er juin 1981 : Bull. crim., n° 179.

158. Cass. crim., 16 févr. 1987 : Bull. crim., n° 73 – 26 mars 1990 : Bull. crim., n° 132.

159. Cass. crim., 12 déc. 2000 (aff. dite *du Drac*) : Bull. crim., n° 271 – 10 janv. 2001 : D. 2001.IR.983.

160. Cass. crim., 8 juill. 1942 : Bull. crim., n° 89.

161. Cass. crim., 5 oct. 1972 : Bull. crim., n° 271 – Metz, 21 avr. 1983 : D. 1983.567, note Mayer-Jack et Mayer D.

β. *Lois interprétatives*

213. La loi interprétative a le même domaine d'application que la loi interprétée. Elle est donc nécessairement rétroactive. Le problème, en présence d'une loi dite interprétative, est de savoir si réellement elle l'est ou s'il ne s'agit pas d'une loi qui, sous couvert d'interprétation, ajoute au texte initial et devrait alors être soumise au principe de la non-rétroactivité. En tout état de cause, il convient d'être réservé sur cette pratique contraire au principe de légalité qui exige des textes clairs et précis.

c. L'application immédiate des lois fixant le régime d'exécution et d'application des peines

214. Généralement, les lois concernant l'exécution des peines sont regardées comme des lois de procédure[162] et devraient, à ce titre, figurer au rang des lois de forme. Le Code pénal reste muet et se contente de déclarer de telles lois d'application immédiate, comme le sont les lois de forme, sous réserve que la loi nouvelle ne rende pas plus sévère la peine prononcée, auquel cas la loi ne s'applique que pour des faits postérieurs à son entrée en vigueur. Si nous avons choisi de les placer parmi les lois de fond, c'est parce que l'article 112-2, 3°, a voulu tirer les conséquences d'une décision du Conseil constitutionnel du 3 septembre 1986 qui s'était prononcé sur l'institution de la période de sûreté, période durant laquelle le condamné à une peine de réclusion ne peut bénéficier de permissions de sortir ou d'une mesure de libération conditionnelle[163]. Le Conseil avait considéré que la période de sûreté est, certes, relative à l'exécution de la peine, mais qu'elle est ordonnée dans la décision de condamnation ; par conséquent, en la prononçant, le juge rend la condamnation plus sévère. Il y a, pensons-nous, indiscutablement un lien entre la peine prononcée et son régime d'exécution. C'est d'ailleurs en arguant de ce lien que la Cour de cassation a pu juger qu'une loi qui abroge des dispositions définissant une peine est en fait une loi d'exécution ressortissant à l'article 112-2, 3°, et qu'elle doit s'appliquer immédiatement[164]. Pour autant, certaines mesures comme le relèvement de la peine restent indépendantes du prononcé et peuvent être regardées comme ressortissant aux lois de procédure.

En outre, une loi qui définirait plus sévèrement des modalités d'exécution d'une peine sans que celles-ci se confondent avec la peine prononcée parce qu'elle serait sans lien avec la culpabilité du prévenu pourrait malgré les termes de l'article 112-2, 3° se déclarer d'application immédiate. C'est le sens de la décision du Conseil constitutionnel rendue le 8 décembre 2005[165] à propos de la loi sur la récidive des infractions pénales. Le placement sous surveillance électronique mobile ordonné dans le cadre d'une surveillance

162. Cass. crim., 27 juin 1989 : Bull. crim., n° 278 et 279.

163. V. intervention de M. Rudloff devant le Sénat, JO Sénat 10 mai 1989, p. 606.

164. Cass. crim., 28 juin 2000, préc.

165. JO 13 déc. 2005, p. 19162.

judiciaire, en tant que modalité d'exécution de la peine, peut s'appliquer à celui qui est condamné pour une infraction commise antérieurement à l'entrée en vigueur de la loi nouvelle.

Est également d'application immédiate la loi qui supprime une incrimination sur le fondement de laquelle une condamnation a été prononcée à titre définitif. Selon l'article 112-4, alinéa 2, du Code pénal, l'abrogation de l'incrimination emporte cessation de l'exécution de la peine.

2. L'application dans le temps des lois de forme

215. Le principe est l'application immédiate ; l'exception, la survie de la loi ancienne.

a. L'application immédiate

216. À la condition de ne pas aggraver la situation de la personne poursuivie ni de désorganiser le déroulement d'une procédure, les lois nouvelles de forme, réputées meilleures que les anciennes, doivent s'appliquer aux procédures en cours. Les lois de forme recouvrent des normes aux objets variés : lois de compétence ou d'organisation judiciaire, lois de procédure ou relatives à l'exécution des peines en tenant compte des observations ci-dessus, lois relatives à la prescription. Selon l'article 112-2, les solutions s'établissent ainsi :

1. Les lois d'*organisation judiciaire* et de *compétence* sont immédiatement applicables, tant qu'un jugement sur le fond n'a pas été rendu en première instance.

2. Les lois de procédure fixant les *modalités des poursuites* et les *formes de la procédure* s'appliquent également dès leur entrée en vigueur. Toutefois, les lois relatives aux *voies de recours* (nature du recours, cas d'ouverture, délais...) ne s'appliquent qu'aux décisions rendues après leur entrée en vigueur ; mais celles qui concernent la forme des recours restent d'application immédiate.

3. Les lois sur la *prescription de l'action publique* et la *prescription des peines* sont applicables immédiatement à une condition : la prescription ne doit pas être acquise[166].

b. La survie de la loi ancienne

217. La loi ancienne se maintient lorsqu'un *jugement sur le fond* a déjà été rendu à la date d'entrée en vigueur de la loi nouvelle. On considère

166. Cass. crim., 3 nov. 1994 : Bull. crim., n° 349 ; RSC 1995. 369, obs. Dintilhac J.-P. et p. 567, obs. Bouloc B. Une loi du 10 juill. 1989 (article 7, alinéa 3 du Code de procédure pénale, modifié depuis par une loi de 1998) avait fixé le point de départ de la prescription décennale applicable à l'action publique, en cas de crimes commis sur des mineurs par un ascendant ou une personne ayant autorité sur eux, à la date de la majorité des victimes. La Cour de cassation rappelle, toutefois, que ce texte ne permet pas de poursuivre de tels crimes commis avant 1979 parce que « les lois nouvelles relatives à la réouverture du délai de prescription sont sans effets sur les prescriptions déjà acquises lors de leur entrée en vigueur, dès lors qu'aucun fait générateur de la réouverture n'est postérieur à cette date ». Dans le même sens : Cass. crim., 17 nov. 1999 : Bull. crim., n° 266.

qu'il ne faut pas bouleverser l'ordonnancement d'un procès déjà engagé. Sont visées les règles d'organisation judiciaire et de compétence, ou bien celles relatives à l'exercice des voies de recours.

Section 2
Les catégories d'incrimination

218. L'article 111-1 du Code pénal dispose : « Les infractions pénales sont classées, suivant leur gravité, en crimes, délits et contraventions ». La gravité des infractions se détermine au regard des intérêts protégés que sont, par ordre de priorité, la personne, le patrimoine, l'État et la nation. C'est une caractéristique essentielle de la réforme du Code pénal que d'avoir inversé la hiérarchie des valeurs : alors que les rédacteurs du code de 1810 privilégiaient les atteintes à l'État et à la paix publique, qu'ils plaçaient avant celles aux particuliers, ceux du code de 1992 mettent en premier les atteintes à la personne humaine, et parmi celles-ci, les crimes contre l'humanité, observant ainsi le souhait de Robert Badinter de faire du code « un code humaniste, inspiré par les droits de l'homme »[167]. Viennent ensuite les atteintes aux biens, puis les atteintes à l'État.

Au-delà de ces catégories qui intéressent le droit pénal spécial, il y a cette classification plus générale que le code recueille du droit antérieur : celle entre les crimes, les délits et les contraventions, classification fondée sur la gravité (§ 1).Elle n'est pas la seule. Il y a aussi une classification fondée sur les caractères de l'infraction (§ 2).

§1. La classification selon la gravité de l'infraction

A. Le principe de la distinction

219. C'est la *summa divisio* du Code pénal. Les infractions sont réparties par ordre de gravité entre la catégorie des crimes, celle des délits et celle des contraventions. Le code de 1810 avait cru bon de retenir le critère de la peine : l'article 1er disposait, en effet, que : « L'infraction que les lois punissent de peines de police est une contravention. L'infraction que les lois punissent de peines correctionnelles est un délit. L'infraction que les lois punissent d'une peine afflictive ou infamante est un crime ». Le code actuel ne se réfère plus à la peine mais à la gravité du comportement. Dans la pratique, le changement est peu perceptible parce que, pour savoir si tel acte est un crime ou un délit, il faudra toujours se reporter à la peine prévue dans les textes d'incrimination spéciaux, celle-ci

167. *Projet de nouveau Code pénal*, Dalloz, 1988, p. 32.

étant fixée implicitement en fonction de la gravité de l'acte. C'est d'ailleurs ce que faisait le code de 1810. L'avantage de notre code est d'être plus logique (c'est la gravité qui commande la peine) à condition de bien respecter le critère et d'éviter de se trouver, comme ce fut le cas, en présence de délits punis d'une peine de vingt ans d'emprisonnement et qui auraient dû être dans la catégorie des crimes[168].

B. Les intérêts de la distinction

1. Intérêts quant au fond

220. Ils sont nombreux. Nous noterons principalement :

1° Le délai de prescription de la peine : il est de vingt ans pour les crimes, six ans pour les délits et trois ans pour les contraventions depuis une loi du 30 décembre 2002.

2° La tentative punissable : elle est toujours punie en matière criminelle ; elle n'est punie en matière correctionnelle que si un texte le prévoit expressément ; elle n'est jamais réprimée en matière contraventionnelle.

3° La complicité : toujours punie en présence d'un crime ou d'un délit, la complicité n'est que rarement réprimée en cas de contravention.

4° Le cumul réel d'infractions : il suppose qu'une personne commette une nouvelle infraction avant d'avoir été définitivement condamnée pour une précédente. Les solutions figurent dans les articles 132-2 et suivants et distinguent selon la catégorie à laquelle appartiennent les infractions. Sans entrer ici dans le détail de ces textes, on constatera que, dans l'hypothèse de poursuites séparées, les peines prononcées pour chacune des infractions se cumulent entre elles dans la limite du maximum légal le plus élevé. Toutefois, par dérogation, les amendes prononcées pour les contraventions se cumulent entre elles et avec celles prononcées pour crimes ou délits en concours. Il est donc utile de bien identifier l'amende contraventionnelle et les autres peines.

5° Le prononcé de peines complémentaires : en présence d'un délit, le juge peut prononcer une ou plusieurs peines complémentaires à titre de peine principale (article 131-11) ; en matière criminelle, les peines complémentaires ne peuvent que s'ajouter à la peine principale (article 131-2).

2. Intérêts quant à la forme

a. Compétence juridictionnelle

221. Les crimes sont jugés par la cour d'assises ; les délits, par le tribunal correctionnel ; les contraventions, par le tribunal de police ou pour

168. Par exemple, l'art. L. 627 du Code de la santé publique punissait d'une peine d'emprisonnement de dix à vingt ans ceux qui produisaient ou fabriquaient illicitement des stupéfiants. L'article 222-35 du Code pénal punit maintenant ces actes de vingt ans de réclusion criminelle.

certaines d'entre elles, depuis la loi du 9 septembre 2002, par la juridiction de proximité.

b. Délai de prescription de l'action publique

222. Depuis la loi n° 2017-242 du 27 février 2017, la durée du délai est de vingt ans pour les crimes, six ans pour les délits et une année pour les contraventions.

c. Procédure

223. La *citation directe* du prévenu par la victime ou par le ministère public n'est possible qu'en matière de délits et de contraventions. La procédure d'*instruction préparatoire* est obligatoire pour les crimes, facultative pour les délits et exceptionnelle en présence d'une contravention. La procédure de *comparution immédiate* n'est autorisée qu'en matière correctionnelle.

§2. La classification selon le caractère de l'infraction

224. Contrairement à la classification selon la gravité, qui est expressément reprise par le Code pénal, la classification selon le caractère est implicite et entend regrouper des infractions dont le régime juridique est spécifique au regard de celui applicable aux infractions dites « de droit commun ».

Nous ne retiendrons ici que les infractions les plus particulières à nos yeux, soit : les infractions politiques, les infractions de terrorisme, celles qui ressortissent à ce que le législateur appelle la « criminalité organisée », les infractions militaires, les crimes contre l'humanité et l'espèce humaine, les crimes et délits de guerre et certaines infractions à caractère économique et financier, ce qui représente une liste déjà bien longue. Les régimes procéduraux spécifiques applicables à des infractions toujours plus nombreuses (on aurait pu ajouter le trafic de stupéfiants – CPP, art. 706-26 et s. –, le proxénétisme – art. 706-34 et s. – et les infractions de nature sexuelle – art. 706-47 et s.) ayant tendance à proliférer, cette classification selon le caractère de l'infraction, limitée à l'origine par la doctrine aux infractions politiques et militaires, devient, au fil des ans, de moins en moins lisible.

A. Les infractions politiques

225. L'infraction politique porte atteinte non seulement à une personne dans son intégrité physique ou morale, mais aussi à une entité, l'État ou la nation[169].

169. Le Code pénal introduit en effet dans l'article 410-1 la notion « d'atteintes aux intérêts fondamentaux de la nation ».

Du point de vue de l'ordre public, les crimes et délits politiques sont excessivement graves. Ils mettent en cause directement l'ordre étatique et ébranlent les institutions de la République. D'ailleurs, historiquement, les infractions politiques commises contre le souverain ont été les premières manifestations du droit pénal[170].

Du point de vue de la morale, en revanche, l'auteur de l'infraction apparaît sous un jour différent. Disons qu'il a souvent un idéal et que, même s'il n'est pas désintéressé, le délinquant politique ne poursuit pas un but crapuleux.

Aussi, l'évolution de la répression de l'infraction politique exprime-t-elle, selon les régimes politiques, deux tendances, l'une orientée vers l'indulgence, l'autre vers la sévérité. Nous les rappellerons pour ce qui concerne la France, avant de déterminer le critère de l'infraction politique et les intérêts de la distinction.

1. Les tendances du droit français

226. Sous l'Ancien Régime, le crime de lèse-majesté était puni de mort ; l'attentat à la vie du souverain était assimilé à un parricide[171]. On admettait à titre de preuve tous témoignages, même ceux émanant de personnes qui se seraient déclarées ennemies de l'accusé, et ceux qui avaient connaissance du crime sans l'avoir révélé étaient également coupables, de même que celui qui avait seulement projeté d'attenter à la personne du roi.

Le Code pénal de 1810 n'opérait aucune différence entre les délits politiques et ceux de droit commun. À l'égard des crimes, en revanche, il existait des peines plus spécialement destinées à la répression de ceux qui ressortissaient à l'ordre politique : la détention criminelle se distinguait déjà de la réclusion criminelle ; s'y ajoutaient la déportation dans une enceinte fortifiée, la déportation simple, le bannissement et la dégradation civique. En pratique, cependant, la distinction entre les deux types d'infractions n'était guère observée[172].

C'est la Constitution de 1848 et la loi du 8 juin 1850 qui marquent une avancée significative en abolissant la peine de mort en matière politique (remplacée par la déportation dans une enceinte fortifiée), mesure qui s'ajoutait à la suppression des procédures de flagrant délit et d'extradition, ainsi qu'à l'interdiction de prendre en compte un délit ou un crime politique du point de vue de la relégation[173].

La Seconde Guerre mondiale ouvrit une période de plus grande rigueur : la peine de mort fut rétablie, d'abord en 1939 pour les attentats à la sûreté extérieure de l'État, puis en 1960 pour les attentats à la sûreté intérieure commis

170. V. *supra*, n° 40.

171. À rapprocher de l'article 86 du Code pénal de 1810, dans sa rédaction de 1830 : « L'attentat contre la vie ou la personne du Roi est puni de la peine du parricide ». Cette assimilation sera maintenue même après la suppression de la peine de mort en matière politique.

172. V. les développements d'ORTOLAN E., *Éléments de droit pénal*, Paris, 1863, t. 1, n° 733 et s.

173. La relégation était une peine consistant en l'internement perpétuel de récidivistes dans une colonie française.

avec usage d'une arme. Une juridiction d'exception fut même instituée par une loi du 15 janvier 1963 : la Cour de sûreté de l'État, compétente pour juger les crimes et délits contre la sûreté de l'État commis en temps de paix. Toutefois, on relève une mesure favorable : le Code de procédure pénale de 1958 exclut le recours à la contrainte par corps en cas de non-paiement des amendes prononcées pour une infraction politique.

À partir de 1980, c'est à nouveau vers l'indulgence que s'oriente la législation : une loi du 4 août supprime, en effet, la Cour de sûreté de l'État et attribue aux juridictions de droit commun la connaissance des crimes et délits politiques commis en temps de paix.

Le Code pénal actuel a refondu entièrement les textes sur les atteintes à la sûreté de l'État, devenues des « atteintes aux intérêts fondamentaux de la nation » (articles 410-1 à 414-9). On y retrouve, du point de vue de la catégorie des infractions politiques, les principales incriminations antérieures[174].

2. Le critère de distinction

227. Sa détermination n'est pas aisée en l'absence d'une définition légale de l'infraction politique[175].

a. Les critères possibles

228. Selon une appréciation objective, ne seront politiques que les infractions qui portent atteinte à l'organisation et au fonctionnement des pouvoirs publics : trahison, complot, attentat mettant en péril les institutions de la République.

Selon une approche subjective, sera politique toute infraction dont l'auteur a agi dans un but politique. C'est le mobile qui inspire l'acte qui permettra de qualifier l'infraction de politique ou de droit commun. Avec ce critère, résolument extensif, seront politiques l'assassinat d'un chef d'État commis dans un but politique (infraction dite « complexe ») ou un hold-up commis afin de se procurer les ressources nécessaires à une organisation destinée à renverser un chef d'État.

b. Les solutions du droit positif

229. On peut être tenté de se reporter au Code pénal et au Code de procédure pénale.

En effet, le Code pénal incrimine, dans les articles 411-1 à 414-9, un certain nombre d'actes commis contre les intérêts de la nation et punis de la détention criminelle, dont on sait qu'elle est une peine de nature politique. Il s'agit

---

174. Trahison, espionnage, atteintes aux institutions de la République ou à l'intégrité du territoire national et à la défense nationale. Mais les intérêts fondamentaux de la nation vont, en réalité, au-delà de la seule sûreté de l'État ; selon l'article 410-1 qui les énumère, sont visés aussi l'équilibre de son milieu naturel et de son environnement, les éléments essentiels de son potentiel scientifique et économique et de son patrimoine culturel.

175. Sur la notion d'infraction politique, Grécourt G., Réflexion autour de la notion d'infraction politique, *Dr.pén.* 2017, étude 17.

de la trahison, de l'espionnage, des attentats, complots, mouvements insurrectionnels, atteintes à la défense nationale et atteintes aux services spécialisés de renseignement. Ce sont des infractions politiques par *détermination de la loi*.

Quant à l'article 702, alinéa 2, du Code de procédure pénale, qui désigne la juridiction compétente en matière de crimes et délits contre les intérêts fondamentaux de la nation en temps de paix, il dispose : « Lorsque les faits poursuivis constituent un crime ou un délit prévu et réprimé par les articles 411-1 à 411-11 et 413-1 à 413-12 du Code pénal ou une infraction connexe, la compétence est dévolue aux juridictions prévues et organisées par les articles 697 et 698-6 ». Or, les juridictions en question sont précisément des juridictions spécialisées en matière politique. L'article 702 renforce donc la conviction du caractère politique de la trahison, de l'espionnage, des atteintes à la défense nationale, et y ajoute les infractions connexes. Le complot ou le mouvement insurrectionnel, non visés par l'article 702, seront jugés par les juridictions de droit commun tout en gardant leur caractère d'infractions politiques. On peut déduire du moins que l'article 702 marque l'attachement du législateur à un critère objectif et son intention de faire jouer la connexité. En revanche, aucun texte ne règle le sort des infractions complexes.

230. On résumera les solutions du droit positif de la manière suivante :

1. Les infractions qui portent atteinte à l'*organisation et au fonctionnement de l'État* ont un caractère politique : la trahison, l'espionnage, les atteintes aux institutions de la République. On peut y ajouter la fraude électorale et les atteintes à des libertés publiques comme la liberté de la presse, de réunion, du culte, de l'enseignement.

2. Les infractions *connexes* doivent aussi être politiques. Ce sont des infractions qui se rattachent par un lien de causalité à une infraction objectivement politique. Ce fut la position retenue par la Cour de cassation, notamment à propos de la contrainte par corps[176] jugée inapplicable aux condamnations pour tentative d'assassinat et association de malfaiteurs connexes à un crime d'atteinte à la sûreté extérieure de l'État, au motif que ces infractions avaient « dans leur ensemble un caractère politique »[177]. L'article 702 du Code de procédure pénale est également en ce sens, même si le jeu de la connexité est limité à des hypothèses plus restreintes.

3. Les infractions *complexes* restent des infractions *de droit commun*. L'attentat à la vie d'un chef d'État était punissable de la peine de mort[178] à une époque où la peine capitale était exclue en matière politique. Les coups et blessures intentionnels dirigés contre la force publique dans une manifestation[179] ou l'action concertée menée à force ouverte, au cours de laquelle des violences sont exercées contre les personnes et des dommages

---

176. Devenue contrainte judiciaire.

177. Cass. crim., 18 nov. 1959 : JCP 1960.II.11475, note LEGAL A. V. aussi Cass. crim., 28 sept. 1970 : D. 1971.36, note CHABAS F.

178. Ancien art. 86 Code pénal – Cass. crim., 20 août 1932, aff. *Gorguloff* : Dr. pén. 1932.1.121, concl. MATTER P. (Gorguloff était l'assassin du président Paul Doumer).

179. Cass. crim., 12 mars 1969 : Bull. crim., n° 116.

causés aux biens[180], échappent également au régime de l'infraction politique, quel que soit le mobile invoqué par les auteurs de tels actes. La jurisprudence rejette donc le critère subjectif en raison de son incertitude, sauf en matière d'extradition où il s'agit, il est vrai, de l'ordre public étranger, ce qui peut expliquer cette attitude bien compréhensive. À relever cependant qu'avec le développement du terrorisme, l'extradition est accordée en dépit du mobile politique lorsque les faits sont d'une exceptionnelle gravité[181].

3. Les intérêts de la distinction

a. Sur le plan du droit international

231. Sous réserve de ce que nous venons de dire, l'extradition est exclue (CPP, art. 696-4). Tout délinquant politique n'a pas pour autant droit à l'asile politique. Ce dernier n'appartient, d'après le préambule de la Constitution de 1946, qu'aux personnes persécutées en raison de leur action en faveur de la liberté. Quant au mandat d'arrêt européen, aucune disposition n'exclue *formellement* l'infraction politique de son domaine d'application[182].

b. Sur le plan du droit interne

α. *Quant aux peines encourues*

232. En matière criminelle, la détention remplace la réclusion. La détention se caractérise par un régime d'exécution plus libéral : les détenus ne sont pas, en particulier, soumis à l'obligation au travail pénitentiaire. Le bannissement et la dégradation civique sont abrogés depuis 1992. Il convient de préciser toutefois que la libéralisation du régime général d'incarcération fait que la différence originaire entre la détention criminelle et la réclusion criminelle se réduit fortement.

En matière correctionnelle, il n'y a pas de peines spéciales ; il est possible d'utiliser les peines alternatives à l'emprisonnement.

La contrainte par corps n'était pas applicable en matière politique. Mais, l'article 749 du Code de procédure pénale (modif. L. 9 mars 2004) qui y substitue la contrainte judiciaire ne fait plus mention de cette faveur.

---

180. Cass. crim., 9 déc. 1971 : Bull. crim., n° 348.

181. V. Convention européenne pour la répression du terrorisme du 27 janv. 1977, art. 1 : « Pour les besoins de l'extradition entre États contractants, aucune des infractions mentionnées ci-après ne sera considérée comme une infraction politique, comme une infraction connexe à une infraction politique ou comme une infraction inspirée par des mobiles politiques [.] ». Sont visées des infractions graves comme le détournement d'avion, l'atteinte à la vie ou à l'intégrité corporelle de personnes ayant droit à une protection internationale, l'enlèvement, la prise d'otage ou la séquestration arbitraire, l'utilisation de bombes, grenades, etc.

182. Toutefois, l'article 695-22 du Code de procédure pénale vise les personnes poursuivies en raison de « ... ses opinions politiques... ». V° Cass. crim., 26 sept. 2007 n° 07-86099, *JCP* 2017.II.10192, note Malabat V. : en l'espèce il s'agissait d'un réfugié politique ; la chambre criminelle casse une décision qui avait refusé la remise à l'État ayant émis le mandat européen parce qu'« aucun fait établi ou allégué ne laisse supposé le caractère politique de la demande. »

β. *Quant au sursis*

233. Les peines politiques ne sont pas un obstacle au bénéfice du sursis simple et n'entraînent pas la révocation du sursis obtenu ; une condamnation assortie du sursis avec mise à l'épreuve n'est possible que pour les infractions de droit commun (C. pén., art. 132-41, al. 1).

γ. *Quant aux déchéances*

234. Une infraction politique ne fait pas encourir de déchéances ou d'interdictions professionnelles.

δ. *Quant à la compétence et à la procédure*

235. Les *crimes* politiques sont jugés en général par la cour d'assises de droit commun. Cependant, les crimes prévus aux articles 411-1 à 411-11 et 413-1 à 413-12 du Code pénal sont jugés, en temps de guerre, par les juridictions des forces armées (CJM, art. L. 331-1) et, en temps de paix, par une cour d'assises spécialisée sans jury (CPP, art. 697 et 698-6, modif. L. n° 20017-258 du 28 févr. 2017) comprenant cinq magistrats professionnels dont le président lorsqu'elle statue en premier ressort et sept magistrats quand elle statue en appel

La connaissance des *délits* politiques est attribuée, en principe, aux juridictions de droit commun. Les délits visés aux articles 411-1 à 411-11 et 413-1 à 413-12 du Code pénal sont, en temps de guerre, de la compétence des juridictions des forces armées et, en temps de paix, de la compétence des tribunaux correctionnels spécialisés en matière militaire.

Quelques particularités procédurales peuvent être relevées pour finir : la procédure de comparution immédiate n'est pas applicable (CPP, art. 397-6) ni la convocation par procès-verbal[183]. Le tribunal ne peut décerner de mandat de dépôt ou d'arrêt. Une loi n° 2017-1510 du 30 octobre 2017 inclut les crimes portant atteinte aux intérêts fondamentaux de la nation prévus au titre 1er du livre IV du Code pénal dans la liste des infractions soumises à la procédure applicable à la criminalité et à la délinquance organisée (CPP, art. 706-73).

236. À considérer dans son ensemble le régime de l'exécution des peines en matière politique, par rapport à celui de droit commun, on doit reconnaître que, compte tenu de l'orientation générale de la politique criminelle visant à privilégier l'amendement et la réinsertion sociale du condamné, les différences entre les deux s'estompent. Comme, par ailleurs, le domaine des infractions politiques dont la connaissance est dévolue à des juridictions spécialisées s'est réduit, force est d'admettre que l'intérêt de la distinction s'est atténué.

183. Cass. crim., 28 mars 2017, n° 15-84940.

B. Les infractions de terrorisme

1. Notion

237. L'origine de l'infraction de terrorisme remonte à la loi nº 86-200 du 9 septembre 1986 qui avait créé non une qualification nouvelle[184], mais une catégorie nouvelle d'infractions à laquelle elle n'attachait que des conséquences procédurales[185]. D'ailleurs, les dispositions de la loi étaient insérées dans le Code de procédure pénale[186]. Le législateur visait une série d'incriminations existantes du Code pénal regroupant, entre autres, des atteintes volontaires à la vie ou à l'intégrité physique des personnes, des atteintes graves aux biens, à condition que les actes commis fussent « en relation avec une entreprise individuelle ou collective ayant pour *but* de troubler gravement l'ordre public par l'intimidation ou la terreur ». Deux conditions devaient être réunies : l'une, objective, était la relation avec une entreprise individuelle ou collective ; l'autre, subjective, était le mobile de l'auteur de l'infraction. Ce dol spécial était déterminant pour appliquer à l'acte commis le statut de l'infraction de terrorisme.

Le Code pénal actuel et la loi dite « d'adaptation » du 16 décembre 1992 ont voulu aller plus loin et faire des actes de terrorisme des infractions à part entière[187] : d'où des incriminations propres, dans la partie spéciale du code cette fois-ci (art. 421-1 et 421-2-1), assorties de sanctions spécifiques (art. 421-3 à 422-5). Le régime procédural, plus sévère, est, depuis la loi du 9 mars 2004 portant adaptation de la justice aux évolutions de la criminalité, celui prévu plus largement pour les infractions qui ressortissent à la catégorie des actes de criminalité organisée sous réserve de certaines règles qui restent propres aux actes de terrorisme (CPP, art. 706-16 à 706-22-1 ; 706-24 ; 706-24-3 ; 706-25 et 706-25-1). Mais, comme en 1986, le législateur ne propose pas de définition de « l'acte de terrorisme ». Néanmoins, s'il renvoie toujours à des incriminations existantes, il en crée d'autres, ce qui accentue l'autonomie des qualifications.

238. Selon les articles 421-1 et 421-2, il y a deux catégories principales d'incriminations :

La première reprend les incriminations qui figuraient dans l'ancien article 706-16 du Code de procédure pénale. La liste est longue. On y trouve : les atteintes volontaires à la vie ou à l'intégrité de la personne, l'enlèvement, la séquestration, le détournement de moyens de transport, les vols, extorsions, destructions, dégradations, les infractions en matière informatique, la fabrication ou la détention d'engins explosifs, la production, vente ou importation de substances explosives ou d'armes biologiques, la détention, le port et

184. Cass. crim., 7 mai 1987 : Bull. crim., nº 186.

185. Sur la loi, v. Marguénaud J.-P., « La qualification pénale des actes de terrorisme », RSC, 1990, p. 1 et s.

186. Art. 706-16 à 706-25 du Code de procédure pénale dans sa rédaction antérieure à la promulgation de l'actuel Code pénal.

187. V. Cartier M.-E., « Le terrorisme dans le Nouveau Code pénal », RSC 1995. 225.

transport d'armes et de munitions, infractions de blanchiment, délits d'initié[188].

La seconde est spécifique : est qualifié d'acte de terrorisme l'introduction intentionnelle dans l'atmosphère, sur le sol, dans le sous-sol ou dans les eaux, y compris celles de la mer territoriale, d'une substance de nature à mettre en péril la santé de l'homme ou des animaux ou le milieu naturel.

Dans les deux cas, il faut, comme auparavant, que le fait commis soit « en relation avec une entreprise individuelle ou collective ayant pour but de troubler gravement l'ordre public par l'intimidation ou la terreur ».

En complément de ces deux catégories, il faut ajouter les infractions *connexes* aux actes de terrorisme (CPP, art. 706-16), poursuivies et jugées selon les mêmes règles et le délit consistant à participer à un groupement formé ou à une entente établie en vue de la *préparation*, caractérisée par un ou plusieurs faits matériels, d'un des actes de terrorisme ci-dessus (art. 421-2-1).

Depuis 2001, la liste des délits ressortissant à la catégorie des actes de terrorisme s'allonge :

- financement d'une entreprise terroriste (art. 421-2 -2),
- impossibilité de justifier de ressources correspondant à son train de vie tout en étant en relations habituelles avec une ou plusieurs personnes se livrant à l'un ou plusieurs des actes visés aux articles 421-1 à 421-2-2 (art. 421-2-3),
- fait d'adresser à une personne des offres ou des promesses, de lui proposer des dons, présents ou avantages, de la menacer ou d'exercer sur elle des pressions afin qu'elle participe à un groupement ou une entente prévue à l'article 421-2-1 ou qu'elle commette un des actes de terrorisme mentionnés aux articles 421-1 et 421-2 (art. 421-2-4),
- fait de provoquer directement à des actes de terrorisme ou de faire publiquement l'apologie de ces actes (art. 421-2-5), de préparer la commission de certaines infractions (actes de terrorisme du 1° de l'article 421-1 ou du 2° de ce même article lorsque l'acte préparé consiste en des destructions, dégradations ou détériorations par explosifs ou incendies dans des circonstances de temps ou de lieu de nature à entraîner des atteintes à l'intégrité physique d'une ou plusieurs personnes, actes de terrorisme mentionnés à l'article 421-2 lorsque l'acte commis est de nature à entraîner des atteintes à l'intégrité physique d'une ou plusieurs personnes) dès lors que la préparation de ladite infraction est intentionnellement en relation avec une entreprise individuelle ayant pour but de troubler gravement l'ordre public par l'intimidation ou la terreur et qu'elle est caractérisée par certains actes énumérés (détenir, rechercher, se procurer, fabriquer des objets ou substances de nature à créer un danger pour autrui) et l'un des autres faits matériels également énumérés (ex : recueillir des renseignements sur des personnes ou des lieux, s'entraîner ou se former au maniement des armes, à la fabrication ou à

188. Le sabotage peut recevoir la qualification d'acte de terrorisme indépendamment de sa finalité terroriste ou de ses conséquences sur l'intégrité physique des personnes à partir du moment où il est en relation avec une entreprise individuelle ou collective ayant pour but de troubler gravement l'ordre public par l'intimidation ou la terreur : Cass. crim., 10 janv. 2017, n° 16-84596.

l'utilisation de substances explosives, incendiaires, nucléaires..., au pilotage d'avions ou à la conduite de navire, consulter habituellement un ou plusieurs services de communication au public en ligne ou détenir des documents provoquant directement à la commission d'actes de terrorisme ou en faisant l'apologie, avoir séjourné à l'étranger sur un théâtre d'opérations de groupements terroristes (art. 421-2-6).

La loi n° 2016-731 du 3 juin 2016 renforçant la lutte contre le crime organisé, le terrorisme et leur financement, et améliorant l'efficacité et les garanties de la procédure pénale vient d'ajouter de nouveaux délits : le fait d'extraire, de reproduire et de transmettre intentionnellement des données faisant l'apologie publique d'actes de terrorisme ou provoquant directement à ces actes, le fait de consulter habituellement un service de communication au public en ligne mettant à disposition des messages, images... provoquant directement à la commission d'actes de terrorisme ou faisant l'apologie de tels actes – sauf si cette consultation est de bonne foi (art. 421-2- 5-1 et 421-2_5-2 nouv.).

2. Intérêts de la distinction

a. Quant au fond

239. Les pénalités sont en principe *plus sévères*. – Les peines privatives de liberté encourues pour les infractions relevant de la première catégorie sont celles prévues pour les infractions de droit commun correspondantes relevées au degré supérieur (art. 421-3). Par exemple, une infraction de droit commun punie au maximum de trente ans de réclusion criminelle sera punie de la réclusion criminelle à perpétuité quand elle est qualifiée d'acte de terrorisme. Les peines complémentaires d'interdiction voient également leur durée allongée (art. 422-3).

Les peines encourues pour les infractions de la seconde catégorie sont de vingt ans de réclusion criminelle et de 350 000 € d'amende (art. 421-4, modif. L. 3 juin 2016). Si ces faits ont entraîné la mort d'une ou plusieurs personnes, la peine est la réclusion criminelle à perpétuité et une amende de 750 000 €.

La loi du 3 juin 2016 permet dorénavant de prononcer une peine de perpétuité « réelle » sous réserve d'une possibilité exceptionnelle pour le condamné de sortir dans certaines conditions après trente ans[189]. Il est possible aussi de soumettre à un suivi socio-judiciaire les personnes reconnues coupables d'une infraction terroriste. Le délit d'association de malfaiteurs de l'article 421-2-1 est puni de dix ans d'emprisonnement et d'une amende d'un montant de 225 000 €. Les peines sont aggravées dans les hypothèses visées à l'article 421-6 du Code pénal, modifié par la loi du 21 juillet 2016. À titre de comparaison, ce même délit, en droit commun, lorsque les infractions préparées sont des crimes ou des délits punis de dix ans d'emprisonnement, est puni de dix ans d'emprisonnement et d'une amende de 150 000 €. Il est puni

189. Cf. *infra*, n° 749.

de cinq ans d'emprisonnement et de 75 000 € lorsque l'infraction préparée est un délit puni d'au moins cinq ans d'emprisonnement. Le fait de diriger ou d'organiser le groupement ou l'entente prévue à l'article 421-2-1 est désormais puni de trente ans de réclusion criminelle (voire dans certains cas de la réclusion criminelle à perpétuité) et de 500 000 € d'amende (art. 421-5 al. 2 et 421-6 modif. L. 21 juil. 2016).

On ajoutera que le fractionnement des peines privatives de liberté, la semi-liberté, le placement à l'extérieur ne sont pas applicables aux condamnés pour actes de terrorisme (sauf quelques exceptions) qui ne peuvent pas non plus bénéficier de crédits de réduction de peines mentionnés à l'article 721 du Code de procédure pénale. Ils peuvent bénéficier malgré tout d'une réduction de peine dans les conditions définies à l'article 721-1 (art. 721-1-1 modif. L. 21 juil. 2016).

240. Les pénalités peuvent être *évitées* ou *réduites*. – Pour renforcer la lutte contre le terrorisme, le législateur accorde une prime aux repentis. Ceux qui ont tenté de commettre l'infraction et permis d'empêcher qu'elle ne se réalise et d'identifier les coparticipants en avertissant l'autorité administrative ou judiciaire bénéficient d'une exemption de peine (art. 422-1). Ceux qui permettent de faire cesser l'infraction ou d'éviter qu'elle ne provoque la mort ou une infirmité permanente bénéficient d'une réduction de peine de moitié ; si la peine encourue est la réclusion à perpétuité, celle-ci est ramenée à une durée de vingt ans (art. 422-2).

b. Quant à la forme

241. Les règles applicables à l'*enquête* et à l'*instruction* sont moins protectrices de la personne poursuivie. – L'efficacité de la répression est à ce prix.

La garde à vue est d'une durée plus longue.

Depuis la loi n° 2006-64 du 23 janvier 2006 modifiant la loi du 9 mars 2004, lorsque la garde à vue se fonde sur un crime ou un délit constituant un acte de terrorisme, s'il ressort des premiers éléments de l'enquête qu'il existe un risque sérieux de l'imminence d'une action terroriste en France ou à l'étranger ou bien que la nécessité de la coopération internationale l'exige, la garde à vue peut aller jusqu'à six jours !

Il y a une centralisation des procédures au profit des juridictions d'instruction et de jugement de Paris, qui exercent une compétence concurrente. Sur requête du procureur de la République près le tribunal de grande instance normalement compétent, le juge d'instruction se dessaisira au profit de la juridiction d'instruction de Paris.

Durant l'enquête préliminaire les perquisitions, visites domiciliaires et saisies sont possibles sans l'accord des personnes intéressées ; il faudra cependant l'autorisation du juge des libertés et de la détention. Elles peuvent même avoir lieu de nuit, soit au cours d'une enquête de flagrance sur autorisation du juge des libertés et de la détention, soit au cours de l'instruction, s'il y a urgence, sur autorisation du magistrat instructeur. Il est également possible de recourir à des enquêtes sous pseudonyme lors d'échanges électroniques (CPP, art. 706-87-1), d'accéder par un système informatique implanté dans des locaux de gendarmerie ou de police à des données intéressant l'enquête en cours et stockées dans un autre système informatique (CPP, art. 57-1), de requérir toute personne détenant des informations notamment sous forme numérique de les remettre à la police (CPP, art. 60-1, 77-1-1). On notera que ces derniers actes d'enquêtes, qui ne sont pas réservés aux enquêtes terroristes, ont malgré tout été introduits ou modifiés dans le Code de procédure pénale par la loi du 13 novembre 2014 relative au renforcement des dispositions relatives à la lutte contre le terrorisme. Enfin, une loi du 24 juillet 2015 crée un fichier judiciaire national automatisé des auteurs d'infractions terroristes (CPP, art. 706-25-3 et s.). La loi n° 2017- 1510 du 30 octobre 2017 renforçant la sécurité intérieure et la lutte contre le terrorisme instaure des périmètres de protection, prévoit de nouvelles mesures individuelles de contrôle administratif et de surveillance et met en place un régime juridique spécifique pour les perquisitions et saisies permettant la retenue des personnes pouvant fournir des renseignements sur les documents. Ces mesures que l'on peut parfaitement justifier lorsqu'elles sont liées à un état d'urgence, par hypothèse limité dans le temps, suscitent en revanche quelques inquiétudes lorsqu'elles s'inscrivent de manière durable dans le Code de procédure pénale. C'est probablement le prix à payer pour la sécurité des citoyens. Elles renforcent le caractère dérogatoire au droit commun de la catégorie des infractions de terrorisme.

242. Quant au *jugement*. – On signalera que la composition de la cour d'assises compétente est similaire à celle de la cour d'assises statuant en matière politique : cinq magistrats professionnels, sans jury, en première instance et sept magistrats pour la cour statuant en appel.

Pour des raisons de sécurité, les audiences des juridictions parisiennes peuvent être délocalisées dans un autre lieu du ressort de la cour d'appel de Paris que celui où ces juridictions tiennent habituellement audience.

243. Les délais de *prescription*. – Les délais de prescription de l'action publique et de la peine sont plus longs : trente ans pour chacun d'eux en cas de crime ; vingt ans en cas de délit.

C. La criminalité organisée

244. Le crime organisé est une réalité qu'il serait vain d'ignorer. Il s'internationalise et met en danger les démocraties qui n'ont pas les armes juridiques appropriées pour riposter aux actions d'extrême violence de réseaux mafieux. C'est pourquoi la loi n° 2004-204 du 9 mars 2004 a créé dans le Code de procédure pénale un titre 25 dans le livre IV ayant pour objet de mettre en place des procédures spécifiques à cette forme de criminalité. Il n'y a pas d'incrimination dénommée « infraction de criminalité organisée » dotée d'éléments constitutifs propres. À l'imitation de la démarche entreprise en 1986 pour la répression du terrorisme, la loi du 9 mars 2004 crée une nouvelle catégorie et y rattache un certain nombre d'infractions, déjà définies dans le Code pénal, dont le terrorisme ou le trafic de stupéfiants, seules infractions, à l'origine, à bénéficier d'un régime procédural dérogatoire au droit commun. Des lois ultérieures sont venues compléter le dispositif dont la loi du 3 juin 2016.

1. Le contenu de la catégorie

245. Cette catégorie est constituée de trois listes.

a. Deux listes dites « fermées »

246. La première contient une énumération de vingt infractions ou ensemble d'infractions (CPP, art. 706-73) parmi lesquelles on trouve le meurtre commis en bande organisée, le trafic de stupéfiants, les crimes et délits aggravés de proxénétisme, les crimes et délits de terrorisme, le vol commis en bande organisée, les crimes aggravés d'extorsion, l'enlèvement et la séquestration commis en bande organisée, les délits de blanchiment et de recel du produit ou des revenus retirés des infractions visées précédemment, le délit d'association de malfaiteurs ayant pour objet la préparation de certaines des infractions qui ont été citées dans cet article 706-73 et dernièrement, depuis la loi n° 2017-1510 du 30 octobre 2017, les crimes portant atteinte aux intérêts fondamentaux de la nation prévus au titre 1er du livre IV du Code pénal.

247. La seconde (CPP, art. 706-73-1), créée par la loi du 17 août 2015 et modifiée depuis par plusieurs lois, applique à onze délits les mêmes règles sauf l'article 706-88 du Code de procédure pénale sur la garde à vue : on y trouve le délit d'escroquerie en bande organisée, prévu au dernier alinéa de l'article 313-2 du Code pénal, les délits de dissimulation d'activités ou de salariés, certains délits de blanchiment et de recel du produit ou de revenus, délit de non-justification de ressources correspondant au train de vie lorsqu'il est en relation avec l'une des infractions prévues au présent article, délit d'atteinte au patrimoine naturel (C. environnement, article L. 415-6) commis en bande organisée, délit d'association de malfaiteurs ayant pour objet la préparation de certaines des infractions prévues à l'article 706-73-1, délit d'importation, d'exportation, de transit, de transport, de détention, de vente, d'acquisition ou d'échange d'un bien culturel (C. pén., art. 322-3-2), délit de trafic de produits phytopharmaceutiques commis en bande organisée, délit relatif aux déchets mentionnés à l'article L. 541-46 du Code de l'environnement, délit de participation à la tenue d'une maison de jeu de hasard commis en bande organisée et, depuis la loi du 30 octobre 2017, les délits portant atteinte aux intérêts fondamentaux de la nation prévus aux articles 411-5, 411-7 et 411-8, aux deux premiers alinéas de l'article 412-2, à l'article 413-1 et au troisième alinéa de l'article 413-13 du Code pénal.

b. Une liste dite « ouverte »

248. L'article 706-74 du Code de procédure pénale ajoute à la liste précédente :

- Les crimes et délits commis en bande organisée autres que ceux relevant des articles 706-73 et 706-73-1.
- Les délits d'association de malfaiteurs prévus par l'article 450-1 alinéa 2 autres que ceux relevant du 15° de l'article 706-73 (relèvent de ce 15° les délits d'association de malfaiteurs prévus par l'article 450-1 du Code pénal quand ils ont pour objet la préparation des infractions prévues du 1° au 14° et 17° de l'article 706-73) ou du 4° de l'article 706-73-1.

Le régime dérogatoire ne s'applique, cependant, que si la loi le prévoit expressément. Tout dépend en réalité de la politique pénale qu'adoptera le ministère de la Justice. On peut parfaitement concevoir une extension de la procédure spéciale à d'autres infractions commises en bande organisée. Les articles 706-73 et 706-73-1 ne sont pas limitatifs.

2. La question de la qualification

249. Comme nous l'avons dit plus haut, il n'existe dans le Code pénal aucune définition de la criminalité organisée. Le législateur recourt à la notion de *bande organisée,* ce qui est une démarche originale. En effet, si le Code pénal use déjà de cette notion c'est uniquement au titre des circonstances aggravantes (art. 132-71). Or il est acquis que la circonstance aggravante n'est pas un élément constitutif spécial de l'infraction aggravée. On peut la détacher de l'infraction qu'elle accompagne sans changer le caractère intrinsèque de cette dernière. Or l'on constate que c'est par le biais de cette circonstance aggravante que le législateur qualifie les infractions énumérées de crime ou délit organisés.

Le concept de criminalité organisée n'est pas inconnu pourtant. La convention des Nations Unies contre la criminalité transnationale signée à New York le 15 novembre 2000 comprend sous cette dénomination un groupe structuré de trois personnes ou plus, existant depuis un certain temps et ayant pour but de commettre une infraction transnationale grâce à une action concertée par intimidation, violence ou corruption afin d'en tirer un profit. Quant à l'Union européenne, elle identifie le crime organisé à une organisation criminelle à partir de plusieurs critères au nombre desquels il y a la collaboration de plus de deux individus, une forme de discipline ou de contrôle, une action au niveau international, l'exercice d'une influence sur les milieux politiques, les médias ou l'administration publique. S'agissant du droit interne, on retiendra deux textes : la loi du 10 juillet 1991 relative aux écoutes téléphoniques et la loi du 12 juillet 1990 relative à la participation des organismes financiers à la lutte contre le blanchiment des capitaux. La loi du 9 mars 2004, en rattachant le crime organisé à la notion de bande organisée, permet une approche plus directe de cette délinquance. La bande organisée se définit, en effet, selon l'article 132-71 du Code de procédure pénale comme « tout groupement formé ou toute entente établie en vue de la préparation, caractérisée par un ou plusieurs faits matériels, d'une ou plusieurs infractions ». Le lecteur attentif remarquera que cette définition est quasi identique à celle donnée à l'article 450-1 du Code pénal pour l'association de malfaiteurs, ce qui révèle le lien de filiation entre les deux qualifications[190]. Mais l'une n'est pas l'autre. L'association de malfaiteurs est une *infraction – obstacle* qui réprime des comportements constitutifs d'une tentative ou d'une complicité alors que la bande organisée est une forme d'exécution de l'action criminelle.

Il résulte de ce qui précède que le crime ou le délit organisé présente les caractéristiques suivantes :

D'abord, à lire l'article 706-73, l'acte doit être *grave*. Le rattachement à la catégorie des crimes et délits organisés ne saurait s'appliquer à l'incendie d'un véhicule sur un parking par un groupe de deux ou trois personnes en mal d'occupation.

Ensuite, le crime organisé suppose une pluralité de participants agissant au sein d'une structure *continue* et *hiérarchisée* permettant de planifier l'action.

Enfin, il faut relever une résolution d'agir *concertée*. Le Conseil constitutionnel, dans sa décision du 2 mars 2004 confirme cette analyse en mettant l'accent sur les conditions de préméditation et d'organisation structurée inhérente à toute forme de criminalité organisée.

3. Le régime juridique

250. Il est dérogatoire au droit commun.

a. Quant au fond

251. La loi du 9 mars 2004 prévoit un statut de « repentis » qui accorde une protection et une réduction de peine à ceux qui coopèrent avec la justice (v. C. pén., art. 132-63-1 ; CPP, art. 706-63-1).

b. Quant à la forme

252. Sont mises en place des juridictions inter-régionales spécialisées dont la liste et le ressort sont fixés par décret[191]. Auprès de ces juridictions sont affectées une section du parquet et des formations d'instruction et de jugement spécialisées (CPP, art. 706-75).

Les règles de la garde à vue ont été modifiées (allongement de sa durée ; entretien avec l'avocat reporté)et les perquisitions sont autorisées en dehors des heures légales. Des actes de police judiciaire nouveaux sont créés : outre

190. On notera qu'Émile Garçon, dans son *Code pénal annoté* écrivait dès 1901 que « l'association réprimée par le Code pénal supposait essentiellement une bande organisée, ayant une hiérarchie et des chefs, organisation qui se manifestait notamment par des correspondances entre ces bandes et leurs commandants ou entre elles, ou par des conventions tendant à régler la part du butin » (tome 1er, art. 265 à 268, n° 11).

191. V. CPP, art. D. 47-13 : par exemple. Le tribunal de grande instance et la cour d'assises de Paris ont une compétence territoriale s'étendant aux ressorts des cours d'appel de Paris, Bourges, Orléans, Versailles, Nouméa, Papeete, Mamoudzou, Saint-Denis de la Réunion, Saint-Pierre et Miquelon.

l'autorisation de la sonorisation de certains lieux ou véhicules[192], il est possible de procéder, sous certaines conditions, à des opérations de surveillance des personnes et des biens ou d'infiltration de réseaux criminels, ou bien encore à des enquêtes sous pseudonyme (CPP, art. 706-87-1).

D. Les infractions militaires

1. Définition

253. Elle associe une approche objective et une approche subjective.

L'infraction militaire est d'abord un manquement au devoir de soldat, manquement qui constitue aussi une faute disciplinaire ne pouvant être commise que par un militaire : le Code de justice militaire, dans son livre III, distingue « les infractions tendant à soustraire leur auteur à ses obligations militaires » (ex : insoumission, désertion), « les infractions contre l'honneur ou le devoir » (ex : capitulation, complot, pillage, outrage au drapeau), « les infractions contre la discipline » (ex : insubordination), « les atteintes aux intérêts fondamentaux de la nation en temps de guerre ».

L'infraction militaire peut être, ensuite, une infraction de droit commun, telle qu'un vol ou des coups et blessures, si elle est commise par un militaire dans le service ou à l'intérieur d'une caserne. L'ordonnance du 1er juin 2006 fixant les règles applicables à la poursuite, à l'instruction et au jugement des crimes et délits militaires en temps de paix, attribue, en effet, aux juridictions spécialisées en matière militaire la connaissance non seulement des infractions citées ci-dessus mais également les infractions de droit commun commis dans l'exécution du service par les militaires selon l'article L. 2 « en temps de paix, les infractions de droit commun commises par les militaires sur le territoire de la République relèvent des juridictions de droit commun lorsqu'elles sont commises hors service et des juridictions de droit commun spécialisées en matière militaire lorsqu'elles sont commises en service ».

2. Intérêts de la distinction

a. Quant au fond

254. Sur certains points, il y a un rapprochement avec les infractions politiques : l'extradition est exclue (sauf pour les infractions punies suivant le droit commun). Une condamnation pour une infraction militaire ne fait pas obstacle à l'octroi ultérieur du sursis, ni ne fait perdre au condamné le bénéfice d'un sursis antérieurement accordé, ni ne constitue le condamné en état de récidive (CJM, art. L. 265-2 et L. 265-3). Les peines encourues sont, en principe, identiques aux peines de droit

192. Cass. crim., 1er mars 2006 : Bull. crim., n° 59 : la cour juge conforme à l'article 8 de la CEDH la sonorisation ordonnée par un juge d'instruction du parloir d'un détenu. Antérieurement, et à défaut d'un texte, cette mesure avait été jugée comme une ingérence étatique par la Cour de Strasbourg : CEDH, 31 mai 2005, aff. *Vetter c/ France* : JCP 2005.I.159, obs Sudre F.

commun (CJM, art. L. 311-2). Le militaire encourt cependant des pénalités spéciales, comme la destitution et la perte de grade (CJM, art. L. 311-3).

b. Quant à la forme

255. Quelques particularités sont à signaler :

256. En temps de paix. – Depuis la loi du 21 juillet 1982, les juridictions compétentes pour juger les infractions militaires sont des tribunaux correctionnels ou des cours d'assises spécialisées en matière militaire (cinq magistrats en premier ressort et sept lorsque la cour statue en appel). Il ne s'agit pas de juridictions d'exception à l'image des anciens tribunaux permanents des forces armées composés de magistrats et de militaires. Ces tribunaux, fort décriés, avaient été supprimés en 1981. La composition spéciale de la cour d'assises ne s'applique pas pour le jugement des crimes de droit commun commis dans l'exécution du service sauf s'il existe un risque de divulgation d'un secret de la défense nationale (CPP., art. 698-7).

Devant ces juridictions, les constitutions de partie civile n'étaient recevables que par voie d'intervention, sauf en cas d'infractions ayant causé un décès, une mutilation ou une infirmité permanente. Depuis la loi du 10 novembre 1999, entrée en vigueur le 1er janvier 2002, l'action publique peut désormais être mise en mouvement par la partie lésée dans les conditions de droit commun sous réserve d'une part des dispositions prévues par la section du Code de justice militaire consacrée à l'exercice de l'action civile et de l'action publique et d'autre part des dispositions particulières prévues aux articles 698-1 à 698-9 du Code de procédure pénale (CJM, art. L. 211-11).

Les infractions commises par des militaires ou à leur encontre hors du territoire de la République étaient jugées par le Tribunal aux armées de Paris. Cette juridiction a été supprimée par la loi n° 2011-1862 du 13 décembre 2011 qui a transféré la compétence pour connaître de telles infractions aux juridictions de Paris spécialisées en matière militaire (CJM, art. L. 121-1).

257. En temps de guerre. – Le Code de justice militaire conserve des juridictions spéciales : tribunaux territoriaux des forces armées, tribunaux militaires aux armées. L'action civile est possible mais uniquement par intervention (CJM, art. L. 212-34).

E. Les crimes contre l'humanité et les crimes et délits de guerre

1. Définitions

258. La réforme du Code pénal, en 1992, avait permis d'introduire dans la législation pénale les crimes contre l'humanité complétés par la suite par ceux commis contre l'espèce humaine. Parmi les premiers se trouvent le génocide et un certain nombre d'actes commis en exécution d'un plan concerté à l'encontre d'un groupe de population civile dans le cadre d'une attaque généralisée ou systématique. Ces actes sont énumérés à l'article 212-1 du Code pénal. Il s'agit par exemple de l'atteinte volontaire à la vie, de l'extermination, de la réduction en esclavage, du viol, de la torture, de la déportation ou du transfert forcé de population. Parmi les seconds se trouvent l'eugénisme et le clonage reproductif. La loi du 9 août 2010 reconnaît désormais aussi les crimes et les délits de guerre (Livre IV *bis* du Code pénal). Selon l'article 461-1 constituent de telles infractions celles définies par le présent livre, commises lors d'un conflit armé international ou non international et en relation avec ce conflit, en violation des lois et coutumes de la guerre ou des conventions internationales applicables aux conflits armés, à l'encontre des personnes ou des biens visés aux articles 461-2 à 461-31. Ressortissent à cette définition, des atteintes à la vie et à l'intégrité physique ou psychique, des atteintes à la liberté individuelle, des atteintes aux droits des mineurs dans les conflits armés. Sont incriminés aussi un certain nombre de comportements liés à la conduite des hostilités (utilisation de moyens ou de méthodes de combat prohibés, atteintes aux biens) de même que la constitution de groupements formés ou d'ententes établies en vue de préparer des crimes ou des délits de guerre.

2. Intérêts de la distinction

259. *Sur le fond*, les peines sont à l'évidence sévères. En cas de crime contre l'humanité la peine encourue est la réclusion criminelle à perpétuité avec application de la période de sûreté (dix-huit ans voire vingt-deux ans). Des interdictions de droits, confiscations, interdiction du territoire français peuvent être prononcées. Les personnes morales peuvent être déclarées responsables. La complicité est incriminée (art. 213-4-1). Il est précisé par ailleurs que l'auteur ou le complice d'un crime contre l'humanité ne peut être exonéré de sa responsabilité du seul fait qu'il a accompli un acte prescrit ou autorisé par des dispositions législatives ou réglementaires ou un acte commandé par l'autorité légitime. Toutefois, la juridiction tient compte de cette circonstance au moment de la fixation de la peine (art. 213-4). La peine est imprescriptible en cas de crime contre l'humanité. Dans l'hypothèse d'un crime contre l'espèce humaine (eugénisme ou clonage reproductif punis de trente ans de réclusion criminelle et de 7 500 000 € d'amende), la prescription de la peine est de trente ans.

Les crimes et délits de guerre font l'objet d'une aggravation des peines encourues pour les infractions similaires de droit commun : par exemple, une infraction punie de trente ans de réclusion sera punie dans le cas de crime de guerre de la réclusion à perpétuité. Si l'infraction est punie de vingt ans, la peine encourue est portée à trente ans (cf. C. pén., art. 462-1). Les dispositions sur la période de sûreté rappelées ci-dessus sont applicables aux crimes de guerre ainsi qu'aux délits de guerre punis de dix ans d'emprisonnement. Des interdictions sont également encourues ainsi que la peine complémentaire de confiscation de tout ou partie des biens de ceux qui sont reconnus coupables d'un crime ou d'un délit de guerre. Les peines se prescrivent par trente ans ou vingt ans selon qu'il s'agit d'un crime ou d'un délit (C. pén., art. 133-2, 133-3). L'article 462-7 incrimine la complicité et l'article 462-9 fait bénéficier d'une cause de non-responsabilité celui « qui a agi raisonnablement pour sauvegarder des biens essentiels à sa survie ou à celle d'autrui ou essentiels à l'accomplissement d'une mission militaire contre un recours imminent et illicite à la force, sauf s'il y a disproportion entre les moyens de défense employés et la gravité du danger couru ». Voici un texte qui suscite, à n'en point douter, de nombreuses questions d'interprétation ! Enfin, l'article 462-11 dispose que « n'est pas constitutif d'une infraction visée par le présent livre le fait, pour accomplir un acte nécessaire à l'exercice par la France de son droit de légitime défense, d'user de l'arme nucléaire ou de toute autre arme dont l'utilisation n'est pas prohibée par une convention internationale à laquelle la France est partie ».

260. *Sur le plan procédural,* l'action publique est imprescriptible en présence d'un crime contre l'humanité et se prescrit par trente ans en cas d'eugénisme ou de clonage reproductif. Dans ce dernier cas le délai de prescription de l'action publique ne commence à courir, quand le clonage a conduit à la naissance d'un enfant, qu'à partir de la majorité de cet enfant (C. pén., art. 215-4).

Pour les crimes de guerre, le délai de prescription de l'action publique est de trente ans. S'il s'agit d'un délit, le délai est de vingt ans (CPP, art. 7 et 8).

La loi n° 2011-1862 du 13 décembre 2011 complète le dispositif légal en prévoyant des dispositions particulières pour la compétence des juridictions appelées à juger les crimes contre l'humanité et les crimes et délits de guerre, la poursuite, et le jugement de ces infractions. (CPP, art. 628 et s.). En particulier, il est prévu que pour la poursuite, l'instruction et le jugement que ce sont le procureur de la République, le juge d'instruction et la Cour d'assises de Paris qui exercent une compétence concurrente à celle qui résulte des articles 43 et 52 du Code de procédure pénale. Pareillement, pour ce qui concerne les mineurs, le tribunal pour enfants et la cour d'assises des mineurs de Paris sont compétents. En matière de garde à vue, l'intervention de l'avocat peut être différée pendant une durée maximale de soixante-douze heures.

F. Les infractions à caractère économique et financier

261. Leur particularisme remonte à une loi du 6 août 1975 qui, dans un article 704 du Code de procédure pénale, désigna dans le ressort de chaque cour d'appel un ou plusieurs tribunaux de grande instance compétents pour connaître des infractions en matière économique, fiscale, douanière, bancaire, en matière de fraude, publicité mensongère, sociétés commerciales, construction, urbanisme, pour ne citer que les plus importantes. Depuis, la liste s'est singulièrement allongée[193]. Le bulletin

193. Comparer l'article 704 dans sa rédaction issue de la loi de 1975 et dans sa rédaction actuelle.

d'information statistique du ministère de la Justice publié en juin 2002 permettait déjà de constater que la délinquance économique et financière représentait 1 % de l'ensemble des délits sanctionnés. Cette délinquance se répartissait en quatre groupes : 48 % des infractions sont de nature fiscale ou douanière ; 43 % sont des infractions à la législation des sociétés, 8,8 % constituent des atteintes au devoir de probité (corruption, ingérence...). Le bulletin de l'Observatoire national de la délinquance et des réponses pénales fait état pour 2011 d'une augmentation globale de 15,3 % des faits par rapport à 2010. La catégorie est vaste et difficile à circonscrire[194]. Nous voudrions mettre l'accent sur deux types d'infractions : les infractions fiscales et les infractions douanières, qui partagent cette particularité d'être soumises à un régime réellement exorbitant du droit commun.

1. L'exemple de l'infraction fiscale

262. Il s'agit de la fraude fiscale commise en matière de recouvrement des impôts directs (impôt sur le revenu, taxes foncière et d'habitation, impôt sur les sociétés), indirects (taxes spéciales diverses – sur l'édition de librairie, sur les objets précieux, sur les alcools, etc.) et de la taxe sur le chiffre d'affaires. Les infractions fiscales sont prévues par le Code général des impôts et ont une spécificité facilement identifiable. La répression de la fraude fiscale fait l'objet d'une grande sévérité, peu compatible avec les principes qui commandent notre droit pénal.

a. Sur le fond

263. Quelques observations seront faites. La fraude fait l'objet de multiples sanctions : pénales, fiscales et administratives.

1° Les sanctions pénales prennent, sans surprise, la forme habituelle de peines d'emprisonnement, d'amende, d'interdictions professionnelles. Toutefois, en matière de contraventions, les peines minimales sont conservées[195], ce qui ne laisse pas de surprendre, à lire le Code pénal et les propos de Robert Badinter dans sa présentation du projet de nouveau Code pénal[196].

2° Les sanctions fiscales sont, quant à leur nature, originales : les amendes, majorations de retard, indemnités diverses, ont, en effet, un double visage, à la fois *peines* et *réparation du préjudice* subi par le Trésor public. Il en résulte que le sursis est exclu pour ce type de sanction.

194. Selon le bulletin (p. 15) il n'est pas possible de déterminer la nature des faits qui sont principalement à l'origine de cette hausse constatée.

195. L'article 322 de la loi d'adaptation du 16 déc. 1992 dispose : « Dans tous les textes prévoyant qu'un crime ou un délit est puni d'une peine d'amende, d'emprisonnement, de détention ou de réclusion, les mentions relatives aux minima des peines d'amende ou des peines privatives de liberté encourues sont supprimées » Les contraventions ne sont pas visées.

196. *Projet de nouveau Code pénal*, Dalloz, 1988, p. 22 : « par le jeu des circonstances atténuantes, ce minimum est devenu illusoire ou fallacieux. »

3° Quant aux sanctions administratives, elles apparaissent comme des mesures de sûreté : c'est le cas, par exemple, de l'impossibilité d'obtenir des commandes de l'État.

264. La question s'est posée du *cumul des sanctions pénales et fiscales*. La Cour de cassation, dans un arrêt du 20 juin 1996[197], juge le cumul possible, malgré la règle *non bis in idem* interdisant qu'un même fait soit sanctionné pénalement deux fois, « dès lors que les poursuites du chef de fraude fiscale, qui visent à réprimer des comportements délictueux tendant à la soustraction de l'impôt, ont une nature et un objet différents de ceux poursuivis par l'Administration dans le cadre du contrôle fiscal, et qui tend au recouvrement des impositions éludées ». L'argument selon lequel une telle condamnation violerait l'article 4 du protocole n° 7 additionnel à la Convention européenne des droits de l'Homme consacrant précisément cette règle *non bis in idem*, a été rejeté parce que, à la suite des réserves de la France, la règle ne joue que « pour les infractions relevant en droit français de la compétence des tribunaux statuant *en matière pénale* et n'interdit pas le prononcé de sanctions fiscales parallèlement aux sanctions infligées par le juge répressif ». Cette position, à nos yeux contestable, n'est partagée ni par le Conseil constitutionnel[198], qui considère que les sanctions fiscales ne doivent pas échapper aux principes fondamentaux du droit pénal, ni par la Cour européenne des droits de l'Homme[199], ce dont on ne s'étonnera pas.

b. Sur la procédure

265. Les procès-verbaux constatant les délits commis font foi jusqu'à preuve contraire, alors qu'en droit commun ils ne valent qu'à titre de simples renseignements.

Les poursuites sont exercées, certes par le procureur de la République, mais sur la plainte du directeur départemental de l'administration fiscale, déposée après avis conforme d'une commission *ad hoc*, ce qui est original, l'action publique étant subordonnée à l'intervention d'un organe administratif[200].

---

197. D. 1997. 249, note Tixier G. et Lamulle Th. – en sens contraire : Cass. com., 29 avr. 1997 : JCP 1997. II.22935 note Sudre F.

198. Décision du 30 déc. 1982, Rec. Cons. const., 57. V° également, Cons. const., 18 mars 2015, n° 2014-453/454 QPC qui refuse le cumul des sanctions pénales et administratives en cas de délit et de manquement d'initié et sur cette décision *infra*, n° 599. Comparer avec Cons. const. 24 juin 2016, n° 2016-546 QPC, qui, en matière de fraude fiscale, considère que le cumul est possible, dans les cas les plus graves, entre les pénalités fiscales et les poursuites pénales.

199. . CEDH, 10 févr. 2009, *aff. Zolotoukhine c/ Russie*, n° 14939/03 ; 4 mars 2014, *aff. Grande Stevens et autres c/Italie*, n° 186/10 (sanctions pénales et sanctions administratives) ; V° cependant CEDH 15 nov 2016, aff. *A et B c/Norvège*, n° 24130/11, *Dr.pén.* 2017, comm.n° 14, note Peltier V. qui voit dans les deux procédures, fiscale et pénale, une seule procédure de nature mixte, autorisant alors un cumul de sanctions. Comparez pour une position plus nuancée : CJUE 26 févr. 2013, *Aklagarten c. Hans Akerberg Fransson*, aff. C-617/10.

200. V. précisément la décision du Conseil constitutionnel qui valide cette procédure : Cons. const. 23 juillet 2016, n° 2016-555 QPC.

L'administration peut transiger avec le délinquant en matière de contributions indirectes.

2. L'exemple de l'infraction douanière

266. Elles prennent la forme d'*absence de déclaration* ou de *fausse déclaration* en douane d'objets importés, ou bien d'acte de *contrebande* portant sur des marchandises illicites. Ces comportements sont incriminés dans le Code des douanes. Le régime applicable à la répression prend certaines libertés au regard de la présomption d'innocence, et présente des singularités quant aux sanctions et à la procédure.

a. L'atteinte à la présomption d'innocence

267. Le droit douanier retient, d'abord, deux règles qui sont exorbitantes du droit commun : il s'agit, en premier lieu, d'une présomption de participation directe à l'infraction, qui s'applique à certaines personnes comme le détenteur, le transporteur (C. douanes, art. 392 à 394). Cette présomption était à l'origine irréfragable et se fondait sur l'article 369 du Code des douanes qui faisait défense aux juges répressifs de relaxer le prévenu pour défaut d'intention. Depuis l'abrogation de cet article par une loi du 8 juillet 1987, la présomption est devenue simple. La bonne foi alléguée par le prévenu sera appréciée souverainement par le juge pénal[201].

En second lieu, le droit douanier élargit la notion de complicité au concept « d'intérêt à la fraude ». Selon les articles 399 et 400 du Code des douanes, en cas de contrebande, d'importation ou d'exportation sans déclaration, sont punis comme complices tous ceux qui ont coopéré d'une manière quelconque à un plan de fraude arrêté par un groupe d'individus. Ce qui veut dire que, pour échapper à la répression, le prévenu doit toujours prouver sa bonne foi ou invoquer l'état de nécessité ou l'erreur invincible (art. 399. 3).

b. Le particularisme des sanctions

268. Les peines encourues sont des peines privatives de liberté ou des sanctions patrimoniales. En principe, les premières ne devraient s'appliquer que pour les délits. Pourtant, l'article 413 *bis* du Code des douanes maintient un emprisonnement d'un mois pour les contraventions douanières de 5e classe, ce qui ne laisse pas de surprendre après la suppression de telles peines dans le Code pénal. Mais la loi d'adaptation du 16 décembre 1992 est muette sur ce point. De même que laisse toujours perplexe le maintien de peines minimales pour le montant de l'amende (art. 410, 412, 413 *bis*) : la Cour de cassation en tire la conséquence que des circonstances atténuantes doivent encore être établies pour prononcer une peine inférieure au minimum encouru[202].

---

201. Cass. crim., 7 nov. 1996 : Bull. crim., n° 398.

202. C. douanes, art. 369, 1. Cass. crim., 24 oct. 1996 : D. 1997.226, note Berr C.-J. – 29 mai 1997 : Dr. pén. 1997, comm. n° 144, obs. Robert J.-H. On rappellera que la loi d'adaptation (art. 323) a abrogé

En outre, les amendes peuvent être proportionnelles (comme en matière fiscale), évaluées par exemple par référence à la valeur de l'objet de l'infraction (C. douanes, art. 411, 414).

Enfin, en cas de pluralité d'infractions, le principe du non-cumul des peines ne s'applique pas en matière contraventionnelle. Certes, il s'agit d'une règle générale mais qui a une résonance particulière en matière fiscale ou douanière, compte tenu de la tendance chez le contrevenant à réitérer les mêmes actes, et du montant élevé des amendes.

c. Particularités procédurales

269. À titre d'exemple :

Le droit douanier connaît (comme le droit fiscal) la *procédure de transaction*[203]. Elle peut être utilisée librement avant la mise en mouvement de l'action publique. Mais si l'action publique est exercée, la transaction n'est possible que sur autorisation soit du procureur de la République (en cas d'infractions passibles de sanctions fiscales et pénales), soit du président de la juridiction (si des sanctions fiscales sont seules encourues).

Les procès-verbaux rédigés par un seul agent font foi jusqu'à preuve contraire ; s'ils sont rédigés par deux agents, ils font foi des constatations matérielles jusqu'à inscription de faux (C. douanes, art. 336 et 337).

Les agents des douanes qui procèdent à la capture des auteurs d'infractions douanières peuvent retenir ceux-ci pour une durée de vingt-quatre heures, sauf prolongation d'une même durée autorisée par le procureur de la République (C. douanes, art. 323). Il est possible de procéder à des interrogatoires durant cette retenue. Le Code des douanes appelle ainsi « retenue » ce qui se nomme « garde à vue » en droit commun. Les deux mesures restent, en droit, bien distinctes[204] ce qui n'empêche pas que le régime de la retenue douanière s'aligne désormais sur celui de la garde à vue depuis la loi du 14 avril 2011.

« toutes les dispositions faisant référence à l'article 463 du Code pénal », ledit article de l'ancien code étant relatif précisément aux circonstances atténuantes. La chambre criminelle, dans l'arrêt du 29 mai 1997, juge : « Il résulte des dispositions combinées des articles 414 et 369, 1 du Code des douanes, auxquelles ne sont pas applicables celles des articles 322 et 323 de la loi du 16 déc. 1992, que le tribunal ne peut réduire (sous-entendu « s'il retient des circonstances atténuantes », v. C. douanes, art. 369, 1, d)) le montant de l'amende fiscale au-dessous du tiers de son montant minimal, lequel est égal à la valeur de la marchandise de fraude ». Dans le même sens, Cass. crim., 31 mars 1999 : Bull. crim., n° 67.

203. On remarquera que le recours à la transaction est prévu dans des cas sans cesse plus nombreux. La loi du 15 août 2014 a ainsi créé, pour les infractions de droit commun, une procédure de transaction judiciaire mise en œuvre par les officiers de police judiciaire sur autorisation du procureur de la République (CPP, art. 41-1-1) et supposant une homologation, ce qui est différent du mécanisme de transaction douanière. Pareillement, le projet de loi sur la transparence, la lutte contre la corruption et la modernisation de la vie économique fait également une place, en matière de corruption impliquant une personne morale, à la transaction au moyen d'une « convention judiciaire d'intérêt public » qui devra aussi être validée (art. 12 *bis* du projet de loi n° 755 adopté en première lecture par l'Assemblée nationale le 14 juin 2016 et ajoutant un article 41-1-2 au Code de procédure pénale).

204. C. douanes, art. 323-9. Cass. crim., 1er mars 1994 : Bull. crim., n° 59 : « L'imputation de la retenue douanière sur la durée de la garde à vue (imputation prévue par l'article 323, dernier alinéa) a seulement pour objet de limiter la durée maximale de privation de liberté de la personne en cause, et est sans effet sur les régimes respectifs de ces mesures ».

CHAPITRE 2

La mise en œuvre de l'incrimination

270. Deux problèmes surgissent à cet égard :
- Le premier concerne la méthode suivie par le juge pour appliquer la loi d'incrimination. Il recourt à une technique qu'on appelle la *qualification*. (section 1) ;
- Le second concerne des hypothèses où la qualification est impossible parce qu'elle se heurte à certains obstacles tenant, soit aux circonstances dans lesquelles l'infraction a été commise, soit à une mesure législative exceptionnelle (section 2).

Section 1
La qualification par le juge

271. Par application du principe de la légalité, le juge pénal doit respecter la qualification retenue par la loi d'incrimination, et dans la plupart des cas il y parvient au prix d'une démarche intellectuelle que nous allons rappeler (§ 1).

Mais parfois, l'incrimination légale ne correspond pas à ce que souhaite le juge. Il va alors tenter de choisir une autre qualification. L'entreprise est osée et devrait rester exceptionnelle (§ 2).

§1. La qualification conforme à la loi

272. Il y a des principes de base à respecter pour procéder à cette qualification[1]. L'opération risque de devenir délicate quand le juge se trouve face à plusieurs qualifications possibles.

1. Leroy J., « La qualification du fait et l'interprétation de la loi », art. préc.

A. Principes de base

L'opération de qualification se déroule ainsi : le magistrat identifie rigoureusement les faits poursuivis et les compare avec leur description légale (ou appellation légale) : par exemple, le juge recherche si le fait d'être irrégulièrement en possession d'un bien appartenant à autrui constitue un vol, un abus de confiance ou une escroquerie, compte tenu de la définition légale de ces différents comportements. Deux problèmes sont à résoudre pour mener à bien l'opération de qualification :

273. 1° D'abord, déterminer les normes de référence. Le juge doit se demander, dans l'hypothèse où il serait amené à se reporter à une norme civile ou commerciale, s'il applique cette norme en fonction de ses propres critères ou bien s'il doit se référer au sens que lui donne le juge civil ou le juge commercial. C'est la question, déjà étudiée, de l'autonomie du droit pénal[2]. À ce propos, nous rappellerons simplement que si le juge répressif prend ses distances par rapport à l'interprétation adoptée dans d'autres branches du droit, il ne faut pas se méprendre sur la portée de cette démarche : il s'agit plus, chez le juge pénal, d'une volonté d'accroître l'efficacité de la répression que de celle de forger des normes proprement pénales. Disons que la jurisprudence criminelle a peut-être pour *résultat* une certaine autonomie du droit pénal, mais qu'elle n'a pas pour *but* de créer des normes pénales.

2° Ensuite, distinguer entre la *condition préalable* et les *éléments constitutifs* de l'infraction. En effet, puisqu'il s'agit de mettre une étiquette légale sur des faits, le juge examinera de près la structure de l'infraction : il repérera les éléments constitutifs généraux – élément matériel, élément moral – puis les éléments constitutifs spéciaux – ainsi pour le vol, la volonté de s'approprier la chose d'autrui. C'est au moment de cette recherche qu'il doit aussi se poser la question de savoir si l'infraction ne comporte pas une condition préalable qu'il devra isoler. Ainsi, selon l'article 314-1 du Code pénal : « L'abus de confiance est le fait pour une personne de détourner, au préjudice d'autrui, des fonds, des valeurs ou un bien quelconque qui lui ont été remis et qu'elle a acceptés à charge de les rendre, de les représenter ou d'en faire un usage déterminé. » L'élément matériel est le détournement. La condition préalable est la remise de la chose, et cette remise ne doit donc pas être comptée au rang des éléments constitutifs de l'infraction. Autre exemple : le fait d'exposer autrui à un risque immédiat de mort ou d'infirmité permanente par la violation manifestement délibérée d'une obligation particulière de sécurité imposée par la loi ou le règlement (C. pén., art. 223-1) ; dans ce cas, la condition préalable est l'existence de cette obligation de sécurité inscrite dans la loi ou dans le règlement et à laquelle est astreint l'auteur de l'infraction. En fait, il est possible d'avoir, de la condition préalable, une conception plus ou moins large : soit on assimile la condition préalable au *domaine* dans lequel

2. V. *supra*, n° 113.

l'infraction peut se commettre[3], soit on la réduit à une *situation* juridique ou une situation de fait que la conduite infractionnelle a pour effet de perturber[4].

274. Une fois que le rapport entre la norme pénale et la conduite a été établi, en fonction des éléments acquis au temps de l'action, la qualification qui a été retenue n'est pas définitive ; elle pourra être modifiée ultérieurement, à condition de ne rien changer aux faits énoncés dans les actes de procédure : une erreur a pu être commise dans le choix de la qualification, ou bien de nouveaux éléments sont apparus au cours de la mise en état de l'affaire. Par exemple, des faits qualifiés dans un premier temps d'homicide volontaire peuvent se transformer en coups et blessures volontaires ayant entraîné la mort sans intention de la donner, voire en coups et blessures volontaires ayant entraîné une incapacité de travail[5].

L'affaire dite *du sang contaminé* a posé également la question cruciale du choix de la qualification. Quelle qualification retenir en présence du fait de fournir consciemment à des malades hémophiles des produits sanguins viciés : fraude et falsification, empoisonnement, omission de porter secours, homicide involontaire, mise en danger de la vie d'autrui ou bien encore administration de substances nuisibles ayant entraîné la mort ? Les délais de prescription de l'action publique, différents selon que l'on retient une qualification correctionnelle ou criminelle, ne sont évidemment pas indifférents au débat[6].

B. Qualifications multiples[7]

275. Avec les qualifications multiples, le problème se complique. L'hypothèse est la suivante : un comportement délictueux unique tombe

3. Vouin R., *Droit pénal spécial*, 4e éd. par Rassat M.-L., Dalloz, 1976, n° 58. La définition de Robert Vouin s'appliquera à des conditions préalables constituées par des infractions. Ex. : l'art. 321-1 du Code pénal définit le recel comme le : « fait de dissimuler, de détenir ou de transmettre une chose [.] en sachant que cette chose provient d'un crime ou d'un délit. ». Le crime ou le délit est donc la condition préalable de l'infraction de recel. Mais, on peut aller plus loin et dire que la complicité est aussi un acte infractionnel conditionné, la condition préalable étant le crime ou le délit principal : v. *infra*, n° 486.

4. V. par exemple, Decocq A., *Droit pénal général*, *op. cit.*, p. 81 ; ce sera précisément le cas de l'abus de confiance.

5. Cass. crim., 8 janv. 1991 : D. 1992, p. 115, note Croisier-Nérac. À la suite d'une collision entre deux véhicules, leurs occupants s'affrontent. L'un essaie d'extraire l'autre de sa voiture ; ce dernier lui porte un coup de couteau qui entraîne une incapacité de travail de 60 jours. La victime, transportée à l'hôpital, décède à la suite d'une défaillance de l'appareil de réanimation. D'abord inculpé de tentative de meurtre, l'auteur des coups fut, après disqualification, renvoyé devant le tribunal correctionnel pour coups et violences volontaires ayant entraîné une incapacité de travail supérieure à 8 jours. La décision, confirmée en appel, fit l'objet d'un pourvoi fondé sur la violation de la loi : la cour aurait dû retenir la qualification de crime de coups mortels en raison d'une relation de causalité entre le coup de couteau, délibérément porté, et le décès. La Cour de cassation rejette le pourvoi : « Le crime de coups mortels implique que la mort ait nécessairement procédé des violences volontairement commises à son encontre et ne soit pas due à une cause étrangère à ces violences ». V° également sur cette affaire *infra*, n° 357.

6. V. Delmas Saint Hilaire J.-P., « Sang contaminé et qualification pénale... avariée », Gaz. Pal. 1992.2, doctr. 673.

7. V. Merle R. et Vitu A., *op. cit.*, n° 392 et s. – Serlooten P., « Les qualifications multiples », RSC 1973, p. 45 – Chalaron Y., « Le concours idéal d'infractions », JCP 1967, 2088.

sous le coup de deux textes d'incrimination, parce qu'il correspond aux éléments matériels et moraux de ces incriminations. Autrement dit : une même situation de fait contient deux infractions. Il y a concours de qualifications ou cumul idéal d'infractions.

Par exemple, une atteinte sexuelle commise sur une place publique est une agression sexuelle (C. pén., art. 222-27) et en même temps une exhibition sexuelle (art. 222-32). Ou bien une escroquerie commise à l'aide d'un faux en écriture correspond aux qualifications prévues par les articles 313-1 et 441-1 du Code pénal. Sachant que les incriminations protègent des valeurs sociales bien définies (vie ou intégrité humaine, propriété...), en présence d'un dommage individuel unique, peut-on admettre que ce dommage constitue une atteinte à des valeurs sociales différentes, ou bien ne doit-il y avoir qu'une seule atteinte et par conséquent qu'une seule infraction ?

276. Ainsi présentée, l'hypothèse se distinguera :

1° D'abord, ***d'autres situations*** où le problème ne se pose habituellement pas :

- soit parce que les qualifications sont incompatibles, l'une des infractions étant la suite nécessaire de l'autre : une personne porte des coups et blessures volontaires et laisse la victime sans soins (ce qui pourrait être une omission de porter secours à personne en danger). L'auteur ne peut être poursuivi que pour coups et blessures.
- soit parce que les qualifications sont alternatives et doivent s'exclurent l'une l'autre : si un individu cause la mort d'un autre, il s'agira *ou* d'un homicide volontaire, *ou* d'un homicide involontaire, *ou* de coups et blessures ayant entraîné la mort sans intention de la donner[8] ;

2° Ensuite, **du *concours réel d'infractions*** où le même agent se rend coupable de plusieurs infractions (par exemple un meurtre et un vol) dont aucune n'a fait l'objet d'un jugement définitif[9].

1. Les solutions doctrinales

277. Elles sont fonction de la réponse à la question de savoir ce qu'on entend par le « même fait » susceptible de recevoir une qualification :

Si le même fait est le même agissement matériel, en présence d'un fait matériel unique il ne doit y avoir qu'une seule infraction.

8. À noter qu'en général, si des poursuites du chef d'homicide volontaire se terminent par un *acquittement*, d'autres poursuites ne sont pas possibles. C'est le sens de l'art. 368 du Code de procédure pénale aux termes duquel : « Aucune personne acquittée légalement ne peut plus être reprise ou accusée à raison des mêmes faits, même sous une qualification différente ». La doctrine étend cette règle (*non bis in idem*) aux autres infractions ; mais la solution ne s'impose pas en principe au regard de l'autorité de la chose jugée : tout dépend précisément de ce qu'on entend par « mêmes faits ».

9. Dans ce cas, le Code pénal donne une solution spécifique dans les articles 132-2 et s. : si la personne est reconnue coupable de plusieurs infractions à l'occasion d'une même procédure, chacune des peines encourues pourra être prononcée. Toutefois, si les peines encourues sont de même nature, il ne pourra être prononcé qu'une seule peine, dans la limite du maximum légal le plus élevé. S'il s'agit de procédures séparées, les peines prononcées s'exécutent cumulativement dans la limite du maximum légal le plus élevé.

En revanche, si le même fait est la même attitude psychologique, plusieurs qualifications sont concevables dans le cas où le délinquant aurait cherché à léser plusieurs valeurs sociales au moyen d'une seule action.

Dès lors, les solutions se répartissent de la manière suivante :

- Ou bien considérer qu'il y a dans toutes les hypothèses violation de plusieurs lois : le concours de qualifications s'assimile à un concours réel d'infractions et il y aura autant de déclarations de culpabilité que de textes violés.
- Ou bien admettre que le délinquant ne peut être poursuivi sur le fondement de plusieurs qualifications au nom de la règle « *non bis in idem* » qui interdit de prononcer deux peines pour un même fait.

2. Les solutions jurisprudentielles

278. Les tribunaux voient généralement dans le même fait la même attitude psychologique. Par conséquent, si les qualifications en conflit protègent la même valeur sociale, il ne faudra retenir qu'une seule infraction prise sous la plus haute expression pénale, ce qui signifie qu'entre deux qualifications possibles on retiendra la plus sévère (ex. une escroquerie commise au moyen d'un faux en écriture publique sera poursuivie sous la qualification de faux). En présence de deux incriminations, l'une spéciale, l'autre générale, c'est l'incrimination spéciale qui prévaudra par application de l'adage « *specialia generalibus derogant* ». La difficulté sera évidemment d'identifier la bonne qualification. L'hésitation est souvent permise[10].

Fondée sur l'état d'esprit du délinquant, la solution permet malgré tout de retenir une double qualification s'il est établi que l'auteur de l'infraction a cherché à léser plusieurs valeurs sociales. C'est ce qu'a jugé la Cour de cassation dans un arrêt du 3 mars 1960 rendu dans l'affaire *Ben Haddadi*[11] : un individu avait jeté une grenade dans un café qui avait provoqué la mort de clients et des destructions. La chambre criminelle a jugé « qu'il ne s'agit pas d'un crime unique dont la poursuite sous deux qualifications différentes serait contraire au vœu de la loi mais de deux crimes simultanés commis par le même moyen mais caractérisés par des intentions coupables essentiellement différentes ». L'auteur de l'attentat avait voulu porter atteinte à la fois à la vie humaine et à la propriété d'autrui. Deux valeurs sociales étaient en cause ; le concours de qualifications pouvait donc se résoudre en un cumul réel

10. V. Cass. crim., 25 mai 1992 : Dr. pén. 1993, comm. n° 1, obs. Véron M. : un mari avait obtenu frauduleusement un jugement de divorce en assignant son épouse à une adresse où elle ne résidait pas et en signant à sa place un avis de réception de la convocation à l'audience de conciliation. Le tribunal correctionnel avait retenu l'escroquerie au jugement ; les juges d'appel avaient préféré retenir le faux en écriture privée et usage de faux qui avait permis d'obtenir le jugement. La Cour de cassation ne retint ni l'une ni l'autre et qualifia les faits de fraude au divorce, infraction prévue spécialement par une loi du 13 avr. 1932. Cette qualification correspond, il est vrai, mieux au but que poursuivait le mari.

11. Bull. crim., n° 138 ; sur cet arrêt, obs. Legal A., RSC 1961.105 et Pradel J. et Varinard A., *Les grands arrêts du droit criminel*, t. 1, n° 19. V° également, Cass. crim., 14 nov. 2013, n° 12-87991 : « Attendu que la prévenue ne saurait reprocher à la cour d'appel, qui a prononcé une seule peine dans la limite des maxima encourus, d'avoir retenu les deux qualifications de faux et d'escroquerie, qui sont susceptibles d'être appliquées concurremment dès lors qu'elles sanctionnent la violation d'intérêts distincts ».

d'infractions. Dans un tel cas, chacune des peines encourues peut être prononcée sauf à ne prononcer que la peine la plus forte s'il s'agit de peines de même nature (C. pén., art. 132-3). Une analyse identique pourrait s'appliquer en présence par exemple d'une infraction au Code de la route ayant causé un homicide involontaire[12] . Quant à la Cour européenne des droits de l'Homme, elle se prononce pour la double qualification si les éléments constitutifs des infractions en concours diffèrent[13].

§2. La qualification non conforme à la loi

279. Elle recouvre les cas de correctionnalisation et de contraventionnalisation judiciaires. La correctionnalisation judiciaire consiste à déférer à la juridiction correctionnelle, sous la qualification d'un délit, un fait qui constitue en réalité un crime eu égard à sa qualification légale. C'est une pratique illégale, mais cependant fort suivie par les magistrats. Quant à la contraventionnalisation judiciaire, la démarche s'inspire de la précédente : cela consistera à déférer à la juridiction de police, sous la qualification de contravention, un acte qui devrait selon la loi entrer dans la catégorie des délits.

La correctionnalisation apparaît comme indispensable pour un bon fonctionnement de la justice. Nombre de cours d'assises ne pourraient fonctionner si la correctionnalisation était bannie, comme le souhaitent certains. Depuis la loi du 9 mars 2004, cette pratique n'est plus totalement hors la loi si l'on en croit les articles 186-3 et 469 du Code de procédure pénale[14]. Le premier texte ouvre à la personne mise en examen et à la partie civile la voie de l'appel contre les ordonnances de renvoi devant le tribunal correctionnel si elles considèrent que les faits, qualifiés légalement de crime, auraient dû faire l'objet d'une ordonnance de mise en accusation. Si les parties ne contestent pas la qualification retenue, le tribunal saisi ne pourra pas la remettre en cause. Le second texte dispose, précisément, en son alinéa 4, que le tribunal correctionnel, saisi par renvoi par le juge d'instruction ou la chambre de l'instruction, ne peut pas d'office remettre en cause la qualification retenue si la

12. On relèvera toutefois la décision intéressante mais troublante de la Cour de cassation selon laquelle, sur le fondement du principe *non bis in idem* « des faits qui procèdent de manière indissociable d'une action unique caractérisée par une seule intention coupable ne peuvent donner lieu, contre le même prévenu, à deux déclarations de culpabilité, fussent-elles concomitantes », ce qui conduit effectivement la chambre criminelle à analyser en l'espèce le concours réel sous l'angle d'un concours idéal d'infractions : Cass. crim., 25 oct. 2017, n° 16-84133, Dr.pén. 2018, comm.1, note Conte Ph. Déjà en ce sens : Cass. crim., 26 oct. 2016, n° 15-84552, JCP 2017, 16, note Catelan N. ; Rev. pénit. 2016, p. 935, obs Décima O. ; p. 941, obs. Beaussonie G. ; v° aussi, Cass.crim., 24 janv. 2018, n° 16-83045- 21 mars 2018, n° 17-81011 à comparer avec Cass.crim. 28 mars 2018 n° 17-81114, Dr.pén. 2018, comm.n° 103, note CONTE Ph. Si l'on en juge par ces deux dernières décisions, la distinction entre le concours réel et idéal d'infractions peut devenir subtile. Une comparaison de la solution retenue par la chambre criminelle dans l'arrêt du 21 mars 2018 avec celle retenue dans la décision du 28 mars révèle en effet les limites de l'exercice de différenciation entre les deux hypothèses : l'examen des faits rend le critère de distinction bien relatif. V° également, Cass.crim ; 3 mai 2018, n° 16-8699 et 17-82034, Dr.pén. 2018, comm.n° 122, note CONTE Ph.

13. CEDH, 4 mars 2008, *aff. Garretta c/France*, n° 2529/04 : RSC. 2008.708, obs. Roets D. (à propos d'une tromperie et d'un empoisonnement).

14. V. circ. 21 sept. 2004, art. 1-7-2 ; Darsonville A., « La légalisation de la correctionnalisation judiciaire », Dr. pén. 2007 p. 7.

victime était constituée partie civile et assistée d'un avocat au moment où le renvoi a été ordonné (ce qui veut dire que les parties ont accepté le choix effectué par la juridiction d'instruction). Toutefois, la légalisation de la correctionnalisation n'est que partielle. Le choix d'une qualification inexacte par le parquet reste en dehors des prévisions légales.

Après avoir exposé les raisons profondes qui poussent les parquets à agir de cette façon, nous exposerons très brièvement les méthodes utilisées.

A. Motivations

280. La loi de qualification étant abstraite, générale et votée dans un contexte socio-politique donné, peut, à un moment, se trouver en désaccord avec l'opinion publique ou être inadaptée aux circonstances particulières de l'espèce dont est saisi le juge.

1. La recherche d'une concordance entre la loi et l'opinion publique

281. On donne souvent l'exemple du vol commis par un domestique au préjudice du maître de maison, ou par un ouvrier au préjudice de son patron, vols autrefois qualifiés de crimes, à la différence du vol commis entre tiers. Ces circonstances aggravantes, devenues anachroniques depuis bien longtemps en raison de l'évolution des mentalités et des rapports sociaux, restaient bien entendu susceptibles d'être relevées par un procureur pointilleux et respectueux de la loi. En réalité, les parquets prirent les devants et réagirent en ne saisissant plus les cours d'assises de tels faits. L'abrogation légale suivit en 1981.

Toutefois, cette attitude ne doit pas laisser penser que le ministère public cherche toujours à satisfaire l'opinion publique. Il peut parfois estimer juste la qualification criminelle légale et la peine encourue, et craindre un jury d'assises trop indulgent. Aussi préférera-t-il retenir une qualification correctionnelle autorisant une peine certes moins élevée, mais certaine parce que prononcée par des magistrats professionnels, plutôt qu'une qualification criminelle donnant l'espoir d'un châtiment plus rigoureux mais dont l'application sera aléatoire.

Cette correctionnalisation judiciaire, en attirant l'attention du législateur sur la discordance entre la qualification légale et la qualification choisie par le juge, peut être le premier pas vers une correctionnalisation législative. Ainsi, l'avortement, considéré à l'origine comme un crime, avait été correctionnalisé par la loi du 24 mars 1923 modifiée par le décret-loi du 29 juillet 1939. De même la corruption, autrefois qualifiée crime, avait été correctionnalisée par la loi du 16 mars 1943.

2. Le souci d'adapter la qualification à l'espèce jugée

282. Le corps judiciaire peut considérer que, compte tenu des circonstances particulières de l'affaire, la sanction prévue par la loi est trop forte.

Prenons l'exemple du vol. Le vol simple est un délit puni de 3 ans d'emprisonnement (C. pén., art. 311-3), alors que le vol avec la circonstance aggravante de port d'arme est un crime puni de 20 ans de réclusion criminelle (C. pén., art. 311-8). En présence d'un vol commis sans violence mais avec une arme qui se révèle être un jouet, il suffira au ministère public, pour éviter un renvoi en cour d'assises, de faire abstraction de la circonstance de port d'arme, et de renvoyer le prévenu devant le tribunal correctionnel. En faisant cela, le parquet considère, par avance, que le jury n'aurait pas retenu la circonstance aggravante, ce qui constitue un empiétement sur la fonction de juger. La possibilité pour le parquet, depuis la loi du 15 juin 2000, de faire appel des décisions des cours d'assises pourrait être de nature à limiter cette pratique On ajoutera que cette correctionnalisation s'impose aussi bien souvent pour une raison plus simple : remédier à l'encombrement des rôles des cours d'assises.

B. Démarche

283. Elle comporte deux étapes.

D'abord, il faut choisir une qualification parmi toutes celles qui sont concevables ; la qualification retenue ne doit pas, en effet, être complètement étrangère au fait poursuivi. Le viol, qui est un crime (C. pén., art. 222-23 et s.) pourrait être poursuivi, selon les cas, sous les qualifications correctionnelles de violences volontaires ayant entraîné une incapacité de travail de plus de 8 jours (art. 222-11), ou d'agression sexuelle commise sans violence (art. 222-27 et s.), voire d'exhibition sexuelle (art. 222-32).

Ensuite, il faudra être en mesure de persévérer dans son choix. En effet, la correctionnalisation judiciaire suppose, non seulement l'initiative du ministère public, mais encore l'adhésion des parties privées (prévenu, partie civile) qui peuvent au contraire avoir un intérêt à faire juger l'affaire par un jury populaire. L'auteur de coups mortels infligés à une personne menaçante peut refuser la qualification d'homicide involontaire et vouloir être renvoyé devant la cour d'assises pour espérer une indulgence que ne lui accorderaient pas les juges correctionnels. Quant à la partie civile, on comprendra facilement que dans certaines affaires elle recherche une solennisation du procès qui, à ses yeux, ne peut être obtenue que devant une cour d'assises. En définitive, la correctionnalisation implique la réunion d'un « consensus ». Les articles 186-3 et 469 du Code de procédure pénale sont en ce sens.

Section 2
Les obstacles à la qualification du fait : les faits justificatifs

284. L'expression « faits justificatifs », utilisée traditionnellement par les pénalistes depuis plus d'un siècle, n'a pas été reprise par le Code pénal actuel qui ne traite que « des causes d'irresponsabilité ou d'atténuation de la responsabilité ». En réalité, l'expression est implicitement reconnue, le garde des Sceaux rappelant, au moment de la présentation du projet de réforme devant le Sénat, que le code « systématise *les faits justificatifs* que sont, d'une part, l'ordre de la loi et le commandement de l'autorité légitime, d'autre part, la légitime défense »[15]. Nous envisagerons, quant à nous, successivement les cas où il y a justification de l'acte, (sous-section 1) puis le fondement et l'étendue de la justification (sous-section 2).

Sous-section 1
Les cas de justification

285. Ils sont au nombre de trois[16] : la *légitime défense* (§ 1) *l'ordre de la loi* et *le commandement de l'autorité légitime,* (§ 2) et *l'état de nécessité* (§ 3).

On pourrait penser à y ajouter le *consentement de la victime,* mais l'assimilation de ce consentement à un fait justificatif est discutable. Le consentement de la victime ne supprime pas l'infraction car la répression est l'affaire de la société. Le droit de punir n'appartenant pas à la victime, elle ne saurait par conséquent y renoncer[17]. Il n'en est autrement que dans les cas où l'absence de consentement de la victime est un élément constitutif de

15. JO Sénat, 9 mai 1989, p. 555.

16. La jurisprudence n'hésite pas à créer le cas échéant de nouvelles causes de justification : ainsi, la nécessité d'organiser sa défense dans une instance judiciaire : Cass. crim., 11 mai 2004, n° 03-80254 : Bull. crim. n° 117 ; 16 juin 2011, n° 10-85079 ; D. 2011. 2254, note Beaussonie G. ; RSC 2011.836, obs. Matsopoulou H.

17. C'est pourquoi le duel est réprimé comme meurtre ou blessures volontaires, l'euthanasie comme meurtre, même si le malade condamné a supplié son conjoint, un parent ou un ami de lui donner la mort. Il en est de même des atteintes à l'intégrité corporelle auxquelles il n'est pas possible de consentir si la loi ne le permet pas. Cette solution trouve aujourd'hui son fondement sur l'indisponibilité du corps humain (art. 16-1 C. civ.). Mais la Cour de cassation avait depuis longtemps pris position en ce sens : cf. Cass. crim., 1er juillet 1937, « aff. des stérilisés de Bordeaux » S. 1938.1.193, note Tortat : « Attendu que pour déclarer B coupable de coups et blessures commis volontairement et avec préméditation et déclarer P complice de ces délits, la Cour a décidé que les prévenus ne pouvaient invoquer le consentement des opérés comme exclusif de toute responsabilité pénale, ceux-ci n'ayant pu donner le droit de violer, sur leurs personnes, les règles régissant l'ordre public ». Dans un tout autre domaine, l'abus de biens sociaux reste constitué malgré l'approbation de l'opération délictueuse par l'assemblée générale des actionnaires. Il est vrai que dans ce dernier cas le quitus donné par les associés n'exprime pas nécessairement un consentement éclairé ; ils peuvent être abusés par le dirigeant, détenant la majorité, ce qui fait que l'approbation serait dénuée de signification : Cass. crim., 30 sept. 1991 : Rev. des sociétés, 1992.356, note Bouloc B. Cf. sur

l'infraction, parce que le droit violé est un droit dont elle peut disposer. Cela s'applique aussi bien aux infractions contre les biens (vol, violation de domicile) qu'aux infractions contre les personnes (séquestration arbitraire, à supposer que l'intéressé soit d'accord, viol). Cependant, on peut se demander si la notion de fait justificatif n'est pas alors superflue. En effet, le fait justificatif a pour objet d'assurer l'impunité dans des cas où l'infraction est constituée. Or, il n'en est pas ainsi quand il y manque un élément spécial à l'incrimination : l'absence de consentement de la victime. S'il n'y a pas répression, c'est parce que l'infraction n'est pas constituée. Le débat se situe alors sur le terrain des éléments constitutifs.

§1. La légitime défense

286. Ce fait justificatif s'explique par son appellation même : l'infraction est un acte de défense légitime. Si elle n'était pas commise, son auteur serait lui-même une victime. C'est un des cas exceptionnels où l'on peut se faire « justice » soi-même.

Le Code pénal fixe le régime juridique de la légitime défense en ses articles 122-5 et 122-6. Il faut envisager successivement le *domaine* de la légitime défense, ses *conditions*, et sa preuve.

A. Le domaine de la légitime défense

1. Au regard des actes commis à titre de défense

287. En premier lieu, tous les *actes intentionnels* peuvent être commis à titre de défense légitime. L'ancien article 328 prévoyait spécialement les faits qualifiés homicide, blessures ou coups. L'actuel article 122-5 généralise la légitime défense en la déclarant applicable à tout « acte », c'est-à-dire à toute infraction qui par sa nature peut donner lieu à un « acte de défense » (de menaces par exemple).

Qu'en est-il des actes *non intentionnels* ? Par un arrêt du 16 février 1967[18], la chambre criminelle de la Cour de cassation jugeait qu'on ne pouvait pas alléguer la légitime défense si on avait commis une infraction d'imprudence pour se « défendre » : il y aurait incompatibilité entre ces deux notions. En réalité, cet arrêt s'explique difficilement : l'ancien article 328 ne précisait pas si les coups, blessures ou homicide justifiés par la légitime défense devaient avoir été volontaires, ou pouvaient avoir été involontaires. La Cour de cassation avait donc introduit une distinction que le législateur n'avait pas faite. L'actuel article 122-5 parle d'« acte », sans précision supplémentaire, ce qui

---

cette question, : Lacaze M., *Réflexions sur le concept de bien juridique protégé par le droit pénal*, LGDJ, 2010, n° 204 et s.

18. JCP 67. II. 15034, *Cousinet*. Dans le même sens, Cass. crim., 28 nov. 1991 : Bull. crim., n° 446 ; RSC 1993, p. 90, obs. Bouloc B.

laisse au moins la possibilité pour la jurisprudence d'évoluer vers la prise en compte d'actes non intentionnels[19].

2. Au regard de l'objet de l'acte de défense

288. Le Code pénal de 1810 visait la légitime défense de soi-même ou d'autrui, c'est-à-dire de toute autre personne menacée. Mais il n'y était pas question des *biens* (lesquels comprennent les animaux). À première vue, il paraît choquant de justifier l'atteinte portée à l'intégrité corporelle d'autrui dans le seul but de sauvegarder une chosc. Ccpendant, la jurisprudence n'excluait pas en principe la légitime défense des biens. Elle se montrait seulement rigoureuse dans l'application de cette forme du fait justificatif.

La légitime défense doit indiscutablement être admise dans les cas où il peut être difficile de se rendre compte que la menace affecte seulement les biens et qu'il n'y a pas de danger pour la personne. On ignore généralement si le cambrioleur que l'on surprend dans son appartement est armé ou non. La solution dépendra essentiellement de la valeur du bien menacé comparée à l'importance du dommage causé à l'agresseur pour la défense de ce bien[20]. En revanche, en ce qui concerne les blessures causées par des *pièges*, la jurisprudence était dans l'ensemble assez défavorable[21]. L'analyse de cette jurisprudence montre que, dans le principe, elle ne refusait pas la légitime défense des biens. Mais elle considérait souvent que les conditions de la légitime défense n'étaient pas réunies, et notamment la proportionnalité de la

19. V. précisément Cass. crim., 21 févr. 1996 : D. 1997.234, note Chr. Paulin ; à rapprocher de Cass. crim., 5 janv. 2000 : D. 2000, p. 780, obs. de Lamy B. Dans l'affaire jugée en 1996, une personne munie d'une arme à feu avait tué l'agresseur qui tentait de la saisir par ses vêtements ; la victime avait eu un geste de recul à l'occasion duquel le coup de feu était parti. L'acte commis était volontaire mais son auteur n'avait pas intentionnellement recherché le dommage qui en est résulté (on pourrait parler d'imprudence consciente). La Cour de cassation admit qu'il y avait eu légitime défense. Dans l'affaire qui a donné lieu à l'arrêt du 5 janv. 2000, un policier avait tué le conducteur d'une voiture qui s'enfuyait : le fait justificatif en cause n'était pas la légitime défense mais l'autorisation de la loi ; la justification invoquée n'avait pas été retenue par les juges d'appel ; la Cour de cassation casse l'arrêt en ces termes : « Attendu qu'en statuant ainsi, après avoir retenu que les conditions d'application de l'article 174 du décret du 20 mai 1903 étaient réunies et alors que la cause d'irresponsabilité pénale prévue par les textes susvisés s'étend aux *fautes involontaires* commises au cours de l'exécution de l'acte prescrit ou autorisé par la loi ou le règlement, la cour d'appel n'a pas tiré les conséquences légales de ses propres constatations ». On remarque que la chambre criminelle vise les fautes involontaires sans distinguer entre l'imprudence inconsciente et l'imprudence consciente. La jurisprudence *Cousinet* aura probablement bien du mal à se maintenir après ces arrêts. V° cependant, Cass. crim., 17 janv. 2017 n° 15-86481, *Droit pénal* 2017, comm.54, note Conte Ph ; *Gaz. Pal.*, 25 avr. 2017, p. 43, note Dreyer E. qui en réponse à l'argument du pourvoi qui présentait la défense comme un acte involontaire prend soin de relever que l'acte en question était constitutif de « violences volontaires ».

20. V. Colmar, 24 janv. 1980 : Gaz. Pal. 1980.2. 579 – Cass. crim., 5 juin 1984 : Bull. crim., n° 209.

21. Req., 25 mars 1902, S. 1903.1.5 (la Cour de cassation admet la légitime défense dans le cas de blessures graves causées, par un détonateur disposé près d'un étang, à un braconnier venu y pêcher ; mais il s'agissait de statuer sur un recours civil.) – T. corr. Toulouse, 8 oct. 1969 : D. 1970, p. 315, note Cédiér. (les juges refusent la légitime défense du propriétaire d'un poulailler contre les visites nocturnes de maraudeurs, alors qu'il n'habite pas la maison attenante) – Reims, 9 nov. 1978 : JCP 79.II. 19045, note Bouzat P. (la légitime défense n'est pas admise au bénéfice d'un garagiste plusieurs fois cambriolé et ayant installé un transistor piégé dans son garage ; toutefois, apres être parvenu à faire juger l'affaire en Cour d'assises, le garagiste fut acquitté.) – Cass. crim., 15 oct. 1980 : Bull. crim., n° 261 (légitime défense refusée au propriétaire d'une bergerie piégée qui n'est pas une dépendance d'un lieu habité).

défense. Elle retenait alors soit la qualification de coups et blessures ayant entraîné la mort sans intention de la donner, soit de coups et blessures volontaires.

289. Le Code pénal actuel reconnaît désormais la légitime défense des biens, mais à des conditions très strictes : selon l'article 122-5, alinéa 2 : « N'est pas pénalement responsable la personne qui, *pour interrompre l'exécution* d'un crime ou d'un délit contre un bien, accomplit un acte de défense, *autre qu'un homicide volontaire*, lorsque cet acte est *strictement*[22] nécessaire au but poursuivi dès lors que les moyens employés sont proportionnés à la gravité de l'infraction. » Ce texte appelle les observations suivantes :

Exiger que la défense intervienne pour interrompre l'exécution d'un crime ou d'un délit, c'est exiger que la réaction se manifeste pendant le vol ; mais on doit admettre le piège installé préventivement s'il se déclenche au cours de l'action criminelle.

Exiger que cette défense ne soit pas un homicide volontaire et qu'elle soit strictement nécessaire, c'est d'abord imposer une proportion entre l'attaque et ce qu'on peut accepter au titre de la défense quand n'est en péril que le patrimoine. Il ne peut y avoir d'équivalence entre la protection de la personne et celle d'un bien. Les pièges mortels sont interdits. C'est ensuite attirer l'attention du juge sur son devoir d'apprécier cette proportion avec une très grande rigueur.

Pour ce qui concerne les dangers visant la personne, il peut s'agir d'un danger d'ordre physique (mise en péril de la vie ou de l'intégrité corporelle) voire d'ordre moral si l'on pense par exemple à une agression visant l'honneur de la victime.

B. Les conditions de la légitime défense

290. Il résulte de l'article 122-5 qu'il faut une agression, qui va légitimer un acte de défense constitutif d'une infraction. Ces conditions tiennent donc d'une part à l'agression, d'autre part à la défense.

1. Conditions relatives à l'agression

a. Agression actuelle

291. Première condition : l'agression doit être actuelle[23], c'est-à-dire qu'elle doit être présente ou imminente. Si l'attaque appartenait au passé, il ne s'agirait plus de défense, mais de vengeance[24]. Si elle était future, la personne menacée aurait le temps de s'y soustraire ou de prévenir la police.

22. Cet adverbe ne figure pas dans l'alinéa 1 du même article, consacré à la légitime défense de soi-même ou d'autrui.

23. CA Nancy, 9 mars 1979 : Gaz. Pal. 1979, p. 655, note P. L. G – Cass. crim., 6 mai 2014, n° 14-81285.

24. Cass. crim., 18 juin 2014, n° 14-82339.

Mais que se passe-t-il en présence d'une *agression apparente* comme l'utilisation d'une arme non chargée ? La Cour de cassation admet, en de telles hypothèses, l'application de la légitime défense. Par exemple, un père voit un individu, qu'il prend pour un malfaiteur masqué, en réalité agissant par jeu, brandir un revolver dans la direction de son fils, et tire un coup de feu dans sa direction : la légitime défense a été admise[25]. Cette solution se justifie par l'idée de légitime défense « putative », se rattachant à la théorie de l'apparence : on doit comprendre qu'une personne puisse s'en tenir à l'apparence de l'agression, sans avoir à s'interroger sur la véritable intention de l'agresseur. La croyance à la réalité de l'agression légitime l'acte de défense. En revanche, si l'absence de danger est évidente il faudra refuser toute justification.

b. Agression injuste

292. Seconde condition : l'agression doit être « injuste » objectivement.

1° Cette condition ne sera pas remplie en cas de coups portés à un agent de police par celui qui est interpellé ; une telle violence constituerait au contraire le délit de rébellion (C. pén., art. 433-6). Il en est ainsi même si l'arrestation est injustifiée (le suspect étant innocent) ou si l'agent procède illégalement, car il n'appartient pas à un particulier de vérifier la légitimité des pouvoirs d'une autorité. Il faut réserver, toutefois, le cas de l'illégalité manifeste, si l'agent de police commet une infraction au cours de l'arrestation[26].

2° De même, il n'y a pas agression injuste si l'auteur des violences s'est exposé volontairement à l'agression.

3° Enfin, la question se pose de savoir si l'on peut légitimement se défendre contre une agression dont l'auteur est excusable ? En d'autres termes, l'agression excusable est-elle injuste ? Par exemple, avant la loi de 1975 qui a supprimé le délit pénal d'adultère, le mari qui surprenait sa femme en flagrant délit d'adultère au domicile conjugal bénéficiait d'une excuse de provocation. *Quid* si le complice (l'amant) ripostait ? Cette riposte pouvait-elle être justifiée par la légitime défense ? On l'admettait, au motif que l'agression commise par le mari, pour excusable qu'elle fût, n'en était pas moins injuste (l'excuse n'effaçait pas le caractère délictueux de l'acte, mais en atténuait seulement la gravité). Par suite, les actes délictueux commis en défense se trouvaient justifiés. La solution peut être étendue à l'acte commis par un mineur ou une personne atteinte de troubles psychiques, parce que ces circonstances personnelles n'empêchent pas le caractère injuste de l'agression. Au regard

25. Cass. crim., 14 févr. 1957 : Bull. crim., n° 155. Dans le même sens, Cass. crim., 8 juill. 2015, n° 15-81986 : Dr. pén. 2015, comm. 138, note Conte Ph.

26. À l'origine, quand le tiers résistait avec violence à l'acte illégal, il commettait le crime ou le délit de rébellion (C. pén., anciens art. 209 et s.). Des décisions de cours d'appel ont voulu, cependant, consacrer un certain droit à la résistance : Reims, 18 mars 1984 : RSC 1985, p. 69 – Paris, 21 févr. 1994 : dans cette dernière affaire, les magistrats avaient tenté d'introduire la notion de « rébellion légitime » pour justifier les coups portés par une personne à un agent de police qui procédait à son encontre à un contrôle d'identité irrégulier. Mais la chambre criminelle a refusé d'entrer dans cette voie : Cass. crim., 7 févr. 1995 : Dr. pén. 1995, n° 156, note Maron A.

de la légitime défense, c'est donc le caractère *objectivement illicite* de l'agression qui compte.

2. Conditions relatives à la défense

a. Défense nécessaire

293. Tout d'abord, la défense doit être *nécessaire*. Il ne doit pas exister d'autres moyens de se soustraire aux conséquences de l'agression par exemple en quittant les lieux ou en avertissant les autorités compétentes. Le caractère de nécessité de la défense, expressément prévu par le texte, est d'ailleurs le corollaire du caractère actuel de l'attaque[27].

Toutefois, on tient compte de la *qualité des personnes*. La nécessité de la légitime défense sera plus difficilement admise s'il s'agit d'un homicide commis par un fils sur la personne de son père[28] ou s'il s'agit de blessures graves causées par un adulte à un enfant qui l'avait attaqué.

b. Défense proportionnée

294. Ensuite, elle doit être *proportionnée* à l'attaque. Cette condition, qui était posée par la jurisprudence, est aujourd'hui prévue par le Code pénal. La défense doit être adaptée : on n'est pas justifié à tuer l'auteur d'une simple gifle[29]. On rappellera à cet égard que cette condition est appréciée avec sévérité dans le cas de la légitime défense des biens.

Mais exiger que la défense soit mesurée ne signifie pas que le mal infligé par celui qui se défend ne puisse pas être plus grave que celui qui aurait dû l'atteindre à défaut de riposte. Ainsi, l'homicide par une femme, de l'homme qui tentait de la violer pourrait constituer un cas de légitime défense[30].

27. Cass. crim., 23 févr. 2010, n° 09-84220 – 18 mai 2010 n° 09-85559 – 24 févr. 2015, n° 14-80222 – 30 mai 2017, n° 16-82470 – 9 janv. 2018, n° 1 6-86552, *RSC* 2018, p. 87, note Mayaud Y.

28. Argument autrefois tiré de l'ancien art. 324, du Code pénal, qui déclarait inexcusable le parricide.

29. Paris, 12 oct. 1999 : Dr. pén. 2000 comm. n° 29, note Véron M. : le bénéfice de la légitime défense a été refusé à celui qui riposte par des coups de bâton à une agression au gaz lacrymogène en raison de la gravité des blessures infligées aux victimes – Cass. crim., 7 déc. 1999 : Bull. crim., n° 292 ; RSC 2000.602, obs. Bouloc B. : la légitime défense ne peut être invoquée par une personne qui, après avoir tenté d'appréhender deux individus ayant escaladé la clôture de son terrain, les arrête en tirant sur eux des coups de feu, les frappe à coups de crosse et les attache à un arbre – Cass. crim., 11 oct. 1994 : Dr. pén. 1995, comm. n° 37, note Véron M. ; dans le même sens, Cass. crim., 22 sept. 2009, inédit, n° 08-87859 – Cass. crim., 6 juin 2012, inédit, n° 11-86809 (espèces dans lesquelles la défense a également été jugée disproportionnée). En revanche, la légitime défense a été admise dans le cas d'un commerçant ayant tiré un coup de feu en direction d'un voleur qui escaladait de nuit le balcon de sa maison, le blessant à la jambe – Dans le même sens, Cass. crim., 21 févr. 1996 : Bull. crim., n° 84 – 21 oct. 2014, n° 13-88445 – 24 févr. 2015, préc. – 7 nov. 2017, n° 16-83.202 (caractère disproportionné de la défense) – 30 janv. 2018, n° 17-81706, *Gaz. Pal.* 30 avr. 2018, p.53, note Detraz S.

30. V° à propos d'une altercation entre deux automobilistes, Cass.crim., 17 janv. 2017, préc. : le résultat de l'action de défense importe peu selon les juges de cassation, solution qui ne fait pas l'unanimité comme on le constatera avec les notes indiquées sous l'arrêt.

C. La preuve de la légitime défense

295. Le principe est clair : c'est à celui qui prétend s'être trouvé en état de légitime défense de le prouver de manière certaine. En cas de doute, le juge ne saurait accorder le bénéfice de la légitime défense[31]. Cependant, la loi a prévu deux cas où l'auteur de l'infraction est dispensé de faire cette preuve. Il sera présumé en état de légitime défense, ce qui déplace le problème sur le terrain de la force de ces présomptions.

1. Les présomptions de légitime défense

a. L'ancien article 329

296. Sous l'empire du Code pénal de 1810 (art. 329), la légitime défense était présumée dans deux hypothèses :

1° La première était l'homicide commis, les blessures faites ou les coups portés en repoussant *pendant la nuit* l'escalade ou l'effraction des clôtures, murs ou entrées d'une maison ou d'un appartement habité ou de leurs dépendances[32]. Il ne fallait pas prendre l'expression « en repoussant... l'escalade... » à la lettre : la présomption de légitime défense s'appliquait *a fortiori* si l'escalade ou l'effraction avait réussi et même si l'escalade ou l'effraction avait eu lieu de jour, dès lors que l'intrus se trouvait encore dans la maison habitée pendant la nuit. Enfin, on était considéré comme « repoussant l'escalade » pendant tout le temps où l'on se trouvait en présence de l'intrus, tant que ce dernier n'était pas mis hors d'état de nuire.

2° La seconde visait le cas de l'infraction commise en se défendant contre les auteurs de vols ou pillages exécutés avec violence.

b. L'actuel article 122-6

297. Dans l'actuel article 122-6 du Code pénal, les deux hypothèses ci-dessus sont reprises, mais la formulation est simplifiée et complétée. Aux termes de ce texte : « Est présumé avoir agi en état de légitime défense celui qui accomplit l'acte :

- pour repousser, de nuit, l'entrée par effraction, violence ou ruse dans un lieu habité ;
- pour se défendre contre les auteurs de vols ou de pillages exécutés avec violence. »

Dans le premier cas, la référence aux dépendances et aux clôtures est supprimée. En revanche, il est ajouté la *ruse*, ce qui permettra de tenir compte de comportements consistant à profiter de l'ouverture d'une fenêtre par grande chaleur, ou à sonner simplement à la porte pour s'introduire dans la maison.

31. Cass. crim., 23 mars 1987 : Bull. crim., n° 134.

32. Cass. crim., 15 oct. 1980, préc.

2. La force des présomptions

298. Il faut d'abord noter que ces présomptions aboutissent à un *déplacement de la preuve*, car, pour être présumé en état de légitime défense, l'intéressé n'en devra pas moins établir l'une ou l'autre des circonstances prévues par l'article 122-6.

Ce point étant précisé, une question importante a divisé la doctrine et la jurisprudence : les présomptions prévues par l'article 122-6 (et par l'ancien article 329) ont-elles ou non un caractère irréfragable ? On rappellera les termes de la discussion.

a. La doctrine

299. Pour certains auteurs, l'ancien article 329 posait des présomptions irréfragables, notamment pour ce qu'il en est de la première hypothèse. Historiquement, d'ailleurs, le droit romain autorisait la mise à mort du voleur nocturne. Cependant cette solution, fondée sur l'histoire, est apparue choquante à l'époque contemporaine.

Il est en effet parfaitement concevable que celui qui se prévaut de la légitime défense savait au moment de la prétendue agression, que son intégrité physique ou celle d'autrui n'était pas en péril : bien qu'escaladant de nuit la façade d'une habitation, l'agresseur peut n'être animé que d'une intention pacifique à l'égard de ses occupants, ce que n'ignorait pas celui qui, posté à une fenêtre, a tiré en direction de visiteur nocturne. La présomption doit dans ce cas être simple. En revanche, dans l'hypothèse du vol avec violence ou du pillage, le caractère irréfragable de la présomption ne suscite aucune discussion.

b. La jurisprudence

300. Pendant une première période, la jurisprudence a consacré la thèse de la présomption irréfragable. Ainsi, la Cour de cassation approuvait l'application de l'ancien article 329 au profit du mari qui avait tué délibérément l'amant de sa femme à l'occasion de visites nocturnes[33] : l'honneur conjugal était sauf ! Elle déclarait également justifié par la légitime défense l'acte d'un propriétaire ayant fait placer des explosifs à proximité d'un étang compris dans son domaine, en vue de repousser les voleurs de poissons, et qui avait ainsi causé de graves dommages à un intrus nocturne[34] : la propriété était sauve !

Aujourd'hui, la jurisprudence consacre la thèse de la présomption simple. Selon la Cour de cassation[35], la présomption légale de l'article 329 (devenu 122-6) « loin de présenter un caractère absolu et irréfragable est susceptible de céder devant la preuve contraire ; que le texte dont il s'agit ne

33. Cass. crim., 11 juill. 1844, S. 44.1.777.

34. Req. 25 mars 1902, S. 1903.1.5.

35. Cass. crim., 19 févr. 1959 : D. 59, p. 161, note MRMP. V. aussi Cass. crim., 12 oct. 1993 : Gaz. Pal. 4 et 5 févr. 1994, p. 27, note Doucet J.-P. – 13 déc. 2011, inédit, n° 10-88699.

saurait justifier des actes de violence lorsqu'il est démontré qu'ils ont été commis en dehors d'un cas de nécessité actuelle et en l'absence d'un danger grave et imminent dont le propriétaire ou les habitants de la maison aient pu se croire menacés dans leurs personnes ou leurs biens ».

c. Le Code pénal

301. Il dispose aujourd'hui, en son article 122-6 : « Est présumé avoir agi en état de légitime défense celui qui accomplit l'acte [...] ». À défaut de précision, on doit admettre qu'il ne s'agit que d'une présomption simple.

§2. L'ordre ou l'autorisation de la loi ou du règlement, et le commandement de l'autorité légitime

302. Le nom de ce second fait justificatif résulte de l'ancien article 327 du Code pénal : « Il n'y a ni crime, ni délit lorsque l'homicide, les blessures et les coups étaient ordonnés par la loi et commandés par l'autorité légitime. » Ce texte a été repris dans l'actuel article 122-4, mais à un nouvel emplacement (le fait justificatif n'est plus lié aux homicides, blessures et coups) et avec une nouvelle formulation (comme pour la légitime défense). En outre, le nouveau texte prévoit l'ordre, non seulement de la loi, mais aussi du règlement :

Art. 122-4, al. 1 : « N'est pas pénalement responsable la personne qui accomplit un acte prescrit ou autorisé par des dispositions législatives ou réglementaires. »

Art. 122-4, al. 2 : « N'est pas pénalement responsable la personne qui accomplit un acte commandé par l'autorité légitime, sauf si cet acte est manifestement illégal. ».

La loi du 3 juin 2016 renforçant la lutte contre le crime organisé, le terrorisme et leur financement et améliorant l'efficacité et les garanties de la procédure pénale avait ajouté un article 122-4-1 à destination des forces de police : « N'est pas pénalement responsable le fonctionnaire de la police nationale, le militaire de la gendarmerie nationale, le militaire déployé sur le territoire national dans le cadre des réquisitions prévues à l'article L. 1321-1 du code de la défense ou l'agent des douanes, qui fait un *usage absolument nécessaire* et *strictement proportionné* de son arme dans le but exclusif d'empêcher la réitération, dans un temps rapproché, d'un ou plusieurs meurtres ou tentatives de meurtre venant à être commis, lorsque l'agent a des raisons réelles et objectives d'estimer que cette réitération est probable au regard des informations dont il dispose au moment où il fait usage de son arme ». Ce texte prévoyait ainsi un cas de légitime défense propre aux fonctionnaires et militaires agissant dans certains cas. La loi n° 2017-258 du 28 février 2017 préfère transférer ce texte dans le Code de la sécurité intérieure (art. L.435-1), non sans en modifier la teneur, et abroge par conséquent cet article 122-4-1 du Code pénal. Outre le fait de procéder à une modification de forme (usage de l'arme « en cas d'absolue nécessité et de manière strictement proportionnée »), le nouveau texte élargit les cas où les forces de l'ordre peuvent faire usage de leurs armes : par exemple en cas d'atteinte à leur vie ou celle d'autrui ou bien encore pour défendre certains lieux ou pour contraindre à s'arrêter une personne qui fuit et qui pourrait perpétrer dans leur fuite des atteintes à leur vie ou à leur intégrité physique ou à celles d'autrui. Il faudra au préalable dans ces deux derniers cas deux sommations préalables faites à haute voix. Les fonctionnaires des douanes disposent de la même autorisation (C. douanes art. 56)[36].

À première vue, la chose est déconcertante. Comment la loi et les supérieurs hiérarchiques peuvent-ils avoir à ordonner de tuer, de blesser ? En fait, les cas d'application sont nombreux parce que l'infraction ainsi justifiée constitue l'accomplissement d'un *acte de la fonction*, d'un *devoir* professionnel ou de famille. Ainsi, le soldat qui tire sur l'ennemi ; le chirurgien qui porte son bistouri sur le corps du patient ; le boxeur qui frappe du poing son adversaire ; le père qui corrige son enfant ; le policier qui tire sur un malfaiteur et le blesse ou le tue... Toutes ces personnes agissent ainsi, soit sur l'ordre de la loi ou avec l'autorisation implicite de celle-ci, soit parce que leur acte est commandé par l'autorité dont elles dépendent.

A. La prescription ou l'autorisation par des dispositions législatives ou réglementaires

303. Il faut bien comprendre qu'en ajoutant le règlement à la loi, le Code pénal n'entend pas admettre qu'un règlement puisse autoriser ce qu'une loi interdit. Ce serait porter atteinte à la hiérarchie des normes[37]. Mais il est possible qu'une autorisation donnée par un règlement justifie la commission d'une contravention ; de même qu'un règlement peut permettre une infraction, quelle qu'elle soit, s'il se borne à mettre en application une disposition législative[38].

1. La prescription du texte

304. La personne justifiée agit parfois sur l'ordre direct de la loi, sans l'intermédiaire d'aucune autorité supérieure. Ex. :

- le médecin qui doit faire la déclaration d'une maladie contagieuse, par application de l'article 11 du Code de la santé publique, en violation du

36. CEDH 7 juin 2018, *aff. Toubache c/France*, n° 19510/15 : la cour condamne la France car, en l'espèce, le gendarme avait fait usage son arme sans absolue nécessité ni de manière strictement proportionnée. Elle relève toutefois que le droit français a été modifié depuis cette affaire. À rapprocher de Cass. crim., 9 janv. 2018, n° 16-86552 préc.,

37. C'est le sens de la circulaire d'application du 14 mai 1993, § 35, qui ne modifie pas la solution antérieurement admise : « En toute hypothèse, l'ordre du règlement ne peut justifier la commission d'une infraction si le texte réglementaire est illégal ».

38. C'est le cas du médecin tenu de déclarer les maladies contagieuses en violation de son obligation légale au secret professionnel mais en conformité avec le décret du 10 juin 1986 établissant la liste des maladies en question, décret pris pour l'application de l'article 11 du Code de la santé publique.

secret professionnel auquel il est astreint par l'article 226-13 du Code pénal ;
- la personne qui informe, par application de l'article 226-14, 1°, du Code pénal, les autorités judiciaires, médicales ou administratives de sévices ou privations dont elle a eu connaissance et qui ont été infligés à un mineur de quinze ans ou à une personne vulnérable ;
- le médecin qui, avec l'accord de la victime, porte à la connaissance du procureur de la République, par application de l'article 226-14, 2°, du Code pénal, les sévices qu'il a constatés dans l'exercice de sa profession et qui lui permettent de présumer que des violences sexuelles de toute nature ont été commises.
- De manière originale, l'ordre de la loi a été invoqué en réponse à des poursuites pour diffamation exercées par le maire à l'encontre d'un contribuable accusant l'élu d'avoir commis un délit d'initié. L'initiative du contribuable se fondait sur l'article L. 2132-5 du Code général des collectivités territoriales. Ce texte autorise, en effet, tout contribuable à exercer, en demande ou en défense, à ses frais et risques, avec l'autorisation du tribunal administratif, les actions qu'il croit appartenir à la commune et que celle-ci, préalablement appelée à en délibérer, a refusé ou négligé d'exercer. La Cour de cassation considère que l'ordre de la loi efface la diffamation en ces termes : « Le prévenu est obligé par la loi d'énoncer les motifs de sa démarche, de justifier le bien-fondé de l'action en justice qu'il requérait et de mettre les organes de la commune à même de se prononcer ». Cette formalité préalable, ajoute la cour, résulte d'une prescription de la loi[39].

2. L'autorisation du texte

305. Dans certains cas, l'ordre de la loi n'est pas apparent. En réalité, plutôt que d'une injonction formelle, il s'agit d'une permission de la loi qui laisse à celui qui agit une marge d'appréciation, la liberté d'accomplir ou non l'acte qui constituerait normalement l'infraction.

Ces dispositions permissives peuvent être de nature pénale ou non pénale.

Quand il s'agit de dispositions de nature pénale, il n'y aura guère de difficulté à admettre la justification de l'acte :
- Aux termes de l'article 73 alinéa 1 du Code de procédure pénale : « Dans les cas de crime flagrant ou de délit flagrant puni d'une peine d'emprisonnement, toute personne a qualité pour en appréhender l'auteur et le conduire devant l'officier de police judiciaire le plus proche ». Le crime d'arrestation illégale (C. pén., art. 224-1) se trouve, dans ces circonstances, justifié.
- L'interruption volontaire de grossesse est autorisée pendant les douze premières semaines, avec l'intervention d'un médecin et dans un établissement agréé.

39. Cass. crim., 27 mai 2015, n° 14-83061 : D. 2015, p. 1583, note Serinet A.

- Selon l'article 35 de la loi du 29 juillet 1881 sur la liberté de la presse, la personne poursuivie du chef de diffamation échappe à la répression si elle prouve la vérité des faits diffamatoires. L'*exceptio veritatis* permet donc à une personne de porter atteinte à l'honneur d'un tiers si elle dit la vérité[40].
- Les discriminations incriminées par l'article 225-1 du Code pénal sont justifiées si elles sont commises dans les conditions prévues par l'article 225-3. Par exemple, l'employeur qui n'embauche que des femmes – commettant ainsi une discrimination fondée sur le sexe – n'encourt aucune responsabilité si les emplois proposés, par leur nature, ne peuvent être occupés que par des femmes.
- L'article 521-1 du Code pénal réprime les actes de cruauté envers les animaux domestiques ou apprivoisés ou tenus en captivité, mais l'autorise pour les courses de taureaux ou les combats de coqs lorsque les actes sont commis par application d'une « tradition locale ininterrompue », expression jugée curieusement non équivoque par le Conseil constitutionnel[41].
- Dernièrement l'article 122-9 du Code pénal, ajouté par la loi n° 2016-1691 du 9 décembre 2016 relative à la transparence, à la lutte contre la corruption et à la modernisation de la vie économique, prévoit une protection pour les lanceurs d'alerte : « n'est pas pénalement responsable celui qui porte atteinte à un secret protégé par la loi, dès lors que cette divulgation est nécessaire et proportionnée à la sauvegarde des intérêts en cause, qu'elle intervient dans le respect des procédures de signalement définies par la loi et que la personne répond aux critères de définition du lanceur d'alerte prévu à l'article 6 de la loi du 9 décembre 2016. »[42]

Quand il s'agit de dispositions non pénales, la question est plus complexe.

Pour les *lois civiles*, la justification est parfois admise : comme la correction infligée sans excès par les parents sur leurs enfants, contenue dans les prérogatives de l'autorité parentale, ou les actes médicaux pratiqués sur les patients. Parfois elle est refusée : le créancier impayé ne saurait s'emparer d'une somme d'argent du montant de sa créance appartenant à son débiteur sans commettre un vol.

Dans un autre domaine, celui de l'abattage des animaux, il existe une réglementation précise dans le Code rural afin de limiter les souffrances de l'animal avant sa mise à mort ; ainsi l'étourdissement est obligatoire. L'inobservation de cette condition fait l'objet d'une contravention de quatrième classe. Toutefois, il y a une exception : le cas de l'abattage rituel. L'application de la loi pénale dépend donc de la compatibilité ou non de l'étourdissement avec une pratique religieuse. Tout est une question d'interprétation, et ce

40. Cette preuve n'est cependant pas autorisée lorsque l'imputation concerne la vie privée, se réfère à des faits remontant à plus de dix ans, ou se réfère à un fait constituant une infraction amnistiée, prescrite, ou ayant donné lieu à une condamnation effacée par réhabilitation ou révision (même texte).

41. Cons. const., 21 sept. 2012, n° 2012-271 QPC.

42. V° « La loi « SAPIN II » à hauteur des enjeux ? », *AJ Pén.* 2017.61.

seront des non-juristes qui diront si la loi pénale est applicable ou pas. C'est le même paradoxe en matière d'expérimentation animale. Un décret du 1er février 2013 n'autorise l'expérimentation animale que si elle revêt un caractère de stricte nécessité et ne peut être remplacée par d'autres méthodes susceptibles d'apporter le même niveau d'information. Quand elles sont licites, ces pratiques sont soumises à une réglementation précise. Toute souffrance doit être évitée et les méthodes de mise à mort ne sont pas librement choisies. La violation de ces dispositions fait l'objet d'un délit (art. 521-2 C. pén.) puni des peines de l'article 521-1. Le législateur marginalise donc l'expérimentation animale, mais la rend licite par la même occasion en la réglementant ! La loi comprend à la fois la règle et le moyen de l'écarter.

Pour les *dispositions administratives,* il est de principe que l'autorisation donnée par des services administratifs ou la tolérance de ces mêmes services, tacite ou résultant d'une circulaire, ne peuvent être invoquées à titre de fait justificatif[43].

306. Le fait justificatif résultant de l'ordre de la loi est cependant subordonné à une condition : il faut que l'acte constitue l'*exercice normal et régulier* de la profession ou de la fonction de l'agent. Il n'en va pas ainsi :
- du boxeur qui porte à son adversaire un « coup bas » ;
- du policier qui blesse ou tue un malfaiteur (hors le cas de légitime défense) si l'usage de l'arme n'est pas absolument nécessaire, selon la Cour de cassation.[44] ; le nouvel article 122-4-1, issu de la loi du 3 juin 2016, s'inscrit d'ailleurs dans ce courant jurisprudentiel en posant des conditions très précises pour invoquer le fait justificatif tenant à l'usage de l'arme (usage *absolument* nécessaire et *strictement* proportionné de l'arme dans le but *exclusif* d'empêcher la réitération du meurtre ou de sa tentative dont la probabilité tient, chez l'agent, à des raisons *réelles et objectives* au moment où il fait usage de son arme). Il reste à savoir si l'agent sera en mesure de se livrer à une telle analyse « au regard des informations dont il dispose au moment où il fait usage de son arme » pour reprendre la lettre du texte. Compte tenu de l'enjeu, l'interprétation judiciaire de l'article 122-4-1 sera une fois de plus salutaire.
- du père qui dépasse les limites de son droit de correction ;
- du chirurgien, qui encourt une responsabilité civile et pénale s'il commet une faute grossière (oublier un instrument dans le corps du

43. Cass. crim., 2 oct. 2002, inédit, n° 01-85794 : « Dès lors qu'une simple tolérance administrative ne saurait déroger à la réglementation ou constituer un droit au profit du prévenu, la cour d'appel a justifié sa décision » ; il restera au prévenu à tenter de se placer sur le terrain de l'erreur de droit, ce qui sera très difficile.

44. Cass. crim., 18 févr. 2003, n° 02-80095 : Bull. crim., n° 41 ; Dr. pén. 2003, comm. n° 57, note Véron M. – 12 mars 2013, n° 12-82683 : Bull. crim., n° 63 ; Dr. pén. 2013, comm., n° 88, note Véron M. – 21 oct. 2014, n° 13-85519 : Dr. pén. 2014, comm. 146, note Véron M. Ces arrêts posent des conditions plus précises que celle qui résultaient de Cass. crim., 5 janv. 2000 : *D.* 2000, p. 780, note de Lamy B. ; *RSC* 2000.606, obs. Mayaud Y. ; *ibid.* 817, obs. Bouloc B. (la chambre criminelle considère que l'ordre de la loi – en l'occurrence l'article 174 du décret du 20 mai 1903 devenu l'article L. 2338-3 du Code de la défense – exonère le gendarme qui fait usage de son arme pour immobiliser un véhicule en fuite et tue, par imprudence, le conducteur).

patient, détourner son intervention de son but normal en pratiquant une opération expérimentale)[45].

B. Le commandement de l'autorité légitime

307. Il faut d'abord que l'ordre émane d'une autorité publique[46] régulière, au moins en apparence. Il faut ensuite que l'acte soit lui-même ordonné, ou du moins autorisé, par la loi.

Mais que se passe-t-il quand cette permission de la loi fait complètement défaut, et que cependant une autorité légitime a commandé l'acte ? C'est la question du *commandement illégal.* Le commandement non conforme à la loi engage la responsabilité de son auteur, mais constitue-t-il un fait justificatif pour le subordonné ? Le problème a donné lieu à plusieurs théories :

1. Théorie de l'« obéissance passive »

308. Elle a été formulée principalement pour les militaires, mais elle est valable également pour tout subordonné, l'autorité ne s'accommodant pas de la discussion des ordres donnés. Cette thèse conduit à admettre la justification complète de celui qui a obéi à l'ordre illégal. Elle a été le moyen de défense essentiel des criminels de guerre lors du procès de Nuremberg. De même, elle a été invoquée en défense dans les affaires de crimes contre l'humanité (Barbie, Touvier).

2. Théorie dite des « baïonnettes intelligentes »

309. Selon cette théorie, le subordonné, même militaire, doit exercer un contrôle sur l'ordre qu'il reçoit, et ne pas l'exécuter s'il est contraire à l'humanité.

3. La distinction selon l'apparence de légalité

310. C'est une théorie intermédiaire : il y aurait lieu de distinguer selon que le commandement reçu a au moins l'apparence de la légalité (auquel cas le subordonné bénéficie du fait justificatif, même si en réalité l'ordre n'est pas conforme à la loi), ou que l'illégalité est manifeste : dans ce cas, l'ordre des supérieurs ne devrait pas être exécuté. S'il l'est néanmoins, l'infraction ne sera pas justifiée.

C'est à cette théorie que se réfère l'actuel article 122-4, alinéa 2, du Code pénal, en disposant que l'acte commandé par l'autorité légitime est justifié sauf s'il est manifestement illégal[47]. Le fonctionnaire doit donc se montrer

45. Cass. crim., 9 nov. 1961 : JCP 62.II.12777, note Savatier R. : chirurgien-dentiste condamné pour coups et blessures volontaires, pour avoir arraché la prothèse à un client qui ne lui avait pas réglé ses honoraires !

46. L'ordre donné par une autorité privée n'est jamais une cause d'irresponsabilité : Cass. crim., 13 mars 1997 : Bull. crim., n° 107 ; RSC 1997. 828, obs. Bouloc B. – 26 juin 2002 : D. 2003, somm. 172, obs. Ségond M. Un administrateur judiciaire n'est pas considéré comme une autorité légitime au sens de l'article 122-4 : Cass. crim., 20 avr. 2017, n° 16-80.808, *Gaz. Pal.*, 18 juill. 2017, p. 52, note Détraz S.

47. V. déjà en ce sens implicitement, Cass. crim., 22 mai 1959, *Brunel, Cornevaux et autres* : Bull. crim. n° 264 ; sur cet arrêt, Pradel J. et Varinard A., *op. cit.* n° 20. – 12 oct. 1993 : D. 1994, p. 129, note Mayer D. ;

vigilant, vis-à-vis de son supérieur, sa responsabilité étant appréciée par application d'un critère subjectif tenant compte de ses connaissances et de sa place dans la hiérarchie. D'autres dispositions font état également de l'illégalité manifeste : l'article D. 4122-3 du Code de la défense précise en effet expressément que le subordonné est tenu de ne pas exécuter un ordre manifestement illégal ou contraire aux coutumes de la guerre et aux conventions internationales. De même, l'article 432-6 du Code pénal incrimine le fait, par un agent de l'administration pénitentiaire, « de recevoir ou retenir une personne sans mandat, jugement ou ordre d'écrou établi conformément à la loi ». Ces fonctionnaires sont, par conséquent, tenus de contrôler la légalité apparente des ordres d'incarcération qui leur sont adressés et de vérifier que le mandat est bien signé par le juge, faute de quoi ils seront tenus pour responsables.

311. Il ne faut pas oublier non plus d'évoquer le problème des lois contraires aux droits de l'homme, l'ordre étant conforme à la loi. Ainsi l'ordonnance du 28 août 1944 (art. 3) relative à la répression des crimes de guerre a refusé de considérer comme faits justificatifs, « les lois, décrets ou règlements émanant de l'autorité ennemie, les ordres ou autorisations donnés par cette autorité ou par les autorités qui en dépendent ou qui en ont dépendu ». Les ordres émanant du gouvernement de Vichy ne purent tout au plus que constituer une circonstance ou une excuse absolutoire. Ces dispositions ont inspiré la rédaction de l'actuel article 213-4 du Code pénal, ainsi libellé : « L'auteur ou le complice d'un crime visé par le présent titre *(crime contre l'humanité)* ne peut être exonéré de sa responsabilité du seul fait qu'il a accompli un acte prescrit ou autorisé par des dispositions législatives ou réglementaires ou un acte commandé par l'autorité légitime. Toutefois, la juridiction tient compte de cette circonstance lorsqu'elle détermine la peine et en fixe le montant. »

Si le fait justificatif ne peut être retenu, l'auteur de l'infraction pourra du moins encore invoquer une cause subjective de non-imputabilité : la contrainte prévue à l'article 122-2 du Code pénal.

§3. L'état de nécessité

312. Il y a état de nécessité quand la commission de l'infraction est le seul moyen d'éviter un dommage plus grave que celui qui risque d'être causé par cette infraction.

Il ne faut pas confondre l'état de nécessité avec la légitime défense. Ils se ressemblent en ce que, dans les deux cas, il s'agit d'éviter un mal plus grand que celui que l'on cause. Mais ils diffèrent en ce que l'état de nécessité

plus récemment : Cass. crim., 13 oct. 2004 : Dr. pén. 2005, comm. n° 2, note Véron M. (à propos de l'affaire dite *des paillotes*). 30 sept. 2008, n° 07-82249 : Bull. crim., n° 197 – 27 oct. 2015, n° 14-84952 : Gaz. Pal. 26 janv. 2016, p. 50, note Détraz S. Dans ce dernier arrêt, la chambre criminelle considère, en présence d'un ordre non manifestement illégal, que l'autorité légitime en cause – en l'espèce un commissaire de police – engage sa responsabilité pénale pour des faits susceptibles de constituer des atteintes involontaires à l'intégrité d'autrui commis par ses subordonnés – ici des brigadiers agissant sous ses ordres.

consiste à se défendre, non contre l'agression d'une autre personne, mais contre un mal provenant de circonstances extérieures. Même si le danger couru a des causes sociales, on ne se trouve pas en présence d'une violence personnelle et directe émanant d'autrui.

Les exemples sont nombreux : celui qui vole un pain pour ne pas mourir de faim, le pompier qui fracture une porte ou abat un mur en luttant contre un incendie, le médecin accoucheur qui sacrifie l'enfant pour sauver la vie de la mère. Dans ces deux derniers cas, on notera que celui qui commet l'infraction se livre à son activité professionnelle : aussi pourrait-il également invoquer l'autorisation de la loi. Mais que se passe-t-il pour la mère qui vole de la nourriture pour sauver son enfant ? pour le sans-logis qui prend de force possession d'un logement ?

313. Le Code pénal, avant la réforme de 1992, ne prévoyait pas l'état de nécessité, et sa consécration par la jurisprudence a été assez tardive. Les tribunaux préféraient utiliser d'autres notions, telles que la contrainte ou l'absence d'intention criminelle. En 1898, Paul Magnaud, le « bon juge » de Château-Thierry, avait relaxé une mère qui avait volé un pain pour nourrir son enfant[48]. Mais ce n'est qu'à partir d'une décision du 28 juin 1958 que la Cour de cassation s'est prononcée nettement[49]. Puis, en 1968, le tribunal de Dijon[50] reconnaît l'état de nécessité en faveur d'un père qui installe les portes et les fenêtres de la maison qu'il construisait après refus du permis de construire, pour que sa femme et ses enfants ne souffrent pas du froid. La même année, le tribunal de Coutances[51] juge de même en faveur du conducteur d'un tracteur ayant circulé sans permis régulier, pour assurer le ravitaillement de populations en période de grève de la SNCF.

Le code actuel retient dorénavant l'état de nécessité comme fait justificatif en son article 122-7 ainsi libellé : « N'est pas personnellement responsable la personne qui, face à un danger actuel ou imminent qui menace elle-même, autrui ou un bien, accomplit un acte nécessaire à la sauvegarde de la personne ou du bien, sauf s'il y a disproportion entre les moyens employés et la gravité de la menace. » Les conditions d'application du texte, qui ne sont pas sans s'inspirer de celles de la légitime défense, sont relatives au danger qui menace la personne ou le bien, et au dommage causé en réponse[52].

48. T. corr. Château-Thierry, 4 mars 1898 : S. 1899.2.1.

49. Cass. crim., 28 juin 1958 : D. 1958.693 (*Lesage*) – v. *infra*, n° 316.

50. T. corr. Dijon, 27 févr. 1968 : D. 1968.738.

51. T. corr. Coutances, 22 oct. 1968 : D. 1970.139, note Guigue J. ; JCP 1969. II.15879, note Bouzat P.

52. Pour une illustration des conditions d'ensemble de l'état de nécessité, v° Cass. crim., 7 févr. 2007, n° 06-80108 : D. 2007.573, obs. Darsonville A. ; statuant à propos du fauchage de champs de maïs transgénique, la Cour de cassation rejette le pourvoi formé contre un arrêt de la cour de Toulouse ayant écarté l'argument tiré de l'état de nécessité.

A. Conditions relatives au danger à éviter

1. Danger actuel

314. Le danger à éviter doit être actuel[53] ou du moins imminent. Mais il n'est pas nécessairement un mal physique : il peut être *moral*, affecter par exemple l'éducation d'une jeune fille, comme dans l'affaire jugée par la cour d'appel de Colmar le 6 décembre 1957 : un père en instance de divorce, ayant appris que sa femme, investie de la garde de leur fille adolescente, recevait chez elle des individus à des fins immorales, avait pénétré dans la résidence de son épouse, au mépris de l'ordonnance de non-conciliation lui faisant défense de troubler celle-ci en son habitation, et avait expulsé *manu militari* les deux individus. Les juges du fond ont estimé que la violation du domicile était justifiée par l'état de nécessité, le prévenu ayant agi pour protéger sa fille contre un danger grave[54].

315. L'imminence du péril doit faire l'objet d'une appréciation objective et ne pas dépendre de la seule conception que peut en avoir l'auteur de l'infraction. La question s'est posée récemment dans une affaire qui n'est pas sans rappeler celle jugée en 1898 par le tribunal de Château-Thierry présidé par le juge Magnaud : une mère de famille disposant de peu de ressources avait dérobé à plusieurs reprises dans un supermarché des quantités importantes de nourriture pour satisfaire ses enfants lassés de devoir se contenter toujours des maigres repas qui leur étaient servis. Le tribunal correctionnel de Poitiers avait cru pouvoir retenir l'état de nécessité en considérant que la mère de famille était psychologiquement dans la nécessité de voler cette nourriture. Le jugement a été infirmé parce que, d'une part, les difficultés financières de la prévenue étaient insuffisantes pour caractériser au jour des faits un danger réel et actuel ou imminent menaçant ses enfants, d'autre part, les quantités de nourriture étaient incompatibles avec le seul acte nécessaire à la sauvegarde de la personne menacée au sens de l'article 122-7 du Code pénal. Ce qui compte, c'est l'imminence et le caractère momentané du danger et non l'existence d'une situation de péril prolongée. Pour avoir une chance de correspondre à l'état de nécessité, le vol de nourriture aurait dû ne porter que sur ce qui était indispensable pour survivre[55].

De même, que décider pour l'occupation illicite d'un logement ? Un mari vivait avec sa femme et leur enfant dans un studio de 8 m². Après avoir déposé une demande à la mairie pour obtenir un logement plus grand, le mari décide de forcer la porte d'un appartement inoccupé, propriété d'un office d'HLM. Poursuivi pour dégradation d'un bien appartenant à autrui, il invoque l'état de nécessité. Le tribunal accueille le moyen de défense : « Il

53. Cass. crim., 1er juin 2005, n° 05-80351 : Dr. pén. 2005, comm. n° 121, note Véron M. (en l'espèce le danger invoqué n'était qu'éventuel et ne pouvait justifier l'infraction). 16 févr. 2016, n° 15-82732.

54. D. 1958.357, note Bouzat P. ; Pradel J. et Varinard A., *op. cit.*, n° 24.

55. Poitiers, 11 avr. 1997 : D. 1997.512, note Waxin – JCP 1997.II.22933, note Olive A. Sur cette affaire : Debove F., « La faim ne justifie pas les moyens », Dr. pén., 1998, chron. 4.

s'agit là d'une réaction nécessaire et mesurée au danger réel, actuel et injuste auquel son enfant, sa femme et lui étaient confrontés »[56]. La valeur constitutionnelle du droit au logement, récemment rappelée par le Conseil constitutionnel[57], a probablement influencé une décision qui procède plus par affirmation que par démonstration. En tout cas, le jugement a été pareillement infirmé[58].

2. Mal injuste

316. Le mal doit être injuste : il ne doit pas avoir été causé par la propre faute de celui qui le subit ou le redoute. Dans l'affaire *Lesage*[59], l'automobiliste, auteur d'une collision ayant causé de graves blessures aux occupants de l'autre voiture, invoquait pour sa défense l'état de nécessité en soutenant que, s'il avait fait une fausse manœuvre (il s'était déporté sur la gauche en tenant son volant de la seule main gauche, la main droite étant occupée à tenter de retenir sa femme et son enfant qui étaient tombés par la portière droite brusquement ouverte), c'était pour sauver cette femme et cet enfant. L'arrêt de la cour d'appel de Rennes, qui avait admis ce moyen de défense et prononcé la relaxe, a été cassé au motif que la cour d'appel aurait dû rechercher si le père n'avait pas commis une faute en installant la femme et l'enfant sans prendre de précautions pour que la portière ne s'ouvre pas d'elle-même ou à la suite d'une fausse manœuvre.

Cette condition est très discutable. L'article 122-7 du Code pénal ne la mentionne pas. On peut douter cependant que cette jurisprudence soit remise en question[60].

56. T. corr. Paris, 28 nov. 2000 : D. 2001.512, note Garé Th.

57. Cons. const., 19 janv. 1995 : JO 1995, p. 1166 ; AJDA 1995.455, note Jorion B.

58. Paris, 5 avr. 2001, inédit.

59. Cass. crim., 28 juin 1958 : D. 1958.693, note M. R.M. P. ; Pradel J. et Varinard A., *op. cit.*, n° 24.

60. V. Cass. crim., 22 sept. 1999 : Bull. crim., n° 193 - 1er juin 2010 (affaire de l'ourse Cannelle), n° 09-87159 : Bull. crim., n° 96 ; RSDA 2010. 68, note Roets D. Les auteurs diffèrent sur ce point : M. Roujou de Boubée (*Code pénal commenté*, Dalloz, 1996, p. 35) pense que, du fait du silence du Code, cette condition pourra être plus facilement abandonnée. MM. Le Gunehec et Desportes sont plus réservés compte tenu de la jurisprudence, *Droit pénal général*, Economica, 15e éd., 2008, n° 747. Dans l'affaire *Cannelle*, l'ourse avait poursuivi le chasseur qui l'avait abattue. L'état de nécessité est refusé par la chambre de criminelle parce que le chasseur « s'est placé lui-même dans une situation de danger et que ce comportement fautif antérieur au coup de feu ne lui permet pas d'invoquer l'état de nécessité pour justifier son acte ». Il y avait, implicitement, une autre raison : dans l'état de nécessité, celui qui subit l'infraction du fait de la nécessité est un tiers. Ici, c'est l'agresseur. On est plus dans un cas de légitime défense si celle-ci existait du fait de l'agression d'un animal !

B. Conditions relatives au dommage causé par celui qui invoque l'état de nécessité

1. Dommage nécessaire

317. Le dommage causé doit être nécessaire. Il ne doit pas exister d'autre moyen de se protéger contre le danger menaçant[61]. Par exemple, dans l'arrêt rendu dans l'affaire *Lesage*, la chambre criminelle avait reproché aux juges du fond de n'avoir pas recherché si toute autre manœuvre salvatrice était impossible pour l'auteur de la collision. Tel n'est pas le cas non plus de l'usage de cannabis pour soulager une douleur lorsqu'un autre traitement, certes contraignant, est possible[62].

2. Dommage moins grave que le danger à éviter

318. Le mal causé doit être moins grave que le mal à éviter. Cette deuxième condition n'est pas sans créer des difficultés, parce que l'appréciation du rapport de gravité entre les deux maux suppose parfois des prévisions incertaines. On peut facilement imaginer le cas de conscience de l'accoucheur ayant à déterminer les chances de survie respectives de la mère et de l'enfant[63].

61. La Cour de cassation réaffirme régulièrement cette condition : l'infraction commise doit être la seule issue pour éviter l'événement redouté à l'exclusion de tout autre moyen : Cass. crim., 7 févr. 2007, préc. ; 10 mars 2009 : Dr. pén. 2009, n° 85, obs. J. H. Robert (à propos de la violation des règles d'urbanisme par des gens du voyage) – 26 juin 2012, n° 11-85919 – 17 janv. 2017, n° 16-80610.

62. Cass. crim., 16 déc. 2015, n° 14-86860.

63. Il existe des textes qui tout en reconnaissant l'état de nécessité n'exigent pas que l'acte commis soit proportionné à la gravité de la menace. Tel est le cas de l'article R. 655-1 du Code pénal selon lequel « le fait sans nécessité, publiquement ou non, de donner volontairement la mort à un animal domestique ou apprivoisé ou tenu en captivité est puni de l'amende prévue pour les contraventions de la 5e classe ». L'article R. 655-1 n'est donc pas une simple transposition de l'article 122-7. Cf. pour une application récente, Cass. crim., 5 avr. 2011, n° 10-87114, Revue semestrielle de droit animalier 2011.75, note Leroy J. (revue consultable, www.unilim.fr/omij) et, dans cette même revue, p. 11 : Hennion-Jacquet P., « La nécessité de tuer un animal : une notion polysémique au service de l'homme ». Dans le même sens, Cass. crim., 8 mars 2011, n° 10-82078 : Dr. pén. 2011, n° 75, note Véron M.

Sous-section 2
Le fondement et l'étendue de la justification

§1. Fondement de la justification[64]

319. Deux thèses divisent les pénalistes : l'une est subjective ; l'autre est objective. Mais ni la jurisprudence ni le législateur ne semblent avoir pris parti.

A. Les thèses doctrinales

1. Thèse subjective

320. Selon cette thèse, le fait justificatif fait disparaître la responsabilité pénale en agissant sur la volonté de l'auteur de l'infraction. La justification se présenterait soit comme une cause de non-imputabilité, soit comme une cause de non-culpabilité.

a. Le fait justificatif, cause de non-imputabilité

321. Cherchant un fondement juridique à l'état de nécessité, alors non prévu par le Code pénal, certains magistrats eurent l'idée de considérer que celui qui, sous l'empire de la nécessité, commet une infraction ne jouit plus de son libre arbitre et perd toute possibilité de choix entre la conduite honnête et la conduite délictueuse. En fait, il agirait sous la tyrannie de la contrainte morale. La fameuse affaire jugée en 1898 par le tribunal de Château-Thierry, évoquée précédemment, est une parfaite illustration de cette thèse. La doctrine classique s'est laissé séduire par cette analyse[65] à laquelle adhèrent certains auteurs contemporains[66]. Ainsi, l'effet exonératoire non seulement de l'état de nécessité, mais encore de la légitime défense ou de l'ordre de la loi, pourrait être expliqué, et l'on comprendrait pourquoi la légitime défense, invoquée par deux personnes prétendant être agressées, ne devrait bénéficier qu'à celle qui se croyait véritablement en danger, ou pourquoi l'excès de zèle dans l'exécution d'un ordre émanant d'une loi devrait être de nature à engager la responsabilité pénale de l'auteur du fait dommageable.

Assimiler les faits justificatifs à une cause de non-imputabilité est, à la vérité, excessif : il est impossible de dire à titre de principe que dans tous les cas, l'auteur de l'infraction a perdu la liberté de se déterminer. Par exemple, il

64. Merle R. et Vitu A., *op. cit.*, n° 467 et 468 – Conte Ph. et P. Maistre de Chambon, *op. cit.*, n° 281 et s. – Roujou de Boubée G., « Essai d'une théorie générale de la justification » *in Les causes d'irresponsabilité pénale*, annales de l'Université de Sciences sociales de Toulouse, t. XXX, 1982, p. 11.

65. Garçon E., *Code pénal annoté*, art. 64, n° 114 – Garraud R., *Précis de droit criminel*, Paris, 1921, n° 106.

66. Decocq A., RSC, 1974. 895 et surtout Dana A. C., *La notion d'infraction pénale*, LGDJ, 1982, n° 192.

est des situations parfaitement imaginables où l'état de nécessité existe sans que pour autant l'agent se trouve en état de contrainte morale. Exemple : un péril dirigé contre autrui. Par ailleurs, pour prendre le cas de l'ordre de la loi, si l'on prétend que la norme exerce par elle-même une contrainte morale sur celui qui est tenu d'obéir, cette proposition devrait se vérifier pour toutes les lois et en particulier pour celles qui interdisent de commettre des infractions !

b. Le fait justificatif, cause de non-culpabilité

322. Selon cette opinion, la liberté de vouloir est maintenue ; cependant, il n'y a pas de faute, intentionnelle du moins, parce que celle-ci suppose la volonté de commettre le fait interdit en cherchant à obtenir le résultat prohibé. Or, si l'auteur a agi comme il l'a fait, c'est parce qu'il poursuit un objectif louable : défendre sa vie ou obéir scrupuleusement à unc norme. Notons toutefois que si cette analyse est pertinente pour les actes intentionnels commis à titre de défense légitime, la démonstration devient moins solide en présence d'un acte non intentionnel de défense, comportement qui n'est plus *a priori* rejeté par la Cour de cassation[67].

2. Thèse objective

323. Elle se fonde sur l'idée que la responsabilité est exclue parce que l'élément légal de l'infraction est neutralisé dès la commission des faits. C'est la conception qui correspond le mieux à la notion d'illicéité de l'acte qui caractérise l'infraction : un acte infractionnel selon la loi ne doit pas l'être dans les faits quand, en raison de certaines circonstances, il s'avère utile aux intérêts de la société. L'ordre social n'étant pas atteint, l'infraction n'existe pas. Le fait justificatif opère directement sur l'acte sans tenir compte de la psychologie de l'auteur. On dit alors que le fait justificatif opère *in rem* et non *in personam*. Cette conception objective des faits justificatifs, que nous partageons avec la majorité de la doctrine, a même conduit certains auteurs à vouloir isoler, au sein de l'infraction et au côté de l'élément légal, un élément injuste ou illicite[68]. Cette conception, par son indifférence à l'état d'esprit de l'auteur des faits, permet ainsi d'élargir le domaine de la justification aux infractions non intentionnelles.

B. Le Code pénal

324. Le législateur parle de « causes d'irresponsabilité ou d'atténuation de responsabilité » sans chercher à distinguer entre les causes objectives de non-responsabilité et les causes subjectives, appelées aussi causes de non-imputabilité[69]. À notre avis, le code paraît s'être orienté vers une conception plutôt objective. D'abord parce qu'il regroupe l'ensemble des

67. V. *supra*, n° 287.

68. V. Rassat M.-L., *op. cit.*, p. 370, n° 317 et s.

69. V. sur les conséquences que, sur un plan théorique, l'on peut tenter de déduire du rattachement des faits justificatifs aux causes d'irresponsabilité, Lepointe E., « Justifié, donc irresponsable », D. 1996.253.

faits justificatifs pour les opposer aux troubles psychiques, à la contrainte et à l'erreur de droit ; ensuite parce que l'article 122-5, à propos de la légitime défense, vise « l'atteinte injustifiée », et l'on sait maintenant que c'est l'une des explications qui, pour la thèse objective, légitime la défense.

C. La jurisprudence

325. Elle manque de clarté. Lorsque la Cour de cassation retient la légitime défense putative, elle applique la conception subjective[70]. Lorsqu'elle fait jouer la justification de l'autorisation de la loi de manière absolue, même dans le cas d'une imprudence, elle se rattache à la conception objective[71].

§2. Étendue de la justification

A. Quant à la responsabilité pénale

326. Elle est exclue. Quand un fait justificatif est relevé par le juge, celui-ci doit prononcer selon les cas un non-lieu, une relaxe ou un acquittement. La justification de l'acte bénéficie déjà à l'auteur principal. Qu'en est-il pour les autres participants ? La réponse dépend du fondement de la justification. Si l'on opte pour un fondement subjectif, la justification ne s'étendra pas nécessairement à tous les coparticipants. Si l'on opte pour un fondement objectif, la solution est inverse.

B. Quant à la responsabilité civile

327. L'acte commis étant licite, le fait justificatif doit exclure la responsabilité civile de son auteur, qu'il s'agisse d'une responsabilité fondée sur la faute ou d'une responsabilité du fait de la chose utilisée pour se défendre[72]. Il est acquis que là où il y a un devoir légal d'agir, il ne peut y avoir faute[73].

Pourtant, si l'on se place sur un terrain objectif, le rejet de toute action en responsabilité a été discuté[74]. Par ailleurs, si les conditions strictes imposées

70. Cass. crim., 14 févr. 1957 : Bull. crim., n° 155.

71. Cass. crim., 5 janv. 2000 : D. 2000.780, note de Lamy B. : arrêt de cassation sur un pourvoi invoquant précisément le caractère objectif du fait justificatif tiré de l'autorisation de la loi ; pour un exposé des faits, v. *supra*, n° 287, spéc. note 18 et v. *supra* n° 306, note 40.

72. Cass. civ. 2, 22 avr. 1992 : D. 1992.353, note Burgelin J.-F.

73. Merle R. et Vitu A., *Traité de droit criminel*, *op. cit.*, n° 441 – Conte Ph. et Maistre du Chambon P., *Droit pénal général*, A. Colin, 7e éd., 2004, n° 289.

74. Pélissier J., « Faits justificatifs et action civile », D. 1963.121. Selon l'auteur, par application de l'autorité de la chose jugée au criminel, les énonciations relatives aux faits justificatifs n'entraîneraient le rejet de l'action civile qu'autant que les questions relatives à l'existence d'un fait justificatif sont identiques à celles relatives à l'existence d'une faute civile. Or le fait justificatif s'apprécie au regard des seules préoccupations du droit pénal ; il serait donc concevable qu'un acte licite du point de vue pénal reste une faute du point de vue civil. Nous ajouterons que la remise en cause de l'unité des fautes civile et pénale par la loi du 10 juill. 2000 peut être un argument supplémentaire en faveur de cette thèse. Dans le même sens, Merle R. et Vitu A., *op. cit.*, n° 440.

par la loi ne sont pas entièrement respectées ou s'il peut être relevé une faute d'imprudence distincte de l'infraction justifiée, certaines cours d'assises peuvent être tentées de condamner, par arrêt civil, à des dommages-intérêts un accusé acquitté au pénal parce que les jurés auront retenu néanmoins un fait justificatif[75]. Quant à l'état de nécessité, la question s'est posée de savoir si le préjudice causé par celui qui se réclame de cette cause de justification à la personne qui n'est pas à l'origine du péril ne mérite pas, au regard d'un principe de justice, d'être réparé. La jurisprudence est en ce sens et peut se fonder sur l'enrichissement sans cause[76].

75. Cass. crim., 19 avr. 2017, n° 16-86133 : si la chambre criminelle constate la légitime défense à l'origine de la relaxe, les magistrats relèvent dans le même temps la faute de la victime qu'ils jugent exonératoire de la responsabilité civile du prévenu ; quelle aurait été la décision s'il n'y avait pas eu cette faute de la victime ?

76. Cass. crim., 27 déc. 1884 : D. 1885.I.219.

Sous-titre 2

L'acte infractionnel

328. L'infraction, avons-nous dit[1], est un acte commis par une personne animée d'une volonté. Les incriminations sont, d'ailleurs, là pour en témoigner : les textes décrivent un comportement humain constitué d'une action matérielle (parfois d'une abstention) et d'un état d'esprit (une intention ou une faute). Ainsi, le législateur n'incrimine pas la seule « soustraction » de la chose d'autrui. La soustraction doit être « frauduleuse » pour être un vol. Les atteintes à la vie de la personne doivent être « volontaires » ou « involontaires » (en réalité, intentionnelles ou non intentionnelles). L'acte commis a toujours une dimension intellectuelle qu'on appelle « culpabilité ». La chambre criminelle de la Cour de cassation a rappelé cette exigence dans un arrêt célèbre, déjà cité[2] : « Toute infraction, même non intentionnelle, suppose que son auteur ait agi avec intelligence et volonté. »

Par ailleurs, les infractions sont presque toujours définies, par le Code pénal dans sa rédaction actuelle, comme « *le fait de...* ». Par exemple, l'article 221-1 énonce : « Le fait de donner volontairement la mort à autrui constitue un meurtre. »

Compte tenu de ce nouveau vocabulaire, on étudiera successivement : le fait (chapitre 1) et la culpabilité (chapitre 2).

1. V. *supra*, n° 117.
2. Cass. crim., aff. *Laboube*, 13 déc. 1956 : D. 1957, p. 349, note Patin M.

CHAPITRE 1

Le fait

329. C'est ce qu'on appelle l'élément matériel de l'infraction. L'agissement du délinquant, pour être puni, doit correspondre à la description générale figurant dans la loi, description faisant l'objet de l'étude du droit pénal spécial. L'élément matériel est donc le fait ou l'acte extérieur par lequel se révèle l'intention criminelle ou la négligence du délinquant[1].

Mais si un acte est indispensable pour constituer une infraction il n'est pas nécessaire que cet acte ait laissé des traces matérielles. La conduite suivie par l'auteur de l'acte importe plus que le résultat de cet acte, et c'est ce qu'on se propose de montrer dans ce chapitre qui comportera deux sections consacrées, la première à la matérialité de l'acte, la seconde à son résultat.

Section 1
La matérialité de l'acte

330. La matérialité de l'agissement doit être isolée d'éventuelles conditions préalables (§ 1). Cette opération intellectuelle effectuée, on se rend vite compte que l'infraction recouvre une grande diversité de comportements (§ 2).

1. V° C. const., 7 avr. 2017 n° 2017-625 QPC. À propos du délit d'acte de terrorisme prévu à l'article 421-2-6 du Code pénal le Conseil constitutionnel considère qu'en retenant au titre des faits matériels pouvant constituer un acte préparatoire le fait de « *rechercher*... des objets ou des substances de nature à créer un danger pour autrui » sans circonscrire les actes pouvant constituer une telle recherche dans le cadre d'une entreprise individuelle terroriste, le législateur a permis que soient réprimés des actes ne matérialisant pas , en eux-mêmes, la volonté de préparer une infraction. D'où l'inconstitutionnalité des mots « de rechercher ».

§1. Infraction autonome et infraction conditionnelle

331. C'est la condition préalable opposée à l'élément matériel. La notion de condition préalable est très large. On distingue deux sortes de conditions.

1. La condition pénale

332. Dans ce cas, la condition est une infraction pénale[2]. Exemples :

a. Complicité

333. Certains auteurs (notamment le doyen J. Carbonnier[3]) estiment que la théorie de l'« emprunt de criminalité », sur laquelle reposait la complicité dans l'ancien Code pénal, devait céder la place à un « emprunt de pénalité » seulement. En d'autres termes, la complicité serait érigée en délit conditionnel. Comme naguère, il résulte de l'article 121-7 du Code pénal actuel qu'il n'est pas de complicité en l'absence d'infraction punissable. Ainsi, cette infraction est la condition préalable de la complicité.

b. Usage de faux

334. Il implique évidemment la commission préalable d'un faux (C. pén., art. 441-1 et s.).

c. Recel

335. Selon l'article 321-1 du Code pénal, le recel est le fait de dissimuler, détenir ou transmettre une chose en sachant que cette chose provient d'un crime ou d'un délit. Ce crime ou ce délit constitue donc la condition préalable du recel.

336. À la lumière de ces observations apparaîtraient ainsi diverses conditions préalables :
- les unes seraient « chronologiques » : c'est le cas du recel, la chose devant avoir été volée (par exemple) *avant* d'être recélée.
- les autres seraient « logiques ». Tel est le cas de la complicité par aide et assistance : elle est *contemporaine* de l'infraction considérée comme condition « préalable ». Et même, dans le cas de la complicité par provocation, la condition préalable (l'infraction proprement dite) *suit* l'acte de complicité.

Il y aurait donc deux sortes de conditions préalables : celles qui sont préalables à la commission de l'infraction (quand elles sont préalables

2. Sur l'importance de cette condition préalable du point de vue de la qualification, Vouin R., *Droit pénal spécial*, 4e éd. par Rassat M.-L., 1976, n° 2.

3. Du sens de la répression applicable aux complices selon l'article 59 du Code pénal : JCP 1959.I.1034.

chronologiquement), et celles qui sont préalables à la qualification de l'infraction (conditions de nature logique).

2. La condition quelconque

337. C'est la condition préalable qui n'est pas forcément pénale. Il s'agit d'une situation juridique préconstituée et protégée par la loi[4]. Par exemple, dans l'abus de confiance, la situation juridique préconstituée par la loi réside dans la remise et l'acceptation de fonds, de valeurs ou d'un bien quelconque à charge de les rendre, de les représenter ou d'en faire un usage déterminé (C. pén., art. 314-1).

§2. La diversité des actes infractionnels

A. Délit d'action et délit d'omission

1. La distinction

a. L'omission

338. Une personne est responsable pour n'avoir rien fait. L'infraction suppose qu'il ait été mis à sa charge, au préalable, une obligation de faire pénalement sanctionnée. Dans le code de 1810, beaucoup de contraventions, dites « de police », étaient la conséquence de l'inexécution de telles obligations ; mais certaines d'entre elles furent ultérieurement sanctionnées par des peines correctionnelles ce qui, avec raison, a été jugé contestable dans la mesure où, malgré le changement de catégories d'infractions, la faute restait toujours présumée[5]. L'infraction d'omission doit rester exceptionnelle.

Sont des abstentions coupables :

- l'abstention volontaire d'empêcher par son action immédiate, sans risque pour soi ou pour les tiers, soit un crime, soit un délit contre l'intégrité corporelle de la personne (C. pén., art. 223-6, al. 1) ;
- l'abstention volontaire de porter à une personne en péril l'assistance que, sans risque pour soi ou pour les tiers, on pouvait lui prêter soit par son action personnelle, soit en provoquant un secours (même article, al. 2) ;
- l'abstention volontaire de prendre ou de provoquer les mesures permettant, sans risque pour soi ou pour les tiers, de combattre un sinistre de nature à créer un danger pour la sécurité des personnes (art. 223-7) ;
- le refus indu de représenter un enfant mineur à la personne qui a le droit de le réclamer (C. pén., art. 227-5) ;

4. C'est la définition donnée par M. Decocq, *op. cit.*, p. 81-82.

5. Sur cette évolution, v. Robert J. H., *L'obligation pénalement sanctionnée*, Archives de philosophie du droit, t. 44, Dalloz, 2000, p. 153 et s. L'auteur cite à titre d'exemple, la loi du 12 juin 1893 qui avait fait des infractions aux règles d'hygiène des contraventions. La loi du 5 juill. 1972 les a transformées en délits.

- la non-dénonciation aux autorités judiciaires ou administratives d'un crime dont il est encore possible de prévenir ou de limiter les effets, ou dont les auteurs sont susceptibles de commettre de nouveaux crimes qui pourraient être empêchés (C. pén., art. 434-1) ;
- l'abstention volontaire de témoigner en faveur d'un innocent détenu provisoirement ou jugé pour crime ou pour délit (C. pén., art. 434-11).

b. Le délit d'action

339. Il est caractérisé par un acte positif, tel que le détournement de la chose (dans l'abus de confiance), la remise de la chose (dans l'escroquerie), un geste, une attitude, etc. La majorité des infractions ressortissent à cette catégorie.

2. La portée de la distinction

340. La distinction entre délit d'action et délit d'omission paraît évidente. En réalité, elle est incertaine. Prenons pour exemple l'abus de confiance : il est constitué par un détournement, donc par un acte positif (délit d'action). Mais il peut aussi être constitué par la non-restitution de la chose : dans ce cas, il sera un délit d'omission.

De même, le délit d'abus de biens sociaux est matérialisé par un acte d'usage contraire à l'intérêt de la société ; il s'agit de l'appropriation illégitime ou de la simple utilisation d'un bien de la société (dirigeant qui utilise la trésorerie de son entreprise comme la sienne propre, qui profite de certains avantages comme celui de bénéficier gratuitement de locaux, d'un véhicule). La Cour de cassation est allée pourtant très loin : elle admet que l'usage soit un non-usage, donc une omission[6].

À l'inverse, une omission peut avoir le caractère d'un *refus* si l'abstention répond à une interpellation de la loi, même tacite. Exemple : dans l'omission de porter secours, il y a bien une interpellation de la part de la personne en péril.

341. De surcroît, certaines incriminations sont ambiguës : l'article 223-1 incrimine le fait d'exposer directement autrui à un risque immédiat de mort ou de blessures très graves par la violation manifestement délibérée d'une obligation particulière de sécurité ou de prudence. S'agit-il d'une infraction d'omission ou de commission ? Des auteurs étudient ce délit sous une rubrique intitulée : « La mise en danger d'autrui créée par des actes positifs »[7], ce qui est le considérer comme un délit d'action. Adopter cette analyse, c'est éviter une trop grande extension de l'incrimination, vision conforme à l'intention du législateur, et respecter la lettre de la loi, si l'on veut bien admettre que la « violation » est distincte du

6. Cass. crim., 15 mars 1972 : Bull. crim., n° 107 ; Rev. soc. 1973.357, obs. Bouloc B. : a été considéré comme coupable le dirigeant d'une société qui s'était abstenu de réclamer à une autre société dans laquelle il avait des intérêts, le paiement de marchandises qui avaient été livrées.

7. Rassat M.-L., *Droit pénal spécial*, Dalloz, 2004, p. 356, – Pradel J. et M. Danti-Juan, *Droit pénal spécial*, Cujas, 5e éd., 2010, n° 102.

« manquement », terme utilisé à l'article 222-19 pour les blessures involontaires. On peut effectivement en déduire que le législateur a entendu insister sur le particularisme de chacun de ces délits. Cependant, il est possible aussi de dire que « violer, c'est faire violence ou *ne pas respecter* »[8].

342. Quoi qu'il en soit, l'interprétation stricte de la loi pénale interdit de raisonner par analogie et de retenir un délit de *commission par omission*[9], même si certains arrêts récents laissent perplexe, comme ceux rendus en matière d'escroquerie et de complicité.

L'escroquerie, constituée par des manœuvres frauduleuses qui déterminent la remise d'un bien, est par nature une infraction d'action. Toutefois, la Cour de cassation a condamné pour escroquerie un héritier qui avait perçu la pension de retraite de son père décédé en faisant fonctionner le compte bancaire sur lequel il avait une procuration[10]. Le retrait bancaire est, il est vrai, un acte positif. En réalité, le versement des fonds n'a pas été déterminé par le fonctionnement du compte mais par le fait pour l'héritier de *s'abstenir* d'informer l'organisme payeur du décès du bénéficiaire.

Pareillement, la complicité est en principe un acte positif. Cela n'a pas empêché la Cour de cassation de retenir la complicité de parricide dans le fait pour une mère de famille de *s'abstenir* d'intervenir pour empêcher le meurtre. À moins d'analyser son abstention comme un refus, et sa présence comme une volonté de s'associer à l'infraction[11].

343. Certains textes, en revanche, sont plus clairs et invite à traiter pareillement l'omission et la commission : l'article 223-3 du Code pénal punit en effet le délaissement d'une personne vulnérable de peines édictées pour le délit de commission ; il en est de même encore en cas de mise en péril des mineurs (C. pén., art. 227-15). Mais la jurisprudence est peu sensible aux opportunités des textes. Elle refuse de retenir de simples abstentions[12]. Récemment la question s'est encore posée à l'occasion d'une agression sonore commise en vue de troubler la tranquillité

8. Francillon J. (*in Code pénal annoté*, Dalloz, 1996, p. 266) qui observe au surplus que la spécificité du délit tient au caractère délibéré de la violation non à la matérialité du comportement adopté par l'auteur de la violation. V° aussi, Lepage A. et Matsopoulou H., *Droit pénal spécial*, PUF, collection « Thémis », 2015, n° 232.

9. V. la décision capitale de la cour d'appel de Poitiers du 20 nov. 1901, *Monnier*, S. 2. 305, note Hémard J. ; Dr. pén. 1902.291, note Le Poittevin G. : laisser sans soins pendant plusieurs années une aliénée ne pouvait pas constituer le délit de violences ou de voies de fait, car « on ne saurait comprendre un délit de violences ou de voies de fait sans violences ». Sur cette célèbre affaire, dénommée *La séquestrée de Poitiers* : Augustin J.-M., *Les grandes affaires criminelles de Poitiers*, Gestes Éditions, 1995, p. 175 et s. – Gide A., *La séquestrée de Poitiers*, Gallimard, 1930.

10. Cass. crim., 20 mars 1997 : Dr. pén. 1997, comm. n° 108, obs. Véron M.

11. Cass. crim., 19 déc. 1989 : D. 1990.190, note Mayer D. Sur cet arrêt, v. *infra*, n° 503.

12. Cass. crim., 13 nov. 2007 : Bull. crim. n° 273 ; Dr. pén. 2008, comm. n °17, note Véron M. – 9 oct. 2012, n° 12-80412 : Dr. pén. 2013, comm., n° 1, note Véron M. : « le délit de délaissement suppose un acte positif exprimant de la part de son auteur la volonté d'abandonner définitivement la victime ». Autre exemple de délit qui recouvre des actes positifs et des abstentions : le délit d'abandon matériel et moral d'enfant (art. 227-17 C. pén.). Cela dit, dans un arrêt récent la Cour de cassation emploie les mots de « délaissement matériel et affectif » de la part de la mère tout en relevant notamment que celle-ci « ne s'occupait jamais des repas ou des tâches ménagères » -abstention- et « qu'elle avait installé le berceau dans un recoin sous l'escalier car elle refusait que le bébé dorme dans sa chambre » -action : Cass. crim., 30 nov. 2016, n° 15-83.647.

d'autrui, fait prévu et puni par l'article 222-16 du Code pénal. L'agression peut-elle être indifféremment une action ou une omission ? La référence dans le texte à « l'agression » laisse planer un doute. Dans une espèce où le propriétaire de chiens, d'une part avait refusé d'intervenir pour les faire cesser d'aboyer, d'autre part avait, selon certains témoins, excité les chiens, les juges du fond puis la Cour de cassation se sont prononcés, certes, en faveur de l'infraction mais pour des raisons différentes. Les juges du fond ont mis l'accent sur l'absence de mesures propres à empêcher les chiens d'aboyer (omission) alors que la chambre criminelle préfère retenir « les agissements en vue de troubler la tranquillité d'autrui »[13]. Hors des cas expressément prévus par la loi, il ne pourrait y avoir de commission par omission.

B. Délit matériel et délit formel

344. Nous reviendrons sur cette distinction dans la section suivante. Notons cependant dès à présent qu'elle repose sur le *résultat*, et que, pour reprendre la distinction établie par M. Decocq, il y a deux sortes de résultat : le « résultat réel », à savoir le préjudice subi par la victime, et « le résultat juridique », celui décrit dans le texte de qualification[14].

Le meurtre est une infraction matérielle. Le droit prend en considération, pour le punir, le résultat réel, en l'occurrence la mort (C. pén., art. 221-1 : « Le fait de donner volontairement *la mort* à autrui... »). De même pour le vol, qui réalise une appropriation frauduleuse. Au demeurant, dans l'infraction matérielle, c'est le dommage qui donne au « résultat juridique » de l'infraction, par définition abstrait, sa consistance.

345. Mais la concordance entre la consommation de l'infraction et la réalisation d'un dommage individuel ne se produit pas toujours : il existe en effet des comportements dangereux, incriminés par eux-mêmes, sans que le législateur tienne compte du résultat effectif : ce sont des infractions formelles. La conduite sera punissable indépendamment du résultat réel, dès lors qu'est atteint un résultat juridique. L'infraction est consommée par un acte qui ne constituerait qu'une tentative dans l'infraction matérielle. Ex. : l'*empoisonnement* (C. pén., art. 221-5). Il s'agit d'un crime formel, car il est consommé, non pas par la mort du sujet, mais par l'administration de substances pouvant donner la mort.

De même, le délit d'*exposition d'autrui à un risque*, prévu et puni par l'article 223-1 du Code pénal, est un délit formel : il est constitué par le fait même d'exposer autrui à un risque, alors même que ce risque ne se réalisera peut-être pas. Dans le cas de la *corruption*, la situation est plus complexe : la

13. Cass. crim., 2 juin 2015, n° 14-85073 : RSC 2015.655, obs. Mayaud Y. ; *Gaz. Pal.* 11 août 2015, p. 24, note Détraz S. ; Dr. pén. 2015, comm. 135, note Conte Ph. qui voit dans la solution de la Cour de cassation une possibilité de mieux distinguer le délit de l'article 22-16 du Code pénal et la contravention de tapage nocturne de l'article R. 623-2, cette dernière devenant applicable en cas d'abstention de l'auteur de mettre un terme à l'agression sonore.

14. *Droit pénal général*, *op. cit.*, p. 171.

corruption suppose un concert frauduleux. L'initiative peut venir du corrupteur, qui propose de l'argent ou des avantages quelconques à une autre personne, le corrompu, pour qu'elle fasse, ou ne fasse pas, un acte de sa fonction (corruption *active*, incriminée par les articles 433-1 et 433-2). L'initiative peut aussi venir du corrompu qui accepte ou sollicite des offres pour accomplir ou s'abstenir d'accomplir un acte de sa fonction (corruption *passive*, incriminée par l'article 432-11). Ces initiatives tendent à la conclusion d'un marché illicite qui aura pour objet l'exécution de ce qui a été promis. Pour le Code pénal, l'infraction est constituée dès que l'agent a agréé ou sollicité une offre ou une promesse indépendamment de tout résultat matériel[15] : il s'agit d'un délit formel. Si le texte de qualification avait prévu que l'agissement dût produire un résultat (la remise effective des dons promis par ex), on eût été en présence d'un délit matériel, et l'offre n'eût été qu'une tentative.

C. Délit instantané et délit continu

1. Le principe de la distinction

346. Le délit instantané est une infraction qui se commet dans l'instant. Exemple : le vol, qui consiste à soustraire frauduleusement la chose d'autrui. Le délit continu est une infraction qui se prolonge dans le temps. Exemple : le recel, qui consiste à détenir une chose que l'on sait provenir d'un délit.

L'intérêt de la distinction apparaît quant à la date à partir de laquelle la *prescription* commence à courir : il s'agit, pour un délit instantané, du jour même de ce délit, et pour un délit continu, du jour où l'activité délictueuse a cessé.

347. Il n'est pas toujours facile de ranger une infraction dans l'une ou l'autre de ces catégories. On le voit par l'exemple du délit de *prise illégale d'intérêts* (appelé aussi *délit d'ingérence*), prévu par l'article 432-12 du Code pénal. Il consiste, pour un dépositaire de l'autorité publique, à *prendre, recevoir ou conserver* un intérêt dans une entreprise ou une opération dont il a, *au moment de l'acte*, la charge d'assurer la surveillance, l'administration, etc.

Pour la circulaire du 14 mai 1993, il s'agirait d'un délit continu. Mais la question est discutée. En effet, avant 1994, la jurisprudence considérait traditionnellement, le délit d'ingérence comme un délit instantané, le profit retiré de l'opération étant indifférent à la constitution de l'infraction. En outre, l'article 175 du Code pénal de 1810 ne visait pas le fait de conserver un intérêt. Émile Garçon enseignait à cet égard que le délit se consommait au moment où le fonctionnaire jouait à la fois les deux rôles incompatibles « de surveillant et de surveillé ». L'article 432-12 du Code actuel ne dit pas autre chose quand

15. Cass. crim., 12 déc. 1989 : Bull. crim., n° 474.

il vise l'opération dont le fonctionnaire a, au moment de l'acte la charge d'assurer la surveillance[16].

2. Les sous-catégories

348. On distingue encore :

a. Le délit continu et le délit permanent

Ce dernier est une infraction qui se commet dans l'instant, mais dont les effets se prolongent dans le temps. Exemple : le délit d'affichage est un délit instantané, indépendamment de ses effets qui se prolongent dans le temps. Cependant, depuis 1979, le délit d'affichage commercial est, en quelque sorte, transformé en infraction continue, dans la mesure où le délai de prescription part seulement du jour où l'enseigne irrégulière a été supprimée.

b. Le délit continu et le délit continué ou réitéré

Exemple : l'escroquerie, qui est consommée par la remise de la chose. Mais si la remise du titre permet d'obtenir des versements successifs, la Cour de cassation décide que les manœuvres frauduleuses répétées forment un tout. Dès lors, la prescription ne court que du jour du dernier versement, et non de la remise du titre, qui consomme l'infraction. Autre exemple possible : le délit d'ingérence, quand l'activité de surveillance du fonctionnaire est constante et se manifeste par des actes répétés. Le délit de corruption est un délit instantané, consommé dès la conclusion du pacte entre le corrupteur et le corrompu, mais se renouvelle à chaque acte d'exécution du pacte[17].

D. Délit d'occasion et délit d'habitude

349. Dans le délit d'occasion, un seul acte délictueux constitue l'infraction. Le délit d'habitude, au contraire, n'est constitué que par la commission de plusieurs actes. Toutefois, deux actes suffisent pour constituer l'habitude.

Les actes constitutifs de l'habitude doivent être semblables. Mais chacun, pris isolément, peut ne pas être punissable : c'est l'ensemble, la répétition, qui constitue l'infraction.

La prescription ne court qu'à partir du deuxième acte, qui consomme l'infraction.

On donnera pour exemples de délits d'habitude :

- l'exercice illégal de la médecine, qui consiste, pour une personne non diplômée, à prendre part *habituellement*... à l'établissement d'un diagnostic... (CSP, art. L. 4161-1). De même, l'exercice illégal des

16. Garçon E., *op. cit.*, art. 175, n° 9 ; sur ce débat, v. Robert J.-H., « Du caractère continu ou instantané du délit d'ingérence selon l'article 432-12 du Code pénal », Dr. pén. 1994, chron. 10, qui tente une explication intéressante dans l'emploi du terme « conserver » à l'article 432-12. Selon l'auteur « lorsque le délit se réalise au moment de l'acte administratif, le fonctionnaire ne "prend" ni ne "reçoit" l'intérêt qui le met en rapport avec la puissance publique – car il l'a déjà – mais il le conserve ».

17. Cass. crim., 27 oct. 1997 : Bull. crim., n° 352.

professions de chirurgien-dentiste et de sage-femme implique l'habitude (art. L. 4161-2 et L. 4161-3 du même code).
- la menace de commettre un crime ou un délit contre les personnes, lorsqu'elle est *réitérée* (C. pén., art. 222-17).

E. Délit simple et délit complexe

350. Dans le délit simple, un seul fait suffit pour constituer l'infraction. Exemple : le vol.

Le délit complexe, au contraire, n'est constitué que par l'addition de plusieurs faits. Exemple : l'escroquerie, qui n'est constituée que par des manœuvres frauduleuses auxquelles s'ajoute la remise d'une chose. L'infraction est commise en deux temps et comprend deux éléments successifs : l'un du fait de l'escroc, l'autre du fait de la victime.

La notion de délit complexe présente un double intérêt :
- D'abord quant à la *prescription* de l'action publique, qui ne court que du jour où le délit est entièrement consommé. Ainsi, dans l'escroquerie, la prescription ne court qu'à partir de la remise de la chose.
- Ensuite quant à la *compétence territoriale*. En cas d'escroquerie, le tribunal du lieu de la remise de la chose est compétent aussi bien que le tribunal du lieu où ont été commises les manœuvres frauduleuses.

Section 2
Le résultat

351. Il existe deux résultats qui ne se confondent pas.

Le législateur a qualifié certains actes de crimes, délits ou contraventions en considération du préjudice social - souvent assimilable à un préjudice individuel, le préjudice social étant en réalité perçu comme un contrecoup - qui risque d'être occasionné. C'est ce que M. Decocq appelle le résultat « réel » qu'il oppose au résultat « légal », c'est-à-dire au résultat énoncé par l'incrimination. Dans l'homicide volontaire (C. pén., art. 221-1), le résultat réel est la mort d'un être humain[18]. Selon cette habile distinction ces deux types de résultat ne se superposent pas nécessairement. Par exemple dans l'exemple classique de l'empoisonnement, le seul fait de faire absorber une substance toxique permet d'atteindre le résultat « légal » (C. pén., art. 221-5) sans que le décès de la victime (le résultat « réel ») ne soit exigé. C'est sur la base de cette distinction que repose l'existence de l'infraction formelle. Cette distinction entre résultats « réel » et « légal » ne fait pas l'unanimité de la doctrine actuelle. On a pu la juger d'une « excessive subtilité », le prétendu résultat légal s'assimilant en vérité au comportement décrit par l'incrimination.

18. Decocq A., *op. cit.*, p. 171.

Cause et effet ne se distingueraient plus[19]. La distinction entre résultat légal et résultat réel permet au moins, pour ceux qui lui accordent quelque crédit, de rendre compte de la répression de la tentative (indifférence au résultat dit « légal ») et de la répression de l'infraction formelle (indifférence au résultat « réel »)[20].

352. Quelle place le droit pénal accorde-t-il au résultat (au sens large) ?

Cette place dépend toujours de la conception que l'on a de l'infraction. Selon la conception objective, il n'y a infraction que si le résultat prévu par le texte d'incrimination est atteint. L'infraction se réduit alors à la violation matérielle de la loi pénale. À titre d'exemple, les infractions d'homicide et de vol ne seront constituées que si le décès de la victime ou l'appropriation de la chose d'autrui sont établis, sans que le comportement psychologique de l'auteur de l'infraction soit pris en considération.

Cette conception d'origine allemande est rejetée, nous le savons, par la majorité des auteurs français et par la jurisprudence, qui marquent leur attachement à une analyse plus subjective du concept d'infraction[21], c'est-à-dire à une infraction comprise comme un agissement humain et non comme un simple fait matériel. Il en résulte une indifférence du droit pénal à l'égard de l'achèvement de l'acte : dès que la volonté criminelle s'est extériorisée, il doit y avoir une réaction sociale. L'évolution du droit vers une recherche de la prévention accentue cette tendance : punir le délinquant avant qu'il ait atteint le but qu'il s'était fixé. Le simple risque que le résultat prévu se produise suffit[22].

353. Cela dit, deux atténuations peuvent être apportées à cette conclusion :

D'abord, l'indifférence joue essentiellement lorsqu'il s'agit d'engager la responsabilité pénale. Quand il s'agit de déterminer la peine, la gravité du dommage causé est un critère des peines encourues pour un certain nombre d'infractions : violences volontaires, atteintes involontaires à l'intégrité physique.

---

19. Dreyer E., *op. cit*, n° 718 et s. V° également, Maréchal J.-Y., *Essai sur le résultat dans la théorie de l'infraction pénale*, L'Harmattan, 2003.

20. Une autre distinction a été proposée au regard de la détermination de la loi pénale compétente : celle qui serait faite entre le résultat du fait (ou de l'élément constitutif) prenant la forme du préjudice directement causé et le résultat de l'infraction s'identifiant avec le résultat prévu par le texte de qualification (dans l'homicide volontaire il s'agit du décès de la victime). Cette distinction présente un intérêt pour localiser l'infraction afin de savoir si la loi pénale française est compétente lorsque l'initiative physique a lieu dans un pays et le résultat de l'infraction dans un autre pays. À notre avis, seul le résultat du fait devrait être pris en considération. Sur cette question, Lombois Cl., *Droit pénal international*, Dalloz, 2e éd., 1979, n° 262. Quant au professeur Pradel, après avoir adhéré durant de nombreuses années à l'analyse voyant dans l'infraction un fait causant un « résultat », il préfère désormais parler de « préjudice » plutôt que de « résultat ». Cette présentation conduit l'auteur à envisager alors la tentative et l'infraction formelle sous l'angle du « préjudice en germe » : v° *op. cit.* n° 414 et s.

21. Merle R. et Vitu A., *op. cit.*, n° 383, p. 505.

22. Ce qui conduit le professeur Dreyer à ne retenir finalement qu'un résultat : le résultat qu'il appelle « redouté » : « Il paraît vain de distinguer entre résultat légal, juridique et réel. En revanche, il est essentiel de constater que la plupart des infractions se définissent par rapport à un résultat redouté. C'est la crainte de la réalisation d'un tel résultat qui justifie, dans la plupart des cas, l'intervention du législateur » : *op. cit.* n° 724 et 725 et s.

On a même judicieusement remarqué[23] qu'en dehors des crimes contre l'humanité, pour les atteintes à la personne humaine, parmi les neuf articles du Code pénal qui prévoient les peines les plus sévères, sept impliquent la mort de la victime. En outre, parmi ces derniers, l'un ne fait pas référence à l'intention de tuer : il s'agit de la destruction, dégradation ou détérioration d'un bien appartenant à autrui par l'effet d'une substance explosive, d'un incendie ou de tout autre moyen de nature à créer un danger pour les personnes. Si cet acte a entraîné la mort d'autrui, la peine encourue est la réclusion criminelle à perpétuité, alors que la mort a pu être due au hasard des circonstances, comme la présence dans les lieux du propriétaire, ignorée par l'auteur de l'infraction (C. pén., art. 322-6 et 322-10).

Ensuite, la perspective d'un dommage n'est jamais complètement ignorée par les textes d'incrimination : l'acte doit, soit avoir causé, soit être de nature à causer un dommage[24]. C'est le problème du lien de causalité, qui ne doit pas être évincé.

Nous traiterons dans cette section :
- L'exigence d'une relation causale (sous-section 1).
- L'indifférence à la réalisation du résultat (sous-section 2).

Sous-section 1
L'exigence d'une relation causale

354. Il convient de définir le lien causal (§ 1) avant d'en voir son intensité (§ 2).

§1. Définition du lien causal

355. Le résultat, quand il se produit, doit pouvoir être rattaché, en amont, à une faute commise par l'agent pénal. Quand il ne se produit pas, la faute commise, en soi suffisante pour engager la responsabilité pénale de son auteur, est dans la plupart des cas de nature à produire un certain résultat pris en compte, expressément ou implicitement, par la loi. Ce rapport établi entre la faute et un résultat est le *lien causal* bien connu des civilistes.

La question qui se pose est de savoir si le seul établissement d'un rapport de cause à effet est suffisant, ou bien si, en présence de plusieurs causes, il faut regarder leur rôle respectif. Plusieurs théories ont été exposées :

356. La première est celle dite de l'*équivalence des conditions* et a été développée par Von Buri. La cause d'un événement est la somme de toutes les conditions nécessaires à son accomplissement. Chaque condition

23. A. d'Hauteville, *La gradation des fautes pénales en matière d'atteinte à la vie et à l'intégrité physique*, in *Réflexions sur le nouveau Code pénal*, Pédone, 1995, p. 31 et s.

24. Résultat pénal et préjudice civil restent néanmoins dans leur nature bien distincts.

donne aux autres un rôle causal dans la production du résultat, si bien que chacune d'elles est censée avoir produit le résultat tout entier. On dit qu'elles sont « équivalentes ». Par conséquent, si la condition relevée est une condition *sine qua non*, soit une condition en l'absence de laquelle le résultat ne se serait pas produit, il faut lui attribuer le rôle de cause. Nous pouvons aisément apprécier la portée de cette théorie : si plusieurs personnes sont à l'origine du résultat, chacune pourra, en principe, être responsable. Exemple : suite à une collision entre deux véhicules, causée par la faute de l'un des conducteurs, l'autre conducteur est transporté à l'hôpital et contaminé par le virus du sida à la suite d'une transfusion sanguine : le conducteur auteur de la faute et le médecin seront responsables.

La deuxième est celle de la *causalité immédiate* : seul l'événement le plus proche dans le temps sera retenu au titre de la cause. Après une altercation entre deux personnes, l'une d'elles blesse intentionnellement l'autre qui, transférée à l'hôpital, décède à la suite d'une erreur médicale. Seul l'acte du médecin sera la cause du décès.

La troisième est celle dite de la *causalité adéquate,* défendue notamment par Von Liszt, Von Kries et Rümelin. Lorsque plusieurs conditions sont à l'origine d'un événement, seule la condition adéquate, c'est-à-dire celle qui est de nature à produire normalement le résultat, aura valeur de cause. C'est la prévisibilité de ce résultat qui doit être le critère déterminant. Mais cette question en pose une autre : comment s'appréciera ce critère ? Au regard de l'archétype « homme prudent et avisé ou bon père de famille », ou bien au regard des facultés de l'auteur de la faute ? Appréciation *in abstracto* ou appréciation *in concreto* ? Dans l'exemple précédent, il faudra rechercher laquelle des causes possibles est la plus plausible dans le décès. On pourra retenir l'erreur commise par le médecin et exclure l'homicide volontaire ou les coups mortels[25].

À la vérité, la jurisprudence ne reprend pas à son compte ces analyses théoriques et se fonde sur le caractère *certain* et *direct* du lien de causalité[26].

§2. Intensité du lien causal

A. En cas de faute intentionnelle

357. Lorsque le résultat prévu par le texte de qualification s'est produit, l'auteur de l'acte pourra être responsable si le lien causal est certain

25. Certains auteurs ont pu faire remarquer à cet égard que l'utilisation de la notion de « prévisibilité » du dommage conduit à confondre faute et causalité : « rechercher si la conséquence dommageable de l'acte pouvait ou devait être prévue par son auteur, c'est, a-t-on dit, revenir à la recherche des fautes en se demandant ce qu'il aurait dû faire » ; prétendre, afin d'échapper à la critique, que la prévisibilité en cause est une prévisibilité « objective » et non « subjective » est un argument bien faible, car la distinction entre ces deux prévisibilités s'avère à l'examen artificielle : Viney G. et Jourdain P., *Traité de droit civil, Les conditions de la responsabilité*, LGDJ, 3e éd., n° 344.

26. Cass. crim., 21 févr. 2017, n° 15-87811 ; 13 juin 2017, n° 16-83927.

entre l'acte et le dommage[27]. Toutefois, dans une décision déjà citée[28] du 8 janvier 1991, la chambre criminelle exige un lien de causalité directe : « Le crime de coups mortels implique que la mort de la victime ait *nécessairement procédé* des violences volontairement commises à son encontre et ne soit pas due à une cause étrangère à ces violences »[29]. Les juges de cassation semblent donc considérer que seule la défaillance de l'appareil de réanimation est à retenir à titre de cause du décès de la victime. Ils adoptent de ce fait la thèse de la causalité immédiate combinée avec celle de la causalité adéquate, ce qui, en matière de coups et blessures, est en rupture avec la jurisprudence antérieure, plutôt sensible à la théorie de l'équivalence des conditions. Pour autant, l'agresseur reste coupable de violences volontaires à raison de l'incapacité temporaire de travail qui aurait été celle de la victime si elle avait survécu car la causalité reste certaine.

Lorsque le résultat n'est pas atteint, c'est-à-dire en cas de tentative, on remarquera que le commencement d'exécution ne se caractérise que par un acte qui tend *directement*, voire *immédiatement*, au résultat[30]. C'est d'une causalité immédiate qu'il s'agit. Le résultat ne s'étant pas encore produit, les juges se reportent sur le lien de causalité pour éviter d'étendre la répression à des actes préparatoires. Le lien causal participe ainsi à la définition de la tentative. On pourrait étendre ce raisonnement à l'infraction formelle, puisque cette dernière est constituée par un acte qui ne serait qu'un commencement d'exécution dans une infraction matérielle.

B. En cas d'infraction non intentionnelle

358. Il y avait une règle que la loi du 10 juillet 2000 remet en cause.

La règle était qu'en matière d'homicide ou de blessures par imprudence, c'était la théorie de l'équivalence des conditions qui s'appliquait. Une longue pratique judiciaire était établie en ce sens[31]. Pour retenir la responsabilité pénale de l'auteur d'une imprudence, il suffisait que cette dernière eût été l'une des conditions du dommage, et cela même si une circonstance fortuite était intervenue postérieurement.

27. Cass. crim., 27 févr. 1992 : Dr. pén. 1992, comm. n° 199.

28. V. *supra*, n° 274, spéc. note 4.

29. En ce sens, Croisier-Nérac R., note sous cet arrêt : D. 1992.115. Déjà en ce sens : Cass. crim., 3 mai 1989, n° 88-81858. Il en est de même en cas de meurtre : v. Garçon E., *op. cit.*, art. 295, n° 7 : « il faut d'ailleurs qu'il existe un rapport direct de causalité entre l'acte de commission de l'agent et la mort de la victime. Si ce rapport de cause à effet manque, le meurtre n'est pas constitué ». En présence d'un décès résultant de coups volontaires et d'autres circonstances, Émile Garçon considérait que « l'agent ne peut être responsable des conséquences éloignées et indirectes et qui résultent d'un événement distinct indépendant de son fait, d'une faute de la victime ou d'un tiers qu'il n'a pu prévoir, et qui ne saurait sans injustice lui être imputée ». Cela dit, il ajoutait aussi que « la pluralité de causes ne fait pas disparaître la circonstance aggravante : l'incapacité de travail, l'infirmité ou la mort n'en sont pas moins la conséquence directe des violences, puisqu'elles en sont la cause initiale ». La position adoptée par l'auteur est donc très nuancée : v. *op. cit.*, art. 309 à 311, n° 102.

30. V. *infra*, n° 368.

31. Cass. crim., 16 juin 1864 : Bull. crim., n° 155 – 18 oct. 1995 : Bull. crim., n° 314.

Une première atténuation de cette règle était déjà apparue au moment de la création, dans l'article 223-1 du Code pénal, du délit consistant à exposer *directement* autrui à un risque *immédiat* de mort ou de blessures graves. Ce texte, en exigeant que l'exposition au risque trouve sa cause directe dans la violation délibérée d'une obligation de sécurité, renvoie à la théorie de la causalité adéquate, voire immédiate[32].

359. La loi du 10 juillet 2000[33], en modifiant l'article 121-3 du Code pénal, donne, cette fois-ci pour toutes les infractions non intentionnelles, à la relation causale une intensité qu'elle n'avait pas : selon qu'elle est directe ou non, la faute susceptible d'être retenue en tant que fait générateur de responsabilité pénale sera différente. Les solutions sont les suivantes :

- Si une personne *cause directement* le dommage, elle est responsable de sa plus petite faute (al. 3, art. 121-3).
- Si la personne n'en est que la *cause indirecte* (elle a créé ou contribué à créer la situation qui a permis la réalisation du dommage), elle n'est responsable que si elle a commis une faute « qualifiée » (al. 4, art. 121-3) : violation de façon manifestement délibérée d'une obligation particulière de prudence ou de sécurité prévue par la loi ou le règlement ; faute caractérisée qui expose autrui à un risque d'une particulière gravité que la personne ne pouvait ignorer.
- La Cour de cassation contrôle à la fois le caractère direct[34] et le caractère certain[35] du lien causal.

La théorie de l'équivalence des conditions voit, avec la loi du 10 juillet 2000, son domaine d'application se réduire aux cas de fautes graves et la question de la causalité, directe ou non, devient déterminante pour la qualité de la faute exigée, simple ou caractérisée. Or, la réponse apportée à cette question est moins simple qu'il n'y paraît. Deux affaires récentes mettant en cause des chiens suscitent la perplexité. Dans quelle mesure le propriétaire d'un chien s'étant échappé de l'enclos dans lequel il se trouve peut-il être responsable des blessures causées à une passante, voire d'un homicide involontaire suite aux morsures infligées ? La réponse de la chambre criminelle est lapidaire :

32. V. cependant Cass. crim., 9 mars 1999 : D. 2000.81, note Sordino M.-C. et Ponseille A. ; l'arrêt ne reprend pas les termes exacts de la loi et se contente d'une violation de l'obligation *de nature à causer* le risque immédiat, ce qui, selon les annotatrices de l'arrêt, traduirait un lien causal plus lâche et une application de la théorie de l'équivalence des conditions. La chambre criminelle revient, semble-t-il, à plus d'orthodoxie dans une décision du 19 avr. 2000 : Bull. crim., n° 213. Voir également Cass. crim., 19 avr. 2017, n° 16-80695 à propos de l'article 223-1 du Code pénal incriminant le fait d'exposer directement autrui à un risque immédiat de mort ou de blessures graves. L'immédiateté visée ici s'applique au risque et non à la mort ou aux blessures. Le dommage subi peut donc être tardif (plusieurs années après les faits reprochés) sans que cela remette en cause l'application du texte ; sur cet arrêt : Segonds M., *Dr. pén.* 2017, chron. 10, n° 4 ; Mayaud Y., *RSC* 2017, chron. p. 285 ; Dreyer E., *Gaz. Pal.*, 18 juil. 2017, p. 55 ; Salomon R., *Dr. soc.* 2017, p. 774 ; Rousseau F., *JCP* 2017, p. 610 ; Cohen-Donsimoni, *AJ.pén.* 2017, p. 340 ; Saenko L., *RTD com* 2017, p. 443.

33. Fortis E., *Les conséquences de la loi du 10 juill. 2000 en droit pénal*, *in* La nouvelle définition des délits non intentionnels par la loi du 10 juill. 2000, colloque du 1er févr. 2001, Université de Paris I ; RSC 2001. 736 et s., spéc. p. 741 à 744.

34. Cass. crim., 21 févr. 2017, n° 15-87811, préc.

35. Cass. crim., 24 oct. 2017, n° 15-87711.

« *cause directement le dommage subi par une personne mordue par un chien la faute de négligence du propriétaire de l'animal l'ayant laissé sortir de chez lui sans être contrôlé et tenu en laisse* »[36]. Le problème est bien de savoir quand il y a causalité directe. Certains auteurs exigent un contact physique entre l'auteur et la victime[37]. Par conséquent, dans les cas présents, la faute commise n'aurait dû être que la cause indirecte. D'ailleurs, le rapporteur sur le projet de loi relatif à la prévention et à la protection des personnes contre les chiens dangereux, qui deviendra la loi du 20 juin 2008, envisageait bien, au titre de l'auteur indirect, le propriétaire. Donc, il aurait fallu rechercher une faute « qualifiée ». Mais d'autres auteurs considèrent à l'inverse que la causalité reste directe même si un événement s'intercale entre l'acte et le dommage à partir du moment où il ne s'agit pas de l'intervention d'un tiers[38]. Dans les affaires dont il est question, il s'agissait non d'un tiers, mais du chien du propriétaire. La notion de causalité directe, on le voit, est loin de faire l'unanimité. La Cour de cassation profite de ces incertitudes et retient en général la solution la plus favorable aux victimes au détriment, malheureusement, d'une conception plus rigoureuse du caractère direct du lien causal en conformité avec l'intention du législateur[39]. Enfin, il n'est pas inutile de relever que, pour la Cour de cassation, s'il est établi que le risque grave dont est victime un tiers est créé par une action dangereuse de plusieurs personnes, peu importe l'impossibilité de déterminer l'incidence directe des actes accomplis par chacune d'elles pour retenir l'infraction de blessures involontaires[40].

Sous-section 2
L'indifférence à la réalisation du résultat

360. Le législateur incrimine non seulement l'acte inachevé (§ 1) mais aussi l'acte dangereux en soi (§ 2).

36. Cass. crim., 21 janv. 2014, n° 13-80267 : D. 2014. 1317, note Conte Ph. ; Dr. pén. 2014, comm. n° 39, note Véron M. ; AJ pénal 2014.135, obs Sordino M.-C. ; Revue semestrielle de droit animalier 2013. 44, note Leroy J. Dans le même sens déjà : Cass. crim., 29 mai 2013, n° 12-85427 : Bull. crim., n° 121 ; D. 2013.2016, note Desprez F. On peut citer également, même si la motivation est moins explicite, une décision de la Cour de cassation retenant un homicide involontaire et des blessures involontaires à la charge d'un vendeur d'héroïne, celle-ci ayant fait l'objet d'un coupage, qui « *à l'évidence* », selon les propres termes de l'arrêt, a été consommée au cours de la soirée à l'issue de laquelle les acheteurs avaient subies les atteintes en question ; peu importe, ajoutent les magistrats, que le vendeur ait été ou non l'auteur du coupage de l'héroïne cédée aux victimes : Cass. crim., 11 mai 2017, n° 16-81.430. Cf également sur cette jurisprudence : Fossier Th., JCl. Pénal Code, Art. 221-6 à 221-7, Fasc. 20, n° 48 à 64.

37. Desportes F. et Le Gunehec F., *Droit pénal général*, Economica, n° 448-1. En ce sens également, la circulaire d'application du 11 oct. 2000 (Circ. CRIM. 2000-09F1).

38. Dreyer E., « La causalité directe de l'infraction », Dr. pén. 2007, Étude, n° 9.

39. V° cependant : Cass. crim., 13 oct. 2015, n° 14-84760 : Dr. pén. 2015, comm. n° 2, note Conte Ph. : une société chargée d'une mission d'inspection du matériel d'une attraction foraine avait vu sa responsabilité recherchée à la suite d'un accident causé à un usager sur la base d'une négligence fautive en lien avec le dommage ; les juges du fond avaient vu dans l'absence de vérification des consignes de sécurité une faute en lien direct avec l'accident. La Cour de cassation y voit plutôt une négligence en lien indirect avec le dommage, le contrôle ayant été achevé depuis plusieurs semaines au moment de l'accident. Pourtant, ceci n'empêche pas qu'il y a bien eu un contact direct entre un élément du manège et la victime.

40. Cass. crim., 11 juill.2017, n° 16-84-405.

§1. Incrimination de l'acte inachevé

361. Si le résultat prévu par la loi n'est pas atteint par l'auteur de l'agissement coupable, et que ce dernier a tout fait pour y parvenir, il y aura *tentative* d'infraction.

Aux termes de l'article 121-5 du Code pénal, « la tentative est constituée dès lors que, manifestée par un commencement d'exécution, elle n'a été suspendue ou n'a manqué son effet qu'en raison de circonstances indépendantes de la volonté de son auteur ».

L'article 121-4 assimile à l'auteur de l'infraction celui qui tente de commettre un crime ou, dans les cas prévus par la loi, un délit. La tentative de crime est toujours punissable, même en l'absence de dispositions spéciales. En revanche, la tentative de délit n'est punissable que si elle est prévue par un texte spécifique. Exemple : en matière de vol, « la tentative des délits prévus au présent chapitre est punie des mêmes peines » (c'est-à-dire des mêmes peines que le vol, selon les distinctions entre vol simple et vols aggravés, C. pén., art. 311-13).

362. La répression de la tentative a été critiquée, en arguant de l'absence de trouble social, dans la mesure où l'infraction n'est pas réalisée. Toutefois, du point de vue psychologique, l'agent criminel est tout aussi dangereux que s'il avait accompli son dessein. De toute façon, le juge dispose du pouvoir d'individualiser la peine.

La tentative, comme son nom l'indique, est donc l'acte qui n'a pas pu s'achever, parce que l'auteur n'a pas été jusqu'au bout de son acte. Il peut y avoir deux raisons à cela :
- soit qu'il n'ait pas pu en raison de circonstances indépendantes de sa volonté, mais alors que l'infraction était potentiellement réalisable ;
- soit qu'il n'ait pas pu parce que le résultat était en lui-même impossible.

A. Hypothèse de l'infraction réalisable

363. La tentative n'est punissable que dans la mesure où elle révèle un comportement dangereux. C'est pourquoi le législateur exige un acte matériel révélateur de l'intention coupable et susceptible de constituer l'embryon de trouble social indispensable à la répression. Deux conditions sont exigées, l'une positive : un commencement d'exécution, l'autre négative : l'absence de désistement volontaire, ce qui traduit la permanence de l'intention criminelle.

1. Le commencement d'exécution

364. Dans ce qu'on appelle l'*iter criminis*, c'est-à-dire le processus criminel, il y a un certain nombre d'actes qui se succèdent et se matérialisent progressivement à mesure qu'approche le résultat. Si bien qu'il est possible de déterminer plusieurs phases entre le projet d'infraction et sa réalisation complète :

1° le dessein criminel ;

2° la résolution et son extériorisation ;

3° les actes préparatoires ayant pour objet de procurer les moyens de l'infraction ;

4° l'exécution du projet criminel, comportant des agissements qui auront pour conséquence directe immédiate de consommer l'infraction ;

5° l'achèvement de l'infraction.

Le commencement d'exécution se réalise à partir du moment où le criminel a atteint un point de non-retour, où il entame, à proprement parler, l'*exécution même de son projet.*

Aussi le droit pénal ne retient pas l'*intention* coupable non manifestée, ni les *actes préparatoires.* Il y a deux raisons à cela : d'abord, la politique criminelle veut que l'on ne punisse pas une intention ou un acte qui ne cause aucun trouble à la société, d'autant que l'impunité constitue une prime au repentir qui incite à l'interruption volontaire de l'acte criminel ; ensuite, l'acte préparatoire revêt un caractère équivoque.

Ce point étant précisé, à partir de quand y aura-t-il commencement d'exécution ? Soit un cambrioleur surpris avec son matériel dans la voiture qui lui permettra de commettre son larcin. Est-ce un acte préparatoire ? un commencement d'exécution ? Comment les différencier ? On indiquera les critères possibles avant d'analyser la jurisprudence.

a. Critères possibles de distinction entre actes préparatoires et commencement d'exécution

365. On peut tout d'abord retenir un critère *objectif* : il n'y aura commencement d'exécution que si l'acte accompli constitue l'un des éléments légaux du délit et entre dans la définition de l'infraction prévue par la loi ou constitue une circonstance aggravante de cette infraction. Exemple : il y aurait commencement d'exécution, en matière de vol, lorsque le voleur appréhende le portefeuille ou le sac dont il veut s'emparer (soustraction), ou bien lorsqu'il commet une effraction (circonstance aggravante). Avant de tels agissements, il n'y aurait pas tentative punissable.

366. Cette théorie[41] encourt une double critique.

Tout d'abord, elle est trop restrictive. À la limite, en matière de meurtre, il n'y aurait commencement d'exécution qu'au moment où le meurtrier appuie sur la détente, et cela aboutirait à confondre dans tous les cas la tentative et le délit manqué, alors que les deux situations sont distinguées par l'article 121-5 du Code pénal : « La tentative n'a été suspendue *ou* n'a manqué son effet... ». Dans le délit manqué, le crime est consommé, car le meurtrier a fait le geste qui devait tuer. Mais ce crime est manqué car l'homme a mal visé, ou bien

41. Théorie dégagée par Ortolan E., *Éléments de droit pénal*, 3e éd. 1863, t. I, n° 1012.

l'arme s'est enrayée au dernier moment, ou bien encore le meurtrier, étant trop ému, a oublié de retirer le cran de sûreté.

Ensuite, la tentative punissable étant liée à la conception subjective de l'infraction, pourquoi en définir les éléments objectivement[42] ?

367. Le second critère est un critère *subjectif*: il y aurait tentative punissable dès qu'un acte quelconque manifesterait l'irrévocabilité du dessein criminel. C'est un critère intéressant en ce qu'il correspond à la conception subjective de l'infraction, dont on sait qu'elle a les faveurs du droit français, mais difficile à mettre en œuvre, en raison de la nécessité de prouver que le dessein criminel était irrévocable. Par exemple, le cambrioleur arrêté sur le chemin prétendra qu'il allait abandonner son projet. Par ailleurs, ce critère méconnaît les termes de l'article 121-5, qui exige un commencement d'*exécution.*

b. La jurisprudence

368. Elle retient une conception médiane : celle d'une « intention matérialisée ». Pour la chambre criminelle de la Cour de cassation, mérite la qualification de commencement d'exécution tout acte délibéré qui tend directement au délit.

Il faut donc, pour la jurisprudence, un rapport étroit entre l'acte et l'exécution complète, de telle sorte que l'achèvement est probable. Si l'essentiel réside dans l'intention, cette intention doit être matérialisée dans un acte qui tend directement au résultat. On a donc très logiquement deux éléments : un élément objectif (l'acte) et un élément psychologique (l'intention de commettre l'infraction), *les deux éléments étant liés étroitement.*

Par exemple, dans une célèbre affaire[43], la chambre criminelle a pu considérer que le fait de recruter un homme de main en lui fixant pour mission d'assassiner une personne désignée ne constituait pas le commencement d'exécution du meurtre, parce que le meurtre n'était pas la suite directe, nécessaire et immédiate du fait, en raison d'un élément intermédiaire, le tueur, qui pouvait ne pas mettre à exécution le projet. Dans ce genre d'hypothèse, même si la volonté criminelle de l'instigateur est établie, il n'y a pas de répression : *il n'y a pas de tentative de complicité.* L'instigateur, qui ne peut être poursuivi qu'en qualité de complice ne sera punissable que si l'acte principal a été commis ou au moins tenté.

Dans une affaire voisine[44], un collégien avait remis à un camarade une somme d'argent pour acheter de la drogue. Le camarade avait envoyé un mandat à une troisième personne pour qu'elle se procure directement la drogue, mais la mère de cette personne avait retenu le mandat, de sorte qu'aucun contact n'avait pu être pris avec le fournisseur. Les juges du fond avaient condamné le collégien pour tentative d'achat de stupéfiant, leur décision a

42. Decocq A., *op. cit.*, p. 175 : « le commencement d'exécution ne saurait être ramené à un élément matériel avorté, à un morceau d'infraction ».

43. Cass. crim., 25 oct. 1962 : D. 1963, p. 321, aff. *Lacour*.

44. Cass. crim., 15 mai 1979 : D. 1980, p. 409, note Cambassédès J.-M.

été cassée au motif que « la tentative n'est caractérisée que par un acte devant avoir pour conséquence directe de consommer le délit, celui-ci étant entré dans sa période d'exécution ». Comme dans l'affaire précédente, la présence d'un intermédiaire impliquait que le résultat attendu demeurait bien aléatoire. La tentative punissable suppose un rapport de causalité *directe* entre l'acte commis et l'infraction. Depuis la loi du 9 mars 2004 (C. pén. art. 221-5-1) la situation se présente différemment dans la mesure où a été créée une nouvelle incrimination réprimant le fait de faire à une personne des offres ou des promesses ou de lui proposer des dons, présents ou avantages quelconques afin qu'elle commette un assassinat ou un empoisonnement lorsque ce crime n'a été ni commis ni tenté. Désormais, dans ce cas précis l'instigation non suivie d'effet n'échappe plus à la répression[45].

369. Dans certains cas, la Cour de cassation ajoute à l'adverbe « directement » (qui se réfère au lien de causalité) l'adverbe « immédiatement » (qui se réfère à la proximité dans le temps)[46]. Il s'agit souvent de cas où la consommation de l'infraction résulte d'une opération intellectuelle. Dans une espèce où un négociant en vins avait adressé des échantillons à des clients sous des bordereaux faisant état d'appellations d'origine, alors que ces vins ne pouvaient y prétendre, la chambre criminelle[47] approuva la condamnation du négociant pour tentative de tromperie sur l'origine, au motif que « le commencement d'exécution est constitué, au sens de l'article 2 [nouvel art. 121-5] du Code pénal, par tous les actes qui tendent directement et immédiatement à la consommation du délit, le prévenu étant ainsi entré dans la période d'exécution ; que tel est bien le cas en l'espèce d'une proposition de vente qui, appuyée par l'envoi d'un échantillon assorti d'indications fausses, doit, dans l'intention de son auteur, déterminer la conclusion de la vente et entraîner une tromperie dont l'acheteur sera la victime ». Dans cette affaire, l'envoi des échantillons était le dernier acte à exécuter par le négociant. Cette offre devait, en l'absence de tout autre élément ultérieur, déterminer immédiatement l'acceptation du client. En employant l'adverbe « immédiatement », les juges avaient voulu mettre l'accent sur le fait que l'acte commis était le dernier acte avant l'infraction, appelée à être commise par la seule acceptation de l'acheteur (opération intellectuelle).

Dans la plupart des cas, l'intention criminelle résulte de l'acte lui-même. Il en va ainsi d'individus armés, au volant d'un véhicule volé, arrêtés par la police alors qu'ils s'apprêtent à commettre un hold-up. Mais l'intention criminelle peut résulter d'éléments extérieurs à l'acte : par exemple, de l'impossibilité pour le délinquant de justifier son comportement. Tel est le cas de celui qui s'approche d'une entreprise avec un camion et éprouve la solidité des barreaux d'une fenêtre[48].

45. V. Ponseille A., « L'incrimination du mandat criminel », Dr. pén. 2004, étude n° 10.

46. Cass. crim., 11 mai 2011, n° 10-84344 – Cass. crim., 14 oct. 2014, n° 13-84714 ; 13 déc. 2016, n° 14-87473.

47. Cass. crim., 3 mai 1974 : Bull. crim., n° 157, aff. *Ramel* ; Pradel J. et Varinard A., *op. cit.*, n° 30.

48. Cass. crim., 5 juill. 1951 : Bull. crim., n° 198.

370. Dans la mesure du possible, il faut maintenir un lien objectif avec l'acte. On peut toutefois craindre un certain arbitraire. On le vérifiera en étudiant l'évolution de la jurisprudence en matière de *tentative d'escroquerie à l'assurance*. En cette matière, la Cour de cassation est devenue de moins en moins exigeante. Au départ, elle énonçait que le fait pour un individu de mettre le feu volontairement à son camion assuré contre l'incendie ne constituait pas une tentative d'escroquerie s'il n'avait encore effectué aucune demande[49], la seule déclaration d'un sinistre fictif ou simulé ne constituant qu'un acte préparatoire[50]. Puis, elle décida que la déclaration de sinistre était une tentative d'escroquerie si elle était accompagnée d'une demande d'indemnisation[51] et qu'à défaut d'une telle demande il y avait tentative si la déclaration était accompagnée de documents destinés à lui donner crédit, tels qu'une demande d'évaluation par expert[52] ou une demande de renseignements sur les modalités de remboursement[53]. Enfin, elle a admis[54] que la déclaration comme « accidentel » d'un incendie volontairement provoqué constituait l'escroquerie ou la tentative d'escroquerie. Plus récemment le stratagème constitutif de la tentative a pu être relevé dans une attitude postérieure à une déclaration mensongère de vol[55].

L'examen de la jurisprudence révèle aussi que certains juges se déterminent en fonction de considérations plus criminologiques que juridiques. Par exemple, ils qualifieront des agissements d'actes préparatoires parce que leur auteur est un délinquant primaire, et de commencement d'exécution s'il s'agit d'un récidiviste. Ces solutions traduisent, à notre avis, une dérive excessive vers un critère fondé uniquement sur la personnalité du délinquant.

2. L'absence de désistement volontaire

371. S'il y a désistement volontaire, c'est-à-dire si le processus criminel est interrompu par une volonté libre, il n'y aura pas répression du comportement. La raison s'en trouve dans une bonne politique criminelle. On souhaite ainsi que l'agent criminel soit incité à ne pas poursuivre l'exécution de son projet. Peu importent, à cet égard, les mobiles qui inspirent ce désistement : crainte de la sanction, ou manque d'intérêt pour le but initialement fixé.

---

49. Cass. crim., 27 mai 1959 : Bull. crim., n° 282.
50. Cass. crim., 22 mai 1984 : D. 84.602, note Robert J.-H.
51. Cass. crim., 13 mars 1989 : Gaz. Pal. 89.1.437, note Doucet J.-P.
52. Cass. crim., 10 mai 1990 : Bull. crim., n° 182.
53. Cass. crim., 6 avr. 1994 : Bull. crim., n° 135 ; Dr. pén., comm. 158.
54. Cass. crim., 1er juin 1994, n° 93-83382 : Dr. pén., 1994 comm. n° 234.
55. Cass. crim., 28 févr. 2012, n° 11-82953 (conservation et dissimulation de pièces permettant la vente ultérieure du véhicule).

Pour qu'il y ait désistement, deux conditions sont nécessaires :

a. Caractère volontaire du désistement

372. D'abord, le désistement doit être véritablement volontaire[56], et ne pas être la conséquence d'un événement extérieur (par exemple l'arrivée de la police).

Qu'en est-il si l'agent criminel entend du bruit, prend peur et s'enfuit ? Il y a une cause externe (le bruit) et une cause interne (la décision de mettre fin à l'exécution). La doctrine enseigne qu'il faut déterminer quelle est, parmi les causes, celle qui est prédominante[57]. La jurisprudence est nuancée. Un arrêt ancien[58] décide que le désistement motivé par la crainte d'une dénonciation doit être considéré comme involontaire, donc inefficace. Plus récemment, dans une espèce où un voleur de marchandises avait chargé un chariot dans un grand magasin, puis abandonné ce chariot avant de franchir la porte, il a également été jugé[59] que le désistement n'était pas volontaire, les circonstances révélant que l'auteur n'avait pu obtenir le concours d'un tiers rencontré dans le magasin, et s'était aperçu que ses gestes avaient été épiés par les employés. En revanche, dans un cas où, après avoir envisagé de cambrioler un bureau de tabac, l'agent y a renoncé sur le conseil d'un ami rencontré fortuitement, la Cour de cassation[60] a admis que le désistement était volontaire, alors même qu'il n'était pas purement spontané.

b. Désistement antérieur au délit

373. Le désistement doit se produire à temps, c'est-à-dire être antérieur à la consommation de l'infraction. Cette condition permet de distinguer le désistement volontaire du *repentir actif*, qui survient après la consommation du délit. Le repentir actif est sans influence sur la consommation de l'infraction, et n'entraîne donc pas l'impunité. Mais il joue un rôle dans la répression, en ce qu'il atténue la gravité de l'acte, et peut inciter le ministère public à classer l'affaire. Un exemple, classique, éclairera cette distinction entre désistement volontaire et repentir actif. Une personne s'introduit dans une maison en vue de la cambrioler, mais en ressort avant d'avoir rien dérobé : il y a désistement volontaire. Si elle vole des objets puis, prise de remords, les restitue à leur propriétaire, il y a repentir actif.

374. Si l'on en croit un arrêt récent[61], il faut également que le désistement se produise avant que le commencement d'exécution ait déjà produit un début de consommation, ce qui est une condition supplémentaire

56. Cass. crim., 30 sept. 2014, n° 14-84925 – 14 oct. 2014, préc. 13 déc. 2016, préc.

57. Pradel J., *op. cit.*, n° 388 – Merle R. et Vitu A., *op. cit.*, t. 1, n° 503.

58. Cass. crim., 29 mai 1902 : D. 1904.1.31.

59. Cass. crim., 3 janv. 1973, aff. *Berchem* : RSC 1973, p. 70, note Bouzat P. ; Pradel J. et Varinard A., *op. cit.*, n° 31.

60. Cass. crim., 20 mars 1974, aff. *Weinberg* : Bull. crim., n° 124 ; Pradel J. et Varinard A., *ibid.*

61. Cass. crim., 21 juin 2017, n° 16-82.607, *Gaz.Pal.*, 24 oct. 2017, p. 41, note Dreyer E.

inédite à ce jour. Dans cette affaire, un individu avait aspergé d'essence deux personnes, puis après les avoir embrasées, s'était efforcé d'éteindre l'incendie sur l'une d'elles. Les deux victimes ayant survécu, l'individu est poursuivi et condamné pour tentative d'assassinat par la cour d'assises qui juge que l'action d'éteindre les flammes n'a pas pour effet de faire disparaître les tentatives criminelles *déjà consommées*. Le pourvoi est rejeté en ces termes : « ... la cour d'assises a exactement qualifié de repentir actif et non de désistement volontaire le comportement de l'accusé. ». Pourtant, l'assassinat proprement dit n'a pas été consommé : les victimes ont survécu, notamment l'une grâce à l'action du criminel. Il y aurait donc bien désistement volontaire. Mais qui ne voit que le mode d'assassinat choisi est particulièrement odieux. Pour les magistrats le fait de mettre le feu est déjà assimilable à la consommation de l'infraction. Par conséquent éteindre l'incendie ne peut être qu'un repentir actif. Pour admettre le désistement volontaire, il aurait fallu que l'action intervienne avant le début de l'incendie. Ainsi, le fait d'asperger la victime d'essence en renonçant à mettre le feu pourrait être analysé comme un tel désistement. La solution choisie par la Cour de cassation introduit une étape nouvelle dans le processus criminel, celle du commencement de consommation qui se situe entre le commencement d'exécution et la consommation proprement dite. C'est une distinction originale qui risque de se révéler bien subtile à l'usage.

375. Cette distinction entre le désistement volontaire et le repentir actif est importante en présence d'une infraction formelle, telle que l'empoisonnement. Si l'empoisonneur administre le poison, puis un contre-poison, il ne s'agit que d'un repentir actif, car le geste intervient après la consommation du délit. Si l'empoisonnement était une infraction matérielle, il s'agirait d'un désistement volontaire.

Dans certains cas, le repentir actif est une cause d'exemption de peine (par exemple en matière de terrorisme, au profit du dénonciateur) ou peut déterminer le juge à prononcer une dispense de peine ou un ajournement de peine.

B. Hypothèse du résultat non réalisable

376. L'infraction est alors impossible et il n'y a pas de texte incriminant le délit impossible. Du point de vue psychologique, l'acte est complet : l'agent a tout fait pour aboutir au résultat. Mais ce résultat était irréalisable :

- faute d'*objet* (on a tiré sur une personne déjà morte, on a pratiqué un avortement sur une femme qui n'était pas enceinte, on s'est introduit dans une maison pour commettre un vol alors qu'elle était vide) ;
- ou faute de *moyens* (on a tiré avec un pistolet non chargé, on a utilisé un poison non nocif).

Si des discussions sont nées à ce sujet, c'est que la loi est parfois ambiguë. Ainsi, l'article 221-5 du Code pénal ne retient l'empoisonnement que si les substances sont « de nature » à entraîner la mort[62].

1. Doctrine

377. Dans un premier temps, la doctrine du début du XIXe siècle se prononçait pour l'impunité, le délit impossible n'entraînant aucun trouble social. Telle était l'opinion de Feuerbach.

Puis certains auteurs[63] ont proposé des distinctions. Ainsi, Ortolan a voulu distinguer entre :

- impossibilité *relative*, résultant du défaut de moyens : cas du revolver non chargé, alors qu'il aurait pu l'être, seul le hasard ayant fait qu'il ne l'était pas. Dans de tels cas, la répression serait justifiée ;
- et impossibilité *absolue*, résultant du défaut d'objet : cas du « meurtre » commis sur un mort, ou de l'emploi de moyens par hypothèse inefficaces. La répression serait alors injustifiée.

En réalité, cette distinction est inopérante : la tentative est liée à la conception subjective de l'infraction. Si l'intention existe, si le commencement d'exécution est caractérisé, pourquoi la tentative ne serait-elle pas punissable ? Au surplus, le Code pénal ne fait pas allusion à une telle distinction. L'impossibilité existe ou n'existe pas : il ne peut y avoir de degrés dans cette impossibilité.

De son côté, Roux[64] a proposé une distinction entre :

- impossibilité *de droit*, résultant de ce que la qualification est impossible parce que les conditions légales n'en sont pas réunies. Exemple : aux termes de l'ancien article 300 du Code pénal, l'infanticide était le meurtre ou l'assassinat d'un enfant nouveau-né. L'infanticide d'un enfant mort-né était donc juridiquement impossible, et ne devait pas entraîner de poursuites.
- impossibilité *de fait*, réunissant tous les autres cas, par exemple le fait de vouloir voler le contenu d'une poche qui s'avère vide. Les poursuites seraient alors justifiées.

Cette seconde distinction était trop subtile et même inexacte : dans le deuxième cas, l'absence de la chose appartenant à autrui rend également impossible la qualification.

Certains auteurs contemporains restent séduits par cette dernière distinction[65].

---

62. L'ancien article 317 sur l'avortement était pareillement ambigu en ce qu'il punissait les manœuvres abortives pratiquées sur une femme « supposée enceinte ». Mais l'expression n'est pas reprise par l'actuel article 223-10.

63. Notamment Ortolan F., *Éléments de droit pénal*, t. 1, n° 1005 et s.

64. *Cours de droit criminel français*, Sirey, 1927, t. 1, p. 117.

65. Merle R. et Vitu A., *op. cit.*, n° 510 – Bouloc B., *op. cit.*, n° 259, *in fine*.

2. Jurisprudence

378. Dans un premier temps, certains arrêts anciens s'étaient prononcés pour l'impunité. Dans un deuxième temps, la jurisprudence a utilisé la distinction entre impossibilité absolue et impossibilité relative. Enfin, les solutions se sont orientées vers la répression.

Dans une espèce où un avortement avait été pratiqué par deux époux sur la personne de leur domestique avec des moyens inadaptés, la Cour de cassation[66] a jugé que « le fait énoncé dans l'arrêt, que ces manœuvres étaient par elles-mêmes insuffisantes à produire le résultat auquel elles tendaient, n'a été qu'une circonstance indépendante de leur volonté, par suite de laquelle leur tentative a manqué son effet ». De même, la chambre criminelle[67] a approuvé une cour d'assises d'avoir condamné pour meurtre deux personnes qui avaient agi ensemble alors que l'une avait frappé la victime déjà mortellement atteinte par les coups portés par l'autre. De même encore, une intrusion avec effraction dans un lieu habité sans que l'auteur ait pu commettre un vol, faute d'objets de valeur à l'intérieur, a été jugée comme constituant une tentative de vol avec effraction[68].

379. En définitive, on peut dire que la jurisprudence assimile entièrement le délit impossible à la tentative et se contente de viser la tentative. Si elle refuse la répression, c'est parce que le commencement d'exécution n'est pas constitué. La conception subjective de l'infraction en général, et de la tentative en particulier est ainsi consacrée. Par exception, certains comportements ne sont pas réprimés, mais l'explication tient à des considérations étrangères à la notion d'infraction impossible ; comme l'hypothèse de l'infraction commise en utilisant des *moyens surnaturels*. Ex. : vouloir commettre un homicide par envoûtement, en invoquant les puissances du Mal. La raison de l'impunité est soit l'insuffisante matérialisation de l'intention criminelle, soit le côté absurde du procédé.

§2. Incrimination de l'acte dangereux en soi

380. Dans un but de prévention, le législateur n'hésite pas à incriminer de simples comportements dangereux sans tenir compte de leur résultat effectif, même si ce dernier reste en ombre chinoise. C'est l'agissement lui-même qui constitue l'atteinte à l'ordre social. Deux catégories d'infractions répondent à ce cas de figure : l'infraction formelle et l'infraction-obstacle.

66. Cass. crim., 9 nov. 1928, aff. *Fleury* : JCP 1929. 239, note GARRAUD ; PRADEL J. et VARINARD A., *op. cit.*, n° 32.

67. Cass. crim., 5 oct. 1972 : Gaz. Pal. 1973. 1. 25 – Dans le même sens, Cass. crim., 16 janv. 1986 : D. 1986, p. 265, note MAYER D., GAZOUNAUD C. et PRADEL J. ; JCP 1987.II.20774, note ROUJOU DE BOUBÉE G.

68. Cass. crim., 15 mars 1994 : Dr. pén. 1994, comm. n° 153, obs. VÉRON M.

A. L'infraction formelle

381. Dans l'infraction formelle, l'atteinte effective à la valeur protégée n'est pas une condition de l'incrimination de l'acte. « La tentative ne se distingue pas de l'acte consommé, car elle est comprise avec lui dans la notion d'attentat » rappelle R. Vouin. Le commencement d'exécution est directement punissable, sans qu'il soit besoin de vérifier qu'il constitue bien une tentative au sens du Code pénal[69].

En d'autres termes, si l'on reprend la distinction établie par M. Decocq, il s'agit d'un comportement constitutif d'une infraction qui, si le résultat réel (ou sociologique) et le résultat légal coïncidaient, ne serait qu'un commencement d'exécution[70]. On pourrait dire que dans le délit formel, l'« attentat » comprend la tentative. Pour autant, la tentative d'attentat existe. En somme, dans l'infraction formelle, plus que dans l'infraction matérielle, l'activité criminelle est punie *pour elle-même*.

1. « L'attentat » comprend la tentative

382. L'infraction est consommée par un acte qui ne constituerait qu'une tentative dans l'infraction matérielle. L'agissement est punissable et érigé en infraction indépendamment du résultat effectif. C'est une infraction de moyen, le moyen révélant l'intention. « La loi se borne à incriminer un procédé »[71].

Exemples d'infractions formelles :

- *l'atteinte sexuelle* : l'infraction est réalisée dès que le geste accompli révèle l'intention de commettre un acte impudique[72]. L'ancien article 331 incriminait « l'attentat » à la pudeur « consommé ou tenté ». Les actuels articles 222-27 et 222-31 sont moins précis. Ils visent les « agressions » ou les « atteintes » sexuelles sans les définir. Ce sont des notions objectives assez larges et l'on peut continuer à dire que la notion d'atteinte comprend la tentative d'atteinte sexuelle. Cette lecture du code est indispensable pour les atteintes prévues aux articles 227-25 et 227-27 en l'absence d'une disposition prévoyant la répression de la tentative. En revanche, la tentative de l'agression sexuelle (art. 222-27 et 222-30) est expressément punissable (art. 222-31). Compte tenu de la nature du délit, cette précision est jugée avec raison inutile[73].
- *l'attentat à la sûreté de l'État*. L'ancien article 86 du Code pénal disposait clairement : « L'exécution ou la tentative constitueront seules l'attentat ». Le nouvel article 412-1 est moins net : il parle d'actes de violence *de nature* à mettre en péril les institutions de la République ou à porter atteinte à l'intégrité du territoire national.

69. Vouin V., *Droit pénal spécial*, 4e éd. par Rassat M.-L., Dalloz, 1976, n° 299.

70. *Op. cit.*, p. 183.

71. Merle R. et Vitu A., *op. cit.*, n° 514.

72. Cass. crim., 14 juin 1995 : Bull. crim., n° 222 ; Dr. pén. 1995. 222, obs. Véron M. ; RSC 1996. 365, obs. Bouloc B.

73. V. Rassat M.-L., *Droit pénal spécial*, *op. cit.*, n° 521.

- l'*empoisonnement* (C. pén., art. 221-5). On remarquera néanmoins que si l'actuel texte mentionne, comme le faisait l'ancien article 301, l'administration de substances *de nature à* donner la mort (l'ancien code parlait de substances qui *peuvent* donner la mort), il n'a pas repris la formule « quelles qu'en aient été les suites ». Il serait hasardeux d'y voir la volonté des rédacteurs du code de revenir sur l'analyse traditionnelle de l'empoisonnement[74]. Le crime reste consommé dès que les substances mortifères ont été absorbées par la victime.
- les *provocations* sont punissables même si elles ne sont pas suivies d'effet (art. 412-8, al. 1 : provocation à s'armer contre l'autorité de l'État ou contre une partie de la population – art. 431-6, al. 1 : provocation directe à un attroupement armé) ;
- le délit de *corruption* est punissable, que le corrompu accomplisse ou s'abstienne d'accomplir un acte de sa fonction (C. pén., art. 433-1) ;
- il en est de même de la *subornation de témoin* (C. pén., art. 434-15), même si elle n'est pas suivie d'effet.

2. La tentative d'attentat existe

383. Ce qui n'est qu'un acte préparatoire dans l'infraction matérielle est une tentative dans l'infraction formelle. Par exemple, en matière d'*empoisonnement*, le simple fait de disposer le poison de telle manière que la victime désignée se l'administre est punissable. S'il s'agissait d'une infraction matérielle, il ne le serait pas.

Si l'empoisonnement a lieu par l'intermédiaire d'un *tiers*, il convient de distinguer selon que ce tiers a agi inconsciemment ou consciemment. Dans le premier cas (le tiers administre le poison sans savoir qu'il s'agit d'un poison), le tiers dont le geste n'a été que la manifestation matérielle sans intention n'encourt pas de peine : l'élément moral fait défaut. Si, en revanche, l'intermédiaire est conscient et administre le poison volontairement, il est l'auteur de l'empoisonnement, et l'instigateur est son complice par provocation ou fourniture de moyens. Si le tiers accepte d'administrer le poison en raison d'une offre d'argent mais finalement n'administre rien et ne met pas le poison à la disposition de la victime, il est désormais possible d'engager des poursuites, sur le fondement du nouvel article 221-5-1 du Code pénal, issu de la loi du 9 mars 2004, contre celui qu'il convient d'appeler l'instigateur. Il n'en était pas ainsi auparavant, la complicité n'étant punissable que s'il existe une infraction principale elle-même punissable.

Un tribunal[75] a écarté la qualification d'empoisonnement dans une espèce curieuse (et heureusement exceptionnelle) où le prévenu avait mordu jusqu'au sang un agent de police avec l'intention de le contaminer par le virus du SIDA dont il était porteur. L'empoisonnement n'était pas réalisé : le policier n'étant pas séropositif, il n'était pas certain que le prévenu lui ait injecté une substance mortifère. Mais on s'est demandé s'il y avait du moins

74. En ce sens, les propos de MM. Terrier, directeur des Affaires criminelles et des Grâces, Desportes F. et Le Gunehec F., *Nouveau Code pénal, mode d'emploi*, Éd. 10/18, 1993, n° 129.

75. T. corr. Mulhouse, 6 févr. 1992 : D. 1992, p. 301, note Prothais A.

tentative. Certains auteurs[76] l'ont pensé : l'intention était certaine au moment de la morsure, et, si l'infraction n'a pas été commise, c'est par suite de circonstances indépendantes de la volonté de l'auteur. Il n'y a donc pas eu désistement volontaire.

384. On s'est demandé aussi si l'**escroquerie** était une infraction formelle. L'hésitation vient de ce qu'il faut bien distinguer le préjudice et le résultat de l'infraction. Dans l'escroquerie, c'est la remise de la chose qui consomme l'infraction, mais ce résultat légal ne consomme pas nécessairement le préjudice (résultat réel). Or, l'infraction formelle se caractérise par son indifférence au résultat réel. L'escroquerie ne serait-elle donc pas une infraction formelle ? Non, car le préjudice n'est jamais un élément constitutif de l'infraction. Il s'agit donc bien d'une infraction matérielle.

B. L'infraction-obstacle

385. À côté des infractions formelles, dans certains cas limites, le droit pénal réprime des agissements qui ne constitueraient même pas des commencements d'exécution dans l'infraction matérielle, mais seulement des actes préparatoires[77], ou mieux encore la simple extériorisation de la résolution criminelle. C'est ce qu'on appelle l'infraction-obstacle : on érige un comportement en *infraction* pour faire *obstacle* à une infraction prévisible.

Exemples d'infractions-obstacles :

- complot contre l'autorité de l'État (C. pén., art. 412-2) ;
- organisation d'une manifestation sur la voie publique interdite ou sans déclaration préalable (C. pén., art. 431-9) ;
- préparation d'une infraction en relation avec une entreprise individuelle terroriste (C. pén. art. 421-2-6)
- conduite sous l'empire d'un état alcoolique (C. route, art. L. 1er) ;
- abandon d'une arme dans un lieu public (C. pén., art. R. 641-1) ;
- divagation d'animaux dangereux (C. pén., art. R. 622-2) ;
- menaces (C. pén., art. 222-17) ;
- association de malfaiteurs (C. pén., art. 450-1) ;
- mise en danger de la vie d'autrui (C. pén., art. 223-1 et s.).

Ces infractions se rapprochent beaucoup des infractions formelles : elles se résument à la seule création d'un péril. Mais elles s'en distinguent dans la mesure où elles ont un lien plus distendu avec le résultat de l'infraction matérielle correspondante : la réalisation effective de ce résultat est une simple éventualité, tandis que dans l'infraction formelle le rapport de causalité est immédiat.

76. Dont M. Prothais dans la note précitée.

77. Par exemple en matière de lutte contre le terrorisme : Mayaud Y., « Le terrorisme par entreprise individuelle sous contrôle constitutionnel », *D.* 2017, p. 1134.

386. Les infractions-obstacles sont plus nombreuses que les infractions formelles. Du point de vue de leur régime, il faut faire deux remarques :

L'une porte sur le fond : parfois, les infractions-obstacles peuvent coexister avec d'autres infractions pour lesquelles le résultat est nécessaire. Ex. : conduite en état d'ivresse et homicide involontaire. L'homicide n'absorbe nullement l'infraction-obstacle ; la conduite en état d'ivresse est une circonstance aggravante de l'homicide. Dans d'autres cas au contraire, l'infraction-obstacle disparaît au profit de la nouvelle infraction. Ex. : le complot est absorbé par l'attentat.

L'autre porte sur la procédure. La cour d'assises compétente pour connaître d'un crime le sera également pour connaître du délit-obstacle.

387. Pour incriminer un comportement donné, le législateur ne se limite pas à la description matérielle de l'acte. Il tient compte aussi de la volonté de son auteur, de son état d'esprit. En effet, le législateur ne punit que les conséquences antisociales d'un acte *volontaire*. C'est à ce second élément de la conduite infractionnelle que sera consacré le chapitre suivant.

CHAPITRE 2

La culpabilité

388. L'infraction, nous le savons, traduit un trouble. La culpabilité traduit le reproche de la société, qui fonde la réaction sociale ; elle traduit la faute (au sens large) qui explique l'incrimination. La chambre criminelle de la Cour de cassation, dans l'arrêt *Laboube*[1] dont on a déjà parlé à plusieurs reprises, affirmait dans un attendu de principe : « Attendu que toute infraction, même non intentionnelle, suppose que son auteur ait agi avec intelligence et volonté ». Il en résulte que même une infraction non intentionnelle exige une volonté, ce qui peut surprendre. En réalité, il ne faut pas se méprendre sur le vocabulaire employé par le Code pénal. Quand on parle d'infraction « involontaire », on a tort. Comme le souligne le professeur Bouloc[2], « l'expression « atteintes involontaires à la vie » par laquelle le Code pénal désigne l'homicide et les blessures par imprudence (art. 221-6, 221-19) ne signifie nullement que ces délits ne sont pas l'œuvre d'une volonté signifient mais seulement que leurs conséquences n'ont pas été voulues ».

L'infraction, quelle que soit sa nature, n'est constituée que si son auteur a eu la volonté ou la conscience de violer la loi pénale. Dans une formule saisissante, M. Decocq écrit[3] à ce propos : « À défaut de volonté, le fait de l'homme ne constitue pas un acte, mais un événement ». Nous avons défini la responsabilité pénale comme la réunion de la culpabilité et de l'imputabilité[4], la première se définissant par rapport à la collectivité, la seconde par rapport à l'agent pénal.

L'imputabilité, c'est-à-dire l'aptitude à comprendre, permet à la volonté de s'exprimer. Les deux sont très liées comme nous le verrons en présence d'une infraction commise par un aliéné ou un par un mineur[5].

Au stade de l'agissement incriminé, il ne s'agit que de culpabilité. Celle-ci traduit soit du mépris à l'égard de certaines valeurs fondamentales soit de

1. Cass. crim., 13 déc. 1956 : D. 1957. 349, note Patin M. ; Pradel J. et Varinard A., *op. cit.*, n° 42.
2. *Op. cit.*, n° 271.
3. Decocq A., *op. cit.*, p. 201.
4. V. *supra*, n° 92.
5. V. *infra*, n° 520 à 522 et 556.

l'insouciance[6]. Le meurtre caractérisé par une intention de donner la mort révèle le mépris de la vie d'autrui. L'homicide par imprudence traduit l'insouciance. En fait, toutes les incriminations se ramènent à ces deux attitudes : soit avoir l'*intention* de commettre le fait, la faute est alors intentionnelle (section 1) ; soit commettre une faute *non intentionnelle* (section 2).

Section 1
L'intention criminelle

389. Elle est appelée également « dol criminel ». C'est la condition de tout crime ou délit : « Il n'y a point de crime ou de délit sans intention de le commettre » (C. pén., art. 121-3). Cette disposition de portée générale évite de reprendre l'exigence de l'intention dans chacune des qualifications spéciales. Cette règle vaut pour les personnes physiques, mais aussi pour les personnes morales, ce qu'il est difficile d'admettre : il y a là une maladresse de la part du législateur.

L'intention n'est pas définie par le législateur. La définition sur laquelle s'accordent la majorité des auteurs est la suivante : c'est « la volonté de commettre l'infraction telle qu'elle est déterminée par la loi, plus la conscience chez le coupable d'enfreindre les prohibitions légales »[7]. Cette définition s'applique à la majorité des infractions (crimes et délits). En réalité, on peut se demander si elle ne recouvre pas deux réalités distinctes : certaines infractions supposent une attitude psychologique plus précise, une « intention renforcée »[8]. Une certaine doctrine fait place, au côté de l'intention ou dol *général* (§ 1), à un dol *spécial* (§ 2).

§1. La notion de dol général

390. On vient de dire que l'intention consiste dans la volonté de commettre le fait interdit, qui matérialise la transgression d'une valeur sociale protégée, et dans la conscience d'enfreindre une prohibition légale. À partir de là, l'existence de l'intention se déduit-elle de la seule constatation que le fait a été volontairement commis, ou bien le juge doit-il rechercher le mobile, les raisons qui ont poussé le délinquant à agir ? À cette question, la réponse est la suivante : l'intention du fait infractionnel est suffisante ; le mobile est indifférent.

6. Decocq A., *op. cit.*, p. 207.

7. Garçon E., *op. cit.*, art. 1, n° 77. L'auteur relevait que cette définition était déjà celle d'Ortolan. Les auteurs contemporains la reprennent à leur compte. Ex. : Decocq A., *op. cit.*, p. 208 ; Pradel J., n° 554 ; Merle R., Vitu A., *op. cit.*, n° 579 ; Bouloc B., *op. cit.*, n° 275 et 276. Comp. art. 221-1 qui se contente de dire à propos du meurtre : « Le fait de donner *volontairement* la mort à autrui », formule qui évoque le dol général, alors que l'intention évoque le dol spécial.

8. Le verbe latin *intendere* veut dire « tendre vers » : l'intention est conscience et effort vers un résultat prohibé : v. Bouloc B., *op.cit.*, n° 275 ; Pradel J., *op. cit.*, n° 560.

A. La volonté de commettre le fait interdit

391. Elle est établie quand l'auteur de l'infraction sait que sa conduite est défendue et persiste dans son action. L'intention doit être étudiée au triple point de vue de son *contenu*, du *moment* où elle doit exister, et de sa *preuve*.

1. Contenu

392. 1. L'intention suppose d'abord la conscience de l'existence des conditions légales de l'infraction, telles qu'elles sont définies par le texte d'incrimination. Ex. : le fait de provoquer un mineur à la mendicité (art. 227-20) n'est pas réalisé si l'auteur de la provocation croit s'adresser à une personne majeure.

2. Elle suppose ensuite la conscience que l'accomplissement de l'acte dans sa matérialité et son résultat correspond bien à celui qui est décrit : si objectivement une personne soustrait le bien d'autrui croyant qu'il s'agit de son propre bien, il n'y a pas chez elle d'intention criminelle.

En cas d'erreur de fait, l'intention n'existe plus et l'acte n'est pas punissable.

393. Pour ce qu'il en est du résultat, il peut être :

1° Un résultat précisément recherché, celui-là même qui est « déterminé » par la loi. On parle alors de « dol déterminé »[9].

2° Un résultat non recherché de manière précise. On parle alors de « dol indéterminé », l'agent criminel s'étant représenté le résultat et ayant accepté la probabilité qu'il se produise. Ainsi, les coups et blessures volontaires peuvent entraîner une mutilation, ou une incapacité de travail de plus de 8 jours, ou encore une incapacité de travail inférieure ou égale à 8 jours. Quel que soit le résultat, la répression est encourue : le dol indéterminé est en effet assimilé au dol déterminé[10].

Ces définitions s'appliquent à l'infraction matérielle ou formelle. Ainsi, dans l'empoisonnement, l'intention criminelle est établie dès le moment où l'auteur a eu l'intention d'empoisonner (c'est-à-dire d'administrer des substances propres à entraîner la mort) et non nécessairement l'intention de tuer (homicide). L'empoisonnement n'est pas seulement un meurtre aggravé, mais une infraction ayant ses propres éléments. Dans l'affaire du sang contaminé, sur un plan strictement juridique, il y avait empoisonnement.

9. Par exemple, le Code pénal réprime les sévices graves ou actes de cruauté commis sur un animal (art. 521-1) et les mauvais traitements (art. R. 654-1). Comment les distinguer ? Disons que l'acte de cruauté se confond avec les mauvais traitements en ce qu'il impose une souffrance inutile ou excessive mais il s'en distingue en ce qu'il procède d'un instinct de perversité. Si l'élément moral du délit d'actes de cruauté ne comporte pas de dol spécial, l'intention exigée est néanmoins « qualifiée » au regard de ce qui est exigé quand il s'agit de mauvais traitements. On peut dire que dans ce cas le dol est déterminé. Sur la difficulté de distinguer sévices graves ou actes de cruauté commis sur un animal, mauvais traitements et abandon, cf. : Cass. crim., 16 juin 2015, n° 14-86387 et Cass. crim., 10 mars 2015, n° 14-82482, Revue semestrielle de droit animalier 2015, n° 1, p. 61 et s., note Leroy J.

10. Cass. crim., 15 mars 2017, n° 16-87694. À distinguer du dol indéterminé quant à la personne de la victime (cas du terrorisme, celui qui jette une bombe dans un lieu public, ne sachant pas qui en sera victime).

Toutefois, si on veut maintenir un lien entre l'empoisonnement et le meurtre, et relever l'intention de tuer, c'est encore un crime parce qu'en matière d'homicide intentionnel la jurisprudence n'exige pas un dol déterminé[11].

394. 3° Un résultat qui dépasse les prévisions de l'agent pénal tout en étant partiellement voulu. On parle dans ce cas d'infraction « præterintentionnelle ». Ex. : coups et blessures volontaires ayant entraîné la mort sans intention de la donner, crime prévu par l'article 222-7 du Code pénal et puni de 15 ans de réclusion. Le code Napoléon n'avait pas prévu l'homicide præterintentionnel. La jurisprudence le traitait comme meurtre avant que la loi du 28 avril 1832 n'en fasse une circonstance aggravante des coups et blessures. Autre exemple : l'incendie volontaire, puni de la réclusion criminelle à perpétuité par l'article 322-10 du Code pénal lorsqu'il a entraîné la mort d'autrui.

L'infraction præterintentionnelle ne doit pas être confondue avec le dol indéterminé : dans l'infraction præterintentionnelle, le résultat n'a pas été envisagé et n'a donc pas pu être accepté. Sur le plan de l'intention, celle-ci n'existe qu'au regard du résultat *voulu* (coups et blessures volontaires) et non quant au résultat réellement produit (homicide).

395. De même, on ne saurait confondre le dol indéterminé et le dol dit « éventuel ».

On parle de dol « éventuel » quand le résultat de l'infraction est envisagé par l'agent criminel, convaincu qu'il saura l'éviter. Il envisage le résultat mais, psychologiquement, ne l'accepte pas (à la différence du dol indéterminé). Malgré l'utilisation du terme de « dol », cet état d'esprit est plus proche, selon nous, de la faute non intentionnelle que de l'intention criminelle. Nous l'étudierons par conséquent dans la section suivante. Mais, il faut le reconnaître, la distinction entre le dol éventuel et le dol indéterminé n'est pas toujours facile à faire. Prenons l'exemple de l'affaire *du sang contaminé*. Se situe-t-elle sur le terrain du dol indéterminé ou sur celui du dol éventuel ? Ceux qui ont mis sur le marché le sang qu'ils savaient contaminé ont-ils accepté le résultat ou non ? Par son arrêt du 22 juin 1994[12], la chambre criminelle a jugé que des juges correctionnels, étant saisis de la prévention de tromperie dont ils ont à bon droit déclaré un médecin coupable, ne pouvaient, sans ajouter à cette prévention, retenir une qualification criminelle d'empoisonnement comportant des éléments constitutifs distincts, au regard notamment de l'intention

11. V. sur cette discussion, A. Prothais, note sous T. corr. Mulhouse, 6 févr. 1992 : D. 1992. 301, et sous Paris, 19 sept. 1991 et T. corr. Paris, 23 oct. 1992 : D. 1993. 222 ; RSC 1995. 349, obs. Mayaud Y. Comp. Cass. crim., 2 juill. 1998 : D. 1998. 457, note Pradel J. ; JCP 1998. II. 10132, note Rassat M.-L. ; RSC 1999, p. 98, obs. Mayaud Y. : « Attendu que la seule connaissance du pouvoir mortel de la substance administrée ne suffit pas à caractériser l'intention homicide... ». L'arrêt a suscité la perplexité des auteurs. V. également Cass. crim., 18 juin 2003 (D. 2004.1620 note Rebut D. ; RSC 2003.781, obs. Mayaud Y.), considérant dans l'affaire du sang contaminé qu'il ne peut y avoir empoisonnement sans intention de donner la mort. Plus récemment la Cour de cassation a retenu l'infraction d'administration de substances nuisibles dans le cas d'une transmission volontaire de virus à l'occasion de relations sexuelles non protégées. Cass. crim., 10 janv. 2006 : Bull. crim. n° 11 ; sur cet arrêt, Prothais A., « Le sida par complaisance rattrapé par le droit pénal », D. 2006, chron. 1068.

12. Cass. crim., 22 juin 1994 : D. 1995, p. 65 avec les concl. de l'avocat général Perfetti.

coupable essentiellement différente et qui serait susceptible de poursuites séparées. Dans cette affaire, pouvait-on raisonnablement penser que ceux qui procédèrent à la diffusion des produits sanguins n'avaient pas conscience de la gravité de la contamination du sang destiné aux malades hémophiles ? On est très proche du dol indéterminé.

2. Le moment de l'intention

396. L'intention criminelle peut se manifester au moment même de l'acte. Elle peut également précéder l'acte : il s'agit alors de *préméditation*. La préméditation est l'intention réfléchie, prise à l'avance, avant même le début de l'action. C'est, d'après l'article 132-72 du Code pénal, « le dessein formé avant l'action de commettre un crime ou un délit déterminé ». La préméditation est une circonstance aggravante : le meurtre prémédité est un assassinat, puni par l'article 221-3 de la réclusion criminelle à perpétuité, alors que le meurtre simple est puni de trente ans de réclusion criminelle (art. 221-1).

3. Preuve de l'intention

397. La connaissance de la loi est présumée. La volonté criminelle étant la conscience du coupable d'enfreindre la prescription légale, l'auteur de l'infraction est présumé connaître l'infraction commise telle qu'elle est définie par la loi.

Comment établir le rapport entre la volonté et le résultat ? Quand la conduite porte en elle-même son résultat (ex. : non-représentation d'enfant), la preuve de l'intention est facilitée : il suffit de prouver l'absence d'erreur de fait. Si l'auteur de l'infraction n'allègue pas une telle erreur, le juge tient l'intention pour démontrée par l'établissement des faits. En revanche, en cas de coups et blessures volontaires, ou de meurtre, le résultat constitue un événement distinct de la conduite (on peut vouloir tuer avec une arme à feu, mais on manque la cible, ou l'arme ne fonctionne pas...).

398. Pour prendre l'exemple du meurtre : le ministère public devra prouver l'intention de tuer (« *animus necandi* »). Il recherchera cette intention dans les circonstances de fait ayant entouré l'acte. Mais la chambre criminelle de la Cour de cassation considère que l'« *animus necandi* » est suffisamment caractérisé quand l'auteur, sans avoir précisément recherché la mort, a pu prévoir que les coups pourraient être mortels dès lors qu'il utilisait une arme meurtrière. Le fait de viser une partie vitale du corps apporte souvent une preuve de l'intention homicide[13]. Dans une espèce où une altercation opposait deux concubins en présence d'un mineur, l'homme ayant proféré des menaces, le mineur va chercher un fusil de chasse, y glisse deux cartouches et tire deux coups atteignant

13. Cass. crim., 2 avr. 1979 : Bull. crim., n° 131 – 8 août 1981 : JCP 1982. II. 19845, note Chambon P.– 9 janv. 1990 : RSC 1990. 337 – 8 janv. 1991 : RSC 1991 p. 760, obs. Levasseur G., D. 1992, p. 114, note Croisier-Nerac R. – 26 nov. 1991 : RSC 1992. 748, obs. Levasseur G. ; Dr. pén. 1992, n° 120, note Véron M. ; 15 mars 2017, préc.

l'homme au poumon, au foie et au rein. La victime décède aussitôt. « Attendu – dit la chambre criminelle avant de rejeter le pourvoi[14] – que la juridiction du second degré conclut des faits qu'elle a exposés que les coups de feu tirés par l'inculpé dans une région vitale constituent donc bien le crime d'homicide volontaire, sans que les circonstances dans lesquelles il a eu lieu puissent faire disparaître l'élément légal de l'infraction ». Dans une autre espèce[15] où l'auteur avait frappé la victime de coups de couteau, elle approuve les juges du fond d'avoir décidé qu'il n'y avait pas meurtre parce que l'auteur des coups n'avait pas l'intention de donner la mort : le nombre des coups n'eût été révélateur de l'intention que si l'auteur avait continué à en porter après la cessation de la menace : « L'atteinte n'a pas été recherchée et voulue, et les propos chargés d'agressivité tenus par le prévenu ne sauraient être considérés comme l'expression d'une volonté homicide ». Il n'y avait pas non plus coups ayant entraîné la mort sans intention de la donner, la mort n'étant pas résultée nécessairement des coups. La question est plutôt une question de causalité. En la matière, la chambre criminelle reconnaît d'ailleurs aux juges du fond un pouvoir souverain d'appréciation.

399. La Cour de cassation va même jusqu'à présumer l'intention coupable. Elle a jugé que la seule constatation de la violation en connaissance de cause d'une prescription légale ou réglementaire implique, de la part de son auteur, l'intention coupable exigée par l'article 121-3, alinéa 1, du Code pénal. Il ne saurait donc être reproché à une cour d'appel d'avoir déclaré un garagiste coupable d'achats ou ventes sans factures au prétendu motif qu'elle n'aurait pas caractérisé la négligence, l'imprudence ou la mise en danger délibéré de la personne d'autrui à l'encontre du prévenu, dès lors qu'elle retient que le garagiste a la qualité de chef d'entreprise et que la vente de 98 véhicules d'occasion n'a donné lieu à la rédaction d'aucune facture[16]. La chambre criminelle restaure ainsi les délits dits « matériels » (c'est-à-dire les délits constitués sans que l'élément moral ait été constaté) de manière déguisée à partir de la seule inobservation d'un règlement.

L'intention étant établie, les *mobiles* de l'auteur de l'infraction sont, en principe, indifférents. Ces deux aspects de la psychologie du délinquant doivent être bien distingués.

B. Volonté et mobile

400. Volonté et mobile ne doivent pas être confondus. Le mobile est la raison personnelle qu'avait l'auteur de commettre l'infraction : on peut

14. Cass. crim., 26 nov. 1991, préc.

15. Cass. crim., 8 janv. 1991, préc.

16. Dans le même sens : Cass. crim., 10 janv. 1996 : Bull. crim., n° 13 – 11 janv. 1996 : Bull. crim., n° 19 ; RSC 1996, 847, obs. Bouloc B. (en matière d'infraction aux règles de l'urbanisme) ; 28 juin 2005 : Bull. crim. n° 196 – 10 mai 2017, n° 16-84288.

tuer par jalousie, par colère, par amour. On peut vouloir porter des coups par jeu. Le mobile est l'arrière-pensée, c'est une notion subjective.

En théorie, le mobile n'est pas tout à fait le but. Le but est le résultat recherché, le mobile est la source de l'acte. Mais, à la vérité, les deux sont liés[17].

Pour bien comprendre la différence entre volonté et mobile, on peut les comparer, en droit civil, avec la notion de cause. Il y a la cause dite objective, qui est la même pour tous les contrats appartenant à une catégorie donnée (contrats synallagmatiques par exemple), et les motifs impulsifs et déterminants, qui sont différents selon les types de contrats. Ici, la volonté est toujours la même : dans le cas du meurtre, par exemple, c'est l'intention de tuer. Les mobiles, au contraire, varient d'une espèce à l'autre.

En droit pénal, le principe est l'*indifférence au mobile*. Ce principe souffre toutefois des *exceptions*.

1. Principe : l'indifférence aux mobiles

401. La règle est affirmée clairement par la Cour de cassation. À propos d'une personne qui referme la porte sur les doigts d'une autre, elle énonce[18] : « Attendu que la contravention définie par l'article R. 40, 1°, du Code pénal [coups et blessures volontaires ayant entraîné une incapacité de travail pendant plus de 8 jours] est constituée lorsqu'il existe un acte volontaire de violence, quel que soit le mobile qui a inspiré cet acte, alors même que son auteur n'aurait pas voulu le dommage qui en est résulté ». Elle énonce pareillement[19], dans une espèce où les prévenus avaient volé des singes au préjudice du CNRS pour les sauver d'une expérimentation, que « les mobiles ne peuvent être retenus par les juges du fond autrement que pour l'application de la peine ». Le mobile ne saurait se substituer à l'élément intentionnel et constituer un fait justificatif.

Cette indifférence aux mobiles est critiquée par les criminologues qui ont fait valoir que seuls les mobiles permettent d'apprécier l'infraction d'un point de vue criminologique[20]. Cependant, la prise en considération du mobile est dangereuse quand il s'agit d'apprécier l'existence de l'infraction. Elle conduirait à la justice privée, bien au-delà de ce que permet la légitime défense. Mais le problème posé par la prise en considération des mobiles divise une fois de plus les auteurs et trouve une réponse différente selon les écoles.

2. Exceptions

402. Il existe des hypothèses où le mobile n'est pas indifférent, soit parce que le régime applicable à l'infraction ou sa sanction en dépend, soit parce qu'il entre dans la définition même du délit.

17. Les civilistes parlent de cause finale.

18. Cass. crim., 18 juill. 1973, « Petit » : Gaz. Pal. 1973. 2. 709.

19. Cass. crim., 13 mai 1992 : Dr. pén. 1992, comm. n° 279, note Véron M. – 8 janv. 1992 : Bull. crim., n° 5. Dans le même sens : Cass. crim., 17 janv. 2017, n° 16-82915.

20. V. M. Ancel, *La défense sociale nouvelle*, p. 11 ; Merle R. et Vitu A., *op. cit.*, n° 590.

a. Le mobile influant sur le régime applicable à l'infraction ou sur sa sanction

403. Pour certaines infractions, le régime applicable est différent selon le mobile. Il en va ainsi des actes de *terrorisme* incriminés par l'article 421-1 du Code pénal. Ce texte énumère une série d'infractions de droit commun soumises à un régime spécial quand elles sont en relation avec une entreprise individuelle ou collective ayant pour *but* de troubler gravement l'ordre public par l'intimidation ou la terreur.

404. D'autre part, le mobile peut déterminer la sanction :

- soit *en droit*. Ainsi, l'enlèvement ou la séquestration de personne est puni par l'article 224-4 du Code pénal de trente ans de réclusion criminelle (et non de vingt ans) si l'infraction a été commise pour préparer ou faciliter la commission d'un crime ou d'un délit, pour favoriser la fuite de l'auteur d'un crime ou d'un délit, pour obtenir le versement d'une rançon...
- soit *en fait*. Le mobile est alors relevé par le juge quand il prononce la peine. Il pouvait justifier l'admission de circonstances atténuantes, avant la suppression de celles-ci (le minimum légal ayant été supprimé). Le juge va parfois très loin dans ce sens : en matière criminelle, quand la cour d'assises prononce un acquittement en raison du mobile, elle assimile intention et mobile, commettant ainsi une confusion.

b. Le mobile entre dans la définition de l'infraction

405. Il existe une seconde hypothèse où le mobile est pris en considération. C'est le cas où il fait partie de la définition même de l'infraction. N'est-on pas, alors, en présence de ce qu'on appelle le « dol spécial » ? Certains auteurs voudraient lui faire une place *à côté* du dol général.

§2. Le dol spécial

A. Notion

406. Pour M. Decocq, « le dol spécial consiste dans une donnée psychologique qui s'ajoute au dol général »[21]. C'est une notion qui, alors, a un domaine très restreint. Par exemple, dans le vol, il y a la volonté de soustraire la chose d'autrui (dol général) et l'intention de se l'approprier (dol spécial). Cette donnée psychologique s'ajouterait à l'intention criminelle.

Pour d'autres auteurs[22], le dol spécial ne serait ni plus ni moins que la volonté précise de provoquer le résultat déterminé prévu par le texte de qualification. Son domaine est alors plus large. Par exemple, l'intention de tuer, qui différencie le meurtre des coups de blessures volontaires ayant entraîné

21. *Op. cit.*, p. 217.

22. Pradel J., *op. cit.*, n° 560 – Merle R. et Vitu A., *op. cit.*, n° 596.

la mort sans intention de la donner, serait le dol spécial dans le meurtre. Pour le trouver, il ne suffit pas de se référer au texte d'incrimination pour savoir s'il comporte une indication sur l'aspect psychologique du fait envisagé du point de vue du résultat : dans le meurtre, il y aurait un dol spécial. Par comparaison, dans le cas des coups et blessures volontaires, il n'y aurait pas de dol spécial puisqu'elles sont punies quel qu'en soit le résultat.

C'est en ce sens qu'avait statué la Cour de cassation[23] dans une espèce où l'auteur des blessures prétendait que, s'il avait commis un acte de violence volontaire en refermant la porte sur la main de la victime, il n'avait pas voulu blesser celle-ci : selon lui, le dol spécial de l'infraction de violences volontaires faisait ainsi défaut. La chambre criminelle avait écarté l'argument : l'infraction est constituée quand il existe un acte volontaire de violence, « alors même que son auteur n'aurait pas voulu le dommage qui en est résulté. » Elle consacrait ainsi la différence entre dol général et dol spécial, mais refusait de voir un dol spécial dans toutes les infractions. À l'égard des coups et violences volontaires, le dol général serait suffisant. Mais, récemment, la Cour de cassation paraît vouloir revenir sur cette analyse[24].

B. Appréciation

1. Critiques

407. Il est certain que si on veut voir un dol général et un dol spécial dans toutes les infractions, la distinction entre les deux est artificielle. Prenons le cas de l'intention de tuer. Si elle était le dol spécial du meurtre, où serait le dol général ? Ce serait la volonté de porter des coups mortels. On aurait ainsi, dans le meurtre, un dol général (volonté des coups mortels) et un dol spécial (volonté de tuer)... N'est-ce pas bien compliqué ?

Au surplus, jamais la jurisprudence n'a fait de l'« *animus necandi* » un dol déterminé. L'intention est établie dès que l'agent a accepté le risque de la mort de la victime même s'il ne l'a pas exclusivement recherchée. L'« *animus necandi* » n'est que le dol général appliqué à ce crime. M. Decocq aurait donc raison : le dol spécial, s'il existe, serait une donnée psychologique qui doit s'ajouter au dol général et qui figure dans l'incrimination.

Cette solution n'est cependant pas à l'abri des critiques. MM. Pradel et Varinard[25] font observer justement que si le dol spécial est un mobile spécifique exigé en plus, ce mobile est nécessairement intégré dans le texte de qualification. Or, le dol général est la volonté et la conscience de commettre l'infraction telle qu'elle est prévue par la loi. Le dol spécial est ainsi absorbé par le dol général, puisque ce mobile est prévu par la loi. D'où une autre explication.

23. Cass. crim., 18 juill. 1973 : Gaz. Pal. 1973. 2. 709, préc. ; Pradel J. et Varinard A., *op. cit.*, n° 39.

24. Cass. crim., 6 févr. 2001 : Bull. crim. n° 33 ; RSC, 2001.580, obs. Mayaud Y. : la chambre criminelle casse un arrêt de la cour d'appel qui n'avait retenu que le caractère volontaire des violences « sans caractériser l'élément intentionnel du délit ».

25. Pradel J. et Varinard A., *op. cit.*, n° 39, p. 489.

2. Autre explication

408. Elle est proposée par M. Dana dans sa thèse consacrée à la notion d'infraction pénale[26]. Pour cet auteur, ce ne serait pas le dol général qui absorbe le dol spécial, mais le dol spécial qui absorbe le dol général. Le dol général, ou « dol générique », est purement abstrait, conceptuel, et se confond avec la légalité pénale. Il est dorénavant visé à l'article 121-3 du Code pénal. Le dol spécial est seul révélateur de l'intention criminelle. C'est lui qui traduit concrètement l'hostilité à des valeurs sociales protégées. Aussi, loin de devoir rester exceptionnel, le dol spécial serait la forme sous laquelle apparaît le dol général.

3. Conclusion

409. Quelle que soit la thèse choisie, on s'aperçoit, en tout cas, que vouloir à tout prix isoler, dans une infraction, dol général et dol spécial relève bien souvent d'une véritable gageure. En droit français, le dol spécial n'a qu'un domaine résiduel. On constatera que lorsqu'un dol spécial est exigé par le texte de qualification[27], la répression devient plus difficile, tandis qu'avec le dol général, elle est élargie. C'est une question d'intensité dans l'intention qui est en cause. Ainsi, il apparaît que pour faciliter la répression, le législateur peut, non seulement agir sur la matérialité de l'acte (en érigeant un commencement d'exécution en infraction formelle), mais aussi agir sur la culpabilité en se contentant de la preuve d'une volonté « minimale ».

Le mépris d'une valeur sociale protégée par la loi n'est pas le seul comportement possible de l'auteur d'une infraction. Parfois, il fait seulement preuve d'insouciance. On se trouve alors en présence d'une faute non intentionnelle.

---

26. *La notion d'infraction pénale, op. cit.*, n° 454 et s.

27. Par exemple on peut trouver le dol spécial en présence d'un génocide (CP., art. 211-1) : la preuve de l'atteinte volontaire à la vie doit être complétée par la preuve que cette atteinte est commise en exécution d'un plan concerté tendant à la destruction totale ou partielle d'un groupe national, ethnique, racial ou religieux... Il en est de même en matière de terrorisme (CP., art.421-1). Le délit d'abus de bien sociaux (C. com., art. L. 242-6, 4) exige aussi un dol spécial : la preuve de l'usage, de mauvaise foi, par un dirigeant des biens ou du crédit de la société contraire à l'intérêt de celle-ci ne suffit pas à établir l'intention délictueuse s'il n'est pas prouvé que ce dirigeant a agi à des fins personnelles ou pour favoriser une autre société ou entreprise dans laquelle il est intéressé. Autre exemple : la révélation d'information issues d'une enquête ou d'une instruction : il faut que cette révélation volontaire soit faite dans le dessein d'entraver le cours de la justice (CP., art. 434-7-2).

Section 2
La faute non intentionnelle

410. Suivant les infractions, l'appréciation de cette faute est plus ou moins sévère. On distingue la faute dite « pénale » (§ 1), et la faute dite « contraventionnelle » (§ 2).

§1. La faute pénale

411. Il s'agit de la faute ordinaire : c'est l'imprudence ou la négligence. Le législateur ne définit pas directement la faute pénale. Il utilise aujourd'hui comme autrefois une énumération. On étudiera d'abord la notion de faute pénale avant d'examiner les rapports entre faute pénale et faute civile.

A. La notion de faute

412. Les articles 221-6, 222-19, R. 622-1, R. 625-2 du Code pénal visent la maladresse, l'imprudence, l'inattention, la négligence ou le manquement à une obligation de sécurité ou de prudence imposée par la loi ou les règlements. Les anciens articles 319 et R. 40, 4°, employaient une terminologie analogue, si ce n'est qu'au lieu du « manquement à une obligation de sécurité ou de prudence imposée par la loi ou les règlements », ils visaient seulement l'« inobservation des règlements ». L'article 121-3 reprend ces types de fautes en généralisant la règle. On peut malgré tout dissocier, d'une part, la maladresse, l'imprudence, l'inattention et la négligence, groupées sous le nom de « faute d'imprévoyance »[28], d'autre part, le manquement à une obligation particulière.

1. L'imprévoyance

413. MM. Merle et Vitu distinguaient[29], il y a déjà plusieurs décennies, l'imprévoyance consciente et l'imprévoyance inconsciente, distinction qui révèle que la volonté ne s'exprime pas exclusivement dans les comportements intentionnels mais a aussi sa place dans les actes non intentionnels[30]. Le Code pénal actuel revivifie cette distinction doctrinale.

a. L'imprévoyance consciente

414. Elle correspond au dol « éventuel » que nous avons évoqué plus haut. La personne agit délibérément, consciente du résultat possible, mais refusant intellectuellement sa concrétisation. Sous l'empire de l'ancien Code pénal, la jurisprudence, en règle générale, refusait d'assimiler le

28. *Sic*, Merle et Vitu, *op. cit.*, n° 603.

29. Par ex., *Traité de droit criminel*, 6e éd., 1984, t. 1, n° 573 et 574 et 7e éd., n° 604 et 605.

30. V. Mayaud Y., « La volonté à la lumière du nouveau Code pénal », *Mélanges Larguier*, 1993, 203.

dol éventuel à l'intention[31]. Aujourd'hui, le législateur prévoit un certain nombre d'hypothèses que nous pouvons rattacher à l'imprudence consciente :

1° Ainsi, le délit de mise en danger délibérée de la vie d'autrui « lorsque la loi le prévoit » (art. 121-3). Le Code pénal, dans sa rédaction de 1992, plaçait cette faute dans l'énumération des fautes délictuelles (art. 121-3, al. 2). Il la rattachait aux fautes d'imprudence et de négligence, opposées aux fautes intentionnelles de l'alinéa 1. Depuis la loi du 13 mai 1996, ce délit fait l'objet d'un alinéa distinct. L'incrimination devient spéciale et autonome. Le texte ajoute : « lorsque la loi le prévoit », et la loi le prévoit dans deux cas :

- Pour aggraver les atteintes involontaires à la vie (le dommage se réalise ici). Le délit fait alors partie des fautes involontaires (C. pén., art. 221-6 ; 222-19, al. 2 ; 222-20 ; R. 625-3) ;
- Pour incriminer « le fait d'exposer directement autrui à un risque immédiat de mort ou de blessures de nature à entraîner une mutilation ou une infirmité permanente par la violation manifestement délibérée d'une obligation particulière de sécurité ou de prudence imposée par la loi ou le règlement... » (art. 223-1). Ici, le dommage n'est pas exigé. Du point de vue de la culpabilité, cette attitude est plus grave que la simple « inobservation de la loi ou du règlement », mais moins grave que l'intention de porter atteinte à l'intégrité corporelle. Le délit est constitué lorsque l'agent a voulu délibérément la violation de l'obligation à laquelle il est astreint (et non nécessairement le risque), et que le juge constate l'immédiateté de l'exposition au risque[32].

415. Certains auteurs estiment que l'adjectif « délibéré » a le même poids que les adverbes « sciemment » ou « volontairement » que le code utilisait autrefois pour caractériser les délits intentionnels. La mise en danger délibérée de la personne d'autrui serait donc une infraction intentionnelle[33]. D'autres[34] considèrent que l'infraction est *sui generis* : ni infraction d'imprudence, ni infraction intentionnelle. La place qu'elle occupe dans l'article 121-3 rénové par la loi du 13 mai 1996 serait en ce sens. D'autres enfin[35] se prononcent résolument pour la qualification d'infraction non intentionnelle ; l'article 470-1 du Code de procédure pénale apporte un argument de texte décisif à cet égard en visant « les infractions non intentionnelles au sens des deuxième, troisième et quatrième alinéas de l'article 121-3 du Code pénal ». Pourtant cette analyse, que nous

31. V. toutefois Cass. crim., 12 avr. 1976 : D. 1977. 239 : le fabricant qui n'organise pas bien le contrôle de ses produits et court le risque d'en laisser sortir qui ne soient pas parfaits est condamné pour falsification, délit intentionnel.

32. Cass. crim., 16 févr. 1999 : D. 2000. 9, note Cerf A.

33. V. Cedras J., « Le dol éventuel : aux limites de l'intention », D. 1995. 18.

34. Couvrat P., « Les infractions contre les personnes dans le Nouveau Code pénal », RSC 1993. 469 et s. spéc., p. 479.

35. Mayaud Y., art. préc.

partageons, est contredite par la Cour de cassation qui voit dans ce délit une infraction intentionnelle[36].

2° Ainsi, l'imprudence telle qu'elle résulte de l'une des hypothèses visées à l'article 121-3 du Code pénal, modifié par la loi du 10 juillet 2000. Une personne qui n'a pas causé directement le dommage mais a créé ou contribué à créer la situation qui a permis la réalisation du dommage, ou n'a pas pris les mesures permettant de l'éviter, sera responsable pénalement s'il est établi notamment qu'elle a « violé de façon manifestement délibérée une obligation particulière de prudence ou de sécurité prévue par la loi ou le règlement ». Cette expression, qui ne s'appliquait qu'au délit de l'article 223-1 en 1992, est reprise dorénavant, depuis la loi du 10 juillet 2000, dans les articles 221-6, al. 2, 222-19 al. 2, 222-20, 322-5.

b. L'imprévoyance inconsciente

416. Elle se rattache à la prévisibilité du résultat. On reproche à l'auteur du fait de ne pas avoir prévu les conséquences de son acte (c'est la maladresse) ou, ayant envisagé ces conséquences, de ne pas avoir tout fait pour les éviter (c'est l'imprudence et la négligence).

α. *Les modes d'appréciation de la faute*

417. Il y a deux méthodes :

- L'appréciation *in abstracto*, dans laquelle on détermine l'imprudence par comparaison entre le comportement de l'auteur de l'infraction et celui d'un individu *normalement prudent et diligent*, placé dans les mêmes conditions extérieures. Cette appréciation doit pouvoir permettre de retenir les fautes les plus légères. À cet égard M. Dana[37] assimile la faute d'imprudence à une « faute normative », objective, analogue à une faute établie à la suite de la seule inobservation de la règle. Dans cette affirmation, l'essentiel est la définition du standard. Il semble qu'il faille tenir compte de la profession. La faute d'un professionnel s'apprécie par rapport au comportement d'un professionnel normalement diligent.
- L'appréciation *in concreto*, qui suppose habituellement qu'on détermine l'imprudence par référence aux aptitudes intellectuelles ou physiques de l'auteur. Toutefois, Jean Carbonnier[38] faisait état en outre de « la conduite que l'on peut attendre de la *catégorie humaine* dont (l'auteur) fait partie », ce qui atténue la différence avec l'appréciation *in abstracto*, puisque cette dernière renvoie aussi indirectement à l'homme normalement prudent incarné dans des rôles différents selon qu'il n'est qu'un quidam, un maire, un ingénieur, etc[39].

---

36. Cass. crim., 9 mars 1999 : D. 2000, 81, note Sordino M.-C. et Ponseille A. – en sens contraire : Douai, 11 janv. 1995 : Gaz. Pal. 1995. 2. 543 ; RSC 1996. 651, obs. Mayaud Y.

37. *Op. cit.*, n° 328 et s.

38. *Droit civil*, t. 4, Les obligations, 1992, p. 424.

39. V. Robert J.-H., RSC 1996, p. 868.

La question est d'importance, car en matière civile c'est l'appréciation *in abstracto* qui est retenue, ce qui permet d'ordonner la réparation même si la faute résulte de la simple inobservation d'un règlement. Selon nous, l'appréciation *in concreto* doit se limiter à l'appréciation du comportement en fonction des circonstances réelles de l'espèce jugée. Elle comporte une certaine dose d'objectivité. Simplement, on ne raisonnera pas dans l'abstrait, par comparaison, mais dans le concret, en analysant la situation dont est saisi le juge.

On observera que, traditionnellement, la jurisprudence se prononçait en faveur de l'appréciation *in abstracto*.

β. *L'appréciation de la faute depuis les lois du 13 mai 1996 et du 10 juillet 2000*

418. Il faut, en premier lieu, tenir compte de la *loi du 13 mai 1996* (dont les termes seront modifiés par la loi du 10 juillet 2000 sur le terrain de la charge de la preuve), qui a remanié l'article 121-3 du Code pénal. L'alinéa 3 de cet article était ainsi rédigé : « Il y a également délit, lorsque la loi le prévoit, en cas d'imprudence, de négligence ou de manquement à une obligation de prudence ou de sécurité prévue par la loi ou les règlements, sauf si l'auteur des faits a accompli les diligences normales compte tenu, le cas échéant, de la nature de ses missions ou de ses fonctions, de ses compétences ainsi que du pouvoir et des moyens dont il disposait »[40].

L'alinéa 3 de l'article 121-3 remettait-il en question l'appréciation de la faute ? Pour certains commentateurs, nullement. Lorsque la loi du 13 mai 1996 fut publiée MM. Robert, Le Gunehec[41] y voyaient une appréciation au regard d'un standard, sous réserve de distinguer entre le quidam et le professionnel ; mais ce serait toujours une appréciation *in abstracto*. Pour M. Pradel[42], les choses ne changeraient pas car l'appréciation *in concreto* se fait au regard des compétences juridiques de l'auteur, de ses pouvoirs, c'est-à-dire dans le *cadre général et abstrait* de sa fonction. Pour d'autres, il s'agirait au contraire d'une appréciation *in concreto*. M. Seuvic[43] y voyait, conformément avec ce qui avait été dit pendant les travaux préparatoires de la loi, une appréciation *in concreto*, mais remarquait que les mots utilisés (« compétences », « moyens ») sont larges. Aussi espérait-il que les magistrats continueraient à apprécier la faute comme naguère. À notre avis, la loi du 13 mai 1996 invitait déjà à un changement d'appréciation et à une plus grande rigueur dans la mise en œuvre de la responsabilité, et devait conduire à différencier le cas où était poursuivi un chef d'entreprise et celui où était mis en cause un élu local.

S'il s'agissait d'un *chef d'entreprise*, on pouvait toujours dire qu'il était un professionnel « réputé compétent ». En ce sens, un arrêt de la Cour de

---

40. Sur ce texte, v. Rassat M.-L., « Du Code pénal en général et de l'article 121-3 en particulier », Dr. pén. 1996, chron. 28 – Le Gunehec F., « Première approche de la loi du 13 mai 1996 », JCP1996, n° 24, Actualités – Robert J.-H., RSC 1996, p. 868 – Seuvic J.-F., RSC 1996, p. 890.

41. Articles précités.

42. *Droit pénal général*, 11e éd., 1996, n° 473 et 17e éd. 2009, n° 518 et 519.

43. Art. préc.

cassation[44] montrait que l'entrée en vigueur de la loi du 13 mai 1996 aboutissait à une sévérité accrue envers les chefs d'entreprise.

419. Qu'en était-il en présence d'autres responsables, un *élu local* par exemple ? Il faut rappeler que l'alinéa 3 de l'article 121-3 était la généralisation de textes particuliers figurant dans le Code général des collectivités territoriales (p. ex. les articles L. 2123-34 pour le maire[45], L. 3123-28 pour le président du conseil général). À vrai dire, les initiateurs de la réforme voulaient faire en sorte que les élus locaux ne puissent plus être poursuivis aussi facilement. Mais afin d'éviter la critique consistant à dire qu'ils légiféraient pour une certaine catégorie de la population, ils ont légiféré en termes généraux, pour ainsi dire à contrecœur. Donc, si l'on voulait respecter l'esprit de la loi, il fallait éviter que l'appréciation du comportement conduisît trop facilement à la reconnaissance d'une faute.

Ainsi, l'imprudence d'un maire devait être appréciée au regard des compétences et des pouvoirs dont le maire poursuivi disposait effectivement. Or, les maires ne disposent pas de la même latitude que les chefs d'entreprise pour faire respecter la réglementation : ils ne choisissent pas toujours leurs collaborateurs et n'établissent pas seuls le budget, sans oublier que, dans l'exercice du pouvoir de police, il y a des priorités à respecter.

Il s'est avéré que les premières décisions[46] rendues dans des affaires mettant en cause des maires n'ont guère tenu compte de l'objectif poursuivi par le législateur. Le nouveau critère légal n'a pu empêcher les condamnations de deux élus locaux pour homicide et blessures involontaires fondées sur des manquements à une obligation de sécurité liée à leur pouvoir de police, qui se sont révélés être à l'origine de catastrophes sur le territoire de leur commune.

420. Face à cette jurisprudence, le législateur, dans la *loi du 10 juillet 2000*[47], a réécrit une nouvelle fois l'alinéa 3 de l'article 121-3, qui se dédouble désormais en deux alinéas : « Il y a également délit lorsque la loi le prévoit, en cas de faute d'imprudence, de négligence ou de manquement à une obligation de prudence ou de sécurité prévue par la loi ou le règlement, s'il est établi que l'auteur des faits n'a pas accompli les diligences normales compte tenu, le cas échéant, de la nature de ses missions ou de ses fonctions, de ses compétences ainsi que du pouvoir et des moyens dont il disposait.

Dans le cas prévu par l'alinéa qui précède, les personnes physiques qui n'ont pas causé directement le dommage, mais qui ont créé ou contribué à créer la situation qui a permis la réalisation du dommage, ou qui n'ont pas pris les mesures permettant de l'éviter, sont responsables pénalement s'il

44. Cass. crim., 19 nov. 1996 : Dr. pén. 1996, n° 33.

45. Le texte est cependant plus restrictif. V. le texte sous l'art. 121-3 du Code Dalloz.

46. T. corr. Rennes, 30 sept. 1996, aff. dite *de Bruz* – T. corr. Toulouse, 19 févr. 1997, CA Toulouse, 29 janv. 1998 et Cass. crim., 29 juin 1999 (rejet) : Bull. crim. n° 163, aff. dite *Les thermes de Barbotan* ; sur ces deux affaires, Steinlé-Feuerbach M.-F., « La responsabilité pénale des maires en cas de catastrophes, ou la fausse nouveauté de la loi du 13 mai 1996 », JCP 1997. I. 4057.

47. Sur cette loi, v. Mayaud Y., « Retour sur la culpabilité non intentionnelle en droit pénal », D. 2000. 603.

est établi qu'elles ont, soit violé de façon manifestement délibérée une obligation particulière de prudence ou de sécurité prévue par la loi ou le règlement, soit commis une faute caractérisée et qui exposait autrui à un risque d'une particulière gravité qu'elles ne pouvaient ignorer ».

De ces nouvelles dispositions il ressort maintenant :

- qu'il faut établir que l'auteur des faits n'a pas accompli les diligences normales ;
- que l'imprudence n'est appréciée selon le critère que nous venons d'indiquer que si le prévenu cause *directement* le dommage ; la plus petite faute est alors suffisante[48] (al. 3) ;
- que si le prévenu n'est que la cause *indirecte* du dommage, c'est-à-dire s'il a créé ou contribué à créer la situation qui a permis la réalisation du dommage ou n'a pas pris les mesures permettant de l'éviter, il ne sera responsable qu'en cas de faute « caractérisée » ou de violation manifestement délibérée d'une obligation particulière de prudence ou de sécurité prévue par la loi ou le règlement. Telle est la nouvelle exigence qui résulte de l'alinéa 4 de l'article 121-3. Cet alinéa ne prévoyant que l'hypothèse de la faute commise par des personnes physiques, l'exigence de la faute qualifiée ne s'applique donc pas à l'imprudence attribuée aux personnes morales[49], qui restent responsables quelle que soit la gravité de la faute non intentionnelle commise par leurs organes ou représentants, personnes physiques.

Que doit-on entendre par faute « caractérisée » ? La Cour de cassation, saisie d'une question prioritaire de constitutionnalité, a jugé que la notion de faute caractérisée était suffisamment claire et précise pour éviter l'arbitraire. La question n'a donc pas été transmise au Conseil constitutionnel[50]. La faute caractérisée se situe entre la faute simple et la faute délibérée. Elle s'inspire de la faute inexcusable, et est à la faute délibérée ce que la faute lourde est au dol. Il est certain que le législateur a fait preuve d'innovation[51].

La faute caractérisée est celle qui, en l'absence d'une prescription légale ou réglementaire édictant une obligation de sécurité, expose autrui à un risque d'une particulière gravité que l'auteur de la faute ne pouvait ignorer. Le juge correctionnel doit alors apprécier le degré de conscience que peut avoir la personne du risque auquel elle expose autrui[52]. C'est ainsi qu'ont été déclarés

48. Cass. crim., 23 oct. 2001 : Bull. crim., n° 217 et 218 – 16 sept. 2008 : Bull. crim. n° 186 : « ayant constaté que le prévenu, personne physique, avait directement causé le dommage au sens de l'article 121-3, alinéa 3, du Code pénal, la cour d'appel n'avait pas à rechercher si celui-ci avait commis une faute caractérisée... ».

49. Cass. crim., 24 oct. 2000 : Bull. crim., n° 308.

50. Cass. crim., 24 sept. 2013, n° 12-87059 : Bull. crim., n° 180 ; Dr. pén. 2013, comm, n° 168, note Véron M. ; D. 2013.2443, note Hennion-Jacquet P.

51. Pour une analyse de cette faute, Fortis E., « Les conséquences de la loi du 10 juill. 2000 », RSC 2001, p. 737 et s.

52. Sans s'être prononcée sur la définition même de la faute caractérisée, la Cour de cassation exerce son contrôle sur le respect de cette obligation : Cass. crim., 5 déc. 2000 : Bull. crim., n° 363 – 12 déc. 2000 : Bull. crim., n° 371 – 18 juin 2002 : Bull. crim. n° 138 ; D. 2003. 240, note Gauvin – 1er avr. 2008 : Bull. crim., n° 88 – 12 janv. 2010, n° 09-81799 : Bull. crim., n° 5 – 14 déc. 2010, n° 10-81189 : Bull. crim., n° 200. Ces deux dernières décisions retiennent une faute caractérisée à la charge de la personne, poursuivie pour

coupables d'homicide involontaire les dirigeants d'une société qui, ayant concédé à une filiale la licence d'exploitation d'un procédé de nettoyage de canalisation, avaient négligé d'informer le gérant de cette filiale du risque particulier de réaction chimique présenté par le produit utilisé, risque qu'ils ne pouvaient ignorer et qui avait été à l'origine d'une intoxication mortelle[53].

421. Ce nouveau texte paraît porter ses fruits. Dans certaines circonstances bien précises, la Cour de cassation[54] a rejeté le pourvoi formé contre l'arrêt d'une cour d'appel qui avait relaxé un maire poursuivi pour homicide involontaire après qu'un enfant eut été écrasé par une cage de football. La chambre criminelle[55] a cassé un arrêt qui avait condamné sur le fondement de l'homicide involontaire une institutrice et la directrice d'une école à la suite du décès de plusieurs enfants victimes de noyade, parce que les motifs de l'arrêt d'appel ne permettaient pas de savoir si les fautes sanctionnées entraient dans les prévisions de l'article 121-3, alinéa 4 du Code pénal.

On assiste ainsi, de la part du législateur, à une tentative de dépénalisation des fautes les moins graves quand il s'agit des élus locaux, des enseignants, etc. On assiste également à un retour au droit civil, avec le nouvel art. 4-1 du Code de procédure pénale ainsi libellé : « L'absence de faute pénale non intentionnelle au sens de l'article 121-3 du Code pénal ne fait pas obstacle à l'exercice d'une action devant les juridictions civiles afin d'obtenir la réparation d'un dommage sur le fondement de l'article 1383 du Code civil si l'existence d'une faute civile prévue par cet article est établie, ou en application de l'article L. 452-1 du Code de la sécurité sociale si l'existence de la faute inexcusable prévue par cet article est établie. »

---

homicide involontaire à la suite du décès de son invité dans un accident de la circulation, qui, connaissant l'état alcoolique de ce dernier, l'a laissé repartir au volant de son véhicule ; cf. aussi sur cette notion : Cass. crim., 11 mars 2014, n° 12-86769 – 9 sept. 2014, n° 13-85057 (responsabilité médicale) – 21 oct. 2014, n° 13-87457 : *Dr. pén.* 2014, comm. n° 145, note Veron M. (faute caractérisée non retenue à l'encontre de préposés de Météo France qui, avant un orage ayant causé de graves blessures à une occupante d'un camping, n'auraient pas délivré une information précise sur les risques de violente tempête dans la mesure où l'appréciation de l'intensité du phénomène n'était pas possible à établir).

Cass. crim., 9 déc. 2014, n° 13-85937 : RSC 2015, p. 657, obs. Mayaud Y. – 12 mai 2015, n° 13-80345 : Dr. pén. 2015, comm. n° 94, note Véron M. – 8 sept. 2015, n° 13-87410 : Dr. pén. 2015, comm. n° 137, note Conte Ph. ; cet arrêt est intéressant également dans la mesure où l'on apprend que le fait que la personne poursuivie n'a pas commis de manquement à une obligation légale particulière n'exclut pas que ce manquement puisse être une faute caractérisée. – 19 avr. 2017, n° 16-81395 et n° 16-80149- 28 juin 2017, n° 16-85.291(responsabilité pénale d'une association de chasse engagée par la faute d'un directeur de chasse). – 28 juin 2017, n° 16-82.973(responsabilité d'un gérant de société pour délit de pollution) – 17 oct. 2017, n° 16-83.878 (responsabilité de la personne morale et d'un chef d'entreprise).- 24 oct. 2017, n° 15-87466 (responsabilité médicale).- 21 nov. 2017, n° 16-85968.

53. Cass. crim., 10 janv. 2001 : Bull. crim., n° 2.

54. Cass. crim., 2 juin 2002 : D. 2003, p. 95, note Pin X. rejetant le pourvoi contre CA Poitiers, 2 févr. 2001 : JCP 2001.II.10534, note Salvage Ph.

55. Cass. crim., 12 déc. 2000 : Bull. crim., n° 371, aff. dite *du Drac* – v. également Cass. crim., 4 juin 2002 : Bull. crim. n° 127 – 2 déc. 2003 : Dr. pén. 2004. comm. n° 17, obs. Véron M. Sur cette nouvelle jurisprudence : Pradel J. et Varinard A., *op. cit.*, n° 40. Ces arrêts ne doivent pas faire oublier d'autres décisions ayant condamné des élus locaux (Cass. crim., 18 mars 2003 : Bull. crim. n° 71) ou des enseignants (Cass. crim., 6 sept. 2005 : Bull. crim. n° 218). V. également, Desportes F., La responsabilité pénale en matière d'infractions non intentionnelles, Rapport à la Cour de cassation, 2002, Études, p. 185 et s.

Cette nouvelle orientation vers plus de rigueur dans l'appréciation de la responsabilité pénale doit être approuvée. Comme l'écrit un auteur : « La faute pénale est l'expression d'une culpabilité, et non l'instrument d'une indemnisation »[56].

2. Le manquement à une obligation de prudence ou de sécurité prévue par la loi ou le règlement

422. L'article 121-3 du Code pénal, en visant le manquement à une obligation de prudence ou de sécurité prévue par la loi ou le règlement, distingue bien les deux sources possibles de responsabilité pénale : ou bien le manquement à une telle obligation ou bien la faute caractérisée. Il est donc admis que la qualification d'homicide involontaire puisse être retenue au titre d'une faute caractérisée alors qu'aucun manquement légal n'a été constaté[57]. La formulation retenue par l'article 121-3 renvoie à Planiol, pour qui la faute est, d'une manière générale, la violation d'une obligation préexistante. D'après les travaux préparatoires du Code pénal actuel, l'obligation en question est celle mise à la charge des automobilistes et des employeurs en matière de droit du travail. Mais, jusqu'à la loi du 13 mai 1996, la faute pénale se déduisait du seul manquement. Le juge n'avait pas à apprécier la conduite de l'auteur du manquement. Depuis la modification de l'alinéa 3, le manquement à l'obligation est punissable s'il est établi que l'auteur des faits n'a pas accompli les diligences normales compte tenu, le cas échéant, de la nature de ses missions ou de ses fonctions, de ses compétences ainsi que du pouvoir et des moyens dont il dispose. Le juge doit donc se livrer à une appréciation *in concreto* de la faute.

Il convient d'ajouter, cependant, que dans le cadre de l'application de l'alinéa 4 de l'article 121-3, issu de la loi du 10 juillet 2000, la jurisprudence a tendance à considérer que le manquement à une prescription légale ou réglementaire par un chef d'entreprise caractérise à lui seul la faute de nature à engager sa responsabilité pénale ce qu'elle ne fait pas, s'il s'agit d'un élu local[58].

Enfin, on remarquera que la loi du 10 juillet 2000 a substitué le mot « règlement » à celui de « règlements ». Certains auteurs y voient le signe de l'exclusion des circulaires, instructions ministérielles ou règlements intérieurs des entreprises ; seules seraient retenues les prescriptions imposées par un décret ou un arrêté[59].

---

56. Mayaud Y., *art.* préc., p. 606.

57. Cass. crim., 8 sept. 2015 préc.

58. Pour un chef d'entreprise : Cass. crim., 16 janv. 2001 : Bull. crim., n° 14 et 15 – 25 juin 2013, n° 11-88037 : Bull. crim., n° 153 – pour un maire : Cass. crim., 18 juin 2002, n° 01-86539 : D. 2003, p. 240, note Gauvin F. V° également pour la violation manifestement délibérée une obligation particulière de prudence ou de sécurité prévue par la loi ou le règlement : C.A. Poitiers, ch. corr. 4 avr. 2016, n° 16/00199 à propos des conséquences de la tempête Xynthia sur la responsabilité du maire de La Faute-sur-mer, *D.* 2016.949- Cass. crim., 24 mai 2016, n° 14-88.401 – 6 sept. 2016, n° 15-85.165 – 8 nov. 2016, n° 16-80.539.

59. Pradel J., *op. cit.*, n° 576 ; Fortis E., art. préc., spéc. p. 741.

B. Faute pénale et faute civile[60]

423. Le principe selon lequel toute faute pénale est nécessairement une faute civile, en vigueur depuis presque un siècle, a vécu. La loi du 10 juillet 2000 a mis un terme à l'unité des fautes civile et pénale.

1. Rappel du principe

424. Le principe était affirmé depuis un célèbre arrêt de la Cour de cassation de 1912[61] : « Toute faute génératrice d'une responsabilité civile, même la plus légère, fonde en même temps une responsabilité pénale. » C'est ce qui expliquait les constitutions de parties civiles contre les médecins, les automobilistes, etc. en cas de dommage trouvant son origine dans une faute d'imprudence ou de négligence.

Cette unité de principe n'était pas sans poser quelques problèmes. Par exemple, l'assemblée plénière de la Cour de cassation[62] avait reconnu qu'un très jeune enfant pouvait commettre une faute civile, sans qu'il fût possible de raisonner de manière identique en matière pénale, si l'on en croit la chambre criminelle dans l'arrêt *Laboube*[63], pour laquelle il y a un âge au-dessous duquel le mineur ne peut commettre une infraction. Cependant, la deuxième chambre civile de la Cour de cassation avait elle-même déclaré[64] : « Le jeune âge de l'enfant (cinq ans) n'a pas pour effet de retirer leur caractère pénal aux faits constitutifs du délit de blessures involontaires. » Pour certains auteurs[65], la faute civile différait déjà de la faute pénale, car le discernement, non exigé en matière de responsabilité civile, fait partie intégrante de la faute pénale.

Si on voulait maintenir l'unité des fautes civile et pénale, il fallait, pour être logique, dissocier infraction et responsabilité, et refuser de faire de l'imputabilité un élément de l'infraction : un mineur devait pouvoir commettre une infraction même s'il devait être jugé irresponsable. L'acte était illicite et illégal sans pouvoir, pour autant, le mettre à la charge du mineur.

425. Un problème du même ordre se posait avec l'application de l'article 470-1 du Code de procédure pénale, dont le premier alinéa est ainsi libellé : « Le tribunal saisi, à l'initiative du ministère public ou sur renvoi d'une juridiction d'instruction, de poursuites exercées pour une infraction non intentionnelle au sens des 2e, 3e et 4e alinéas de l'article 121-3 du Code pénal, et qui prononce une relaxe, demeure compétent [...] pour accorder, en application des règles de droit civil, réparation de tous les dommages résultant des faits qui ont fondé la poursuite. »

60. Sur cette question, v. Pirovano A., *Faute civile et faute pénale*, LGDJ, 1966 – Déprez, *Faute pénale et faute civile. Quelques aspects de l'autonomie du droit pénal*, Dalloz, 1956, p. 168.

61. Cass., 18 déc. 1912, S. 1914. 1. 249.

62. Cass. ass. plén., 9 mai 1984 : D. 1984. 525.

63. Cass. crim., 12 déc. 1956, aff. *Laboube* : D. 1957. 349, note Patin.

64. Cass. 2e civ., 9 juill. 1964 : D. 1964. 641.

65. Not. H. L. J Mazeaud et Chabas F., *Leçons de droit civil*, tome II, *Les obligations*, Montchrestien, 9e éd. par Chabas F., 1998 n° 449.

Que fallait-il entendre, au sens de ce texte, par « règles de droit civil » ? Certainement, les règles fixées par les articles 1384 et suivants du Code civil. De même, le régime de la responsabilité contractuelle. Mais le juge pénal qui relaxait pouvait-il accorder réparation à la partie civile sur le fondement des articles 1382 et 1383 ? Il semblait que non : c'eût été abandonner la thèse de l'unité des fautes civile et pénale. Cependant, plusieurs éléments allaient dans le sens de l'abandon de cette doctrine :

1° La circulaire d'application de la loi du 8 juillet 1983 qui a introduit cet article 470-1 dans le Code de procédure pénale affirmait qu'il n'était pas « impossible » que cette innovation conduise à remettre en cause le principe de l'unité des fautes[66]. Toutefois, la chambre criminelle de la Cour de cassation, quant à elle, avait réaffirmé la doctrine de l'unité des fautes à propos de l'application de l'article 470-1[67].

2° Selon le second alinéa de l'article 528-1 du Code de procédure pénale, l'ordonnance pénale rendue par le juge de police sur l'action publique « n'a pas l'autorité de la chose jugée à l'égard de l'action civile en réparation des dommages causés par l'infraction ». Le juge civil n'est donc pas lié par la décision rendue au pénal, alors que l'application de la règle de l'unité des fautes devrait conférer à la décision pénale l'autorité de la chose jugée sur le civil.

3° Si, avec l'article 121-3 du Code pénal, on devait s'orienter vers une appréciation plus rigoureuse de la faute (appréciation *in concreto* au sens strict), dans certains cas on pourrait dire qu'il n'y a pas faute pénale, sans que l'on puisse écarter la faute civile. La réforme de 1996 aurait une portée qui dépasserait le but protectionniste et à court terme en faveur de certains élus locaux. L'appréciation *in concreto* ne conduit pas nécessairement à des résultats différents de ceux auxquels conduirait une appréciation *in abstracto*, mais elle *pourrait* conduire à une telle différence. Ainsi, une dissociation des fautes civile et pénale était d'ores et déjà envisageable.

2. L'apport de la loi du 10 juillet 2000[68]

426. Pour M. Pradel[69], l'unité des fautes ne serait pas remise en question. En effet, si la faute a causé directement le dommage, la plus petite faute est retenue. En conséquence, il y a faute pénale et faute civile, et responsabilité civile puisqu'il y a causalité directe. Si au contraire la faute n'a pas causé directement le dommage, de deux choses l'une : s'il s'agit d'une faute légère, il n'y a ni responsabilité pénale, ni responsabilité civile, puisque la jurisprudence retient le système de la causalité adéquate. S'il s'agit au contraire d'une faute grave, celle-ci entraîne une

66. V. Pradel J. et Varinard A., *op. cit.*, n° 41, p. 551.

67. Cass. crim., 18 nov. 1986 : Bull. crim., n° 343.

68. Sur cette loi, *La nouvelle définition des délits non intentionnels*, colloque organisé par l'Université de Paris I, RSC 2001, 725 et s. – Mayaud Y., « Retour sur la culpabilité non intentionnelle », art. préc. ; Seriaux A., « L'appréciation de la faute pénale d'imprudence en droit français contemporain », *RSC* 2017.231.

69. Not. Pradel J., « De la véritable portée de la loi du 10 juillet 2000 », D. 2000, Point de vue n° 29 ; *Droit pénal général*, *op. cit.*, n° 581.

responsabilité pénale, et si elle n'entraîne pas de responsabilité civile, c'est en raison d'une question de causalité et non d'appréciation des fautes.

Pour d'autres[70], en revanche, c'en est fait de l'unité des fautes, notamment en raison des termes de l'article 4-1 du Code de procédure pénale d'où résulte une dépénalisation des fautes légères : « L'absence de faute pénale non intentionnelle au sens de l'article 121-3 du Code pénal ne fait pas obstacle à l'exercice d'une action devant les juridictions civiles afin d'obtenir la réparation d'un dommage sur le fondement de l'article 1383 du Code civil si l'existence de la faute civile prévue par cet article est établie, ou en application de l'article L. 452-1 du Code de la sécurité sociale si l'existence de la faute inexcusable prévue par cet article est établie »[71]. Ce texte invite les victimes d'une imprudence ou d'une négligence à ne plus choisir systématiquement la voie pénale. Ce recentrage de l'action en responsabilité sur les juridictions civiles est indispensable à partir du moment où les conditions pour engager la responsabilité pénale de ceux qui ne sont que la cause indirecte du dommage sont plus restrictives. C'est aussi une manière de dire que la fonction de l'action en responsabilité civile est par nature une fonction de réparation, ce qu'ont tendance à oublier parfois les victimes.

§2. La faute dite « contraventionnelle »

427. Dans la hiérarchie des fautes, la faute dite « contraventionnelle » est l'expression la plus ténue de la culpabilité. Elle résulte de la simple inobservation d'une loi ou d'un règlement. C'est pourquoi certains parlent à son propos d'infraction « matérielle », supposant par là qu'une infraction existerait sans élément psychologique. C'est en réalité un abus de langage. Cette faute contraventionnelle pose deux questions : celle de sa notion et celle de son domaine.

A. Notion de faute « contraventionnelle »

428. C'est par son régime que l'on peut tenter de cerner la notion de faute contraventionnelle : ni l'intention, ni la faute ordinaire ne sont nécessaires pour constituer l'infraction. Le juge constate seulement que le prévenu a violé le texte en commettant le fait qui lui est reproché.

En vérité, toute infraction même « contraventionnelle » comporte obligatoirement un élément moral. : l'arrêt *Laboube* de 1956 a une portée générale.

70. Not. Mayaud Y., *art.* préc. – Jourdain P., « Les conséquences de la loi du 10 juillet 2000 en droit civil », et G. Viney, conclusion au colloque précité, RSC 2001, p. 748 et 767.

71. La Cour de cassation se prononce pour la dissociation des deux fautes : Cass. civ. 1re, 30 janv. 2001 : Bull. civ. I, n° 19 ; D. 2002.1320, note Delebecque Ph. ; D. 2001.2232, obs. Jourdain P. ; Cass. civ. 2e, 16 sept. 2003 : Bull. civ. n° 263 ; D. 2004.721, note Bonfils Ph. : « L'article 4-1 du Code de procédure pénale, applicable à l'espèce dissocie la faute civile de la faute pénale non intentionnelle » ; la faute pénale non intentionnelle est distincte également de la faute inexcusable au sens de l'article L. 452-3 du Code de la sécurité sociale : Cass. civ. 2e, 15 mars 2012 : D. 2 012. 1316, note Rias N.

Mais cet élément moral peut être réduit à sa plus simple expression : il est impliqué par la seule inobservation du texte.

Le seul moyen de s'exonérer est, alors, la preuve de la *force majeure* (C. pén., art. 121-3, al. 3). Pour expliquer cela, MM. Merle et Vitu invoquent le particularisme du droit contraventionnel. Les incriminations assurent le respect des règles de police ou de discipline sociale collective. Elles impliquent pour les citoyens des obligations plus contraignantes que dans les autres matières. Ils doivent tout particulièrement être attentifs. Dans ce cas, la faute n'est pas autre chose que cette absence de diligence suffisante, qui a fait que l'infraction a été commise. Elle est *présumée* dès qu'il y a violation de la loi. Il s'agit d'une faute normative : elle est constituée par la violation même de la loi, et n'a pas à être recherchée en dehors de cette violation.

B. Domaine de la faute « contraventionnelle »

429. Outre son domaine d'élection, les contraventions, la jurisprudence avait créé la catégorie des « délits matériels », dénommés aussi « délits-contraventions ». De nombreux délits, en matière de chasse, d'urbanisme, d'environnement ou de relations de travail, étaient établis dès que le règlement n'était pas respecté. La preuve d'une imprudence n'était pas exigée. Ces délits étaient assimilés à des contraventions du point de vue de l'élément moral.

Désormais, l'article 121-3 du Code pénal devrait interdire les infractions matérielles, puisqu'il faut toujours prouver les fautes d'imprudence. La loi du 13 mai 1996, en visant non seulement l'imprudence et la négligence mais également le manquement à une obligation de prudence ou de sécurité prévue par la loi ou le règlement, invite le magistrat à recourir à l'appréciation *in concreto* même dans ce second cas. L'existence d'une faute doit pouvoir être discutée au regard des faits commis. De plus, l'article 339 de la loi d'adaptation du 16 décembre 1992 prévoit que « tous les délits non intentionnels réprimés par des textes antérieurs (ce qui vise les anciens délits matériels) demeureront constitués en cas d'imprudence, même lorsque la loi ne le prévoit pas expressément ».

430. C'est effectivement le cas en matière de **pollution,** pour le délit prévu par l'article L. 432-2 du Code de l'environnement (ancien art. L. 232-2 du Code rural)[72]. On comparera à cet égard l'arrêt rendu par la chambre criminelle de la Cour de cassation le 3 avril 1996 (« L'arrêt attaqué a caractérisé en tous ses éléments constitutifs, notamment en ce qui concerne la faute personnelle de négligence exigée par l'article 339 de la loi du 16 décembre 1992 et par l'article 121-3 du Code pénal, le délit de pollution de cours d'eau ») avec l'arrêt que la même chambre avait rendu le 28 avril 1977[73] (« Attendu que le délit de pollution de cours d'eau prévu et puni par l'article 434-1 [devenu L. 232-2] du Code rural a

72. V° sur cette question Cass. crim., 25 oct. 1995 : Bull. crim., n° 322 – 3 avr. 1996, Dr. environnement 1996, n° 39 – 23 mars 2004, n° 03-83123.

73. Cass. crim., 28 avr. 1977 : JCP 78. II. 18931, obs. Delmas-Marty.

seulement le caractère d'une infraction matérielle ; que le fait, qu'il incrimine, d'avoir laissé s'écouler dans une rivière des substances toxiques implique une faute dont la preuve n'a pas à être spécialement rapportée par le ministère public, et dont le prévenu ne peut être exonéré que par la force majeure »).

Dans tous les **autres cas**, le problème reste posé, car la Cour de cassation déclare que la seule constatation de la violation, en connaissance de cause, d'une prescription légale ou réglementaire *implique* l'intention coupable exigée par l'article 121-3 du Code pénal. Loin d'y voir d'ailleurs une imprudence, la Cour de cassation établit une présomption d'intention, ce qui est très éloigné de l'exigence légale, et aggrave même la situation de celui qui a commis l'infraction. Cette jurisprudence est donc difficile à maintenir au regard des réformes du 13 mai 1996 et 10 juillet 2000 qui demandent que soit constatée une faute au regard de la nature des missions ou des fonctions ainsi que des compétences et du pouvoir de l'auteur des faits.

En conclusion à ces développements sur la culpabilité, on dira qu'en multipliant les degrés de la faute, la loi du 10 juillet 2000 a rendu considérablement plus complexe l'établissement de cette culpabilité.

Le juge répressif doit sonder les âmes pour apposer la bonne qualification sur la faute reprochée : faute intentionnelle, faute délibérée, faute caractérisée, faute simple, faute normative. Tout est en nuances.

Titre 2
Un comportement imputable

431. Le mot *imputabilité* est issu du latin « *imputare* », verbe qui signifie « attribuer », « porter au compte de ». Imputer une action à une personne, c'est lui en faire supporter les conséquences juridiques, c'est la rendre responsable de son action. Cette définition très générale englobe alors toutes les conditions qui permettent d'établir une relation de participation matérielle et psychologique entre l'acte commis et son auteur, à savoir : l'identification du responsable, l'existence d'une faute et le lien de causalité entre les deux. On distingue mal dans ce cas la spécificité de l'imputabilité par rapport à la culpabilité et à la causalité. Certains auteurs[1] préfèrent utiliser le vocable d'imputation dans sa dimension objective (désignation du responsable et causalité de l'acte) et sa dimension subjective (culpabilité – intention criminelle, faute pénale – et cause de non-imputabilité – aliénation mentale, contrainte, erreur). Nous pensons qu'il faut distinguer l'imputation et l'imputabilité. L'imputation est un terme neutre exprimant la démarche judiciaire grâce à laquelle un acte répréhensible trouvera son responsable. L'imputabilité est une caractéristique présentée par l'acte tenant à des considérations intrinsèques à la personne de son auteur.

En présence d'une violation de la règle pénale, il convient de suivre une double démarche :

D'abord, identifier le responsable du fait (sous-titre 1).

Ensuite, imputer le fait au responsable (sous-titre 2).

1. V. Robert J.-H., *Droit pénal général*, PUF, 2005, p. 284 et 285 ; comp : Merle R. et Vitu A., *op. cit.*, Conte Ph. et Maistre du Chambon P., *Droit pénal général*, Masson et A. Colin, 2004, n° 350.

Sous-titre 1

L'identification du responsable

432. Celui qui répondra de la violation de la règle de droit pénal sera soit l'auteur de l'acte (chapitre 1), soit le complice (chapitre 2).

CHAPITRE 1

L'auteur de l'acte

433. Aux termes de l'article 121-4 du Code pénal : « Est auteur de l'infraction la personne qui :

1° Commet les faits incriminés ;

2° Tente de commettre un crime ou, dans les cas prévus par la loi, un délit. »

Cette personne est soit une personne physique, soit une personne morale.

S'agissant des personnes physiques, l'auteur est en règle générale celui qui commet matériellement les faits. Dans certaines hypothèses se posera cependant la question de savoir si une personne ne peut pas être condamnée en qualité d'auteur d'une infraction commise matériellement par une autre. Peut-il y avoir une responsabilité pénale du fait d'autrui (section 1)

S'agissant des personnes morales, leur responsabilité est dorénavant reconnue par le Code pénal, ce qui n'était pas le cas avant la réforme de celui-ci en 1992 (section 2).

Section 1
L'auteur, personne physique

434. Pour sa détermination légale, une comparaison entre le code de 1810 et le code actuel fait ressortir une différence d'ordre terminologique : alors que l'ancien code entendait souligner la subjectivité de la responsabilité en rattachant expressément l'acte commis à la personne de son auteur, le code actuel adopte une terminologie plus objective Par exemple, à propos des violences volontaires contre autrui, l'ancien article 309 commençait par ces mots : « *Toute personne* qui, volontairement, aura porté des coups [...] », tandis que l'article 222-11 dispose : « *Les violences* ayant entraîné une incapacité [...] sont punies de... ». En ce qui concerne l'escroquerie, l'article 405 du code de 1810 vise : « *Quiconque*, soit en faisant usage de faux noms [...] » alors que l'article 313-1 du Code pénal de 1992 énonce : « L'escroquerie est *le fait*, soit par l'usage d'un faux nom

[...] ». On peut multiplier les exemples dans lesquels le terme de « fait » s'est substitué dans les incriminations à celui de « quiconque » qui insistait sur l'égalité des citoyens devant la loi pénale. L'introduction de la responsabilité pénale des personnes morales, la volonté chez les rédacteurs de donner au nouveau code une fonction expressive des valeurs protégées expliquent ce choix terminologique.

435. Sur le fond, il n'y a pas de changement : l'article 121-1 dispose : « Nul n'est responsable pénalement que de son propre fait ». C'est le principe de la *responsabilité personnelle* qui signifie que seules les personnes qui ont participé à l'infraction peuvent être responsables et sanctionnées par une peine. Ce faisant, l'article 121-1 rejette, semble-t-il, toute responsabilité générale du fait d'autrui. Pourtant, la jurisprudence nous enseigne que des dirigeants d'entreprise sont condamnés pour des infractions commises par leurs subordonnés, et le régime de la responsabilité de la personne morale n'est pas sans présenter, comme nous le verrons, des analogies avec une responsabilité du fait d'autrui.

Nous envisagerons, tour à tour, l'auteur principal (§ 1) et le responsable pour une infraction commise par autrui (§ 2).

§1. L'auteur principal

436. L'auteur principal est celui qui accomplit le fait incriminé et dont le comportement est la cause principale du trouble social et du préjudice subi par la victime. Il s'oppose au complice qui joue un rôle secondaire, bien que parfois nécessaire, dans la réalisation du projet criminel en aidant l'auteur principal dans la préparation ou la commission de l'infraction[1].

L'infraction peut être le résultat de l'action d'une seule personne ou de plusieurs personnes. On parlera, dans ce dernier cas, de « coaction ».

A. L'auteur unique

437. On distingue l'infraction intentionnelle et l'infraction non intentionnelle.

1. L'infraction intentionnelle

438. La personne doit avoir commis, dans leur matérialité, les actes décrits par la loi. Il faut donc se reporter aux diverses incriminations figurant dans les livres II à V du Code pénal et dans les lois extérieures. Pour les résumer, on se servira de la distinction entre les infractions d'action et d'omission[2]. L'implication dans la matérialisation de l'acte est, ainsi, très

1. Sur la complicité, *infra*, n° 477 et s.
2. V. *supra*, n° 335 et s.

variée et de degrés différents : une simple signature, une abstention peuvent être suffisantes[3].

L'exigence légale de commettre matériellement l'infraction fait que l'*instigateur*, celui qui a conçu l'infraction, ne peut être poursuivi en tant qu'auteur, mais uniquement en tant que complice. Pour le législateur, « auteur » est synonyme « d'acteur ». Pourtant, en 1986, les rédacteurs du projet de nouveau Code pénal incriminaient bien de manière autonome l'instigation[4]. Ils avaient refusé de banaliser le comportement de celui qui, dans la réalisation de l'infraction, est déterminant et ne doit pas être assimilé à un simple complice. Ils avaient encore présente à l'esprit la célèbre affaire *Lacour*[5] dans laquelle un médecin avait projeté de faire assassiner le fils adoptif d'une personne dont il était le familier par un tueur ; celui-ci n'ayant ni exécuté, ni tenté d'exécuter le contrat, aucune poursuite n'avait pu être engagée contre le médecin qui ne pouvait être que complice d'un auteur principal, en l'espèce inexistant.

439. L'instigation n'a pas finalement été retenue parce qu'elle a été jugée potentiellement dangereuse pour les libertés publiques, contenant en germe une incitation à la délation. Elle poserait par ailleurs des difficultés de preuve puisque, par hypothèse, l'infraction pouvait ne pas être réalisée. Enfin, dans le cas où l'infraction était réalisée, l'instigation se confondait avec la complicité.

Le refus d'incriminer, dans la partie générale du code, l'instigation n'exclut pas, à titre d'exception, certaines dispositions désignant comme auteur principal celui qui prend une *décision* dont l'exécution sera le fait d'autrui. Par exemple, l'article 432-4 du Code pénal incrimine « le fait par une personne dépositaire de l'autorité publique ou chargée d'une mission de service public, agissant dans l'exercice ou à l'occasion de l'exercice de ses fonctions ou de sa mission, *d'ordonner* [...] un acte attentatoire à la liberté individuelle [...] ». Il en est de même pour l'atteinte au secret des correspondances (art. 432-9) ou la concussion (art. 432-10)[6]. Par ailleurs, comme nous avons eu déjà l'occasion de le relever, l'article 221-5-1 du Code pénal réprime celui qui organise un assassinat ou un empoisonnement non suivi d'effet.

2. Infractions non intentionnelles

440. Il peut s'agir de personnes qui commettent une simple imprudence ou négligence, laquelle sera la cause directe du résultat dommageable (C. pén., art. 121-3, al. 3).

3. Par ex. dans le domaine du droit des affaires.

4. V. art. 121-6 du projet : « Est instigateur la personne qui, par don, promesse, ruse, menace, ordre, abus d'autorité ou de pouvoir : 1° sciemment fait commettre par un tiers les faits incriminés ; 2° provoque directement un tiers à commettre un crime, lors même qu'en raison de circonstances indépendantes de la volonté de l'instigateur, la provocation n'est pas suivie d'effet. L'instigateur de l'infraction est passible des mêmes peines que l'auteur de l'infraction ».

5. Cass. crim., 25 oct. 1962 : D. 1963. 221, note Bouzat P.

6. La concussion est le fait pour une personne dépositaire de l'autorité publique de recevoir, exiger ou ordonner de percevoir à titre de droits ou contributions, impôts ou taxes publics une somme qu'elle sait ne pas être due ou excéder ce qui est dû (C. pén., art. 432-10).

Il peut s'agir aussi de personnes physiques qui, par un comportement fautif déterminé, soit ont créé ou contribué à créer une situation qui a permis la réalisation du dommage, soit n'ont pas pris les mesures permettant de l'éviter (art. 121-3, al. 4, loi du 10 juillet 2000). La faute n'est dans ce cas qu'une cause indirecte du dommage. C'est pour cette raison que la faute en question devra avoir des caractéristiques données : ou bien une violation manifestement délibérée d'une obligation de prudence ou de sécurité prévue par la loi ou le règlement ; ou bien une faute caractérisée exposant autrui à un risque d'une particulière gravité ne pouvant être ignorée par l'auteur de la faute. Les « personnes physiques » mentionnées à l'article 121-3, al. 4, sont, en priorité, les décideurs publics[7] et directeurs d'établissements scolaires. Mais évidemment, sauf à créer une catégorie de citoyens privilégiés, le texte s'applique aussi à tous ceux qui ne sont que la cause indirecte du dommage (chefs d'entreprise).

B. Les coauteurs

441. Quand l'accomplissement d'une infraction réunit plusieurs personnes, la question se pose de savoir si chacune d'elles peut être considérée comme un auteur principal. Une définition de la coaction s'impose avant d'en voir la répression.

1. Définition de la coaction

a. Ce qu'elle n'est pas

442. La coaction n'est pas la complicité. Celle-ci est une aide à l'accomplissement de l'infraction. L'intention criminelle qui anime le complice est différente de celle de l'auteur principal. Nous verrons qu'il a sa propre criminalité ; le complice aide, assiste ; son action est médiate. Il ne réalise pas les éléments propres de l'infraction.

La coaction n'est pas une action simplement concomitante ou conjuguée à l'action principale : la coaction suppose une *action menée de concert*. Des coups et blessures peuvent être causés à l'occasion d'un jeu, d'un sport ou d'affrontements, sans qu'il soit possible d'identifier l'auteur des blessures ou, lorsque plusieurs ont été identifiés, de déterminer le rôle causal de chacun. En l'absence d'identification d'un ou de plusieurs coupables, il ne devrait pas y avoir de responsabilité pénale. Ce n'est pas ce qu'a jugé la Cour de cassation, aussi bien en cas de délits intentionnels[8] (il faut le reconnaître, la situation est alors très proche de la coaction) qu'en présence d'une faute collective non intentionnelle[9]. Ce n'est pas non plus ce qu'avait admis le législateur quand il introduisit dans le Code pénal, par une loi du 8 juin

7. La loi du 10 juill. 2000 est en effet inspirée directement du rapport intitulé « *La responsabilité pénale des décideurs publics* », remis au début de l'année 2000 au garde des Sceaux par le groupe d'études présidé par Massot M., Doc. fr. 2000 ; V. CGCT, art. L. 2123-34.

8. Cass. crim., 5 oct. 1972 : Bull. crim., n° 269 ; RSC 1973. 880, obs. Larguier J. Toutefois, plus récemment, la Cour de cassation réaffirme que nul n'est responsable que de son fait personnel : Cass. crim., 8 oct. 1997 : D. 2000, somm. p. 113, obs. Roujou de Boubée G.

9. Cass. crim., 7 mars 1968 : Gaz. Pal. 1968.1.319.

1970, un article 314 retenant une responsabilité collective, en cas de violences, voies de fait ou destructions, à la charge des participants à un rassemblement légalement interdit par l'autorité administrative[10].

b. Ce qu'elle est

443. Pour la Cour de cassation, il y a coaction lorsque les intérêts recherchés sont les mêmes, l'objet de l'infraction identique et l'élément moral analogue[11]. La coaction s'explique par l'idée de *causalité directe*. Il doit y avoir actions associées vers un but commun[12] ; chacun des coauteurs commet matériellement et psychologiquement la même infraction. Le critère fixé, son application est moins aisée. Deux individus pénètrent dans une banque pour voler le contenu du coffre-fort. Tous deux se partageront le butin. L'un neutralise le système d'alarme et tient en joue le personnel tandis que l'autre force la porte blindée du coffre et vide son contenu. Comment apprécier l'action de chacun dont la réunion est indispensable pour le succès de leur opération ? Celui qui neutralise l'alarme aide-t-il celui qui force le coffre, ou bien s'associe-t-il à part entière au cambriolage ? Est-il complice ou coauteur ? Cette difficulté d'appréciation est délicate à résoudre en présence d'infractions qui se commettent en un espace de temps très court, comme un vol ou une atteinte à l'intégrité de la personne. En revanche, quand il s'agit d'une criminalité astucieuse, telle une escroquerie, la constitution et l'usage d'un faux ou une manipulation financière, faisant appel à l'implication matérielle de plusieurs participants sur une durée plus longue, il est plus facile d'étendre la catégorie des auteurs[13]. Le recours à des incriminations vagues faisant appel à une définition très large des auteurs, devenus acteurs, permet de multiplier les délinquants[14].

La jurisprudence n'entre guère dans ces subtilités : l'usage qu'elle a fait de la théorie de la complicité corespective brouille la distinction de principe entre complicité et coaction, de même que les décisions qui voient une coaction dans des comportements relevant de la complicité. Quant au législateur, il atténue également la distinction en disposant, dans l'article 121-6 du Code pénal : « Sera puni comme auteur le complice de l'infraction [...] ». L'explication est la suivante : la nécessité d'une juste répression prime sur l'orthodoxie des critères retenus.

---

10. Ce texte fut abrogé en 1981.

11. Cass. crim., 13 nov. 1975 : Bull. crim., n° 247 – 18 mai 1994 : Bull. crim., n° 195 ; RSC 1995. 95, obs. Bouloc B.

12. Cass. crim., 2 nov. 2017, n° 17-84.813 : connaissance et adhésion à un projet d'assassinat, présence active au moment des coups portés et durant toutes les étapes ultérieures.

13. Cass. crim., 5 mai 1977 : D. 1977. 502, note Pirovano A. (responsabilité de l'agent immobilier « donneur d'ordre » et de l'annonceur en cas de publicité trompeuse).

14. Par exemple l'article L. 480-4, al. 2, du Code de l'urbanisme désigne, comme encourant les peines qui sanctionnent le non-respect de la réglementation du permis de construire, « les utilisateurs du sol, les bénéficiaires des travaux, les architectes, les entrepreneurs, ou autres personnes responsables de l'exécution desdits travaux ». Un propriétaire ayant donné son accord à son locataire a été considéré dès ce moment comme bénéficiaire et condamné : Cass. crim., 9 avr. 1992 : Bull. crim., n° 156.

2. Répression de la coaction

444. En théorie, l'influence de la coaction sur la situation des coparticipants devrait être très réduite, puisque les responsabilités des coauteurs sont indépendantes les unes des autres : chacun répondra de l'infraction comme s'il en était l'auteur unique, et pourra être poursuivi seul : c'est en sa personne que se vérifiera la réalisation des éléments de l'infraction. Il en résulte qu'un coauteur pourrait, ainsi, bénéficier d'une cause de non-imputabilité (trouble psychique, contrainte) ou d'une immunité familiale (vol commis au préjudice d'un parent du coauteur) tandis que l'autre serait condamné. Pareillement, l'existence d'une circonstance aggravante se rapportant à la personne de l'un des auteurs d'un homicide (par exemple, la victime est son ascendant) ne devrait pas se transmettre au coauteur.

445. En jurisprudence, les solutions se sont écartées de cette voie :

D'abord, dans un arrêt du 9 juin 1848, la Cour de cassation inaugura la théorie dite de la « complicité corespective » selon laquelle « tout coauteur aide nécessairement l'autre coupable et peut être, par la force des choses, considéré comme son complice »[15]. Il y a du bon sens dans cette théorie : en s'associant à la commission même de l'infraction, le coauteur aide et assiste, *a fortiori*, le coparticipant. Cette théorie permettait alors de faire en sorte que des coparticipants dont les actions respectives ont été déterminantes dans la commission de l'infraction, fussent punis d'une peine identique. Il faut rappeler que dans l'ancien Code pénal, le complice était puni des mêmes peines que l'auteur principal. Si ce dernier encourait la peine de mort, le complice encourait également la peine capitale. On comprend facilement l'intérêt qu'il y avait à se réclamer de la qualité de coauteur, celui-ci voyant sa peine déterminée en fonction de la propre criminalité de son acte et non pas par référence à la sanction appliquée à l'auteur principal. En prenant l'exemple de l'homicide volontaire commis par deux individus sur la personne de l'ascendant de l'un d'eux (ce que le code qualifiait de parricide), le fils de la victime encourait avant 1981 la peine de mort alors que le coauteur, sans lien de filiation avec la victime, encourait la réclusion criminelle à perpétuité, ce qui apparaissait choquant. En appliquant la théorie de la complicité corespective, la jurisprudence traitait également des criminels dont les actes étaient aussi graves[16].

Ensuite, et à l'inverse, la Cour de cassation a considéré comme coauteur le complice d'un vol afin de relever la circonstance aggravante de vol en réunion[17]. De même, l'instigateur ne peut être poursuivi qu'en qualité de

15. Cass. crim., 9 juin 1848 : S. 1848. I. 154 aff. *Igneux*.

16. V. pour une application : Cass. crim., 10 janv. 1952 : Bull. crim., n° 11 : « Le coauteur du meurtre d'une mère par son fils est nécessairement passible de la peine des parricides, mais c'est à la condition qu'il ait agi conjointement avec le fils de la victime ».

17. Cass. crim., 4 août 1927 : S. 1927. I. 41, note Roux J.-A. – 7 déc. 1954 : Bull. crim., n° 375 – 22 déc. 1970 : Bull. crim., n° 348.

complice, sauf à y voir l'auteur moral de l'infraction, si l'on constate que l'auteur matériel n'est que « la main qui exécute »[18].

Enfin, nous avons vu qu'en présence d'actions conjointes ayant causé un dommage à l'intégrité corporelle d'autrui, sans qu'il soit possible d'apprécier la part de responsabilité des coupables, chacun est considéré comme ayant infligé les blessures les plus graves[19].

446. En législation, l'intérêt de la distinction devient plus flou :

L'article 121-6 du Code pénal puni « comme auteur » le complice[20] ; l'emprunt de qualification succède à l'emprunt de pénalité de l'ancien code. Le texte remet en cause la théorie de la complicité corespective : le complice de l'auteur d'un crime aggravé par une circonstance personnelle à ce dernier est passible uniquement de la peine qu'il encourrait s'il avait été lui-même auteur du crime.

L'article 311-4, reprenant les termes de l'ancien article 382 du Code pénal, met sur le même plan auteurs et complices en cas de vol en réunion, pour leur appliquer une peine plus élevée[21].

L'article 311-4-1, introduit récemment par la loi du 9 septembre 2002, raisonne pareillement à propos du vol « commis par un majeur avec *l'aide* d'un ou plusieurs mineurs agissant comme *auteurs ou complices* [...] ».

§2. Le responsable pour faute pénale d'autrui

447. La responsabilité pénale pour autrui existe-t-elle ? La question peut paraître une provocation au regard de l'article 121-1 qui ouvre le titre II sur la responsabilité pénale. Le texte dispose : « Nul n'est responsable pénalement que de son propre fait »[22]. Pourtant, si l'on porte son regard, en jurisprudence, sur les conditions dans lesquelles un chef d'entreprise peut voir sa responsabilité pénale engagée, par exemple à la suite d'un accident rendu possible à la suite de la violation d'une prescription de sécurité dont le respect devait être assuré par un préposé du chef d'entreprise, on est bien obligé d'admettre que la culpabilité pour autrui est de droit positif.

18. Cass. crim., 28 mars 1996 : Dr. pén. 1996, comm. 223, obs. Robert J.-H. : le dirigeant d'une société immobilière avait ordonné à ses employés de démarcher à domicile des clients pour leur faire souscrire un emprunt, procédé interdit par la loi. Les juges du fond considèrent l'employeur comme complice par instigation du délit de démarchage. La Cour de cassation casse l'arrêt : l'employeur s'est rendu coupable, à titre principal, et non pas à titre de complice, du délit en question. Celui qui décide une action est donc auteur de celle-ci.

19. Cass. crim., 25 févr. 1975 : Bull. crim., n° 65.

20. Sur la complicité, v. *infra*, n° 477 et s.

21. Art. 311-4, 1° : « Le vol est puni de cinq ans d'emprisonnement et de 75 000 € d'amende : 1° Lorsqu'il est commis par plusieurs personnes agissant en qualité d'auteur ou de complice, sans qu'elles constituent une bande organisée [.] ».

22. Principe de valeur constitutionnelle : Cons. const., 16 juin 1999 : D. 2000. somm. p. 113, obs. Roujou de Boubée G. ; pour une réaffirmation récente de la règle : Cass. crim., 3 avr. 2013, n° 12-82551.

Il convient de s'interroger d'abord sur le sens de cette responsabilité, avant d'en délimiter le champ d'application et d'en préciser les conditions de mise en œuvre.

A. Sens de la responsabilité pénale dite « du fait d'autrui »

448. La responsabilité pénale, que l'on nomme classiquement « du fait d'autrui » par imitation du droit civil, s'entend concrètement de la condamnation d'une personne à une peine en raison d'un acte commis par une autre personne. Si l'on raisonne par référence au droit civil, pour être en présence d'une véritable responsabilité pénale pour autrui, il faudrait que le « responsable » n'ait commis aucune faute et qu'il n'ait, d'aucune manière, participé matériellement à l'acte incriminé à l'origine du dommage. En droit civil, le responsable est un garant : comme il s'agit d'une question d'indemnisation, le poids de la réparation pèsera sur celui qui est censé être le plus fortuné. En droit pénal, le raisonnement est différent : l'objet de la poursuite est une condamnation ; la responsabilité ne peut donc s'abattre que sur un fautif.

Lorsqu'une personne laisse une arme à la portée d'une autre qui s'en empare et blesse un tiers, cette personne sera, pourrait-on dire, responsable du fait de l'infraction commise par autrui. Mais en réalité, dans cette hypothèse, il y a une imprudence dûment établie à l'origine du dommage. La question ici est une question de causalité ; or, la jurisprudence applique en cas d'imprudence la théorie de l'équivalence des conditions, selon laquelle tous les événements qui conditionnent le dommage sont équivalents et sont considérés comme l'ayant causé. La responsabilité de la personne négligente est naturelle.

La responsabilité pénale d'un chef d'entreprise, à titre de garant, pour un fait commis par son préposé, surtout si ce dernier agit intentionnellement, est, on le comprend, très discutable. Elle heurte le principe de la personnalité des peines. C'est pourquoi l'article 121-1 proclame la responsabilité pénale de son seul fait personnel. Par conséquent, pour qu'une personne réponde pénalement du fait d'autrui, il faut relever à son endroit une *faute*. Mais cette faute s'inscrit dans une relation de pouvoir ou d'autorité sur autrui[23]. La faute sera révélée par l'infraction commise par autrui. En d'autres termes, pour prendre le cas d'un dirigeant d'entreprise, si la faute que ce dernier a commise devient une faute pénalement répréhensible, c'est parce que le juge parvient à la rattacher à une infraction commise personnellement par le préposé. C'est cette infraction qui, en remontant la filière, permet de sanctionner

23. V. Cartier M.-E., *Notion et fondements de la responsabilité du chef d'entreprise, in La responsabilité du fait de l'entreprise*, Paris, 1977 – Boubli B., « La délégation de pouvoirs depuis la loi du 6 déc. 1976 », Dr. soc. 1977, numéro spécial, suppl. 89. Ces auteurs préfèrent fonder la responsabilité du chef d'entreprise sur le pouvoir.

celui qui par sa faute a rendu possible l'infraction[24]. Le chef d'entreprise est-il encore dans ce cas responsable pour autrui, ou n'est-il pas coauteur ?

449. Trois remarques complémentaires :

1. D'abord, le principe de la responsabilité pénale du fait personnel aurait pu ne pas être inscrit dans le Code pénal. Les avant-projets de réforme du Code pénal de 1978 et 1983 n'en parlaient pas et incriminaient la responsabilité pénale pour autrui ; l'article 25, 3° de celui de 1983 punissait celui qui « laisse commettre par une personne placée sous son autorité l'acte incriminé lorsque cet acte consiste en la violation de prescriptions qu'il avait, directement ou par délégation, l'obligation légale de faire respecter ». La commission de réforme insistait, à cet égard, sur la différence de rédaction entre l'avant-projet précédent et celui qu'elle présentait : dans l'avant-projet de 1978, le commettant devait avoir commis « une omission volontaire ». Dans l'avant-projet de 1983, une faute suffisait et la commission ajoutait : « En droit positif, la responsabilité pénale du chef d'entreprise du fait de son préposé est fréquemment présumée [...] ». La proposition de la commission de révision du Code pénal visait, au contraire, à conforter le retour de la faute personnelle, même involontaire, mais prouvée. À la vérité, le texte n'offrait aucune garantie qu'il en serait ainsi.

2. Ensuite, la proclamation de la responsabilité du fait personnel dans l'article 121-1 n'a pu éviter de reconnaître implicitement, dès l'article suivant, une responsabilité du fait d'autrui, avec la responsabilité pénale des *personnes morales* : en effet, celles-ci répondent « des infractions commises pour leur compte, par leurs organes ou représentants ». C'est une personne physique qui commet l'acte, et la responsabilité en incombera à la personne morale. La responsabilité pénale de la personne morale est une responsabilité pour autrui qui n'ose dire son nom.

3. Enfin, l'article 121-1 du Code pénal n'a pas remis en cause les solutions antérieures qui, refusant une responsabilité générale du fait d'autrui, admettaient déjà une responsabilité dans des cas déterminés. Ce texte était-il utile[25] ?

B. Champ d'application de la responsabilité pénale dite « du fait d'autrui »

450. La responsabilité pénale du fait d'autrui est une responsabilité spéciale. Son domaine d'application le plus fréquent est celui des infractions commises par les préposés ou employés d'un chef d'entreprise. Elle ne s'applique pas à ceux qui auraient une obligation générale de surveillance résultant de l'autorité qu'ils exerceraient sur d'autres personnes : les

24. En ce sens : Delmas-Marty M. et Giudicelli-Delage G., *Droit pénal des affaires*, PUF, 2000 : « L'acte du préposé ne saurait donc constituer la cause réelle de l'infraction, mais seulement l'occasion qui lui a permis d'intervenir. En d'autres termes, le comportement de l'auteur n'a fait qu'actualiser la responsabilité jusque-là demeurée virtuelle du chef d'entreprise ».

25. C'est l'interrogation de M. Lassalle, « Réflexions à propos de l'article 121-1 du futur Code pénal », JCP 1993. I. 3695.

parents pour une infraction commise par leur enfant mineur[26] ; un instituteur pour des actes répréhensibles commis par des élèves indisciplinés.

Parmi les cas de responsabilité du dirigeant d'entreprise, certains sont plus proches d'une responsabilité objective, de nature civile[27], que d'une responsabilité pénale. D'autres, en revanche, correspondent à la définition que nous avons donnée.

1. Les cas de responsabilité « civile » pour faute pénale d'autrui

451. Nous parlons de responsabilité « civile » parce que celui qui est désigné comme responsable n'est pas condamné *pénalement,* mais supporte par contrecoup le poids de la condamnation atteignant l'auteur de l'infraction. Par conséquent, il n'y a aucune dérogation à la responsabilité pénale personnelle, s'il y a dérogation à la personnalité des peines. La responsabilité pénale n'est qu'une apparence.

Quelques exemples suffiront pour illustrer cette situation :

1° Article L. 4741-7 du Code du travail : « L'employeur est *civilement* responsable des condamnations prononcées contre ses directeurs, gérants ou délégataires ». Sont visées les infractions à la législation du travail.

2° Article L. 4741-2 du Code du travail : « Lorsqu'une des infractions énumérées à l'article L. 4741-1 (il s'agit d'obligations en matière d'hygiène, sécurité et conditions de travail), qui a provoqué la mort ou des blessures [...], a été commise par un délégataire, la juridiction peut, compte tenu des circonstances de fait et des conditions de travail de l'intéressé, décider que le paiement des amendes prononcées sera mis, en totalité ou en partie, *à la charge de* l'employeur si celui-ci a été cité à l'audience ». Qui ne voit que la raison de ce texte est fiscale ; l'employeur est réputé plus riche que le délégataire fautif.

3° Article L. 121-1, alinéa 2, du Code de la route : en cas de contravention commise par le chauffeur d'un véhicule de l'entreprise, agissant en qualité de préposé, « le tribunal pourra, compte tenu des circonstances de fait et des conditions de travail de l'intéressé, décider que le payement des amendes de police prononcées en vertu du présent code seront en totalité ou en partie à la charge du commettant si celui-ci a été cité à l'audience ».

4° Articles L. 121-2 et L. 121-3 du Code la route : le titulaire du certificat d'immatriculation du véhicule est *responsable pécuniairement* (ou *redevable*

26. L'article 33-1 de l'ordonnance du 2 févr. 1945, inséré par la loi du 9 sept. 2002, prévoit qu'en cas de placement du mineur délinquant dans un centre éducatif fermé, le versement des allocations familiales est suspendu pendant la durée du placement, sauf décision contraire du juge des enfants. Certains parlementaires ont cru y voir une sanction punitive contraire au principe de la responsabilité personnelle. Le Conseil constitutionnel (décision du 29 août 2002) n'a pas suivi cette argumentation, parce que seule la part représentée par l'enfant délinquant est suspendue ; or les allocations étant versées pour l'entretien d'un enfant, on peut admettre qu'elles n'ont plus à bénéficier à ceux qui n'ont plus la charge effective de l'enfant ; en outre, la suspension est provisoire et peut ne pas être prononcée par le juge pénal. Il n'en reste pas moins que cette mesure sera ressentie comme une sanction par les parents. Quoi qu'il en soit, sanction punitive ou non, il y a une disposition spéciale.

27. En ce sens, Chabas F., *Responsabilité civile et responsabilité pénale,* Montchrestien, 1975, p. 102 – Bouloc B., *op. cit.*, n° 375.

pécuniairement) des infractions à la réglementation sur le stationnement ou sur l'acquittement des péages pour lesquelles seule une peine d'amende est encourue, ainsi que, par exemple, des contraventions à la réglementation sur les vitesses maximales autorisées, sur le respect des distances de sécurité entre les véhicules et sur les signalisations imposant l'arrêt des véhicules, à moins qu'il n'établisse l'existence d'un événement de force majeure, d'un vol ou qu'il ne fournisse des renseignements permettant d'identifier l'auteur véritable de l'infraction[28].

On pourrait citer également, dans le même esprit, l'article 44, alinéa 2, de la loi du 29 juillet 1881 sur la liberté de la pressc.

2. Les cas de responsabilité pénale pour faute pénale d'autrui

452. Nous rappelons que cette responsabilité suppose une *faute du dirigeant*.

a. Dans la loi

453. Nous en donnerons deux applications :

1° L'article L. 4741-1 du Code du travail rend l'employeur ou son délégataire responsable de la violation des prescriptions édictées pour la protection et la sécurité de son personnel. Il doit avoir commis une faute personnelle.

2° L'article 433-18 du Code pénal punit le fait, pour un fondateur ou un dirigeant de droit ou de fait d'une entreprise qui poursuit un but lucratif, de *faire figurer* ou *de laisser figurer*, dans une publicité réalisée dans l'intérêt de l'entreprise qu'il se propose de fonder ou qu'il dirige, des personnes exerçant certaines fonctions ou ayant certaines qualités.

b. Dans la jurisprudence

454. L'arrêt de principe est bien connu : il s'agit d'une décision de la chambre criminelle de la Cour de cassation, rendue dans l'affaire *Widerkehr* le 28 février 1956[29]. Une rivière avait été polluée par le déversement volontaire, par un préposé, d'eaux résiduaires provenant de l'égout d'une papeterie, ce qui avait causé la destruction de nombreux poissons. Les juges du fond avaient relaxé le dirigeant de l'usine, poursuivi pour déversement dans un cours d'eau de substances nuisibles aux poissons, parce qu'il avait doté son entreprise d'une installation moderne de décantation et que la pollution était due à un accident imprévisible s'étant produit en l'absence du prévenu. La Cour de cassation censure la décision en jugeant que « si, en principe, nul n'est passible de peines qu'à raison de son fait personnel, la responsabilité pénale peut cependant naître du fait d'autrui dans des cas exceptionnels où certaines obligations légales imposent le

28. Cass. crim., 17 avr. 2013, n° 12-87490 : Bull. crim. n° 90. V. pour la iiste des infractions, C. route, art. R. 121-6.

29. JCP 1956. II. 9304, obs. R. de Lestang ; Pradel J. et Varinard A., *op. cit.*, n° 37.

devoir d'exercer une action directe sur les faits d'un auxiliaire ou d'un subordonné ». L'arrêt est d'autant plus remarquable que le déversement était dû à une faute intentionnelle de l'employé.

455. Cette responsabilité est réduite, toutefois, aux entreprises soumises à des règlements spéciaux[30]. Des décisions plus récentes sont cependant moins exigeantes : ainsi, un élu local a pu être condamné à la suite de la pollution d'une rivière occasionnée par des eaux usées contenues dans le réseau public d'assainissement, non pas en tant que mauvais gestionnaire du réseau, mais en tant qu'autorité de police négligente : l'absence d'une preuve de l'inobservation d'une prescription précise n'a donc pas été une condition de la responsabilité de l'élu en cause ; il lui était reproché de s'être abstenu d'utiliser *les pouvoirs que lui confère sa qualité* pour prévenir par des précautions convenables ou faire cesser les pollutions de toute nature[31]. De telles décisions ne furent pas étrangères à la loi du 13 mai 1996, modifiée par la loi du 10 juillet 2000, qui définit dorénavant plus restrictivement la faute d'imprudence.

Cette responsabilité « remonte au chef d'entreprise », selon la propre expression de la chambre criminelle, parce qu'il commet une faute « en n'exerçant pas une action directe sur les faits du subordonné ». Mais, dans l'arrêt de 1956, aurait-il pu réellement empêcher le fait intentionnel du subordonné ? Assurément, la responsabilité était excessive et l'attention doit se porter sur la preuve de cette faute de surveillance que l'on prétend reprocher au chef d'entreprise.

C. Conditions d'application de la responsabilité pénale dite « du fait d'autrui »

456. Deux conditions sont exigées : une infraction commise par le préposé ; un acte imputable au commettant.

1. L'infraction commise par le préposé

457. Cette infraction, constituée matériellement par la violation de prescriptions légales ou réglementaires que l'employeur avait l'obligation de faire respecter, est le socle sur lequel s'appuie la responsabilité du

30. Outre le cas de règlements pris dans un intérêt de salubrité ou de sûreté, on peut penser à des règlements comme ceux auxquels sont soumis les débitants de boissons, les cinémas, les professions commerciales, dans le domaine de la construction, de l'environnement, du transport, etc. Il existe beaucoup de professions réglementées qui constituent, ainsi, autant de risques pour un « patron » d'être poursuivi pénalement en cas de violation de la réglementation par l'un de ses employés. V. à propos d'une infraction à la législation sur la coordination des transports, Cass. crim., 10 juill. 1963 : Bull. crim., n° 255 : le chef d'une entreprise réglementée est tenu « non seulement de donner des instructions à ses préposés pour que la loi (soit) respectée, mais encore de s'assurer de l'exécution desdites instructions ». À propos d'une publicité illicite en faveur du tabac, Cass. crim., 19 janv. 1994 : Bull. crim., n° 30.

31. Cass. crim., 18 juill. 1995 : Dr. pén. 1995, comm. n° 285, note Robert J.-H.

commettant[32]. C'est le subordonné qui accomplit une infraction rendue possible par la négligence du dirigeant. On pourrait être tenté de scinder l'infraction entre les deux participants : au préposé serait rattaché l'élément matériel ; au commettant serait rattaché l'élément moral. Mais, en principe, il n'y a pas d'infraction sans élément moral, aussi ténu soit-il : le Code pénal a rappelé cette exigence en consacrant, dans l'article 121-3 combiné avec l'article 339 de la loi d'adaptation du 16 décembre 1992, la disparition des délits matériels, ces délits dont l'auteur est présumé fautif. La preuve d'une faute est donc toujours nécessaire, même si la loi ne le dit pas. La jurisprudence, il est vrai, se montre très réticente à la suppression des délits matériels[33].

La faute commise par le préposé sera souvent soit une contravention, soit une imprudence ou une mise en danger de nature délictuelle. Quand la faute sera caractérisée, la responsabilité personnelle du préposé pourra être engagée cumulativement avec celle du commettant[34]. Dans le cas contraire, le ministère public répugne à poursuivre l'employé qui ne serait qu'un « lampiste ».

La faute du préposé peut aussi être intentionnelle ; il semble plus difficile, alors, de poursuivre le dirigeant. Pourtant, la Cour de cassation ne s'y est pas opposée dans l'arrêt précité du 28 février 1956, ce qui est très contestable et rend la responsabilité pénale pour autrui purement objective, ce qu'elle ne saurait être.

2. Un acte imputable au commettant

458. Les auteurs qui considèrent que dans la responsabilité pénale du fait d'autrui, il y a un partage de l'infraction entre le préposé et le commettant, sont conduits à soutenir que le comportement du préposé peut se réduire à un seul fait matériel. Par voie de conséquence, seule une attitude psychologique est attribuée au commettant : le préposé accomplit un fait ; le commettant commet une faute. La réunion des deux constitue l'infraction. Cependant, de même qu'il est difficile de dire que le préposé n'a pas de culpabilité, de même il est difficile de soutenir que le commettant n'accomplit aucun fait. C'est pourquoi, ces auteurs admettent que le commettant « emprunte l'élément matériel de l'infraction commise par l'employé »[35]. En réalité, nous pensons qu'il est possible de dissocier les deux actes. Puisque la faute qui sera reprochée au commettant est une imprudence, on doit retrouver la matérialité de l'infraction non intentionnelle : c'est l'*omission de prendre les mesures nécessaires* ; son comportement est donc différent de celui du préposé.

32. Cass. crim., 27 mai 2015, n° 13-87616 : « le chef d'entreprise doit veiller personnellement à la stricte et constante exécution des dispositions édictées par le code du travail ou des règlements pris pour son application en vue d'assurer l'hygiène et la sécurité des travailleurs ».

33. Sur leur définition, v. *supra*, n° 429.

34. Cette solution est fort ancienne : Cass. crim., 27 janv. 1859 : S. 1859.I.364, 1re espèce.

35. Bouloc B., *op. cit.*, n° 396.

On s'interrogera successivement sur l'existence de la faute du commettant et sur les conditions de son exonération.

a. L'existence de la faute du commettant

459. La faute exigée est une négligence qui résulte du seul fait de la violation ou du non-respect des prescriptions légales ou réglementaires par le préposé. La faute est donc présumée. Le raisonnement est le suivant : si le préposé a commis l'infraction, c'est parce que le commettant n'a pas pris les mesures qu'il fallait pour l'éviter. C'est le sens de la jurisprudence traditionnelle rappelant qu'« il appartient au chef d'entreprise de veiller personnellement à la stricte et constante exécution des prescriptions réglementaires »[36]. Cette présomption a même été jugée irréfragable, ce qui introduisait en droit pénal la responsabilité pour risque[37].

Les lois votées successivement en 1976, 1996 et 2000 n'ont pas inversé cette jurisprudence.

En effet, cherchant à rétablir l'obligation pour le ministère public de prouver une faute du chef d'entreprise, la *loi du 6 décembre 1976* modifia l'article L. 263-2 du Code du travail et inscrivit comme condition des poursuites pénales contre les chefs d'établissement, directeurs, gérants ou préposés « une faute personnelle », exigence qui ne figurait pas dans le texte de cet article. En fait, la loi n'était qu'illusion : le juge pénal était, certes, expressément obligé de relever une faute personnelle, mais rien ne s'opposait à continuer de dire que cette faute était établie par l'acte qu'avait commis le subordonné. Tout devenait une question de motivation. Ces solutions trouvaient, au surplus, leur point d'ancrage dans la notion de délit matériel, fréquemment utilisée en la matière. Si on analyse la jurisprudence, il faut se rendre à l'évidence : bien peu de décisions constatent l'absence de faute personnelle[38].

460. La *loi du 13 mai 1996* est d'application plus générale. Elle modifie l'article 121-3 du Code pénal : désormais, l'imprudence doit être appréciée dans la personne même de l'auteur, compte tenu, le cas échéant, de la nature de ses missions ou de ses fonctions, de ses compétences ainsi que du pouvoir et des moyens dont il dispose. L'appréciation *in concreto* de la faute se substituait, du moins l'espérait-on, à l'appréciation *in abstracto*, jugée beaucoup trop compréhensive ; en réalité, même avec cette nouvelle exigence, les solutions antérieures se sont maintenues[39] : le chef d'entreprise peut difficilement invoquer le défaut de compétence et de

36. Cass. crim., 22 mai 1973 : Bull. crim., n° 230 – 10 févr. 1976 : Bull. crim., n° 52.

37. V. Cass. crim., 28 févr. 1956, préc., et Cass. crim., 4 nov. 1964 : Gaz. Pal. 1965.1.80, refusant au chef d'entreprise le droit d'invoquer la contrainte !

38. V. Giudicelli-Delage G., RSC 1999. 340 : l'auteur relève que sur cinq arrêts rendus en 1998, quatre constatent la faute : parfois il s'agit « d'un défaut de surveillance et d'un manque d'organisation du travail » ; parfois, c'est « l'absence de formation spécifique donnée à la victime », ou l'insuffisance d'un dispositif de sécurité sur une machine qui constitue la faute personnelle.

39. Cass. crim., 14 oct. 1997 : Bull. crim., n° 334 ; RSC 1998. 328, obs. Mayaud Y. ; Dr. pén., 1998, comm. n° 25, obs. Robert J.-H.

pouvoir alors que c'est à lui, justement, qu'il incombe d'être prudent et alors qu'il détient le « pouvoir » dans l'entreprise.

461. La *loi du 10 juillet 2000* entend porter le coup décisif à cette jurisprudence en ajoutant un alinéa à l'article 121-3 : « Ceux qui n'ont pas causé directement le dommage mais qui ont créé ou contribué à créer la situation qui a permis la réalisation du dommage ou qui n'ont pas pris les mesures permettant de l'éviter, sont responsables pénalement s'il est établi qu'elles ont soit violé de façon manifestement délibérée une obligation particulière de prudence ou de sécurité prévue par la loi ou le règlement, soit commis une faute caractérisée et qui exposait autrui à un risque d'une particulière gravité qu'elles ne pouvaient ignorer ». La seule lecture du texte permet de voir tout le parti que peuvent espérer en tirer les dirigeants d'entreprise : dès lors qu'ils ne causent pas directement le dommage, seule une faute manifestement délibérée ou caractérisée engagera leur responsabilité, à la différence de l'exécutant qui, étant la cause directe du préjudice, sera responsable sur le fondement d'une faute simple[40]. Premier avantage pour les dirigeants actuellement poursuivis : la loi, moins sévère que l'ancienne, est applicable immédiatement et justifie un nouvel examen de l'affaire dans laquelle ils sont impliqués[41]. Second avantage : la nature de la faute qui leur est imputable, et qui devrait briser par conséquent les solutions jurisprudentielles. Mais certains doutaient déjà, à l'époque, de la portée de la loi[42]. Le garde des Sceaux lui-même déclarait devant l'Assemblée nationale : « Il apparaît que l'application de ce texte en matière d'accidents du travail n'aura nullement pour conséquence d'affaiblir la répression »[43]. La circulaire d'application du 11 octobre 2000 est, en effet, en rupture avec l'objectif que l'on croyait être recherché : certaines phrases sont ambiguës, comme celle-ci : « Même si cela ne sera pas systématique, la gravité, l'imminence et la connaissance du risque pourront conduire le juge à considérer que la faute est caractérisée [...] ».

462. La Cour de cassation, dès avant le vote de la loi du 10 juillet 2000, semblait avoir déjà défini la « faute caractérisée » : dans une affaire où un salarié avait fait une chute mortelle sur un chantier dépourvu de barrières de protection, la cour d'appel avait jugé que le président de la société de construction n'avait pas accompli toutes les diligences normales pour faire respecter les prescriptions qui s'imposaient à la personne morale en ce domaine ; la chambre criminelle considère « qu'ainsi la cour d'appel *a caractérisé une faute d'imprudence* ou de négligence engageant la responsabilité de (la personne morale) et ainsi justifié sa décision au regard des

40. V. Conte Ph., « Le lampiste et la mort », Dr. pén., 2001, chron. 2.

41. Cass. crim., 9 oct. 2001 : Bull. crim., n° 204.

42. V. *La nouvelle définition des délits non intentionnels par la loi du 10 juill. 2000*, Colloque organisé par l'université de Paris I, 1er févr. 2001, RSC 2002. 725 et s., spéc. p. 757, *Le point de vue des chefs d'entreprise* par Outin-Adam A. – Ruet C., « La responsabilité pénale pour faute d'imprudence après la loi du 10 juill. 2000 », Dr. pén. 2001, chron. 1.

43. V. Rapport de la Cour de cassation 2000, Doc. fr., p. 448.

articles 121-2 et 121-3 du Code pénal »[44]. Les arrêts rendus à partir de l'année 2000 attestent la détermination de la chambre criminelle à se livrer à un réel contrôle de la qualification du lien de causalité et de la faute relevés par le juge du fond. D'où des solutions plus nuancées que celles auxquelles on aurait pu s'attendre[45].

b. L'exonération de responsabilité

463. Si l'on excepte la preuve de l'absence de faute, l'exonération résultera d'une *délégation de pouvoirs*. À cet égard, le principe est bien établi et de jurisprudence constante : « Hors le cas où la loi en dispose autrement, le chef d'entreprise, qui n'a pas personnellement pris part à la réalisation de l'infraction, peut s'exonérer de sa responsabilité s'il rapporte la preuve qu'il a délégué ses pouvoirs à une personne pourvue de la compétence, de l'autorité et des moyens nécessaires »[46]. La preuve d'une telle délégation incombe à celui qui l'invoque[47]. Cet attendu précise le *domaine*, les *conditions* et les *effets* de la délégation :

α. *Domaine*

464. En l'absence d'un texte contraire, la délégation est de nature à produire son effet exonératoire en toute matière. La matière économique n'en est plus *a priori* exclue[48]. Les applications de la nouvelle jurisprudence sont diverses : publicité de nature à induire en erreur, revente à perte, infractions commises en violation des règles d'hygiène et de sécurité dans l'entreprise, pollution, coordination des transports... En tout cas, en raison de la dimension des entreprises actuelles, de telles délégations sont fréquentes, le dirigeant ne pouvant, à l'évidence, avoir l'œil sur tout.

β. *Conditions*

465. La réalité et la portée de la délégation sont appréciées souverainement par le juge du fond[49].

---

44. Cass. crim., 1er déc. 1998 : D. 2000. 34, note Houtmann M.-A.

45. V. les nombreuses décisions citées par les rapports de la Cour de cassation 2000 et 2001, respectivement aux pages 448 et 492 : sur cette question, Desportes F., La responsabilité pénale en matière d'infractions non intentionnelles, Rapport de la Cour de cassation, 2002, p. 185 et s. et *supra*, n° 420. Cf. également plus récemment : Cass. crim., 16 sept. 2008 : Bull. crim., n° 186 – 11 mars 2014, n° 12-86769 – Cass. crim., 5 nov. 2014, n° 13-83911.

46. Cass. crim., 11 mars 1993, 5 arrêts : Bull. crim., n° 112 ; D. 1994, somm. 156, obs. Roujou de Boubée G. ; RSC 1994. 101 et 102, obs. Bouloc B. ; Dr. pén. 1994, comm. n° 39, obs. Robert J.-H. – 25 juin 2013, n° 12-81473 – 21 oct. 2014, n° 13-85406 – 28 mars 2017, n° 15-82305—Cass. crim., 28 juin 2017, n° 16-82973 (responsabilité d'un gérant faute d'une délégation de pouvoirs) – 31 oct. 2017, n° 16-83683, *D.* 2018, p. 658, note Saint-Pau Ch.

47. Cass. crim., 28 oct. 1998 : Bull. crim., n° 281.

48. La jurisprudence était plus nuancée avant les arrêts de principe précités : par ex. Cass. crim., 19 déc. 1977 : JCP 1979. II. 19227, note Robert J.-H.

49. Cass. crim., 3 déc. 1998 : Bull. crim., n° 332 ; 23 mai 2007 : Bull. crim., n° 138 – 10 mai 2017, n° 16-84288.

La délégation n'est pas nécessairement *écrite*. Mais elle doit être certaine[50]. Elle peut résulter d'une note de service, de l'organigramme de l'entreprise. Elle doit concerner un domaine d'activité précis (les délégations générales et permanentes ne sont pas admises)[51]. En revanche, la jurisprudence reconnaît les *subdélégations* dès lors qu'elles sont régulièrement consenties et que les subdélégataires sont pourvus de la compétence, de l'autorité et des moyens propres à l'accomplissement de leurs missions[52].

Conditions relatives au *délégant* : il doit occuper au sein de l'entreprise un poste de responsabilité lui octroyant une autorité sur le personnel ou une catégorie de personnel. C'est lui qui doit transférer cette autorité au délégataire[53]. La Cour de cassation a, ainsi, refusé de voir dans la délibération du conseil d'administration d'une société anonyme, conférant au directeur général des pouvoirs identiques et concurrents à ceux du président, une délégation de pouvoirs exonérant le président de sa responsabilité pénale[54]. Le dirigeant doit également prendre garde de ne pas déléguer ses pouvoirs à plusieurs personnes pour l'accomplissement d'un même travail, ce concours de délégations étant de nature à restreindre l'autorité dévolue à chacun et à brider les initiatives[55]. Surtout, le délégant ne doit pas avoir pris une part personnelle à la réalisation de l'infraction[56] : en s'immisçant dans les fonctions du délégué, il le prive de l'autorité qui lui avait été transférée.

Conditions relatives au *délégué* : la Cour de cassation ne cesse de le rappeler : le délégué doit être pourvu de la compétence, de l'autorité et des moyens nécessaires. La compétence est une qualification professionnelle suffisante ; l'autorité est un pouvoir de direction et disciplinaire ; les moyens sont matériels et financiers et doivent permettre au délégué d'exercer ses pouvoirs.

γ. *Effets*

466. La responsabilité pénale est transférée au délégué. Néanmoins, est-il possible qu'il y ait cumul de responsabilités du délégant et du délégué ? En principe, non, sauf s'il peut être relevé deux fautes distinctes. L'exemple des accidents du travail dus à la violation d'un règlement de sécurité est souvent donné dans la mesure où le Code pénal, en visant, dans les incriminations d'homicide involontaire ou de blessures involontaires, des fautes comme la maladresse, l'imprudence, la négligence, le

50. Cass. crim., 2 févr. 1993 : RJDA 1993, n° 1036.

51. Cass. crim., 25 juin 2013, n° 11-88037 : Bull. crim., n° 153.

52. Cass. crim., 30 oct. 1996 : Bull. crim., n° 389 – 17 oct. 2000 : Bull. crim., n° 300, jugeant la subdélégation sans effet en l'espèce, faute d'avoir été consentie par une personne bénéficiant d'une délégation de pouvoirs régulière – 21 oct. 2014, préc.

53. Cass. crim., 26 juin 2001, n° 00-87717 : Bull. crim., n° 160 : « Le prévenu ne saurait s'exonérer de la responsabilité pénale qu'il encourt à raison de ses fonctions en invoquant une délégation de pouvoirs qu'il n'a pas lui-même consentie. »

54. Cass. crim., 17 oct. 2000, préc.

55. Cass. crim., 2 oct. 1979 : Bull. crim., n° 267.

56. Ce qui est le cas si le dirigeant poursuivi pour délit d'obstacle au contrôle de la commission bancaire a pris, avec d'autres dirigeants, la décision de dissimuler le montant de certains prêts accordés : Cass. crim., 20 mars 1995 : Bull. crim., n° 114. Dans le même sens, Cass. crim., 19 oct. 1995 : Bull. crim., n° 317 – 29 avr. 1996 : Bull. crim., n° 173.

manquement à une obligation de sécurité imposée par la loi ou les règlements, peut permettre de poursuivre ceux qui auront commis l'imprudence et ceux qui auront manqué au règlement[57].

Section 2
L'auteur, personne morale

467. La responsabilité des personnes morales est prévue par l'article 121-2 du Code pénal. Son régime se décline en trois alinéas :

Alinéa 1 : « Les personnes morales, à l'exclusion de l'État, sont responsables pénalement, selon les distinctions des articles 121-4 à 121-7, des infractions commises, pour leur compte, par leurs organes ou représentants. »

Alinéa 2 : « Toutefois, les collectivités territoriales et leurs groupements ne sont responsables pénalement que des infractions commises dans l'exercice d'activités susceptibles de faire l'objet de conventions de délégation de service public. »

Alinéa 3 : « La responsabilité pénale des personnes morales n'exclut pas celle des personnes physiques auteurs ou complices des mêmes faits, sous réserve des dispositions du quatrième alinéa de l'article 121-3. »

La reconnaissance de la responsabilité pénale des personnes morales est l'une des principales innovations du Code pénal actuel[58]. À vrai dire, les avant-projets de réforme de 1976, 1978 et 1983, sans oublier celui de la commission Paul Matter, y consacraient déjà des dispositions, tant cette responsabilité était ressentie comme une nécessité. Elle n'en suscita pas moins des débats passionnés dès que s'ouvrit, en 1989, la discussion devant le Sénat.

Nous nous interrogerons sur le principe même de cette responsabilité (§ 1) avant d'en indiquer son champ d'application (§ 2) et sa mise en œuvre (§ 3).

§1. Le principe de responsabilité

468. Dans sa présentation du projet de nouveau Code pénal, M. Robert Badinter insistait sur l'immunité dont bénéficiaient alors les personnes morales et s'en indignait dans la mesure où, par l'ampleur des moyens dont elles disposent, les personnes morales sont fréquemment à l'origine d'atteintes très graves à la santé publique, à l'environnement, à l'ordre public économique ou à la législation sociale. Pourquoi, dès lors, les laisser hors du champ du droit pénal ? Résumons les arguments développés.

57. Sur cette question, voir Delmas-Marty M. et Giudicelli-Delage G., *Droit pénal des affaires*, *op. cit.*, p. 66, citant certains arrêts en ce sens, par exemple, Cass. crim., 31 mai 1976 : Bull. crim., n° 191.

58. Pour un bilan de l'application des nouvelles dispositions dans les années qui ont suivi l'entrée en vigueur du Code pénal, v. circulaire du garde des Sceaux du 26 janv. 1998, Dr. Aff. 1998. 437 ; JCP 1998. III. 20035.

A. Les arguments favorables à la responsabilité

469. La responsabilité pénale des personnes morales obéit à une préoccupation de *justice*, est moins *nouvelle* qu'elle n'y paraît, et est *techniquement possible*.

D'abord, la responsabilité est juste : les infractions dans lesquelles sont impliquées des personnes morales peuvent causer de véritables catastrophes (destruction d'un habitat suite à l'explosion d'un établissement industriel, pollution maritime, accidents ferroviaires ou aériens, contamination d'une population...). Il ne faut pas se contenter de rechercher la responsabilité individuelle de dirigeants ou subalternes. En d'autres termes, il ne faut pas atteindre de faux coupables, se contenter de « lampistes ». On ajoute que la personne morale est déjà responsable civilement ; pourquoi pas pénalement ? Les victimes profiteraient de la voie judiciaire répressive et seraient indemnisées plus rapidement.

Ensuite, la responsabilité n'est pas une nouveauté : historiquement, l'Ordonnance criminelle de 1670 prescrivait la manière « de faire le procès aux communautés des villes, bourgs et villages, corps et compagnies » ; les peines encourues étaient : « réparation civile, dommages et intérêts envers la Patrie, d'amende envers Nous, privation de privilèges »[59]. Des législations étrangères (pays anglo-saxons, Pays-Bas[60]) l'admettaient. En France même, certains textes de droit social, en visant « l'employeur », ne semblaient guère hostiles à comprendre sous ce vocable la personne morale. Au surplus, certains organismes (tels le Conseil de la concurrence, la Commission des opérations de bourse ou le Conseil supérieur de l'audiovisuel) étaient habilités à prononcer des sanctions administratives à l'encontre de personnes morales[61] tandis qu'un pouvoir analogue était refusé aux institutions judiciaires.

Enfin, techniquement, une personne morale peut commettre matériellement et psychologiquement une infraction. Certes, elle agira par l'intermédiaire de ses organes ou représentants ; des personnes physiques seront le relais indispensable ; mais l'expression de la volonté sera celle de ses organes représentatifs. La personne morale est une réalité.

B. Les arguments défavorables à la responsabilité

470. Ils consistent à dire que la responsabilité pénale des personnes morales est *dangereuse* et *inutile*.

Dangereuse, parce que les tiers, et quand il s'agit d'entreprises commerciales, les actionnaires, les salariés subiront le contrecoup des pénalités atteignant la personne morale. La nature des sanctions (interdictions d'exercer une activité, dissolution), le *quantum* élevé des amendes, la perte de

59. Titre XXI de l'Ordonnance, art. I et IV.

60. V. Pradel J., *Droit pénal comparé*, Dalloz, collection « Précis », 4e éd., 2016, n° 120 et s. – Lowe et Mc Kie F., *La responsabilité des personnes morales au Royaume-Uni*, *in La responsabilité pénale des personnes morales*, colloque tenu à l'université de Limoges, 11 mai 1993, LPA, 1993, numéro spécial, p. 81.

61. Riffault-Treca J., « La répression administrative », RSC 1996. 261.

confiance des clients envers l'entreprise peuvent avoir, sur le plan économique et social, des conséquences difficiles à évaluer au moment de la condamnation.

Inutile, parce qu'en matière économique, *a priori* domaine de prédilection de cette responsabilité, il existait, d'une part, des dispositions pénales sanctionnant les dirigeants, d'autre part, des peines complémentaires (affichage de la décision), des amendes fiscales et sanctions administratives pouvant frapper les personnes morales. Un partage des responsabilités entre l'entreprise, personne morale, et le dirigeant, personne physique, est jugé plus cohérent et mesuré. La superposition de condamnations sur la tête des personnes morales est trop lourde et conduit à une déresponsabilisation du dirigeant. N'y aurait-il pas, au surplus, atteinte au principe de non-cumul des peines ?

C. Réponse aux arguments défavorables

471. Que la condamnation de la personne morale constitue un risque pour ceux qui en sont les actionnaires ou les salariés, c'est là un fait non contestable. Cependant, n'est-ce pas le propre de ceux qui ont constitué une société, ou qui y ont adhéré par la suite, d'accepter les risques liés à l'activité de l'entreprise ? Jusqu'alors, disait-on, le risque n'était que commercial ; dorénavant, il sera aussi pénal. La notion de risque juridique est une réalité qu'intègrent parfaitement les entreprises. Quant aux salariés, il est possible de prévoir des mesures afin de protéger leurs intérêts sans que cela remette en cause la reconnaissance du principe d'une responsabilité pénale.

Le second argument, tiré de l'inutilité de ce choix législatif, n'a pas, non plus, convaincu. La déresponsabilisation du dirigeant, personne physique, peut être évitée en n'excluant pas son éventuelle responsabilité en cas de condamnation de la personne morale, ce qui a été fait. Quant au poids de la responsabilité pénale de la personne morale, il faut le mettre en rapport avec l'ampleur des dommages causés ; à cet égard, il convient de faire confiance au juge qui, pesant les intérêts en présence, prononcera une peine proportionnée ; pour atteindre cet objectif, il suffit de prévoir dans la loi un éventail de peines suffisamment diversifié.

En définitive, le débat sur le principe de la responsabilité pénale des personnes morales n'avait pas lieu d'être dans une société qui entendait se doter d'un Code pénal moderne. En effet, la plupart des craintes exprimées alors pouvaient trouver leurs réponses dans le régime juridique choisi pour cette responsabilité. Le problème est que c'est le régime juridique qui donne du sens au principe[62] !

62. Sur les limites du principe de responsabilité, Lombois C., *in La responsabilité pénale des personnes morales*, rapport de synthèse lors du colloque de l'université de Limoges, 11 mai 1993, LPA 1993, numéro spécial du 6 oct., p. 48.

§2. Le champ d'application de la responsabilité

A. Quant aux personnes morales

1. Les personnes exclues

472. Le législateur n'a expressément exclu que l'État ; détenteur du pouvoir de répression, il ne saurait se poursuivre lui-même. Lors de la discussion parlementaire, il s'est posé la question de savoir s'il ne fallait pas exclure également les partis et mouvements politiques, les syndicats, les associations à but non lucratif. On invoquait l'atteinte aux principes fondamentaux de la République, dont l'article 4 de la Constitution[63], et en concluait qu'admettre la responsabilité pénale d'un parti politique, par exemple, était contraire à la Constitution dans la mesure où, parmi les peines encourues par les personnes morales, figurait la dissolution. L'argument ne manquait pas de pertinence. L'on répondit que la liberté proclamée par la Constitution ne s'exerçait pas sans limite et qu'un groupement politique, voire un syndicat, ne pouvait impunément provoquer à la haine raciale. Par ailleurs, ne pouvait-on craindre une remise en cause du principe si de trop nombreuses exceptions y étaient apportées ?

Finalement, il a été voté de maintenir les partis et les syndicats dans le champ d'application de la loi pénale et que la solution serait trouvée par l'adaptation des peines encourues au particularisme des personnes morales.

Sont exclus, implicitement, les groupements qui n'ont pas la personnalité morale : sociétés créées de fait, sociétés en participation, groupes de sociétés. Pour les sociétés en formation, la personnalité morale naît à l'achèvement des formalités de constitution, soit l'immatriculation au registre du commerce et des sociétés. À ce moment, la société a la possibilité de reprendre les engagements souscrits par les fondateurs. Dès lors, si une infraction est commise par l'un d'eux durant la période constitutive, soit il y a reprise par la société des engagements de ceux qui ont agi en son nom et c'est elle qui sera poursuivie, soit, dans le cas inverse, c'est le fondateur qui sera responsable. Pour les sociétés en liquidation, la règle est que la personnalité juridique survit pour les besoins des opérations de liquidation : il en résulte que l'infraction commise pendant cette période engagera la responsabilité pénale de ladite société.

2. Les personnes visées

473. Les exceptions étant de droit strict, à l'exclusion de l'État, toutes les personnes morales de droit privé ou de droit public peuvent être responsables pénalement : sociétés, associations, comités d'entreprise, syndicats de copropriétaires, établissements publics, collectivités

63. « Les partis et groupements politiques concourent à l'expression du suffrage. Ils se forment et exercent leur activité librement. Ils doivent respecter les principes de la souveraineté nationale et de la démocratie ».

territoriales[64] et leurs groupements. Pour ces deux derniers, le code pose cependant une exigence précise : l'infraction doit avoir été commise dans l'exercice d'activités susceptibles de faire l'objet d'une convention de délégation de service public[65]. Selon les règles du droit administratif, la délégation prend la forme d'une concession, d'une régie, d'un affermage. Toutes les activités ne sont pas susceptibles de délégation. Consulté sur ce point, le Conseil d'État, dans un avis du 7 octobre 1986, excluait les services publics qui « par leur nature ou par la volonté du législateur ne peuvent être assurés que par la collectivité territoriale elle-même », c'est-à-dire les services relevant d'une prérogative de puissance publique, comme la police ou l'état civil. La Cour de cassation, quant à elle, a statué pour la première fois dans un arrêt du 14 mars 2000, à propos de la responsabilité d'une commune poursuivie pour homicide involontaire à la suite d'une avalanche ayant enseveli un skieur. Les juges du fond avaient relaxé la commune au motif que la fermeture des pistes relevait du pouvoir de police du maire, pouvoir qui ne peut être délégué. La décision a été cassée : le pouvoir de police du maire n'exclut pas la responsabilité de la commune qui exploite son domaine skiable en régie[66].

Quelques mois plus tard, le 12 décembre 2000, la Cour de cassation se prononce sur le service public communal d'animation des classes de découverte suivies par des enfants d'écoles publiques ou privées. Elle juge que ce service, qui participe du service de l'enseignement public, n'est, par nature, pas susceptible de faire l'objet d'une convention de délégation de service public[67] ; la cour d'appel avait jugé l'inverse, les activités en cause étant à ses yeux « à la périphérie du service public de l'enseignement » auquel peuvent participer des personnes privées[68].

B. Quant aux infractions

1. Antérieurement à la loi du 9 mars 2004

474. Selon l'article 121-2 dans sa rédaction de 1992, la responsabilité n'avait lieu que « dans les cas prévus par la loi ou le règlement ». Le principe de responsabilité n'était pas général, mais spécial. Le respect du

64. Par ex. Cass. crim., 7 sept. 2010, n° 10-82119 et 14 déc. 2010, n° 10-80591 ; Dr. pén., 2011, n° 32, note Véron M. ; Sur cette responsabilité ; Dreyer E., « Irresponsabiliité ou responsabilité pénale des personnes morales de droit public », *JCP* 2016, chron. 1256.

65. Sur la définition de la délégation de service public, v. : Cass. crim., 3 avr. 2002 : Bull. crim. n° 77. Pour la Cour de cassation « est susceptible de faire l'objet d'une convention de délégation de service public toute activité ayant pour objet la gestion d'un tel service lorsque, au regard de la nature de celui-ci et en l'absence de dispositions légales ou réglementaires contraires elle peut être confiée, par la collectivité territoriale à un délégataire public ou privé rémunéré, pour une part substantielle, en fonction des résultats de l'exploitation ». Il ne faut pas confondre la délégation de service public et la délégation de pouvoir qui exonère la personne morale de droit public (ou de droit privé) : Cass. crim., 14 mars 2006 : Bull. crim. n° 73 – 14 nov. 2017, n° 16-86524 et 24 oct. 2017, n° 16-85975, *Gaz. Pal.*, 23 janv. 2018, note Dreyer E.

66. Bull. crim., n° 114.

67. Bull. crim., n° 371 ; Dr. pén. 2001, com. n° 43 ; RSC 2001.372, obs. Bouloc B. (affaire dite *du Drac*) ; dans le même sens Cass. crim., 11 déc. 2001 : Bull. crim., n° 265 ; Dr. pén. 2002, comm. n° 40.

68. Grenoble, 12 juin 1998 : D. 1999, somm. 151, obs. Roujou de Boubée G.

principe de spécialité joint à celui de l'interprétation stricte de la loi pénale interdisait de jouer sur les mots et de prétendre que les incriminations visant « les personnes » comprenaient les personnes morales[69]. Il fallait un texte spécifique. Or, dans le code promulgué en 1992, les raisons du choix opéré par le législateur restaient bien énigmatiques. Certains évoquaient « la technique du saupoudrage »[70], la responsabilité s'abattant sur tel ou tel groupement un peu au hasard : on y trouvait la plupart des infractions contre les personnes (dont le fait d'exposer autrui à un risque grave, mais à l'exclusion, à l'époque, du meurtre ou des blessures volontaires), contre les biens, contre l'État et la nation. Par la suite, des lois particulières étaient venues allonger la liste : ont été visées successivement certaines infractions commises en matière de prix (loi du 29 janvier 1993 modifiant l'ordonnance de 1986 sur la liberté des prix et la concurrence), de travail illégal (loi du 20 décembre 1993), d'environnement (loi du 2 février 1995), de blanchiment (loi du 13 mai 1996). La loi du 12 juin 2001, relative aux mouvements sectaires, est venue porter le coup de grâce : son chapitre II, intitulé « Extension de la responsabilité pénale des personnes morales à certaines infractions », contenait douze articles en matière de santé publique (exercice illégal de la médecine), consommation, atteintes volontaires à la vie et à l'intégrité des personnes, violences, harcèlement sexuel, omission de porter secours, provocation au suicide, etc. Le législateur agissait, comme il le fait encore aujourd'hui pour l'attribution aux associations du droit d'exercer les droits des parties civiles devant les juridictions pénales, sans stratégie bien définie. Cette pratique grignotait « le principe de spécialité », qui se réduisait à une « exception législative » ! Et pourtant, aussi curieux que cela paraissait, les délits du droit pénal des sociétés commerciales (dont le délit d'abus de biens sociaux, la distribution de dividendes fictifs), du droit de l'urbanisme (avant la loi du 2 juillet 2003 qui, malgré tout, avait reconnu en ce domaine pour des infractions énumérées, la responsabilité pénale des personnes morales, v. art. L. 480-4-2, Code urb.), de la plus grande partie du droit du travail, du droit douanier, échappaient à la responsabilité des personnes morales. À la vérité, le juge pénal désirant poursuivre une personne morale pour une infraction non prévue pouvait être tenté de disqualifier les faits afin d'entrer dans le champ d'application de la loi : on donnait l'exemple de l'abus de biens sociaux, dont ne pouvait se rendre coupable une personne morale, mais qui pouvait facilement se transformer en abus de confiance. Toutefois, une telle pratique faisait peu de cas du principe de la légalité.

69. Cass. crim., 18 avr. 2000 : Bull. crim. 153 : « Fait une exacte application de ce texte (art. 121-2) et de l'article 111-4 du même code, la cour d'appel qui énonce qu'une telle responsabilité ne peut être retenue pour l'infraction aux dispositions relatives à l'ordre des licenciements réprimée par l'article R. 362-1-1 du Code du travail, lequel incrimine « toute personne » sans viser spécialement les personnes morales ».

70. Couvrat P., « La responsabilité des personnes morales : un principe nouveau », *in* « La responsabilité des personnes morales », *Petites affiches,* 1993, préc. p. 13.

2. Depuis la loi du 9 mars 2004

475. La personne morale est responsable pour les mêmes infractions que celles pouvant être commises par une personne physique. À cet égard la responsabilité pénale des personnes morales n'est pas autonome. Il n'y a pas encore d'infraction qui ne pourrait être commise que par une personne morale ! Le législateur tire les conséquences de sa précédente démarche qui avait conduit à « dévitaliser » le principe de spécialité. Afin de ménager une période d'adaptation, l'article 54 de la loi du 9 mars 2004, qui substitue au principe de spécialité celui de la généralité, n'est entré en vigueur que le 31 décembre 2005. On pouvait alors penser que des exceptions ou adaptations auraient été apportées à la nouvelle règle. Il n'en fut rien sauf l'exception prévue initialement à l'article 55 de la loi et visant les délits en matière de presse écrite ou audiovisuelle.

§3. La mise en œuvre de la responsabilité

476. Une entité ne peut commettre matériellement une infraction sans qu'intervienne une personne physique. Le législateur le sait : l'alinéa 1 de l'article 121-2 pose comme condition de la responsabilité des personnes morales « une infraction commise pour leur compte par leurs organes ou représentants ». La responsabilité de la personne morale est donc une responsabilité « par » autrui ou, autre formulation, « pour des actes accomplis par autrui ». La personne physique est, ainsi, le passage obligé de la mise en œuvre de la responsabilité pénale des personnes morales, ce qui fait naître des difficultés quant au fond et quant à la procédure.

A. Difficultés de fond

477. Elles sont de deux ordres : la première porte sur les personnes physiques susceptibles de commettre l'infraction imputable à la personne morale. La seconde tient au refus du législateur de tirer les conséquences de cette imputabilité : il maintient, en effet, le cumul de la responsabilité de la personne morale et de celle des personnes physiques, auteurs ou complices des mêmes faits.

1. La détermination de la personne physique, auteur des faits imputables à la personne morale

478. Pour imputer une infraction à la personne morale, il est nécessaire que cette infraction soit commise par ses organes ou représentants agissant pour son compte.

La première question est l'*identification*[71] de ceux qui accomplissent l'acte répréhensible : elle est indispensable, puisqu'il doit être possible de vérifier

71. V. Gavalda Chr., *L'anonymat du droit des affaires et la responsabilité des personnes morales, in* La responsabilité pénale des personnes morales, *op. cit.*, p. 57 ; J.-Saint-Pau C., « La responsabilité pénale d'une

que la personne en cause est soit un organe de la personne morale, soit l'un de ses représentants. Les juges ne pourraient se contenter d'imputer les faits à « la société » ou à « des agents ayant la maîtrise des décisions ». La Cour de cassation le rappelle dans plusieurs décisions, soit en matière d'infraction intentionnelle[72], ce qui se comprend aisément, soit à propos d'infractions non intentionnelles[73]. Cette exigence appelle une autre interrogation : lorsque l'organe ayant pris la décision est collégial (c'est le cas de l'assemblée générale ou du conseil d'administration d'une société), la personnalisation de la décision est impossible. On devrait, selon nous, se contenter dans ce cas de l'identification de « l'organe » ayant pris la délibération, et non de ceux qui, physiquement, constituent cet organe. Mais La Cour de cassation n'y était pas favorable[74]. Par la suite, la jurisprudence a paru même hésiter en jugeant qu'il n'était pas toujours indispensable que l'organe ou le représentant fût identifié, dès lors qu'au regard des circonstances de la commission de l'infraction et de la nature de celle-ci son imputation à un organe ou à un représentant était certaine[75]. Plus récemment, l'interrogation avait redoublé en présence de solutions qui censuraient des cours d'appel qui ne s'expliquaient pas mieux sur l'existence effective d'une délégation de pouvoirs ni sur le statut et les attributions des agents mis en cause, propres à en faire des représentants de la personne morale au sens de l'article 121-2 du Code pénal[76]. La chambre criminelle renverserait-elle la vapeur ? Nullement : ce qui est condamné, c'est l'imputation à la personne morale sans un rattachement à un organe ou à un représentant. Mais il est possible que ce rattachement se fonde sur une présomption (s'il n'est, en revanche, pas possible de présumer

personne physique agissant en qualité d'organe ou représentant d'une personne morale », *Mélanges dédiés à Bernard Bouloc*, Dalloz, 2007, p. 1011 et s. ; Finidori G., « La jurisprudence de la chambre criminelle en matière d'identification de l'organe ou du représentant de la personne morale prévenue », *Mélanges Yves Mayaud*, Dalloz 2017, p. 195. Cette question semble pouvoir donner lieu à une réponse claire : la Cour de cassation a en effet refusé de transmettre une question prioritaire de constitutionnalité sur le sens de l'article 121-2 du Code pénal : Cass. crim., 27 avr. 2011, n° 11-90013. La jurisprudence récurrente de la chambre criminelle sur ce problème attesterait plutôt du contraire.

72. Cass. crim., 2 déc. 1997 : Bull. crim., n° 420 ; JCP 1998.II.10024 rapport Desportes F. ; D. 1999, somm. 152, obs. Roujou de Boubée G. 31 oct. 2017, n° 16-83683, *D.* 2018, p. 658, note Saint-Pau Ch. ; *Gaz. Pal.*, 23 janv. 2018, p.44, note Détraz S. ; *RSC* 2017.733, obs. Mayaud Y.

73. Cass. crim., 18 janv. 2000 : Bull. crim., n° 28 ; D. 2000.636, note Saint-Pau C. ; Dr. pén. 2000, comm. n° 72, note Véron M. ; 23 mai 2006 : Dr. pén. 2006, comm. n° 128, obs. Véron.

74. Cass. crim., 11 mai 1999, n° 97-81653 : Bull. crim., n° 93 ; Dr. pén. 1999, comm. n° 140 (2e espèce), note Véron M.

75. Cass. crim., 1er déc. 1998 : Bull. crim., n° 325 – 20 juin 2006 : Dr. pén. 2006, comm. n° 128 (1re espèce), note Véron M. ; RSC 2006.825, obs. Mayaud Y. Ce dernier arrêt, rendu dans des circonstances comparables à celles qui ont donné lieu à l'arrêt du 23 mai 2006 précité, paraissait bien prendre le contre-pied de ce dernier. Il suscitait une certaine perplexité quant à l'interprétation qu'entendait donner la chambre criminelle de l'article 121-2 du Code pénal. Mais la tendance se confirmait, Cass. crim., 26 juin 2007 : Dr. pén. 2007, comm. 135, obs. Véron M. – 15 janv. 2008 : Dr. pén. 2008, comm. 71, obs. Véron M. – 25 juin 2008 : Bull. crim., n° 167 – 28 janv. 2009 (inédit), n° 07-81674 – 15 févr. 2011, n° 10-85324 : Dr. pén. 2011, n° 62, note Véron M.

76. Cass. crim., 11 oct. 2011, n° 10-87212 : Bull. crim., n° 202 ; JCP 2011.1385, obs. Robert J.-H. ; D. 2011.2841, note Rias N. ; AJ pénal 201.35, note Bouloc B. ; Rev. Sociétés 2012.52, note Matsopoulou H. ; RSC 2011.825, obs. Mayaud Y. – 11 avr. 2012, n° 10-86974 : Bull. crim., n° 94 ; JCP 2012.740, obs. Robert J.-H. ; D. 2012.1381, note Saint-Pau J.-Ch. ; Dr. pén. 2012, chron. 9, obs. M. Segonds. 6 sept. 2016, n° 15-85165, *D.* 2016 .2424, obs. Roujou de Boubée G. ; *Dr. soc.* 2017.145, étude Salomon R. – 15 nov. 2016, n° 15-86-465.

la responsabilité de la personne morale). Deux arrêts rendus ultérieurement ont semblé maintenir le doute. Dans le premier, alors que les juges du fond n'avaient pas identifié l'organe ou les représentants de l'association dont la responsabilité pénale était engagée, la Cour de cassation n'en rejetait pas moins le pourvoi jugeant que l'infraction n'avait pu être commise pour le compte de l'association que par son président, responsable de la sécurité, en l'absence de délégation interne non invoquée devant la cour d'appel[77]. Dans la seconde décision, rendue le lendemain, la chambre criminelle cassait l'arrêt d'appel, qui avait condamné la personne morale, pour la raison que les juges du fond n'avaient pas mieux recherché si les faits reprochés avaient été commis pour le compte de la personne morale poursuivie par l'un de ses organes ou représentants[78].

En réalité, la Cour de cassation a toujours exigé que l'infraction soit imputée à un organe ou représentant de la personne morale poursuivie. Il faut que les magistrats, qui veulent retenir la responsabilité pénale de la personne morale, aient véritablement recherché l'implication de ces « intermédiaires ». Parfois, en présence notamment d'infractions non intentionnelles, la preuve est facilitée. Lorsque l'infraction prend la forme de l'inobservation d'une réglementation précise (en matière de sécurité ou d'hygiène par exemple), on peut en *déduire* qu'elle a été commise par le dirigeant car la loi met directement à sa charge le devoir de faire respecter cette réglementation. Mais s'il est imputé, par exemple, à un directeur de l'entreprise une faute d'abstention en matière de sécurité il faut alors rechercher si celui-ci est titulaire d'une délégation de pouvoirs en matière de sécurité de nature à lui conférer la qualité de représentant de la personne morale[79].

Quand il s'agit à l'inverse, d'une infraction intentionnelle, la preuve de l'implication de l'organe ou du représentant ne peut être évacuée parce qu'il n'y a aucune déduction à faire de la loi. La recherche de l'intention ne peut se faire que dans la « personne » de l'organe ou du représentant bien identifié. L'infraction pourrait très bien avoir été commise par un membre de l'entreprise dépourvu de tout pouvoir de représentation et l'on comprendrait mal pourquoi la responsabilité pénale de la personne morale devrait être engagée. Tout dépend des circonstances de nature à faire apparaître ou non le lien entre le fait commis et l'implication d'un organe ou représentant.

Tout revient en définitive, pour les juges du fond, à une question de motivation. Des arrêts récents viennent de confirmer cette tendance qui respecte l'économie de l'article 121-2[80].

---

77. Cass. crim., 18 juin 2013, n° 12-85917 : Bull. crim., n° 144.

78. Cass. crim., 19 juin 2013, n° 12-82827 : Bull. crim., n° 148.

79. Cass. crim., 17 oct. 2017, n° 16-87249, *Dr. soc.* 2018, p. 187, étude Salomon R. ; *RSC* 2017.733, obs. Mayaud Y. ; *AJ pén.*, 2017.541, obs. Lasserre-Capdeville J. ; *RTD com* 2017.1011, obs. Saenko L.—V° aussi, Cass.crim., 31 oct. 2017, préc.

80. Cass. crim., 25 mars 2014, n° 13-80376 - 6 mai 2014, n° 13-82677 ; n° 13-81406 ; n° 13-88354. Sur ces arrêts, Robert J.-H., « À la recherche de l'implication concrète des personnes morales dans la commission des infractions non intentionnelles », JCP 2014. 716. V. aussi à propos d'une association poursuivie pour participation à une association de malfaiteurs en vue de la préparation d'un acte de terrorisme et de financement d'entreprise terroriste : Cass. crim., 21 mai 2014, n° 13-83758. La chambre criminelle s'assure que les juges d'appel avaient bien recherché « que certains membres de cette association, mandatés par le PPK

479. La deuxième question est relative à ce qu'il faut entendre par « *organe ou représentant* ». Le mot « organe » marque la reconnaissance de la théorie de la réalité de la personne morale : serait visé l'organe de gestion, soit un organe délibératif collégial[81]. Le vocable de « représentant », qui renvoie plutôt à la théorie de la fiction, s'appliquerait alors à une personne physique, soit le président du conseil d'administration d'une société anonyme ou le gérant d'une SARL. Mais cette distinction ne correspond pas aux définitions du droit des sociétés : sont « organes » une ou plusieurs personnes physiques, désignées conformément aux statuts, auxquelles sont confiées l'administration ou la direction de la personne morale. Le président d'un conseil d'administration est un organe de la société qui, au surplus, la représente. Qu'en est-il du dirigeant de fait ? Peut-il engager la responsabilité pénale de la personne morale ? La doctrine est partagée : les uns sont favorables à la poursuite pénale[82]. D'autres rejettent cette solution au nom de l'interprétation stricte d'une loi qui n'a pas cru bon de viser les dirigeants « de droit ou de fait »[83].

Le terme de représentant, accolé à celui d'organe, permet d'élargir le cercle de ceux qui agiront pour le compte de la personne morale : il s'agira d'un administrateur provisoire, d'un mandataire spécial et même d'un salarié de l'entreprise, à la condition qu'il bénéficie d'une délégation de pouvoirs (ou d'une subdélégation) et qu'il ait la compétence, le pouvoir et les moyens de

ou des organisations assimilées, parmi lesquels MM. Y et X, également poursuivis, organisaient, supervisaient, coordonnaient la partie clandestine des activités du Centre culturel Kurde au profit du PPK [.] et plus généralement dirigeaient, pour le compte de l'association, les opérations représentant sa contribution au soutien de l'organisation terroriste ». La chambre criminelle ajoute : « en l'état de ces motifs qui établissent que l'association [.] a apporté, en connaissance de cause, par ses organes ou ses représentants, en l'espèce par les dirigeants de fait identifiés ci-dessus, ayant agi pour son compte, un soutien logistique et financier effectif à une organisation classée comme terroriste, la cour d'appel a caractérisé en tous leurs éléments les infractions dont elle l'a déclarée coupable ». Cass. crim., 15 déc. 2015, n° 15-80965 : « Attendu qu'en statuant ainsi, et dès lors qu'elle a, par motifs adoptés, identifié les représentants de la personne morale ayant agi pour le compte de celle-ci, identification qui n'a pas été contestée devant elle, la cour d'appel qui a, sans insuffisance ni contradiction, répondu aux chefs péremptoires des conclusions régulièrement déposées devant elle et caractérisé, en tous ses éléments, tant matériels qu'intentionnel, l'infraction de blessures involontaires dont elle a déclaré la prévenue coupable, a justifié sa décision ». – 31 oct. 2017, préc. : « lorsqu'ils constatent la matérialité d'une infraction non intentionnelle susceptible d'être imputée à une personne morale, il appartient aux juges d'identifier, au besoin en ordonnant un supplément d'information, celui des organes ou représentants de cette personne dont la faute, commise dans les conditions prévues au deuxième ou au troisième alinéa de l'article 121-3 du Code pénal, est à l'origine du dommage. Il en va ainsi du représentant légal qui omet de veiller lui-même à la stricte et constante mise en œuvre des dispositions édictées par le Code du travail (....) à moins que ne soit apportée la preuve qu'il a délégué ses pouvoirs à un préposé investi par lui et pourvu de la compétence, de l'autorité et des moyens nécessaires au respect des dispositions en vigueur ».

81. V. Cass. crim., 11 juil. 2017, n° 16-82426 qui voit un organe dans la commission au sein d'une société HLM chargée d'attribuer les logements locatifs bien que cette commission soit constituée de membres internes et externes à partir du moment où les membres internes ont voix délibérative et que le maire, membre extérieur, n'a voix délibérative qu'en cas de partage des voix.

82. Delmas-Marty M. et Giudicelli-Delage G., *Droit pénal des affaires*, *op. cit.*, 76 : « si celui-ci n'est pas assimilé au dirigeant de droit, cela revient à priver le texte de son efficacité, car cela constitue une incitation pour les sociétés à recourir à des prête-noms pour éluder la responsabilité pénale ». D'autres, sont pour une interprétation stricte de la loi pénale qui ne vise pas les deux catégories d'organes.

83. Barbieri J.-F., « L'incidence de la réforme du Code pénal sur la gestion des personnes morales », *in* La responsabilité des personnes morales, *op. cit.*, p. 22 – Ohl D., « Recherche sur un dédoublement de la personnalité en droit pénal », *Études offertes à B. Mercadal*, F. Lefebvre, 2002, p. 373, spéc. p. 381, note 33.

mener à bien les tâches qui ressortissent au secteur d'activité délégué[84]. Cette solution permet d'éviter que la personne morale trouve en la personne de ses salariés, qui en principe n'agissent pas au nom de leur employeur, un moyen d'obtenir l'impunité[85]. On pourrait peut-être soutenir, de manière plus nuancée, que la délégation des pouvoirs traduit, en réalité, grâce à leur saine répartition, une bonne organisation dans le groupement et doit être exonératoire pour la personne morale. Cela dit, si le dirigeant est incompétent, la personne morale serait responsable pour s'être mal structurée et avoir rendu possible l'infraction. Cette approche permettrait de donner à la responsabilité de la personne morale plus d'autonomie, en tentant de relever à sa charge une faute propre et de faire que sa responsabilité ne soit pas simplement une responsabilité par ricochet[86].L'orientation actuelle de la jurisprudence ne va pas dans ce sens cependant.

480. La troisième question que le juge doit se poser est de savoir si l'infraction est bien commise *pour le compte* de la personne morale. C'est à cette condition que sera établie sa culpabilité[87]. L'intention criminelle ou la négligence de la personne morale ne peut s'exprimer, en effet, que par la volonté de ses organes ou représentants, et pour qu'il en soit ainsi, ceux-ci ne devront pas agir dans leur intérêt personnel mais dans l'intérêt de la collectivité, ou du moins dans le cadre de leurs fonctions[88]. Si la volonté exprimée par la personne physique agissant pour le compte de la personne morale n'est pas, au sens abstrait du code, la sienne mais celle du groupement, on ne voit pas comment peut être conçu le cumul des responsabilités pénales de la personne physique et de la personne

84. Cass. crim., 9 nov. 1999 : Bull. crim., n° 252 – 14 déc. 1999 : Bull. crim., n° 306 – 26 juin 2001 : Bull. crim., n° 161 ; JCP E 2002.371, note Ohl D. ; Dr. pén. 2002, comm. n° 8, note. Robert J.-H. – 14 mars 2006 : Bull. crim. n° 73 – 25 mars 2014, préc. : « le salarié d'une société titulaire d'une délégation de pouvoir en matière d'hygiène et de sécurité [.] est un représentant de la personne morale au sens de l'article 121-2 du Code pénal et engage la responsabilité de celle-ci ». Lorsque deux ou plusieurs entreprises utilisent les services d'un délégué commun, il n'est pas question de retenir *ipso facto* la responsabilité collective des différentes entreprises. Il faudra toujours rechercher les causes du dommage afin de le rattacher à l'action d'un préposé de l'une ou des autres entreprises dont le représentant engagera la responsabilité : cf. Cass. crim., 6 mars 2014, n° 13-81406, préc. – 31 oct. 2017, préc. De manière plus surprenante la Cour de cassation retient la délégation de pouvoirs « de fait » au profit d'un salarié qui engage ainsi par sa faute la responsabilité de l'entreprise : Cass. crim., 27 févr. 2018, n° 17-81457, Dr. pén. 2018, comm.n° 76, note critique de Conte Ph. : pour les juges de cassation, approuvant ainsi les juges d'appel, la directrice est « investie des pouvoirs correspondants et des moyens de leur mise en œuvre, ce dont il se déduit une délégation de pouvoirs de fait ». Comme le relève l'annotateur de l'arrêt, la délégation n'est pas le fondement des pouvoirs et de l'action de la salariée, comme cela devrait logiquement être le cas ; c'est la délégation qui se déduit du comportement de la salariée agissant sur instruction de sa hiérarchie, celle-ci étant par ce fait investie des pouvoirs correspondants et des moyens de leur mises en œuvre.V° aussi Cass. crim., 2 mai 2018, n° 17-82971, Dr. pén. 2018, comm.n° 124, note Conte Ph. : Le capitaine d'un navire est considéré comme le représentant de la société propriétaire du navire à l'origine de la pollution ; pourtant, dans les faits, le capitaine ne semblait pas disposer de l'autonomie décisionnelle indispensable.

85. Cass. crim., 23 juin 2009 : Bull. crim., n° 126 : en l'espèce, l'auteur des faits reprochés occupait au sein de l'entreprise un poste « élevé ». Il représente donc la personne morale dont la responsabilité pénale est engagée.

86. V. T. corr Lyon, 9 oct. 1997 : Dr. pén. 1997, comm. n° 154, note Robert J.-H. – Cass. crim., 29 sept. 2009, inédit, n° 08-88527.

87. Cass.crim., 28 juin 2017, n° 16-85291.

88. V. Desportes F., rapport. préc. Sur cette exigence : Cass. crim., 16 nov. 2016, n° 14-86980, Bull.crim., n° 301 – 5 avr. 2018, n° 15-86574, Dr.pén. 2018, comm.n° 104, note Conte Ph.

morale. Pourtant, « la responsabilité pénale des personnes morales n'exclut pas celle des personnes physiques auteurs ou complices des mêmes faits, sous réserve des dispositions du quatrième alinéa de l'article 121-3 ».

2. Le cumul des responsabilités

481. Deux raisons essentielles ont été invoquées pour justifier le cumul :

- Le fait que la personne physique est obligatoirement punissable, puisqu'elle commet une infraction qui ne sera attribuée à la personne morale qu'au prix d'une fiction. Le sort des deux est lié inéluctablement[89] ;
- Le fait que la personne morale ne doit pas devenir « un écran utilisé pour masquer les responsabilités personnelles », selon les propos tenus par la commission de réforme. La présentation du projet de nouveau Code pénal insiste, de son côté, sur la volonté de retenir la responsabilité d'un dirigeant en même temps que celle des personnes morales « s'il est prouvé que ce dirigeant est personnellement intervenu dans la décision ou dans la réalisation de l'infraction ou si la loi prévoit qu'il répond personnellement de certaines infractions réglementation du travail ou de la sécurité sociale, matière économique, fiscale ». Dans l'esprit du législateur devait disparaître la présomption de responsabilité pénale qui pesait sur des dirigeants à propos d'infractions dont ils ignoraient l'existence[90].

On observera que l'article 121-2 ne parle pas de « cumul » ; il dispose simplement que la responsabilité de la personne morale *n'exclut pas* celle de la personne physique. Le texte laisse donc ouverte la voie de l'option entre les deux responsabilités si le juge le souhaite.

Si l'interprète laisse de côté les considérations générales sur les prétendus avantages du cumul pour s'intéresser à sa mise en œuvre technique, il se heurtera à deux obstacles :

482. Le premier tient à la modification du texte par la loi du 10 juillet 2000 : la personne physique auteur ou complice des mêmes faits que ceux imputés à la personne morale ne sera responsable que dans les conditions du dernier alinéa de l'article 121-3, c'est-à-dire suivant les distinctions entre la faute simple et la faute délibérée ou caractérisée et entre la faute qui est la cause directe du dommage et la faute qui n'en est que la cause indirecte. Dans ce dernier cas, le resserrement de l'incrimination consistant à exiger une faute délibérée ou caractérisée ne profite qu'à la personne physique[91]. La personne morale reste responsable des fautes d'imprudence de ses dirigeants qui ne seraient que la cause indirecte du

89. En ce sens, Desportes F. et Le Gunehec F., *op. cit*, n° 618 – Cass. crim., 2 déc. 1997, préc.

90. Projet de nouveau Code pénal, *op. cit.*, p. 16 et 17 – Desportes F. et Le Gunehec F., *op. cit.*, n° 618.

91. Cass. crim., 24 oct. 2000 : Bull. crim., n° 308 – 8 sept 2004 : Dr. pén. 2005, comm n° 11, note Robert J.-H. et Véron M. : « la relaxe prononcée en faveur de ces derniers (organes ou représentants) n'exclut pas nécessairement la responsabilité de la personne morale ».

dommage. Le résultat obtenu est surprenant : le dirigeant qui aurait contribué à créer la situation ayant permis la réalisation du dommage n'est responsable que s'il a commis une faute d'une certaine gravité ; la faute simple qu'il commettrait dans le cadre de ses attributions n'engagera pas sa responsabilité mais engagera la responsabilité pénale de la personne morale. Pourtant, selon l'article 121-2, il s'agit des mêmes faits. Le dirigeant ne commet pas de faute pour lui-même mais il en commet une pour autrui ![92]

483. Le second tient à la condition, pour la personne physique, d'être auteur ou complice « des mêmes faits ». Que doit-on entendre par cette expression ? Un même acte ne peut être attribué à la fois au représentant et au représenté. Il faut choisir, car de deux choses l'une : ou bien la faute commise par le représentant est une faute personnelle détachable des fonctions et il doit être le seul à pouvoir faire l'objet de poursuites ; ou bien il commet une faute liée à ses fonctions (la fameuse faute de service du droit administratif) et ce sera l'infraction de la personne morale, celle-ci devant être la seule à être poursuivie. Avec ce raisonnement qui a pour lui le bon sens, le texte est privé d'efficacité. Pour lui reconnaître un effet utile, il est peut-être possible de raisonner par analogie avec les solutions admises en cas de concours de qualifications. Il y a concours de qualifications ou cumul idéal d'infractions lorsqu'*un même fait* tombe sous le coup de deux textes de qualification. Nous avons vu que pour la Cour de cassation « un même fait » n'est pas le même fait matériel, mais la même infraction dans sa matérialité et la culpabilité de l'agent criminel ; par conséquent, il est concevable qu'un même agissement corresponde à deux infractions si l'auteur unique exprime des volontés distinctes et entend porter atteinte à des valeurs sociales différentes[93]. L'on pourrait transposer cette solution à la situation présente. La difficulté sera d'identifier les deux fautes procédant d'un même agissement : peut-être une délibération d'une assemblée constitutive d'une infraction, mise à exécution par le dirigeant de la personne morale (première faute) et se trouvant à l'origine d'un dommage à la suite d'une imprudence commise par ce même dirigeant (seconde faute). Certains auteurs sont d'ores et déjà séduits par ce raisonnement[94]. Mais, en pratique, la perspective d'un cumul est de nature à susciter des conflits internes au groupement, les

92. Pour la Cour de cassation, « le principe d'égalité (devant la loi pénale) ne s'oppose ni à ce que le législateur règle de façon différente des situations différentes, ni à ce qu'il déroge à l'égalité pour des raisons d'intérêt général, pourvu que, dans l'un et l'autre cas, la différence de traitement qui en résulte soit en rapport direct avec l'objet de la loi qui l'établit ; la différence de situation entre les personnes physiques et les personnes morales justifie la différence de traitement induite par l'article 121-3, al.4 du Code pénal, laquelle est en rapport direct avec l'objet de la loi qui l'établit » : Cass. crim., 21 mars 2017, n° 17-90003, *Dr. pén.* 2017, comm. n° 87, note Conte Ph. ; *RSC* 2017.515, obs. Mayaud Y.

93. Dans ce cas, il y aura cumul de peines. V° également : Cass.crim., 6 déc. 2016, n° 15-85152, Dr. pén. 2017, comm. n° 27, note Robert J.-H.

94. Lombois C., *Droit pénal général*, Hachette, 1994, p. 74 – Mercadal B., « La responsabilité pénale des personnes morales et celle des personnes physiques auteurs ou complices des mêmes faits », RJDA 1994, p. 375. V. également la seconde raison avancée pour le cumul dans la présentation du projet de nouveau Code pénal et rappelée ci-dessus.

intérêts des protagonistes étant opposés et la jurisprudence, on le sait, est peu disposée à reconnaître la faute propre de la personne morale[95].

B. Difficultés de procédure

484. Les particularités procédurales font l'objet des articles 706-41 à 706-46 du Code de procédure pénale. Pour mettre en œuvre la responsabilité de la personne morale, le ministère public devra poursuivre son représentant légal à l'époque des poursuites. Comme celui-ci peut aussi faire l'objet de poursuites à titre personnel et qu'il est impossible de le citer deux fois, il faudra désigner un mandataire de justice qui représentera la personne morale durant la procédure[96]. C'est le président du tribunal de grande instance qui procédera à cette désignation sur requête du représentant légal, à défaut, sur requête du ministère public, du juge d'instruction ou de la partie civile. La personne morale peut aussi être représentée par toute personne bénéficiant d'une délégation de pouvoirs.

Le représentant ne peut, en cette qualité, faire l'objet d'aucune mesure de contrainte autre que celle applicable au témoin. Mais la personne morale pourra faire l'objet d'un contrôle judiciaire.

Comme pour la commission de l'infraction, on constate que la personne physique reste, pour l'exercice de l'action publique, le relais indispensable de la personne morale.

95. Sur la complicité, cf. Cass. crim., 30 oct. 2012, n° 12-80194. On notera que, selon la circulaire du 26 janv. 1998 précitée, il apparaît que sur 57 procédures dans lesquelles un cumul était envisageable le parquet n'a poursuivi que la personne morale – 26 juin 2001, préc. On trouvera cependant dans la circulaire du 13 févr. 2006, quelques pistes en la matière : les parquets sont en effet invités à poursuivre à la fois la personne physique et la personne morale en présence d'une infraction intentionnelle ; en revanche, en présence d'une infraction non intentionnelle ou ne résultant que de la seule inobservation en connaissance de cause d'une réglementation donnée, la poursuite de la seule personne morale doit être privilégiée (à moins que ne soit établie une faute personnelle à la charge de la personne physique). S'agissant du cumul éventuel de poursuites, la Cour de justice de l'Union européenne admet que des dirigeants de sociétés peuvent être poursuivis pénalement bien qu'antérieurement la société ait été sanctionnée par l'administration fiscale pour les mêmes faits : CJUE, 5 avr. 2017,.*Osi et Baldetti*, aff. C-217/15 et C-350/15. Il n'y a pas violation du principe *non bis in idem* puisqu'en l'espèce les poursuites engagées successivement ne visent pas la même personne.

96. Cass. crim., 9 déc. 1997 : Bull. crim., n° 420 ; D. 1998. 296, note Bouloc B. ; Dr. pén. 1998, comm. n° 60, note Maron A. ; RSC 1998. 353, obs. Dintilhac J.-P. – 3 nov. 1999 : Bull. crim., n° 242 – 12 janv. 2000 : Bull. crim., n° 23 – 5 janv. 2000 : Bull. crim., n° 5.

CHAPITRE 2

Le complice

485. Le complice est celui qui, par différents procédés, apporte son concours à l'auteur ou aux coauteurs d'une infraction. Il peut être une personne physique ou une personne morale. Jusqu'à l'entrée en vigueur du Code pénal actuel, la situation juridique du complice était dominée par la théorie dite de « *l'emprunt de criminalité* » qui comprenait aussi un emprunt de pénalité : elle signifiait que le complice empruntait la criminalité de l'auteur principal. Certains auteurs préféraient limiter l'emprunt à la pénalité : la complicité serait un délit conditionné[1], le complice exprimant une criminalité propre. Cette analyse est judicieuse et reste vraie aujourd'hui. Toutefois, On parlera plutôt d'emprunt de qualification[2].

Le Code pénal traite de la complicité aux articles 121-6 et 121-7.

Le premier texte est la loi de pénalité : « Sera puni comme auteur le complice de l'infraction, au sens de l'article 121-7. »

Le second est la loi d'incrimination proprement dite : « Est complice d'un crime ou d'un délit la personne qui sciemment, par aide ou assistance, en a facilité la préparation ou la consommation. Est également complice la personne qui par don, promesse, menace, ordre, abus d'autorité ou de pouvoir aura provoqué à une infraction ou donné des instructions pour la commettre ».

La complicité, en tant que comportement punissable, présente deux caractéristiques. La première est relative à l'existence même de la complicité : il s'agit de la nécessité d'une infraction principale (section 1). La seconde est relative aux éléments constituant l'acte de complicité (section 2).

1. Carbonnier J., « Du sens de la répression applicable aux complices selon l'article 59 du Code pénal », JCP 1952. I.1304.

2. Cf. en ce sens, Darsonville A., *Les situations de dépendance entre infractions. Encore une théorie générale*, thèse, Paris II, 2006.

Section 1 La condition préalable : une infraction principale punissable

486. L'analyse traditionnelle de la complicité conduisait à nier toute criminalité propre chez le complice : il empruntait celle de l'auteur principal de l'infraction. Il n'y avait qu'une infraction unique à laquelle participaient plusieurs personnes à des degrés divers, mais toutes animées de la même intention criminelle. Toutes encouraient la même peine, ce qui ne voulait pas dire que la même peine était effectivement prononcée à l'encontre des coparticipants : le juge pouvait individualiser la répression en tenant compte de la culpabilité de chacun et relever des circonstances personnelles atténuantes.

Cette thèse fit l'objet de critiques de la part de la doctrine qui lui reprochait son caractère artificiel. La thèse se fondait en effet plus sur une fiction légale que sur l'analyse pertinente du comportement réel du complice[3] qui, s'il aide à l'accomplissement de l'infraction, a une psychologie différente de celle de l'auteur principal. En revanche, l'infraction reste une condition préalable de la complicité parce que l'aide et l'assistance ne se conçoivent, à l'évidence, que par rapport à un acte. Sous l'empire du code de 1810, cette infraction conditionnait l'*existence* et la *mesure* de la répression. Désormais, seul le premier terme de la proposition est maintenu. (§ 1). L'infraction n'est plus, en revanche, la mesure de la répression (§ 2).

§1. Infraction principale et existence de la complicité

487. Pour la Cour de cassation : « La complicité légale n'existant que si le fait principal est punissable, les éléments de ce fait doivent être constatés [...] »[4].

A. Nature de l'infraction

488. L'article 121-7 distingue clairement deux hypothèses : la complicité « du crime et du délit » par aide et assistance et la complicité par provocation à « une infraction ». Cette dernière mention laisse une place à la complicité de contravention.

3. Sur cette analyse et ses critiques, Merle R. et Vitu A., *Traité de droit criminel* préc., n° 538 ; Pradel J., *op. cit.*, n° 474 et s. et Carbonnier J., art. préc.

4. Jurisprudence constante : Cass. crim., 28 mai 1990 : Bull. crim., n° 214 - 14 avr. 1999 : Bull. crim., n° 81.

1. Crime ou délit

489. La seule question qui se pose ici est de savoir s'il est possible d'être complice d'un délit non intentionnel. Logiquement, la réponse est négative : puisque l'auteur principal n'a pas recherché le résultat de son acte, comment admettre qu'il ait pu recevoir une aide ou une assistance consciente ? Néanmoins, il y a eu naguère quelques rares décisions qui ont admis la complicité[5].

2. Contravention

490. La jurisprudence n'admettait pas la complicité d'une contravention, non prévue dans le code de 1810[6]. Mais, afin d'atténuer la portée de la solution, la Cour de cassation enjoignait au juge qui écartait la complicité de rechercher si le prévenu ne pouvait pas être coauteur[7].

En visant dans l'alinéa premier le « crime ou le délit », l'article 121-7 interdit, en matière de contravention, les poursuites contre le complice par aide ou assistance. Toutefois, il faut compter avec le principe de légalité : le législateur peut prévoir des dispositions contraires. Ce qui est le cas à l'article R. 610-2 (« Le complice d'une contravention au sens du second alinéa de l'article 121-7 est puni conformément à l'article 121-6 ») ou bien aux articles R. 623-2, en ce qui concerne le tapage nocturne, R. 624-1 et 625-1 à propos des violences n'ayant entraîné aucune incapacité de travail ou une incapacité de travail inférieure ou égale à huit jours, ou bien encore à l'article R. 635-1 pour la destruction, dégradation, détérioration volontaires d'un bien appartenant à autrui dont il n'est résulté qu'un dommage léger.

Nous ajouterons qu'en visant dans l'alinéa 2 « l'infraction », l'article 121-7 admet de toute façon et implicitement que l'on puisse être complice d'une contravention par provocation, même en l'absence d'une disposition réglementaire.

B. Caractères de l'infraction

1. L'infraction principale doit être objectivement punissable

491. D'abord, le fait principal doit être incriminé par la loi. La question se pose, par exemple, pour le *suicide*. Le suicide n'étant pas punissable, l'aide au suicide (par fourniture de moyens) ou la provocation au suicide (directe ou indirecte en donnant un « mode d'emploi ») ne peut

5. Par ex. : Chambéry, 8 mars 1956 : JCP 1956. II. 9224, obs. Vouin R. : passager d'un bobsleigh déclaré complice par imprudence de l'accident causé par le conducteur. Pour cette solution, Garçon E., *Code pénal annoté*, 1952-1959, *Sirey*, art. 60, n° 179. À la réflexion, le recours à la complicité n'est-il pas superflu lorsqu'il s'agit, comme en l'espèce, du passager d'un véhicule ? La notion de coaction permet d'obtenir un résultat analogue.

6. Cass. crim., 21 avr. 1826 : Bull. crim., n° 80 – 23 janv. 1973 : Bull. crim., n° 30.

7. Cass. crim., 6 mars 1862 : Bull. crim., n° 66.

être réprimée au titre de la complicité. Les juges ne peuvent qu'utiliser une autre qualification, si du moins les faits commis sont de nature à s'y rattacher (l'omission de porter secours à personne en danger). Le législateur a réagi partiellement : seule aujourd'hui la provocation au suicide est incriminée, mais à titre d'infraction autonome (C. pén., art. 223-3 à 223-16). La question se pose aussi pour la complicité de *prostitution* ou de *mendicité non agressive*, cette dernière n'étant plus une infraction depuis 1992. On remarquera que le législateur, conscient du danger représenté par certains de ces comportements, parvient à maintenir la répression en les élevant au rang d'incriminations autonomes : c'est le cas notamment de la provocation des mineurs à la mendicité (C. pén., art. 227-20), à la consommation de boissons alcoolisées (art. 227-19) ou bien au trafic ou usage de stupéfiants. En droit fiscal ou en droit de l'environnement, il y a aussi cette tendance à ériger en délits autonomes des actes de complicité[8].

La question se posera également pour les délits d'habitude : le premier fait n'étant pas punissable, le complice de ce premier fait ne sera pas poursuivi ; mais si le complice prête son concours à un acte qui est, alors qu'il l'ignore, le second fait de l'infraction... malheur à lui !

492. Ensuite, l'infraction doit se caractériser par un commencement d'exécution. Si l'auteur principal se désiste ou s'il se limite à des actes préparatoires, le complice de l'acte commis ne sera pas inquiété. S'il y a une complicité dans la tentative (en ce sens que l'on peut être complice d'un acte simplement tenté), il ne saurait y avoir une tentative de complicité. La théorie de l'emprunt de criminalité révèle ainsi ses limites, comme on a pu le constater dans les célèbres affaires *Lacour* et *Schieb* qui ont donné lieu à deux arrêts de la Cour de cassation du même jour[9]. Dans ces deux espèces, il s'agissait de criminels qui avaient recruté un tueur pour exécuter la victime. Le tueur avait accepté le contrat en contrepartie d'une rémunération et, dans l'un des cas, de la remise d'une arme. La victime avait été désignée par le commanditaire des assassinats. Mais le tueur n'avait pas engagé le processus criminel de sorte qu'aucune tentative d'infraction ne fut établie. Malgré la preuve du projet d'assassinat conçu par le donneur d'ordre, aucune poursuite ne put être engagée contre ce dernier. Le moyen d'éviter que de telles décisions ne se renouvellent serait d'incriminer enfin l'instigation de manière autonome, ce que, rappelons-le, le projet de nouveau Code pénal avait fait, et ce que le Parlement a refusé, prétextant que l'instigation n'est qu'un délit d'intention et que son incrimination encouragerait la délation. Pour l'instant, comme nous avons eu l'occasion de le signaler, le législateur a réagi, dans l'article 221-5-1, introduit dans le Code pénal par la loi du 9 mars 2004,

8. Pour des exemples, Delmas-Marty M. et Giudicelli-Delage G., *op. cit.*, p. 44.

9. Cass. crim., 25 oct. 1962, 2 espèces : D. 1963. 221, note Bouzat P. ; JCP 1963.II.12985, obs. Vouin R. ; RSC 1963. 553, obs. Legal A. Sur ces arrêts, Pradel J. et Varinard A., *op. cit*, n° 33 ; dans le même sens, Cass. crim., 17 févr. 1981 : Bull. crim., n° 63.

pour ce qui concerne les offres non suivies d'effet portant sur un assassinat ou un empoisonnement[10].

493. Enfin, l'acte de complicité ne peut être sanctionné si le fait principal est couvert par un fait justificatif, une immunité ou une amnistie « réelle » (c'est-à-dire à raison de la nature de l'infraction ou des circonstances objectives dans lesquelles elle a été commise). Il en sera de même si l'infraction principale ne peut plus être poursuivie pour des raisons procédurales (prescription de l'action publique, retrait de la plainte).

2. L'infraction principale n'a pas à être effectivement punie

494. L'article 121-7 vise la complicité d'une infraction et non le complice d'un coupable. L'absence de punition de l'auteur principal pour des raisons personnelles ne sera pas un obstacle aux poursuites contre le complice. Une personne peut parfaitement être condamnée en qualité de complice d'une infraction dont l'auteur principal est en fuite ou a été acquitté en raison de troubles psychiques ou d'absence d'intention criminelle[11]. C'est le sens d'un arrêt rendu par la Cour de cassation le 31 janvier 1996[12] : l'auteur d'une tentative d'assassinat et deux de ses complices avaient été acquittés par une cour d'assises, faute pour elle d'avoir pu rattacher l'infraction à l'auteur, cependant que l'instigateur était condamné. Ce dernier forme un pourvoi, soutenant qu'il ne peut être complice d'un acte réputé inexistant. La chambre criminelle rejette le pourvoi au motif que « les réponses négatives aux questions relatives à la culpabilité de l'auteur principal et de certains complices n'excluent nullement la culpabilité d'autres complices de cette action, dès lors que la cour d'assises a constaté dans deux questions distinctes la criminalité de l'action principale et les éléments de la complicité ». À vrai dire, la solution n'est pas d'une parfaite orthodoxie : en l'espèce, semble-t-il, l'auteur de la tentative d'assassinat n'était pas le bon. L'instigateur pouvait-il encore être complice d'une action à laquelle l'auteur principal avait été jugé étranger ? Le commentateur de l'arrêt à la *Revue de science criminelle* a bien raison de poser la question.

En tout cas, la condamnation d'un complice sans qu'il en soit de même de l'auteur principal est une preuve supplémentaire que la responsabilité pénale du complice n'est pas une responsabilité d'emprunt.

---

10. V. *supra*, n° 368.

11. Fournier S., « Le nouveau Code pénal et le droit de la complicité », *in* RSC 1995. 475 : l'auteur donne un exemple éclairant : une personne influe sur la volonté d'une autre qui commettra une infraction sans en avoir conscience. L'erreur commise par l'auteur principal n'empêche pas l'intention coupable d'exister chez l'instigateur-complice.

12. Bull. crim., n° 56 ; RSC 1996. 847, obs. Bouloc B. – Cass. crim., 28 janv. 2014, n° 12-88175 ; Dr. pén. 2014, comm. n° 35, note Véron M. – 3 mars 2015, n° 13-87597.

§2. Infraction principale et répression de la complicité

A. Abandon de l'emprunt de criminalité ou de pénalité

495. L'ancien article 59 du Code pénal disposait que « les complices d'un crime ou d'un délit seront punis *des mêmes peines* que les auteurs mêmes de ce crime ou de ce délit [...] ». C'est à partir de ce texte que s'est construit la théorie de l'emprunt de criminalité qui, pour certains auteurs[13], devait, en réalité, se réduire à un emprunt de pénalité. Le complice encourait donc les peines encourues par l'auteur principal ; si ce dernier était passible de la réclusion criminelle, voire de la peine de mort, le complice était automatiquement passible de la réclusion criminelle ou de la peine capitale. C'était la thèse de l'infraction unique impliquant une peine unique.

Le projet de nouveau Code pénal de 1986 avait conservé la même formulation, ce qui prouve que l'emprunt de pénalité ne choquait pas les membres de la commission de réforme. La modification du texte eut lieu pendant les débats parlementaires, le Sénat jugeant que la formulation proposée ne s'adaptait pas au particularisme de la responsabilité pénale de la personne morale : si elle était auteur de l'infraction, le complice, personne physique, ne pouvait être condamné aux mêmes peines que celles encourues par la personne morale (on pense par exemple à la dissolution) ; si elle était complice d'une personne physique, on retrouvait une difficulté analogue avec la peine d'incarcération. La fiction de l'emprunt de pénalité avait atteint ses limites.

L'article 121-6 fut donc rédigé ainsi : « Sera puni *comme auteur* le complice de l'infraction au sens de l'article 121-7 » ; c'est-à-dire que le complice sera puni de la peine qu'il encourrait s'il avait été l'auteur de l'infraction. De son côté, l'article R. 610-2 étendit la nouvelle règle aux complices de contraventions. Ainsi, on a substitué à la fiction de l'emprunt de pénalité une autre fiction : celle de la substitution de qualité d'auteur, avec cette très grande différence que la peine encourue par le complice se déterminera maintenant par rapport à ses qualités personnelles et non plus par simple extension de celles de l'auteur principal. La distinction entre complicité et coaction est brouillée. Dans un arrêt récent, la Cour de cassation paraît bien se trouver en porte-à-faux avec la volonté législative en reprenant à son compte l'expression « emprunt de criminalité » pour faire jouer l'extension automatique au complice des effets de la circonstance aggravante, connue seulement de l'un des auteurs[14].

13. V. *supra*, n° 486.

14. Cass. crim., 6 nov. 2013, n° 12-88272.

B. Portée de la modification rédactionnelle

1. Cas général

496. Il ne faut pas exagérer la portée de cette modification rédactionnelle. Déjà sous l'empire du code de 1810 le complice qui encourait la peine de l'auteur de l'infraction n'était pas effectivement puni de la même sanction : le jeu des circonstances atténuantes permettait au juge d'adapter la peine prononcée au comportement réel de chacun des participants à l'infraction. De plus, le législateur prévoyait des exceptions : la mère auteur principal ou complice de l'assassinat ou du meurtre de son enfant nouveau-né encourait une peine inférieure à celle prévue pour les coparticipants (C. pén., ancien art. 302, al. 2). Dans le code actuel, l'accroissement du pouvoir d'individualisation des peines attribué au juge et la suppression des minima pour les peines encourues permettent, certainement plus que par le passé, de choisir la peine appropriée au degré de participation du complice. En outre, dans la plupart des cas, le complice continuera à encourir la même peine que l'auteur principal s'il n'y a pas de circonstances aggravantes ou d'excuses atténuantes.

Toutefois, le changement est bien réel et certaines interrogations naissent dès qu'on sort du cas général.

2. Cas particuliers

497. 1° D'abord, au regard de l'affirmation de l'article 121-6 selon laquelle le complice « *sera* puni comme auteur », on a pu s'interroger sur la possibilité pour le complice de prendre, dans tous les cas, virtuellement la place de l'auteur. Ainsi, une femme complice du viol commis sur une autre femme peut-elle raisonnablement être considérée comme l'auteur[15] ? Pareillement, certaines qualités sont parfois exigées de l'auteur de l'infraction : par exemple, l'article L. 242-6 du Code de commerce punit, pour ce qui concerne les sociétés anonymes, l'abus de biens sociaux commis par « le président, les administrateurs ou les directeurs généraux ». Si un directeur adjoint est complice d'un abus de biens sociaux commis par un directeur général, peut-on admettre, sans forcer les termes de l'article 121-6, qu'il est « auteur » de l'infraction, à défaut d'avoir la qualité requise ? La Cour de cassation a pourtant répondu par l'affirmative[16], guidée par ses préoccupations répressives.

498. 2° Ensuite, se pose la question de la communication éventuelle des circonstances aggravantes ou des causes d'atténuation de peine au complice.

15. Exemple donné par Desportes F. et Le Gunehec F., *op. cit.* 10e éd., n° 562 *in fine*.

16. Cass. crim., 20 mars 1997 : Dr. pén. 1997, comm. n° 131, note Robert J.-H. Dans le même sens : Cass. crim., 23 janv. 1997, aff. *Papon* : D. 1997. 147, note Pradel J., Dr. pén. 1997, comm. n° 38. Avant le code actuel : Cass. crim., 9 nov. 1992 : Dr. pén. 1993, comm. n° 138, note Robert J.-H. ; *contra*, Fournier S., *art. préc*, p. 494.

Les circonstances aggravantes *réelles*, c'est-à-dire celles qui tiennent au fait principal commis (ex : port d'arme ou effraction pour un vol) profitent ou nuisent au complice, même s'il en ignore l'existence[17], car on suppose qu'en s'associant à l'infraction il a dû envisager toutes les circonstances possibles de l'acte projeté.

Les circonstances *personnelles* à l'auteur principal ne se communiquent pas au complice : la récidive ou la minorité du voleur ne nuira ni ne profitera à son complice ; ce dernier sera puni de la peine qu'aurait encourue le voleur s'il n'avait pas été récidiviste ou mineur.

Les circonstances *mixtes* sont celles qui prennent en compte une qualité ou un état psychologique de l'agent pénal : lien de filiation avec la victime, qualité professionnelle ou préméditation. Ces circonstances sont personnelles à l'auteur, mais elles modifient la qualification de l'infraction (le meurtre d'un ascendant était distinctement qualifié de parricide dans le code de 1810 ; le meurtre avec préméditation est un assassinat) ou aggravent la peine (c'est le cas du meurtre de l'ascendant dans le code actuel qui n'a pas repris la qualification spéciale de parricide). De telles circonstances s'étendent-elles ou non au complice ? Avec l'ancien Code pénal, ces circonstances se communiquaient au complice (emprunt de pénalité)[18] alors que, s'il avait été coauteur, elles ne pouvaient lui nuire, sauf à appliquer la théorie de la complicité corespective[19]. Ces solutions doivent-elles se maintenir avec le code actuel ? Une interprétation littérale de l'article 121-6 conduirait à répondre négativement : chaque coparticipant serait puni comme s'il était lui-même l'auteur de l'infraction. Prenons l'exemple classique du meurtre d'un ascendant :

499. *Première hypothèse* : le meurtrier est le fils de la victime ; le complice est un tiers au cercle familial. La peine encourue par le meurtrier sera la réclusion criminelle à perpétuité (C. pén., art. 221-4) ; comme le complice n'est pas un descendant de la victime, il encourt la peine de trente ans de réclusion, peine qu'il encourrait s'il avait été lui-même le meurtrier (art. 221-1).

Seconde hypothèse : le meurtrier est un tiers par rapport à la victime, mais le complice est le fils de cette victime. Le meurtrier encourt la peine de trente ans de réclusion ; le complice encourt la réclusion criminelle à perpétuité, peine qu'il encourrait s'il avait lui-même commis le meurtre.

On pourrait multiplier les exemples : les coups portés par un époux sur son conjoint ou son concubin sont punis d'une peine plus sévère que les violences entre tiers (comparer les articles 222-11 et 222-12, 6° du Code pénal). Selon que le conjoint sera complice ou auteur, la peine sera différente. Nous

---

17. Dans le même sens, Cass. crim., 6 nov. 2013, préc. à propos de la particulière vulnérabilité de la victime ignorée du complice et connue de l'un des auteurs principaux : « Attendu que de telles questions ne présentent pas de complexité pouvant préjudicier à l'accusée et vicier la condamnation prononcée, dès lors que le complice empruntant la criminalité de l'auteur principal, il suffit, en cas de pluralités d'auteurs principaux d'un même crime, que l'un d'entre eux ait eu connaissance de la particulière vulnérabilité de la victime pour que cette circonstance aggravante produise ses effets à l'égard du complice ».

18. Cass. crim., 2 févr. 1994 : Bull. crim., n° 50.

19. Sur cette théorie, v. *supra*, n° 445.

pourrions raisonner aussi avec l'immunité familiale en cas d'infractions concernant les biens.

Cependant la Cour de cassation choisit de ne pas entrer dans ces subtilités : les circonstances aggravantes liées à la qualité de l'auteur principal sont applicables au complice[20]. La modification rédactionnelle de l'article 121-6 n'a donc pas la portée qu'on était tenté de lui attribuer[21].

Section 2 L'acte de complicité

500. La théorie de l'emprunt de criminalité revenait à nier toute criminalité chez le complice. Pourtant, qu'il s'agisse de l'ancien article 60 du Code pénal ou du nouvel article 121-7, la définition de la complicité comprenait les éléments constitutifs d'une véritable infraction : il y a une qualification pénale (ou élément légal : les articles 121-6 et 121-7) et une description dans l'article 121-7 d'un comportement humain dans sa matérialité (§ 1) et sa psychologie (§ 2).

§1. La matérialité de l'acte de complicité

501. Selon l'article 121-7, le complice aide, assiste, facilite la préparation ou la consommation de l'infraction, la provoque par don, promesse, menace, ordre, abus d'autorité ou de pouvoir, ou bien donne des instructions pour la commettre.

L'ancien article 60 était plus détaillé : il ajoutait, pour la provocation, aux dons, promesses, menaces, abus d'autorité ou de pouvoir, les machinations et artifices coupables. Le texte visait aussi le fait de procurer des armes, des instruments ou tout autre moyen qui aura servi à l'action. Pour le législateur, la nouvelle rédaction de la définition de la complicité n'est destinée qu'à reprendre, de manière simplifiée, celle donnée par l'article 60[22].

Cependant, l'interprétation stricte de la loi pénale interdit de retenir d'autres actes que ceux visés. Mais dès que le fait incriminé entre dans les prévisions du texte, la complicité sera punissable[23]. Les faits incriminés sont des actes positifs, antérieurs ou concomitants à l'infraction principale.

20. Cass. crim., 7 sept. 2005 : Bull. crim., n° 219 ; D. 2006.835, note Dreyer E. ; Dr. pén. 2005 n° 167, note Véron M. ; V. Pradel J., *op. cit.*, n° 503 ; Pin X., *Droit pénal général*, Dalloz, collection « Cours », 9° éd., 2018, n° 312.

21. Cf. Cass. crim., 6 nov. 2013, n° 12-88272 : la chambre criminelle fait jouer ici l'extension automatique au complice des effets de la circonstance aggravante connue seulement de l'un des auteurs.

22. *Nouveau Code pénal, mode d'emploi*, Par F. Terrier, Le Gunehec F. et Desportes F., éd. 10/18, 1993, p. 31.

23. Cass. crim., 22 janv. 1991 : Bull. crim., n° 36 ; JCP 1992. II. 21909, note Garé Th.

A. Un acte positif

1. La question de la complicité par abstention

502. L'aide, l'assistance, la provocation ou les instructions supposent une volonté de s'associer à la conception et au résultat du projet criminel, que seule une action semble rendre possible[24]. D'ailleurs, dans la grande majorité des cas, il en est ainsi : la personne qui assiste passivement à un cambriolage ou à une agression ne peut être considérée comme le complice de l'infraction. Il y a une jurisprudence fort ancienne à cet égard[25]. L'abstention ne sera punie que si elle fait l'objet d'une incrimination propre (non-dénonciation de crime, omission d'empêcher un crime ou un délit, ou de porter secours).

503. Toutefois, ces solutions jurisprudentielles sont moins fermes qu'il n'y paraît : en 1989, dans une affaire de complicité de parricide, la chambre criminelle[26] a rejeté le pourvoi formé par la mère d'un jeune parricide contre une décision qui l'avait condamnée pour complicité alors que, selon son argumentation, les faits qui lui étaient reprochés ne constituaient que des abstentions : non-restitution d'une arme laissée dans la chambre du meurtrier ; non-intervention pour interrompre l'action criminelle. Les magistrats ont relevé que la mère du jeune garçon avait sur ses enfants un empire total, et qu'en oubliant de restituer une arme parmi celles qui devaient être remises aux autorités de police, elle avait facilité le crime. En d'autres termes, pour la chambre criminelle, la mère du meurtrier s'était abstenue volontairement d'agir pour empêcher l'infraction. En raison de la domination psychologique qu'elle exerçait sur ses enfants elle aurait pu, si elle l'avait voulu, intervenir pour s'opposer au meurtre. En n'agissant pas elle s'y associait. La volonté dans l'abstention équivaudrait donc à une action. Une telle décision n'est pas isolée. D'autres arrêts plus anciens avaient déjà admis la complicité par abstention[27]. La principale difficulté est de s'assurer que l'omission d'agir traduit bien l'intention de s'associer à l'infraction parce qu'il ne faut pas oublier que la complicité, pour être établie, exige non seulement la preuve du fait incriminé, mais aussi la preuve d'une intention coupable.

24. Cass. crim., 2 mars 2016, n° 15-87352 dans une affaire où, à la lecture de la motivation de la décision de la juridiction d'instruction, le rôle exact de celui qui est poursuivi en qualité de complice d'un assassinat reste malgré tout ambigu.

25. Cass. crim., 22 juill. 1897 : Dr. pén. 1899. 1. 92. - 6 déc. 1989 : Dr. pén. 1990, comm. n° 117 ; dans le même sens récemment : Cass. crim., 9 déc. 2014, n° 13-85398.

26. Cass. crim., 19 déc. 1989 : D. 1990. 198, note Mayer D. ; RSC 1990. 337, obs Levasseur G., et p. 775, obs. Vitu A. ; RSC 1991. 346, obs. Levasseur G.

27. Cass. crim., 25 juin 1858 : Bull. crim., n° 183 - 17 févr. 1988 : Bull. crim., n° 80 (débitant de boissons qui n'empêche pas un tapage nocturne) - 27 oct. 1971 : Bull. crim., n° 384 (douanier ignorant délibérément une fraude). - 13 sept. 2016, n° 15-85.046, Dr.pén. 2016, comm. n° 153, note Conte Ph. ; RSC 2016. 760, obs. Mayaud Y. et RSC 2017 .353, obs. Mistretta P. (médecin complice d'un exercice illégal de la médecine parce qu'il n'était intervenu à aucun moment comme il en avait pourtant l'obligation, pour surveiller l'utilisation d'une technique d'épilation réservée à un personnel médical mais pratiquée en l'espèce par une esthéticienne).

La doctrine, en général, est critique à l'égard de cette jurisprudence et met en garde, avec raison, contre le risque de présomption de collusion[28] : au prix d'un tel raisonnement, une imprudence (comme celle commise par la mère en laissant une arme à la portée de ses enfants) ne doit pas se transformer en acte de complicité. Parfois, des actes de complicité active et passive se mêlent, rendant possibles les poursuites[29]. La complicité par abstention ne devrait être punissable que s'il est démontré une collusion antérieure.

En droit des affaires, on constate aussi une propension à accepter facilement la complicité par abstention[30] , ce qui multiplie de façon inquiétante le nombre des responsables pour une même infraction.

2. La question de la complicité indirecte

504. Le complice du complice est-il punissable ? Nous savons que, pour que le complice soit puni, il faut qu'il y ait au moins un commencement d'exécution de l'action principale ; et le commencement d'exécution est un acte qui tend directement ou immédiatement au résultat. Par conséquent, on pourrait dire que l'aide qui n'est procurée qu'à un complice se rattache par un lien trop lâche à l'action principale pour être punissable. Cependant, cette aide contribue aussi à la réalisation de l'acte, et l'article 121-7 se contente de viser globalement ceux qui facilitent la préparation ou la consommation de l'infraction : or, c'est bien le cas de celui qui aide ou assiste le complice, à condition, à notre avis, que cette aide ou assistance soit accordée sciemment et soit déterminante dans la production du résultat recherché. La doctrine s'est très tôt partagée sur cette question[31]. La jurisprudence, si elle constate cette communion d'intention des divers coparticipants, se prononce pour la répression de la complicité de complicité[32]. Le législateur trouvera la solution en recourant à une qualification autonome[33].

28. Vitu A., obs. préc. ; Mayer D., note préc. V. également Decocq A., « Inaction, abstention et complicité par aide ou assistance », JCP 1983. I. 3124 ; l'auteur pose les conditions de la véritable collusion par abstention : le pouvoir légal ou contractuel de s'opposer effectivement à l'infraction, et la volonté dûment établie de laisser le coupable principal accomplir un acte délictueux dont on sait qu'il se commet ou va se commettre.

29. Cass. crim., 3 mars 2015, n° 13-82917 – 3 févr. 2016, n° 14-86325.

30. Delmas-Marty M. et Giudicelli-Delage G., *op. cit.*, p. 47, qui relèvent que la jurisprudence fonde la complicité par abstention sur l'inexécution d'un devoir de conseil qu'elle impose à certains professionnels ; la faute reprochée est en réalité toujours une faute de négligence : v. Cass. crim., 15 janv. 1979 : Bull. crim., n° 21 – 19 mai 1999 : Bull. Joly 1999. 959, note Barbiéri J.-F. – 22 janv. 2014, n° 13-80.257 (complicité retenue dans le fait pour un commissaire aux comptes *de ne pas avoir assumé* sa mission de contrôle).

31. V. sur cette doctrine Vitu A., observations sous Cass. crim., 30 mai 1989 : RSC 1990. 325.

32. Cass. crim., 10 oct. 1988 : JCP 1990. II. 21416, note Demidoff – 30 mai 1989 : Bull. crim., n° 222 et obs. préc. à la RSC.

33. Par ex : l'article 434-6 punit « le fait de fournir à la personne auteur ou *complice* d'un crime [.] un logement, un lieu de retraite... ».

B. Un acte antérieur ou concomitant

505. Les actes postérieurs à l'infraction principale ne sont pas retenus au titre de la complicité, sauf s'ils ont été accomplis en exécution d'un accord conclu antérieurement[34].

1. Actes antérieurs

a. L'instigation

506. Elle peut prendre une double forme : la *provocation* et la *fourniture d'instructions*.

α. *La provocation*

507. Celle-ci prend la forme de dons, promesses, menaces, abus d'autorité ou de pouvoir. L'utilisation de l'un de ces moyens, énumérés à l'article 121-7, est suffisante mais nécessaire : par conséquent, le simple avis, la suggestion ne sont pas punissables. Pour reprendre l'expression du professeur Lombois, le provocateur doit être « un pousse-au-crime »[35] ; son intervention est la cause de l'infraction ; il en est, en réalité, l'instigateur, l'auteur de l'infraction n'étant que l'instrument de sa volonté. Aussi, la provocation ne saurait-elle viser qu'une personne déterminée.

Une dernière remarque : l'énumération légale ne fait plus mention des « machinations ou artifices coupables » qui figuraient dans l'ancien article 60. Cette mention permettait de poursuivre ceux qui utilisaient des pièges dans lesquels le provocateur faisait tomber une personne qui n'avait pour seule issue que de commettre l'infraction voulue par l'instigateur. Ces agissements ne pourront donc plus être retenus, au nom de l'interprétation stricte de la loi pénale, ce qui est regrettable parce qu'il n'est pas sûr que cette exclusion ait été recherchée par le législateur[36].

β. *La fourniture d'instructions*

508. Ce sont habituellement des renseignements précis et clairs qui inciteront ou faciliteront la commission du crime ou du délit : diffusion d'un document sur la méthode à suivre pour commettre une fraude, désignation de la victime, révélations sur la neutralisation d'un signal d'alarme afin d'inciter à commettre un cambriolage, repérage des lieux et échanges téléphoniques...[37] Le simple conseil n'est pas suffisant. Les instructions n'ont pas besoin d'être scrupuleusement suivies : même si l'infraction est commise par d'autres moyens que ceux qui avaient été

34. Cass. crim., 11 juill. 1994 : Bull. crim., n° 274 – 4 mai 2000 : Bull. crim., n° 178 (aide apportée ultérieurement à un prisonnier évadé). Pour une illustration récente de la jurisprudence sur cette condition d'antériorité et de concomitance : Cass. crim., 6 déc. 2011, n° 10-87556.

35. *Droit pénal général*, *op. cit.*, p. 82.

36. On rappellera que l'article 121-7 se proposait uniquement de simplifier et de moderniser la rédaction antérieure. V. Desportes F. et Le Gunehec F., *op. cit.*, n° 544.

37. Pour un exemple récent : Cass. crim., 29 nov. 2017, n° 17-82235.

indiqués par le donneur d'instructions, ce dernier sera poursuivi comme complice. On admet généralement que, contrairement à la provocation, qui suppose le recours à l'un des procédés énumérés (dons, promesses etc.), la fourniture d'instructions n'est pas soumise à l'utilisation de ces moyens. Pourtant, une interprétation littérale de l'alinéa 2 de l'article 121-7 pourrait laisser penser l'inverse : par exemple, la fourniture d'instructions pourrait n'être un acte de complicité que s'il y a un lien de subordination entre celui qui instruit et celui qui exécute, circonstance qui, seule, expliquerait pourquoi l'exécutant a suivi les instructions qui lui étaient adressées. La définition du mot « instruction » est, en effet, ambiguë : selon Littré, l'instruction correspond à « des ordres, avis, explications qu'une personne donne à une autre pour la conduite de quelque affaire », et selon le *Dictionnaire historique de la langue française*, édition Le Robert, « le mot apparaît pour désigner ce qui sert à instruire, spécialement une directive donnée par une autorité supérieure à un subordonné, d'où spécialement un ordre donné à un envoyé quelconque ». Si l'on retient cette dernière définition, la référence dans l'article 121-7 à la fourniture d'instructions serait sans intérêt puisque l'ordre adressé à un subordonné ressortit déjà à la provocation par abus d'autorité ou de pouvoir. Il faut donc détacher la fourniture d'instructions des autres procédés visés. La doctrine est majoritairement de cet avis[38] ; la jurisprudence également, sauf à observer que parfois la chambre criminelle distingue mal l'incitation-instruction de l'ordre-provocation[39].

b. L'aide

509. Elle correspond concrètement à la fourniture de moyens préalables : armes, véhicules, argent, habitation. L'ancien article 60 les visait expressément. C'est une des formes les plus classiques de la complicité avec « l'assistance » qui est concomitante à l'infraction.

2. Actes concomitants

510. Cette fois-ci, le complice participe lui-même à l'action criminelle. Il « assiste » l'auteur principal : guetter l'arrivée de tiers, neutraliser la victime, faciliter l'accès dans les lieux, etc.

L'aide ou l'assistance qui seraient apportées postérieurement à l'infraction ne seraient pas des actes de complicité. L'ancien code prévoyait toutefois le recel de malfaiteur parmi les cas de complicité (art. 61, al. 1). L'exception n'était qu'apparente, car pour être punissable le receleur devait fournir

38. Garçon E. écrivait dans son *Code pénal annoté* à propos de la fourniture d'instructions : « (Elle) se distingue du mode de complicité par provocation en ce que le seul fait de donner des instructions est une participation accessoire au délit et qu'il n'est pas nécessaire qu'elles soient accompagnées de dons, promesses, menaces, abus d'autorité ou de pouvoir, machinations ou artifices coupables ». La doctrine contemporaine rejoint les auteurs classiques : v. par ex : Pradel J., *op. cit.*, n° 488 ; Merle R. et Vitu A., *op. cit.*, n° 550 ; Conte Ph. et Maistre du Chambon P., *op. cit.*, n° 418.

39. Cass. crim., 21 sept. 1994 : Bull. crim., n° 302 ; RSC 1995. 343, obs. Bouloc B. ; à rapprocher de Cass. crim., 25 févr. 2015, n° 13-88506.

habituellement logement, lieu de retraite ou de réunion, ce qui faisait que l'aide postérieure à certaines infractions était aussi antérieure ou concomitante aux suivantes. Le code actuel a préféré ériger le recel de malfaiteurs en infraction distincte (art. 434-6), comme l'avait fait le législateur en 1915 pour le recel de choses.

§2. L'intention coupable

511. L'intention criminelle est essentielle en matière de complicité parce que, dans de nombreux cas, le fait commis ne devient un acte de complicité que par l'intention qui anime le complice : un armurier qui prête un fusil à une personne ne sera pas complice du meurtre commis par cette dernière s'il ne prête pas cette arme sciemment, en sachant l'usage qu'en fera le détenteur. Dans le même ordre d'idées, celui qui aide un tiers, qui prétend avoir perdu ses clés, à escalader une clôture, ne peut être complice du cambriolage commis par ce tiers.

L'intention criminelle du complice sera suffisamment établie par la preuve de la connaissance du caractère infractionnel de l'acte commis par celui qu'il aide ou assiste, et de la volonté de s'associer à cette activité répréhensible[40]. Cette exigence ressort, dans l'article 121-7, soit du mode de complicité (provocation), soit de manière expresse par l'adverbe « sciemment » à propos de l'aide ou de l'assistance. Si le complice revient sur sa décision, ce désistement volontaire doit en principe lui éviter la répression à condition de pouvoir le prouver et d'agir pour interrompre le processus criminel.

512. Cela dit, trois difficultés se présentent :

1° Lorsque l'infraction principale exige en la personne de son auteur, outre la preuve d'un dol général, celle d'un *dol spécial*, faut-il également établir la connaissance par le complice de ce dol spécial ? On rappellera que, dans certaines incriminations, l'intention criminelle, qui est d'abord la volonté et la conscience du résultat prévu par la qualification légale (dol général), se complique d'un élément psychologique supplémentaire, une exigence particulière sous forme de la recherche d'un but précis (dol spécial). Si le complice ignore la poursuite de ce but précis par l'auteur principal, doit-il être puni malgré tout ? La Cour de cassation a répondu par l'affirmative dans une affaire mettant en cause le complice d'un crime contre l'humanité commis durant la Seconde Guerre mondiale. Aux termes de l'article 6 du statut du Tribunal militaire international de Nuremberg, le crime contre l'humanité est défini comme « l'assassinat, l'extermination, la réduction en esclavage, la déportation [...] ou bien les persécutions *pour des motifs* politiques, raciaux ou religieux ». On retrouve, d'ailleurs, une définition analogue dans l'article 212-1 du Code pénal. Le crime n'est constitué que s'il est prouvé que le criminel a obéi à des mobiles politiques, raciaux ou religieux ; c'est le dol spécial. Pour la

40. Cass. crim., 3 avr. 2013, n° 12-83373 – Cass. crim., 17 déc. 2014, n° 13-88189. – Cass. crim., 7 déc. 2016, n° 15-85653.

chambre criminelle, le dernier alinéa de l'article 6 du statut n'exige pas « que le complice de crime contre l'humanité ait adhéré à la politique d'hégémonie idéologique des auteurs principaux... »[41].

Cet arrêt est critiquable au regard de la conception contemporaine de la complicité qui a abandonné l'emprunt de criminalité. L'article 121-6 punissant le complice comme auteur, il faut obligatoirement que ce qui est exigé de l'auteur principal – à savoir le dol spécial – soit exigé pareillement du complice. Le crime contre l'humanité est un crime hors du commun. La conscience de cette caractéristique a probablement guidé les juges dans la rédaction de la motivation de l'arrêt, mais il serait dangereux de généraliser la solution. Hors le crime contre l'humanité, il faut revenir à plus d'orthodoxie et admettre que si l'infraction principale demande, pour être constituée, un dol spécial, l'acte de complicité doit aussi comporter ce même dol spécial.

513. 2° La complicité de l'infraction d'*imprudence* est-elle envisageable ? Un chef d'entreprise de transport donne l'ordre à l'un de ses chauffeurs de ne pas respecter les limitations de vitesse ; le chauffeur cause un accident de la route dans lequel un tiers trouve la mort. Le chef d'entreprise peut-il être considéré comme complice de l'homicide involontaire ? On répondra que là où la loi ne distingue pas, il ne faut pas distinguer : les articles 121-6 et 121-7 du Code pénal étant rédigés en termes généraux, la complicité de l'imprudence est punissable. On objectera à cet argument que les procédés de complicité énumérés supposent qu'il y ait une entente en vue d'un résultat connu à la fois par l'auteur principal et son complice. Le recours à la coaction est peut-être une solution[42]. À moins de profiter de la distinction qu'a mis en place le code actuel entre l'imprudence inconsciente et l'imprudence consciente, illustrée par le délit consistant à exposer directement autrui à un risque immédiat de mort ou de blessures graves par la violation manifestement délibérée d'une obligation particulière de sécurité ou de prudence (C. pén., art. 223-1). Toutefois, la Cour de cassation a assimilé cette imprudence consciente à une infraction intentionnelle[43], ce qui ne résout pas la difficulté.

514. 3° La complicité est-elle encore punissable si l'infraction commise ne correspond pas à celle à laquelle le complice s'était associé et est poursuivie sous une *qualification plus haute,* qu'il ignorait ? La jurisprudence distingue deux situations : si l'infraction n'a aucun rapport avec celle qu'avait envisagée le complice, ce dernier ne sera pas inquiété[44].

---

41. Cass. crim., 23 janv. 1997 : D. 1997. 147, note PRADEL J. ; sur cet arrêt : DELMAS SAINT-HILAIRE J.-P., « La définition juridique de la complicité de crime contre l'humanité au lendemain de l'arrêt de la chambre criminelle du 23 janvier 1997 », D. 1997, chron. 249.

42. Cass. crim., 24 oct. 1956 : Bull. crim., n° 675.

43. Cass. crim., 9 mars 1999 : D. 2000. 81, note SORDINO M.-C. et PONSEILLE A.

44. Cass. crim., 13 janv. 1955 (aff. *Nicolai*) : D. 1955. 291, note CHAVANNE A. ; RSC 1955. 513, obs. LEGAL A., PRADEL J. et VARINARD A., *op. cit.*, n° 35. Arme remise à une personne pour qu'elle obtienne le remboursement d'une somme d'argent en intimidant le débiteur ; le détenteur de l'arme tue un tiers ; celui qui avait remis l'arme n'a pas été jugé complice du meurtre.

Si, à l'inverse, l'infraction est bien celle qui était prévue, mais réalisée avec des circonstances aggravantes ignorées par le complice, celui-ci sera punissable car, pour la Cour de cassation, il devait prévoir « toutes les qualifications dont le fait était susceptible, toutes les circonstances dont il pouvait être accompagné »[45].

45. Cass. crim., 31 déc. 1947 : Bull. crim., n° 270 – 21 mai 1996 : Dr. pén. 1996, comm. n° 213, note VÉRON M.

Sous-titre 2

L'imputabilité de l'acte

515. La notion d'imputabilité[1] a été introduite en tant que concept technique par Pufendorff en 1660. Pour lui, « on est responsable de toute action dont l'existence ou la non-existence a été en notre pouvoir »[2]. Avant Pufendorff, Aristote considérait que pour qu'un acte puisse être attribué à un homme, il fallait qu'il ait son origine motrice dans le for intérieur de l'auteur, qu'il provienne de son psychisme. Le christianisme a développé la doctrine du libre arbitre. La volonté devient le fondement de la responsabilité pénale, car elle incarne la capacité de faire des choix. En l'absence de libre arbitre, la sanction devient impossible. Cette imputablité est considérée par l'ensemble des pénalistes comme le degré liminaire au-dessous duquel le comportement délictueux ne saurait relever du droit pénal[3].

L'approche juridique de l'imputabilité peut être complétée par une approche criminologique au travers du concept de « capacité pénale ». C'est une expression employée par Stanciu[4] et remise à l'honneur par MM. Merle et Vitu dans leur *Traité de droit criminel*[5]. Il s'agit d'un concept plus dynamique, moins tourné vers le passé, vers l'acte commis. Selon cette conception, la peine puise sa légitimité dans l'aptitude de l'individu à profiter des vertus de la sanction. Ainsi que le rappellent MM. Merle et Vitu, tant que le droit pénal est limité à une sanction rétributive, infamante, le lien avec le libre arbitre apparaît comme une nécessité de justice. Lorsque le droit pénal devient resocialisateur, ce qui importe, c'est non plus de savoir si l'agent pénal a la capacité de comprendre et de vouloir au moment de l'acte, mais si, au jour du jugement, il sera susceptible de comprendre l'utilité de la sanction, et grâce à elle de se conduire pour l'avenir en homme responsable.

1. Pour une étude d'ensemble de l'imputabilité : Jourdain P., *Recherche sur l'imputabilité en matière de responsabilités civile et pénale*, thèse, Paris, 1982.

2. Cité par Pinatel J., RSC 1968. 675.

3. Levasseur G., *Étude de l'élément moral de l'infraction, in Confrontation de la théorie générale de la responsabilité pénale avec les données de la criminologie*, Travaux du colloque de science criminelle, Toulouse, 1969, p. 81 et s., spéc. p. 94.

4. « La capacité pénale », *in* Revue de droit pénal et de criminologie, 1938, p. 854.

5. *Op. cit.*, n° 617.

516. Cette conception, poussée au bout de sa logique, recèle un danger : celui de sanctionner une personne qui aurait été privée de discernement au moment des faits. Or, il est pour le moins hasardeux de penser qu'une telle personne puisse, malgré cette inconscience pendant l'infraction, « profiter » ultérieurement de la mesure qui lui serait appliquée[6]. C'est pourquoi la tendance doctrinale contemporaine, en accord avec la tendance législative, maintient l'imputabilité juridique comme condition première de la responsabilité et utilise la capacité pénale pour le choix de la sanction[7].

Pour qu'un acte soit imputable à une personne, celle-ci doit être capable de discernement, c'est-à-dire ne pas être affectée de troubles psychiques et avoir une maturité intellectuelle suffisante, disposer de la liberté d'agir et avoir une volonté éclairée. Cette question résolue ouvre la porte à un autre problème que nous voudrions évoquer simplement, tant la réponse nous apparaît complexe et difficile : il s'agit de savoir si l'imputabilité est ou non la cause de la faute pénale (comprise au sens large d'intention criminelle et d'imprudence coupable). Autrement dit, la question de l'imputabilité est-elle antérieure ou postérieure à celle de la culpabilité ?

517. La volonté humaine est une et indivisible : elle existe et s'exprime soit en accord avec les valeurs fondamentales de la société, ce qui est heureusement l'attitude la plus fréquente, soit sous la forme d'une hostilité ou d'une indifférence à l'égard de ces valeurs. L'imputabilité précéderait donc, naturellement, la culpabilité[8] en ce sens que l'imputabilité commande l'existence de toute volonté pleine et entière de l'individu, tandis que la culpabilité ne serait liée, si l'on peut dire, qu'à l'expression de cette volonté. Mais toutes les deux constituent le psychisme de l'agent pénal. Moins qu'une différence de nature, c'est une différence de degré qui sépare en réalité l'imputabilité et la culpabilité. La question est de savoir quelle force est susceptible d'exercer sur le psychisme du délinquant le trouble mental, l'absence ou l'insuffisance de maturité intellectuelle ou de volonté éclairée. Si cette force est absolue, il y aura exclusion de toute imputabilité ; si cette force est relative, l'imputabilité sera atténuée. Un aliéné mental ne pourra se voir imputer le fait qu'il a commis ; un enfant mineur n'étant pas doté d'une pleine capacité de discernement bénéficiera d'une atténuation de responsabilité. Quant à savoir si une personne affectée d'un trouble mental peut néanmoins disposer d'une cohérence intellectuelle suffisante pour exprimer une volonté, constitutive d'une faute, il est difficile de répondre. Ce serait admettre la culpabilité sans l'imputabilité, alors que nous avons dit que les deux

6. En ce sens, Merle R. et Vitu A., *ibid.*

7. V. la politique pénale en matière de délinquance des mineurs, ainsi que l'utilisation de la dispense ou de l'ajournement de peine, qui permettent de déclarer la culpabilité sans prononcer immédiatement de sanction pénale.

8. V. Pradel J., *op. cit.*, n° 509, qui écrit dans une formule saisissante : « Point d'imputabilité, point de faute concevable ». – Dana A. C., *La notion d'infraction pénale*, LGDJ, 1982, qui étudie en deux parties successivement l'acte imputable et l'acte coupable. – Daskalakis E., *Réflexions sur la responsabilité pénale*, PUF, 1975, p. 9 et s. – Conte Ph. et Maistre du Chambon P., *op. cit.*, n° 351.

étaient liées. Nous reposerons ce problème dans la suite de nos développements avec l'étude du trouble psychique, cause de non-imputabilité.

Pour la clarté de l'exposé, nous envisagerons successivement l'imputabilité *exclue* (chapitre 1) et l'imputabilité *atténuée* (chapitre 2).

CHAPITRE 1

L'imputabilité exclue

518. L'imputabilité de l'acte sera exclue en raison, soit d'un trouble psychique (section 1), soit de la contrainte (section 2), soit d'une erreur (section 3).

Section 1
Le trouble psychique

519. Aux termes de l'article 122-1 du Code pénal, modifié par la loi du 15 août 2014 relative à l'individualisation des peines et renforçant l'efficacité des sanctions pénales : « N'est pas pénalement responsable la personne qui était atteinte, au moment des faits, d'un trouble psychique ou neuropsychique ayant aboli son discernement ou le contrôle de ses actes. La personne qui était atteinte, au moment des faits, d'un trouble psychique ou neuropsychique ayant altéré son discernement ou entravé le contrôle de ses actes demeure punissable ; toutefois, la juridiction tient compte de cette circonstance pour déterminer la peine et en fixer le régime. Si est encourue une peine privative de liberté, celle-ci est réduite du tiers ou, en cas de crime puni de la réclusion criminelle ou de la détention criminelle à perpétuité, est ramenée à trente ans. La juridiction peut, toutefois, par une décision spécialement motivée en matière correctionnelle, décider de ne pas appliquer cette diminution de peine. Lorsque, après avis médical, la juridiction considère que la nature du trouble le justifie, elle s'assure que la peine prononcée permette que le condamné fasse l'objet de soins adaptés à son état ». Le texte dans sa rédaction de 1992 se contentait de dire en présence d'un trouble ayant altéré le discernement de l'auteur de l'infraction que « la juridiction tenait compte de cette circonstance lorsqu'elle détermine la peine et en fixe le régime ». Le nouveau texte est donc plus précis et encadre le pouvoir de la juridiction.

Le code de 1810 adoptait une formulation différente dans un article bien connu des pénalistes, l'article 64 : « Il n'y a ni crime ni délit lorsque le prévenu était en état de démence au temps de l'action ». Cette formulation était inexacte et inadaptée.

Inexacte, d'abord, parce qu'on ne peut pas dire qu'il n'y avait « ni crime ni délit ». Cette expression, appropriée en présence d'un fait justificatif comme la légitime défense, ne l'était plus en présence d'un trouble mental car, au regard de la société, l'infraction avait bien été réalisée ; seule l'attribution des conséquences de cette infraction à son auteur était remise en cause à raison de ce trouble. Tous les auteurs classiques relevaient l'impropriété des mots choisis par le législateur napoléonien. Le code actuel, en énonçant que « N'est pas responsable la personne qui... », recentre le débat sur l'auteur et non plus sur l'acte.

Inadaptée, ensuite, parce que l'état de démence correspondait à des troubles mentaux bien définis par la médecine psychiatrique. La démence est un affaiblissement psychique profond, lent, progressif et irréversible frappant l'individu dans ses facultés intellectuelles. Les criminologues avaient déjà coutume d'entendre extensivement le terme de démence afin d'y comprendre la paranoïa, l'épilepsie ou le délire de persécution. En visant le trouble psychique et neuropsychique, le code actuel emploie une terminologie beaucoup plus opportune.

Le trouble psychique n'exclut la responsabilité (§ 2) que s'il répond à certaines conditions (§ 1).

§1. Les conditions de l'irresponsabilité

520. Seul un trouble *grave* pourra être retenu, à condition d'exister *au moment des faits*. En outre, il faudra *prouver* ces conditions, ce qui impliquera un ou plusieurs experts.

A. La gravité du trouble

521. En substituant à « l'état de démence » le « trouble psychique ou neuropsychique », le code consacre la jurisprudence antérieure qui avait déjà procédé à une lecture extensive de l'ancien article 64. Il faut que ce trouble ait aboli le discernement : la personne peut avoir perdu la capacité de comprendre ses actes ou (et) celle de vouloir, c'est-à-dire de contrôler ses actes. Le problème ne se posera pas pour les troubles qui relèvent de la démence, des délires chroniques comme la psychose hallucinatoire, le délire paranoïaque ou les différentes formes de délires passionnels. On fera entrer dans la catégorie légale l'aliénation mentale (que la médecine distingue de la démence : « Le débile est un pauvre d'esprit, le dément est un riche devenu pauvre »), comme l'arriération ou la débilité mentale (d'un degré moins élevé) qui sont congénitales et constituent des troubles acquis de l'intelligence.

522. En revanche, la dépression, les névroses, qu'il n'est pas toujours facile de distinguer des psychoses, ne seront pas nécessairement des causes d'irresponsabilité.

Pareillement, la question se posera pour :

- Les *maladies de la volonté* telles la kleptomanie ou la pyromanie : elles n'atteignent pas la faculté de raisonner et de comprendre, mais la personne est victime d'obsessions qui la conduisent à commettre des vols ou à provoquer des incendies. Il faut exclure ces troubles des causes de non-imputabilité.
- Le *somnambulisme* : s'il est naturel, il ne doit pas y avoir de responsabilité. Toutefois, peut-être serait-il possible de reprocher à l'auteur de l'infraction commise durant cet état de ne pas avoir pris les précautions pour éviter le dommage qui a été causé. Si l'inconscience a été provoquée par hypnose, l'exécutant n'est pas responsable ; mais celui qui a recouru à cette méthode sera le complice, voire l'auteur moral de l'infraction.
- Les *intoxications volontaires* (alcool, stupéfiants) : en principe, il y a trouble psychique et l'agent pénal sous l'emprise de drogue ou d'alcool (notamment, dans ce dernier cas, s'il est victime d'une crise de *delirium tremens*) devrait être irresponsable. Cependant, en certaines hypothèses, les actes commis dans cet état sont incriminés sous la qualification d'ivresse publique ou de conduite d'un véhicule sous l'empire d'un état alcoolique. Que doit-on juger en présence d'une personne connaissant les dangers d'une consommation excessive d'alcool sur son psychisme, qui en absorbe néanmoins et commet un délit sans en avoir eu l'intention ? On pourrait distinguer selon la nature de l'infraction commise : s'il s'agit d'une imprudence, la responsabilité serait maintenue ; s'il s'agit d'un délit intentionnel, il n'y aurait pas de responsabilité, sauf à se placer sur terrain du dol éventuel, ce qui supposerait d'établir que l'auteur de l'infraction ait eu conscience de l'éventualité du résultat. À notre avis, sur un plan strictement juridique, hors les cas où la loi en dispose autrement, s'il est prouvé que la personne était totalement inconsciente « au moment des faits », il nous semble qu'elle devrait être toujours irresponsable puisque l'infraction n'est pas constituée. Mais ce qui est juridiquement fondé n'est pas toujours opportun du point de vue de la lutte contre la délinquance !

B. Le moment du trouble

523. Le trouble psychique invoqué par l'auteur de l'infraction doit exister « au moment des faits ». L'article 64 de l'ancien code envisageait la démence « au temps de l'action ». Comme naguère, l'expression a un sens temporel et causal.

1. Sens temporel

524. Le trouble doit être contemporain de l'action. Si le trouble existait antérieurement mais ne se manifeste pas au moment de l'infraction, l'agent pénal reste punissable. Le juge pourra toujours, en prononçant la peine, tenir compte de cette circonstance. Si le trouble survient postérieurement il faut distinguer :

- Ou bien il se manifeste *pendant la mise en état de l'affaire* ; l'action publique est, dans ce cas, suspendue pendant la durée du trouble ; elle reprendra après la guérison. L'instruction peut néanmoins se poursuivre, à condition que les actes accomplis ne portent pas sur la personne de l'intéressé. Une hospitalisation d'office est possible.
- Ou bien il survient *juste avant le jugement*, et l'action publique pour l'application des peines devra être stoppée.
- Ou bien, enfin, il survient *après le jugement définitif* : l'infraction reste imputable à son auteur. Le trouble sera seulement un obstacle à l'exécution de la peine privative de liberté, mais non à celle des peines pécuniaires ou privatives de droits. Cette restriction est à nos yeux contestable : si l'on pense que l'exécution de la peine est dénuée de signification pour le condamné, cette mesure de clémence devrait s'appliquer à toutes les peines.

2. Sens causal

525. Le trouble psychique doit être en rapport avec l'infraction. L'importance de cette condition se révèle en présence de troubles graves mais intermittents (crises fréquentes d'épilepsie) : si la personne malade commet un acte répréhensible pendant un intervalle de lucidité, le trouble ne sera pas considéré comme la cause directe de l'infraction et elle sera responsable.

C. La preuve du trouble

526. Le trouble psychique est une question de pur fait qui relève de l'appréciation souveraine des juges du fond[1]. La Cour de cassation n'exerce pas de contrôle, sauf s'il y a contradiction de motifs[2]. En pratique, il y a une expertise psychiatrique. Certes, les conclusions du rapport d'expertise ne lient pas le juge pénal ; cela dit, leur force est très grande, et à moins d'une contre-expertise aboutissant à des conclusions inverses, les juges suivront ces conclusions.

L'expert, il faut le souligner, a une tâche difficile : il examinera l'intéressé à plusieurs reprises, le cas échéant hors de la présence du juge d'instruction et

1. Cass. crim., 21 mars 2012, n° 12-80178 : Dr. pén. 2012, n° 96, note Maron A. et M. Haas – Cass. crim., 4 mars 2015, n° 13-86954 – Cass. crim., 18 nov. 2015, n° 14-84586 ; Cass. crim., 12 avril 2016, n° 15-80207 ; Cass. crim., 22 juin 2016, n° 15-81006. – Cass. crim., 11 juill.2017, n° 17-82.652. – Cass. crim., 29 nov. 2017, n° 16-85.490.

2. Cass. crim., 21 janv. 1992 : Dr. pén. 1992, comm. n° 196, note. Véron M.

des avocats (CPP, art. 164, al. 4) et s'attachera notamment à découvrir derrière une psychose affichée ou « la bouffée délirante » un éventuel simulateur. En principe, un seul expert sera désigné (CPP, art. 159, al. 1) ; mais si les circonstances le justifient, plusieurs experts seront désignés, ce qui, à notre avis, est souhaitable. L'expertise est non contradictoire.

527. En définitive, il semble qu'aujourd'hui l'intervention d'experts psychiatres, dont on vient de souligner le rôle indispensable, soit source d'embarras pour la justice pénale à un double titre :

En premier lieu, il y a les hésitations des juges en présence d'expertises qui se contredisent, hésitations et contradictions illustrées par plusieurs affaires criminelles : par exemple, ce meurtrier, ayant fait l'objet d'une première expertise concluant à une névrose, renvoyé devant une cour d'assises malgré deux autres expertises concluant à une schizophrénie, et finalement acquitté[3] ; ou bien cet autre meurtrier, examiné par des experts concluant que l'intéressé présente « une structure psychotique de personnalité de type schizophrénique indifférenciée », renvoyé devant la cour d'assises d'Orléans en raison de discordances entre le rapport d'expertise et une expertise faite lors d'une précédente condamnation, et condamné à une peine de réclusion criminelle pour avoir cédé à sa pulsion[4] ; ou bien encore ce meurtrier condamné à la réclusion criminelle à perpétuité après l'intervention de quatorze experts qui n'avaient pu se mettre d'accord sur son état mental[5].

En second lieu, il y a l'incompréhension des médecins-experts qui s'étonnent qu'en application de l'article 349-1, 2° du Code de procédure pénale, ajouté par la loi du 15 juin 2000, les jurés d'assises doivent maintenant expressément se prononcer sur la cause d'irresponsabilité pénale invoquée comme moyen de défense par l'accusé, et par conséquent rendre un diagnostic qu'ils pensaient être de leur compétence[6].

§2. La portée de l'irresponsabilité

528. Première question : le trouble psychique qui abolit le discernement et exclut l'imputabilité de l'acte à son auteur détruit-il *a fortiori* toute culpabilité de ce dernier, de telle sorte que l'infraction commise ne saurait être maintenue ?

Seconde question : qu'advient-il au prévenu ou à l'accusé qui a bénéficié d'une relaxe ou d'un acquittement « thérapeutique » ?

3. C. assises Paris, 12 déc. 1995, non publié : Le Monde, 14 déc. 1995.

4. C. assises Orléans, 18 déc. 1998, non publié : Le Monde, 20 et 21 déc. 1998.

5. C. assises Rouen, 8 avr. 1995, non publié : Le Monde, 11 avr. 1995.

6. Sur l'expertise mentale, v. les communications de M. le professeur Pradel J., MM. Olié J.-P., de Carvalho W., Spadone Ch., médecins, et Me Leclerc H., colloque sur « *L'expertise* », Université d'Angers, Dalloz, 1995, p. 11 à 32.

A. Portée quant à la culpabilité

529. Il y a deux manières d'aborder le sujet : par la voie pénale, et par la voie civile.

1. Approche pénale

530. Raisonnant à partir du seul article 122-1 du Code pénal, on peut dire qu'en visant un trouble contemporain des faits, le Code pénal exige une concomitance entre l'imputabilité et la culpabilité et qu'en conséquence l'absence d'imputabilité conduit à l'absence d'infraction pour défaut d'élément moral. Nous rappelons que, la volonté étant le commun dénominateur de l'imputabilité et de la culpabilité, l'imputabilité permet aussi à la faute d'exister. Tout est lié et l'absence de responsabilité pénale est la conséquence de l'absence de faute[7]. Certains auteurs, en revanche, expriment une opinion différente : ainsi peut-on lire dans la septième édition du *Traité de droit criminel*, sous la plume de MM. Merle et Vitu, que « la démence détruit l'imputabilité subjective, mais n'a aucune influence sur l'infraction objective »[8].

L'intérêt pratique de cette discussion, sur le plan exclusivement pénal, se situe au regard de la complicité. Il est vrai que, si l'aliéné mental agit seul, à quoi bon maintenir une infraction objectivement punissable qui ne sera jamais punie[9] ? Si l'auteur de l'infraction a un complice, le maintien de la faute, et par conséquent de l'infraction objectivement punissable, permet de poursuivre ce complice même si l'auteur n'est pas punissable pour des raisons tenant à sa personne.

531. En résumé :

- Si l'on prétend qu'un aliéné mental peut commettre une infraction, c'est parce que l'on suppose : d'abord, que la volonté inhérente à toute infraction pénale s'exprime sous la forme d'une faute appréciée *in abstracto* ; ensuite, que l'aliéné mental peut commettre cette faute parce qu'il lui reste toujours un minimum de conscience lui permettant, non de comprendre la portée de ses gestes, mais au moins de contrôler certaines de ses actions qu'il *veut* réaliser, notamment

7. La doctrine suit majoritairement ce raisonnement : Garçon E., *op. cit.*, art. 64 – Rassat M.-L., *op. cit*, n° 302 – Pradel J., *op. cit.*, n° 522 (dans des éditions antérieures de l'ouvrage, l'auteur était plus radical dans son propos : « en supprimant le discernement, le trouble mental détruit "l'élément moral" de l'infraction », peut-on lire) – Conte Ph. et Maistre du Chambon P., *op. cit.*, n° 355. On ajoutera que l'avant-projet de 1978 rendait « non punissable » celui qui était atteint d'un trouble mental grave, ce qui permettait de penser que la faute subsistait. Le code actuel rend cette même personne « non pénalement responsable », ce qui est plus radical. V. aussi Cass. crim., 31 mars 1999 : Bull. crim., n° 66 : « En répondant affirmativement aux questions relatives à la culpabilité de l'accusé, la Cour et le jury ont nécessairement estimé qu'il n'était pas atteint d'un trouble psychique ou neuropsychique ayant aboli son discernement au sens de l'article 122-1, al. 1 du Code pénal ».

8. N° 625. Dans le même sens, Decocq A., *Droit pénal général*, A. Colin, 1971, p. 204. V. sur cette question, notre article : « L'aliéné criminel, simplement coupable ou pleinement responsable ? », Leçons du droit civil, *Mélanges en l'honneur de François Chabas*, Bruylant, 2011, p. 532 et s.

9. C'est en particulier la position de MM. Merle et Vitu, *op. cit.*, n° 625 ; sur cette analyse, v. les développements critiques de Dana A.-C., *La notion d'infraction pénale*, *op. cit.*, n° 117 et s.

lorsqu'il s'agit d'infractions dont l'élément moral n'est constitué que par un dol général.

- Si l'on prétend, à l'inverse, qu'un aliéné mental ne commet pas d'infraction, c'est parce que l'on considère que l'imputabilité précède ou est concomitante de la faute. C'est une solution qui a le mérite, entre autres, d'être en accord avec l'arrêt *Laboube* du 13 février 1956 sur la responsabilité pénale de l'*infans*[10].

Nous pensons que l'on pourrait distinguer, ce qu'invite d'ailleurs à faire l'article 122-1, entre celui qui, frappé d'une psychose chronique, a perdu totalement sa conscience (capacité de comprendre *et* de vouloir), - celui qui, tout en étant profondément atteint, conserverait néanmoins ce minimum de volonté sans lequel il ne peut y avoir de faute, - et celui dont les facultés sont seulement altérées (on peut penser à certains névrotiques ou pervers). Dans le premier cas, l'infraction disparaît ; dans le deuxième cas, l'infraction survivrait objectivement pour les besoins de la cause (complicité) sans que l'acte soit imputable à son auteur. Dans le troisième, la responsabilité est maintenue. Tout est une question de degré du trouble et peut-être aussi de nature de la faute (intentionnelle ou non intentionnelle), mais nous admettons volontiers que ces classifications conservent un certain caractère arbitraire.

La loi du 25 février 2008 qui crée l'ordonnance d'irresponsabilité pénale et l'arrêt de déclaration d'irresponsabilité pénale (art. 706-120 et 706-125 du Code de procédure pénale) peut être lue en ce sens. La culpabilité n'exigeant qu'un dol général l'obstacle tiré du trouble mental est levé. La question de la culpabilité ne se réduit-elle pas alors à une question de causalité ? On peut être tenté par cette conclusion. Il ne faut pas y céder : toute infraction suppose pour exister un élément matériel *et* un élément moral. Or une infraction existe bel et bien puisque la déclaration dite d'irresponsabilité peut avoir des conséquences pénales se présentant sous forme d'interdictions qualifiées de mesures de sûreté, lesquelles sont très proches voire assimilées à des peines.

2. Approche civile

532. Sous cet angle, il est impossible d'éviter la question de l'unité des fautes civile et pénale[11]. Durant tout le vingtième siècle, ce principe a, en effet, dominé toutes les solutions en matière de responsabilités civile et pénale trouvant leurs sources dans une imprudence ou une négligence. La faute civile de l'article 1383 (devenu l'article 1241) du Code civil étant identique à la faute d'imprudence du Code pénal, il en résultait que le comportement fautif ne pouvait être apprécié que de manière identique sur le plan civil et sur le plan pénal. Or la faute civile est appréciée *in*

10. V. *infra*, n° 562.

11. Principe affirmé pour la première fois par la Cour de cassation dans un arrêt de sa deuxième chambre civile du 18 déc. 1912, *Brochet* : S. 1914. I. 249, note Morel R., et réaffirmé de nombreuses fois par la suite : ex. : Cass. crim., 18 nov. 1986 : Gaz. Pal. 1987. 1. somm. 186 ; v. également De Bouillane de Lacoste O., « L'application des règles du droit civil en cas de relaxe du prévenu », Gaz. Pal. 1987. 1. 397. Sur une critique de cette jurisprudence, Pirovano A., *Faute civile et faute pénale*, LGDJ, 1966.

abstracto, sans égard à la question de son imputabilité, c'est-à-dire qu'elle est regardée par rapport au comportement d'un homme prudent et avisé placé dans les mêmes circonstances que l'auteur de cette faute. Dès lors, la règle de l'unité des fautes civile et pénale ne pouvait se maintenir de façon cohérente que si l'on considérait que l'infraction pouvait aussi se commettre indépendamment de la question de son imputabilité. Si l'on maintenait une appréciation *in concreto* de la faute pénale et si l'on s'interdisait d'admettre qu'un aliéné mental pût commettre une infraction, la dissociation des fautes civile et pénale ne pouvait plus être évitée. L'article 489-2 du Code civil (devenu l'art. 414-3, depuis la loi du 5 mars 2007 portant réforme de la protection juridique des majeurs), disposant que « celui qui a causé un dommage à autrui alors qu'il était sous l'empire d'un trouble mental n'en est pas moins obligé à réparation », n'était d'aucun secours car, pour la Cour de cassation, « l'article 489-2 du Code civil ne prévoit aucune responsabilité particulière et s'applique à toutes les responsabilités prévues aux articles 1382 et suivants du Code civil »[12]. La conséquence de cette unité des fautes civile et pénale était que la relaxe de l'auteur de l'acte délictueux pour cause de démence était un obstacle à la fois à la compétence du juge répressif pour connaître de la demande en réparation, et à la condamnation au versement de dommages et intérêts par le juge civil en raison de l'autorité de la chose jugée au criminel sur le civil.

533. Depuis, les lois du 13 mai 1996 et surtout du 10 juillet 2000, la première en recentrant l'appréciation de la faute d'imprudence, commise par le prévenu, sur les diligences normales « compte tenu, le cas échéant, de la nature de ses missions ou de ses fonctions, de ses compétences ainsi que du pouvoir et des moyens dont il disposait », la seconde en ajoutant un article 4-1 au Code de procédure pénale, écrit en ces termes : « L'absence de faute pénale non intentionnelle au sens de l'article 121-3 du Code pénal ne fait pas obstacle à l'exercice d'une action devant les juridictions civiles afin d'obtenir la réparation d'un dommage sur le fondement de l'article 1383 du code civil si l'existence de la faute civile prévue par cet article est établie... », il devient difficile de maintenir l'unité des fautes civile et pénale[13]. En se fondant sur la dissociation des fautes, réalité jurisprudentielle depuis 2003, on pourra soutenir que l'infraction commise par un aliéné mental n'est pas constituée, tout en constatant, à sa charge, une faute civile génératrice de responsabilité civile. Les articles 706-131 et 706-133 du Code de procédure pénale issus de la loi du 25 février 2008 prévoient justement dans le cas où l'article 122-1 du Code pénal est applicable, respectivement pour la cour d'assises et le tribunal correctionnel,

12. Cass. 2e civ., 4 mai 1977 : D. 1978. 393, note LEGEAIS R. – Cass. 1re civ., 17 mai 1982 : Gaz. Pal. 1983. I. panorama. 134, obs. CHABAS F. Cette interprétation de l'article 489-2 n'était pas partagée, il est vrai, par tous : v. DURRY G., obs. RTD civ. 1982. 148 ; ROUJOU DE BOUBÉE G., « Commentaire de la loi du 8 juill. 1983 renforçant la protection des victimes », Act. lég. Dalloz, 1984. 57.

13. Pour la dissociation des deux fautes : Cass. civ. 16 sept. 2003, préc. *supra*, n° 426 ; en sens contraire : PRADEL J., « De la véritable portée de la loi du 10 juill. 2000 », D. 2000, Point de vue n° 29, et *Droit pénal général*, *op. cit.*, n° 523 : selon l'auteur, « le principe de l'unité est touché mais pas coulé ».

l'obligation, après avoir déclaré la personne ayant commis les faits irresponsable, de se prononcer sur sa responsabilité civile conformément à l'article 414-3 du Code civil et de statuer, s'il y a lieu, sur les demandes de dommages et intérêts formées par la partie civile.

B. Portée quant aux suites de la décision judiciaire

534. Lorsque le trouble psychique a *altéré le discernement* ou a entravé le contrôle des actes de l'auteur de l'infraction, celle-ci demeure punissable. « Cette circonstance », selon les propres termes de l'article 122-1 dans sa rédaction initiale, était laissée à la libre appréciation de la juridiction : elle pouvait atténuer la peine encourue voire en aggraver le régime, en présence d'un pervers sexuel par exemple.

La loi du 15 août 2014 relative à l'individualisation des peines et à l'efficacité des sanctions pénales fixe dans l'article 122-1 du Code pénal et un article 706-136-1 nouveau du Code de procédure pénale un régime juridique précis à l'altération du discernement : la peine privative de volonté encourue est réduite du tiers ou, en cas de crime puni de la réclusion criminelle ou de la détention criminelle à perpétuité, ramenée à trente ans[14]. Mais cette réduction n'est pas automatique. La juridiction peut, par une décision spécialement motivée en matière correctionnelle, décider de ne pas appliquer cette diminution de peine[15]. La peine prononcée doit permettre que le condamné fasse l'objet de soins adaptés à son état si la nature du trouble le justifie. Par ailleurs, si la juridiction n'a pas soumis la personne ainsi condamnée à un suivi socio-judiciaire, le juge de l'application des peines aura toujours la possibilité d'ordonner, à la libération de cette personne, si son état le justifie et après avis médical, une obligation de soins pendant une durée qu'il fixe et qui ne peut excéder cinq ans en matière correctionnelle ou dix ans si les faits commis constituent un crime ou un délit puni de dix ans d'emprisonnement. Le dernier alinéa de l'article 706-136 est alors applicable. La fixation d'un régime juridique approprié à l'altération du discernement a conduit par conséquent le législateur a modifié également l'intitulé du chapitre III du titre XXVIII consacré à la procédure et aux décisions d'irresponsabilité pénale pour cause de trouble mental. On ajoutera que par application de l'article 721-1 du Code de procédure pénale, sauf décision contraire du juge de l'application des peines, aucune réduction supplémentaire de peine ne peut être accordée à la personne condamnée qui refuse les soins qui lui sont proposés.

535. Lorsque le trouble psychique a *aboli le discernement* de l'auteur de l'infraction, le non-lieu, la relaxe ou l'acquittement pose un problème dans la mesure où la décision peut être interprétée comme privant la victime, ou la famille de la victime, de son droit à la justice. En outre, l'agent pénal est abandonné à sa maladie. La loi du 25 février 2008 tente d'apporter une réponse à ce problème en créant un régime procédural

14. Le législateur retient donc une responsabilité pénale tout en aménageant la peine : Cass. crim., 6 nov. 2012, n° 12-82190 – Cass. crim., 2 déc. 2015, n° 14-87708 – Cass. crim., 26 avr. 2017, n° 16-82447.

15. Il est même concevable que la peine soit aggravée : Cass. crim., 9 juill. 2014, n° 13-86908.

particulier[16]. Auparavant ce n'était que si son état mental était de nature à compromettre l'ordre public ou la sûreté des personnes qu'une hospitalisation d'office pouvait être ordonnée par le préfet (CSP, art. L. 3213-1), éventuellement dans une unité pour malades difficiles (UMD) au sein d'un hôpital. Désormais le régime est le suivant :

D'abord, le juge d'instruction, la chambre de l'instruction ou la juridiction de jugement rendront, selon les cas, une *ordonnance d'irresponsabilité pénale* ou bien un *arrêt (ou un jugement) de déclaration d'irresponsabilité pénale.* Cette décision constatera, selon le moment où elle est rendue, soit qu'il existe des charges suffisantes contre la personne mise en examen d'avoir commis les faits qui lui sont reprochés soit que la personne a commis les faits en question ; puis la décision déclarera la personne irresponsable pénalement en raison d'un trouble psychique ou neuropsychique ayant aboli son discernement ou le contrôle de ses actes au moment des faits. Une ou plusieurs « mesures de sûreté » prévues à l'article 706-136 du code de procédure pénale pourront être ordonnées[17]. Après avoir jugé le 21 janvier 2009[18] que ces mesures de sûreté pouvaient être qualifiées de peines, la chambre criminelle de la Cour de cassation revient sur cette analyse, le 16 décembre 2009,[19] en affirmant que le principe de légalité des peines ne saurait s'appliquer « aux mesures de sûreté prévues en cas de déclaration d'irresponsabilité pénale pour cause de trouble mental par les articles 706-135 et 706-136 du Code de procédure pénale ». Parmi les mesures de sûreté pouvant être ordonnées (pour une durée qui ne peut excéder dix ans en matière correctionnelle et vingt ans en matière criminelle ou si les faits sont constitutifs d'un délit puni de dix ans d'emprisonnement), on y trouve des interdictions (entrer en relation avec la victime) ou d'autres mesures, comme la suspension de permis de conduire, prévues déjà à l'article 131-6 du Code pénal à titre de peines de substitution à l'emprisonnement. Prétendre qu'il ne s'agit pas de peine après avoir jugé le contraire en conformité du reste avec les intentions des rédacteurs du Code pénal, est peu crédible.

536. La personne qui fait l'objet d'une mesure prononcée en application de l'article 706-136 et, dorénavant, de l'article 706-136-1 du Code de

16. V. notre ouvrage : *Procédure pénale*, LGDJ, 4e éd., 2015, n° 836. Selon l'article 706-120 du Code de procédure pénale lorsqu'au moment du règlement de son information, le juge d'instruction estime après avoir constaté qu'il y a des charges suffisantes contre la personne mise en examen d'avoir commis les faits reprochés qu'il y a des raisons plausibles d'appliquer l'article 122-1 du Code pénal, il ordonne, sur la demande de l'une des parties ou du procureur de la République, la transmission du dossier à la chambre de l'instruction. C'est cette dernière qui appréciera si l'article 122-1 peut s'appliquer. L'abolition du discernement au moment des faits doit être certain et cette constatation relève de son pouvoir souverain : Cass. crim., 21 mars 2012, préc.

17. En cas de non-respect des interdictions prononcées, sous réserve des dispositions de l'alinéa premier de l'article 122-1 du Code pénal, une peine de deux ans d'emprisonnement et 30 000 € d'amende est encourue (CPP, art. 706-139). Cette sanction est également applicable à la personne dont le trouble a altéré le discernement qui ne respecte pas l'obligation de soin à laquelle elle est astreinte par application de l'article 706-136-1 nouveau du Code de procédure pénale.

18. D. 2009, p. 1111, note Matsopoulou H. ; JCP 2009.II.10043, note Détraz S.

19. Dr. pén. 2010, p. 15 ; sur cet arrêt, Matsopoulou H., « L'application des "peines" puis des "mesures de sûreté" aux personnes atteintes de troubles mentaux : l'incohérence jurisprudentielle et ses conséquences », Dr. pén. 2010, p. 11.

procédure pénale peut demander au juge des libertés et de la détention du lieu de la situation de l'établissement hospitalier ou de son domicile d'ordonner sa modification ou sa levée. Cette levée sera prononcée en chambre du conseil sur les conclusions du ministère public. Le demandeur ou son avocat sont entendus ou dûment convoqués. Le juge peut solliciter l'avis préalable de la victime. La décision ne pourra être prise qu'au vu du résultat d'une expertise psychiatrique. Si la levée est refusée aucune demande ne peut être déposée avant l'expiration d'un délai de six mois (CPP, art. 706-137 modif.).

537. Ensuite, sans préjudice de l'application des articles L. 3213-1 et L. 3213-7 du Code de la santé publique, lorsqu'un arrêt ou un jugement de déclaration d'irresponsabilité pénale pour cause de trouble mental aura été prononcé, la juridiction pourra ordonner *par décision motivée l'admission en soins psychiatriques de la personne sous la forme d'une hospitalisation complète* dans un établissement spécialisé, s'il est établi par une expertise psychiatrique que les troubles mentaux de l'intéressé nécessitent des soins et compromettent la sûreté des personnes ou porte atteinte, de façon grave, à l'ordre public[20]. Le préfet est avisé de cette décision (CPP, art. 706-135). Le régime de cette hospitalisation est celui prévu pour les « admissions en soins psychiatriques prononcées » en application de l'article L. 3213-1 du Code de la santé publique. Une hospitalisation complète peut désormais être ordonnée par le juge pénal. En outre, l'hospitalisation complète ne peut se poursuivre sans que le juge des libertés et de la détention n'ait statué sur cette mesure avant l'expiration d'un délai de six mois. Le juge est saisi par le représentant de l'État au moins quinze jours avant l'expiration du délai (CSP, art. L. 3211-12-1). Il y a donc une judiciarisation partielle de l'internement, ce qui était souhaité dès les travaux préparatoires du Code pénal de 1992.

Qu'en est-il de la levée de l'hospitalisation ? Le juge des libertés et de la détention peut être saisi à tout moment ou se saisir lui-même aux fins d'ordonner la mainlevée de la mesure. Il lui faut obtenir, au préalable, outre l'avis d'un collège de trois membres appartenant au personnel de l'établissement dont deux psychiatres, deux expertises établies par des psychiatres inscrits sur la liste mentionnée à l'article L 3213-5-1. Le représentant de l'État peut aussi lever la mesure de soins. Selon l'article L. 3213-8 du Code de la santé publique, modifié par la loi n° 2013-869 du 27 septembre 2013, si le collège prévu ci-dessus émet un avis selon lequel l'hospitalisation complète n'est plus nécessaire, le représentant de l'État ordonne une expertise par deux psychiatres extérieurs à l'établissement. Si les avis des deux médecins confirment l'absence de nécessité de l'hospitalisation complète, le représentant de l'État ordonne la levée de la mesure de soins psychiatriques. Si les avis

20. L'appel est possible contre une telle décision : Cass. crim., 3 févr. 2010 : Dr. pén. 2010, n° 52, obs. Maron A. et Haas M. La Cour de cassation rappelle que si la chambre de l'instruction, après avoir constaté l'irresponsabilité pénale de la personne concernée pour cause de trouble mental, peut ordonner son admission en soin sous forme d'une hospitalisation complète, elle ne dispose d'aucun autre pouvoir et n'a pas à rechercher si des mesures alternatives auraient pu être appliquées à l'intéressé : Cass. crim., 29 nov. 2017, préc.

divergent ou bien préconisent le maintien de la mesure et que le représentant de l'État la maintient, il en informe le directeur de l'établissement qui saisit le juge des libertés et de la détention. La sortie de la personne internée n'est donc possible que sur l'avis d'experts psychiatres, ce qui pose à nouveau la question de la force exercée par les rapports d'expertise sur la conviction, cette fois-ci, de l'autorité administrative, sans oublier le risque de contradiction entre l'expert qui a convaincu le juge pénal de l'irresponsabilité de l'auteur de l'infraction et l'expert qui, plusieurs années après, aboutirait à des conclusions inverses.

En définitive, à lire le dispositif mis en place par la loi du 25 février 2008, on peut douter de l'irresponsabilité pénale du malade mental. La loi n'instaure-t-elle pas en réalité une responsabilité d'un genre particulier fondée sur la seule *dangerosité* du malade mental ? L'ombre de Lombroso et sa théorie de l'homme criminel se profilent derrière les bonnes intentions du législateur de 2008 même si en l'occurrence la dangerosité en cause est d'ordre psychiatrique et non criminologique.

Section 2
La contrainte

538. L'article 122-2 du Code pénal déclare non responsable pénalement « la personne qui a agi sous l'empire d'une force ou d'une contrainte à laquelle elle n'a pu résister ».

Si le trouble mental abolit la capacité de comprendre et de vouloir, la contrainte supprime la liberté d'agir. Le rapprochement entre ces deux causes subjectives de non-responsabilité est tentant : dans le code de 1810, elles étaient associées dans l'article 64 qui, au surplus, liait très étroitement la contrainte et la force puisqu'il disposait qu'il n'y avait ni crime ni délit lorsque le prévenu « a été *contraint par une force* à laquelle il n'a pu résister ». Dans le code actuel, le trouble psychique et la contrainte sont traités dans deux articles distincts qui se suivent ; quant au rapport entre la « contrainte » et la « force », le législateur les différencie comme on peut le constater en lisant le texte, ce qui pourrait vouloir réserver le terme de contrainte à la force morale s'opposant ainsi à la force physique. Certains auteurs observent que le dernier alinéa de l'article 121-3, applicable aux contraventions, utilise aussi le mot de « force » qu'il qualifie cependant de « majeure », évoquant par cette précision la notion bien connue du droit civil[21]. En réalité, ces termes ont,

21. V. l'analyse intéressante du professeur Lombois C., *Droit pénal général, op. cit.*, p. 94 : cherchant à justifier la répétition de cette cause de non-responsabilité à deux endroits différents, l'auteur considère que la « force » de l'article 121-3 ne s'appliquerait qu'à l'intention, tandis que celle de l'article 122-2 s'appliquerait à la volonté d'où naît l'intention. Il donne deux exemples : l'automobiliste victime d'une syncope qui immobilise son véhicule dans un lieu interdit (force-contrainte agissant sur sa volonté) ; automobiliste qui, en raison d'un obstacle sur la route, immobilise son véhicule en stationnement interdit (force agissant non sur sa volonté – le conducteur est conscient – mais sur son intention de stationner en un lieu prohibé).

entre eux, une grande parenté : la jurisprudence utilise indifféremment les vocables de « contrainte » et de « force majeure » et ne reconnaît un effet exonératoire à la contrainte que si elle est irrésistible et imprévisible. La force majeure, pour être retenue, devra en plus être extérieure, ce qui est, il est vrai, un élément de différenciation entre contrainte et force, et justifie l'usage de ces deux mots dans l'article 122-2. Nous envisagerons successivement les formes (§ 1) et les caractères (§ 2) de la contrainte.

§1. Les formes de la contrainte

539. La contrainte peut être physique ou morale.

A. Contrainte physique

540. Elle peut avoir une origine interne ou externe.

Ressortissent à la contrainte *interne* la maladie ou le sommeil qui surprennent la personne dans son activité et lui font commettre un acte répréhensible pénalement[22].

Dans le cas où l'origine de la contrainte est *externe*, contrainte et force se rejoignent : il peut s'agir du fait du prince (grève surprise paralysant les transports et empêchant un militaire de rejoindre sa caserne), d'un fait naturel (propriétaire dont le mur s'effondre sur la chaussée à la suite d'une tempête, ce qui cause la mort d'un passant ; automobiliste qui glisse sur une plaque de verglas et cause un accident), ou de l'intervention d'un tiers (cycliste qui blesse un piéton en raison d'un écart provoqué par un autre cycliste qui le dépasse). C'est le cas de force majeure. L'infraction commise sera pratiquement toujours non intentionnelle. Dans certaines de ces hypothèses, on peut, d'ailleurs, s'interroger sur la pertinence du rattachement de la contrainte aux causes subjectives de non-responsabilité : ne s'agit-il pas, en réalité, d'une question de causalité objective ? La contrainte agit *mécaniquement* sur un corps qui n'est que l'instrument du dommage. Il y aura une impunité pour celui qui a agi dans ces circonstances.

B. Contrainte morale

541. Elle agit sur la volonté de telle sorte que le délit devient inévitable. R. Garraud parlait « d'oppression de la volonté d'une personne par une force de la nature ou la domination d'un tiers »[23]. L'auteur du fait délictueux est sous l'emprise de la peur, de la crainte.

Comme pour la contrainte physique, la contrainte morale peut avoir une origine interne ou externe.

22. Cass. crim., 19 oct. 1922 : D. 1922. I. 233 (voyageur en train, endormi profondément, et poursuivi pour avoir effectué un trajet sans titre de transport après avoir manqué sa gare de destination) – 24 avr. 1937, DH 1937. 429 (personne poursuivie pour abandon de famille après avoir interrompu l'exercice de sa profession, suite à une maladie de cœur).

23. *Précis de droit criminel*, *Sirey*, 1921, n° 106.

La contrainte *interne* résulte de convictions affirmées, religieuses notamment[24], de passions ou d'émotions vives. La jalousie, la colère, l'affection immodérée portée à une personne peuvent être la cause de comportements constitutifs d'une infraction. Cependant, ces états d'âme ne sont pas des causes d'impunité parce que l'on doit être capable de résister à ses passions, sauf si elles relèvent d'un trouble psychique tel que défini à l'article 122-1. Elles peuvent, toutefois, atténuer la peine.

La contrainte *externe* se manifeste par des menaces d'un tiers dirigées contre l'auteur des faits ou sa famille. Ainsi celui qui, sous la menace d'une arme, est contraint de recevoir à son domicile les auteurs d'un hold-up ne pourra être poursuivi pour recel de malfaiteurs. Cette menace doit être illégitime et le péril imminent. La jurisprudence est très exigeante[25].

542. La provocation à commettre une infraction peut-elle être assimilée à une contrainte morale ? Bien que celui qui réalise l'infraction ait eu son discernement obscurci par les moyens utilisés par le provocateur, la Cour de cassation refuse de voir dans la provocation un fait justificatif ou une contrainte, à partir du moment où la provocation n'a pas été déterminante (ce qui pourrait être le cas s'il y avait eu une véritable mise en scène[26]) et n'a pas aboli la volonté de celui qui en a été l'objet[27]. Quant à l'obéissance résultant d'un lien de subordination entre un employé et un patron, elle n'est pas non plus assimilée à une contrainte[28]. Il en irait différemment dans le cas d'un ordre adressé à une personne n'ayant aucune liberté d'appréciation (ordre militaire ou policier). Mais dans ce cas il y a déjà le fait justificatif du commandement de l'autorité légitime[29].

---

24. Cass. crim., 20 août 1983 : Bull. crim., n° 229 ; RSC 1984. 73, obs. Levasseur G. : mutilations sexuelles pratiquées par respect pour une coutume.

25. Cass. crim., 29 déc. 1949 : D. 1950.419 : la simple allégation d'une menace ni pressante, ni directe est insuffisante pour exonérer l'auteur des faits. Pour autant, la crainte révérencielle tenant à l'aura et au statut de professeur a été récemment jugée comme plaçant les victimes d'agressions sexuelles sous l'empire d'une contrainte morale à laquelle elles n'avaient pu résister : Cass. crim., 18 févr. 2015, n° 14-80772. Pareillement lorsqu'il y a une différence d'âge entre l'agresseur et la victime : Cass. crim., 23 sept. 2015, n° 13-83881 : Dr. pén. 2015, comm., n° 154, note Conte Ph. – Cass. crim., 18 nov. 2015, n° 14-86100. Sur la différence d'âge dans la constatation de l'agression sexuelle : Cons. const., 6 févr. 2015, déc. n° 2014-448 QPC et Détraz S., « L'article 222-22-1 *in fine* du Code pénal à la lumière de la jurisprudence », Dr. pén. 2015, comm., n° 24. Il faudra dans l'avenir tenir compte aussi du projet de loi renforçant la lutte contre les violences sexuelles et sexistes, adopté en première lecture par l'Assemblée nationale le 16 mai 2018. S'agissant de la répression des infractions sexuelles sur mineur, l'article 222-22-1 du Code pénal est complété par un alinéa ainsi rédigé : « Lorsque les faits sont commis sur la personne d'un mineur de quinze ans, la contrainte morale mentionnée au premier alinéa du présent article ou la surprise mentionnée au premier alinéa de l'article 222-22 sont caractérisées par l'abus de vulnérabilité de la victime ne disposant pas du discernement nécessaire pour consentir à ces actes ».

26. Toulouse, 23 avr. 1942, DC 1943. 94, note Donnedieu de Vabres H.

27. Cass. crim., 2 oct. 1979 : Bull. crim., n° 266, provocation policière ayant eu pour but unique de constater l'infraction commise et d'en empêcher la continuation.

28. Cass. crim., 20 sept. 1894 : Dr. pén. 1899. 1. 350.

29. Caen, 28 juin 1996 : JCP 1996. IV. 2525 : personne sous l'empire d'un état alcoolique, contrainte de déplacer son véhicule sur l'ordre de gendarmes, et poursuivie pour conduite en état d'ivresse.

§2. Les caractères de la contrainte

543. Pour la Cour de cassation, « la contrainte ne peut résulter que d'un événement indépendant de la volonté humaine et que celle-ci n'a pu prévoir ni conjurer »[30]. Elle doit être irrésistible et imprévisible.

A. L'irrésistibilité de la contrainte

544. Pour être exonératoire, la contrainte doit avoir supprimé toute liberté de jugement chcz l'auteur des faits. Il doit être « dans l'impossibilité absolue de se conformer à la loi »[31]. L'article 122-2 du Code pénal maintient le droit positif dans cette ligne. Cette exigence pose deux questions, la première sur l'utilité de la contrainte morale en tant que cause spécifique de non-imputabilité, la seconde sur le mode d'appréciation de cette irrésistibilité.

1° D'abord, depuis qu'il existe dans le Code pénal un article sur l'état de nécessité, élevé par le législateur au rang de cause de non-responsabilité (art. 122-7), ne pourrait-on pas dire que l'état de nécessité recouvre aujourd'hui la contrainte morale ? Fondé à l'origine sur l'absence d'intention coupable, l'état de nécessité avait été rattaché, par la doctrine et la jurisprudence classique, précisément à la contrainte. Le raisonnement était le suivant : celui qui, sous l'empire de la nécessité, commet une infraction ne jouit plus de son libre arbitre et perd toute faculté de choix entre une conduite honnête et une conduite délictueuse ; il est sous l'empire d'une contrainte[32]. L'article 122-2 ne concernerait plus que la contrainte physique[33]. Cette thèse est excessive : d'une part, en présence d'une situation qui relève de l'état de nécessité, la personne conservera dans la plupart des cas une possibilité, certes infime, de choix entre commettre le délit et subir le mal qui la menace, tandis que la contrainte, devant être irrésistible, ne pourrait être invoquée ; d'autre part, et à l'inverse, en présence d'une « disproportion entre les moyens employés et la gravité de la menace », l'état de nécessité sera rejeté, alors que la contrainte morale serait envisageable. L'intérêt de la distinction subsiste donc.

---

30. Cass. crim., 29 janv. 1921 : S. 1922. 1. 185, note Roux J.-A. : marin déclaré déserteur alors qu'il n'avait pu regagner son bord à l'heure imposée par suite d'une mise en garde à vue consécutive à une infraction d'ivresse ; la détention avait été occasionnée par sa faute et ne pouvait constituer un événement impossible à éviter. Plus récemment : Cass. crim., 26 juin 2013, n° 12-86941 – Cass. crim., 6 nov. 2013, n° 12-82182 – Cass. crim., 12 nov. 2014, n° 14-80155.

31. Cass. crim., 8 févr. 1936, aff. *Rozoff* : Dr. pén. 1936. 1. 44, note Donnedieu de Vabres H. : dans cette affaire, un Russe, poursuivi pour infraction à un arrêté d'expulsion, offrait de prouver qu'il avait été refoulé par tous les pays limitrophes. Ce moyen de défense a été écarté à défaut d'avoir établi qu'aucun pays du monde ne pouvait l'accueillir – Cass. crim., 15 nov. 2006 : JCP 2007-II-10062, note Maréchal J.-Y. : conductrice enceinte de huit mois et victime d'un malaise qui stationne sur un emplacement réservé. L'argument tiré de la contrainte est rejeté. La simple difficulté d'observer la loi n'est pas une cause d'impunité : Cass. crim. 21 févr. 2017, n° 15-86977.

32. T. corr. Château-Thierry, 4 mars 1898, *Ménard* : S. 1899. II. 1, note Roux J.-A. – Garraud, *op. cit.*, n° 106 ; Garçon E., *Code pénal annoté*, art. 64, n° 114 ; cette analyse a été défendue plus récemment par Dana A.-C., *op. cit.*, n° 193 et Decocq A., RSC 1974. 895.

33. V. les développements de Desportes F. et Le Gunehec F., *op. cit.*, n° 671.

2° Ensuite, comment sera appréciée cette contrainte : *in abstracto* ou *in concreto* ? C'est l'appréciation *in abstracto* qui est retenue par la jurisprudence, tempérée par des éléments tenant à l'âge[34] ou à la condition sociale de l'auteur de l'infraction. L'article 122-2, en visant « la personne qui a agi », inviterait plutôt à recourir à une appréciation *in concreto*, c'est-à-dire en fonction des qualités intrinsèques de l'intéressé.

B. L'imprévisibilité de la contrainte

545. Est imprévisible la circonstance qui ne résulte pas d'une faute de l'agent pénal ; dans le cas contraire, ce dernier fait naître une situation dont il doit savoir qu'elle peut être génératrice d'une infraction. La jurisprudence est très ferme à cet égard[35]. On observera que l'article 122-2 ne parle pas d'imprévisibilité alors qu'il vise l'irrésistibilité de la contrainte. Faut-il continuer à raisonner par rapport à la force majeure du droit civil ? Rien n'est moins sûr, car seule doit compter l'absence de liberté au moment de l'action répréhensible. La faute commise antérieurement ne change rien à l'affaire : l'infraction n'est pas voulue. La doctrine propose astucieusement une distinction entre l'infraction intentionnelle qui suivrait une faute d'imprudence et l'infraction non intentionnelle que l'on pourrait rattacher par un lien de cause à effet à la faute initiale. Dans le premier cas, la différence de nature entre les deux fautes permettrait de faire jouer la contrainte afin d'éviter que le délit intentionnel ne se transforme en délit d'imprudence ; dans le second, l'infraction n'étant que la conséquence de l'imprudence, la contrainte ne serait pas admise[36].

Section 3
L'erreur de droit

546. Reprenant en substance un amendement proposé au Sénat par la commission des lois, l'article 122-3 du Code pénal énonce que « n'est pas pénalement responsable la personne qui justifie avoir cru, par une erreur sur le droit qu'elle n'était pas en mesure d'éviter, pouvoir légitimement accomplir l'acte ». Les avant-projets de réforme de 1978 et 1983 prévoyaient une disposition du même ordre sans que, pourtant, le projet de nouveau Code pénal de 1986 ait cru nécessaire d'inscrire l'erreur de droit parmi les causes de non-responsabilité.

34. Cf. *supra*, note 25.

35. Cass. crim., 29 janv. 1921, préc. – 13 juill. 1951 : Bull. crim., n° 213 : personne poursuivie pour abus de confiance, ayant été dans l'impossibilité de restituer les objets qui lui avaient été confiés à la suite d'un vol rendu possible par un manque de précautions. La contrainte ne peut être retenue au profit de l'auteur d'un accident d'automobile qui se savait sujet à un endormissement pathologique : Cass. crim., 27 oct. 2015, n° 14-86983 : Gaz. Pal., 26 janv. 2016, p. 49, note Détraz S.

36. Pradel J., *op. cit.*, n° 492 – Desportes F. et Le Gunehec F., *op. cit.*, n° 667. Cf. Cass. crim., 6 nov. 2013, préc.

L'intervention du garde des Sceaux au Sénat donne une explication de ce silence : les risques d'une remise en cause de l'efficacité de la loi pénale en raison de la brèche ainsi ouverte dans le principe d'application générale selon lequel : « Nul n'est censé ignorer la loi ». L'argument apparaît bien faible quand on le confronte à la réalité législative : la prolifération des textes, leur rédaction imprécise offrent, malheureusement, aux citoyens de multiples occasions de devenir un contrevenant à la suite d'une erreur commise sur l'existence ou le sens d'une loi ou d'un règlement. Par ailleurs, la Cour européenne des droits de l'Homme exige que la loi soit accessible et prévisible[37]. L'est-elle encore si le citoyen n'arrive pas à en avoir une connaissance exacte ? Aussi, le bien-fondé d'un principe d'exclusion de la responsabilité pénale en cas d'erreur de droit n'a-t-il guère suscité de critiques. En revanche, des interrogations sont nées quant aux conditions qui seraient posées à celui qui prétendrait démontrer qu'il a ignoré telle ou telle disposition législative ou réglementaire, ceci afin d'assurer la compatibilité de ce moyen de défense avec la présomption de connaissance de la loi[38].

Il convient de préciser d'abord ce qu'on doit entendre par erreur de droit (§ 1), puis de voir la condition essentielle pour que l'erreur produise un effet exonératoire (§ 2).

§1. La notion d'erreur de droit

547. La doctrine s'accorde à voir dans l'intention criminelle la volonté de commettre l'infraction et la conscience de l'auteur des faits d'enfreindre les dispositions légales[39], ce qui suppose que le délinquant connaisse l'existence de l'incrimination et en ait saisi le sens et la portée. Si ce n'est pas le cas, il aura commis une erreur sur le droit, qu'il faut distinguer de l'erreur dite « de fait » et de la simple inconscience de violer la loi pénale.

A. Erreur de droit et erreur de fait

548. L'erreur de droit (*error juris*) est une méconnaissance des règles applicables. En les ignorant, l'auteur commet un acte répréhensible qu'il croit être licite. Par exemple, le propriétaire d'un immeuble fait réaliser un nouvel aménagement, ignorant qu'il existe des règles d'urbanisme soumettant les travaux soit à l'obtention d'un permis de construire, soit à une déclaration préalable, formalités dont l'inobservation est punissable.

L'erreur de fait (*error facti*) porte non pas sur une règle de droit mais sur la matérialité de l'infraction[40]. Alors que celui qui commet une erreur de droit

37. Aff. *Kruslin et Huvig*, préc. n° 161.

38. L'erreur doit être prouvée par celui qui l'invoque : Cass. crim., 3 juin 2009, inédit, n° 08-86212. Par application de l'adage « Nul n'est censé ignorer la loi », on ne saurait se soustraire à l'application de la loi en prétextant l'ignorance : Cass. crim., 19 nov. 2014, n° 13-84453.

39. V. *supra*, n° 389.

40. Plutôt que de fonder la distinction des deux erreurs sur l'opposition entre le droit et le fait, certains auteurs trouvaient plus judicieux d'opposer l'erreur sur l'illicéité de l'acte et l'erreur sur l'acte illicite :

ignore que ce qu'il fait est interdit, celui qui commet une erreur de fait croit que l'acte qu'il accomplit n'entre pas dans ceux qui sont incriminés : pour reprendre l'exemple ci-dessus, il y aurait erreur de fait si le propriétaire de l'immeuble connaissait parfaitement le cadre législatif et réglementaire des constructions mais croyait que l'aménagement auquel il procède n'entre pas dans la liste des constructions soumises à formalités. Autre exemple plus classique : une personne appréhende un objet appartenant à autrui, croyant que cet objet est sa propriété : il ne peut y avoir vol, à défaut pour l'auteur de soustraire intentionnellement la chose d'autrui.

549. Du point de vue de leurs effets, on s'aperçoit que si l'erreur de droit, aux conditions fixées par le Code pénal, peut être présentée comme une cause d'exclusion de l'imputabilité de l'acte, l'erreur de fait est plus exactement une cause de non-culpabilité, puisque celui qui commet l'acte ne recherche pas le résultat interdit, précisément parce qu'il est parfaitement conscient de la prohibition légale : l'erreur joue uniquement au niveau de l'intention criminelle en la faisant disparaître. Il en résulte que l'erreur de fait ne constituera cet obstacle à l'existence de l'infraction que dans des cas bien précis : elle ne pourra être invoquée avec succès qu'en présence d'une infraction intentionnelle, et à la condition de porter sur un élément constitutif de l'infraction et non sur un élément secondaire ou accessoire. L'erreur sur la personne de la victime du meurtre est indifférente, de même que celle sur la valeur des objets volés (voleur persuadé que l'objet volé est sans valeur). En présence d'une imprudence ou d'une négligence, l'erreur est indifférente : la personne qui blesse un tiers en nettoyant son fusil de chasse, croyant qu'il était déchargé, sera punissable.

B. Erreur de droit et inconscience de la violation

550. L'erreur commise sur le droit applicable doit conduire la personne qui en est victime à croire à la légitimité de l'acte qu'elle envisage. L'illusion est parfaite : dans son esprit, l'acte a toutes les apparences de la licéité. L'erreur atteint ses sens et, par conséquent, son discernement. Cette exigence très forte interdit de maintenir l'erreur, assimilée à une cause de non-imputabilité, si un doute, aussi infime soit-il, persiste chez la personne sur l'existence ou la portée de la loi d'incrimination. L'erreur de droit, qui obéit à des conditions strictes, ne saurait se fondre dans la seule inconscience de la violation. La Cour de cassation est très ferme à cet égard : la titulaire d'une licence d'insémination dans les espèces

v. Daskalakis E., *Réflexions sur la responsabilité pénale*, PUF, 1975, p. 57 et s. – ou bien l'erreur sur la loi pénale (recouvrant l'erreur de droit) et l'erreur dite « extra-pénale » (recouvrant l'erreur de fait) : v. Legal A., obs. à la RSC 1962. 743. L'intérêt de ces propositions était de reconnaître, au titre de l'erreur extra-pénale, et donc de l'erreur de fait, une erreur portant sur une *loi civile* dont la méconnaissance serait la cause d'un acte constitutif d'une infraction : ainsi, une femme se croyant divorcée par suite d'une erreur sur les dispositions du Code civil et s'étant remariée avait-elle pu être relaxée, le délit d'adultère n'ayant pas été établi faute d'intention coupable : T. corr. Laval, 9 janv. 1948 : *JCP* 1948 II. 4119, obs. Lhéroudel. À notre avis, l'erreur extra-pénale peut parfaitement se rattacher à l'erreur de droit.

équines avait été poursuivie pour exercice illégal de la médecine des animaux, acte prévu et réprimé par les articles 309, 340 et 341 du Code rural, à la suite d'une insémination artificielle suivie d'une échographie qui avait entraîné la mort de l'animal. La prévenue invoquait les termes très généraux de l'article 340, son ambiguïté au regard des dispositions de l'article 340-1, lequel, pour certaines catégories de personnes et dans certaines conditions, autorise aux inséminateurs les échographies. Elle prétendait qu'elle n'avait pas eu conscience de commettre un exercice illégal de la médecine. Cette argumentation avait convaincu successivement le tribunal correctionnel et la cour d'appel qui, implicitement, reconnurent à l'erreur de jugement commise le caractère d'une erreur de droit exonératoire de responsabilité pénale. La chambre criminelle censura pour cette raison la décision des juges du fond[41].

Nous ajouterons que la commission d'une erreur de droit pose à nouveau la question de savoir si la culpabilité pourrait se maintenir en dépit de cette erreur. Selon nous, si l'on admet que l'erreur est une cause de non-imputabilité, la faute n'a pas davantage d'existence. Certains avaient soutenu cependant que le législateur ne fait pas dépendre la constitution de l'infraction (intentionnelle) de la connaissance préalable, par l'agent pénal, de la prohibition de l'acte : la commission d'un acte objectivement illicite serait suffisante pour qu'il y ait infraction. L'intention criminelle pourrait ainsi persister même avec une erreur de droit[42]. La question est intéressante, mais uniquement d'un point de vue spéculatif.

§2. L'invincibilité de l'erreur de droit

551. La jurisprudence a toujours été très réticente pour admettre qu'une erreur de droit puisse faire échapper l'agent pénal à sa responsabilité. Elle ne semble guère avoir changé d'orientation, même après la réforme du Code pénal en 1992.

A. Définition

552. L'article 122-3 du Code pénal retient seulement l'erreur sur le droit que la personne « n'était pas en mesure d'éviter ». C'est l'erreur invincible[43] ; et l'ignorance de la loi est invincible quand il est impossible qu'une personne en ait eu connaissance, parce qu'elle a utilisé tous les moyens à sa disposition pour s'informer. Par conséquent, l'erreur passive, celle que l'auteur de l'infraction prétend découvrir au moment où l'acte lui est reproché, est inopérante. La place faite à l'erreur de droit dans le

41. Cass. crim., 23 mars 1999 : Dr. pén., 1999, chron. 27, obs. Marsat Cl. ; à comparer avec l'article 17 du Code pénal allemand : « Si, lors de la commission de l'acte, l'auteur n'a pas conscience d'agir de façon illicite, il agit sans culpabilité, s'il n'a pu éviter l'erreur ; si l'auteur pouvait éviter l'erreur, la peine peut être atténuée... » V. à ce propos Hosni N., « L'erreur de droit et son influence sur la responsabilité pénale », RSC 1999. 711.

42. Daskalakis E., *op. cit.*, p. 75.

43. Cass. crim., 24 févr. 2015, n° 14-81662.

code tient, ainsi, du paradoxe : la loi en reconnaît l'existence, mais de manière si exceptionnelle qu'elle a peu de chances d'être retenue par les tribunaux[44]. Le code met un terme au caractère irréfragable de la présomption de connaissance de la loi sans la transformer en présomption simple, puisque les procédés pour la faire fléchir sont très limités. On aurait des raisons de s'interroger sur ce procédé consistant pour le législateur à reprendre d'une main ce qu'il a donné de l'autre.

Exiger que l'erreur soit invincible pose la question du mode d'appréciation de l'invincibilité de l'erreur : une appréciation *in concreto* laisserait plus d'occasions à l'erreur de droit d'être avérée ; le juge tiendrait compte des qualités de la soi-disant victime de l'erreur, de son instruction, de son degré de culture juridique... On serait donc plus indulgent avec une personne ayant peu de moyens intellectuels qu'avec celle ayant fait des études. Au contraire, une appréciation *in abstracto*, par référence à l'homme prudent et avisé, rendra l'erreur quasiment impossible. La Cour de cassation se prononce pour l'appréciation *in abstracto*, ce qui rapproche l'erreur de la contrainte.

B. Applications

553. La circulaire du 14 mai 1993 prise pour l'application du code rappelle que seules deux hypothèses ont été envisagées au cours des débats parlementaires : l'information erronée fournie par l'administration interrogée préalablement à l'acte, et le défaut de publication de la loi ou du règlement.

Le premier cas suppose d'abord que l'intéressé ait interrogé *une personne compétente*[45]. Chercher à connaître les règles applicables en matière de constructions soumises à permis et se fier à une réponse donnée par un agent municipal ne révèle pas une démarche active pour vérifier la légitimité de l'acte avant son accomplissement. Ensuite, il faut que l'information ait été recueillie auprès d'une *autorité administrative* : une personne privée, seraitelle juriste, ne répondrait pas à cette exigence.

Le second cas paraît recouvrir des hypothèses rarissimes. Un texte légal ou réglementaire n'est applicable, de toute façon, qu'à compter de sa publication au *Journal officiel*. S'agissant des contraventions, un décret du 5 novembre

44. V. circulaire d'application du 14 mai 1993, n° 34 : « Il semble que celle-ci (l'erreur de droit) ne sera en pratique que très rarement retenue, la loi exigeant en effet, comme le préconisait la doctrine, une erreur *véritablement invincible* ». Précisément, v. Cass. crim., 12 sept. 2006 : Bull. crim. n° 218 ; RSC 2007 p. 73, obs. Fortis E. ; RDI 2006.491 obs. Roujou de Boubée G. ; AJDI 2006.838, obs. Allain E. : « Ne donne pas de base légale à sa décision, la cour d'appel qui, pour relaxer un prévenu des chefs de construction sans permis et d'infraction au plan d'occupation des sols, retient une erreur de droit, au sens de l'article 122-3 du code pénal, sans justifier le caractère inévitable de l'erreur ni la croyance du prévenu dans la légitimité d'une prétendue autorisation ». L'erreur doit aussi être alléguée : Cass. crim., 28 juin 2005 : Bull. crim. n° 196 : la cour d'appel avait cru pouvoir relaxer l'acheteur d'une espèce protégée parce qu'il aurait légitimement pensé que cette acquisition se faisait en toute légalité (achat dans un magasin inscrit au registre du commerce et remise d'une facture) ; cassation de l'arrêt sur le fondement de la violation de l'article 121-3.

45. Cass. crim., 20 janv. 2015, n° 14-80532 : Dr. pén. 2015, comm., n° 32, note Véron M. ; AJ pénal 2015, p. 342, obs. Sordino M.-C. ; RTD. com. 2015, p. 395, obs. Bouloc B. ; Dr. soc. 2015, p. 629, chron. Salomon R. Dans cette affaire, l'erreur n'est pas retenue car le prévenu pouvait solliciter l'avis de l'inspecteur du travail sur l'étendue de ses obligations en matière d'embauche de salariés.

1870, permettait au contrevenant de soulever une exception d'ignorance si la contravention avait été commise dans les trois jours francs à compter de la promulgation du texte d'incrimination. Mais cette disposition a été abrogée par une ordonnance n° 2004-164 du 20 février 2004 relative aux modalités et effets des publications des lois et de certains actes administratifs. L'on pourrait penser, néanmoins, à un arrêté municipal non affiché ou à des règlements renvoyant à des annexes techniques dont la publication aurait été « oubliée »[46].

On observera que la circulaire d'application n'a pas en soi de valeur juridique et que les hypothèses envisagées ne sont pas limitatives. Jusqu'à présent, la jurisprudence est très réticente pour aller au-delà de ces cas, et se livre à une interprétation stricte (voire restrictive) de l'article 122-3.

554. La Cour de cassation refuse logiquement le bénéfice de l'erreur de droit à ceux qui n'ont pas consulté l'administration en cas de doute[47]. Mais elle refuse aussi ce bénéfice à celui qui pourtant s'adresse préalablement, soit à un juriste qualifié, soit à une administration. Un justiciable qui, s'étant mépris sur le sens et la portée d'une décision de justice ayant attribué à son conjoint le logement de la famille à l'occasion d'une procédure de divorce, était poursuivi pour violation de domicile. Il invoquait son erreur, provoquée, selon lui, par son avoué à qui il s'était adressé pour s'assurer de son bon droit. Les juges du fond accueillirent l'erreur, contrairement à la chambre criminelle qui reprocha au prévenu de ne pas avoir utilisé la procédure de l'article 461 Code de procédure civile prévoyant que tout juge a compétence pour interpréter sa décision et que le justiciable est en droit de le saisir à cette fin[48]. L'erreur résultant de la consultation d'un ouvrage de référence ne peut non plus être invoquée pour échapper aux poursuites[49]. Une divergence d'interprétation de la jurisprudence de deux chambres de la Cour de cassation ne peut pareillement justifier une erreur de droit[50].

555. Pareillement, il n'y a pas erreur dans le fait de se prévaloir d'un avis donné par le ministère compétent, alors que le prévenu disposait de juristes qualifiés pour vérifier la conformité de cet avis à la loi[51]. Le rapprochement des deux décisions laisse perplexe : l'information communiquée au citoyen par un juriste professionnel ne serait-elle pas fiable dans un cas, tandis qu'elle le serait dans l'autre ? L'erreur commise par le consultant ne rend-elle pas invincible l'erreur commise par le prévenu ?

46. Hypothèses envisagées par MM. Desportes F. et Le Gunehec F., *op. cit.*, n° 686.

47. Cass. crim., 5 mars 1997 (2e espèce) : Dr. pén. 1997, comm. n° 107, note Véron M. ; 17 févr. 1998 : Bull. crim., n° 60 ; 5 mai 2009, inédit, n° 08-86547.

48. Cass. crim., 11 oct. 1995 : D. 1996. 469, note Muller M. ; RSC 1996. 646, obs. Bouloc B.

49. Cass. crim., 4 oct. 2011, n° 10-88157 : Dr. pén. 2011, comm. n° 146, note Véron M.

50. Cass. crim., 11 mai 2004, n° 03-80254, Bull. crim, n° 113 : il s'agissait d'une divergence entre la chambre sociale et la chambre criminelle en matière de vol de documents produits en justice par un salarié dans une instance l'opposant à son employeur.

51. Cass. crim., 19 mars 1997 : Dr. pén. 1997 comm. n° 107, note Véron M. (construction en violation des règles d'urbanisme).

En réalité, les espèces sont différentes : dans la première affaire, il y avait un moyen de connaître à coup sûr la vérité sur le sens du jugement et il n'a pas été utilisé ; dans la seconde affaire, le prévenu s'était déjà heurté à cinq reprises au refus de l'administration. Il avait obtenu ultérieurement un avis du ministère qui lui était favorable ; compte tenu de ces réponses contradictoires, il ne pouvait pas ne pas avoir de doute sur la licéité de l'opération qu'il projetait. L'erreur n'était donc pas invincible.

556. La Cour de cassation n'a pas admis non plus que l'appréciation par l'administration des Douanes du caractère licite, au regard de la législation douanière, d'objets parvenus entre les mains du destinataire, poursuivi pour recel, pouvait l'exonérer de sa responsabilité pénale[52]. Quant au professionnel averti, il a nécessairement connaissance de ce qui lui est imposé par la loi[53].Le recours à un expert-comptable interrogeant l'administration fiscale est insuffisant pour être exonéré[54]. Mais le dirigeant d'entreprise qui applique un accord professionnel contraire au Code du travail, auquel pourtant cet accord se référait, a pu être exonéré parce que l'accord en question avait été élaboré par un médiateur désigné par le Gouvernement[55]. Pareillement, le conducteur d'un véhicule, titulaire d'un permis de conduire international, poursuivi pour avoir conduit malgré l'annulation de son permis de conduire français a été relaxé, ayant produit l'attestation d'un agent de police judiciaire agissant conformément aux instructions du ministère public selon laquelle sa situation était régulière[56]. On le constate, les hypothèses où l'erreur de droit est reconnue restent rares.

Cette jurisprudence trop peu favorable, à notre avis, à l'erreur de droit, a pour résultat de remettre en cause la présomption d'innocence dont bénéficie tout prévenu. En effet, l'intention criminelle se déduit ni plus ni moins de la négligence dont l'auteur de l'acte fait preuve dans la recherche du véritable sens des lois. Par ailleurs, dans les infractions intentionnelles, on devrait admettre plus largement la preuve de la bonne foi, c'est-à-dire du défaut d'intention coupable[57].

52. Cass. crim., 9 juin 1999 : Dr. pén. 1999, comm. n° 138, note Véron M.

53. Cass. crim., 9 avr. 2013, n° 12-81100 : Dr. pén. 2013, comm. n° 106, note Véron M.

54. Cass. crim., 3 mai 2018, n° 17-82746.

55. Cass. crim., 24 nov. 1998 : D. 2000, somm. 114.

56. Cass. crim., 11 mai 2006 : Bull. crim. n° 128 ; RSC 2007, p. 73, obs. Fortis E.

57. En ce sens, Lombois C., *op. cit.*, p. 91.

CHAPITRE 2

L'imputabilité atténuée

557. L'imputabilité d'un acte interdit par la loi pénale doit être atténuée si la maturité intellectuelle de l'agent pénal est insuffisante. C'est le cas des jeunes délinquants[1].

Le traitement de cette délinquance fait l'objet de l'ordonnance du *2 février 1945*, nourrie des idées de l'école de la défense sociale nouvelle et édifiée autour de principes qui ont assuré jusqu'à présent sa pérennité : priorité donnée à l'éducation sur la répression ; continuité de l'action judiciaire grâce à une spécialisation des intervenants (juge des enfants, tribunaux pour enfants, services éducatifs auprès des tribunaux...). Cette ordonnance a connu de nombreuses modifications depuis sa promulgation :

Une réforme d'importance d'abord, avec la loi du *24 mai 1951*, interprétée comme un recul par rapport au texte initial. Cette loi créa la cour d'assises des mineurs, supprima la possibilité pour le juge des enfants de prononcer un non-lieu dans certaines affaires, renforça la dimension pénale des mesures éducatives par leur inscription au casier judiciaire et par la possibilité de placer le mineur délinquant en maison d'arrêt en cas d'incident à la liberté surveillée.

Des réformes ponctuelles, ensuite : en 1958, avec la réorganisation des juridictions pour mineurs et l'élargissement de la compétence du juge des enfants à qui est désormais confiée l'assistance éducative civile des mineurs en danger ; en 1970, avec l'institution du contrôle judiciaire (afin de réduire le recours à la détention provisoire en cours d'instruction) dont le bénéfice a été étendu aux mineurs ; en 1989, avec la suppression du placement en maison d'arrêt en cas d'incident à la liberté surveillée ; en 1993, avec la mise en place d'un régime particulier de garde à vue pour les mineurs de plus de treize ans, d'une rétention pour les mineurs de dix à treize ans et d'une procédure de médiation-réparation ; en 1995, avec le renforcement des pouvoirs du juge des enfants jusqu'à la comparution des mineurs devant le tribunal ; en 1996, avec la procédure de comparution à délai rapproché et la création d'unités à encadrement éducatif renforcé.

1. Bonfils Ph. et Gouttenoire A., *Droit des mineurs*, Dalloz, collection « Précis », 2e éd., 2014.

558. Le projet de nouveau Code pénal laissait présager une réforme de grande ampleur : la responsabilité pénale du mineur devait faire l'objet d'un texte séparé, annoncé, d'ailleurs, à l'article 122-8 : « Les mineurs reconnus coupables d'infractions pénales font l'objet de mesures de protection, d'assistance, de surveillance et d'éducation dans les conditions fixées *par une loi particulière* [...] ». La refonte globale de l'ordonnance de 1945 n'a pas eu lieu malgré les nombreuses commissions qui se sont réunies depuis les premiers travaux de la commission Capitant en 1968. Il y eut ensuite les travaux des commissions Taittinger en 1973 et Costa en 1976, ceux de la mission Menga, les premières propositions de la commission Martaguet en 1983 et l'avant-projet de réforme de 1990.

Depuis une dizaine d'années, devant la progression continue de la délinquance des mineurs, on constatait un durcissement de la législation à leur égard. Les lois de 1995 et 1996 rappelées ci-dessus le prouvent. La loi d'orientation et de programmation pour la justice du *9 septembre 2002* a franchi une étape décisive en accentuant très nettement cette tendance répressive et en l'élargissant aux très jeunes délinquants de dix à treize ans. Il est vrai que les chiffres fournis par le ministère de la Justice sont préoccupants : la délinquance des mineurs a augmenté de 13,5 % entre 1997 et 2001, ceux-ci représentant 21 % du total des délinquants mis en cause par les services de police (13 % seulement il y a dix ans)[2]. Les délinquants sont de plus en plus jeunes et impliqués dans des infractions de plus en plus graves (vols avec violences, atteintes aux personnes, agressions sexuelles). Aux yeux de certains, la création de sanctions éducatives pour les enfants de dix à treize ans, la possibilité de recourir à la détention provisoire dès l'âge de treize ans à titre de sanction de la méconnaissance des obligations du contrôle judiciaire, l'institution d'une procédure de jugement à délai rapproché, la création de *centres éducatifs fermés*, étaient une atteinte aux principes fondamentaux propres à la justice des mineurs, ce qu'a refusé d'admettre le Conseil constitutionnel dans sa décision du 29 août 2002[3].

La loi du 9 mars 2004 et celle du 5 mars 2007 sur la prévention de la délinquance participent de la même intention si ce n'est que cette dernière loi prévoit une plus grande diversification des mesures prises par l'autorité judiciaire et commence à durcir le régime applicable aux mineurs récidivistes âgés de plus de seize ans. La loi du 10 août 2007 destinée à renforcer la lutte contre la récidive poursuivait l'action en mettant en place des peines-plancher applicables aux mineurs et surtout en accentuant la remise en cause de l'atténuation de responsabilité en cas de multirécidive relative à des crimes et délits violents ou de nature sexuelle : il était prévu dans ces cas de l'écarter, le mineur encourant la même peine que les majeurs. Pour la restaurer, le

2. Intervention de M. Perben, garde des Sceaux, au colloque « *La justice face à la défense des mineurs* » organisé par la conférence des bâtonniers le 4 juill. 2002 (*Les annonces de la Seine*, 8 juill. 2002, p. 3). V. également : *Adapter la justice pénale des mineurs*, Rapport de la commission présidée par le recteur André Varinard, La documentation française, Paris, 2009, spec. p. 33 : sur les dix dernières années la délinquance dans laquelle sont impliqués des mineurs s'est accrue de 40 % ; le nombre des affaires traitées par le parquet s'est élevé à 200 000 en 2006.

3. JO du 10 sept. 2002, p. 14953.

tribunal devait statuer par décision spécialement motivée. La loi du 15 août 2014 relative à l'individualisation des peines et renforçant l'efficacité des sanctions pénales, pour ce qui concerne l'ordonnance de 1945, tire les conséquences de la suppression des peines plancher[4]. Par ailleurs, en 2009, un avant-projet de Code de la justice pénale des mineurs avait été rendu public. La rédaction de ce texte prenait appui sur les soixante-dix propositions de la commission présidée par le professeur Varinard[5]. Le code cherchait selon ses propres termes à « concilier l'intérêt du mineur avec celui de la société et des victimes ». Il convenait de respecter le principe d'atténuation de la responsabilité du mineur capable de discernement en privilégiant son développement éducatif et moral, le cas échéant par des mesures provisoires, des sanctions éducatives ou des peines adaptées à son âge et à sa personnalité, prononcées et mises à exécution par des juridictions spécialisées et selon des procédures appropriées[6]. Pour l'instant, cet avant-projet n'a pas prospéré. De même reste lettre morte l'avant-projet de loi relatif à la justice pénale des mineurs et des adolescents rendu public en 2015.

Nous laisserons de côté les aspects procéduraux qui n'entrent pas dans le cadre de cet ouvrage, pour nous intéresser aux dispositions de fond. À ce propos, nous entendons souligner une initiative particulièrement remarquable : la référence à la *capacité de discernement*, comme condition de la responsabilité pénale du mineur. L'âge intervient, toutefois, dans la détermination des formes de la réaction sociale. En tout cas, il n'est plus possible de parler de présomption irréfragable d'irresponsabilité des mineurs de moins de treize ans.

Nous traiterons successivement du principe de responsabilité (section 1) et de sa portée (section 2).

Section 1
Le principe d'une responsabilité pénale du mineur capable de discernement

559. L'article 122-8, alinéa 1 du Code pénal modifié par la loi du 9 septembre 2002 dispose : « Les mineurs capables de discernement sont pénalement responsables des crimes, délits ou contraventions dont ils ont été reconnus coupables, dans des conditions fixées par une loi particulière qui détermine les mesures de protection, d'assistance, de surveillance et d'éducation dont ils peuvent faire l'objet ». La capacité de discernement (§ 1) est à la base de la responsabilité pénale du mineur à des conditions qu'il convient de préciser (§ 2).

4. Cf., art. 7 de la loi modifiant les articles 20, 20-2 et 20-3 de l'ordonnance du 2 févr. 1945.

5. Rapport précit.

6. V° sur cet objectif, Bonfils Ph., « La primauté de l'éducatif sur la répression », Dr. pén. 2012, étude 12.

§1. La capacité de discernement

560. L'ordonnance du 2 février 1945 avait supprimé la fameuse question du discernement, pierre angulaire de la responsabilité pénale du mineur dans le Code pénal de 1810. Après la chambre criminelle de la Cour de cassation, la loi du 9 septembre la ressuscite.

A. Retour aux sources

561. La question du discernement a marqué, à des degrés divers, tout le droit pénal des mineurs jusqu'en 1945.

Dans le Code de 1810, l'existence du discernement conditionnait la responsabilité du jeune délinquant. Les articles 66 et 67 énonçaient que l'accusé de moins de seize ans (âge qui était à l'époque celui de la majorité pénale) ayant agi sans discernement était acquitté. Selon les circonstances, il devait soit être remis à ses parents, soit envoyé en maison de correction pour une durée ne pouvant dépasser sa vingtième année. Si, à l'inverse, le juge décidait que le mineur avait agi avec discernement, celui-ci bénéficiait d'une atténuation de responsabilité et la peine encourue était moins élevée que celle encourue s'il avait été majeur.

Ce système s'est révélé très vite inadapté. Notamment, la question du discernement était déformée lorsque le juge pénal déclarait capable de discernement un enfant qu'il estimait ne pas pouvoir être rééduqué. Souvent, cependant, le juge, cherchant la solution la plus favorable au redressement du délinquant, répondait négativement à la question. Une loi du 12 avril 1906 éleva l'âge de la majorité de seize à dix-huit ans sans faire bénéficier les mineurs de seize à dix-huit ans de l'excuse de minorité. Une loi du 22 juillet 1912, inspirée par les positivistes, améliora sensiblement la situation des enfants de moins de treize ans. Elle supprima à leur égard la question du discernement, ce qui conduisit à instituer, en quelque sorte, une présomption absolue d'irresponsabilité : ils ne pouvaient jamais être condamnés à une peine, mais seulement à des mesures éducatives, et étaient justiciables des juridictions civiles. En ce qui concernait les mineurs de treize à dix-huit ans, la question du discernement était toujours posée ; les mineurs de treize à seize ans capables de discernement bénéficiaient toujours d'une excuse de minorité ; ceux qui avaient entre seize et dix-huit ans pouvaient être reconnus responsables comme s'ils avaient été majeurs au moment des faits. L'excuse de minorité était donc facultative pour cette tranche d'âge.

562. L'ordonnance du 2 février 1945 généralisa la présomption d'irresponsabilité en deçà de dix-huit ans et supprima la question de discernement devenue inutile. L'était-elle réellement ?

Dix ans plus tard, la Cour de cassation, dans l'arrêt *Laboube*[7], jeta le trouble : après avoir rappelé que l'ordonnance posait le principe de l'irresponsabilité pénale du mineur, abstraction faite de son discernement, la chambre

7. Cass. crim., 13 déc. 1956 : D. 1957. 349, note PATIN M.

criminelle ajoutait que si une condamnation pouvait être néanmoins prononcée contre lui, « encore faut-il, conformément aux principes généraux du droit, que le mineur ait compris et voulu l'acte ; en effet, toute infraction, même non intentionnelle, suppose que son auteur ait agi avec intelligence et volonté ». En l'espèce, l'enfant devait être relaxé, car en raison de son âge (cinq ans au moment des faits) il n'avait pu comprendre ni vouloir l'acte qui lui était reproché. Le critère du discernement réapparaissait donc pour maintenir le régime applicable aux mineurs dans la sphère du droit pénal.

La loi du 9 septembre 2002, en se référant au discernement, établit un lien avec cette jurisprudence.

B. Critère

563. Le discernement fait appel à un critère subjectif associé par la loi à un critère objectif, par référence à des seuils d'âge.

Le discernement se définit comme une saine appréciation des actes accomplis ; il suppose un développement psychologique suffisant de l'individu. Devant la difficulté d'établir l'existence de ce discernement qui, à l'évidence, variera selon les individus, le plus simple pour un législateur qui entend se servir du discernement pour en faire dépendre l'application de règles données est de se référer à un âge qui en présumera l'existence.

Le droit romain, par exemple, distinguait les impubères, irresponsables, des *proximi pubertati* qui pouvaient être responsables comme l'étaient les pubères. Mais la puberté était laissée à la libre appréciation du juge et, au surplus, l'irresponsabilité des impubères n'avait que la force d'une présomption simple : elle cédait devant la preuve que l'impubère était capable de dol au moment des faits[8]. Au Bas-Empire, le code de Justinien avait cru pouvoir apporter la sécurité juridique en fixant un âge pour la puberté : celui de quatorze ans. Mais on peut lire aussi dans ce code que « la malice remplace l'âge »[9] et que dans ce cas le mineur de moins de quatorze ans serait punissable. Finalement, le droit de Justinien retint l'âge de sept ans à partir duquel des poursuites étaient possibles. L'ancien droit et le droit canonique emprunteront cette limite d'âge, un enfant de moins de sept ans étant *infans* et irresponsable pénalement[10]. De sept à dix ans, âge qui marquait la fin de la période où il était considéré comme *infans*, le mineur était toujours incapable de dol et de malice. De dix à quatorze ans, l'enfant restait un impubère ; s'il approchait de la puberté, il pouvait être condamné à un châtiment qui, cependant, était atténué. Comme on peut le constater, le régime applicable aux mineurs dans l'ancien droit était tout en nuances, à l'image de l'acquisition de la maturité intellectuelle. C'est le Code pénal de 1791 qui pour la première fois, fixa une majorité pénale à l'âge de seize ans. Le Code pénal de

8. Carbasse J.-M., *Histoire du droit pénal et de la justice criminelle*, PUF, 2006, n° 22.

9. Code de Justinien, Livre II, Titre XLIII, n° 3 : « *malitia suppleat a Étatem* ».

10. Laingui A., *La responsabilité pénale dans l'ancien droit*, LGDJ, 1970, p. 222 et s. L'auteur cite notamment Jousse, qui écrit dans son *Traité de justice criminelle* (t. 2, p. 616) que jusqu'à cet âge les enfants sont incapables de malice et n'ont point assez de raison pour savoir ce qu'ils font.

1810 ne modifia pas l'âge de la majorité et, pour déceler si le mineur était capable de malice, s'en remettait à la prudence du juge. Puis, nous l'avons vu, la majorité pénale passa à dix-huit ans, les seuils étant de treize ans, âge minimum pour qu'une peine soit prononcée, et de seize ans. Ce régime passa dans l'ordonnance du 2 février 1945, et depuis une quinzaine d'années la doctrine s'interroge sur la pertinence de ces seuils[11].

564. Pour les très jeunes délinquants, la distinction entre les délinquants occasionnels et d'habitude peut déjà être un indicateur de leur malignité. On s'aperçoit, dans le même temps, que la condamnation à une peine d'emprisonnement suscite toujours une grande émotion quand elle est susceptible de s'appliquer à un enfant dont l'âge légal vient de franchir la barre des treize ans, mais dont l'âge mental est bien inférieur. Pareillement, le franchissement des dix-huit ans fait de l'adolescent un adulte alors que des mesures de protection judiciaire seraient encore nécessaires. Il est généralement admis que ces seuils sont trop rigides, d'autant plus que pour la Cour de cassation l'âge est déterminé par le temps écoulé depuis la naissance, calculé d'heure à heure[12]. On admettra sans difficulté que ce mode de calcul ne tient pas compte de la lente maturation des facultés mentales de l'enfant puis de l'adolescent.

S'agissant du seuil minimum, l'avant-projet de réforme du Code pénal de 1978 retenait l'âge de treize ans. L'avant-projet de 1990 proposait dix ans, tandis que les travaux préparatoires du Code pénal actuel proposaient sept ans. La commission présidée par le professeur Varinard propose douze ans[13]. L'avant-projet de code de la justice pénale des mineurs maintient l'âge actuel de treize ans mais prévoit un régime particulier pour ceux qui ont entre dix et treize ans. On relèvera justement que depuis 1992, l'âge de dix ans est l'âge en dessous duquel la rétention au cours d'une enquête de police est interdite[14].

S'agissant du seuil de majorité, l'on s'accorde à dire qu'il ne correspond pas à l'achèvement de la construction de la personnalité humaine, qui se situe vers vingt-cinq ans. L'avant-projet de 1990 préconisait de maintenir l'action éducative jusqu'à l'âge de vingt et un ans. Il semble que l'extension d'un régime pénal plus favorable à des jeunes adultes serait mal comprise, dans la mesure où la courbe de la criminalité est ascendante jusque trente ans. En tout état de cause, les tribunaux peuvent déjà prononcer à l'égard des mineurs de plus de seize ans une mise sous protection judiciaire pour cinq ans au maximum. Il n'est donc pas indispensable de toucher à l'âge de la majorité ; il suffit de jouer avec les modes de personnalisation des peines, fort nombreux dans notre droit positif.

---

11. V. Lazerges C., « Seuils d'âge et responsabilité pénale en Europe », RSC 1991. 414 et s.

12. Cass. crim., 3 sept. 1985 : Bull. crim., n° 283.

13. Rapport préc.

14. Ord., art. 4. Dans les pays voisins, les seuils minima sont différents d'un pays à l'autre : en Allemagne et en Italie, l'âge est de quatorze ans ; la Hollande retient douze ans ; la Grande-Bretagne, dix ans ; la Suisse, sept ans. V. Pradel J., *Droit pénal comparé*, n° 205 et s.

565. La loi du 9 septembre 2002 met en place un régime progressif qui était déjà dans l'ombre des dernières réformes : la capacité de discernement (que l'on pourrait fixer vers l'âge de six ou sept ans) est la condition minimum pour qu'une responsabilité pénale soit concevable. L'âge de dix ans permet de prononcer des sanctions éducatives ; celui de treize ans permet de prononcer une peine ; celui de seize ans permet de supprimer l'atténuation de responsabilité ; celui de dix-huit ans fait accéder l'adolescent à la condition juridique d'adulte.

§2. La reconnaissance de la responsabilité pénale du mineur

566. Depuis la modification de l'article 122-8 du Code pénal par la loi du 9 septembre 2002, la présomption dite « irréfragable » d'irresponsabilité pénale du mineur n'est plus. Outre l'arrêt *Laboube*, plusieurs raisons, l'une d'ordre criminologique, les autres d'ordre juridique, peuvent être invoquées pour justifier cette responsabilité.

A. Raison d'ordre criminologique

567. La responsabilité est analysée en criminologie comme une prise de conscience de sa personnalité par l'enfant ou l'adolescent. Le délit étant un acte contre la société, il ne faut pas en déposséder le mineur. L'école de la défense sociale nouvelle défendait précisément l'idée d'une « pédagogie de la responsabilité » pour des adultes en devenir, qui n'ont pas encore de personnalité structurée. Cette responsabilité participe à leur intégration dans la société. La banalisation de l'acte serait désastreuse car elle serait comprise comme une invitation à la récidive. La commission présidée par le professeur Varinard[15] propose d'ailleurs l'instauration d'un statut particulier (soit hors de la sphère pénale) même pour le mineur de moins de douze ans (douze ans étant pour la commission le seuil à partir duquel une responsabilité pénale est possible). Par ailleurs, la condamnation, quelle qu'en soit la forme, doit intervenir rapidement. L'immédiateté de la réponse pénale est, en effet, indispensable pour donner à la sanction tout son sens. La mise en place, par le nouvel article 14-2 de l'ordonnance de 1945, d'une procédure de jugement (et pas seulement de comparution) à délai rapproché, s'inscrit dans cette perspective.

B. Raisons d'ordre juridique

568. Il y a déjà un argument de texte. L'article premier de l'ordonnance dispose que sont justiciables des juridictions spécialisées les mineurs « auxquels est imputée une infraction ». Cette disposition est

15. Rapport préc.

relayée par l'article 122-8 du Code pénal qui vise expressément leur responsabilité et leur culpabilité : « Les mineurs capables de discernement sont *pénalement responsables* des crimes, délits ou contraventions dont ils ont été reconnus *coupables*... ». Certes, le mineur fait l'objet en priorité d'une mesure éducative. Mais, nous l'avons vu, une sanction éducative peut être prononcée à partir de dix ans, une peine est encourue passé l'âge de treize ans, et lorsqu'une mesure éducative est prononcée, il y a bien condamnation par une juridiction répressive et non relaxe, ce qui s'imposerait s'il n'y avait pas de responsabilité pénale.

Il y a ensuite un argument tiré des concepts mêmes de responsabilité pénale et d'infraction[16]. L'imputabilité et la culpabilité étant les éléments constitutifs de la responsabilité, un mineur peut-il commettre une infraction ? Nous avons dit à plusieurs reprises dans cet ouvrage que la culpabilité existe à partir d'un minimum d'intelligence[17]. Le mineur étant une personnalité en formation, sa capacité de comprendre et de vouloir se construit progressivement. Si, une fois atteint l'âge de raison, l'enfant n'a pas encore un plein discernement, il a un discernement suffisant pour une responsabilité *atténuée*, qui le sera de moins en moins au fur et à mesure qu'il approchera de sa majorité. L'avant-projet de Code de la justice pénale des mineurs est en ce sens : tout un livre est consacré aux mineurs de dix à treize ans, treize ans restant le seuil minimum de la responsabilité. Pour ceux-ci, le juge, après avoir constaté l'imputation objective des faits au mineur pénalement irresponsable en raison de son âge, se prononce sur sa responsabilité civile et statue, s'il y a lieu, sur les demandes de dommages et intérêts des parties civiles (art. 421-5 de l'avant-projet). Est-on vraiment hors du champ de la loi pénale ? L'imputation objective des faits dissimule mal une faute, certes *a minima*, soit une faute objective, mais une faute malgré tout. Ces dispositions de l'avant-projet cherchent en réalité, à culpabiliser le mineur.

Reconnaître la responsabilité pénale du mineur invite maintenant à en examiner la portée.

16. V. en ce sens également : Conte Ph. et Maistre du Chambon P., *op. cit.*, n° 359 – Renucci J.-F., *Droit pénal des mineurs*, Masson, 1994, p. 126 – Desportes F. et Le Gunehec F., *op. cit.*, n° 659.

17. La chambre criminelle de la Cour de cassation (arrêt *Laboube*) s'opposait sur ce point à la deuxième chambre civile, qui juge que le jeune âge de l'enfant (en l'espèce, cinq ans) n'a pas pour effet de retirer leur caractère pénal aux faits constitutifs du délit de blessures involontaires. La deuxième chambre ne tient pas compte de l'imputabilité comme élément de l'infraction : Cass. 2e civ., 9 juill. 1964 : D. 1964. 349 ; à comparer avec le premier des cinq arrêts rendus par l'assemblée plénière de la Cour de cassation le 9 mai 1984 : D. 1984. 525, concl. Cabannes, note Chabas F. Cette solution s'explique, car étaient en cause l'intérêt de la victime et la réparation de son préjudice. L'unité des fautes civile et pénale imposait donc cette conception. Mais depuis l'abandon de l'identité des deux fautes, la solution devient plus discutable.

Section 2
La portée de la responsabilité pénale du mineur

569. La responsabilité du mineur doit être déterminée au regard de son aptitude à profiter de la mesure ou de la sanction, ce que certains pénalistes appellent la *capacité pénale*[18]. La loi du 9 septembre 2002 veut réaffirmer la valeur de la sanction sans oublier la priorité aux actions d'éducation, de prévention et de réinsertion. Le premier alinéa de l'article 122-8 est en ce sens. Les motifs de l'avant-projet de réforme de 1990 constataient pourtant qu'une seule mesure éducative était ordonnée pour cinq peines d'emprisonnement. Il n'y avait donc pas, contrairement au sentiment général, d'impunité judiciaire. La loi du 5 mars 2007 sur la prévention de la délinquance et celle du 10 août 2007 renforçant la lutte contre la récidive des majeurs et des mineurs accentuent cette tendance répressive. Il faut distinguer selon que le mineur a moins de treize ans (§ 1) ou plus de treize ans (§ 2).

§1. Le mineur de moins de treize ans

570. Il doit en priorité faire l'objet de mesures de protection, d'assistance, de surveillance et d'éducation. La loi du 5 mars 2007 sur la prévention de la délinquance crée même de nouvelles mesures éducatives : la mesure éducative d'activité de jour (Ord. 1945, art. 8, al. 5) et l'avertissement solennel (Ord. 1945, art. 16). Cependant, si leur personnalité le justifie, des sanctions éducatives pourront être prononcées à l'encontre des enfants d'au moins dix ans. L'article 15-1 de l'ordonnance donne la liste de ces sanctions : confiscation de l'objet qui a servi à la commission de l'infraction ou qui en est le produit ; interdiction pour un an au plus de paraître dans certains lieux ou de rencontrer la victime, les coauteurs ou complices ; mesures de réparation ; obligation de suivre un stage de formation civique d'une durée qui ne peut excéder un mois. La loi du 5 mars 2007 citée ci-dessus ajoute d'autres sanctions à la liste : placement pour une durée d'un mois dans une institution ou un établissement public ou privé d'éducation ; exécution de travaux scolaires ; avertissement solennel ; placement en internat dans un établissement scolaire. C'est le tribunal pour enfants qui désignera le service de la protection judiciaire de la jeunesse, ou le service habilité, chargé de veiller à la bonne exécution de la sanction.

On l'aura noté : la sanction *éducative* ne se confond pas avec la sanction *répressive*, de même que pour les mineurs de dix ans, la rétention ne se confond pas avec la garde à vue. Si la distinction entre ces deux dernières

18. MERLE R. et VITU A., *op. cit.*, n° 617.

mesures privatives de liberté est difficile à faire, en revanche, il est certain que la sanction éducative n'a rien à voir avec les peines prévues par le Code pénal. Il s'agit, avec la sanction éducative, d'être ferme et non de punir. C'est une mesure éducative renforcée, dont on espère qu'elle aura, à l'égard des intéressés, les vertus de la sanction répressive assouplie prononcée à l'encontre des enfants de treize ans.

Ces sanctions éducatives revêtent un double caractère. D'abord, elles présentent un lien avec l'infraction commise, ce qui va dans le sens d'une bonne pédagogie de la responsabilité. Ensuite, elles ne sont ni excessives ni disproportionnées. Leur but est de préserver les mineurs du risque de récidive. L'avant-projet de réforme s'inscrit toujours dans cette perspective caractérisée par un lien plus fort avec le droit pénal. Ainsi l'article 421-5 du texte pourtant relatif à la responsabilité civile du mineur utilise certaines expressions lourdes de sens : « charges suffisantes contre le mineur », « constitution de partie civile » de la part de la victime, « imputation objective des faits au mineur » par le juge. La responsabilité civile du mineur est faussement objective et se pare des vertus de la responsabilité pénale.

§2. Le mineur de plus de treize ans

571. Il peut faire pareillement l'objet de mesures ou de sanctions éducatives[19]. Mais l'article 2 de l'ordonnance de 1945 offre aussi au tribunal pour enfants et à la cour d'assises des mineurs, « lorsque les circonstances et la personnalité du délinquant leur paraîtront l'exiger », le pouvoir de prononcer de véritables peines : l'amende, l'emprisonnement, le travail d'intérêt général.

Il faut relever :

1° que l'emprisonnement avec ou sans sursis ne peut être prononcé que par une décision *spécialement motivée*, exigence qui met l'accent sur le caractère exceptionnel de cette sanction. Si une peine d'emprisonnement assortie du sursis avec mise à l'épreuve est prononcée, le tribunal pourra désormais décider de placer le mineur dans un *centre éducatif fermé*, dont la vocation est essentiellement éducative et tournée vers la réinsertion[20].

2° que le mineur bénéficie d'une *atténuation de responsabilité* prévue aux articles 20-2 et 20-3 de l'ordonnance de 1945.

Le premier de ces articles est relatif à la peine d'*incarcération* : la peine est par principe diminuée de moitié par rapport à celle encourue par un majeur. S'il s'agit d'une peine de réclusion criminelle à perpétuité, celle-ci est ramenée à une durée de vingt ans au maximum. La loi du 10 août 2007 a apporté deux correctifs : d'abord, lorsque le mineur a plus de seize ans, la juridiction peut, compte tenu des circonstances et de la personnalité du mineur, ou bien si les faits constituent une atteinte volontaire à la vie ou à l'intégrité physique ou psychique ou bien encore un délit d'agression sexuelle et s'ils ont été

19. Selon l'avant-projet de réforme une peine ne pourrait être prononcée que si le prononcé d'une sanction éducative n'apparaît pas suffisant.

20. Ord., art. 33.

commis en état de récidive légale, décider que l'atténuation de responsabilité ne s'appliquera pas ; dans cette hypothèse, le mineur encourt la même peine que celle encourue par une personne majeure. Lorsque la décision est prise par le tribunal pour enfants, elle doit être spécialement motivée. Au surplus, quand certaines infractions graves (crimes ou délits violents contre les personnes, délit d'agression sexuelle) ont été commises une nouvelle fois en état de récidive légale, l'atténuation de responsabilité est supprimée de plein droit, sauf à être restaurée par une décision spécialement motivée. Comme on peut le constater, le régime juridique de l'atténuation de responsabilité est tout en nuances.

La loi du 15 août 2014 modifie ce régime en donnant plus de pouvoirs au juge. Selon la nouvelle rédaction de l'article 20-2, qui supprime les différentes hypothèses prévues ci-dessus, si le mineur a plus de seize ans, le tribunal pour enfants et la cour d'assises des mineurs pourront, à titre exceptionnel et compte tenu des circonstances de l'espèce et de la personnalité du mineur ainsi que de sa situation, décider qu'il n'y a pas lieu d'appliquer la diminution de peine. La décision ne pourra être prise par le tribunal pour enfants que par une disposition spécialement motivée. La contrainte pénale, destinée pour les majeurs à éviter l'incarcération, n'est pas applicable aux mineurs (art. 23 de la loi, modifiant l'article 20-4 de l'ordonnance).

Le second texte est relatif à la peine *d'amende* : la juridiction ne peut prononcer à l'encontre d'un mineur de plus de treize ans une peine d'amende d'un montant supérieur à la moitié de l'amende encourue, ou excédant 7 500 €. Cette règle s'applique au mineur de plus de seize ans sous réserve, pour l'instant, (compte tenu de la nouvelle loi) des dispositions encore applicables sur la récidive.

TROISIÈME PARTIE

LA PEINE

Chapitre préliminaire

Généralités

572. La notion de sanction pénale ou de peine est, avons-nous dit, au centre de la définition du droit pénal[1]. Toutes les définitions des auteurs classiques ou contemporains convergent vers ce point central qui fixe l'objet de ce droit. Des divergences, en revanche, apparaissent quant au but assigné à la peine. La doctrine classique insistait sur la répression, tandis que de nos jours, sous l'influence de la doctrine de la défense sociale nouvelle, on ne met plus l'accent uniquement sur la répression mais sur la rééducation du délinquant. Le droit pénal n'est plus un instrument destiné à réprimer, mais à amender, à traiter la personne qui a eu un comportement asocial : la loi du 17 juin 1998 qui instaure la peine d'obligation de soins après la libération, en cas de condamnation pour crime ou délit sexuel, ou bien la peine de travail d'intérêt général, en donne l'illustration. La loi du 15 août 2014 relative à l'individualisation des peines et renforçant l'efficacité des sanctions pénales accentue cette orientation en écrivant dans un article 130-1 du Code pénal qu'« afin d'assurer la protection effective de la société, de prévenir la commission de nouvelles infractions et de restaurer l'équilibre social, dans le respect des intérêts de la victime, la peine a pour fonctions de sanctionner l'auteur de l'infraction, de favoriser son amendement, son insertion ou sa réinsertion ». La référence, en outre, dans une nouvelle subdivision du Code de procédure pénale à des mesures de « *justice restaurative* », y compris lors de l'exécution de la peine, la mise en place d'une « *contrainte pénale* », destinée, dans le projet de loi de programmation pour la justice 2018-2022, à être fusionnée avec le sursis avec mise à l'épreuve, le tout devenant le *sursis probatoire*, la peine de détention à domicile sous surveillance électronique envisagée dans ce même projet de loi complètent un dispositif légal qui nous éloigne toujours plus d'une conception classique du droit pénal. La peine au sens strict se vide peu à peu de sa substance pour devenir un mode de réaction sociale en accord avec la conception qu'en a la doctrine contemporaine pour laquelle le droit pénal ne peut se réduire à « l'ensemble des lois qui réglementent dans un pays l'exercice de la

1. Cf. sur la notion de peine, Garçon E. et Peltier V., *Droit de la peine*, LexisNexis, 2e éd., 2015

répression de l'État »[2]. Pour MM. Merle et Vitu[3], le droit pénal était déjà : « l'ensemble des règles juridiques qui organisent la *réaction* de l'État vis-à-vis des infractions et des délinquants ». Le terme « réaction » inclut aussi bien la prévention et la rééducation. C'est encore plus vrai aujourd'hui.

À cet égard, le Code pénal, tel qu'il résulte de la réforme de 1992, met à nouveau l'accent sur le concept de « peine ». En effet, il n'a pas repris la proposition qui figurait dans les premiers projets, où l'on ne parlait que de « sanctions pénales » (le vocable « peine » avait été rejeté précisément parce qu'il semblait contraire aux inspirations de l'école de la « défense sociale nouvelle »). Le Code pénal entend bien garder une fonction *répressive*. Comme le dit clairement l'exposé des motifs du projet de réforme de 1986 : « À cette fin, la loi édicte des peines qui frappent ceux qui attentent à l'ordre social. Toute loi pénale est une loi de défense sociale »[4].

573. Mais le Code pénal a voulu remplir également une fonction *expressive* : par les sanctions qu'elle édicte, la loi pénale exprime le système de valeurs d'une société. L'incrimination entraîne une peine. Il y a une loi d'incrimination et une loi de pénalité. Plus loin dans le projet de réforme on peut lire : « Le Code pénal est par nature le code des peines. Le projet a donc conservé ce terme plutôt que d'adopter celui, plus neutre, de sanction »[5].

Pourtant, bien que le Code pénal mette l'accent sur les peines, cela ne signifie pas que, parmi toutes les « peines » prévues, il n'y en ait pas qui s'apparentent à ce qu'on appelle généralement des « mesures de sûreté ». Si le vocable « peine » a été préféré, c'est parce que toutes les sanctions pénales, même les interdictions diverses (suspension du permis de conduire, interdictions professionnelles) sont *ressenties* par le condamné comme des peines et que bien souvent elles sont mieux adaptées[6]. C'est pourquoi les peines accessoires ont été supprimées : aucune interdiction ne peut intervenir sans avoir été expressément décidée par le juge et inscrite dans sa décision. Dans un État de droit, le justiciable doit être informé des peines prononcées à son encontre. La volonté de rendre immédiatement applicable la loi du 25 février 2008 relative à la rétention de sûreté et à la déclaration d'irresponsabilité pénale pour cause de trouble mental conduit la chambre criminelle de la Cour de cassation à des tergiversations sur la nature juridique des interdictions prévues ou de la rétention des criminels dangereux après que ceux-ci aient exécuté leur peine d'emprisonnement. À propos des mesures pouvant être ordonnées suite à la déclaration d'irresponsabilité pénale d'un malade

---

2. Garraud R., *Précis de droit criminel*, Paris, 1921, p. 1 ; dans le même sens, Donnedieu de Vabres H., *Traité élémentaire de droit pénal et de législation pénale comparée*, *Sirey*, 1947, n° 1.

3. *Op. cit.*, n° 142.

4. Projet de nouveau Code pénal, présentation par Badinter R., Dalloz, 1988, p. 10.

5. P. 17.

6. V. Vouin R., *Droit criminel*, 1949, n° 95 : à propos de l'idée de mesure de sûreté, il écrivait : « Cette idée n'a pas reçu pleine consécration en France. Elle n'est plus absente cependant de notre droit pénal. Elle s'y manifeste dans l'interprétation de certaines peines et les particularités de leur régime juridique. Si elle tend ainsi à se substituer partiellement à la peine, c'est parce que la mesure de sûreté est mieux adaptée que celle-ci à certaines fonctions possibles de la peine ».

mental, la Cour de cassation juge successivement que ces mesures sont des peines[7] puis qu'elles n'en sont pas[8]. La Cour européenne des droits de l'Homme, quant à elle, a choisi : la détention de sûreté prévue par le droit allemand (mesure présentant une analogie avec la rétention de sûreté) doit être qualifiée de « peine »[9]. La création de la contrainte pénale, qui consiste en des mesures de contrôle et d'assistance ainsi qu'en des obligations et interdictions destinées à *prévenir* la récidive en favorisant l'insertion ou la réinsertion du condamné au sein de la société, est un argument supplémentaire en faveur de cette conception élargie de la notion de peine.

Il convient de revenir plus en détail, dans cette introduction, sur le concept actuel de peine (section 1) avant de voir quels sont les principes qui doivent gouverner les peines et en quoi ces principes sont ou ne sont pas respectés dans le Code pénal tel qu'il résulte de la réforme de 1992 (section 2).

Section 1 La notion de peine dans le Code pénal depuis 1992

574. Une infraction est commise. Un prévenu se l'est vu imputer. Une sanction doit être appliquée. Nous savons que la peine est nécessaire et légitime. Mais de quelle *nature* sera-t-elle ?

Il faut, d'abord, déterminer ses buts (§ 1). La notion de sanction en dépend. Nous verrons ensuite ses deux manifestations : la peine *stricto sensu*, et la mesure de sûreté (§ 2).

§1. Les buts de la sanction pénale

575. Ils se rattachent naturellement aux conceptions possibles de la réaction sociale :

1. Ou bien, c'est *le crime* qui prédomine : tournée vers le trouble social et le dommage privé causé par l'infraction, la peine doit compenser et prévenir son renouvellement. C'est une approche utilitariste, qui tend à défendre la société au moyen d'une peine exemplaire ayant un effet dissuasif.

2. Ou bien, c'est *le criminel* qui importe : il s'agira d'adapter la sanction à la gravité de la faute commise. La peine peut avoir un caractère moral en visant l'expiation du coupable par l'affliction d'une peine proportionnée à sa responsabilité subjective. La peine peut vouloir privilégier la réadaptation.

7. Cass. crim., 21 janv. 2009 : D. 2009, p. 1111, note Matsopoulou H. ; JCP II.10043, note Détraz S.
8. Cass. crim., 16 déc. 2009 : Dr. pén. 2010, p. 15.
9. CEDH, 17 déc. 2009, aff. *M. c/ Allemagne* : D. 2010, p. 737, note Pradel J.

En fait, on cherche à atteindre trois buts : 1° l'intimidation ; 2° la rétribution ; 3° la réadaptation, le dernier étant le plus important, ainsi que l'écrivait Saleilles[10] : « La peine ne devrait jamais avoir pour but de faire perdre l'honneur, mais de le faire recouvrer. Ce qui fait le déshonneur, c'est la corruption révélée par le crime et qui fait du criminel un être hors cadre. La condamnation le déshonore en ce qu'elle révèle officiellement et judiciairement sa criminalité psychologique, et qu'elle fixe son attitude, et comme sa position par rapport au groupe social [...]. C'est une sorte d'excommunication sociale [...]. Mais la peine qui la suit, pourquoi et en quoi déshonorerait-elle ? Le déshonneur est acquis ; et c'est le contraire qu'il s'agit maintenant de reconquérir [...]. La peine n'a pas d'autre but que de préparer ce reclassement et de refaire d'un désassimilé un assimilable. »

576. Historiquement, ces trois buts se sont suivis chronologiquement. On pourrait penser qu'aujourd'hui, c'est la réadaptation qui serait le premier[11]. L'article 132-59 du Code pénal dispose en effet : « La dispense de peine peut être accordée lorsqu'il apparaît que *le reclassement du coupable est acquis,* que le dommage causé est réparé et que le trouble résultant de l'infraction a cessé ». Pourtant l'article 130-1 du Code pénal, ajouté par la loi du 15 août 2014, place toujours en premier, parmi les fonctions de la peine, la sanction de l'auteur de l'infraction[12]. En vérité, la réinsertion reste le point de mire. S'agissant précisément de cette réinsertion, il ne faut pas oublier qu'elle dépend non seulement du type de peine prononcée, mais aussi de la manière dont la peine privative de liberté est exécutée, dans le cas où une telle peine est nécessaire. La loi du 9 mars 2004 insistait déjà sur cet objectif ; l'article 707 du Code de procédure pénale disposait, en effet, dans un alinéa 2 : « l'exécution des peines favorise dans le respect des intérêts de la société et des droits des victimes, l'insertion ou la réinsertion des condamnés ainsi que la prévention de la récidive ». Ce texte préfigurait la modification, par la loi du 12 décembre 2005, dans des termes similaires de l'article 132-24 du Code pénal. La loi pénitentiaire du 24 novembre 2009 accentuait déjà le mouvement en insistant sur le sens de la peine privative de liberté (préparer l'insertion ou la réinsertion du détenu afin de lui permettre de mener une vie responsable et de prévenir la commission de nouvelles infractions). Les aménagements de peines devenaient plus que jamais la règle ; par exemple en cas de délivrance d'un mandat de dépôt ou d'arrêt, les peines privatives de liberté devaient pouvoir être immédiatement aménagées sans même attendre que la condamnation soit exécutoire. Cette disposition qui figurait dans le dernier alinéa de l'article 707 est conservée et reprise

10. *L'individualisation de la peine*, F. Alcan, 1909, 3e éd., 1927, rééditée à l'occasion du colloque « L'individualisation de la peine : de Saleilles à aujourd'hui », tenu à l'université de Nantes, le 23 oct. 1998, Erès, 2001, p. 166.

11. Bouloc B., *op. cit.*, n° 512.

12. Art. 130-1 C. pén. : « Afin d'assurer la protection de la société, de prévenir la commission de nouvelles infractions et de restaurer l'équilibre social, dans le respect des intérêts de la victime, la peine a pour fonctions : 1° De sanctionner l'auteur de l'infraction ; 2° De favoriser son amendement, son insertion ou sa réinsertion ».

aujourd'hui à l'article. 707-5-. La loi du 15 août 2014 s'inscrit évidemment dans cette politique et reformule complètement l'article 707. Ce texte insiste sur le sens des responsabilités de la personne condamnée, formulation, il faut le dire, inaccoutumée dans une loi pénale : « le régime d'exécution des peines privatives et restrictives de liberté vise à préparer l'insertion ou la réinsertion de la personne condamnée afin de lui permettre d'agir en personne responsable, respectueuse des règles et des intérêts de la société et d'éviter la commission de nouvelles infractions ». L'article 707 dans la nouvelle rédaction de son alinéa 2 ne traduit-il pas ici un certain angélisme ? Le texte insiste aussi sur la nécessité, chaque fois que cela est possible, de faire bénéficier le condamné incarcéré d'un retour progressif à la liberté. Cette tendance devrait être tempérée parce que l'être humain vit en société : le maintien de l'ordre social devrait donc constituer un intérêt prioritaire. L'effet dissuasif ne saurait être oublié, même si l'on en connaît les limites. Nous pensons que l'intimidation est liée à la certitude du châtiment, plus qu'à sa sévérité[13]. On a pu dire que le châtiment est surtout destiné à agir sur les honnêtes gens... Pourtant, aujourd'hui, force est d'admettre que, par le rôle accordé au juge, cet effet dissuasif est bien mal en point : par exemple, le juge peut prononcer une peine dite « complémentaire » de l'article 131-10 quand la loi la prévoit à titre de peine principale (art. 131-11). Le juge peut donc descendre en matière correctionnelle très bas dans l'échelle des peines : un homicide par imprudence pourrait n'être puni que d'un retrait du permis de chasse ! Aujourd'hui, c'est l'incarcération qui est remise en cause, soit dans son prononcé soit dans son exécution. Autres temps, autres mœurs !

§2. Peine *stricto sensu* et mesure de sûreté

577. L'avant-projet de Code pénal de 1976 avait jugé dépassée la distinction entre peine et mesure de sûreté, réunies en un seul concept ; le Code pénal de 1992 n'employait pas non plus cette dualité de termes. Mais les lois récentes sont plus accueillantes et l'on y trouve plus volontiers la référence aux *mesures de sûreté,* telle la loi du 12 décembre 2005 relative au traitement de la récidive des infractions pénales à propos de la surveillance judiciaire de personnes dangereuses ou du placement sous surveillance électronique mobile. Il est, pensons-nous, utile de bien marquer la différence de nature entre ces deux notions.

13. Pradel J., *op. cit.*, n° 620.

A. Les différences entre peine *stricto sensu* et mesure de sûreté

1. Quant aux caractères

a. La peine *stricto sensu*

578. La peine, dit-on, avait un caractère *afflictif, infamant, déterminé et définitif*[14].

α. *Caractère afflictif*

579. Il est lié à la rétribution. La peine est ressentie comme une souffrance, une privation : peine de prison, amende. Pour être en conformité avec le but d'intimidation, on va renforcer ce caractère. Pour poursuivre un but de réadaptation, qui correspond à la politique pénale contemporaine, on va jouer sur la personnalisation des peines. « Toute peine prononcée par la juridiction doit être individualisée » dispose l'article 132-1, alinéas 2 et 3 du Code pénal, disposition reprise en substance au titre des modes de personnalisation des peines à l'article 132-24 du même code. Il faut une souffrance juste : tantôt on portera atteinte à la liberté, tantôt au patrimoine, tantôt aux droits de l'individu. Tout dépend de l'infraction et de son auteur. Les peines que l'on appelait « de substitution » et alternatives sont de nature à remplir un rôle dissuasif parce qu'elles peuvent être adaptées (ex. : le jour-amende). Mais même ces peines ont en réalité un caractère afflictif[15].

β. *Caractère infamant*

580. La peine désigne le condamné à la réprobation publique. Saleilles employait le mot très fort de déshonneur. Les peines sont dites « afflictives et infamantes ». Il existait même des peines simplement infamantes : bannissement, dégradation civique. Toutefois, elles ont été supprimées lors de la réforme de 1992. Le caractère infamant met l'accent sur le blâme adressé à celui qui remet en cause l'ordre social en portant atteinte à l'une des valeurs protégées. Le problème aujourd'hui, si on met l'accent sur la réadaptation, est de pouvoir faire disparaître ce caractère infamant lorsque le condamné a subi sa peine. On veut donc donner le moyen au juge de prononcer des peines qui n'ont pas ce caractère :
- peines alternatives à l'emprisonnement ;
- contrainte pénale ;
- dispense de peine, avec la possibilité désormais pour la juridiction qui la prononce de décider que sa décision ne sera pas mentionnée au casier judiciaire (C. pén., art. 132-59) ;
- ajournement du prononcé de la peine (art. 132-60) ;

14. V. les développements très complets de Bouloc B., *op.cit.*, n° 514 et s.

15. Bouloc B., *ibid.*

- relèvement des incapacités ;
- réhabilitation ;
- possibilité de ne pas inscrire les condamnations au casier judiciaire (CPP, art. 775-1 et 777-1).

Cela fait penser aussi, dans un autre ordre d'idées, à l'indemnité accordée à celui qui a été détenu à titre provisoire et qui bénéficie d'un non-lieu, d'un acquittement ou d'une relaxe (CPP, art. 149 et s.). L'indemnité est censée réparer le préjudice moral et matériel. Une véritable réparation devrait permettre de rétablir la personne dans la situation dans laquelle elle était avant la détention et, si nécessaire, lui permettre de retrouver un emploi. Pour certains, la détention provisoire garde, en fait, un caractère infamant, et ce n'est pas la réforme de la procédure pénale qui, en supprimant l'inculpation et en la remplaçant par une mise en examen, changera grand-chose. Le seul moyen est de réduire le recours à la privation de liberté avant jugement, surtout quand il s'agit d'une personne présumée innocente. À cet égard, la loi du 24 novembre 2009 tente de marginaliser la détention provisoire : d'abord le contrôle judiciaire, puis l'assignation à résidence avec surveillance électronique ; et ce n'est qu'à titre exceptionnel, si les deux mesures précédentes sont insuffisantes, qu'il est possible de recourir à la détention provisoire (CPP, art. 137).

γ. *Caractère déterminé*

581. La peine devrait être déterminée pour atteindre son but d'intimidation et de rétribution. Dès le jour du jugement, le condamné doit connaître le montant de l'amende qu'il doit payer et combien de temps durera la peine de privation de liberté. Le caractère déterminé de la peine est un moyen de se garder de l'arbitraire des services administratifs chargés de faire exécuter la condamnation.

Mais quand le but de réadaptation est devenu prioritaire, il a fallu admettre que la peine exécutée puisse se différencier de celle qui avait été prononcée, elle-même distincte de celle qui était encourue. Le législateur admet en effet que la condamnation peut être allégée par la grâce, la réduction de peine, la libération conditionnelle, le fractionnement de la peine (C. pén., art. 132-27 et 132-28). Cependant, certains textes limitent la liberté du juge : par exemple, l'article 132-23 instituant la période de sûreté ou bien l'article 132-18 qui fixe dans certains cas un minimum pour l'emprisonnement. Il y avait aussi, avant la réforme de 2014, des peines plancher[16].

δ. *Caractère définitif*

582. Le principe est qu'après l'expiration des délais de recours, la peine n'est plus susceptible de modification (le pourvoi en révision obéit

16. Art. 7 de la loi du 15 août 2014 qui abroge les articles 132-18-1 et 132-19-1 du Code pénal.

à des règles très strictes : C. pén., art. 622 et s.). Il y a, cependant, plusieurs atténuations :
- l'hypothèse d'une nouvelle loi plus douce qui supprime une incrimination : la peine cesse de recevoir application (C. pén., art. 112-4) ;
- la révision d'une condamnation après décision de condamnation de la Cour européenne des droits de l'Homme (CPP, art. 626-1) ;
- le rôle confié au juge de l'application des peines et au tribunal. Exemple : l'article 744 du Code de procédure pénale autorise le juge de l'application des peines à prononcer la réhabilitation anticipée du « probationnaire » (c'est-à-dire celui qui est condamné à une peine assortie du sursis avec mise à l'épreuve) ; à l'inverse, l'article 132-48 du Code pénal permet la révocation du sursis par le tribunal après avis du juge de l'application des peines.

b. Les mesures de sûreté

583. Les mesures de sûreté sont « des mesures individuelles coercitives, sans coloration morale, imposées à des individus dangereux pour l'ordre social, afin de prévenir les infractions que leur état rend probables »[17].

α. *Absence de coloration morale*

584. La mesure de sûreté n'a pas de caractère afflictif ou infamant. L'essentiel recherché est la protection de la société par la réadaptation de l'individu, sans blâme pour ce dernier. Il ne faut pas qu'il subisse une souffrance. D'où le recours :
- à des moyens *éducatifs* : rééducation des mineurs ;
- à des moyens *curatifs* : désintoxication, soins aux aliénés, injonction de soins pour les auteurs d'infractions sexuelles (suivi sociojudiciaire) ;
- à des mesures *disjonctives* : mesures tendant à empêcher la conjonction de facteurs criminogènes (interdiction de séjour, C. pén., art. 131-31 – interdiction d'exercer une profession, art. 131-28) ;
- à des mesures de *surveillance*. Ex. : cas des probationnaires (art. 132-43 et s.), condamnés soumis à un régime spécial devant leur permettre de faire la preuve qu'ils veulent se réinsérer : c'est le régime du sursis avec mise à l'épreuve. Par exemple, le probationnaire sera obligé de signaler ses déplacements et de répondre aux convocations du juge de l'application des peines ;
- à des mesures à prédominance *neutralisatrice*. Ex. : expulsion des étrangers délinquants.

En fait, toutes ces mesures sont ressenties par le délinquant comme une gêne, une souffrance. Aussi, d'une part, il faut faire comprendre à l'intéressé que cette gêne est profitable à son intérêt. D'autre part, il faut que les centres qui accueillent ceux qui sont soumis à des mesures de sûreté (ex. : désintoxication) ne ressemblent pas à des prisons, car souvent l'on attache un

17. Bouloc B., *Droit de l'exécution des peines*, Dalloz, 2011, n° 62.

caractère infamant à une peine qui est très afflictive ! Mais en pratique, ce n'est pas toujours le cas, car on établit un lien entre la mesure de sûreté et la cause, c'est-à-dire l'infraction.

β. *Durée indéterminée*

585. La mesure doit être adaptée à l'état dangereux constaté. Cet état peut évoluer. Il faut que la mesure suive cette évolution. Donc, la nature et le but de la mesure de sûreté postulent l'indétermination de sa durée. Toutefois :

- certaines mesures de sûreté sont considérées comme des peines accessoires ou complémentaires, dont la durée doit être déterminée. Ainsi, l'interdiction de séjour (C. pén., art. 131-31, al. 2) ;
- sur un plan général, la sauvegarde de la liberté individuelle exige que certaines limites soient posées. C'est pourquoi certains auteurs[18] préconisent le « maximum indicatif et reportable » : la mesure ne prend pas fin irrémédiablement à la survenance du terme ; on procède à un nouvel examen de l'état dangereux. S'il est impérieux de prolonger la mesure, le juge ordonne cette prolongation.

γ. *Révisibilité*

586. Ce caractère complète le précédent. Alors que la peine est fixée une fois pour toutes (sauf aménagements décidés par les services administratifs ou le juge de l'application des peines), et est revêtue de l'autorité de la chose jugée, la décision sur l'état dangereux peut toujours être remise en question. La juridiction qui a décidé la mesure n'est pas dessaisie par sa sentence. Elle doit surveiller la mesure et au besoin substituer une nouvelle mesure à celle qui a été prononcée. Cette nouvelle mesure peut être plus douce ou plus rigoureuse. Exemples : les mesures applicables aux mineurs délinquants par les articles 27 et 28, al. 1 de l'ordonnance du 2 février 1945 (en matière de liberté surveillée) ; celles concernant l'interdiction de séjour (C. pén., art. 131-31), le suivi socio-judiciaire (CPP, art. 763-6), les interdictions visées à l'article 132-21 du Code pénal.

δ. *Non-remise en cause*

587. La grâce, la prescription, l'amnistie, fondées sur le pardon ou l'oubli, s'appliquent mal, dit-on, aux mesures de sûreté. Le législateur contemporain est beaucoup moins catégorique.

S'agissant des lois d'*amnistie*, elles sont d'application stricte. Pour la jurisprudence, l'amnistie n'entraîne pas la remise des mesures de sûreté ordonnées lors de la condamnation effacée par l'amnistie[19]. La raison invoquée est tirée de la finalité de la mesure de sûreté : elle tend à défendre la société dans l'avenir, or le délinquant reste dangereux. Depuis la réforme du Code pénal l'argument devient moins pertinent : la peine aussi a une fonction de

18. Bouloc B., *Droit pénal général*, préc., n° 528.

19. Cass. crim., 21 déc. 1987 : Bull. crim., n° 473, à propos de la suspension ou du retrait du permis de conduire.

défense de la société. Surtout, certaines mesures de sûreté sont maintenant qualifiées de peines complémentaires. En fait, les lois d'amnistie règlent le problème au coup par coup : elles peuvent prévoir la remise de toutes les peines (principales, accessoires ou complémentaires) ainsi que des incapacités ou déchéances ; elles peuvent différencier selon le type de peines complémentaires. C'est le cas de la loi du 6 août 2002[20] qui prononce l'amnistie des peines complémentaires prononcées à titre de peines principales en application de l'article 131-11 du Code pénal, tout en excluant certaines interdictions (interdiction des droits civiques, civils et de famille, interdictions professionnelles, interdiction de séjour...).

588. Avant la réforme de 1992, la *prescription de la peine* ne s'appliquait pas à la mesure de sûreté. Selon l'ancien article 45 du Code pénal, l'interdiction de séjour se substituait automatiquement à une peine principale perpétuelle quand cette dernière n'était pas exécutée par suite de prescription. Mais dans sa nouvelle rédaction le Code pénal n'a pas repris cette disposition.

Enfin, on admettait généralement que la *grâce* était sans effet sur les mesures de sûreté, mais ce n'était pas toujours le cas en pratique. Quoi qu'il en soit, l'actuel article 133-7 du Code pénal dispose : « La grâce emporte seulement dispense d'exécuter la peine ». Car il n'y a plus que des « peines » désormais. La grâce devrait pouvoir s'appliquer aux mesures de sûreté. Il ne faut pas oublier que la grâce est une mesure discrétionnaire.

2. Quant aux conditions de forme

589. La condamnation à une mesure de sûreté suppose quelque aménagement de la procédure, par exemple l'intervention d'un médecin. Mais c'est toujours l'autorité judiciaire qui prononce la mesure de sûreté. On notera qu'à propos du suivi sociojudiciaire avec injonction de soins, la décision judiciaire est liée à une expertise qui déterminera si la personne poursuivie est susceptible de faire l'objet d'un traitement. C'est là une véritable innovation juridique (C. pén., art. 131-36-4).

B. La réunion des deux sanctions dans un seul concept

590. Dans une certaine mesure, la peine, même si elle conserve un caractère rétributif, vise aussi à assurer l'amendement et le reclassement social du condamné : cela rejoint la finalité de la mesure de sûreté. En réalité, l'idée de « reclassement » du délinquant n'a jamais été absente des lois même napoléoniennes : ces lois qualifiaient les peines punissant les délits de peines « correctionnelles ». Mais c'est surtout avec le développement de l'école de la défense sociale nouvelle que l'idée de « traitement du délinquant » prend le pas sur l'idée de punition. Ces idées se retrouvent déjà dans l'ordonnance du 2 février 1945 sur l'enfance délinquante puis dans le Code de procédure pénale de 1959 : de nombreux articles

20. D. 2002. 1. 2308.

traitaient explicitement ou implicitement de « réadaptation sociale » (art. 720, 729), de « reclassement » (art. 743), de « resocialisation » (art. D. 70, al. 2). La sanction, quelle qu'elle soit, doit donc avoir une valeur thérapeutique. Certes, l'espoir mis en la peine peut ne pas être déçu quand elle s'applique à des individus qui sont peu engagés dans la voie de la délinquance[21]. Mais, il faut le reconnaître, pour les multirécidivistes, l'efficacité du traitement est plus que douteuse.

591. L'examen de notre droit pénal révèle que, tout en conservant sans le dire la dualité des sanctions (peine et mesure de sûreté), le législateur parvient à les fusionner en un seul concept. L'école de la défense sociale nouvelle voulait d'ailleurs déjà substituer la notion de « mesure de défense sociale » à celle de « sanction ».

Sans employer cette terminologie, qui gomme toute idée de répression, la loi du 11 juillet 1975 marquait déjà une première étape en autorisant le juge à prononcer certaines peines complémentaires ou accessoires à la place de la peine principale et en élevant même des peines complémentaires au rang de peine principale. L'évolution vers la fusion des sanctions en un seul concept était enclenchée : l'avant-projet de réforme du Code pénal de 1976 se prononçait en faveur d'une qualification unique pour toutes les formes de réaction sociale et proposait de les fusionner dans le terme de « sanctions ». Le Code pénal de 1992 préfère le concept de « peine » tout en maintenant le système unitaire. Nous connaissons les raisons du choix du mot « peine » : toutes les sanctions sont effectivement ressenties par le condamné comme des peines, disait Robert Badinter en présentant le projet. Ce qui n'empêche pas de diversifier les peines : emprisonnement, contrainte pénale (dans la réforme de 2014), amende, peines privatives ou restrictives de droits, travail d'intérêt général, jour-amende... Pour certaines d'entre elles il s'agit de peines complémentaires. Ces peines que l'on appelait « peines de *substitution* à l'emprisonnement » sont donc consacrées par le Code pénal dans sa nouvelle rédaction, et deviennent, à rang égal, des peines principales *alternatives* à l'emprisonnement. La palette du juge est, aujourd'hui, très large, mais toutes les sanctions pénales sont des peines. La contrainte pénale devait même devenir l'unique peine pour certains délits (l'emprisonnement à titre de peine encourue disparaissant dans ce cas), ce qui aurait été révolutionnaire.

Cette belle idée est malgré tout malmenée : la loi du 25 février 2008 perturbe cet ordonnancement en créant la rétention de sûreté et la surveillance de sûreté des criminels réputés dangereux ainsi que certaines mesures applicables aux malades mentaux. La jurisprudence contradictoire de la chambre criminelle, dont nous avons fait état plus haut, traduit ce malaise ressenti à la lecture de la loi. Pour des raisons de sécurité publique les « vertus » de la mesure de sûreté, parmi lesquelles l'application immédiate de la mesure, sont redécouvertes[22].

21. D'où la peine de suivi socio-judiciaire avec injonction de soins, qui peut être prononcée à titre de peine principale en matière correctionnelle (C. pén., art. 131-36-7).

22. Cf. *supra*, n°s 207 et 535.

Section 2
Les principes directeurs[23]

592. Il y a deux principes qui, pour la doctrine, commandent la détermination et le régime des peines :

L'un se rattache au principe fondamental sur lequel est fondé notre droit pénal : le principe de la légalité des délits et des peines. (§ 1).

L'autre se rattache à la conception subjective de l'infraction qui commande la mise en œuvre de la responsabilité pénale : le principe de subjectivité. (§ 2).

§1. Le principe de la légalité

593. Depuis la Révolution, les peines ne sont plus « arbitrées » par un juge en fonction des circonstances de chaque affaire (c'est le sens premier des mots « peines arbitraires »). Aussi le principe de la légalité criminelle s'applique-t-il non seulement aux incriminations, mais encore aux pénalités[24]. Le législateur détermine souverainement les peines, dans le cadre fixé par les normes supérieures que sont la Constitution, la Convention européenne de sauvegarde des droits de l'Homme et des libertés fondamentales, et le Pacte international relatif aux droits civils et politiques[25].

A. Étendue du pouvoir législatif

594. Le législateur ne peut édicter que des peines *impersonnelles, générales et abstraites*. Cela signifie que la loi ne peut viser une personne précise, dénommée. Saleilles écartait ainsi toute idée d'individualisation légale : « La loi ne peut en effet prévoir que des espèces, elle ne connaît pas les individus »[26]. Le législateur pourra tout au plus raisonner par catégorie (p. ex. les mineurs, ou les membres d'une profession). L'individualisation concrète de la peine sera réalisée par le juge (C. pén., art. 132-17, al. 1, et 132-1 modif. L. 15 août 2014).

Le législateur doit édicter des peines *précises et nécessaires*. Dans le but de réagir contre les excès de l'Ancien Régime, les révolutionnaires avaient mis en place la technique des peines fixes, qui interdisait toute individualisation.

23. V. sur ces principes, les développements et les références très enrichissants de Doucet J.-P., *La loi pénale*, éd. Gaz. Pal. /Litec, 1986, p. 331 et s. ; Bonis-Garçon E et Peltier V. *Droit de la peine*, LexisNexis, 2e éd., 2015. Faut-il rappeler à ce propos que bon nombre de ces principes trouvent leur origine dans la théorie de la juste peine construite par Beccaria dans son traité, *Des délits et des peines* ? On y trouve déjà les principes de légalité, de nécessité, de proportionnalité.

24. Cass. crim., 14 nov. 2017, n° 17-80893 : la chambre criminelle rappelle que nul ne peut être puni d'une peine qui n'est pas prévue par la loi.

25. Ces deux textes interdisent le travail forcé ou obligatoire : CEDH : art. 4 ; Pacte : art. 8.

26. *L'individualisation de la peine*, rééd. Erès 2001, p. 141.

Les conséquences injustes de ce système avaient conduit à adopter, en 1810, un système intermédiaire : celui du maximum et du minimum de la peine. L'obligation de fixer un maximum était une conséquence directe du principe de légalité : le justiciable devait savoir ce qu'il risquait. L'obligation de fixer un minimum résultait de la nécessité d'assurer la défense de la société et de se prémunir contre le laxisme des juges.

Ce système du maximum et du minimum a fait l'objet de critiques de la part de ceux qui pensent, à l'inverse, que le juge est le mieux placé pour savoir quelle est la peine la plus juste. En outre, les circonstances atténuantes, instituées en 1832, permettaient, lorsqu'elles étaient retenues, de descendre au-dessous du minimum légal : ne revenait-on pas, par ce moyen détourné, à l'arbitraire des peines de l'ancien droit ?

C'est pourquoi le Code pénal de 1992 *supprime le minimum* des peines : les textes ne prévoient qu'un maximum. Toutefois, il existe des peines plancher en matière criminelle : le juge ne peut prononcer une peine inférieure à deux ans d'emprisonnement quand la peine encourue est la réclusion criminelle à perpétuité, une peine inférieure à un an d'emprisonnement quand la peine encourue est la réclusion criminelle à temps (C. pén., art. 132-18 et s.). Pareillement, en cas de récidive légale, la loi du 10 août 2007 fixe des peines minimales de privation de liberté (C. pén., art. 132-18-1 et 132-19-1). Elles n'ont pas un caractère absolu. C'est pourquoi le Conseil constitutionnel, dans sa décision du 9 août 2007 a pu juger que ces peines « plancher » ne portaient atteinte ni au principe de nécessité ni à celui de l'individualisation des peines[27]. La loi du 15 août 2014 supprime néanmoins ces dernières.

B. L'encadrement du pouvoir législatif

595. Le législateur est tenu de respecter certains principes ayant une force supralégislative.

1. Principe de non-rétroactivité de la peine encourue

596. Visant l'article 8 de la Déclaration des droits de l'Homme de 1789, aux termes duquel : « La loi ne doit établir que des peines strictement et évidemment nécessaires, et nul ne peut être puni qu'en vertu d'une loi établie et promulguée antérieurement au délit, et légalement appliquée », le Conseil constitutionnel[28] a rappelé que : « Le principe de non-rétroactivité ne concerne pas seulement les peines appliquées par les juridictions répressives, mais s'étend nécessairement à toute sanction ayant le

27. JO 11 août 2007, p. 13478. Cf. Pradel J., « Enfin des lignes directrices pour sanctionner les délinquants récidivistes », D. 2007, chron. 2247. Cf. également sur le contrôle de la nécessité des peines : Cons. const., 27 janv. 2012, n° 2011-211 QPC, 3 févr. 2012, n° 2011-217 QPC : la nécessité des peines relève du pouvoir souverain du législateur ; toutefois le législateur doit vérifier l'absence de disproportion manifeste entre l'infraction et la peine encourue. C'est d'ailleurs en ce fondant sur le principe de nécessité que le Conseil constitutionnel a annulé une disposition du projet de loi voté en juill. 2014 prévoyant une majoration automatique des amendes afin d'assurer une contribution pour l'aide aux victimes, majoration assimilée dès lors à une peine accessoire : déc. n° 2014-696 DC du 7 août 2014 (considérant 25 à 28), JO 17 août p. 13659.

28. Cons. const., 20 déc. 1982 : Gaz. Pal. 1983. 1. 63.

caractère d'une punition, même si le législateur a cru devoir laisser le soin de la prononcer à une autorité de nature non judiciaire ». La non-rétroactivité de la condamnation est également consacrée par l'article 7 de la Convention européenne des droits de l'Homme et par l'article 15 du Pacte international relatif aux droits civils et politiques.

2. Principe d'égalité des citoyens devant la peine encourue

597. Ce principe est également issu de la Révolution. Les peines s'appliquent à tous, quelles que soient leurs conditions.

Ce principe peut connaître quelques limites :

1° Certaines personnes encourront des peines plus sévères parce qu'elles sont tenues à des devoirs particuliers liés à leurs fonctions. C'est le cas, par exemple, des abus d'autorité commis contre les particuliers (C. pén., art. 432-4). C'est aussi le cas du faux (art. 441-5) : le fait, pour un particulier, de procurer frauduleusement à autrui un document délivré par une administration publique aux fins de constater un droit est puni de cinq ans d'emprisonnement et de 75 000 € d'amende. Si l'infraction est commise par une personne dépositaire de l'autorité publique ou chargée d'une mission de service public agissant dans l'exercice de ses fonctions, les peines sont portées à sept ans d'emprisonnement et à 100 000 € d'amende (art. 441-5, al. 2). D'autres délinquants encourent une peine plus sévère en raison de leur qualité liée à la filiation : c'est le cas du parricide, devenu une circonstance aggravante du meurtre et puni de la réclusion criminelle à perpétuité (art. 221-4) alors que le meurtre simple est puni de la réclusion de trente ans (art. 221-1)[29].

2° À l'inverse, d'autres personnes bénéficieront d'un adoucissement de la peine. C'était le cas de l'avortement pratiqué par la femme enceinte sur elle-même, avant la loi du 27 janvier 1993 qui a supprimé cette incrimination. C'était également le cas de la mère qui tuait son enfant : l'infanticide, prévu par les anciens articles 300 et 302 du Code pénal, était puni de la réclusion criminelle à temps de dix à vingt ans. La réforme de 1992 n'a pas maintenu l'incrimination d'infanticide, de sorte que désormais le meurtre d'un enfant nouveau-né constitue un meurtre aggravé par l'âge de la victime (art. 221-4, 1°).

3. Principe de proportionnalité dans la détermination des peines

598. Il faut maintenir un juste équilibre entre les exigences de l'intérêt général et les impératifs de la sauvegarde des droits individuels[30]. La

29. Le parricide était puni de mort avant la loi du 9 oct. 1981.

30. Sur ce principe, Sordino M.-C., « De la proportionnalité en droit pénal », *in Mélanges en l'honneur du professeur J.-H. Robert*, LexisNexis, 2012, p. 711. La Cour européenne des droits de l'homme adopte une position très stricte sur l'application de ce principe : CEDH, 8 janv. 2013, aff *Willcox et Hurford c/ Royaume-Uni*, n° 43759/10. Sur cet arrêt, Dreyer E., « Un an de droit européen en matière pénale », Dr. pén. 2014, chron. p. 19, n° 10.

question a été posée au Conseil constitutionnel[31] à propos de la création, par la loi du 9 septembre 2002, des sanctions éducatives dont peuvent être l'objet les mineurs délinquants. L'ordonnance du 2 février 1945 avait choisi de privilégier l'éducatif sur le répressif. Le nouveau concept de sanction éducative s'inscrit à la croisée entre ces deux objectifs. Le respect du principe de proportionnalité exige que ne soient sacrifiés ni l'intérêt individuel des mineurs, ni l'intérêt général de la répression. Le Conseil relève que les sanctions énumérées à l'article 11 de l'ordonnance se traduisent certes par une contrainte imposée au mineur, mais prennent aussi en compte les obligations familiales et scolaires des intéressés ; au demeurant, les dispositions originelles de l'ordonnance n'excluaient pas, en cas de nécessité, des mesures comme le placement, la surveillance ou la retenue. Il faut un juste milieu entre les intérêts en présence que le Conseil juge réalisé dans les dispositions qui étaient déférées à sa censure. La question se pose aussi pour le montant des amendes qui doit être en rapport avec l'acte à sanctionner. Le Conseil constitutionnel veille à ce propos qu'il n'y ait pas de disproportion manifeste[32].

4. Règle *non bis in idem*

599. L'article 4 du protocole additionnel n° 7 à la Convention européenne des droits de l'Homme est sans équivoque : « Nul ne peut être poursuivi ou puni pénalement par les juridictions du même État en raison d'une infraction pour laquelle il a déjà été acquitté ou condamné par un jugement définitif conformément à la loi et à la procédure pénale de cet État ». Que doit-on décider en présence de sanctions pénales et extra-pénales (souvent financières) encourues pour un même fait ? Le cumul est-il possible ? Le droit de la concurrence, le droit boursier, le droit fiscal prévoient fréquemment de telles sanctions, dont on se demande si elles peuvent être ajoutées aux amendes pénales. La réponse dépend de la nature juridique de ces sanctions extra-pénales. Si l'on juge que les sanctions fiscales, par exemple, présentent une coloration pénale, il sera impossible d'autoriser le cumul sans violer la règle *non bis in idem*. En jurisprudence, les solutions sont loin d'être unifiées : le Conseil d'État[33] et la chambre criminelle de la Cour de cassation[34] considèrent que la règle en cause ne s'applique que pour les infractions relevant en droit français de la compétence des tribunaux statuant en matière pénale et n'interdit pas le prononcé de sanctions fiscales parallèlement aux sanctions infligées par le juge répressif, étant entendu que le respect du principe de proportionnalité limite le cumul au quantum de la sanction la

31. Décembre, 29 août 2002, JO 10 sept. 2002, p. 14953. Cf. également, Cons. const., 3 févr. 2012, n° 2011-217 QPC préc.

32. V° par ex : Cons.const. 16 mars 2017, n° 2016-618 et n° 2016-619 QPC – Cons.const. 27 oct. 2017, n° 2017-667 QPC.

33. CE avis, 4 avr. 1997, *Procédures*, 1997, comm. n° 255, note Pierre J.-L. ; CE, 21 juin 2013, n° 345500.

34. Cass. crim., 20 juin 1996 : D. 1997. 249, note Tixier G. et Lamulle Th. – Cass. crim., 19 juin 2013, n° 12-87558.

plus forte. La Cour européenne des droits de l'Homme[35] condamne fermement, en ce qui la concerne, le cumul de sanctions qui ressortissent toutes deux à la matière pénale. Quant au Conseil constitutionnel, après s'être prononcé durant de nombreuses années dans le sens, ci-dessus rappelé, des juridictions nationales[36], il a adopté une solution différente dans une décision du 18 mars 2015 à propos du cumul des sanctions pénales et administratives en cas de délit et de manquement d'initié[37]. Mais, en cas de fraude fiscale, le Conseil constitutionnel maintient la possibilité d'un cumul des pénalités fiscales et des poursuites pénales[38].

5. Principe du respect de la dignité humaine dans l'exécution de la peine

600. Tout supplice est interdit. La peine de mort a été abolie par la loi du 9 octobre 1981. De son côté, la Convention européenne de sauvegarde des droits de l'Homme et des libertés fondamentales énonce (art. 3) : « Nul ne peut être soumis à la torture ni à des peines ou traitements inhumains ou dégradants ». La Cour européenne des droits de l'Homme a ainsi condamné la Grande-Bretagne pour avoir permis les châtiments corporels (usage du fouet) dans certaines écoles[39]. Il est interdit également de détenir un condamné dans des conditions dégradantes ayant pour objet de

35. CEDH, 24 févr. 1994, aff. *Bendenoun c/ France* : Dr. fisc. 1994, comm. n° 983 – 23 oct. 1996, aff. *Gradinger c/ France* : JCP 1996.I.3910, note Sudre F. (automobiliste qui avait été condamné par le juge pénal pour homicide involontaire et par une décision administrative pour conduite en état d'ivresse)- 10 févr. 2009, *aff. Zolotoukhine c/ Russie*, n° 14939/03- 4 mars 2014, aff. *Grande Stevens et autres c/Italie*, n° 18640/10 (par ex.). V° cependant CEDH 15 nov 2016, aff. *A et B c/Norvège*, n° 24130/11, Dr.pén. 2017, comm. n° 14, note Peltier V. qui voit dans les deux procédures, fiscale et pénale, une seule procédure de nature mixte, autorisant alors un cumul de sanctions ; dans le même sens à propos d'un contentieux routier : CEDH, 4 oct. 2016, *Rivard c/Suisse*, n° 21563/12, Dr.pén. 2016, comm. 181, note Peltier V. Pour une position également plus nuancée au niveau de la Cour de Justice de l'Union européenne, comparer avec : CJUE, 26 févr. 2013, *Aklagarten c. Hans Akerberg Fransson*, aff. C-617/10.

36. Cons. const., 30 déc. 1997 : Dr. pén. 1998, chron. 9, avec le commentaire de Me P. Schiele ; Cons. const., 27 sept. 2013, n° 2013-341 QPC.

37. Décision QPC, n° 2014-453/454 et n° 2015-462. L'interprétation de cette décision doit être prudente : le Conseil constitutionnel rappelle d'abord sa jurisprudence selon laquelle le principe de la nécessité des peines ne fait pas obstacle à ce que les mêmes faits commis par une même personne puissent faire l'objet de poursuites différentes aux fins de sanctions de nature administrative ou pénale en application de corps de règles distincts devant leurs propres ordres de juridiction. Cela dit, il y a atteinte au principe de la nécessité des peines si les dispositions contestées tendent à réprimer des mêmes faits qualifiés de manière identique, si ces deux répressions poursuivent la même finalité, si elles aboutissent au prononcé de même nature et si ces poursuites et les sanctions prononcées relèvent du même ordre de juridiction, toutes conditions réunies pour le Conseil constitutionnel dans l'affaire dont il était saisi.

38. Cons. const., 24 juin 2016, n° 2016-555 QPC : « Le recouvrement de la nécessaire contribution publique et l'objectif de lutte contre la fraude fiscale justifient l'engagement de procédures complémentaires dans les cas de fraudes les plus graves (...). Le principe de nécessité des délits et des peines ne saurait interdire au législateur de fixer des règles distinctes permettant l'engagement de procédures conduisant à l'application de plusieurs sanctions afin d'assurer une répression effective des infractions » (§ 20 et 21).

39. CEDH, 25 avr. 1978 (série A, n° 26), aff. *Tyrer c/ Royaume-Uni*. Une loi interdit depuis 1987 les corrections dans les écoles publiques. Comp. CEDH, 25 mars 1993, aff. *Costello-Roberts c/ Royaume-Uni* : JCP 1994. II. 22262, note Mazière P. : la Cour juge que ne constitue pas un traitement dégradant contraire à l'article 3 de la convention EDH le châtiment corporel consistant pour le directeur d'une école privée britannique à administrer trois coups de chaussure de gymnastique à semelle de caoutchouc sur le derrière, par-dessus le short, d'un élève.

l'humilier. Peut se rattacher au respect de la dignité humaine la suspension de l'exécution de la peine au profit des condamnés « dont il est établi qu'ils sont atteints d'une pathologie engageant le pronostic vital ou que leur état de santé est durablement incompatible avec le maintien en détention » (CPP, art. 720-1).

§2. Le principe de subjectivité

601. Il signifie que les peines doivent être *personnelles* dans leur édiction et qu'il faut développer leur *individualisation* par le juge chargé de les prononcer.

A. La personnalité des peines

602. Si le législateur veut être efficace, il frappera large. Si on met en avant la fonction d'intimidation, la technique des peines collectives est bonne. La loi dite « anticasseurs » (C. pén., ancien art. 314, abrogé en 1981) permettait justement de punir l'action de groupe qui était à l'origine de dégradations : l'article 314 visait notamment l'*instigateur* d'une action concertée à force ouverte, instigateur qui pouvait être poursuivi alors même qu'il n'avait pas participé aux faits[40].

Le droit français, depuis la Révolution, obéit pourtant au principe suivant lequel la peine ne doit atteindre que celui qui a *commis* le fait délictueux (comme auteur ou comme complice)[41]. C'est ce qu'exprime l'article 121-1 du Code pénal, ainsi libellé : « Nul n'est responsable pénalement que de son propre fait. » Ce problème pose indirectement celui des peines frappant le *décideur* ou les *personnes morales*.

On rappellera que le décideur n'est pas à l'abri de sanctions pénales. La Cour de cassation[42] a admis la condamnation d'un directeur d'usine à payer une amende à la suite d'un délit de *pollution* (versement de résidus dans une rivière) alors que cette pollution était la conséquence d'un accident imprévisible pour lui et qui s'était produit en son absence.

D'autres hypothèses, prévues par la loi, intéressent le *droit du travail*, les chefs d'entreprise étant civilement responsables des condamnations à des amendes prononcées contre leurs directeurs, gérants, préposés, pour infractions à la législation du travail, ou responsables pénalement de l'inexécution de prescriptions en matière de sécurité (C. trav., art. L. 4741-1 et s.). Toutefois, dans ce dernier cas, le chef d'entreprise étant présumé avoir commis *une faute personnelle*, on ne saurait dire qu'il y a atteinte au principe de la personnalité des peines.

Quant à la *responsabilité pénale des personnes morales*, on sait ce qu'il faut en penser. Le Conseil constitutionnel avait décidé[43] qu'« il n'existe aucun

40. Vouin R., *Droit pénal spécial*, 4e éd., par Rassat M.-L., Dalloz, 1976, n° 122.
41. Cass. crim., 28 févr. 1956, aff. *Widerkehr* : JCP 56. II. 9304, note de Lestang.
42. V. *supra*, n° 454.
43. Cons. const., 30 juill. 1982 : Gaz. Pal. 82. 2. p. 475.

principe de valeur constitutionnelle s'opposant à ce qu'une amende puisse être infligée à une personne morale ». Le Code pénal en 1992 reconnaît l'existence de cette responsabilité, bien que la sanction puisse indirectement frapper les actionnaires. Les travaux préparatoires sont les témoins des difficultés suscitées par le vote d'un texte qui était ressenti comme une atteinte au principe de la responsabilité subjective, et la tendance est à retenir la responsabilité de la personne morale par « ricochet »[44].

Enfin on soulignera que malgré l'application de la personnalité des peines, l'article 375-2, introduit dans le Code de procédure pénale par la loi du 16 décembre 1992 portant adaptation de ce code, reprend l'ancien article 55 du Code pénal sur la solidarité : « La cour [d'assises] peut, par décision spéciale et motivée, ordonner que l'accusé qui s'est entouré de coauteurs et de complices insolvables sera tenu solidairement des amendes et des frais. » Mais on ne peut pas souscrire une assurance contre les condamnations pénales.

B. L'individualisation des peines

603. Le principe de subjectivité impose également de moduler la sanction en fonction de la personnalité de l'auteur de l'infraction. Le législateur incitera le juge à l'individualisation, mais ce n'est pas lui qui pourra y procéder[45].

Il est clair que le législateur contemporain s'engage dans cette voie. En effet, après la loi pénitentiaire du 24 novembre 2009, la loi du 15 août 2014 relative à l'individualisation des peines et renforçant l'efficacité des sanctions pénales comporte tout un titre intitulé « Dispositions visant à assurer le prononcé de peines efficaces et adaptées » ; l'article 132-1 du Code pénal, ouvrant le chapitre sur le régime des peines, comporte un alinéa supplémentaire renfermant tout l'office du juge et ainsi rédigé : « Toute peine prononcée par la juridiction doit être individualisée ». En réalité, cette individualisation qui

44. V. *supra*, n° 478 et s.

45. Le Conseil constitutionnel, garant du respect du principe de la nécessité de la peine laisse malgré tout au législateur la responsabilité d'apprécier si telle ou telle peine est en adéquation avec l'infraction sachant que c'est au juge que revient le choix d'une peine appropriée. C'est le sens de la décision QPC du 26 nov. 2010 (n° 2010-66) : « [.] L'article 61-1 de la Constitution ne confère pas au Conseil constitutionnel un pouvoir général d'appréciation et de décision de même nature que celui du Parlement, mais lui donne seulement compétence pour se prononcer sur la conformité des dispositions législatives soumises à son examen aux droits et libertés que la Constitution garantit ; si la nécessité des peines attachées aux infractions relève du pouvoir d'appréciation du législateur, il incombe au Conseil constitutionnel de s'assurer de l'absence de disproportion manifeste entre l'infraction et la peine encourue [.] » ; Sur cette décision, Robert J.-H., « Une QPC sur la confiscation en matière pénale », JCP 2011.II.15. Cf., sur le problème de l'individualisation des peines s'agissant de peines accessoires et de peines complémentaires obligatoires, Leturmy L., « Constitutionnalité des peines accessoires et des peines complémentaires obligatoires-Une conception à repenser du principe d'individualisation », AJ pénal 2011. 280. Cf. également, Cons. const. 11 juin 2010, n° 2010-6/7 QPC qui considère que la possibilité pour le juge de relever la personne condamnée d'une incapacité attachée de plein droit à la condamnation principale ne saurait, à elle seule, assurer le respect des exigences qui découlent du principe d'individualisation des peines. Pour une critique de cette position, Leturmy L., art. préc. ; Cons. const. 8 sept. 2017, n° 2017-752 DC à propos de la peine d'inéligibilité ; Cons. const. 9 juin 2017, n° 2017-636 QPC à propos de l'amende prévue par l'article 1734 du Code général des impôts (conformité).

traduit le souhait de marginaliser l'incarcération n'est pas nouvelle. Mais le législateur, par cette loi, ambitionne de redonner du sens aux mots en supprimant les peines plancher (qui réduisaient la portée de cette individualisation en cas de récidive légale) et en complétant la liste des peines correctionnelles avec la « contrainte pénale »[46]. En outre, au chapitre II du titre III du livre premier, consacré au régime des peines figure une section 2 intitulée « Des modes de personnalisation des peines » au sein duquel l'article 132-24, renvoie au juge le soin de personnaliser la peine : « Les peines peuvent être personnalisées selon les modalités prévues à la première section », disposition complétée par l'article 707 du Code de procédure pénale qui reprend en substance ce qui figurait, avant la loi du 15 août 2014, à l'article 132-24 du Code pénal. On peut y lire que « le régime d'exécution des peines privatives et restrictives de liberté vise à préparer l'insertion ou la réinsertion de la personne condamnée afin de lui permettre d'agir en personne responsable, respectueuse des règles et des intérêts de la société et d'éviter la commission de nouvelles infractions. Ce régime est adapté au fur et à mesure de l'exécution de la peine en fonction de l'évolution de la personnalité et de la situation matérielle, familiale et sociale de la personne condamnée, qui font l'objet d'évaluations régulières ». C'est pour atteindre cet objectif qu'au stade de l'information judiciaire, le juge d'instruction constitue un dossier de personnalité de la personne mise en examen, qui complète le dossier de l'infraction. Au stade de l'exécution de la peine privative de liberté, l'article 707, III du Code de procédure pénale prescrit d'aménager la peine de façon que la personne condamnée puisse, chaque fois que cela est possible, bénéficier d'un retour progressif à la liberté. Il faut tenir compte des conditions matérielles de détention et du taux d'occupation de l'établissement pénitentiaire. Cette individualisation permettra d'utiliser la semi-liberté, le placement extérieur, le placement sous surveillance électronique, la libération conditionnelle ou la libération sous contrainte afin d'éviter une remise en liberté sans aucune forme de suivi judiciaire.

604. Les trois temps qui marquent l'application de la peine à un individu convaincu d'avoir commis une infraction sont significatifs de la différence qu'il y a entre ce que prévoit la loi et ce que subira effectivement le délinquant. D'où cette incompréhension très répandue dans le public, qui voit l'auteur d'un crime passible de la réclusion criminelle à perpétuité n'être condamné qu'à une réclusion à temps et sortir de prison

46. Cf. *infra*, n° 643. Si la contrainte pénale, comme nous l'avons dit, est destinée à disparaître au profit du sursis probatoire, le législateur reste préoccupé par le souci de « renforcer l'efficacité et le sens de la peine » pour reprendre l'intitulé d'un titre du projet de loi de réforme de la justice. Ainsi, pour le projet de réforme, dès l'énumération des peines encourues en matière correctionnelle, l'emprisonnement ferme doit être évité, puisque, dans l'article 131-3 du Code pénal, ainsi modifié, d'une part le sursis, le sursis probatoire ou l'aménagement de peine sont mentionnés dans le 1° immédiatement après l'énoncé de l'emprisonnement, comme si le législateur cherchait à atténuer l'impact de cette peine sur le lecteur, d'autre part est ajoutée dans ce même article la détention à domicile sous surveillance électronique et les peines de stage ; on retrouve la même préoccupation au stade de l'exécution, la conversion d'un emprisonnement ferme (d'une durée inférieure ou égale à six mois) en travail d'intérêt général ou de jour-amende peut être ordonnée par le juge de l'application des peines. Toute peine d'emprisonnement inférieure ou égale à six mois doit, par ailleurs, sauf impossibilité, être aménagée.

avant l'expiration de sa peine par l'effet de la libération conditionnelle ou de réductions de peine.

C'est au long de ces trois étapes qu'on exposera le droit de la peine, en trois titres consacrés respectivement à la peine *encourue* (Titre 1) à la peine *prononcée* (Titre 2) et à la peine *exécutée* (Titre 3).

Titre 1
La peine encourue

605. La peine encourue est la peine qu'une loi ou un règlement attache à un comportement donné, de manière abstraite, générale et impersonnelle. On notera bien évidemment une différence entre la peine de réclusion, la peine d'amende, et celle qui consiste à interdire à un condamné certains actes juridiques ou certains droits (p. ex. la peine de l'inéligibilité). De même, la reconnaissance par le Code pénal de la responsabilité des personnes morales a conduit à prévoir des peines ayant une nature spéciale, s'adaptant à cette nouvelle responsabilité.

De même que les incriminations font l'objet d'une classification en catégories, de même il est nécessaire de *classer* les peines. Tel sera l'objet d'un premier chapitre. Un second chapitre sera consacré aux *formes* que peut prendre la peine.

CHAPITRE 1

La nature des peines

606. Il y a une première classification que nous avons vue : celle qui oppose les peines *stricto sensu* et les mesures de sûreté. Rappelons que le Code pénal n'utilise à présent qu'un seul vocable : « peine », au lieu de « sanction pénale », concept plus large et qui s'applique mieux à la distinction.

En dehors de cette opposition, on distinguait traditionnellement : 1° les peines principales, accessoires et complémentaires ; 2° les peines criminelles, correctionnelles et de police ; 3° les peines politiques et de droit commun. Dans la rédaction actuelle du Code pénal, la première et la dernière de ces classifications sont résiduelles. La deuxième, en revanche, est bien vivante. Il faut également tenir compte de la responsabilité pénale des personnes morales, qui entraîne l'existence de peines spécifiques. On étudiera d'abord les *classifications essentielles* (section 1), puis les *classifications secondaires* (section 2).

Section 1
Les classifications essentielles

607. Il s'agit d'abord de la classification tripartite en peines criminelles, correctionnelles et contraventionnelles (§ 1), puis de la classification entre peines applicables aux personnes physiques et peines applicables aux personnes morales (§ 2).

§1. La classification tripartite : peines criminelles, correctionnelles et de police

608. Cette classification est liée à la classification des incriminations en crimes, délits et contraventions. Bien que le Code pénal, depuis la réforme de 1992, dispose que les infractions sont classées suivant leur gravité (c'est-à-dire suivant l'atteinte à l'intérêt protégé), il est certain que la nature de la peine détermine la nature de l'infraction, comme c'était le cas avant la réforme.

A. L'échelle des peines

609. Il existe une *échelle des peines*. Les peines les plus graves sont les peines criminelles qui prennent le nom de « réclusion » ou de « détention », suivant qu'il s'agit d'une infraction de droit commun ou d'une infraction politique. Ces peines conservent un caractère afflictif. Les peines simplement infamantes (bannissement, dégradation civique) ont été supprimées.

1° Les peines de réclusion et de détention sont soit à perpétuité, soit à temps. Dans le second cas, elles comportent, suivant les crimes, un maximum de trente, vingt ou quinze ans, et un minimum de dix ans (C. pén., art. 131-1)[1].

Il est utile parfois de connaître la peine la plus forte, par exemple pour faire jouer la règle de la rétroactivité de la loi pénale plus douce. En principe, la réclusion est considérée comme plus grave que la détention, celle-ci étant soumise théoriquement à un régime plus souple.

2° Les peines correctionnelles sont (art. 131-3) :

- l'emprisonnement, qui comporte, selon les délits, un maximum de dix ans, sept ans, cinq ans, trois ans, deux ans, un an, six mois et deux mois[2] ;
- la contrainte pénale ;
- l'amende ;
- le jour-amende ;
- le stage de citoyenneté ;
- le travail d'intérêt général ;
- les peines privatives et restrictives de droits prévues à l'art. 131-6 ;
- les peines complémentaires prévues à l'art. 131-10 ;
- la sanction-réparation.

3° **Les peines contraventionnelles** sont :

- l'amende qui, selon les classes de contraventions, comporte un maximum de 1 500 € porté à 3 000 € en cas de récidive et si le règlement le prévoit (5e classe), 750 € (4e classe), 450 € (3e classe), 150 € (2e classe) ou 38 € (1re classe) ;
- les peines privatives et restrictives de droits de l'article 131-14 ;
- la peine de sanction-réparation prévue par l'article 131-15-1 ;
- les peines complémentaires des articles 131-16 et 131-17.

L'emprisonnement a disparu en tant que peine de police.

Alors que les peines criminelles et correctionnelles ne peuvent être prévues que par un texte d'origine législative, les peines contraventionnelles

1. La durée de la réclusion temporaire était de cinq à vingt ans, dans l'ancien code.
2. La durée de l'emprisonnement était, avant 1992, de deux mois à cinq ans.

sont choisies par le pouvoir réglementaire, mais selon la nomenclature fixée par la loi. Il en va de même des peines complémentaires : le pouvoir réglementaire ne peut prévoir que l'une ou plusieurs des peines complémentaires instituées par l'article 131-16, qui contient une liste précise et limitative.

Il convient de rappeler que les peines ne comportent plus de minimum légal depuis 1992 : elles sont seulement limitées par un maximum. Toutefois, il y a un « minimum » pour la durée de la réclusion criminelle *encourue* (dix ans), et un « plancher » pour les peines criminelles *prononcées* : deux ans pour la réclusion criminelle à perpétuité, un an pour la réclusion criminelle à temps (art. 132-18).

B. Appréciation critique

610. Cette nouvelle nomenclature est rendue indispensable pour deux raisons :

1° L'abolition de la peine de mort avait bouleversé l'échelle des peines, de sorte que le meurtre et l'assassinat se trouvaient punis d'une peine identique.

D'où la création d'une peine de trente ans de réclusion, intermédiaire entre la réclusion à perpétuité et la réclusion à temps d'une durée de vingt ans. Le meurtre est ainsi puni de trente ans de réclusion (C. pén., art. 221-1), alors qu'il était puni de la réclusion criminelle à perpétuité dans l'ancien code, et l'assassinat, de la réclusion criminelle à perpétuité (C. pén., art. 221-3) après avoir été puni de mort.

La peine criminelle la moins élevée susceptible d'être prévue par le législateur a été relevée à quinze ans : c'est la conséquence du relèvement du plafond des peines correctionnelles (dix ans).

2° La conviction que les contraventions sont des infractions plutôt disciplinaires que de véritables atteintes à des valeurs essentielles de la société. L'emprisonnement contraventionnel devenait ainsi excessif, et qui plus est anticonstitutionnel depuis une décision du Conseil constitutionnel de 1973[3] ainsi libellée : « Il résulte des dispositions combinées du préambule, des alinéas 3 et 5 de l'article 34, et de l'article 66 de la Constitution que la détermination des contraventions et des peines qui leur sont applicables est du domaine réglementaire *lorsque lesdites peines ne comportent pas de mesure privative de liberté.* » Cette décision avait provoqué un certain émoi : elle pouvait être interprétée comme impliquant la nullité, pour anticonstitutionnalité, de tous les décrets qui, entre 1958 et 1973, avaient établi des peines d'emprisonnement. Malgré cette décision, le Conseil d'État et la Cour de cassation étaient restés réticents à emboîter le pas au Conseil constitutionnel. La haute juridiction administrative[4] avait considéré qu'elle affirmerait comme par le passé la validité des décrets prévoyant un emprisonnement, parce qu'ils avaient pour base des dispositions législatives en vigueur, et en particulier l'article 465 du Code pénal qui fixait le minimum et le maximum de

3. Cons. const., 28 nov. 1973 : D. 1974. 269.
4. CE, 17 janv. 1974 : D. 1974. 280.

l'emprisonnement de police. La Cour de cassation[5], elle, limitait l'exception d'inconstitutionnalité devant les tribunaux répressifs en jugeant qu'elle ne pourrait pas constater l'inconstitutionnalité des peines d'emprisonnement établies par décret, parce que ces décrets, selon elle, entraient dans les prévisions des articles 464 et suivants du Code pénal. Ceux-ci avaient valeur législative et il n'était pas possible de les attaquer devant les juridictions de l'ordre judiciaire. Dès avant l'entrée en vigueur du Code pénal de 1992, le garde des Sceaux avait d'ailleurs, par circulaire en date du 24 juillet 1992, demandé aux parquets de ne plus requérir de peines d'emprisonnement pour les contraventions.

Quant à la hiérarchie des peines en matière criminelle et correctionnelle, elle ne correspondait plus à rien. Certaines infractions (ex. trafic de stupéfiants) étaient qualifiées de délits, mais pour autant les textes prévoyaient une dérogation[6], si bien que les peines encourues étaient de dix à vingt ans d'emprisonnement. Or, par leur gravité, elles auraient dû constituer des crimes : il aurait donc fallu les punir de peines criminelles, ce que fait le nouveau texte (C. pén., art. 222-34).

611. Comme nous pouvons le remarquer à propos des peines correctionnelles, le législateur offre au juge de grandes possibilités d'individualisation. Surtout, l'emprisonnement n'est plus la peine principale, il y en a d'autres : la contrainte pénale, le jour-amende, le travail d'intérêt général, la sanction-réparation (C. pén., art. 131-8-1)[7]. En fait, entre les différentes peines correctionnelles (emprisonnement, contrainte pénale, amende, stage de citoyenneté...), il n'y a pas d'échelle, mais équivalence des peines. Fallait-il pour autant aller aussi loin et oser la peine de « sanction-réparation » équivalente à la peine d'emprisonnement ? Préfaçant en 1982 le guide des droits de la victime publié par le ministère de la Justice, M. Robert Badinter, garde des Sceaux, écrivait : « L'ambition de cet ouvrage est d'aider les victimes à découvrir leurs droits et à les mettre en œuvre [...]. La sanction du coupable, ajoutait-il, n'entraîne pas nécessairement la réparation due à la victime. Il faut donc y veiller. Pour assurer cette réparation, nous avons étendu les droits de la victime [...] ; nous n'en resterons pas là : le nouveau Code pénal prendra plus largement en compte l'obligation de réparer le préjudice ». Cette tendance à mettre les moyens du droit pénal au service des intérêts civils[8] s'est traduite par de

5. Cass. crim., 26 févr. 1974 : D. 1974. 273, note Vouin R.

6. V. C. pén., anc. art. 40 : « La durée de la peine d'emprisonnement sera supérieure à deux mois sans dépasser cinq ans, sauf les cas de récidive ou autres *où la loi aura déterminé d'autres limites* ».

7. Le projet de loi de réforme de la justice de 2018 ajoute la détention à domicile sous surveillance électronique, (ce qui fait que la surveillance électronique devient une sanction autonome et non plus une modalité d'aménagement de l'emprisonnement), les peines de stage (opérant ainsi une généralisation), supprime la contrainte pénale, absorbée dans le sursis probatoire (qui se substitue au sursis avec mise à l'épreuve). Il réécrit aussi l'échelle des peines : l'amende est en quatrième position. L'emprisonnement reste certes la première peine affichée, mais tempéré par la mention du sursis et suivi par la détention à domicile avec surveillance électronique ; le travail d'intérêt général précède l'amende.

8. V. Del Vecchio G., « Essai sur la justice pénale et la réparation du préjudice », RSC 1951, p. 183 : l'auteur se prononçait pour un droit pénal orienté en faveur des intérêts des victimes et remettait en cause l'utilité de la peine publique.

multiples textes favorisant l'indemnisation des victimes comme les lois des 2 février 1981, 10 juin 1983, 8 juillet 1983, la loi du 15 juin 2000, celle du 9 mars 2004. Les lois du 15 août 2014, du 17 août 2015 et du 3 juin 2016[9] ne sont pas en reste. Quant à l'ajournement ou la dispense de peine, le prononcé de la peine ou le régime de la mise à l'épreuve, ces décisions tiennent compte du comportement de l'auteur de l'infraction à l'égard de la victime. Mais, jusqu'à présent, aucune confusion entre la peine et la réparation n'était faite, les fonctions des responsabilités pénale et civile restant différenciées au moins du point de vue de la loi. La peine dite « sanction-réparation » instituée par la loi du 5 mars 2007, contribue à créer un trouble : en acceptant que la répression de la faute pénale s'exprime par le seul profit à la victime, le législateur reprend à son compte le concept philosophique de peine compensatrice d'un dommage personnel que l'on croyait abandonné depuis que les responsabilités pénale et civile s'étaient distinguées au XVIIe siècle (d'autant plus que la victime dispose, avec la constitution de partie civile, du moyen procédural pour parvenir à cette condamnation à la réparation du dommage qu'elle a subi). À moins que l'on interprète cette audace législative comme la réduction de la faute pénale à une faute civile !

§2. La distinction entre les peines encourues par les personnes physiques et par les personnes morales

612. Le critère repose sur la personne qui commet l'infraction. C'est une classification qui est née de la réforme du Code pénal. Elle n'existait pas antérieurement, la responsabilité pénale des personnes morales n'étant pas reconnue à titre principal.

Compte tenu de la spécificité de la personne morale, il a fallu prévoir des peines adéquates. Les peines criminelles et correctionnelles sont mises sur un même plan (art. 131-37) : « Les peines criminelles *ou* correctionnelles encourues par les personnes morales sont... ». En revanche, les peines contraventionnelles sont prévues par un texte particulier (art. 131-40).

A. Peines criminelles ou correctionnelles

613. D'une manière générale, il s'agit de l'amende. Cela signifie que l'amende est encourue sans que la loi le spécifie pour chaque infraction.

9. La loi de 2016 modifie l'article 132-20 du Code pénal pour prévoir que les amendes en matière contraventionnelle, correctionnelle et criminelle, à l'exception des amendes forfaitaires, peuvent faire l'objet d'une majoration dans la limite de 10 % de leur montant destinée à financer l'aide aux victimes. La majoration est prononcée dans les conditions prévues à l'article 707-6 du Code de procédure pénale (il faut tenir compte des circonstances de l'infraction, de la personnalité de l'auteur, de sa situation matérielle, familiale et sociale).

Le montant de l'amende est porté au quintuple de celui de l'amende encourue par les personnes physiques (C. pén., art. 131-38)[10].

Dans les cas prévus par la loi (art. 131-39 et 131-39-2), les peines encourues par la personne morale sont :

1° la dissolution[11] ;

2° l'interdiction à titre définitif ou temporaire d'exercer directement ou indirectement une activité professionnelle ou sociale ;

3° le placement sous surveillance judiciaire ;

4° la fermeture définitive ou temporaire des établissements ou de l'un ou de plusieurs des établissements de l'entreprise ayant servi à commettre les faits incriminés ;

5° l'exclusion à titre définitif ou temporaire des marchés publics ;

6° l'interdiction à titre définitif ou temporaire de faire appel public à l'épargne ;

7° l'interdiction à titre définitif ou temporaire d'émettre des chèques ou des cartes de paiement ;

8° la confiscation de la chose qui a servi ou était destinée à commettre l'infraction ou de la chose qui en est le produit ;

9° l'affichage ou la diffusion de la décision par la presse écrite ou par tout moyen de communication audiovisuelle.

10° la confiscation de l'animal ayant été utilisé pour commettre l'infraction ou à l'encontre duquel l'infraction a été commise ;

11° l'interdiction, à titre définitif ou pour une durée de cinq ans au plus, de détenir un animal ;

12° l'interdiction, pour une durée de cinq ans au plus de percevoir toute aide publique attribuée par l'État, les collectivités territoriales, leurs établissements ou leurs groupements ainsi que toute aide financière versée par une personne privée chargée d'une mission de service public.

S'il s'agit d'une personne morale de droit public, d'un parti ou groupement politique, d'un syndicat professionnel, les peines prévues au 1° et 3° ne sont pas applicables. La peine définie au 1° n'est pas applicable aux institutions représentatives du personnel. La peine de sanction-réparation, ajoutée à la liste par un article 131-39-1 issu de la loi du 5 mars 2007, pourra être prononcée à la place ou en même temps que l'amende.

Il faut ajouter à cette liste, depuis la loi du 9 décembre 2016, l'obligation de se soumettre, sous le contrôle de l'Agence française anticorruption, pour une durée maximale de cinq ans, à un programme de mise en conformité destiné à s'assurer de l'existence et de la mise en œuvre en son sein d'un certain nombre de mesures et procédures telle un code de conduite définissant et illustrant les différents types de comportements à proscrire comme étant susceptibles de caractériser des faits de corruption ou de trafic d'influence ou

---

10. L'article 131-38 ne porte atteinte ni au principe d'égalité, ni aux principes de nécessité, de proportionnalité et d'individualisation des peines : Cass. crim., 19 avr. 2017, n° 17-90004, Dr.pén. 2017, comm. 138, note Peltier V.

11. V. pour une application : Cass. crim., 21 mai 2014, n° 13-83758.

bien encore un dispositif d'alerte interne destiné à permettre le recueil des signalements émanant d'employés et relatifs à l'existence de conduites ou de situations contraires au code de conduite, ou bien une cartographie des risques de corruptions (C. pén. art. 131-39-2).

B. Peines contraventionnelles

614. Ce sont :

1° L'amende.

2° Pour les contraventions de la cinquième classe, l'amende peut être remplacée par les peines privatives ou restrictives de droits de l'article 131-42 du Code pénal.

3° La peine de sanction-réparation pour les contraventions de cinquième classe, soit en remplacement de l'amende, soit en cumul.

Des peines complémentaires peuvent aussi être prononcées comme la confiscation de la chose ayant servi à commettre l'infraction ou de l'animal utilisé pour commettre l'infraction, l'interdiction pour trois ans au plus de détenir un animal... (art. 131-43 et s.).

Section 2
Les classifications secondaires

615. Il s'agit d'abord de la classification traditionnelle en peines *principales*, peines *accessoires* et peines *complémentaires*. Cette classification tripartite est devenue bipartite, et encore la peine complémentaire est devenue bien souvent l'équivalent de la peine principale) (§ 1). Il s'agit, ensuite, de la classification des peines entre peines *politiques* et peines *de droit commun* (§ 2).

§1. La classification des peines dites « principales » et « complémentaires »

A. Régime antérieur à la réforme du Code pénal

616. Sous l'empire du code de 1810, les peines étaient classées en peines principales, accessoires et complémentaires, suivant leur rôle.

1. La distinction

a. La peine principale

617. Elle constitue la sanction directe de l'infraction. Il s'agit traditionnellement de l'emprisonnement et de l'amende, soit cumulativement, soit alternativement. Le juge est tenu de respecter les termes de la loi. L'existence de circonstances atténuantes lui permet cependant de s'affranchir de cette obligation (ex. : le proxénétisme aggravé étant puni par l'ancien article 334-1 du Code pénal de dix ans d'emprisonnement et d'une amende de 1 000 000 F, le juge, en admettant les circonstances atténuantes, pouvait ne prononcer que le minimum légal de l'amende, soit 30 F). La peine principale doit être expressément prononcée par le juge.

b. Les peines accessoires et complémentaires

618. Par nature, il s'agit de mesures de sûreté. Elles s'ajoutent à la peine principale.

α. *Peine accessoire*

619. Sa caractéristique était de s'ajouter *automatiquement* à la peine principale, sans que le juge ait à la prononcer. En outre, jusqu'à une loi du 29 décembre 1972, le juge ne pouvait même pas en dispenser le condamné.

Exemples : l'interdiction légale de l'ancien article 29 du Code pénal, la double incapacité de disposer et recevoir à titre gratuit de l'ancien article 36 étaient des peines accessoires qui accompagnaient la réclusion criminelle à perpétuité. La dégradation civique était une peine accessoire des condamnations criminelles temporaires. On peut ajouter aussi certaines mesures de sûreté dont le but n'est pas de punir le délinquant mais d'empêcher la réitération de l'infraction, telles que l'interdiction spéciale en matière commerciale ou bancaire.

β. *Peine complémentaire*

620. son adjonction à la peine principale n'est pas automatique. Elle doit être prononcée par le juge. Il y en avait de deux sortes :

- les peines complémentaires *facultatives*. Prévues par la loi, elles étaient laissées à la discrétion du juge, qui pouvait ou non les ajouter à la peine principale. Exemples : l'interdiction de séjour, l'interdiction de certains droits civiques, civils et de famille (C. pén., ancien art. 42), la suspension ou le retrait du permis de conduire ;
- les peines complémentaires *obligatoires*, qui devaient être prononcées par le juge, sous peine de cassation possible. Ex. : confiscation spéciale, interdiction de certains droits civiques ou civils (art. 42).

Comme on le voit, certaines peines complémentaires étaient facultatives pour certaines infractions et obligatoires pour d'autres.

2. L'atténuation du principe

a. Atteinte au caractère automatique des peines accessoires

621. Selon l'ancien article 55-1 du Code pénal, issu de la loi du 29 décembre 1972, le juge pouvait, dans son jugement ou sur demande de l'intéressé, *relever* le condamné d'une peine accessoire ou d'une peine complémentaire obligatoire. Ainsi, ce texte conduisait au rapprochement des peines accessoires et complémentaires obligatoires, d'une part, avec les peines complémentaires facultatives, d'autre part.

b. Possibilité d'intervertir les rôles des différentes peines

622. La loi du 11 juillet 1975 a entraîné un bouleversement du concept de peine principale à un double titre :

D'abord, l'ancien article 43-1 du Code pénal, issu de cette loi, a permis de prononcer une peine complémentaire *à titre* de peine principale quand celle-ci était l'emprisonnement. Par exemple, le vol pouvait être sanctionné par l'interdiction des droits de l'article 42 du Code pénal, peine complémentaire, à la place de l'emprisonnement prévu à titre de peine principale. Par ce système, le législateur ne modifiait pas les peines encourues, mais autorisait le juge à modifier le contenu des différentes catégories de peines ainsi que le rôle joué par celles-ci.

Ensuite, la loi du 11 juillet 1975 n'a pas hésité à *transformer en peines principales* générales correctionnelles diverses peines complémentaires quand le délit était puni de l'emprisonnement (C. pén., ancien art. 43-3) : suspension du permis de conduire, interdiction de conduire, confiscation du véhicule, retrait du permis de chasse.

B. Régime actuel

623. Les peines accessoires ont disparu (celles des anciens articles 29 et 34 du Code pénal)[12]. Ont disparu également les peines

12. À noter que la loi d'adaptation du 16 déc. 1992 n'a pas abrogé les textes particuliers qui prévoient des incapacités professionnelles liées à certaines condamnations (V. art. 1 de la loi du 30 août 1947 sur l'assainissement des professions commerciales et industrielles ; art. 43, al. 5 de la loi du 16 juill. 1984 relative à l'organisation et à la promotion des activités physiques et sportives) ; il y a donc encore des sanctions accessoires spéciales. De surcroît, dans un tout autre domaine, la privation de points du permis de conduire, qui se produit de plein droit, sans contrôle judiciaire, n'est-elle pas, par nature, une sorte de peine accessoire ? La Cour de cassation rejette l'assimilation, interdite par la loi qui a fait disparaître cette catégorie de peine, et juge que « le retrait de points ne présente pas le caractère d'une sanction pénale accessoire à une condamnation » : Cass. crim., 6 juill. 1993 : D. 94. 33, note Couvrat P. et Massé M. – 5 oct. 1994 : Dr. pén. 1995, comm. n° 10, obs. Robert J.-H. En sens contraire : T. pol. Privas, 8 nov. 1994 : Dr. pén. 1995, comm. n° 10, note Robert J.-H. – CEDH, 23 sept. 1998, aff. *Malige c/ France* : RSC 1999.145, obs. Massias F., qui considère que ce type de mesure ressortit à la matière pénale : pour les juges de Strasbourg, « le retrait de points intervient dans le cadre et à l'issue d'une accusation en matière pénale. En effet, dans un premier temps, le juge pénal apprécie les faits constitutifs de l'infraction pouvant donner lieu à un retrait de points, les qualifie et prononce la sanction pénale principale ou complémentaire qu'il juge adaptée. Puis, sur la base de la condamnation prononcée par le juge pénal, le ministre de l'Intérieur retire le nombre de points correspondant au type d'infraction ». MM. Couvrat et Massé analysent quant à eux le retrait de point comme une sanction législative non pénale mais accessoire à une condamnation pénale. Sur cette question, Couzinet Y., « Permis à point et droit pénal », D. 92, chron. 255 ; Delmas Saint-Hilaire J.-P., « Le permis de conduire à points... défense dérangeante du retrait de points », RSC 1993. 317. L'automatisme résiduel de certaines sanctions est aujourd'hui pointé du doigt : le Conseil constitutionnel, répondant à une question prioritaire de constitutionnalité, a ainsi censuré la peine automatique de radiation des listes électorales (C. élect., art. 7) liée à une condamnation pour délits financiers au nom du principe d'individualisation des peines : Cons. const., 11 juin 2010, n° 2010-6/7 QPC : JO 12 juin 2010, p. 10849. Sur l'interdiction des peines accessoires, v. aussi Cons. const., 7 août 2014, préc. La peine d'inéligibilité prévue par l'article 131-26-2 du Code pénal, qui peut être modulée par le juge, n'est pas contraire à la Constitution ; mais le fait,

complémentaires obligatoires sauf exceptions[13]. Il ne reste donc que des peines complémentaires, facultatives ou, à titre exceptionnel, obligatoires, qui doivent toujours être *prononcées* par le juge : il ne doit plus y avoir de peine automatique par seule application de la loi.

Il en résulte que seule subsiste la distinction entre peines principales et peines complémentaires, comme l'atteste par exemple, en matière correctionnelle, l'article 131-11 ainsi rédigé : « Lorsqu'un délit est puni d'une ou de plusieurs des peines complémentaires mentionnées à l'article 131-10, la juridiction peut ne prononcer que la peine complémentaire ou l'une ou plusieurs des peines complémentaires encourues à titre de peine principale. » Cette distinction se conjugue avec la distinction entre peines encourues par les personnes physiques et peines encourues par les personnes morales.

624. Mais l'affaiblissement de la distinction se confirme dans le Code pénal réformé :

1° Si, **en matière criminelle**, il y a des peines principales qui « ne sont pas exclusives d'une peine d'amende et d'une ou de plusieurs des peines complémentaires prévues à l'article 131-10 » (C. pén., art. 131-2), ces peines d'amende et complémentaires ne peuvent pas être prononcées à titre principal.

2° En revanche, le concept de peine « principale » a un rôle qui se réduit **en matière correctionnelle.**

D'abord, l'article 131-10 constitue une définition générale des peines complémentaires en matière correctionnelle. Pour voir leur contenu et leurs modalités, il convient de se référer aux articles 131-19 à 131-36. Ces peines sont très nombreuses, à titre d'exemples :

- interdiction d'émettre des chèques ou d'utiliser des cartes de paiement ;
- interdiction de droits civiques, civils et politiques ;
- interdiction d'exercer une fonction publique ;
- interdiction du territoire français ;
- interdiction de séjour ;
- interdiction de détenir un animal ;
- obligation de faire, telle celle de suivre un stage de responsabilité parentale ou de sensibilisation, selon les cas à la sécurité routière ou aux dangers de l'usage de produits stupéfiants.

Toutes ces peines peuvent être prononcées *à titre de peine principale.*

Ensuite, les peines privatives ou restrictives de droits de l'article 131-6, qui sont en principe des peines alternatives à l'emprisonnement, sont prévues par le législateur à titre complémentaire. Par exemple, l'article 222-44, prévoyant les peines complémentaires applicables aux personnes physiques

---

prévu par le dernier alinéa de l'article 131-26, que cette peine obligatoire entraînerait de plein droit une interdiction ou l'incapacité d'exercer une fonction publique méconnaîtrait le principe de proportionnalité des peines : Cons. const. 8 sept. 2017, n° 2017-752 DC., Dr.pén. 2017, comm. n° 73, note Peltier V.

13. C'est le cas de la confiscation des objets qualifiés de dangereux ou nuisibles (C. pén., art. 131-21, al. 7). Cf. Lepage A. et Matsopoulou H., « Des peines complémentaires obligatoires déclarées conformes aux principes constitutionnels », JCP 2010. 1149.

coupables d'infractions contre les personnes, y inclut la suspension du permis de conduire pendant cinq ans, qui est aussi une peine alternative à l'emprisonnement.

Enfin, la notion de peine principale a éclaté, avec le nombre et le développement des peines alternatives. L'emprisonnement et l'amende ne sont plus que des peines parmi d'autres. Avant 1992, on parlait de peines de « substitution » à l'emprisonnement, ce dernier restant la peine principale. Aujourd'hui, il s'agit de peines alternatives à l'emprisonnement : emprisonnement, amende, jour-amende, travail d'intérêt général, sanction-réparation, peines privatives ou restrictives de droits prévues à l'article 131-6, sont équivalents à l'emprisonnement ou à l'amende. La loi du 15 août 2014 accuse encore la tendance à faire disparaître la peine principale d'emprisonnement sans sursis. Selon le nouvel article 132-19, l'emprisonnement ferme ne peut être prononcé qu'en dernier recours, si toute autre sanction est manifestement inadaptée ; et même dans ce cas les courtes peines d'emprisonnement doivent être aménagées (art. 132-25 à 132-28). Il est prévu en plus que le tribunal correctionnel qui prononce une peine d'emprisonnement sans sursis et ne faisant pas l'objet de mesures d'aménagement doit motiver spécialement sa décision au regard des faits de l'espèce et de la personnalité de leur auteur ainsi que de sa situation matérielle, familiale et sociale même si la personne est en état de récidive légale (art. 132-19, modif. L. 15 août 2014 et L. 3 juin 2016)[14].

3° En matière de contraventions sont également prévues des peines alternatives (art. 131-14) et des peines complémentaires (art. 131-16).

En définitive, on est passé d'une *hiérarchie* des peines à une *équivalence* entre la nature des peines, le juge ayant un choix beaucoup plus large. Du moins cela joue-t-il surtout en matière correctionnelle. En matière criminelle, il y a moins de liberté pour le juge (art. 131-2) ; et en matière contraventionnelle, l'article 131-12 dispose que l'amende et les peines restrictives de droits, qui peuvent être préférées à l'amende en cas de contravention de 5e classe, ne sont pas exclusives d'une ou plusieurs peines complémentaires des articles 131-16 et 131-17. Il en résulte que ces peines complémentaires ne peuvent être prévues par le règlement qu'en complément de l'amende. *C'est l'amende qui détermine encore la classe de la contravention* : elle garde une place privilégiée.

625. Remarques. – Toutes ces peines complémentaires ou alternatives se ressemblent souvent par leur nature. Leurs différences se situent dans la durée. Exemple : la suspension du permis de conduire d'une durée de cinq ans est une peine alternative à l'emprisonnement en matière correctionnelle (art. 131-6) ainsi qu'une peine complémentaire pour certains crimes (art. 222-44). D'une durée de trois ans, elle est une

14. Le projet de réforme de la justice revoit en profondeur l'article 132-19 : il interdit tout emprisonnement ferme inférieur à un mois ; entre un mois et six mois, l'emprisonnement devra être aménagé sauf impossibilité sachant qu'entre six mois et un an, l'aménagement de l'emprisonnement doit toujours être privilégié. L'obligation de motivation des peines d'emprisonnement ferme est maintenue mais transférée dans le Code de procédure pénale.

peine complémentaire pour certaines contraventions (art. 131-16). D'une durée d'un an, elle est une peine alternative pour les contraventions de 5e classe (art. 131-14).

Ainsi, le juge a plus de liberté lors du prononcé. Mais le législateur peut-il *édicter*, à l'occasion de différentes infractions, des peines alternatives ou complémentaires à titre principal ? La question est théorique, car les seules peines prévues à titre principal pour l'instant dans les différents livres du Code pénal sont l'emprisonnement et l'amende.

Est-ce que le juge statuant sur une infraction pourrait *ajouter* l'une à l'autre une peine alternative à l'emprisonnement (celles de l'article 131-6 du Code pénal) et une peine complémentaire de *même nature* trouvée dans un autre texte spécial de pénalité ? La question est complexe[15].

À défaut d'interdiction[16], le cumul doit être possible sous réserve que les peines en concours ne soient pas identiques dans leur nature et leur objet[17]. Tout dépend, selon nous, de la portée que l'on veut donner au principe d'individualisation des peines.

626. Lorsqu'il s'agit d'une **personne morale,** les peines complémentaires sont souvent de même nature que celles encourues par les personnes physiques (v. p. ex. art. 222-49). La distinction entre peine principale (amende), peine complémentaire et peine de substitution est maintenue en matière contraventionnelle (v. art. 131-40, 2°, art. 131-42 et 131-43). Le juge peut ne prononcer que les peines complémentaires encourues (art. 131-44). En revanche, en matière criminelle et correctionnelle, cette distinction est abolie.

§2. Peines politiques et peines de droit commun

627. Le Code pénal actuel maintient la distinction entre la réclusion criminelle, peine de droit commun, et la détention criminelle, peine politique. Mais l'intérêt de la distinction est limité par trois raisons :

- Les infractions politiques sanctionnées ainsi sont en nombre limité. Il s'agit de quelques crimes du livre IV du Code pénal sur les infractions portant atteinte aux intérêts fondamentaux de la nation. Exemple (art. 411-2) : trahison, espionnage, sabotage.

15. M. Robert J.-H. donne l'exemple d'une annulation du permis de conduire prononcée au titre de l'article 131-6, 3°, du Code pénal (c'est-à-dire en tant que peine principale) avec interdiction d'en solliciter un nouveau pendant cinq ans ; cette sanction peut-elle *s'ajouter* à une autre annulation prononcée en application de l'article L. 15, § 3, du Code de la route et assortie d'une interdiction de se représenter pendant trois ans ? « La combinaison des peines de substitution et des peines complémentaires de même nature », Dr. pén. 1995, chron. 56.

16. Les articles 132-3 et 132-4 du Code pénal n'interdisent le cumul des peines de même nature au-delà du maximum de la peine encourue la plus élevée qu'en présence d'un concours réel d'infractions, ce qui n'est pas notre hypothèse.

17. V. l'exemple donné par M. Robert : la confiscation du véhicule (prévue à l'article 131-6-4°) et l'immobilisation de ce véhicule (prévue à l'article 131-6-5°).

- Le régime de la réclusion s'est libéralisé et il n'y a plus de peine de mort pour les infractions de droit commun.
- Cette distinction n'intéresse que les crimes. En matière correctionnelle, les mêmes peines s'appliqueront aux infractions politiques et aux infractions de droit commun.

CHAPITRE 2

Les formes de la peine

628. La peine peut prendre trois formes :
- celle d'une *atteinte à la personne* (section 1) ;
- celle d'une *atteinte aux biens* (section 2) ;
- et celle d'une *atteinte à des droits* (section 3).

Section 1
L'atteinte à la personne

629. Il s'agit des atteintes à la personne physique et des atteintes à la personne morale. Concernant ces dernières, les atteintes encourues sont très réduites, et l'une d'entre elles est exceptionnelle. Il s'agit de :
- la *dissolution*. Cette sanction peut s'apparenter à la peine de mort pour les personnes physiques. Elle est encourue quand la personne morale a été créée ou détournée de son objet pour commettre une infraction.
- le *placement sous surveillance judiciaire*, pour cinq ans au plus. Il s'agit plutôt d'une mesure de sûreté, qui limite la liberté d'entreprendre de la personne morale.

Ces deux peines sont en principe applicables à toutes les personnes morales. Toutefois :
- les deux peines les plus graves ne sont pas applicables aux personnes morales de droit public, ni aux partis ou groupements politiques, ni aux syndicats professionnels ;
- la peine de la dissolution n'est pas applicable aux institutions représentatives du personnel.

Nous consacrerons les développements suivants aux seules atteintes portées aux personnes physiques. Elles prendront une triple forme : celle d'une atteinte à l'*intégrité corporelle* (§ 1), celle d'une atteinte à la *liberté individuelle* (§ 2), ou celle d'une *mesure de sûreté* (§ 3).

§1. Atteintes corporelles

630. En ce qui concerne les atteintes corporelles, elles sont devenues marginales depuis que la peine de mort a été abolie par la loi du 9 octobre 1981. On pourrait s'interroger sur un éventuel rétablissement de cette peine. Mais ce rétablissement paraît hautement improbable depuis que la France a ratifié le protocole n° 6 additionnel à la Convention européenne de sauvegarde des droits de l'Homme et des libertés fondamentales, protocole abolissant la peine de mort, sauf à dénoncer la Convention par application de son article 65. On peut ajouter la Charte des droits fondamentaux de l'Union européenne en date du 18 décembre 2000, article 2, al. 2 : « Nul ne peut être condamné à la peine de mort. » et à présent, la Constitution de 1958, modifiée par les lois constitutionnelles du 23 février 2007, art. 66-1, qui reprend l'art. 2 de la Charte.

Toutefois, il existe des *mesures curatives* qui s'apparentent à des mesures de sûreté : la désintoxication des alcooliques dangereux pour autrui et des personnes intoxiquées par l'usage de stupéfiants, et la peine du suivi socio-judiciaire.

A. Les mesures de désintoxication

1. Alcooliques dangereux

631. La désintoxication des alcooliques dangereux était organisée par les articles L. 355 et suivants du Code de la santé publique, textes issus de la loi du 15 avril 1954. D'après l'article L. 355-1, tout alcoolique dangereux pour autrui était placé sous la surveillance de l'autorité sanitaire. La commission d'une infraction n'était pas nécessaire. C'était l'autorité judiciaire ou des médecins appartenant à des organismes d'hygiène sociale qui saisissaient l'autorité sanitaire. Celle-ci pouvait même se saisir d'office sur rapport d'une assistante sociale. Ces dispositions n'ont pas été reprises dans le nouveau Code de la santé publique, résultant, pour sa partie législative, de l'ordonnance du 15 juin 2000. Pour envisager un placement, il faudrait dorénavant que l'alcoolique fût en même temps atteint de troubles mentaux (v. CSP, art. L. 3213-1).

En revanche, la désintoxication peut être ordonnée en application de la loi du 17 juillet 1970 dans le cadre du *contrôle judiciaire* ordonné par le juge d'instruction (CPP, art. 138, al. 2, 10°). Dans ce cas, une mise en examen est nécessaire, ce qui suppose des indices de culpabilité, donc la commission ou du moins l'éventualité d'un délit. Par ailleurs, c'est une juridiction pénale qui prononcera la mesure de désintoxication.

2. Toxicomanes

632. La désintoxication des personnes consommant des stupéfiants est prévue par la loi du 31 décembre 1970.

La toxicomanie est un état dangereux au sens de l'article L. 3411-1 du Code de la santé publique : « Une personne usant d'une façon illicite de substances ou plantes classées comme stupéfiants bénéficie d'une prise en charge sanitaire organisée par l'agence régionale de santé. » L'usage de stupéfiants est une infraction punissable d'un an d'emprisonnement et/ou d'une amende de 3 750 € (CSP, art. L. 3421-1).

Le législateur préfère cependant le traitement médical à la mesure répressive. Il prévoit une injonction thérapeutique :

1° Injonction thérapeutique. Le procureur de la République saisi peut enjoindre à l'« usager » qui commet pour la première fois l'infraction de suivre une cure de désintoxication ou de se placer sous surveillance médicale (CSP, art. L. 3423-1). Si l'usager accepte, l'action publique n'est pas exercée contre lui. Cette procédure se rattache à l'idée de transaction : elle constitue un moyen d'aboutir à la réinsertion de l'intéressé.

2° Le juge d'instruction ou le juge des enfants peuvent, après avoir mis en examen une personne pour usage de stupéfiants, l'obliger par ordonnance à subir une cure de désintoxication accompagnée de toutes les mesures de surveillance médicale appropriées (CSP, art. L. 3424-1). L'exécution de cette ordonnance se poursuit s'il y a lieu après la clôture de l'information.

3° La juridiction de jugement peut elle-même prescrire une mesure d'injonction thérapeutique à titre de peine complémentaire selon les modalités prévues aux articles L. 3413-1 à L. 3413-4 (CSP, art. L. 3425-1). Le fait de se soustraire à l'exécution de la décision est puni notamment des peines prévues à l'article L. 3421-1 et L. 3425-1.

B. Le suivi socio-judiciaire

633. Inscrite dans le Code pénal (articles 131-36-1 à 131-36-8) par la loi du 17 juin 1998 relative à la prévention et à la répression des infractions sexuelles ainsi qu'à la protection des mineurs, cette mesure correspond à la volonté de mettre en place un suivi post-carcéral d'une durée suffisamment longue pour diminuer le risque de récidive. Cette disposition se situe dans la logique législative depuis la loi du 1er février 1994 qui, en créant la peine de réclusion incompressible, prévoyait dans un article 718 alinéa 2 du Code de procédure pénale que les personnes condamnées pour infractions sexuelles « exécuteraient leur peine dans des établissements pénitentiaires permettant d'assurer un suivi médical et psychologique adapté ».

La loi du 10 août 2007 (C. pén., art. 131-36-4) renforçant la lutte contre la récidive des majeurs et des mineurs soumet désormais de plein droit, à une injonction de soins, sauf décision contraire de la juridiction, la personne qui fait l'objet d'une condamnation à un suivi socio-judiciaire, s'il est établi qu'elle est susceptible de faire l'objet d'un traitement après une expertise médicale, ce qui atteste du lien étroit entre la peine et le traitement médical, avec les problèmes que l'on peut supposer quant à l'exécution de la mesure : le condamné doit accepter de participer activement au traitement ; le médecin doit collaborer avec le juge, ce qu'il n'est pas accoutumé à faire... Le suivi socio-judiciaire avec injonction de soins peut prendre la forme d'une peine principale ou d'une peine complémentaire facultative (C. pén., art. 131-36-7 et 131-10).

§2. Atteintes à la liberté individuelle

634. Il peut s'agir de peines privatives de liberté, de peines restrictives de liberté, ou de mesures de sûreté.

A. Peines privatives de liberté

635. C'est désormais, depuis 1992, la peine la plus grave, du moins lorsqu'elle est perpétuelle. La peine privative de liberté présente de grands atouts : elle protège la société en mettant à l'écart le délinquant. Elle doit permettre de châtier celui-ci, de lui infliger une souffrance. Enfin elle doit permettre son amendement par le travail pénitentiaire[1].

Nous savons ce qu'il faut penser de la prison. Elle est qualifiée fréquemment d'école de la récidive. Et aujourd'hui les politiques criminelles contemporaines mettent l'accent sur les alternatives à l'emprisonnement (notamment sur les peines restrictives de droits) et multiplient les occasions de ne pas prononcer celui-ci (sursis, ajournement de peine, dispense de peine, prononcé conditionnel de la peine...). La procédure de la *composition pénale*, prévue aux articles 41-1 et suivants du Code de procédure pénale depuis une loi du 23 juin 1999, participe à ce mouvement législatif destiné à marginaliser les peines traditionnelles. Le Code pénal s'est délibérément orienté dans cette voie depuis 1992 en faisant de l'emprisonnement correctionnel une peine parmi d'autres, ne pouvant être prononcé sans sursis que si la juridiction motive spécialement le choix de cette peine – sauf si la personne est en état de récidive légale (C. pén., art. 132-19)[2]. L'incarcération devient l'exception en cette matière. La loi pénitentiaire du 24 novembre 2009 accentue ce mouvement en insistant d'une part sur le fait que l'emprisonnement correctionnel sans sursis ne peut être prononcé « qu'en dernier recours », d'autre part sur le fait que la peine d'emprisonnement ferme qui serait malgré tout prononcée doit faire l'objet d'un aménagement (sauf impossibilité matérielle). La loi du 15 août 2014, avec la contrainte pénale notamment, reprend évidemment cette philosophie (C. pén., art. 132-19 nouv.) et le projet de loi de réforme de la justice, nous l'avons dit, accentue cette tendance. Il interdit en particulier l'emprisonnement sans sursis inférieur à un mois, jugeant qu'une telle peine a un « effet désocialisant majeur et prédispose à la récidive, ce qu'il faut impérativement éviter »[3].

---

1. Même lorsqu'elle est perpétuelle, la peine d'emprisonnement doit laisser au condamné un espoir d'élargissement et la perpective d'un réexamen de sa situation : CEDH. 17 janv. 2017, *aff.Hutchinson c/RU*, n° 57592/08, Dr. pén. 2017, comm., n° 51, note Bonis-Garçon E. – 23 mai 2017, *aff.Matiosaitis et a. c/Lituanie*, n° 22662/13.

2. La loi du 15 août 2014 loi (art. 3) ne prévoit plus cette exception.

3. V. Exposé des motifs.

636. Aujourd'hui, les peines privatives de liberté sont criminelles ou correctionnelles. L'emprisonnement de police a disparu.

1. Peines privatives de liberté criminelle (C. pén., art. 131-1)

637. Il s'agit de la réclusion criminelle (détention criminelle en matière politique) à perpétuité ou à temps (avec maximum, selon les infractions, de trente ans, vingt ans ou quinze ans, et minimum de dix ans).

2. Peine privative de liberté correctionnelle (C. pén., art. 131-4)

638. Il s'agit de l'emprisonnement. Aux termes de l'article 131-4, « L'échelle des peines d'emprisonnement est la suivante :

1° Dix ans au plus ;

2° Sept ans au plus ;

3° Cinq ans au plus ;

4° Trois ans au plus ;

5° Deux ans au plus ;

6° Un an au plus ;

7° Six mois au plus ;

8° Deux mois au plus ».

B. Peines restrictives de liberté

639. Avant la réforme de 1992 existait le bannissement, peine infamante, qui consistait en l'interdiction faite à un Français de résider en France pendant une durée de cinq à dix ans. Le retour volontaire du banni avant l'expiration de sa peine était sanctionné par la détention criminelle. Cette sanction était tombée en désuétude.

Depuis 1992, deux peines restreignent la liberté d'agir en imposant une obligation de faire : le travail d'intérêt général et l'accomplissement de prestations en nature. La loi du 15 août 2014 ajoute la contrainte pénale, peine originale et multiforme. Le projet de loi de réforme de la justice de 2018 crée quant à lui la peine de détention à domicile sous surveillance électronique pendant une durée comprise entre quinze jours et un an sans pouvoir excéder la durée de l'emprisonnement encouru(C.pén., art. 131-4-1 modif.)[4].

4. Le terme de détention est une image puisqu'il s'agira d'une restriction de liberté : obligation de demeurer dans son domicile avec autorisation de s'absenter pour une activité professionnelle, le suivi d'un enseignement, d'un stage, d'un traitement, pour participer à la vie de famille.

1. Le travail d'intérêt général (TIG)

640. Cette peine est prévue expressément par les articles 131-3 et 131-8 du Code pénal pour les délits. Le travail d'intérêt général a été institué par la loi du 10 juin 1983. C'est une prestation accomplie au profit d'une collectivité publique, d'un établissement public ou d'une association habilitée. À l'origine, le travail d'intérêt général était une peine de substitution à l'emprisonnement (v. anciens art. 43-3-1 et suivants). En fait, il a plusieurs visages répondant à diverses fonctions :

- favoriser la réinsertion sociale ;
- associer la collectivité à la lutte contre la délinquance ;
- constituer une riposte appropriée à l'encontre de la petite délinquance (c'est en matière de vol et de recel que cette peine est le plus souvent prononcée).

Le travail d'intérêt général :

- peut être une peine dite « principale » (C. pén., art. 131-8) quand le délit est puni d'une peine d'emprisonnement ;
- peut constituer l'*épreuve* dans le sursis avec mise à l'épreuve (C. pén., art. 132-54) ;
- peut être une peine complémentaire (C. route, art. L. 234-2) en cas de conduite en état d'ivresse ou sous l'empire d'un état alcoolique, ou en cas de contravention de 5e classe (le travail d'intérêt général est d'une durée de vingt à cent vingt heures dans ce dernier cas : C. pén., art. 131-17, al. 2).

641. Les articles 131-8 et 131-22 du Code pénal constituent les textes de base en la matière.

Lorsqu'un délit est puni d'une peine d'emprisonnement, la juridiction peut prescrire, à la place de l'emprisonnement, que le condamné accomplira, pour une durée de vingt à deux cent quatre-vingts heures dans les dix-huit mois (art. 131-22), un travail d'intérêt général non rémunéré au profit d'une personne morale de droit public, d'une personne de droit privé chargée d'une mission de service public ou d'une association habilitée à mettre en œuvre des travaux d'intérêt général. Cette peine est applicable aux majeurs et aux mineurs de seize à dix-huit ans. Pour ces derniers, les travaux doivent être adaptés à leur âge et présenter un caractère formateur ou de nature à favoriser leur insertion sociale (Ord. 2 février 1945, art. 20-5, al. 2).

Cette peine ne peut, en principe, être prononcée que si le prévenu est présent à l'audience et s'il ne la refuse pas. Toutefois cette peine peut être prononcée lorsque le prévenu, absent à l'audience, a fait connaître par écrit son accord et qu'il est représenté par son avocat (art. 131-8, modif. L. 3 juin 2016). Le président du tribunal, avant le prononcé du jugement, informe le prévenu de son droit de refuser l'accomplissement d'un travail d'intérêt général et reçoit sa réponse (art. 131-8).

Par rapport au régime antérieur, on notera qu'est disparue la condition liée au passé pénal[5]. On notera aussi que cette peine peut être refusée par le prévenu. Cette possibilité a été contestée : on a fait valoir que c'était la « peine à la carte »... Mais la Convention européenne de sauvegarde des droits de l'Homme énonce en son article 4 : « Nul ne peut être astreint à accomplir un travail forcé ou obligatoire. » De toute manière, le texte est d'une rédaction habile : il n'exige aucun accord direct... Constitue-t-il une « contractualisation de la sanction[6] » ? Il semble que le délinquant puisse seulement exprimer un refus. Un auteur[7] conteste vigoureusement l'impossibilité pour le juge d'imposer le travail d'intérêt général, et rejette l'argument tiré de l'article 4 de la Convention européenne de sauvegarde des droits de l'Homme, en faisant valoir que seul est visé par ce texte le travail forcé ordonné par un particulier ou par un organe étatique autre que judiciaire, et non le travail ordonné par un jugement, sinon il faudrait décider que la Convention condamne le travail pénitentiaire !

Les règles du droit du travail sont applicables, et le travail d'intérêt général peut se cumuler avec l'exercice de l'activité professionnelle. L'État répond du dommage (ou de la part de dommage) causé à autrui par un condamné et qui résulte directement de l'application d'une décision comportant l'obligation d'accomplir un travail d'intérêt général. L'État est subrogé dans les droits de la victime. Action en responsabilité et action récursoire sont de la compétence des tribunaux judiciaires.

2. L'accomplissement d'une prestation en nature

642. La condamnation peut consister en une prestation positive imposée au condamné. La condamnation peut être assortie d'une astreinte. Il peut s'agir d'un ajournement avec injonction (C. pén., art. 132-66). La prestation peut consister dans :

- la *remise en état d'un bien*. Exemples : la loi du 16 décembre 1969 sur le régime des eaux et la pollution permet au juge correctionnel d'ordonner des travaux sous astreinte. Selon les articles L. 480-5 et 480-7 du Code de l'urbanisme, en cas d'infraction à la législation sur la construction, le juge peut ordonner la démolition des ouvrages, la mise en conformité ou la réaffectation du sol sous astreinte ;
- la *cessation d'agissements illicites*. L'article L. 421-3 du Code de la consommation permet au juge pénal saisi par une association de consommateurs d'imposer au prévenu la cessation d'un agissement illicite, avec ajournement du prononcé de la peine, cet ajournement étant assorti d'une astreinte ;

5. Il fallait que le prévenu n'ait pas été condamné, au cours des cinq ans précédant les faits, pour crime ou délit de droit commun, soit à une peine criminelle, soit à une peine d'emprisonnement supérieure à quatre mois.

6. En ce sens : Pradel J., *op. cit.*, n° 660.

7. Rassat M.-L., *op. cit.*, n° 459.

- la *remise d'un document* ou d'une pièce (art. 65 et 92 du Code des douanes). Le refus de communiquer des documents aux agents des douanes constitue une infraction ;
- l'*obligation de suivre un stage* : Il a pour but de faire prendre conscience au condamné de certaines valeurs ayant été « oubliées ». Visiblement, le législateur reconnaît au stage des vertus jusqu'alors insoupçonnées. Ses formes se diversifient : il peut s'agir d'un *stage de citoyenneté tendant à l'apprentissage des valeurs de la République et des devoirs du citoyen*. Il s'agit d'une innovation de la loi du 9 mars 2004, complétée par la loi n° 2017-86 du 27 janvier 2017(C. pén., art. 131-5-1). C'est une peine alternative à l'emprisonnement pouvant être prononcée contre un majeur ou un mineur de treize à dix-huit ans. Quand il s'agit d'un majeur, le coût du stage qui ne peut excéder le montant des amendes de troisième classe peut être laissé à sa charge. Cette peine ne peut, en principe, être prononcée que si le prévenu est présent et l'accepte. Cette peine peut cependant être prononcée en l'absence du prévenu si ce dernier a fait connaître par écrit son accord et s'il est représenté par son avocat (art. 131-5-1 modif. L. 3 juin 2016). Les modalités, la durée et le contenu de la peine sont fixés par les articles R. 131-35 à R. 131-44 du Code pénal. Il peut s'agir d'un *stage de sensibilisation à la sécurité routière* (loi du 12 juin 2003), d'un *stage de responsabilité parentale* ou d'un *stage de sensibilisation aux dangers de l'usage de produits stupéfiants* (loi du 5 mars 2007) ; la juridiction précise si le stage est effectué aux frais du condamné, sachant que le stage de sensibilisation à la sécurité routière est toujours aux frais du condamné (C. pén., art. 131-35-1, al. 2). Le stage doit être exécuté dans les six mois à compter de la date à laquelle la décision est devenue définitive (art. 131-35-1 al. 1). La loi du 3 juin 2016 ajoute un article 131-35-2 pour préciser notamment que « lorsque la peine consiste dans l'obligation d'accomplir un stage, la durée de celui-ci ne peut excéder un mois... » ;
- la *sanction-réparation*. Elle consiste dans l'obligation pour le condamné de procéder, dans le délai et selon les modalités prévues par la juridiction, à l'indemnisation du préjudice. Dans un but comminatoire, la juridiction fixe la durée maximum de l'emprisonnement (six mois) ou le montant maximum de l'amende (15 000 €) dont le juge de l'application des peines pourra ordonner la mise à exécution, en tout ou en partie, si le condamné ne respecte pas l'obligation de réparation. Cette obligation peut être prononcée, en matière de délit ou de contravention de cinquième classe, à la place ou en même temps que la peine d'emprisonnement (ou d'amende si le délit est puni à titre de peine principale d'une seule peine d'amende). Avec l'accord de la victime la réparation peut être exécutée en nature par le condamné ou par un professionnel que ce dernier choisit et rémunère (C. pén., art. 131-8-1 et 131-15-1).

3. La contrainte pénale[8]

643. Applicable à compter du 1er octobre 2014, la contrainte pénale est l'un des apports emblématiques de la loi du 15 août 2014 relative à l'individualisation des peines et renforçant l'efficacité des sanctions pénales. Du moins, c'est elle qui a cristallisé le débat. L'appellation retenue met l'accent sur la coercition attachée à cette mesure, même si dans sa mise en œuvre, elle présente de grandes analogies avec le sursis avec mise à l'épreuve. La volonté du législateur était alors de tenter une *dissociation complète* du suivi du condamné et du prononcé d'un emprisonnement, ce qui, à ses yeux, ne pouvait être obtenu, au moyen d'un sursis, eût-il été avec mise à l'épreuve. L'espoir était de convaincre les magistrats qu'il existait maintenant une autre peine que l'emprisonnement correctionnel ou ses alternatives[9] ; d'où la dénomination choisie, non détachée de l'idée de pénalité au sens classique, afin de s'imposer aux yeux du juge. Selon le texte (C. pén., art. 131-4-1), sous couvert d'une « contrainte » se cache un « accompagnement socio-éducatif individualisé et soutenu » de l'auteur d'un délit puni d'une peine d'emprisonnement si sa situation matérielle, familiale et sociale ainsi que les circonstances de la commission de l'infraction. La contrainte pénale ne s'applique pas aux contraventions. La contrainte pénale emporte pour le condamné l'obligation de se soumettre, sous le contrôle du juge de l'application des peines, pendant une durée comprise entre six mois et cinq ans et qui est fixée par la juridiction, à des mesures de contrôle et d'assistance ainsi qu'à des obligations et interdictions particulières destinées à prévenir la récidive en favorisant son insertion ou sa réinsertion au sein de la société.

Sont mentionnées :

- les mesures de contrôle de l'article 132-44 du Code pénal qui s'appliquent, dès le prononcé de la condamnation, pour toute la durée d'exécution de la peine ;
- des obligations et interdictions particulières qui *pourront* être prononcées : obligations et interdictions de l'article 132-45 en matière de sursis avec mise à l'épreuve ; obligation d'effectuer un travail d'intérêt général ; injonction de soins si la personne a été condamnée pour un délit pour lequel le suivi socio judiciaire est encouru et qu'une expertise médicale a conclu qu'elle était susceptible de faire l'objet d'un traitement. Si elle dispose d'éléments d'information suffisants sur la personnalité du condamné et sur sa situation matérielle, familiale et sociale, la juridiction qui prononce la contrainte pénale peut définir les obligations et interdictions particulières parmi celles mentionnées aux 1° à 3° de l'article 131-4-1 (soit celles énoncées précédemment) ;

---

8. Cette peine, qui était pourtant promise à un bel avenir, est supprimée par le projet de loi du printemps 2018. En vérité elle est absorbée dans le sursis probatoire.

9. Le rapporteur à l'Assemblée nationale, tout en affirmant que cette contrainte pénale « ne se substituera, pour aucun délit, à la peine d'emprisonnement prévue par la loi », reconnaissait qu'elle « sera pour les juridictions une peine alternative supplémentaire comme la peine de TIG ou de jour-amende ». Le message à l'adresse des juridictions restait donc brouillé : rapport AN, n° 1974, p. 57.

– des mesures d'aide prévues à l'article 132-46 du Code pénal.

Ce lien entretenu par le texte entre la contrainte pénale et le sursis avec mise à l'épreuve (référence aux articles 132-44 à 132-46) remet en cause l'objectif affiché à l'origine. Quelle est vraiment, sur le terrain judiciaire, la différence pour le juge entre la contrainte pénale et un sursis avec mise à l'épreuve accompagnant le prononcé d'un emprisonnement ? Le seul moyen d'isoler la contrainte pénale, de lui donner une spécificité, eût été de supprimer pour certains délits toute référence à une peine d'emprisonnement et de prévoir à la place la contrainte pénale. Un amendement sénatorial l'avait fait lors de la discussion du texte en première lecture[10] pour un certain nombre de délits (filouterie, dégradation, délit routier tel le délit de fuite ou délit sans blessure ou homicide involontaire). Le texte définitif, plus prudent, revient sur cette avancée majeure qui bouleversait notre conception du droit pénal. L'article 20 de la loi prévoyait seulement que dans les deux ans suivant la promulgation de la loi, le Gouvernement remettrait un rapport au Parlement « étudiant la possibilité de sanctionner certains délits d'une contrainte pénale à titre de peine principale, en supprimant la peine d'emprisonnement encourue, et évaluant les effets possibles d'une telle évolution sur les condamnations prononcées ainsi que ses conséquences sur la procédure pénale ». Le législateur voulait laisser à la contrainte pénale le temps de s'installer dans le paysage procédural pénal avant de lui donner, le cas échéant, un nouvel élan. Le Conseil constitutionnel avait été saisi d'un recours contre le projet de loi : leurs auteurs invoquaient d'une part la violation de la légalité des peines, les obligations encourues à titre de sanction n'étant pas définies précisément, d'autre part l'atteinte au principe d'égalité des citoyens devant la loi dans la mesure où le choix entre l'emprisonnement et la contrainte pénale ne reposerait sur aucun critère objectif. Mais le Conseil constitutionnel a rejeté ces arguments dans sa décision du 7 août 2014.

La contrainte pénale limitée à l'origine aux délits punis d'une peine cinq d'emprisonnement d'une durée inférieure ou égale à cinq ans s'applique, depuis le 1er janvier 2017, à tous les délits quelle que soit la durée de la peine d'emprisonnement encourue. Aujourd'hui, le succès bien relatif connu par cette mesure explique que soit envisagée sa réforme.

§3. Mesures de sûreté

644. Les unes concernent les mineurs (mesures de protection, d'assistance...), les autres les majeurs (expulsion, interdiction du territoire, interdiction de séjour).

10. Projet de loi, n° 148, voté le 26 juin 2014.

A. Mesures de sûreté applicables aux mineurs

1. Liberté surveillée

645. L'ordonnance du 2 février 1945 permet de prononcer, à côté des peines d'emprisonnement et d'amende (qui doivent demeurer exceptionnelles), des mesures de protection, d'assistance et d'éducation. Ces mesures, applicables aux mineurs délinquants, ressemblent aux mesures prises à l'égard des mineurs prédélinquants dans le cadre de l'assistance éducative (C. civ., art. 375). Elles prennent la forme (outre l'admonestation et la remise à un parent ou à un tiers digne de confiance) d'une liberté surveillée (ou éducation surveillée). La liberté surveillée a été instituée par la loi du 22 juillet 1912 et maintenue dans l'ordonnance du 2 février 1945. Le mineur reste libre, mais une personne est chargée d'assurer sa surveillance et sa rééducation. Il s'agit d'un *délégué permanent* à la liberté surveillée, agent de l'État nommé par le ministre de la Justice, ou d'un *délégué bénévole*, nommé par le juge des enfants.

2. Placement

646. Le mineur peut aussi faire l'objet d'un placement dans un établissement.

En deçà de treize ans, le mineur peut être placé par le tribunal pour enfants, dans une institution ou un établissement public ou privé d'éducation ou de formation professionnelle habilité, dans un établissement médical ou médico-pédagogique habilité, ou encore dans un internat approprié aux mineurs délinquants d'âge scolaire (Ord. 1945, art. 15). De treize à dix-huit ans, les mineurs peuvent être placés soit dans l'un des deux derniers types d'établissements cités, soit dans une institution publique d'éducation surveillée ou d'éducation corrective (art. 16 ord.). Si le mineur de plus de seize ans a un comportement dangereux, le juge peut le placer jusqu'à vingt et un ans dans une institution d'éducation surveillée (art. 16 *bis*).

La loi du 9 septembre 2002 a, par ailleurs, créé des centres éducatifs fermés, établissements publics ou privés habilités dans des conditions prévues par décret en Conseil d'État pour recevoir des mineurs de treize à dix-huit ans condamnés à une peine d'emprisonnement assorti d'un sursis avec mise à l'épreuve (Ord. 1945, art. 33) ou bénéficiant d'un placement à l'extérieur. Les mineurs placés doivent faire l'objet d'un suivi éducatif et pédagogique renforcé et adapté à leur personnalité[11]. La même loi a aussi créé des sanctions éducatives (interdictions de paraître dans certains lieux, obligation de suivre un stage de formation civique, interdiction d'aller et venir sur la voie publique entre vingt-trois heures et six heures sans être accompagné de l'un de ses parents ou du titulaire de l'autorité parentale, pour une durée de trois mois maximum, renouvelable une fois, avertissement solennel, exécution de travaux scolaires,

11. Le Conseil constitutionnel a décidé que la création de ces centres, dans la mesure où le placement des mineurs constituait une alternative à l'incarcération, était conforme aux principes constitutionnels propres à la justice des mineurs : Cons. const., 29 août 2002 : JO 10 sept. 2002, p. 14953.

placement dans un établissement scolaire doté d'un internat pour une durée correspondant à une année scolaire avec autorisation de rentrer dans sa famille les fins de semaine et pour les vacances...) qui peuvent être prononcées à l'encontre des mineurs de dix à dix-huit ans et dont l'inexécution peut être sanctionnée par une mesure de placement dans l'un des établissements visés à l'article 15 de l'ordonnance (Ord. 1945, art. 15-1, dern. al.).

3. La rétention et la surveillance de sûreté

647. La loi du 25 février 2008 qui crée la rétention et la surveillance de sûreté n'exclut pas les mineurs du dispositif de protection contre les criminels dangereux. (Sur le régime juridique de ces mesures, v. *infra*, n°s 651 et 652).

B. Mesures de sûreté applicables aux majeurs

1. L'expulsion[12]

648. Elle est prononcée par arrêté du ministre de l'Intérieur quand la présence de l'étranger « constitue une menace grave pour l'ordre public » (CESEDA, art. L. 521-1). C'est le cas pour un étranger qui a été condamné pénalement. Pour éviter les expulsions arbitraires, l'étranger comparaît devant une commission présidée par le président du tribunal de grande instance et qui rend un avis (CESEDA, art. L. 522-1). Cependant, en cas d'urgence, l'avis de la commission n'est pas nécessaire.

L'expulsion n'est pas possible à l'égard des mineurs. Elle ne l'est pas non plus à l'égard des majeurs dans certains cas (CESEDA, art. L. 521-2 ; L. 521-3). Ainsi ne peut être expulsé l'étranger marié depuis au moins deux ans avec une Française, à condition que la communauté de vie n'ait pas cessé et que le conjoint ait conservé la nationalité française.

L'arrêté d'expulsion peut être rapporté.

2. L'interdiction du territoire français

649. Elle est prévue par l'article 131-30 du Code pénal, à titre définitif ou pour une durée de dix ans au plus. Cette interdiction entraîne de plein droit la reconduite du condamné à la frontière, le cas échéant à l'expiration de sa peine d'emprisonnement ou de réclusion. Cette mesure de sûreté est applicable aux étrangers coupables de crimes ou de délits.

Cette peine est en principe une peine complémentaire. Dans certaines hypothèses énumérées à l'article 131-30, al. 4, l'interdiction de territoire français ne pourra être prononcée que par une décision spécialement motivée[13].

12. Code de l'entrée et du séjour des étrangers et du droit d'asile, art. L. 521-1 et s.

13. Une circulaire du garde des Sceaux en date du 17 nov. 1999 tend, d'ailleurs, à marginaliser cette peine, qui emporte de graves conséquences sur le plan humain, en invitant les parquets à ne requérir l'interdiction du territoire français qu'en conformité avec le principe de nécessité et de proportionnalité des peines. C'est pourquoi les réquisitions ne doivent plus être systématiques. Le parquet devra toujours tenir compte de la situation personnelle du condamné : la durée de son séjour et de sa scolarisation en France,

3. L'interdiction de séjour

650. L'interdiction de séjour est une mesure très ancienne. Une ordonnance de 1704 faisait interdiction aux anciens galériens de paraître à Paris et à Marseille.

Elle a été régie par la loi du 18 mars 1955 modifiée ultérieurement par les lois des 29 décembre 1972, 11 juillet 1975 et 10 juillet 1976. Aujourd'hui, elle fait l'objet de l'article 131-31 du Code pénal. D'après ce texte, l'interdiction de séjour emporte défense de paraître dans certains lieux déterminés par la juridiction. Elle comporte, en outre, des mesures de surveillance et d'assistance. Sa durée ne peut excéder dix ans en cas de condamnation pour crime, cinq ans en cas de condamnation pour délit. Son régime est fixé par les articles 762-1 et suivants du Code de procédure pénale.

L'innovation du Code pénal en 1992 est d'avoir « judiciarisé » l'interdiction de séjour : la liste des lieux interdits ainsi que les mesures de surveillance et d'assistance peuvent être modifiées par le juge de l'application des peines.

L'interdiction de séjour est une peine complémentaire prévue pour certaines infractions (ex. : homicide volontaire, C. pén., art. 221-9 – proxénétisme, art. 225-20 – actes de terrorisme, art. 422-3). Elle cesse de plein droit quand le condamné atteint l'âge de soixante-cinq ans, sous réserve des dispositions de l'article 763 du Code de procédure pénale (« En cas de prescription d'une peine prononcée en matière criminelle, le condamné est soumis de plein droit et *à titre définitif* à l'interdiction de séjour dans le département où demeurent la victime du crime ou ses héritiers directs »).

4. La rétention et la surveillance de sûreté[14]

651. Si l'on retient la solution de la Cour de cassation dans sa dernière décision, c'est donc dans la catégorie des mesures de sûreté qu'il faut placer la rétention et la surveillance de sûreté prévues par la loi du 25 février 2008. Selon l'article 706-53-13 du Code de procédure pénale (modifié par la loi du 10 mars 2010) : « À titre exceptionnel, les personnes dont il est établi, à l'issue d'un réexamen de leur situation intervenant à la fin de l'exécution de leur peine, qu'elles présentent une particulière dangerosité caractérisée par une probabilité très élevée de récidive parce qu'elles souffrent d'un trouble grave de la personnalité, peuvent faire l'objet à l'issue de cette peine d'une rétention de sûreté selon les modalités prévues par le présent chapitre, à la condition qu'elles aient été condamnées à une peine de réclusion criminelle d'une durée égale ou supérieure à

le fait que des membres de sa famille ont la nationalité française, son activité professionnelle, le fait qu'il est marié ou qu'il vit en concubinage avec une personne de nationalité française. En matière d'actes de terrorisme, le législateur a souhaité que cette interdiction du territoire français soit plus systématique. Le principe est que cette peine est prononcée. Si la juridiction considère qu'elle ne doit pas l'être en considération des circonstances de l'infraction et de la personnalité de son auteur, elle doit spécialement motiver sa décision en ce sens (C. pén., art. 422-4 modif. par L. n° 2016-987 du 21 juillet 2016).

14. Sur la réforme, Pradel J., « Une double révolution en droit pénal français avec la loi du 25 févr. 2008 », D. 2008, p. 1000 ; Matsopoulou H., « Le développement des mesures de sûreté justifiées par la "dangerosité" et l'inutile dispositif applicable aux malades mentaux », Dr. pén., avr. 2008, p. 7.

quinze ans pour les crimes commis sur une victime mineure, d'assassinat ou de meurtre, de torture ou d'actes de barbarie, de viol, d'enlèvement ou de séquestration. Il en est de même pour les crimes, commis sur une victime majeure, d'assassinat ou de meurtre aggravé, de torture ou actes de barbarie aggravés, de viol aggravé, d'enlèvement ou de séquestration aggravé ou lorsqu'ils sont commis en récidive, de meurtre, de torture ou d'actes de barbarie, de viol, d'enlèvement ou de séquestration. ». Les condamnés ayant bénéficié d'une libération conditionnelle ne peuvent être placés en rétention de sûreté sauf si cette mesure a fait l'objet d'une révocation (art. 706-53-20). Cette rétention de sûreté ne peut être prononcée que si la cour d'assises a expressément prévu dans sa décision de condamnation que la personne pourra faire l'objet à la fin de sa peine d'un réexamen de sa situation en vue d'une éventuelle rétention de sûreté. Pratiquement, la rétention de sûreté consiste en un placement de l'intéressé dans un *centre socio-médico-judiciaire de sûreté* dans lequel il lui est proposé de façon permanente une prise en charge médicale, sociale et psychologique destinée à mettre fin à cette mesure. Du point de vue procédural, la rétention de sûreté est ordonnée par la *juridiction régionale de la rétention de sûreté*, saisie par le procureur général sur proposition de la *commission pluridisciplinaire des mesures de sûreté* au moins trois mois avant la date prévue pour la libération. La décision, spécialement motivée (au regard des dispositions de l'article 706-53-14 et du nouveau troisième alinéa de l'article 706-53-15) est prise après un débat contradictoire et après avoir vérifié que la personne condamnée a effectivement été mise en mesure de bénéficier pendant l'exécution de sa peine d'une prise en charge médicale, sociale et psychologique adaptée au trouble de la personnalité dont elle souffre (al. 3, art. 706-53-15, CPP ajouté par la loi du 10 mars 2010)[15]. La décision peut faire l'objet d'un recours devant *la juridiction nationale de la rétention de sûreté*. Après un délai de trois mois à compter de la décision définitive de rétention, le condamné peut demander à la juridiction régionale qu'il soit mis fin à cette mesure. La juridiction a trois mois pour statuer à compter de la réception de la demande. À défaut il est mis fin d'office à la rétention de sûreté. En cas de rejet de la demande, le condamné doit attendre trois mois avant de formuler une nouvelle demande (art. 706-53-17).

La rétention de sûreté ne peut être prononcée que si le condamné a fait l'objet au moins un an avant la date prévue pour sa libération d'une évaluation de sa dangerosité par la *commission pluridisciplinaire des mesures de sûreté*[16]. À cette fin la commission demandera le placement du condamné

15. Cass.crim., 28 mars 2018, n° 17-86938, *Dr.pén.* 2018, comm. n° 118, note Peltier V.

16. Les membres de la commission pourront avoir accès à des informations contenues dans un nouveau fichier créé par l'article 9 de la loi du 10 mars 2010 dénommé : « *Répertoire des données à caractère personnel collectées dans le cadre des procédures judiciaires* ». Selon le texte ce répertoire, tenu par le service du casier judiciaire sous l'autorité du ministre de la justice et placé sous le contrôle d'un magistrat, est destiné à faciliter et à fiabiliser la connaissance de la personnalité et l'évaluation de la dangerosité des personnes poursuivies ou condamnées pour l'un des infractions pour lesquelles le suivi sociojudiciaire est encouru et à prévenir le renouvellement de ces infractions. La communication de ces informations aux membres

pour une durée d'au moins six semaines dans un service spécialisé ce qui permettra son examen par deux experts. Tout dépendra alors du risque de récidive que le condamné représente (CPP, art. 706-53-14). La rétention ne pourra être recommandée que si ce risque est très élevé (la rétention doit dans ce cas constituer l'unique moyen de prévenir la commission des infractions visées à l'article 706-53-13) et dans la mesure où les autres mesures de suivi (inscription au fichier judiciaire national automatisé des auteurs d'infractions sexuelles et violentes, injonction de soins, placement sous surveillance électronique mobile) se révèlent insuffisantes. Si la commission considère que les conditions de la rétention ne sont pas réunies mais que le condamné paraît dangereux, elle renverra le dossier au juge de l'application des peines pour qu'il apprécie l'opportunité d'un placement sous surveillance judiciaire. La commission doit également vérifier que le condamné a effectivement été mis en mesure de bénéficier, pendant l'exécution de sa peine, d'une prise en charge médicale, sociale et psychologique adaptée au trouble de la personnalité dont il souffre.

La rétention de sûreté affecte le droit de la peine. L'alibi sémantique (la rétention n'est pas une peine mais une mesure de sûreté) est inefficace à cacher un changement de philosophie : avant la loi du 25 février 2008, la personne ne pouvait faire l'objet d'une privation de liberté que pour ce qu'elle *avait fait*. Désormais, elle peut faire l'objet d'une mesure d'enfermement à raison de ce qu'elle *est* simplement. L'infraction potentielle vaut l'infraction commise[17]. Le lien traditionnel entre l'infraction et la peine est rompu. La dangerosité du criminel qui sera retenue est d'ordre criminologique et non psychiatrique, ce qui n'en facilite pas la définition comme l'a reconnu le rapporteur devant la Commission des lois du Sénat[18].

652. Dans le cas où la rétention de sûreté n'est pas renouvelée ou s'il y est mis fin sur demande de l'intéressé ou d'office, ou bien encore si la personne, qui a été condamnée à une réclusion criminelle d'une durée égale ou supérieure à quinze ans pour l'une des infractions visées à l'article 706-53-13 du Code de procédure pénale, a fait l'objet d'un placement sous surveillance judiciaire ou d'un suivi socio-judiciaire parvenant à sa limite d'exécution la juridiction régionale de la rétention de sûreté peut placer la personne, jusque-là retenue ou astreinte à des obligations, sous le régime de la *surveillance de sûreté* pour une durée de deux ans (CPP, art. 706-53-19, modif. par la loi du 10 mars 2010). Il faut que soit constatée la persistance de la dangerosité de la personne et que cette surveillance de sûreté s'impose parce qu'elle constitue l'unique moyen de prévenir la

---

de la commission ou aux experts chargés d'une évaluation de dangerosité se fait par l'intermédiaire de l'autorité judiciaire.

17. Le Conseil constitutionnel a validé le dispositif législatif dans sa décision du 21 févr. 2008. Toutefois, il considère que la loi n'est pas rétroactive. La rétention de sûreté ne peut être prononcée à l'encontre de personnes condamnées avant la publication de la loi ou pour des infractions commises avant cette publication.

18. V. Rapport présenté par M. Lecerf, n° 174, p. 8. Selon Ch. Debuyst la dangerosité criminologique est « un phénomène psychosocial caractérisé par des indices révélateurs de la grande probabilité de commettre une infraction contre les personnes ou les biens », *IIe Cours international de criminologie de Paris*, 1953.

récidive dont le risque est très élevé, les obligations résultant de l'inscription au fichier judiciaire national automatisé des auteurs d'infractions sexuelles ou violentes apparaissant à cet égard insuffisantes. Selon l'article 726-37, quand la surveillance de sûreté fait suite à la surveillance judiciaire, la juridiction régionale est saisie par le juge de l'application des peines ou le procureur de la République six mois avant la fin de la mesure. La mainlevée de la surveillance de sûreté peut être demandée selon les modalités de l'article 706-53-17. Le renouvellement de la surveillance de sûreté est possible pour la même durée. En cas de méconnaissance par l'intéressé des obligations qui lui sont imposées dans le cadre de la surveillance de sûreté faisant apparaître chez lui, à nouveau, une particulière dangerosité caractérisée par une probabilité très élevée de commettre à nouveau l'une des infractions de l'article 706-53-13, le président de la juridiction régionale peut ordonner en urgence son placement dans un centre socio-médico-judiciaire de sûreté (CPP, art. 706-53-19, al. 3). Ce placement ne peut être ordonné toutefois que si le renforcement des obligations de la surveillance de sûreté apparaît insuffisant.

653. La loi du 10 mars 2010 prévoit désormais le cas où durant l'exécution d'une rétention ou d'une surveillance de sûreté une détention intervient. Dans ce cas la mesure est suspendue. Si la détention excède six mois la reprise de la rétention ou de la surveillance devra être confirmée par la juridiction régionale de la rétention de sûreté au plus tard dans le délai de trois mois après la cessation de la détention, à défaut de quoi il sera mis fin d'office à la mesure (art. 706-53-21 nouveau).

Section 2 L'atteinte aux biens

654. Elle se présente sous plusieurs formes : l'amende (§ 1) la confiscation (§ 2) et la fermeture d'établissement (§ 3). Elles s'appliquent aussi bien aux personnes physiques qu'aux personnes morales.

§1. L'amende

655. C'est l'obligation pour le condamné de payer à l'État une somme d'argent. L'amende prive le délinquant d'une partie de son patrimoine, ce qui lui confère une valeur intimidante. Son recouvrement est assuré par le percepteur, agissant au nom du procureur de la République.

L'amende pénale doit être distinguée :

- des *dommages-intérêts*, qui réparent le préjudice ;
- de *l'amende fiscale*, qui participe à la fois de l'amende pénale et des dommages-intérêts. Elle participe de l'amende pénale en ce qu'elle est prononcée par le juge pénal, s'éteint par la prescription et peut

être prononcée contre les héritiers après le décès du délinquant. Ce caractère explique aussi que l'Administration puisse lancer l'action publique[19]. Elle est d'autre part assimilable à une réparation, en ce qu'elle peut donner lieu à une transaction proposée par l'administration fiscale ;
- de *l'amende civile*. Celle-ci, prévue par l'article 32-1 du nouveau Code de procédure civile, peut aller de 15 € à 1 500 € ; elle sanctionne celui qui agit en justice de manière dilatoire ou abusive. L'amende civile n'a donc pas le caractère d'une peine au sens répressif du terme. Bien entendu, elle se distingue aussi des dommages-intérêts.

656. Critique du procédé :

1° Par le biais de l'amende, l'État tire profit de la criminalité. Certains[20] ont proposé d'affecter le montant des amendes à un fonds de garantie pour l'indemnisation des victimes. Mais l'amende risquerait alors de perdre sa signification.

2° Elle semble contraire à la personnalité des peines, car elle rejaillit sur la famille du condamné et n'est pas une peine égalitaire (le riche paie plus facilement l'amende que le pauvre). Pour limiter l'impact de l'amende, la loi du 15 août 2014 modifie l'article 132-20 al. 2 du Code pénal qui précise désormais que le montant de l'amende est déterminé en tenant compte des ressources et des charges de l'auteur de l'infraction.

C'est en considération de ces critiques que le droit français, à l'imitation des pays étrangers, a institué, par la loi du 10 juin 1983, le jour-amende[21].

A. L'amende traditionnelle

1. Domaine

657. Pour les *personnes physiques*, elle est la sanction en matière de délit et de contravention. Elle est exceptionnelle en matière criminelle (ex. : art. 441-4, al. 2, pour le faux commis dans une écriture publique par une personne dépositaire de l'autorité publique ou chargée d'une mission de service public : quinze ans de réclusion criminelle et 225 000 € d'amende).

L'amende est la peine de principe applicable aux *personnes morales*, que ce soit en matière criminelle, correctionnelle ou contraventionnelle. Cela signifie que pour toute infraction commise par une personne morale, la peine encourue de droit est l'amende, les autres peines n'étant encourues que dans les cas prévus par la loi. Le taux maximum de l'amende applicable aux personnes morales est égal au quintuple de celui prévu pour les personnes physiques par la loi qui réprime l'infraction (C. pén., art. 131-38). Une

19. V. aussi le problème du cumul des sanctions pénales et fiscales (*supra*, n° 599).

20. Legal, « Les garanties d'indemnisation de la victime d'une infraction », *Mélanges Hugueney*, 1964, p. 46.

21. Déjà institué par la Finlande en 1921, par la Suède en 1931, par l'Allemagne fédérale en 1975.

circulaire du 26 janvier 1998[22] avait analysé les premières condamnations (environ une centaine) inscrites au casier judiciaire. Elle avait permis de tirer certains enseignements quant à la pratique de l'amende. Toutes les fois que la responsabilité des personnes morales avait été retenue, une condamnation ferme à une amende avait été prononcée. Il n'y avait eu que cinq peines avec sursis. On avait pu noter une grande amplitude dans le montant : de 3 000 F à 500 000 F, la moyenne des amendes s'établissant à 45 300 F quand il s'était agi de personnes morales de droit privé. Dans le cas de personnes morales de droit public (la circulaire ne faisait état que de deux condamnations), les amendes avaient été plus élevées : 150 000 F et 300 000 F.

2. Montant

658. En matière correctionnelle. – Le montant minimum de l'amende est fixé à 3 750 €. D'une manière générale, en consultant les dispositions pénales spéciales, on peut dire que l'amende encourue est de 15 000 € par année d'emprisonnement. Ex. : l'article 311-3 punit le vol de trois ans d'emprisonnement et de 45 000 € d'amende. L'article 312-2 punit l'extorsion de dix ans d'emprisonnement et de 150 000 € d'amende.

659. En matière contraventionnelle. – L'article 131-13 du Code pénal dispose que « le montant de l'amende est le suivant :

1° 38 € au plus pour les contraventions de la 1re classe ;

2° 150 € au plus pour les contraventions de la 2e classe ;

3° 450 € au plus pour les contraventions de la 3e classe ;

4° 750 € au plus pour les contraventions de la 4e classe ;

5° 1 500 € au plus pour les contraventions de la 5e classe, montant qui peut être porté à 3 000 € en cas de récidive lorsque le règlement le prévoit ».

Il faut remarquer que c'est la loi qui fixe désormais ces montants, alors que la classification était faite, dans le Code pénal de 1810, par le pouvoir réglementaire (ancien art. R. 25).

En cette matière, l'amende devient une peine essentielle en raison de la suppression de l'emprisonnement de police.

660. Il convient enfin de faire état d'un mode de calcul particulier applicable essentiellement en matière d'infraction contre les biens. Le législateur prévoit que le maximum peut être dépassé sur un système de pourcentage. C'est le cas de l'article 321-3 du Code pénal à propos du recel : « Les peines d'amende prévues par les articles 321-1 et 321-2 peuvent être élevées au-delà de 375 000 € jusqu'à la moitié de la valeur des biens recelés. »

B. Le jour-amende

661. Il est prévu par les articles 131-5 et 131-25 du Code pénal.

22. JCP 1998. III. 20035.

1. Définition

662. 1° Le jour-amende ne s'applique qu'aux *majeurs* : l'article 751 du Code de procédure pénale exclut en effet la contrainte par corps quand le délinquant était mineur au moment des faits.

2° Il faut que la personne ait commis un *délit*, et que ce délit soit puni par la loi d'une peine d'*emprisonnement*.

3° Le prononcé de cette peine est une *faculté* pour le juge.

Le jour-amende est en principe une alternative à l'emprisonnement. Le juge jouit d'une grande liberté à cet égard : le jour-amende peut s'appliquer même si le délit est puni de dix ans d'emprisonnement, ce qui peut paraître excessif. Il n'y a pas de condition quant au passé pénal : un récidiviste peut bénéficier de cette peine.

663. Une question se pose : le jour-amende est-il cumulable avec l'emprisonnement ? La Chancellerie semble autoriser ce cumul, alors qu'auparavant le jour-amende était une peine alternative (v. circ. 14 mai 1993). Cette solution repose sur une interprétation *a contrario* de l'article 131-9 du Code pénal, qui interdit certains cumuls et en admet d'autres. Or, l'hypothèse traitée ici n'est pas envisagée par ce texte. Mais on voit que la solution retenue est arbitraire. Pour Cl. Lombois[23], l'article 131-5 qui dispose : « Lorsqu'un délit est puni d'une peine d'emprisonnement, la juridiction peut prononcer une peine de jours-amende » signifie-t-il que le juge prononce le jour-amende « à la place » ou « en outre » ? L'auteur voit deux raisons au non-cumul. D'abord, la difficulté en cas de cumul de déterminer la nature juridique du jour-amende : peine complémentaire (non visée par l'article 131-10) ou peine principale ajoutée ? Ensuite, le risque de dépassement du maximum de l'emprisonnement dans l'hypothèse où le défaut de paiement des jours-amende donnerait lieu à une incarcération. L'argumentation est, il est vrai, assez convaincante.

2. Mécanisme

664. 1° Selon l'article 131-5, le juge commence par arrêter le nombre de jours-amende, qui ne peut dépasser 360. Ce nombre est déterminé en tenant compte des circonstances de l'infraction.

2° Ensuite, le juge détermine le montant de chaque jour-amende, qui ne peut dépasser 1 000 €. Ce montant est déterminé en fonction des ressources et des charges du prévenu (mais le juge peut-il les connaître avec certitude ?). L'idée est que le chiffre retenu par le juge soit une somme qui corresponde à ce que le prévenu peut mettre de côté chaque jour s'il économise au maximum.

3° Enfin, le juge multiplie le chiffre quotidien de l'amende par le nombre de jours-amende. Avec cette technique, le juge peut dépasser le maximum de l'amende encourue pour le délit. Le défaut total ou partiel de paiement

23. *Droit pénal général*, Hachette, 1994, p. 135.

entraîne l'incarcération du condamné pour une durée égale au nombre de jours-amende impayés. C'est la procédure de contrainte judiciaire qui est utilisée (art. 131-25, al. 2). Aux termes de l'article 762, dernier alinéa (L. 3 juin 2016), la personne condamnée à la peine de jours-amende et contre qui la mise à exécution de l'emprisonnement a été prononcée peut prévenir cette mise à exécution ou en faire cesser les effets en payant l'intégralité de l'amende.

§2. La confiscation

665. C'est une peine qui consiste dans la mainmise de l'État sur les biens du condamné. En principe, la confiscation *générale*, qui n'était encourue que pour certaines infractions (crimes contre la sûreté de l'État), a été supprimée lors de la réforme du Code pénal en 1992. Elle est cependant maintenue comme peine facultative (trafic de stupéfiants, art. 222-49, al. 2. ; crimes contre l'humanité) et comme peine complémentaire. Elle est encourue de plein droit pour les crimes et pour les délits punis d'une peine d'emprisonnement d'une durée supérieure à un an, à l'exception des délits de presse.

La confiscation *spéciale* est maintenue (art. 131-21). La confiscation est fréquemment une peine complémentaire (v. art. 131-10). Le juge qui la prononce doit respecter le principe de proportionnalité[24]. Elle peut être obligatoire. Ainsi, d'après l'alinéa 7 de l'article 131-21, la confiscation est obligatoire pour les objets qualifiés de dangereux ou nuisibles par la loi ou le règlement.

A. Objet

1. Les cas de confiscation en nature (art. 131-21 et 131-21-1)

666. Quand elle est prononcée à titre de peine complémentaire en cas de crime ou de délit, elle peut porter soit :

- sur le *corps du délit*. Par exemple, l'article 432-17 sur la corruption prévoit à titre complémentaire la confiscation des sommes ou objets irrégulièrement reçus par l'auteur de l'infraction, à l'exception des objets susceptibles de restitution (ce serait le cas où la chose livrée par le corrupteur aurait été frauduleusement détournée ou soustraite au préjudice du véritable propriétaire : cette chose ne pourrait être confisquée et devrait être restituée à son propriétaire[25]) ;
- sur le *produit du délit* : par exemple sur du gibier illicitement capturé ;
- sur l'*instrument du délit* : véhicule utilisé pour commettre l'infraction, fonds de commerce ayant servi à commettre l'infraction de proxénétisme (art. 225-22 et 225-24), etc.

24. Cass. crim., 15 mars 2017, n° 16-80801. – Cass. crim., 22 mars 2017, n° 15-84511.

25. V. Merle et Vitu, t. 1, n° 373.

En matière de trafic de stupéfiants, l'article 222-49 édicte la confiscation à la fois du produit et de l'instrument du délit (« ... installations, matériels et tout bien ayant servi, directement ou indirectement, à la commission de l'infraction, ainsi que tout produit provenant de celle-ci... »). La confiscation est obligatoire pour les objets qualifiés de dangereux ou nuisibles par la loi ou le règlement ou dont la détention est illicite que ces biens soient ou non la propriété du condamné.

S'il s'agit d'un crime ou d'un délit puni d'au moins cinq ans d'emprisonnement ayant procuré un profit direct ou indirect, la confiscation porte aussi sur les biens meubles ou immeubles, quelle qu'en soit la nature, divis ou indivis, appartenant au condamné ou, sous réserve des droits du propriétaire de bonne foi, dont il a la libre disposition, lorsque ni la personne condamnée ni le propriétaire ne peuvent justifier l'origine des biens dont la confiscation est envisagée (art. 131-21, al. 5). Lorsque la loi qui réprime le crime ou le délit le prévoit, la confiscation peut aussi porter sur tout ou partie des biens appartenant au condamné ou, sous réserve des droits du propriétaire de bonne foi, dont il a la libre disposition, quelle qu'en soit la nature, meubles ou immeubles, divis ou indivis (al. 6).

La loi n° 2010-768 du 9 juillet 2010 vient d'ajouter que la confiscation peut porter sur les droits incorporels, quelle qu'en soit la nature, divis ou indivis (art. 131-21, al. 8). On ajoutera que cette même loi crée l'Agence de gestion et de recouvrement des avoirs saisis et confisqués (CPP, art. 706-159 et s.), chargée notamment d'assurer l'exécution des confiscations autres que celles en valeur (art. 707-1, al. 2, *in fine*).

667. L'article 131-21-1 traite de l'hypothèse où la confiscation porte sur un animal. Lorsqu'elle est encourue comme peine complémentaire, la confiscation porte sur l'animal qui a été utilisé pour commettre ou tenter de commettre l'infraction ou à l'encontre duquel l'infraction a été commise. La confiscation peut aussi concerner les animaux dont le condamné est propriétaire ou dont il a la libre disposition, si ces animaux étaient susceptibles d'être utilisés pour commettre une infraction ou bien s'ils risquaient d'être victimes de mauvais traitements. La juridiction qui prononce la confiscation d'un animal prévoit que celui-ci sera remis à une fondation ou à une association de protection animale reconnue d'utilité publique ou déclarée, qui pourra librement en disposer. L'animal peut être placé en cours de procédure. Si tel n'est pas le cas, le condamné doit, sur injonction qui lui est faite par le ministère public[26], le remettre à l'organisme désigné. Si l'animal a été placé en cours de procédure, la juridiction qui ordonne sa confiscation peut mettre les frais de placement à la charge du condamné. Si l'animal est dangereux, la juridiction peut ordonner son euthanasie, le cas échéant aux frais du condamné.

26. Cass. crim., 10 janv. 2012, n° 11-81211.

2. Les cas de confiscation en valeur

668. le Code pénal prévoyait initialement que lorsque la chose confisquée n'avait pas été saisie ou ne pouvait être représentée, la confiscation pouvait être ordonnée en valeur. La loi n° 2012-409 du 27 mars 2012 relative à l'exécution des peines généralise ce mode de confiscation. Désormais le texte est ainsi rédigé : « la confiscation peut être ordonnée en valeur. Pour le recouvrement de la somme représentative de la valeur de la chose confisquée, les dispositions relatives à la contrainte judiciaire sont applicables ». Le recouvrement de la somme représentative de la valeur est assuré par le comptable public compétent agissant au nom du procureur de la République (C. pén., art. 131-21, al. 9). Dans le cas où la confiscation en valeur s'exécute sur des biens préalablement saisis, les poursuites sont faites par l'Agence de gestion et de recouvrement des avoirs saisis et confisqués La prescription de la peine est interrompue par les actes ou décisions de l'Agence de gestion qui tendent à son exécution. (art. 707-1, modif. L. 27 mars 2012).

Ce système revient donc à remplacer la confiscation par une sorte d'amende dont le montant est égal à la valeur du bien[27].

B. Nature et régime juridique

669. La confiscation est en principe une peine complémentaire. On se souvient que cette peine peut être prononcée à titre de peine principale (v. art. 131-6 et 131-11). Elle est par nature soit une peine véritable, soit une mesure de sûreté (elle permet de retirer de la circulation un objet dangereux), soit encore une mesure de réparation (en matière douanière, par exemple).

La confiscation obéit au *principe de légalité*. En revanche, elle n'obéit pas au principe de la personnalité des peines : la condition de propriété n'est pas exigée. Si, en effet, certains textes (p. ex. l'article 131-6) prévoient la confiscation d'un ou plusieurs véhicules *appartenant* au condamné, par contre, en matière de **proxénétisme**, la confiscation du fonds de commerce peut atteindre un tiers propriétaire de ce fonds. Ce propriétaire a un recours contre le condamné, mais ce recours risque d'être illusoire en cas d'insolvabilité du condamné. Certaines mesures sont cependant prévues pour atténuer les conséquences de la sanction. Selon les articles 706-37 et 706-38 du Code de procédure pénale (rédaction de la loi du 16 décembre 1992), le ministère public fait connaître au propriétaire du fonds les faits de proxénétisme et fait mentionner au registre du commerce l'engagement des poursuites et la décision intervenue. Quand le propriétaire n'est pas poursuivi, il doit être cité à l'audience, avec indication de la nature des poursuites exercées et de la possibilité pour le tribunal de prononcer la confiscation. Le propriétaire peut présenter ses observations par lui-même ou par un avocat. S'il use de cette

27. Antérieurement, la confiscation en valeur était prévue dans certains domaines : art. 435 du Code des douanes ; art. 461 du Code rural en matière de pêche.

faculté, il peut interjeter appel de la décision prononçant l'une des peines prévues à l'article 225-22 (dont la confiscation).

Attribution de la chose. La chose confisquée est dévolue à l'État, sauf disposition particulière prévoyant sa destruction. En matière de proxénétisme, la décision qui prononce la confiscation du fonds de commerce ordonne l'expulsion de toute personne qui, directement ou par personne interposée, détient, gère, exploite, dirige, fait fonctionner, finance ou contribue à financer l'établissement. La décision emporte transfert à l'État de la propriété du fonds, et subrogation de l'État dans tous les droits du propriétaire. On rappelle que si la confiscation porte sur un animal, celui-ci sera remis à une fondation ou une association de protection animale reconnue d'utilité publique ou déclarée. L'organisme peut alors librement disposer de l'animal.

§3. La fermeture d'établissement

670. La fermeture d'établissement est l'interdiction faite à une entreprise de poursuivre son exploitation. Elle a pour but d'atteindre le condamné dans son patrimoine, car elle le prive d'une partie de ses revenus. Cette sanction est prévue par l'article 131-33 du Code pénal : « La peine de fermeture d'un établissement emporte l'interdiction d'exercer dans celui-ci l'activité à l'occasion de laquelle l'infraction a été commise. »

À l'encontre des personnes morales, l'article 131-39, 4°, prévoit de même « la fermeture définitive ou pour une durée de cinq ans au plus des établissements ou de l'un ou de plusieurs des établissements de l'entreprise ayant servi à commettre les faits incriminés ».

C'est la loi qui prévoit cette peine complémentaire (art. 131-10), qui obéit donc au principe de *légalité.* Par exemple en matière de proxénétisme, l'article 225-19, 3° prévoit la fermeture pour une durée de cinq ans au plus ou à titre définitif d'un ou plusieurs établissements de l'entreprise appartenant à la personne condamnée. De même, la peine de fermeture d'établissement est prévue par la loi du 12 juillet 1983 interdisant certains appareils de jeux, ainsi que par les articles L. 59 et suivants du Code des débits de boissons.

Cette sanction pouvant frapper un propriétaire innocent, elle fait l'objet dans certains cas d'un aménagement. Ainsi, l'article L. 3355-8 du Code de la santé publique permet au propriétaire de reprendre son fonds si le condamné en était le gérant.

Section 3
L'atteinte aux droits

671. Les atteintes aux droits sont des *déchéances.* Elles sont très nombreuses (v. les articles 131-6, 131-10 et 131-14 du Code pénal). Elles peuvent entraver soit la capacité juridique ou bancaire, soit la liberté d'exercer une activité professionnelle ou sociale. La réforme du Code pénal en 1992 a conduit à développer ce type de sanction, tout en supprimant les peines dites « aveugles », à savoir les peines accessoires.

§1. Interdiction d'exercer certains droits civiques, civils et de famille

672. Le code a supprimé la peine de *dégradation civique* et l'*interdiction légale* de l'ancien article 29, ainsi que l'*incapacité de disposer et de recevoir* à titre gratuit (ancien art. 36). Cette sanction était un résidu de l'ancienne « mort civile ». La suppression des peines accessoires ne remet cependant pas en cause les dispositions très nombreuses qui interdisent de plein droit l'accès à certaines fonctions ou professions aux personnes qui ont subi certaines condamnations. C'est pourquoi l'article 132-21, al. 2, permet au juge d'ordonner le relèvement de la peine « accessoire » (sans que ce qualificatif soit employé, bien sûr), soit au moment du prononcé de la condamnation, soit ultérieurement.

Il subsiste, en revanche, *l'interdiction des droits civiques, civils et de famille* (ancien art. 42, devenu 131-26). Elle porte sur le droit de vote et l'éligibilité (ce qui emporte interdiction ou incapacité d'exercer une fonction publique), sur le droit d'exercer des fonctions juridictionnelles, d'être expert, de représenter ou assister une partie en justice, et surtout sur le droit de témoigner en justice autrement que pour y faire de simples déclarations. Elle porte aussi sur le droit d'être tuteur ou curateur. Le condamné peut toutefois être tuteur ou curateur de ses propres enfants, sur avis conforme du juge des tutelles, le conseil de famille entendu.

L'interdiction ne peut excéder une durée de dix ans en cas de condamnation pour crime, de cinq ans en cas de condamnation pour délit. Quand cette peine accompagne une peine privative de liberté sans sursis, elle s'applique dès le commencement de cette peine et son exécution se poursuit, pour la durée fixée par la décision de condamnation, à compter du jour où la privation de liberté prend fin (art. 131-29).

Le juge peut adapter la sanction en ne prononçant l'interdiction que de certains de ces droits.

§2. Interdiction d'exercer certaines activités

A. Interdictions professionnelles

673. Cette interdiction peut porter :

- sur l'exercice d'une *fonction publique* ;
- sur l'exercice d'une *activité professionnelle ou sociale*
- Lorsqu'elle est encourue à titre de peine complémentaire, l'interdiction d'exercer une fonction publique ou une activité professionnelle ou sociale peut être soit définitive soit temporaire. Dans ce dernier cas, l'interdiction est pour une durée de cinq ans au maximum.

- Quand il s'agit de l'interdiction d'exercer une profession commerciale ou industrielle, de diriger, d'administrer, de gérer ou de contrôler à un titre quelconque, directement ou indirectement, pour son propre compte ou pour le compte d'autrui, une entreprise commerciale ou industrielle ou une société commerciale, elle est soit définitive soit temporaire ; dans ce dernier cas elle ne peut excéder une durée de quinze ans (art. 131-27).Mais l'interdiction n'est pas applicable à l'exercice d'un mandat électif ou de responsabilités syndicales. Elle n'est pas non plus applicable aux délits de presse. Les conditions dans lesquelles la durée de l'interdiction d'exercer une fonction publique ou une activité professionnelle ou sociale accompagnant une peine privative de liberté sans sursis est calculée sont analogues à celles relatives à l'interdiction d'accomplir certains droits. (art. 131-29).
- L'interdiction peut alors porter soit sur l'activité professionnelle dans l'exercice de laquelle ou à l'occasion de laquelle l'infraction a été commise, soit sur toute autre activité professionnelle ou sociale définie par la loi qui réprime l'infraction.

B. Interdiction d'utiliser un permis

674. Les sanctions peuvent être :
- retrait du permis de chasse ;
- suspension ou annulation du permis de conduire. On peut y rattacher l'interdiction de conduire certains véhicules et l'immobilisation du véhicule (quand on sait l'importance que revêt de nos jours l'automobile, ces sanctions peuvent être plus efficaces que l'emprisonnement). La suspension du permis de conduire peut être prononcée pour un fait commis en France, même si le permis a été délivré à l'étranger[28]. C'est l'application de l'article 3 du Code civil : « Les lois de police et de sûreté obligent tous ceux qui habitent le territoire ».

C. Interdiction d'émettre des chèques ou d'utiliser des cartes de paiement

675. L'interdiction d'émettre des chèques emporte obligation pour le condamné de restituer au banquier les formules en sa possession. Même chose pour les cartes de paiement.

La durée de l'interdiction est de cinq ans au plus quand elle est encourue à titre de peine complémentaire pour un crime ou un délit, de trois ans au plus en cas de contravention.

676. Il convient, pour en terminer avec les formes de la peine, de mentionner la peine de l'*affichage* de la décision prononcée, et celle de la *diffusion* de cette décision, non seulement par voie de presse mais encore par des services de communication audiovisuelle (C. pén.,

28. Cass. crim., 1er déc. 1980 : Bull. crim., n° 324.

art. 131-35 et 131-48). Les frais sont à la charge du condamné, sans qu'ils puissent excéder le maximum de l'amende encourue. L'affichage et la diffusion peuvent être ordonnés cumulativement (C. pén., art. 131-35, modif. L. 17 mai 2011).

Titre 2
La peine prononcée

677. Le Code pénal consacre une sous-section (la sous-section 4 de la section 1 du chapitre II, « Du régime des peines ») au prononcé des peines. Des principes fondamentaux y sont édictés. Mais là ne s'arrêtent pas les règles applicables. La section 2, intitulée « Des modes de personnalisation des peines », offre au juge un éventail de peines, avec le souci constant de lui permettre de choisir la peine la mieux adaptée. On sait que le législateur a voulu mettre, en matière correctionnelle, toutes les peines sur le même plan : les peines de substitution sont des peines alternatives à l'emprisonnement.

Rappelons les principes essentiels retenus par le Code pénal :

- D'abord, *le prononcé de toute peine est obligatoire*, les peines accessoires ayant été supprimées. L'article 132-17 dispose : « Aucune peine ne peut être appliquée si la juridiction ne l'a expressément prononcée ». En conséquence, le Code pénal ne prévoit plus de peine automatique : l'interdiction légale a été supprimée. En revanche, pour les autres textes répressifs, la suppression des peines accessoires ne s'applique que pour la peine d'interdiction des droits civiques, civils et de famille. L'interdiction d'exercer certaines professions, liée à certaines condamnations pénales, est maintenue. Ainsi l'article 132-21 dispose que le juge peut *relever* en tout ou en partie le condamné de ces interdictions, par le jugement même de condamnation ou par un jugement ultérieur.
- Ensuite, l'article 132-17, al. 2, consacre la *liberté du juge dans le choix* : « La juridiction peut ne prononcer que l'une des peines encourues pour l'infraction dont elle est saisie. » On ajoutera que cette possibilité ne joue qu'en matière correctionnelle, ainsi qu'il résulte de l'article 131-11 : « Lorsqu'un *délit* est puni d'une ou de plusieurs des peines complémentaires mentionnées à l'article 131-10, la juridiction peut ne prononcer que la peine complémentaire ou l'une ou plusieurs des peines complémentaires encourues à titre de peine principale. »
- Troisièmement, *le minimum légal des peines a été supprimé*, en même temps que les *circonstances atténuantes disparaissaient*. Le juge n'a plus besoin de faire appel à de telles circonstances pour motiver sa décision d'infliger une peine très légère. Cette réforme ne présente

d'ailleurs qu'un intérêt théorique, la liberté du magistrat est la même qu'auparavant. Toutefois, en matière criminelle a été maintenue une peine plancher (art. 132-18) : deux ans d'emprisonnement quand la peine encourue est la réclusion criminelle à perpétuité, un an quand la peine encourue est la réclusion criminelle à temps. Par ailleurs, en permettant au juge de descendre en dessous des nouvelles peines minimales encourues en cas de récidive légale, à la condition de motiver spécialement sa décision (v. par ex. : C. pén., art. 132-19-1), la loi du 10 août 2007 ne réintroduisait-elle pas indirectement les circonstances atténuantes ? La question ne se pose plus : ce dispositif disparaît, en effet, avec la loi du 15 août 2014 sur l'individualisation des peines et le renforcement de l'efficacité des sanctions pénales qui abroge notamment cet article 132-19-1.

- Enfin, il faut rappeler l'incitation faite au juge de ne pas prononcer une peine d'emprisonnement sans sursis en matière correctionnelle : il a en effet l'obligation, s'il prononce une telle peine, de *motiver spécialement son choix* (art. 132-19). On peut se demander si cette obligation limite véritablement son choix. Ne verra-t-on pas des juges adopter des motivations de pure forme ? Peut-être pas, car la motivation doit être *spéciale*.

Nous ajouterons que le législateur plaçait de grands espoirs dans l'institution de la contrainte pénale destinée à éviter l'emprisonnement chaque fois que la personnalité, la situation matérielle, familiale et sociale de l'auteur et les faits de l'espèce justifient plutôt un accompagnement socio-éducatif individualisé et soutenu. Dans la loi de 2014 seuls les auteurs de délits punis d'une peine d'emprisonnement d'une durée inférieure ou égale à cinq ans étaient concernés. À compter du 1er janvier 2017, ce seuil est supprimé. (sur le régime de la contrainte pénale, v. *infra*, n° 827 et s.). Mais nous savons maintenant qu'avec le projet de loi de réforme de la justice, la contrainte pénale perd son autonomie et est absorbée par le sursis probatoire.

La liberté du juge joue différemment selon qu'il est amené à juger une infraction unique ou plusieurs infractions. Le Code pénal, en consacrant les articles 132-2 à 132-7 aux « peines applicables en cas de concours d'infractions » nous invite à envisager successivement ces hypothèses dans les deux chapitres suivants.

CHAPITRE 1

L'hypothèse de l'infraction unique

678. Aux termes de l'article 132-1 du Code pénal modifié par la loi du 15 août 2014 : « *Toute peine prononcée par la juridiction doit être individualisée. Dans les limites fixées par la loi, la juridiction détermine la nature, le quantum et le régime des peines prononcées en fonction des circonstances de l'infraction et de la personnalité de son auteur ainsi que de sa situation matérielle, familiale et sociale conformément aux finalités et fonctions de la peine énoncées à l'article 130-1* [soit la protection de la société, la prévention de la commission de nouvelles infractions et la restauration de l'équilibre social dans le respect des droits de la victime] ». Le nouvel article 132-19, modifié en dernier lieu par la loi du 3 juin 2016 ajoute qu'« *en matière correctionnelle, une peine d'emprisonnement sans sursis ne peut être prononcée qu'en dernier recours si la gravité de l'infraction et la personnalité de son auteur rendent cette peine nécessaire et si toute autre sanction est manifestement inadéquate ; dans ce cas, la peine d'emprisonnement doit, si la personnalité et la situation du condamné le permettent, et sauf impossibilité matérielle, faire l'objet d'une des mesures d'aménagement prévues aux sous-sections 1 et 2 de la section 2 du présent chapitre. Lorsque le tribunal correctionnel prononce une peine d'emprisonnement sans sursis et ne faisant pas l'objet d'une des mesures d'aménagement prévues aux mêmes sous-sections 1 et 2, il doit spécialement motiver sa décision au regard des faits de l'espèce et de la personnalité de leur auteur ainsi que de sa situation matérielle, familiale et sociale* ». Quant au montant de l'amende, il doit être déterminé en tenant compte des ressources et des charges de la personne condamnée, sachant qu'une majoration dans la limite de 10 % est possible aux fins de financer l'aide aux victimes, majoration qui doit tenir compte également des circonstances de l'infraction, de la personnalité de son auteur ainsi que de la situation matérielle, familiale et sociale de celui-ci (C. pén., art. 132-20 modif. L. 15 août 2014 et L. 3 juin 2016 et CPP, art. 707-6). Ces nouveaux textes reprennent l'esprit et le contenu de la loi pénitentiaire du 24 novembre 2009 mais dans une formulation différente afin d'insister encore plus sur le caractère subsidiaire de l'emprisonnement ferme et la priorité, dans le cas où une telle peine est prononcée, donnée aux mesures d'aménagement. L'exception tirée de l'existence d'une récidive légale (C. pén., art. 132-19-1) est supprimée.

La peine ne peut être prononcée par le juge que si, au préalable, il a déclaré la culpabilité de l'auteur des faits incriminés. Or, à titre exceptionnel il est vrai, le juge peut se trouver dans l'impossibilité de déclarer cette culpabilité ; non pas, évidemment, parce que l'infraction ne serait pas constituée, mais parce que le législateur en aura décidé ainsi en votant une loi d'*amnistie* (section 1).

Une fois la culpabilité établie, le juge devra *personnaliser* la peine, soit dans son quantum, soit dans son mode d'exercice (section 2). Parfois, sa marge de manœuvre sera limitée, et le juge sera conduit à *aggraver* la peine encourue (section 3).

Section 1
L'obstacle à la déclaration préalable de culpabilité : l'amnistie

679. Le terme d'amnistie est d'origine grecque et signifie oubli. L'amnistie est un acte de souveraineté. Historiquement, elle était la voie par laquelle le souverain se réconciliait avec son peuple, après un soulèvement général, en offrant à tous son pardon.

À l'époque contemporaine, il est indéniable que le lien avec la politique s'est maintenu dans la mesure où l'amnistie prend sa source dans une loi. Mais le rattachement s'arrête là. En effet, l'hypothèse très fréquente des amnisties générales au moment des élections présidentielles ne se rencontre plus. La dernière loi d'amnistie est celle du 6 août 2002. La fréquence d'une telle mesure risquait, d'ailleurs, d'augmenter dangereusement avec la réduction à cinq ans du mandat présidentiel. Pour autant, on aurait tort de penser que ces lois d'amnistie traduisaient la mansuétude du nouveau président de la République. En vérité, l'amnistie était devenue plus un moyen technique de résorber le contentieux répressif en agissant sur la masse des infractions susceptibles d'être poursuivies que l'expression d'un pardon ; et quand l'amnistie s'appliquait à des infractions ayant donné lieu à des condamnations, elle permettait surtout de lutter contre la surpopulation des prisons.

C'est pourquoi l'amnistie faisait régulièrement l'objet de critiques[1], ne serait-ce qu'au nom de l'égalité de traitement entre les auteurs d'infractions : en effet, le législateur agissait de manière discrétionnaire, qu'il s'agît de la date fixant le seuil au-delà duquel les infractions n'étaient plus pardonnées,

1. Lorho G., « Pour en finir avec l'amnistie », Dr. pén. 1994, chron. 44 – Roche Dahan J., « Commentaire de la loi n° 2002-1062 du 6 août 2002 portant amnistie », D. 2002, chron. 2623.

ou des comportements visés par l'amnistie. Ainsi, par exemple dans la loi du 6 août 2002, ceux qui avaient commis avant le 17 mai 2002 les infractions énumérées dans la loi étaient à l'abri de toute déclaration de culpabilité, tandis que ceux qui avaient commis les mêmes faits après cette date étaient punissables. Pourtant, le fait restait en soi une atteinte à l'ordre social quelle que fût la date à laquelle il était commis. Pareillement, des contraventions de police, réputées peu graves, n'étaient pas amnistiées (ex. : conduite d'un véhicule sans le port de la ceinture de sécurité), tandis que des délits l'étaient.

Par définition, la loi d'amnistie intervient toujours à un moment où existent des situations infractionnelles. Les effets sur ces situations sont très variables : si l'amnistie est votée avant le jugement de l'affaire, elle aura un effet interruptif des poursuites rendant impossible la déclaration de culpabilité et, partant, le prononcé d'une peine. Si elle entre en vigueur une fois la peine prononcée, elle en neutralisera l'exécution, voire effacera la condamnation. La loi d'amnistie est, selon ses dispositions, d'application immédiate ou rétroactive.

Nous envisagerons ici les conditions d'application de la loi d'amnistie (§ 1) et son effet (§ 2) au seul point de vue du prononcé de la peine (pour ses effets quant à l'exécution de la peine, v. *infra,* n° 819 et s.).

§1. Conditions d'application

680. Les lois d'amnistie tiennent compte de la nature de l'infraction, du *quantum* ou de la nature de la peine, des circonstances de la commission des faits, ou encore de certaines qualités présentées par le délinquant. Certaines dispositions sont applicables de droit, d'autres par mesure individuelle.

A. L'amnistie de droit

1. Infractions amnistiées

681. La loi énumère très précisément les infractions qui sont amnistiées.

Certaines le sont en raison de leur *nature* : par exemple, la loi du 6 août 2002 visait les contraventions de police et les contraventions de grande voirie ; les délits pour lesquels seule une peine d'amende était encourue, à l'exception de toute autre peine ou mesure ; les délits prévus par la loi du 29 juillet 1881 sur la liberté de la presse ; un certain nombre d'infractions prévues par le Code de justice militaire et le Code du service national.

Certaines le sont en raison des *circonstances* de leur commission : la loi de 2002 amnistiait, lorsqu'ils étaient passibles d'une peine de moins de dix ans d'emprisonnement, les délits commis à l'occasion de conflits du travail, d'activités syndicales ou de revendications, ceux en relation avec des élections de toute nature.

Certaines le sont en fonction du *quantum* ou de la nature de la *peine* : amende, jours-amende, emprisonnement sans sursis, avec sursis simple ou assorti d'une mise à l'épreuve... Pour l'emprisonnement, l'amnistie tiendra compte d'un seuil : par exemple, la loi du 6 août 2002 (art. 6) amnistiait les délits punis d'une peine d'emprisonnement inférieure ou égale à trois mois en cas de condamnation sans sursis ou avec sursis et mise à l'épreuve ; mais la peine d'emprisonnement peut aller jusqu'à six mois s'il s'agit d'une condamnation avec application du sursis simple.

2. Exclusions

682. La loi énumère également les exclusions. Il s'agit de comportements jugés particulièrement graves pour la société : terrorisme, trafic de stupéfiants, discriminations, atteintes volontaires à l'intégrité physique ou psychique d'un mineur de quinze ans ou d'une personne vulnérable, délits en matière routière, vols aggravés, délits de concussion, prise illégale d'intérêts, délits d'abus de biens sociaux..., mais aussi des délits en matière de patrimoine ou d'environnement. La liste est souvent fort longue. La loi du 6 août 2002 excluait dans son article 14 quarante-neuf types d'infractions ! À titre de comparaison, il y en avait 8 en 1974 et 24 dans la précédente loi du 3 août 1995.

B. Amnistie personnelle

683. L'amnistie peut tenir à une qualité particulière de l'auteur de l'infraction. Elle est accordée alors à titre de mesure individuelle par décret du président de la République[2]. C'est ainsi que la loi de 2002 visait les personnes âgées de moins de vingt et un ans au moment de l'infraction, celles qui avaient fait l'objet d'une citation individuelle ou étaient titulaires d'une pension militaire d'invalidité ou avaient été victimes de blessures de guerre, les déportés, résistants, les personnes qui s'étaient distinguées d'une manière exceptionnelle dans les domaines humanitaire, culturel, sportif, scientifique ou économique. Pour bénéficier de l'amnistie, il faut que les intéressés, d'une part, n'aient pas, avant l'infraction, fait l'objet d'une condamnation à une peine privative de liberté pour un crime ou un délit de droit commun, et d'autre part, ne soient pas exclus du bénéfice de l'amnistie en raison de la nature de l'infraction. Cette amnistie est personnelle à son bénéficiaire et ne saurait être étendue aux coauteurs ou complices.

§2. Effet

684. La loi d'amnistie qui entre en vigueur avant que la condamnation ait été prononcée empêche la déclaration de culpabilité en éteignant l'action publique (CPP, art. 6). Cependant, elle ne fait pas disparaître, à

2. La décision est discrétionnaire : CE, 31 janv. 1986, aff. *Legrand* : D. 1986, 468, note Plouvin P.-Y.

proprement parler, la qualification légale des faits, à l'inverse de ce qui se produit en présence d'un fait justificatif : en effet, le fait justificatif opère objectivement : l'atteinte à l'intégrité physique de l'agresseur par la victime en état de légitime défense n'est pas une infraction, alors que les violences amnistiées restent aux yeux de la loi une infraction, à telle enseigne que les lois d'amnisties déclarent toujours s'appliquer à des « contraventions » ou « délits ». D'ailleurs, la loi du 6 août 2002 disposait dans son article 17, dernier alinéa, que « nonobstant toute disposition contraire, elle (l'amnistie) n'empêche pas le maintien dans un fichier de police judiciaire des mentions relatives à des infractions amnistiées ». L'oubli est partiel.

Si le jugement de condamnation fait l'objet d'un appel, les juges du second degré doivent constater l'extinction de l'action publique sans pouvoir donner aux faits amnistiés une autre qualification que celle qui leur avait été antérieurement donnée par la prévention et qui a été retenue par le jugement[3]. En revanche si, alors que l'action publique n'est pas encore engagée au moment de l'entrée en vigueur de la loi d'amnistie, le parquet souhaite que l'infraction commise soit punie, il lui appartiendra de choisir, si possible, une qualification autre que celle qui est neutralisée par la loi.

Sur le plan des intérêts civils, l'amnistie ne devant pas préjudicier aux droits des tiers (C. pén., art. 133-10), la juridiction pénale, saisie de l'action publique fondée sur une infraction amnistiée, restera malgré tout compétente pour statuer sur les intérêts civils, bien qu'elle ne puisse plus déclarer la culpabilité de l'auteur du dommage (ex. art. 21, dernier al., loi 6 août 2002).

Section 2
La personnalisation de la peine[4]

685. Le juge doit s'appliquer à ne prononcer une peine que si elle est « nécessaire ». L'article 132-24 du Code pénal, modifié par les lois du 12 décembre 2005 et du 24 novembre 2009, fixait les orientations que le juge devait suivre. La loi de 2014 reformule le texte mais bien entendu s'inscrit toujours dans cette voie : le juge doit tenir compte des circonstances de l'infraction et de la personnalité de son auteur. Mais il doit aussi, par la peine choisie, assurer la protection effective de la société, prévenir la récidive et restaurer l'équilibre social dans le respect des droits reconnus à la victime (C. pén., art. 130-1, 132-1, 132-19, modif.). L'alinéa 2 de l'article 132-1, ajouté par la réforme, est très net : « *Toute peine prononcée*

3. Cass. crim., 6 mars 1997 : Bull. crim., n° 91.

4. V. Frossard S., « Quelques réflexions relatives au principe de la personnalité des peines », RSC 1998. 703. de Lamy B., « Principes d'individualisation des peines : la personnalité du condamné n'est qu'un critère parmi d'autres », RSC 2008. 136. Fortis E., « De l'influence des QPC sur la définition des infractions ou du principe de légalité des délits et des peines *a posteriori* », RSC 2012, p. 131 et s., spéc. p. 137.

par la juridiction doit être individualisée ». En principe donc, la peine doit se justifier au regard des objectifs énoncés ; en la matière, le contrôle de la motivation de la Cour de cassation se faisait discret et, dans la réalité, le juge restait libre de son choix[5]. Ce n'est plus vrai : dorénavant la chambre criminelle contrôle la motivation de la peine correctionnelle au regard des circonstances de l'infraction, de la personnalité de son auteur ainsi que de sa situation matérielle, familiale et sociale[6]. Dans le même temps, par application de l'article 365-1 du Code de procédure pénale, cette obligation de motivation de la peine ne s'appliquait pas en matière criminelle[7]. Cette distorsion dans les solutions se comprenait mal même si la Cour de cassation ne pouvait modifier la loi qui ne prévoit la motivation des arrêts de cour d'assises que pour la culpabilité. C'est pourquoi quand l'occasion lui a été donnée de statuer sur une question prioritaire de constitutionnalité portant sur cette divergence des textes, elle n'a pas hésité à saisir le Conseil constitutionnel[8] qui vient de déclarer inconstitutionnel l'article 365-1 du Code de procédure pénale à compter du 1er mars 2019[9]. Jusqu'à cette décision, pour le Conseil constitutionnel le principe de l'individualisation de la peine ne postulait pas sa motivation[10], l'obligation de motivation n'ayant pas un caractère général et absolu[11].

Comme nous l'avons rappelé, en matière correctionnelle une peine d'emprisonnement sans sursis ne peut être prononcée qu'en dernier recours si la gravité de l'infraction et la personnalité de son auteur rendent cette peine nécessaire et si toute autre sanction est manifestement inadéquate (art. 132-19 al. 2)[12] ; dans ce cas, la peine d'emprisonnement *doit,* si la personnalité et

5. Cass. crim., 19 déc. 1996, n° 96-81647, Bull. crim., n° 482. V. Lebois-Happe J., « Le libre choix de la peine par le juge : un principe défendu bec et ongles par la chambre criminelle », Dr. pén. 2003, chron. n° 11.

6. Cass. crim., 1er févr. 2017 (3 arrêts), n° 15-83984 (cassation), n° 15-84511 (rejet), n° 15-85199 (rejet) : « Attendu qu'en l'état de ces énonciations, qui répondent à l'exigence résultant des articles 132-1 du Code pénal et 485 du Code de procédure pénale, selon laquelle, en matière correctionnelle, toute peine doit être motivée en tenant compte de la gravité des faits, de la personnalité de son auteur et de sa situation personnelle la cour d'appel a justifié son choix... » – 15 mars 2017, n° 16-83838 – 21 mars 2018, n° 16-87296.

7. Cass. crim., 8 févr. 2017 (3 arrêts), n° 15-86914, n° 6-80389, n° 16-80391 ; Dantras-Bioy, « Qui peut motiver plus doit s'abstenir de le faire... », Dr. pén. 2017, étude 10.

8. Cass. crim., 13 déc. 2017, n° 17-82086, n° 17-82237, n° 17-82858.

9. Cons. const., 2 mars 2018, n° 2017-694 QPC., Dr. pén. 2018, comm.72, note Bonis E. et comm. 68, note Maron A. et Haas M.

10. Cons. const., 22 juil. 2005, n° 2005-520 DC ; Cons. const. 1er avr. 2011, n° 2011-113/115 QPC.

11. Sur cette évolution : Mihman A. et Maes A., « La motivation des peines », *Gaz. Pal.*, 28 mars 2017, n° 13, p. 21 ; Pichon E. « Une jurisprudence vivante : selon la chambre criminelle de la Cour de cassation si le choix de la peine prononcée par le juge en matière correctionnelle demeure libre, il doit désormais être justifié », Dr. pén. 2017, étude 7 ; Dreyer E., La Cour de cassation contrôle-t-elle la motivation des peines par les juges du fond ?, Dr.pén. 2018, étude n° 8 ; Pourquoi motiver les peines ?, *D.* 2018, chron. .576 ; Guérin D., « La motivation des peines », Dr.pén. 2018, étude n° 9. De manière surprenante, la Cour de cassation n'exige pas la motivation du choix des obligations imposées dans le cadre d'un sursis avec mise à l'épreuve alors que le prononcé de cette condamnation doit être motivée. La raison en est que la décision du juge de la condamnation peut être modifiée ultérieurement par le juge de l'application des peines : Cass. crim., 22 nov. 2017, n° 16-83549, *Gaz.Pal.*, 23 janv. 2018, note critique Dreyer E.

12. Cass. crim., 15 nov. 2017, n° 16-87745, *Gaz.Pal.*, 23 janv. 2018, note Dreyer E. : la chambre criminelle admet que, dans ce cas, le juge du fond « n'est pas tenu d'ordonner une mesure d'investigation sur la personnalité du prévenu », solution qui paraît difficilement conciliable avec l'obligation de personnalisation des peines affichées par le législateur. Malgré le revirement opéré par les trois arrêts du 1er février 2017

la situation du condamné le permettent, et sauf impossibilité matérielle, faire l'objet d'aménagement[13]. Nous rappelons que si le tribunal prononce une peine d'emprisonnement sans sursis et sans aménagement, il doit motiver *spécialement* sa décision au regard des faits de l'espèce, de la personnalité de l'auteur et de sa situation matérielle, familiale et sociale (art. 132-19, al. 3 modif. L. 15 août 2014 et L. 3 juin 2016)[14]. L'aménagement de peine *dès la condamnation* n'exclut pas ultérieurement l'intervention du juge de l'application des peines pour en fixer les contours exacts. Ce fut l'un des apports importants de la loi pénitentiaire du 24 novembre 2009 toujours actuel. S'agissant du prononcé des amendes, l'article 132-20, modifié par la loi du 15 août 2014, exige que le montant retenu tienne compte des ressources et des charges de l'auteur de l'infraction[15].

Malgré les avancées indéniables que représente la personnalisation des peines par le juge pour limiter les incarcérations, la surpopulation carcérale demande des mesures plus radicales permettant de vider les prisons. C'est ce à quoi s'emploient certaines dispositions de la loi pénitentiaire du 24 novembre 2009. On constate cependant que le magistrat n'est plus l'architecte de ces aménagements de peines qu'on a pu qualifier « d'aménagements de peine de masse »[16]. Le législateur espérait, à cet égard, que l'institution de la contrainte pénale marginaliserait l'emprisonnement correctionnel. Cela ne semble pas être le cas, malgré la progression du nombre de contraintes pénales prononcées ces dernières années si l'on s'en tient aux informations diffusées par le porte-parole de la Chancellerie.

---

et le rappel de l'obligation de motivation dans ses décisions la chambre criminelle se révèle moins exigeante qu'on aurait pu le croire : Cass. crim., 28 juin 2017, n° 16-87469, 11 juil. 2017, n° 16-81396 et 16-81797, *Gaz. Pal.*, 24 oct. 2017, p. 46, note Dreyer E.

13. Lorsque la juridiction de jugement décide de procéder au moment de la condamnation à un aménagement de la peine, elle doit se prononcer sur la nature de la mesure d'aménagement et ne pas laisser ce choix au juge de l'application des peines : Cass. crim., 20 avr. 2017, n° 16-80091, Dr.pén 2017, comm. 100, note Bonis-Garçon E.

14. Cass. crim., 29 nov. 2016, n° 15-86116, Dr.pén. 2017, comm.15, note Bonis-Garçon E. – 31 janv. 2018, n° 16-84155.

15. Si l'on en croit un arrêt récent l'obligation de motivation est ici peu contraignante . la Cour de cassation admet que le juge correctionnel prononce une amende dont le montant est fonction du profit retiré par l'auteur de l'infraction sans qu'apparaissent clairement la prise en compte des ressources et des charges du prévenu : Cass. crim., 7 nov. 2017, n° 16-86231, *Gaz. Pal.*, 23 janv. 2018, note Dreyer E, 31 oct. 2017, n° 16-86310. Voir cependant, Cass. crim., 30 janv. 2018, n° 16-87072 qui censure une cour d'appel pour avoir motivé le montant de l'amende délictuelle en se fondant sur des éléments liés à la personnalité de l'auteur de l'infraction sans qu'apparaissent des éléments établissant que le juge a tenu compte des ressources et charges de la prévenue. En revanche, par la même décision, pour ce qui concerne les amendes prononcées en matière contraventionnelle, la chambre criminelle valide les montants considérant que les juges ont fait usage d'une faculté qu'ils tiennent de la loi. La solution en matière contraventionnelle est appelée à cesser : dans une décision plus récente, la Cour de cassation s'aligne sur l'exigence sur le Conseil constitutionnel : Cass. crim., 30 mai 2018, n° 16-85777, Dr. pén. 2018, comm., n° 144, note Bonis E. : « Attendu qu'en application des articles 132-1 et 132-20 du Code pénal, 485, 543 et 593 du Code de procédure pénale et des principes constitutionnels tels que dégagés dans la décision n° 2017-694 QPC du 2 mars 2018, la juridiction qui prononce une peine d'amende doit motiver sa décision au regard des circonstances de l'infraction, de la personnalité et de la situation personnelle de son auteur, en tenant compte de ses ressources et de ses charges ; que cette obligation de motivation s'applique en matière contraventionnelle ».

16. Janas M., « Les dispositions relatives au prononcé et à l'application des peines de la loi n° 2009-1436 du 24 nov. 2009 », Dr. pén. 2010, Étude p. 7, spéc. n° 27.

Si la peine doit être individualisée, elle doit aussi être proportionnée[17].

La première décision du juge consiste à se prononcer sur le principe même de la peine (§ 1). S'il estime que la peine est d'ores et déjà nécessaire, il bénéficie de différentes possibilités pour fixer dès le jugement les conditions dans lesquelles la peine sera exécutée (§ 2).

§1. La décision sur le principe de la peine

686. En matière criminelle, une peine *doit* être prononcée. En matière correctionnelle ou de police, au contraire, la juridiction peut soit *dispenser* le prévenu de la peine, soit *ajourner* le prononcé de celle-ci.

A. La dispense de peine

687. C'est une mesure qui permet de déclarer la culpabilité de l'auteur de l'infraction *sans prononcer* de peine. Elle a été instituée par la loi du 11 juillet 1975 qui avait créé un article 469-2 du Code de procédure pénale. En 1992 le législateur a maintenu l'institution mais l'a insérée dans le Code pénal à l'article 132-59. On étudiera d'abord son *régime*, avant de la comparer à certaines *institutions voisines*.

1. Régime

688. D'après l'article 132-59 du Code pénal, la dispense de peine est accordée à trois conditions dont l'appréciation appartient au juge (« lorsqu'il apparaît... », dit le texte). Il faut :

- que le reclassement du coupable soit acquis ;
- que le dommage causé soit réparé (ce qui consacre la notion de repentir actif) ;
- que le trouble résultant de l'infraction ait cessé.

La Cour de cassation[18] décide que, dès lors que le juge a vérifié que ces trois conditions étaient remplies, il peut accorder la dispense de peine sans avoir à la motiver autrement. En même temps que le juge se prononce sur la culpabilité, il statue s'il y a lieu sur l'action civile.

Le domaine de la dispense de peine est très large : elle s'applique aussi bien aux peines principales qu'aux peines complémentaires. Toutefois, le juge statue sur la *confiscation* des objets dangereux et nuisibles, la dispense de peine concernant, selon l'article 132-58, toute *autre* peine. En outre, la dispense ne s'étend pas au paiement des frais du procès.

17. CEDH 12 juil. 2016, *aff. Reichman c/France*, n° 50157/11. La Cour de cassation contrôle aussi la proportionnalité de la peine prononcée à l'occasion du contrôle de la motivation : Cass. crim., 1er févr. 2017, n° 15-84511, préc. Sur la proportionnalité de la peine de confiscation. : Cass. crim., 15 mars 2017, n° 16-80801. – 22 mars 2017, n° 16-82051.

18. Cass. crim., 9 juill. 1991 : Bull. crim., n° 293 : « Le juge qui dispense le prévenu de peine, après avoir souverainement constaté que sont remplies les conditions requises par l'article 469-2 du Code de procédure pénale [132-59 du C. pén.], use d'une faculté discrétionnaire de l'exercice de laquelle il ne doit aucun compte ».

Selon la loi du 11 juillet 1975, la déclaration de culpabilité figurait au casier judiciaire de l'intéressé. Désormais, l'article 132-59, al. 2, dispose : « La juridiction qui prononce une dispense de peine peut décider que sa décision ne sera pas mentionnée au casier judiciaire. »

La dispense de peine est une institution qui a pour conséquence de modifier le fondement de la responsabilité pénale. C'est moins le libre arbitre qui explique la responsabilité que la persistance de l'état dangereux.

2. Les institutions voisines

689. Il s'agit, d'une part, de l'*exemption* de peine, d'autre part, du *relèvement* de la peine.

a. Exemption de peine

690. C'est la nouvelle terminologie désignant ce qu'auparavant on appelait les « excuses absolutoires ». Elle recouvre des circonstances qui *obligent* le juge à ne pas appliquer la peine encourue à une personne reconnue coupable : L'exemption de peine ne joue que « *des cas prévus par la loi* », selon l'article 132-78 du Code pénal issu de la loi du 9 mars 2004. Il s'agit de cas de délation (ex. art. 414-2 : trahison et espionnage ; 422-1 : acte de terrorisme ; 414-3 : complot ; 221-5-3 : assassinat et empoisonnement...), l'apport de la loi du 9 mars 2004 est d'avoir édicté un texte de principe, consacrant ainsi la notion de « repentir », et ajouté des hypothèses.

L'exemption bénéficie à ceux qui, ayant tenté de commettre l'infraction, ou ayant participé à celle-ci, avertissent l'autorité administrative ou judiciaire et permettent d'éviter la réalisation de l'infraction et d'identifier les autres coupables. Le dénonciateur est alors exempté de peine. Il bénéficie, en tant que de besoin, d'une protection particulière destinée à assurer sa sécurité et de mesures lui permettant une réinsertion. La personne concernée peut être autorisée à faire usage d'une identité d'emprunt (CPP. art. 706-63-1).

b. Le relèvement de la peine

691. Prévu par les articles 132-21, al. 2, du Code pénal et 702-1 du Code de procédure pénale, le relèvement consiste pour le juge pénal à abolir une interdiction, déchéance, incapacité ou mesure de publication qui résulterait de plein droit de la condamnation ou serait prononcée dans le jugement à titre de peine complémentaire[19]. Le domaine du relèvement est donc différent de celui de la dispense de peine, plus large, de même qu'est différente sa mise en œuvre, concomitante ou postérieure au jugement (pour le régime du relèvement, v. *infra*, n° 856 et s.).

19. Sur la portée de la faculté de relèvement au regard de l'individualisation de la peine, Cons. const., 11 juin 2010, n° 2010-6/7 QPC, *préc.* et Leturmy L., « Constitutionnalité des peines accessoires et des peines complémentaires obligatoires », AJ pénal 2011.280.

B. L'ajournement du prononcé de la peine

692. En principe, un jugement qui déclare la culpabilité de l'auteur d'une infraction doit énoncer la peine choisie par le juge. Pourtant, la loi du 11 juillet 1975 a consacré l'ajournement du prononcé de la peine (CPP, art. 469-1 et 469-3 pour le tribunal correctionnel, 539-1 du même code pour le tribunal de police). Cet ajournement était alors « simple ». La loi du 6 juillet 1989 y a ajouté l'ajournement avec mise à l'épreuve (CPP, art. 469-4). En 1992, le Code pénal a repris l'institution (art. 132-60 à 132-62 pour l'ajournement simple et art. 132-63 à 132-65 pour l'ajournement avec mise à l'épreuve), en y ajoutant l'ajournement avec injonction (art. 132-66 à 132-70).

La loi du 30 décembre 1993 avait créé en outre l'ajournement avec *rétention judiciaire* (C. pén., art. 132-70-1). Ce type d'ajournement, qui n'était pas applicable aux mineurs de seize ans, était prononcé en enjoignant au prévenu de présenter à l'autorité administrative compétente les documents de voyage permettant l'exécution de la mesure d'éloignement prononcée à l'encontre de l'intéressé, ou de communiquer les renseignements permettant l'exécution de cette mesure. La juridiction pouvait placer le prévenu par ordonnance sous le régime de la rétention judiciaire pendant trois mois au plus. Ces dispositions ont été abrogées par la loi du 11 mai 1998.

La loi de 2014 relative à l'individualisation des peines et renforçant l'efficacité des sanctions pénales ajoute deux autres formes d'ajournement :

- l'ajournement *aux fins d'investigations sur la personnalité ou la situation matérielle, familiale et sociale* (C. pén., nouvel art. 132-70-1), ce qui doit favoriser la personnalisation de la peine au regard des objectifs légaux ;
- l'ajournement *aux fins de consignation d'une somme d'argent* (C. pén., art. 132-70-3).

Comme on le constate, l'ajournement est une option offerte au juge qui prospère. Dans le cas de l'ajournement, le tribunal qui déclare la culpabilité de l'auteur de l'infraction remet à plus tard la détermination de la peine. Le délai entre les deux décisions permet d'observer le coupable. Si les résultats de l'observation sont favorables, le coupable peut être dispensé de peine. Avec la réforme pénale, l'ajournement est appelé à poursuivre d'autres finalités que celles qui se définissent au regard des fonctions de la peine soit, pour l'essentiel, la protection de la société, la restauration de l'équilibre social et la protection des intérêts de la victime. L'ajournement que nous appellerons « classique » doit permettre le cas échéant une dispense de peine, celle-ci n'ayant plus d'utilité compte tenu du comportement espéré du prévenu. L'ajournement aux fins d'investigations crée simplement une césure dans le déroulement du procès dont l'objectif est de mieux individualiser la sanction. Celui aux fins de consignation d'une somme d'argent a pour finalité la garantie de paiement d'une éventuelle amende.

L'ajournement est distinct du sursis en ce que :

- le bénéficiaire de l'ajournement ne connaît pas la peine qu'il risque d'avoir à exécuter, puisque cette peine n'est pas encore fixée. À l'inverse, le sursitaire connaît cette peine ;
- l'ajournement laisse subsister la déclaration de culpabilité, même dans le cas où il aboutit à la dispense de peine. Dans le cas où le sursitaire ne commet pas de nouvelle infraction dans le délai de sursis, la condamnation assortie du sursis est considérée comme non avenue.

1. L'ajournement au regard des finalités de la peine

a. Conditions de l'ajournement

693. L'article 132-60 du Code pénal fixe les conditions applicables à toutes les formes d'ajournement (simple, avec mise à l'épreuve, avec injonction).

α. *Nature de l'infraction commise*

694. Il doit s'agir d'un délit ou d'une contravention : les crimes sont exclus (C. pén., art. 132-58).

β. *Comportement du coupable*

695. L'ajournement du prononcé de la peine suppose que le reclassement du coupable est « en voie d'être acquis » et que le dommage causé est « en voie d'être réparé ». La mise à l'épreuve, l'injonction sont autant de modalités de l'ajournement qui favorisent la réalisation de cette condition.

γ. *Protection de l'ordre public*

696. L'ajournement ne peut être prononcé que si le trouble résultant de l'infraction va cesser.

On remarquera la parenté avec la dispense de peine. Quand le reclassement du coupable est *en voie* d'être acquis, l'ajournement peut être prononcé ; quand il *est* acquis, la dispense de peine peut être accordée. Même chose pour les autres conditions.

δ. *Décision sur la demande en réparation de la victime*

697. Selon l'alinéa 2 de l'article 132-58 du Code pénal, en même temps qu'elle se prononce sur la culpabilité du prévenu, la juridiction statue, s'il y a lieu, sur l'action civile.

b. Les modalités de l'ajournement

α. *L'ajournement simple*

698. Il ne comporte aucune obligation précise imposée au coupable. Le juge fixe simplement dans sa décision la date à laquelle il statuera sur la peine. La décision sur la peine intervient au plus tard un an après la première décision d'ajournement (art. 132-62). Le coupable (personne physique ou représentant d'une personne morale) doit être présent à l'audience. L'inconvénient de ce mécanisme est qu'il ne favorise pas le reclassement du coupable et n'incite pas ce dernier à la réparation du dommage. D'où l'idée d'utiliser une technique déjà appliquée au sursis : la mise à l'épreuve.

β. *L'ajournement avec mise à l'épreuve*

699. Son régime est fixé aux articles 132-63 à 132-65 du Code pénal. Cette mesure n'est pas applicable aux personnes morales : l'article 132-63 ne vise que les personnes physiques. Elle n'est pas non plus applicable en matière de contravention (art. 132-58 : « ... sauf dans les cas prévus aux art. 132-63 à 132-65... »). Le prévenu est placé sous le régime de la mise à l'épreuve, défini par les articles 132-43 et suivants. Il est placé sous le contrôle du juge de l'application des peines du lieu de sa résidence. L'article 132-46 indique clairement quel est l'objectif des mesures d'aide : « seconder les efforts du condamné en vue de son reclassement social ». Si le condamné ne se soumet pas aux obligations qui lui sont imposées, le juge de l'application des peines saisit le tribunal qui statue sur la peine avant l'expiration du délai d'épreuve (CPP, art. 747-3). La durée de la mise à l'épreuve est d'une année au maximum.

γ. *L'ajournement avec injonction*

700. En 1992, le Code pénal généralise cette forme d'ajournement (art. 132-66 à 132-70). Il ne s'agit pas à proprement parler d'une innovation, car l'ajournement avec injonction existait déjà. Mais son domaine était restreint. Il était prévu par des lois extérieures au Code pénal :

- loi du 19 juillet 1976, à l'égard de l'exploitant d'une *installation classée* condamné pour n'avoir pas observé les règlements imposés à son usine (C. environnement, art. L 173-9) ;
- article L. 322-9-1 (aujourd'hui L. 163-5) du Code forestier, à l'égard des propriétaires fonciers qui ne *débroussaillent* pas leurs terrains malgré des arrêtés pris par l'administration pour la prévention des incendies ;
- loi du 5 janvier 1988 sur la *protection des consommateurs* (C. consom., art. L. 421-3 et L. 421-4) ;
- loi du 3 janvier 1992 (art. 24) sur la *protection de l'eau* (C. environnement, art. L. 173-9) ;
- loi du 20 juin 1992 (art. 7) sur l'obligation du *dépôt légal* en matière de presse (C. patrimoine, art. L. 133-1).

La tendance était à la multiplication des textes spéciaux. La généralisation de l'institution est bienvenue. Aux termes de l'article 132-66 du Code pénal : « Dans les cas prévus par les lois ou les règlements qui répriment des manquements à des obligations déterminées, la juridiction qui ajourne le prononcé de la peine peut enjoindre à la personne physique ou à la personne morale déclarée coupable de se conformer à une ou plusieurs des prescriptions prévues par ces lois ou règlements. La juridiction impartit un délai pour l'exécution de ces prescriptions. »

Il faut donc que le texte d'incrimination prévoie expressément cette mesure. Or, pour l'instant, aucun des livres du Code pénal ne la prévoit. L'ajournement avec injonction ne peut être accordé que s'il y a délit ou contravention. Il ne peut intervenir qu'une seule fois. La personne physique ou le représentant de la personne morale peut ne pas être présent à l'audience. Quant au délai, il faut distinguer le délai de l'ajournement de la peine (un an en principe, sauf disposition contraire du texte d'incrimination, art. 132-69, dernier alinéa) et le délai imparti pour l'exécution de l'obligation : c'est à la juridiction de le préciser (art. 132-66, al. 2).

Enfin, l'injonction peut être assortie d'une *astreinte* dont le juge fixe librement le taux (si le texte d'incrimination le permet). L'astreinte est prononcée à titre provisoire. Au moment de la liquidation, le juge apprécie l'inexécution ou le retard dans l'exécution des prescriptions, en tenant compte de la survenance d'événements non imputables au coupable. Le recouvrement de l'astreinte ne peut donner lieu à contrainte judiciaire.

c. L'issue de l'ajournement

701. L'audience de renvoi peut donner lieu à différentes décisions, selon l'attitude du coupable. L'issue est complexe en cas d'ajournement avec injonction.

α. *Ajournement simple ou avec mise à l'épreuve*

- Prononcé de la peine. Si le reclassement n'est pas réalisé, le dommage pas réparé ou si les obligations de la mise à l'épreuve sont méconnues, le tribunal prononce une peine.
- Prolongation du délai. C'est le cas où les progrès du coupable sont insuffisants. Mais en aucun cas la décision sur la peine ne peut intervenir plus d'un an après la première décision d'ajournement. Cela suppose donc que le délai initial soit inférieur à un an et que le cumul des deux délais (initial et de prolongation) ne dépasse pas un an (C. pén., art. 132-65, al. 2).
- Dispense de peine. Le tribunal peut dispenser de peine le délinquant si, à l'expiration du ou des délais impartis, les conditions de la dispense de peine sont réunies. Cependant, trente jours avant l'audience de renvoi, le juge de l'application des peines, avec l'accord du procureur de la République, peut prononcer lui-même la dispense de peine (art. 132-65 modif. par la loi du 9 mars 2004).

β. *Ajournement avec injonction*

702. D'après l'article 132-69 du Code pénal, trois situations peuvent se présenter :

1° Les prescriptions prévues par l'injonction sont exécutées. Dans ce cas, le juge ne liquide pas l'astreinte, mais il peut prononcer une peine ou accorder une dispense de peine.

2° Les prescriptions de l'injonction sont exécutées avec retard : le juge liquide l'astreinte et prononce la ou les peines encourues.

3° Les prescriptions de l'injonction ne sont pas exécutées. Dans ce cas, le juge liquide l'astreinte, prononce la peine et ordonne que l'exécution des prescriptions soit poursuivie d'office aux frais du condamné. Le coupable a donc intérêt à exécuter les prescriptions. Tel est le sens de l'ajournement avec injonction : le droit pénal, ici, n'est pas un droit sanctionnateur, mais un droit incitatif, au service de l'exécution d'obligations déterminées (de sécurité par exemple).

2. L'ajournement aux fins d'investigations sur la personnalité ou la situation matérielle, familiale et sociale du prévenu[20]

703. Aux termes d'un nouvel article 132-70-1 du Code pénal, tel qu'il résulte de la loi du 15 août 2014, la juridiction correctionnelle peut ajourner le prononcé de la peine à l'égard d'une personne physique lorsqu'il apparaît nécessaire d'ordonner à son égard des investigations complémentaires sur sa personnalité ou sa situation matérielle, familiale et sociale. Ces investigations sont confiées suivant les cas aux services pénitentiaires d'insertion et de probation ou bien à des personnes morales habilitées.

La juridiction fixe dans sa décision la date à laquelle il sera statué sur la peine. La décision sur la peine doit intervenir au plus tard dans un délai de quatre mois après la décision de report, sous réserve des délais plus courts prévus au troisième alinéa de l'article 397-3 du Code de procédure pénale quand la personne est placée en détention provisoire. Le délai peut être prolongé pour une nouvelle durée maximale de quatre mois.

Précisément, dans le cas d'un déferrement devant le tribunal correctionnel selon les procédures de convocation par procès-verbal ou de comparution immédiate, la juridiction peut aussi, quand elle prononce l'ajournement, placer ou maintenir le coupable sous contrôle judiciaire (application de l'article 397-3, al. 1), sous assignation à résidence avec surveillance électronique en application du premier alinéa de l'article 142-12, voire en détention provisoire dans le cas de la comparution immédiate (art. 397-3-1 nouv.). Cela dit, la détention provisoire doit rester exceptionnelle, le législateur précisant les motifs susceptibles de la justifier : empêcher une pression sur les témoins, les victimes ou la famille, empêcher une concertation frauduleuse entre la personne condamnée et ses coauteurs ou complices ou prévenir le renouvellement de l'infraction. Dans le cas d'un placement ou d'un maintien en détention provisoire, le jugement sur le fond doit intervenir dans les deux mois (ou quatre mois si la peine encourue est supérieure à sept ans d'emprisonnement et si le prévenu a demandé que l'affaire soit renvoyée à une audience ultérieure qui devra se tenir au maximum dans le délai de quatre

20. Le projet de loi entend améliorer cette procédure afin d'en favoriser le recours.

mois) qui suivent le jour de sa première comparution. Dans le cas contraire, la détention provisoire prend fin.

La décision d'ajournement de la peine, n'exclut pas la possibilité pour la juridiction d'octroyer immédiatement à la victime des dommages-intérêts soit à titre provisionnel, soit à titre définitif (art. 132-70-2 nouveau).

3. L'ajournement aux fins de consignation d'une somme d'argent

704. La loi du 15 août 2014 prévoit également la possibilité pour le tribunal correctionnel d'ajourner la décision sur la peine en soumettant la personne déclarée coupable à l'obligation de consigner une somme d'argent en vue de garantir le paiement d'une éventuelle peine d'amende. La juridiction détermine le montant de cette consignation et le délai pour la déposer au greffe, sachant que ce délai ne peut être supérieur à un an. Cette consignation pourra avoir lieu en plusieurs versements selon un échéancier qu'elle détermine.

La juridiction fixe la date à laquelle sera rendue la décision sur la peine (le délai est d'une année maximum).

§2. La décision sur l'exécution de la peine

705. Le juge peut condamner le coupable à une peine d'emprisonnement ou d'amende qui s'exécuteront selon les modalités traditionnelles : incarcération pour la durée de l'emprisonnement, ou recouvrement forcé de l'amende, soit par la contrainte judiciaire (CPP, art. 749 à 762) – la menace de la prison peut amener le condamné à payer – soit au moyen d'une saisie conservatoire.

Mais le juge dispose d'autres moyens, qui sont autant de mesures d'individualisation de la peine. La plupart sont inspirés par l'indulgence ; ainsi, en est-il des différents aménagements possibles de l'exécution de la peine : fractionnement, semi-liberté, placement à l'extérieur ou sous surveillance électronique (A) ; ainsi en est-il du suivi socio-judiciaire destiné à aider le condamné à se réinsérer (B). La nouvelle peine de la contrainte pénale s'inscrit d'ailleurs également dans cette ligne comme nous l'avons déjà vu (*supra*, n° 643). Mais parfois, compte tenu de sa personnalité, le condamné doit être incité à respecter la condamnation : le prononcé de la peine avec sursis est traditionnel même si ses modalités se sont diversifiées ces dernières années (C) ; le prononcé anticipé de la peine d'emprisonnement ou d'amende est plus original : c'est la loi du 9 mars 2004 qui généralise cette possibilité pour le juge de renforcer le caractère comminatoire de la condamnation à l'exécution d'une ou plusieurs obligations à titre de peine alternative ou complémentaire (D).

A. Les aménagements de l'exécution de la peine[21]

1. Le fractionnement de la peine

a. Domaine

706. L'ancien article 41, al. 2, du Code pénal prévoyait déjà, depuis la loi de 1975, un fractionnement de l'amende. La réforme de 1992 y a ajouté le fractionnement de la peine d'emprisonnement ainsi que d'autres peines : le jour-amende, la suspension du permis de conduire. Le régime du fractionnement est prévu par les articles 132-27 et 132-28 du Code pénal.

b. Conditions

707. En matière correctionnelle l'exécution fractionnée de la peine d'emprisonnement doit être justifiée par des *motifs* d'ordre médical, familial, professionnel ou social (la loi du 24 novembre 2009 a supprimé à cet égard l'exigence d'un motif « grave », ce qui devrait faciliter le recours à cet aménagement). Il ne faut pas que la peine prononcée soit supérieure à deux ans ; si la personne est en état de récidive légale, la durée de la peine doit être égale ou inférieure à un an au plus. Le fractionnement intervient dans un maximum de quatre ans. Chaque fraction ne peut être inférieure à deux jours (art. 132-27).

708. En matière correctionnelle et contraventionnelle, s'agissant de l'*amende*, du *jour-amende* et de la *suspension du permis de conduire*, la durée maximum du fractionnement est de trois ans. Le motif d'ordre médical, familial, professionnel ou social doit être grave. Il n'y a pas d'autres contraintes (art. 132-28).

2. La semi-liberté

709. Elle est prévue par les articles 132-25 et 132-26 du Code pénal, 723 et suivants du Code de procédure pénale.

a. Conditions

α. *Condition tenant à la peine prononcée*

710. Avant la réforme de 1992, l'exécution de la peine d'emprisonnement sous le régime de la semi-liberté n'était possible que si le juge prononçait une peine inférieure ou égale à six mois. Puis la peine devait être égale ou inférieure à un an. Désormais, la semi-liberté peut s'appliquer aux peines d'emprisonnement inférieures ou égales à deux ans ou, pour une personne en état de récidive légale, aux peines égales ou inférieures à un an (art. 132-25 modif., loi 24 novembre 2009).

---

21. Cass.crim., 20 avr. 2017, préc. : Le juge qui prononce la peine et décide de l'aménager doit choisir la mesure d'aménagement.

β. *Condition tenant au condamné*

711. Il doit justifier, soit de l'exercice d'une activité professionnelle, soit de son assiduité à un enseignement ou à une formation professionnelle, stage, emploi temporaire, soit encore de sa participation essentielle à la vie de sa famille, soit enfin de la nécessité de subir un traitement médical.

b. Modalités

712. Elles sont fixées par le juge de l'application des peines (v. *infra* n° 821).

3. Les placements à l'extérieur ou sous surveillance électronique

713. La loi du 9 mars 2004 permet à la *juridiction de jugement*, et non plus uniquement au juge de l'application des peines, de décider que la peine d'emprisonnement égale ou inférieure à deux ans (un an pour une personne en état de récidive légale) s'exécutera sous le régime du placement à l'extérieur (art. 132-25, dern. al.). Le condamné doit produire les mêmes justifications que pour la semi-liberté (art. 132-25 C. pén. ; v, pour le régime du placement à l'extérieur, *infra*, n° 823).

714. En des termes identiques, le législateur ouvre à la *juridiction de jugement* la possibilité d'ordonner que la peine d'emprisonnement égale ou inférieure à *deux ans* (un an en cas de récidive légale) s'exécute sous le régime du placement sous surveillance électronique (art. 132-26-1 modif. loi 24 novembre 2009). En conformité avec les autres modifications relatives à la semi-liberté ou le placement à l'extérieur, la durée requise dans tous les cas est d'un an. La décision ne peut être prise qu'avec l'accord du prévenu, informé préalablement qu'il peut être assisté d'un avocat. Dans le cas où il s'agit d'un mineur non émancipé, l'accord des titulaires de l'autorité parentale est nécessaire (C. pén., art. 132-26-1, dernier al. ; v. pour le régime du placement sous surveillance électronique, *infra*, n° 796 et 797). La juridiction de jugement peut aussi soumettre le condamné placé sous surveillance électronique aux mesures prévues en matière de sursis avec mise à l'épreuve (C. pén., art. 132-26-3).

B. Le suivi socio-judiciaire

715. On rappelle que le suivi socio-judiciaire est prévu par les articles 131-36-1 et suivants du Code pénal. Ses modalités d'exécution sont fixées par le Code de procédure pénale (art. 763-1 à 763-9) et par le Code de la santé publique (art. L. 3711-1 et s.).

Selon l'article 131-36-6 du Code pénal, le suivi socio-judiciaire ne peut être ordonné en même temps qu'une peine d'emprisonnement assortie, en tout ou en partie, du sursis avec mise à l'épreuve. En dehors de cette restriction, il peut constituer une peine complémentaire facultative (C. pén., art. 131-10 et 131-36-5) ou, en matière correctionnelle, une peine principale (art. 131-36-7). On notera à cet égard une certaine ressemblance entre le suivi socio-judiciaire et la nouvelle contrainte pénale quand on lit les débuts des articles 131-36-1, alinéa 2 et 131-4-1, alinéa 2 du Code pénal. Le suivi socio-judiciaire peut donc s'ajouter à une peine privative de liberté. Les personnes condamnées pour une infraction pour laquelle le suivi socio-judiciaire est encouru exécutent leur peine dans des établissements pénitentiaires permettant d'assurer un suivi médical et psychologique adapté (CPP, art. 717-1, al. 3).

1. Champ d'application

716. Il s'agit d'éviter de nouvelles victimes dans le cas d'infractions très graves :

- meurtre ou assassinat précédé ou accompagné de viol, tortures, actes de barbarie (art. 221-9-1) ;
- viol et autres agressions sexuelles (art. 222-23 à 222-32) ;
- corruption de mineurs, atteintes sexuelles sur les mineurs, diffusion d'images présentant un caractère pornographique (art. 227-31 visant les art. 227-22 à 227-27).
- actes de terrorisme prévus par les articles 421-1 à 421-6 du Code pénal (art. 421-8 ajouté par la loi du 3 juin 2016).

Le suivi socio-judiciaire est applicable indépendamment de la gravité de l'acte commis. Pour le rapporteur du projet devant l'Assemblée nationale, « certains actes, en apparence bénins, peuvent masquer des troubles psychologiques graves et constituer les premières manifestations d'une déviance dangereuse ».

2. Conditions du suivi socio-judiciaire

a. Prononcé

717. Le suivi socio-judiciaire peut être ordonné par la juridiction de jugement. On verra que le juge de l'application des peines a également des pouvoirs en ce domaine et qu'il peut modifier ou compléter les dispositions du suivi.

b. Durée

718. La juridiction de jugement fixe la durée du suivi socio-judiciaire. En principe, cette durée ne peut excéder dix ans en cas de condamnation pour délit, ou vingt ans en cas de condamnation pour crime. Cependant, en matière correctionnelle, la durée peut être portée à vingt ans par décision spécialement motivée ; s'il s'agit d'un crime puni de trente ans de réclusion criminelle, la durée du suivi socio-judiciaire est de trente ans ; s'il s'agit d'un crime puni de la réclusion criminelle à perpétuité, la juridiction de jugement peut décider que la durée du suivi sera illimitée sous réserve pour le tribunal de l'application des peines de mettre fin à la mesure au bout de trente ans (C. pén., art. 131-36-1). On remarquera qu'une mesure de sûreté est par nature d'une durée indéterminée. Au nom du principe de légalité des peines, le législateur a préféré, cependant, fixer une durée maximale.

Quand le suivi socio-judiciaire accompagne une peine privative de liberté sans sursis, il s'applique, pour la durée fixée par le jugement, à compter du jour où la privation de liberté a pris fin. Il est suspendu par toute détention intervenue au cours de son exécution.

c. Durée de l'emprisonnement éventuel

719. La juridiction de jugement fixe également la durée maximale de l'emprisonnement encouru par le condamné en cas d'inobservation des obligations qui lui sont imposées. Le condamné est incité par là à respecter ses obligations. Cette durée ne peut excéder trois ans en cas de condamnation pour délit, sept ans en cas de condamnation pour crime. Le président de la juridiction, après le prononcé de la décision, avertit le condamné des obligations qui en résultent et des conséquences qu'entraînerait leur inobservation.

3. Les obligations

720. Elles ont pour objet de seconder les efforts du condamné en vue de sa réinsertion sociale (art. 131-36-3). D'après l'article 131-36-1, le suivi socio-judiciaire emporte l'obligation pour le condamné de se soumettre, sous le contrôle du juge de l'application des peines, à des mesures de surveillance et d'assistance destinées à prévenir la récidive. Ces obligations sont celles de l'article 132-44, et peuvent aussi être celles de l'article 132-45, ces deux textes étant relatifs au régime de la mise à l'épreuve. Il existe en outre des *obligations plus spécifiques* (celles initialement prévues à l'article 131-36-2 al. 2 et transférées avec quelques modifications à l'article 132-45) :

1° S'abstenir de paraître en tout lieu ou toute catégorie de lieux ou toute zone spécialement désignés.

2° S'abstenir d'entrer en relations avec certaines personnes, dont la victime ou certaines catégories de personnes, et notamment des mineurs, à l'exception, le cas échéant, de ceux désignés par la juridiction.

3° Ne pas se livrer à l'activité dans l'exercice ou à l'occasion de l'exercice de laquelle l'infraction a été commise ou ne pas exercer une activité impliquant un contact habituel avec des mineurs.

4° Sauf décision contraire de la juridiction de jugement, la personne condamnée à un suivi socio-judiciaire est soumise à *une injonction de soins* s'il est établi, après une expertise médicale, que la personne poursuivie est susceptible de faire l'objet d'un traitement (art. 131-36-4 modif. loi 10 août 2007). On notera que cette injonction de soins est devenue, par principe, systématique, depuis la loi du 10 août 2007, alors qu'elle était auparavant facultative. Le traitement ne pourra être entrepris qu'avec le consentement du condamné. Mais, en définitive, ce consentement n'est pas libre, car le président de la juridiction avertit l'intéressé que s'il refuse les soins, l'emprisonnement prononcé en application de l'article 131-36-1, al. 3, pourra être mis à exécution.

Si le juge prononce une injonction de soins et que la personne a été condamnée à une peine privative de liberté sans sursis, le président informe le condamné qu'il aura la possibilité de commencer le traitement pendant l'exécution de sa peine. Si elle ne consent pas à suivre le traitement cette information est renouvelée au moins une fois tous les ans (CPP, art. 763-7 modif. loi 10 mars 2010). L'article 721-1 du Code de procédure pénale ajoute, depuis sa modification par la loi du 10 août 2007, qu'aucune réduction supplémentaire de peine ne peut être accordée, sauf décision contraire du juge de l'application des peines, au condamné qui refuse de commencer le traitement proposé pendant son incarcération. On peut considérer que, dans ce cas, la personne condamnée ne manifeste pas d'efforts sérieux de réadaptation sociale. La loi du 10 mars 2010 renforce l'efficacité de cette injonction en présence de délinquants sexuels en autorisant le médecin à prescrire un traitement inhibiteur de libido conformément à l'article L. 3711-3 du Code de la santé publique (CPP, art. 706-47-1 nouv.).

Dans l'hypothèse où la juridiction, usant de sa liberté, ne soumettait pas la personne condamnée à une injonction de soins, le juge de l'application des peines ordonnera en vue de sa libération une expertise médicale afin de déterminer si elle est susceptible de faire l'objet d'un traitement. Si c'est le cas, l'injonction de soins sera ordonnée sauf décision contraire du juge de l'application des peines (CPP, art. 763-3 al. 3).

Toute personne condamnée à un suivi socio-judiciaire peut demander à la juridiction qui a prononcé la condamnation de la *relever* de cette mesure. Lorsque le suivi socio-judiciaire comporte une injonction de soins, le juge de l'application des peines, après avis du procureur de la République, du médecin coordonnateur et audition du condamné, peut mettre fin de manière anticipée au suivi socio-judiciaire sans qu'il soit nécessaire de saisir la juridiction de jugement dès lors que le reclassement du condamné est acquis et qu'un traitement n'est plus nécessaire. Le juge de l'application des peines peut aussi ne relever le condamné que d'une partie de ses obligations dont l'injonction de soins (CPP, art. 763-6, dern. al.).

5° Le suivi socio-judiciaire peut aussi comprendre un *placement sous surveillance électronique mobile* (C. pén., art. 131-36-9 et s.) Il ne peut être ordonné qu'à l'encontre d'une personne majeure condamnée à une peine privative de liberté d'une durée égale ou supérieure à sept ans, considérée comme dangereuse à la suite d'une expertise médicale. Cette mesure doit apparaître indispensable pour prévenir la récidive à compter de la libération du condamné. Quand elle est ordonnée par le tribunal correctionnel, elle doit faire l'objet d'une décision spécialement motivée. Quand elle est ordonnée par la cour d'assises, elle doit être décidée dans les conditions de majorité prévues par l'article 362 du Code de procédure pénale pour le prononcé du maximum de la peine (soit la majorité de huit voix au moins lorsque la cour statue en premier ressort et dix voix au moins lorsqu'elle statue en appel). Le président de la juridiction avertit le condamné que le placement sous surveillance électronique mobile ne pourra être mis en œuvre sans son consentement et qu'à défaut ou s'il manque à ses obligations l'emprisonnement prononcé en application de l'article 131-36-1, alinéa 3 du Code pénal (soit d'une durée de trois ans maximum en cas de délit et de sept ans maximum en cas de crime) pourra être mis à exécution.

6° Si la personne a été condamnée à une peine de réclusion criminelle d'une durée égale ou supérieure à quinze ans pour l'un des crimes mentionnés à l'article 706-53-13 du code de procédure pénale, le juge de l'application des peines peut aussi prononcer une obligation d'assignation à domicile (CPP, art. 763-3 renvoyant à l'art. 723-30 du même code à propos de la surveillance judiciaire, v. *infra* n° 782). Par ailleurs, il est possible de prolonger tout ou partie des obligations auxquelles est astreinte la personne, au-delà de la durée prononcée par la juridiction de jugement et des limites prévues à l'article 131-36-1 du Code pénal, en la plaçant sous le régime de la surveillance de sûreté pour une durée de deux ans. C'est la juridiction régionale de la rétention de sûreté qui est compétente. Ce dispositif est applicable y compris si la personne placée sous suivi socio-judiciaire a fait l'objet d'une libération conditionnelle (CPP, art. 763-8 al. 3 nouv).

Le suivi socio-judiciaire se présente ainsi comme une sanction originale, qui se situe à la frontière entre les sanctions destinées à favoriser la réadaptation du délinquant (ce qui renvoie à l'individualisation des peines, chère à Saleilles) et l'aggravation de la peine (puisque, par exemple, l'injonction de soins s'ajoute, en principe, à la peine d'incarcération).

C. Le prononcé avec sursis de la peine

721. Le sursis, à l'origine « simple », a été complété par différentes modalités que l'on a déjà eu l'occasion de signaler à propos d'autres institutions : sursis avec *mise à l'épreuve*, sursis assorti de l'obligation d'accomplir un *travail d'intérêt général*. Les dispositions sur le sursis figuraient autrefois dans le Code de procédure pénale (art. 734 et s.). Elles sont inscrites aujourd'hui dans le Code pénal (art. 132-29 à 132-57).

1. Principes généraux

722. D'abord, il faut bien distinguer le sursis de l'ajournement : en prononçant une peine avec sursis, le condamné est dispensé provisoirement d'exécuter la peine. S'il ne commet pas de nouvelle infraction pendant un délai d'épreuve, il en sera dispensé définitivement. Le sursis est donc un sursis à l'*exécution* de la sanction. Il se distingue par là de l'ajournement, qui est un sursis au *prononcé* de la peine.

Ensuite, on rappellera qu'historiquement le sursis est l'une des premières mesures d'individualisation de la peine. Elle remonte à la loi du 26 mars 1891 dite « loi Béranger ». À l'origine, le sursis visait à éviter, d'une part, le contact du condamné avec la prison, d'autre part, la récidive en le menaçant d'une révocation. L'inconvénient du système, dans sa forme la plus simple, était de laisser le condamné livré à lui-même. Il est apparu que des mesures de surveillance et d'assistance pourraient l'aider à ne pas commettre de nouvelles infractions. Dès 1945, le législateur prévoit pour les mineurs la liberté surveillée, qui peut éventuellement accompagner une peine d'emprisonnement prononcée avec sursis. En 1958 est créé le sursis avec mise à l'épreuve (ou sursis probatoire), dont le régime a été profondément remanié par les lois du 17 juillet 1970 et du 11 juillet 1975. La loi du 10 juin 1983 complète le dispositif en instituant une troisième forme de sursis : le sursis assorti de l'obligation d'accomplir un travail d'intérêt général.

Enfin, les trois sursis obéissent à des caractéristiques communes :

1° Le juge n'est *jamais obligé* d'accorder le sursis : cette mesure est laissée à son choix.

2° Le juge qui accorde le sursis doit *motiver* sa décision (v. art. 132-29 : « La juridiction qui prononce une peine peut, dans les cas et selon les conditions prévues ci-après, ordonner qu'il sera sursis à son exécution » ; dans le même sens : art. 132-40 et 132-54). Selon l'article 132-29, alinéa 2, modifié par la loi du 15 août 2014, le président de la juridiction doit aussi avertir le condamné, lorsqu'il est présent, que dans l'hypothèse où il serait condamné pour une nouvelle infraction commise dans les délais de l'article 132-35 et 132-37 du Code pénal, le sursis *pourra être révoqué* par la juridiction. Cette nouvelle rédaction tient compte du souci de ne plus faire de la « récidive » une cause de révocation automatique du sursis. C'est la juridiction qui décidera de la révocation ou non[22].

3° Le président de la juridiction avertit le condamné du caractère conditionnel de la mesure.

2. Conditions d'octroi du sursis

a. Sursis simple

723. Le sursis simple fait l'objet des articles 132-30 à 132-34 du Code pénal.

α. *Conditions quant aux infractions et aux délinquants*

724. En matière **criminelle ou correctionnelle**, le sursis peut bénéficier à la personne physique si celle-ci n'a pas été antérieurement condamnée, au cours des cinq ans précédant les faits, pour crime ou délit de droit commun, à une peine de réclusion ou d'emprisonnement (art. 132-30, al. 1). On observera qu'avant 1992, seules les peines d'emprisonnement supérieures à deux mois faisaient obstacle au sursis : les dispositions actuelles sont donc plus rigoureuses.

22. L'article 132-29 était, avant 2014, rédigé en ces termes : « le président de la juridiction, après le prononcé de la peine assortie du sursis simple, avertit le condamné, lorsqu'il est présent, des conséquences qu'entraînerait une condamnation pour une nouvelle infraction qui serait commise dans les délais prévus par les articles 132-35 et 132-37. »

Par ailleurs, si l'auteur de l'infraction a déjà été condamné, au cours des cinq ans précédant les faits, à une peine autre que privative de liberté, le sursis ne peut plus être accordé pour une peine non privative de liberté (art. 132-31, al. 2).

Quant aux personnes morales, elles ne doivent pas avoir été condamnées, dans le délai de cinq ans précédant les faits, pour un crime ou un délit de droit commun, à une amende supérieure à 60 000 €.

Il résulte de tout cela, du point de vue criminologique, que le législateur ne veut tenir compte que du passé pénal récent. Si le condamné a déjà commis une infraction dans le délai de cinq ans précédant le jugement, le juge peut raisonnablement craindre le pire, à savoir la récidive. Une plus grande sévérité dans les conditions d'octroi du sursis permet, d'une certaine manière, de donner à celui-ci une fonction plus efficace de menace et de récompense.

En matière **contraventionnelle**, le sursis est régi par l'article 132-33 du Code pénal. Pour les personnes physiques, il ne peut être ordonné que si le prévenu n'a pas été condamné, au cours des cinq ans précédant les faits, pour crime ou délit de droit commun à une peine de réclusion ou d'emprisonnement. Quant aux personnes morales, elles ne doivent pas avoir été condamnées, dans le même délai, pour crime ou délit de droit commun à une amende d'un montant supérieur à 15 000 €.

β. *Conditions quant aux peines*

725. En matière **criminelle ou correctionnelle**, le sursis peut être accordé aux *personnes physiques,* non seulement pour l'emprisonnement (à condition toutefois que la peine prononcée soit inférieure ou égale à cinq ans), pour l'amende, pour les peines de substitution (jour-amende, peines privatives de droit de l'article 131-6), mais encore pour les peines complémentaires de l'article 131-10, *à l'exclusion* de la confiscation, de la fermeture d'établissement et de la peine d'affichage.

Dans le cas de l'*emprisonnement*, le sursis ne s'applique pas nécessairement à toute la peine. L'article 132-31, en son dernier alinéa, prévoit en effet le **sursis partiel** dans les termes suivants : « La juridiction peut décider que le sursis ne s'appliquera à l'exécution de l'emprisonnement que pour une partie dont elle détermine la durée dans la limite de cinq ans ». Le tribunal prononcera par exemple une peine de quatre ans d'emprisonnement dont deux avec sursis.

Pour les *personnes morales*, le sursis s'applique aux amendes ainsi qu'aux peines de fermeture d'établissement, d'interdiction d'émettre des chèques, de confiscation et d'affichage.

En matière **contraventionnelle**, pour les *personnes physiques*, le sursis est applicable aux condamnations aux peines privatives ou restrictives de droits de l'article 131-14 (à l'exception de la confiscation), aux peines complémentaires prévues par les 1°, 2° et 4° de l'article 131-16 (suspension du permis de conduire, interdiction de détenir une arme, retrait du permis de chasse), à la peine complémentaire de l'article 131-17, al. 1 (interdiction d'émettre des chèques) et à l'amende prononcée pour les contraventions de la 5e classe (maximum 1 500 €).

Pour les *personnes morales*, il est applicable à la peine d'interdiction d'émettre des chèques ou d'utiliser des cartes de paiement (art. 131-42 et 131-43), ainsi qu'aux amendes prononcées pour les contraventions de la 5e classe.

b. Le sursis avec mise à l'épreuve (ou sursis probatoire)[23]

726. Le sursis avec mise à l'épreuve fait l'objet des articles 132-40 à 132-53 du Code pénal.

α. *Condition quant aux personnes*

727. Le sursis probatoire est applicable aux personnes physiques, mais non aux personnes morales (art. 132-40).

β. *Conditions quant aux infractions et aux peines.*

728. Il ne s'applique qu'aux peines d'emprisonnement prononcées pour une durée de cinq ans au plus en raison d'un crime ou d'un délit de droit commun. Il n'est donc pas applicable aux condamnations pour infractions politiques ou militaires, ni à la peine de réclusion criminelle. Néanmoins, on se souvient que le juge peut prononcer une peine d'emprisonnement en matière criminelle : selon l'article 132-18, quand l'infraction est punie de la réclusion criminelle à perpétuité, le juge peut prononcer une peine d'emprisonnement dont le minimum est fixé à deux ans. Dans ce cas le sursis probatoire est applicable si la peine prononcée n'est pas supérieure à cinq ans.

Si la personne est en état de récidive légale, le sursis probatoire est applicable aux condamnations à l'emprisonnement prononcées pour une durée de dix ans au plus.

Mais, dans certains cas, la personne condamnée ne peut bénéficier du sursis avec mise à l'épreuve : il s'agit de celle qui a déjà fait l'objet de deux condamnations assorties du sursis avec mise à l'épreuve pour des délits identiques ou assimilés au sens des articles 132-16 à 132-16-4 et se trouvant en état de récidive légale. Pareillement, en cas de crime, de délit de violences volontaires, d'agressions ou d'atteintes sexuelles, de délits commis avec la circonstance aggravante de violence, le sursis probatoire ne peut être prononcé à l'encontre de celui qui a déjà fait l'objet d'une condamnation assortie du sursis avec mise à l'épreuve pour des infractions identiques ou assimilées et se trouvant en état de récidive légale (ces dispositions ne sont pas applicables lorsque le sursis probatoire ne porte que sur une partie de la peine d'emprisonnement prononcée en application du dernier alinéa de l'article 132-42 du Code pénal, soit au maximum cinq ans (C. pén., art. 132-41)).

---

23. V. Couvrat P., « Réflexions sur la mise à l'épreuve », *Mélanges Larguier*, p. 85. L'expression « sursis probatoire » est entérinée par le projet de loi à la place de sursis avec mise à l'épreuve. La mise à l'épreuve devient la « probation ».

Le sursis probatoire peut être total ou partiel (art. 132-42).

γ. *Condition de délai*

729. Le délai d'épreuve ne peut être ni inférieur à douze mois, ni supérieur à trois ans. Lorsque la personne est en état de récidive légale ce délai peut être porté à cinq ans, voire à sept ans lorsque la personne se trouve à nouveau en état de récidive légale. Le président de la juridiction doit avertir le condamné des conséquences d'une condamnation pour une nouvelle infraction ou d'un manquement aux mesures de contrôle et aux obligations particulières qui lui sont imposées. Sauf exécution provisoire de la décision[24], le point de départ de la mesure de mise à l'épreuve est le jour où la condamnation devient exécutoire.

c. Le sursis assorti de l'obligation d'accomplir un travail d'intérêt général (TIG)

730. Il est prévu par les articles 132-54 à 132-57 du Code pénal. Ces textes reprennent les dispositions des articles 747-1 et suivants du Code de procédure pénale. Ce type de sursis a été institué par la loi du 10 juin 1983.

Quant aux délinquants, le sursis assorti d'un TIG s'applique indépendamment du passé judiciaire. Quant aux infractions, ce sursis s'applique à tout crime ou délit (alors que le TIG, en tant que peine alternative, n'intéresse que les délits). Quant aux peines prononcées, selon l'article 132-41 (déclaré applicable à un tel sursis par l'article 132-54), le sursis assorti d'un TIG est applicable aux condamnations à l'emprisonnement prononcées pour cinq ans au plus, en raison d'un crime ou d'un délit de droit commun.

La juridiction doit s'assurer du consentement du délinquant. Le prévenu doit être, en principe, présent. Cependant, selon l'article 132-54 modifié par la loi du 3 juin 2016, ce sursis pourra être ordonné si le prévenu, absent à l'audience, a fait connaître par écrit son accord et se fait représenter par son avocat. L'exécution provisoire peut être prononcée.

731. On s'était demandé si le sursis assorti d'un TIG pouvait être *partiel*. Répondre affirmativement conduisait à faire coexister un emprisonnement ferme et un emprisonnement avec sursis assorti d'un TIG. Or, cette institution nouvelle tendait à éviter toute privation de liberté. En conséquence, la Cour de cassation avait jugé que ce sursis ne pouvait être partiel[25]. Le sursis assorti de l'obligation d'accomplir un TIG se voulait donc différent d'une simple modalité du sursis avec mise à l'épreuve, lequel pouvait être partiel. Cette jurisprudence était jugée regrettable car elle empêchait le juge de l'application des peines d'améliorer le sort de celui qui avait été condamné à une peine plus légère (par ex : emprisonnement de six mois dont un mois avec sursis) tandis qu'était possible le

24. Ce qui montre que la mise à l'épreuve est une mesure de sûreté.

25. Cass. crim., 3 nov. 1986 : RSC 1987, p. 682, obs. Vitu A. – 4 avr. 1991 : Bull. crim., n° 162. Sur cette question, Couvrat P., « Les trois visages du travail d'intérêt général », RSC 1989, p. 158, spéc. p. 161.

recours au TIG en présence d'une peine de six mois d'emprisonnement ferme[26]. La loi du 24 novembre 2009, modifiant l'article 132-57 du Code pénal met un terme à cette solution. Le recours au TIG est possible en présence d'une peine d'emprisonnement ayant fait l'objet d'un sursis partiel, assorti ou non d'une mise à l'épreuve, lorsque la partie ferme de la peine est inférieure ou égale à six mois. La partie de la peine avec sursis demeure applicable.

Le particularisme de l'institution explique aussi pourquoi le TIG peut être utilisé dans le cadre de la *suspension d'exécution de la peine* prévue par l'article 132-57 du Code pénal. Selon ce texte, si une condamnation à six mois d'emprisonnement sans sursis pour un délit de droit commun n'est plus susceptible de faire l'objet d'une voie de recours par le condamné, le juge de l'application des peines peut ordonner qu'il sera sursis à l'exécution de la peine et que le condamné accomplira un travail d'intérêt général (dont la durée sera comprise, selon la loi du 15 août 2014, entre vingt heures et deux cent quatre-vingts heures). En cas de *révocation du sursis*, assorti ou non d'une mise à l'épreuve, les peines d'emprisonnement inférieures à six mois peuvent dorénavant donner lieu à l'accomplissement d'un TIG.

732. Il est même possible qu'un sursis assorti d'un TIG soit converti en peine de jours-amende (CPP, art. 747-1-1, ajouté par la loi du 9 mars 2004) par le juge de l'application des peines sur demande de l'intéressé ou sur réquisitions du procureur de la République. Pareillement en cas d'exécution partielle d'un TIG, le juge peut ordonner la conversion de la partie non exécutée en jours-amende (art. 132-57 nouveau, L. 24 novembre 2009).

Comme on le constate le juge peut, de la sorte, adapter, au plus près de l'évolution de la situation du condamné, la peine prononcée. C'est presque du « sur-mesure » : condamné, par exemple, à une peine d'emprisonnement inférieure à six mois, l'auteur de l'infraction sollicite le juge de l'application des peines pour obtenir, en dépit de la décision de condamnation, la conversion de la peine d'emprisonnement en peine avec sursis assorti d'un travail d'intérêt général (C. pén., art. 132-57) puis, jugeant que sa situation patrimoniale lui permettrait de régler une amende, de demander au même juge la conversion de ce sursis en jours-amende (CPP, art. 747-1-1).

3. Les effets du sursis

a. Effets liés au caractère pénal de la condamnation

733. La condamnation avec sursis est une condamnation *pénale*[27]. Cela entraîne les conséquences suivantes :

- la condamnation est inscrite aux bulletins n° 1 et 2 du casier judiciaire. Il s'agit des bulletins fournis uniquement aux juridictions et à certaines administrations publiques. La condamnation avec sursis figure au

26. V. Janas M., « Les dispositions relatives au prononcé et à l'application des peines de la loi n° 2009-1436 du 24 nov. 2009 dite loi pénitentiaire », Dr. pén. 2010, p. 7.

27. Les juges ont même tendance à prononcer une peine plus forte lorsqu'elle est assortie du sursis.

bulletin n° 2 tant que la période d'épreuve n'est pas terminée (C. pén., art. 775, 4°) ;

- la condamnation compte pour la récidive et pour le refus d'un sursis simple ultérieur ;
- elle entraîne l'obligation de réparer le préjudice de la victime ;
- les frais de poursuite sont désormais pris en charge par l'État (CPP, art. 800-1, modifié par la loi du 4 janvier 1993).

b. Suspension de l'exécution

734. L'exécution de la condamnation est suspendue pendant le délai d'épreuve. Le condamné, s'il est en détention provisoire, est immédiatement libéré. Mais la suspension ne s'étend pas aux incapacités, interdictions et déchéances résultant de la condamnation. Cependant les incapacités, interdictions et déchéances cesseront d'avoir effet du jour où par application de l'article 132-35 du Code pénal, la condamnation aura été réputée non avenue. Cette règle, prévue à l'article 736 du Code de procédure pénale ne s'applique pas au suivi socio-judiciaire ou à la peine d'interdiction d'exercer une activité professionnelle ou bénévole impliquant un contact habituel avec des mineurs. La loi n° 2012-409 du 27 mars 2012 vient d'ajouter au texte que les incapacités, interdictions et déchéances prononcées comme peine complémentaire à titre définitif cesseront d'avoir effet à l'issue d'un délai de quarante ans à compter du jour où la condamnation a été réputée non avenue (disposition applicable à compter du 1er janvier 2015 pour des condamnations concernant des faits commis après la publication de cette loi).

4. Révocation du sursis

a. Pour le sursis simple

735. Avant la loi du 15 août 2014, si une nouvelle infraction sanctionnée par une nouvelle condamnation à une peine de réclusion criminelle ou d'emprisonnement correctionnel était commise dans le délai d'épreuve de cinq ans à compter de la condamnation assortie du sursis, ce sursis était de plein droit révoqué (la nouvelle condamnation pouvait, d'ailleurs être prononcée après l'expiration de ce délai[28]). Si cette nouvelle condamnation portait sur une peine autre que la réclusion ou l'emprisonnement, le sursis était révoqué s'il accompagnait une peine quelconque autre que l'emprisonnement ou la réclusion (C.pén., art. 132-36 anc.).

En matière de contraventions, si une nouvelle condamnation sans sursis était prononcée pour un crime, un délit ou une contravention de la 5e classe commis pendant les deux ans à compter de la condamnation qui avait été prononcée avec sursis, le sursis était pareillement révoqué (C. pén., art. 132-37 anc.).

---

28. Cass. crim., 10 déc. 1996 : Bull. crim., n° 459 ; Dr. pén. 1997, comm. n° 62, note. Véron M. ; RSC 1997. 829, obs. Bouloc B.

En cas de révocation du sursis simple, la première peine, en principe, était exécutée sans pouvoir se confondre avec la seconde. Cependant, la juridiction qui prononçait la seconde condamnation pouvait décider que celle-ci ne révoquerait pas le sursis, ou n'entraînerait qu'une révocation partielle : c'était la *dispense de révocation* (C.pén., art. 132-38 anc.). Si la juridiction de jugement n'avait pas expressément statué sur la dispense de révocation du sursis, le condamné pouvait ultérieurement demander à bénéficier de cette dispense (CPP, art. 735 anc.).

736. Dorénavant, la loi du 15 août 2014 loi supprime toute idée de révocation automatique du sursis à la suite d'une nouvelle condamnation. Selon l'article 132-35 du Code pénal, dans sa dernière formulation, la condamnation pour un crime ou un délit assorti du sursis simple est réputée non avenue si le condamné qui en bénéficie n'a pas commis, dans le délai de cinq ans à compter de celle-ci, un crime ou un délit de droit commun suivi d'une condamnation « *ayant ordonné la révocation totale du sursis dans les conditions de l'article 132-36 ; le caractère non avenu de la condamnation ne fait pas obstacle à la révocation totale ou partielle du sursis en cas d'infraction commise dans le délai de cinq ans* ». L'article 132-36 est alors réécrit dans cet esprit. Selon ce texte, la juridiction peut, par décision spéciale, révoquer totalement ou partiellement pour une durée ou un montant qu'elle détermine, le sursis antérieurement accordé, quelle que soit la peine qu'il accompagne, lorsqu'elle prononce une nouvelle condamnation à une peine de réclusion, à une peine d'emprisonnement sans sursis ou à une peine autre que la privation de liberté (dans ce dernier cas, cela vise les personnes physiques ou morales). Les dispositions sur la dispense sont abrogées, n'ayant plus lieu d'être. La suppression de la révocation automatique du sursis vaut pareillement en matière contraventionnelle (art. 132-37 modif.).

En cas de révocation du sursis prononcé par la juridiction, la première peine est, comme avant la modification du texte, exécutée sans qu'elle puisse se confondre avec la seconde.

b. Pour le sursis avec mise à l'épreuve

737. La révocation est prévue par les articles 132-47 à 132-51 du Code pénal. Dans le système antérieur à 1992, le Code de procédure pénale distinguait l'exécution de la peine qui sanctionnait la violation par le condamné des obligations de l'épreuve, et la révocation du sursis proprement dite, qui pouvait être prononcée en cas de nouvelle infraction. La réforme de 1992 a mis fin à cette dualité. Si le Code pénal distingue toujours entre la violation des obligations de l'épreuve et la commission d'une nouvelle infraction, c'est pour en tirer les conséquences sur un plan strictement procédural (la révocation est prononcée par le juge de l'application des peines en cas d'inexécution des obligations, par la juridiction de jugement en cas de nouvelle infraction). Mais ces deux circonstances peuvent entraîner la révocation du sursis selon les mêmes modalités de fond.

5. Expiration du délai d'épreuve

738. L'expiration du délai d'épreuve entraîne deux effets :

1° Dans le cas d'un *sursis simple*, l'absence de condamnation nouvelle pendant la durée du sursis a pour conséquence que le condamné est définitivement dispensé de subir sa peine : la condamnation est en effet considérée comme « non avenue » (art. 132-35). En conséquence, les incapacités, interdictions et déchéances résultant de cette condamnation cessent d'avoir effet (CPP, art. 736, dernier al.). Cette règle ne s'applique pas au suivi socio-judiciaire ou à la peine d'interdiction d'exercer une activité professionnelle ou bénévole impliquant un contact habituel avec des mineurs. Les incapacités, interdictions et déchéances prononcées comme peine complémentaire à titre définitif cesseront d'avoir effet à l'issue d'un délai de quarante ans à compter du jour où la condamnation a été réputée non avenue (disposition applicable à compter du 1er janvier 2015 selon la loi n° 2012-409 du 27 mars 2012 pour les condamnations concernant des faits commis après la publication de cette loi).

Lorsque le sursis était partiel, la condamnation est considérée comme non avenue dans tous ses éléments si « la révocation *totale* du sursis n'a pas été *prononcée* dans les conditions de l'article 132-36 (avec la nouvelle rédaction résultant de la loi de 2014), la peine de jours-amende, l'amende ou la partie de l'amende non assortie du sursis restant due » (art. 132-39 modif).

Dans le cas où la juridiction de jugement n'a pas statué sur la révocation du sursis par application de l'article 132-36, parce qu'elle ignorait la première condamnation, le procureur de la République peut ultérieurement saisir le tribunal correctionnel d'une requête motivée tendant à sa révocation. Le tribunal statue en audience publique après audition de la personne et, s'il y a lieu, de son avocat (CPP, art. 735 modif.).

Pareillement, dans le cas d'un *sursis avec mise à l'épreuve*, si le condamné satisfait aux mesures de contrôle, d'aide et aux obligations particulières et si le reclassement paraît acquis, le juge de l'application des peines peut déclarer non avenue la condamnation (CPP, art. 744). Comme pour le sursis simple, les incapacités, interdictions et déchéances prononcées comme peine complémentaire à titre définitif cessent d'avoir effet au terme de quarante ans à compter du jour où la condamnation est réputée non avenue (CPP, art. 746, al. 3, modif. L. 27 mars 2012, applicable à compter du 1er janvier 2015).

2° La condamnation ne compte plus pour la récidive et ne fait plus obstacle à l'octroi d'un nouveau sursis.

Jusqu'à la loi du 16 décembre 1992, il existait à cette conséquence une limite : la condamnation, bien que non avenue, continuait à figurer au casier judiciaire. Ainsi le mécanisme n'aboutissait pas à une véritable réhabilitation. C'est pourquoi, l'article 769, 3°, du Code de procédure pénale disposait depuis 1992, qu'étaient retirées du casier judiciaire « les condamnations assorties en tout ou en partie du bénéfice du sursis, avec ou sans mise à l'épreuve, à l'expiration des délais prévus par les articles 133-13 et 133-14 du Code pénal [c'est-à-dire des délais de la réhabilitation de plein droit] calculés à compter du jour où les condamnations doivent être considérées comme non avenues ». Mais la loi du 5 mars 2007 relative à la prévention de la délinquance en supprimant le 3° de l'article 769, vient de restaurer le droit antérieur. Le législateur est bien difficile à suivre et à comprendre !

D. Le prononcé anticipé de la peine[29]

739. Dans le but de renforcer l'efficacité de la peine alternative et de mieux marquer qu'il s'agit vraiment d'une peine prononcée « à la place d'un emprisonnement ou d'une amende » l'article 131-9 du Code pénal modifié par la loi du 9 mars 2004, généralisant en cela une pratique déjà autorisée pour le suivi socio-judiciaire permet au juge, dès la condamnation, de fixer la durée maximum de l'emprisonnement dont le juge de l'application des peines pourra ordonner la mise à exécution en tout ou partie si le condamné ne respecte pas les obligations ou interdictions auxquelles il est astreint. Le président de la juridiction en avertit le condamné après le prononcé de la décision. Cette nouvelle possibilité offerte au juge, qui le conduit à prononcer cet emprisonnement à titre conditionnel, présente un double avantage : d'incitation pour le condamné qui sait à quoi s'attendre en cas d'inexécution ; de célérité du point de vue de la justice en la dispensant d'engager contre le condamné de nouvelles poursuites. Si le condamné satisfait aux mesures de contrôle, d'aide et aux obligations particulières et si son reclassement paraît acquis, le juge de l'application des peines peut déclarer non avenue la condamnation prononcée à son encontre (CPP, art. 744) en suivant la procédure prévue à l'article 712-6 du Code de procédure pénale.

Section 3
L'aggravation de la peine

740. Il y a des cas où la liberté du juge est encadrée, parce qu'il existe des circonstances aggravantes. La circonstance aggravante est différente des éléments constitutifs de l'infraction : l'absence d'un élément constitutif fait disparaître l'infraction, non l'absence d'une circonstance aggravante.

C'est ainsi que la section du Code pénal groupant les articles 311-1 à 311-11 est intitulée : « Du vol simple et des vols aggravés ». Le vol *simple* est puni de trois ans d'emprisonnement et de 45 000 € d'amende. Le vol *en réunion* est puni de cinq ans d'emprisonnement et de 75 000 € d'amende. Le vol *à main armée* est puni de vingt ans de réclusion. L'usage d'une arme, la réunion sont des circonstances aggravantes. Si elles ne sont pas retenues, l'infraction n'en

29. Détraz S., « Le prononcé anticipé des peines : une procédure *ante delictum* en expansion », Dr. pén. 2005, chron. n° 9.

est pas moins constituée : ce sera un vol simple. Mais si la soustraction n'est pas frauduleuse, il n'existe plus de qualification.

Les circonstances aggravantes sont prévues limitativement par la loi. Devant la cour d'assises, il est posé une question distincte par circonstance aggravante, alors qu'il est posé une seule question pour tous les éléments constitutifs de l'infraction (CPP, art. 349).

Les circonstances aggravantes peuvent être retenues contre l'auteur de l'infraction et non contre le complice, alors que l'infraction constituée à l'égard de l'auteur l'est aussi à l'égard du complice.

Les circonstances aggravantes sont de différente nature. Les unes tiennent à la *psychologie du délinquant* (préméditation). Les autres tiennent à la *personne de la victime* (crime commis par ascendant sur mineur, vulnérabilité de la victime dans le cas du vol...). Certaines sont *objectives* (la réunion par exemple) et s'appliquent au complice même s'il les a ignorées. D'autres sont *subjectives* (la récidive par exemple) et ne se communiquent pas au complice. D'autres encore sont *mixtes* (comme la préméditation) : elles tiennent à l'auteur et à l'acte ; en changeant la qualification de l'infraction (le meurtre devient un assassinat), elles doivent s'appliquer au complice. Mais, depuis 1992, le complice est puni *comme auteur* (C. pén., art. 121-6). Il était alors légitime de se demander si la solution antérieure se maintiendrait. La Cour de cassation ne s'embarrasse pas, semble-t-il, de telles discussions et maintient ses solutions[30].

Au regard du prononcé de la peine, il y a trois manifestations essentielles de l'aggravation de la peine. En premier lieu, celle qui concerne la détermination du quantum de la peine : la *récidive* (§ 1) En second lieu, celle qui intéresse l'exécution de la peine, mais qui se révèle au moment du prononcé, parce que c'est le juge qui fixe le mode d'exécution : la *période de sûreté* (§ 2). Enfin, celle qui fait suite à l'exécution de la peine et permet l'éloignement du condamné réputé dangereux : la *rétention de sûreté* (§ 3).

§1. La récidive

741. Elle est traitée aux articles 132-8 et suivants du Code pénal (correspondant aux anciens articles 56 à 58, 474 et 475).

Un délinquant est en état de récidive légale lorsqu'après avoir été condamné définitivement pour une première infraction il en commet une ou plusieurs autres dans des conditions définies par la loi.

La récidive se distingue :

- *du concept de qualifications multiples* (ou concours de qualifications, ou cumul idéal d'infractions), dans lequel un seul fait est commis mais est susceptible de plusieurs qualifications ;
- *de la réitération d'infractions* : la première infraction ayant donné lieu à une condamnation définitive est suivie d'une seconde, mais les conditions de la récidive ne sont pas réunies (C. pén., art. 132-16-7) ;

30. V. *supra*, n° 499.

- *du concours réel d'infractions* : une seconde infraction est commise avant que la première ait donné lieu à une condamnation définitive ;
- *de l'infraction d'habitude* : le premier fait n'est pas une infraction, c'est le deuxième qui la constitue.

742. Tout le problème, en matière de récidive, est de savoir s'il faut lier le juge et faire de la récidive une circonstance aggravante. En 1978, il avait été envisagé de supprimer la récidive. Ce projet était conforme à une bonne politique d'individualisation de la peine qui, rejetant toute fixation automatique de celle-ci, doit laisser au juge la liberté d'intégrer ou non la récidive au moment de la condamnation. Du reste, il faut distinguer le récidiviste d'occasion (commettant des infractions espacées et sans rapport les unes avec les autres) et le délinquant d'habitude. Leur criminalité est très différente. Une étude publiée en 1994 par le ministère de la Justice[31] permet à cet égard de relativiser l'ampleur de la récidive : ainsi, au bout de quatre ans après leur sortie de prison, il est constaté que les condamnés ont à nouveau commis des infractions ; mais ces infractions vont du vol au voyage en train sans billet. Doit-on réellement parler de récidive quand celui qui a été condamné pour meurtre commet, une fois libre, une simple contravention ? Oui, en droit, mais certainement pas pour le citoyen qui voit dans la récidive la répétition de la même infraction. Ce dernier critère restreint considérablement le taux de récidive : par exemple, alors que le taux de récidive des voleurs est de 72 % quand on prend en compte toutes nouvelles infractions, il chute à 16 % quand on ne retient que les atteintes aux personnes punies de plus de trois ans d'emprisonnement. Ceux qui ont été condamnés pour attentat à la pudeur récidivent à 30 % ; mais ce taux est de 0 % si on ne retient que les infractions punies de plus de trois ans d'emprisonnement ! Le passé judiciaire du condamné, de même que le recours à la libération conditionnelle lors d'une précédente condamnation, influence le taux de récidive : ceux qui n'ont commis qu'une infraction récidivent moins (40 %) que ceux qui en ont commis déjà deux (75 %) ; ceux qui ont bénéficié d'une libération conditionnelle récidivent pour 40 % contre 55 % pour ceux qui ont été libérés à l'expiration de leur peine d'incarcération.

En définitive, la récidive a été conservée lors de la réforme de 1992 parce qu'elle est considérée comme l'un des fondements du droit pénal, qu'elle est en vigueur depuis de nombreuses années, et que finalement son application n'a engendré aucun trouble sérieux. Ce qui ne signifie pas que le législateur ait recopié les anciens articles.

Le Code actuel :

- a *simplifié le régime* de la récidive, en supprimant ce qu'on appelait la « petite récidive correctionnelle », créée en 1891 (après une condamnation à 1 an ou moins d'emprisonnement, la commission dans les 5 ans d'un délit puni d'emprisonnement entraînait une aggravation : C. pén., ancien art. 58, al. 2) ;

31. Kensey A. et Tournier P., *Libération sans retour*, CESDIP, *Études et données pénales* n° 69.

- a envisagé très logiquement la récidive des personnes physiques et celle des *personnes morales*.

Des lois récentes sont venues modifier le régime de la récidive : loi du 12 décembre 2005 qui limite pour certaines infractions l'octroi du sursis probatoire en cas de récidive légale et tente de limiter la récidive par la surveillance judiciaire de condamnés dangereux ou par un placement sous surveillance électronique mobile dans le cadre du suivi socio-judiciaire ; loi du 10 août 2007 qui avait créé des peines dites « plancher », supprimées désormais par la loi du 15 août 2014 ; loi du 10 mars 2010 qui tente une fois de plus par diverses modifications « d'amoindrir les risques de récidive criminelle ».

A. La récidive des personnes physiques

1. Les éléments de la récidive

a. Premier terme : une première condamnation

743. Il doit s'agir :
- d'une condamnation *pénale*. Ne comptent pas pour la récidive les mesures éducatives prises en vertu de l'ordonnance du 2 février 1945 ;
- d'une condamnation *définitive*. Ainsi, une condamnation par défaut (nouvelle appellation de la condamnation par contumace depuis la loi du 9 mars 2004), qui est anéantie par la seule représentation du criminel dans le délai de prescription de la peine, ne saurait être retenue comme premier terme de la récidive. En revanche, une condamnation avec sursis est à retenir ;
- d'une condamnation *non amnistiée*, et émanant d'une juridiction *française* ;
- d'une condamnation prononcée par une juridiction française ou d'un État membre de l'Union européenne.

b. Deuxième terme : une nouvelle infraction

744. Cette nouvelle infraction doit être *indépendante* de la première : le délit d'évasion, qui permet d'échapper aux conséquences de la première condamnation, ne rentre pas dans cette catégorie.

La deuxième infraction n'est pas nécessairement de la même nature que la première : il y a des cas de *récidive générale* (existant indépendamment des infractions commises) et des cas de *récidive spéciale* (la récidive n'existe que si la deuxième infraction est la même que la première).

Tantôt la récidive est *perpétuelle*, quand l'aggravation est admise indépendamment du délai séparant les deux infractions ; tantôt elle est *temporaire*, quand l'aggravation est subordonnée à la commission de la seconde infraction dans un délai déterminé.

2. Effets de la récidive

745. Ces effets (art. 132-8 à 132-11) diffèrent selon les cas de récidive.

1er cas : La personne condamnée définitivement pour crime, ou pour un délit puni par la loi de dix ans d'emprisonnement, commet un *crime*. Conséquence : la peine encourue par le récidiviste est la réclusion à perpétuité (si la peine fixée par la loi pour ce crime était la réclusion de vingt ou de trente ans), et la réclusion de trente ans (si la peine fixée par la loi était la réclusion de quinze ans).

Cette récidive est *générale* et *perpétuelle*.

2e cas : La personne condamnée pour un crime, ou pour un délit puni par la loi de dix ans d'emprisonnement, commet :

- soit, dans le délai de dix ans à compter de l'expiration ou de la prescription de sa peine, un délit puni de la même peine ;
- soit, dans le délai de cinq ans à compter de l'expiration ou de la prescription de sa peine, un délit puni d'un emprisonnement d'une durée supérieure à un an et inférieure à dix ans.

Conséquence : le maximum des peines d'emprisonnement et d'amende encourues est *doublé*.

Cette récidive est *générale*, mais *temporaire*.

3e cas : La personne déjà condamnée pour un délit commet, dans les cinq ans à compter de l'expiration ou de la prescription de sa peine, soit le même délit, soit un délit « assimilé ». Par exemple, aux termes de l'article 132-16 du Code pénal : « Le vol, l'extorsion, le chantage, l'escroquerie et l'abus de confiance sont considérés, au regard de la récidive, comme une même infraction. » (v. art. 132-16-1 et s. pour d'autres cas).

Conséquence : les peines encourues sont *doublées*.

Il s'agit d'une récidive *spéciale* et *temporaire*.

4e cas : Pour les contraventions de la 5e classe, la récidive ne joue que si le règlement l'a prévue spécialement. Si, après une condamnation prononcée pour contravention de la 5e classe, une contravention identique est commise dans l'année, le maximum de l'amende est porté à 3 000 €.

La récidive est, là encore, *spéciale et temporaire*. La récidive a été supprimée pour les contraventions des quatre premières classes.

746. Les peines dites « plancher »[32], prévues par la loi du 10 août 2007 aux articles 132-18-1 (récidive criminelle), 132-19-1 (récidive correctionnelle) et 132-19-2 (auteurs de violences aggravées) du Code pénal, ont été supprimées par la loi du 15 août 2014. Il était, en effet, apparu sans grande surprise que ces peines plancher avaient allongé la durée des

32. En créant ces minima, le législateur de 2007 avait réintroduit une notion que le législateur de 1992 avait fait disparaître du Code pénal : la notion de circonstances atténuantes qui sous l'empire du code de 1810 permettait de descendre en deçà des minima prévus par les textes de qualification. En effet, les textes sur les peines plancher permettaient à la juridiction sous certaines conditions de descendre en dessous des seuils prescrits et même de prononcer une peine autre que l'emprisonnement en matière de délit, sauf délits graves (violences volontaires par ex.).

peines prononcées et aggravé la surpopulation pénale[33]. Par ailleurs, les peines plancher n'avaient eu aucun effet sensible de réduction de la récidive et des violences. Le taux de personnes condamnées en état de récidive légale avait même considérablement augmenté en trois ans, passant de 8,1 % des condamnés pour délits en 2007 à 11,1 % en 2010.

B. La récidive des personnes morales

747. Comme les personnes physiques, les personnes morales sont susceptibles de récidiver. Plusieurs cas sont envisagés par les articles 132-12 à 132-15 du Code pénal.

1er cas : la personne morale a été condamnée pour crime, ou pour un délit puni d'une amende de 100 000 €, et commet un crime : le taux de l'amende est doublé et la personne morale encourt en outre les peines de l'article 131-39 du Code pénal.

La récidive est *générale* et *perpétuelle.*

2e cas : la personne morale a été condamnée pour crime, ou pour un délit puni d'une amende de 100 000 €, et commet :

- soit, dans le délai de dix ans à compter de l'expiration ou de la prescription de sa peine, un délit puni de la même peine ;
- soit, dans le délai de cinq ans à compter de l'exécution ou de la prescription de sa peine, un délit puni d'une amende supérieure à 15 000 €.

Conséquence : le taux maximum de l'amende applicable pour les personnes morales est doublé.

Cette récidive est *générale et temporaire.*

3e cas : la personne morale condamnée pour un délit commet dans les cinq ans à compter de l'expiration ou de la prescription de sa peine, soit le même délit, soit un délit assimilé (v. C. pén., art. 132-14). Le taux maximum de l'amende applicable est doublé.

La récidive est *spéciale et temporaire.*

4e cas : la personne morale condamnée pour contravention de la 5e classe commet la même contravention dans le délai d'un an à compter de l'expiration ou de la prescription de sa peine. Le taux de l'amende applicable est égal à dix fois celui de l'amende prévue par la loi pour cette contravention (CP , art. 132-15).

La récidive est, là aussi, *spéciale et temporaire.*

La reconnaissance de la récidive des personnes morales a amené l'inscription de leurs condamnations au casier judiciaire (CPP, art. 768-1).

---

33. Rapport AN n° 1974, 28 mai 2014, p. 178 et s. Selon une étude statistique, évoquée dans ce rapport, la durée moyenne des peines prononcées en matière correctionnelle en présence d'un état de récidive est passée de 9 mois sur la période 2004-2006 à 15, 6 mois sur la période 2008-2010 soit une augmentation de 73 % de la durée de l'emprisonnement prononcé. Quant au taux de prononcé de peines d'emprisonnement d'une durée égale ou supérieure à celle des peines minimales prévues à partir de 2007, il s'est nettement accru entre la période 2004-2006 et la période 2008-2010 (même si dans le même temps, du moins peu après l'entrée en vigueur de la loi du 10 août 2007, les tribunaux ont eu tendance à prononcer fréquemment des peines inférieures aux peines minimales, comme la loi le leur permettait).

§2. La période de sûreté

748. La période de sûreté est une période pendant laquelle le condamné ne peut bénéficier des dispositions concernant la suspension ou le fractionnement de la peine, le placement à l'extérieur, les permissions de sortir, la semi-liberté et la libération conditionnelle.

Elle avait été instituée en 1978 et avait fait l'objet de nombreuses modifications. L'article 720-2 du Code de procédure pénale était très détaillé. Désormais, le régime de la période de sûreté est fixé à l'article 132-23 du Code pénal.

Le problème essentiel qui s'est posé à son sujet était de savoir si la période de sûreté était *obligatoire* (si elle liait le juge) ou bien si elle n'était que *facultative.* La réforme de 1992 adopte les deux systèmes. La loi du 1er février 1994 complète le dispositif avec la peine dite « incompressible » de trente ans de réclusion criminelle dans certains cas très graves.

Selon l'article 132-23 du Code pénal sont instituées :

A. Une période de sûreté obligatoire

749. Le nouveau texte est simplificateur. L'ancien article 720-2 du Code de procédure pénale énumérait une série d'infractions susceptibles d'entraîner la mesure. Le Code pénal renvoie désormais cela au droit pénal spécial.

En cas de condamnation à une peine privative de liberté non assortie du sursis et dont la durée est égale ou supérieure à dix ans, prononcée pour des infractions spécialement prévues par la loi, la durée de la période de sûreté est de la *moitié de la peine*, ou, s'il s'agit de la réclusion criminelle à perpétuité, de *dix-huit ans*. Cependant, le juge retrouve un pouvoir d'appréciation : la cour d'assises ou le tribunal peut, par décision spéciale, soit réduire cette durée, soit la porter aux deux tiers de la peine (ou à vingt-deux ans dans le cas de la réclusion à perpétuité)[34], soit, dans le cas de l'assassinat ou du meurtre d'un mineur de quinze ans accompagné de viol ou de tortures porter la période de sûreté à trente ans, ou décider, quand une peine de réclusion criminelle à perpétuité est prononcée, qu'aucune des mesures énumérées à l'article 132-23 ne pourra être accordée au condamné : c'est la *peine « perpétuelle » incompressible* (C. pén., art. 221-3 et 221-4). La loi du 3 juin 2016 vient d'ajouter aux infractions susceptibles de donner lieu à une telle peine incompressible, les actes de terrorisme ayant donné lieu à une peine de réclusion criminelle à perpétuité (art. 421-7 ajouté).

Il existe cependant des aménagements :

- D'abord si le condamné présente des gages sérieux de réadaptation sociale, le tribunal de l'application des peines peut exceptionnellement décider qu'il soit mis fin en totalité ou en partie au régime de sûreté

34. L'ancien article 720-2 du Code de procédure pénale fixait cette durée à trente ans.

(CPP, art. 720-4). Il sera possible d'interdire alors au condamné d'entrer en relation avec la victime (v. *infra* n° 780).

- Ensuite, dans l'hypothèse d'une peine perpétuelle incompressible, au bout de trente ans, le tribunal de l'application des peines peut après une expertise réalisée par un collège de trois experts médicaux, inscrits sur la liste des experts agréés près la Cour de cassation, se prononçant sur l'état dangereux du condamné (CPP, art. 720-4 al. 4), décider de mettre fin à l'application de la décision de la cour d'assises. Le tribunal de l'application des peines peut, dans ce cas, prononcer des mesures d'assistance et de contrôle, sans limitation de temps (par dérogation à l'article 732, al. 3, du Code de procédure pénale qui prévoit que ces mesures ne peuvent excéder dix ans). Le système mis au point est donc une réclusion criminelle assouplie par une « grâce judiciaire », la « perpétuité réelle » voulue par le garde des Sceaux n'ayant pu être mise en place[35]. Pendant trente ans est appliquée une période de sûreté. Au bout des trente ans, si la libération conditionnelle est reconnue possible, le condamné pourra être assisté sans limitation de temps. À défaut de privation de liberté perpétuelle, on aura un contrôle judiciaire perpétuel. En cas de condamnation pour actes de terrorisme, la procédure est dérogatoire à l'article 720-4. Selon l'article 720-5 du Code de procédure pénale, ajouté par la loi du 3 juin 2016, quand la période de sûreté est portée à trente ans ou bien lorsque la peine prononcée est la réclusion criminelle à perpétuité « réelle », le tribunal de l'application des peines ne peut, à titre exceptionnel, réduire la durée de la période de sûreté sans avoir recueilli l'avis d'une commission composée de cinq magistrats de la Cour de cassation chargée d'évaluer s'il y a lieu de mettre fin à l'application de la décision de la cour d'assises et sans que certaines conditions soient réunies : l'incarcération doit avoir duré au moins trente ans ; le condamné doit avoir manifesté des gages sérieux de réadaptation sociale ; la réduction de période de sûreté ne doit pas être de nature à causer un trouble grave à l'ordre public ; l'avis des victimes ayant eu la qualité de parties civiles lors de la condamnation doit avoir été recueilli ; une évaluation de la dangerosité du condamné doit avoir été effectuée par un collège de trois experts médicaux inscrits sur la liste des experts agréés près la Cour de cassation. Comme le prévoit, en revanche, l'article 720-4, en cas de libération le tribunal de l'application des peines pourra prononcer des mesures d'assistance, de surveillance et de contrôle sans limitation dans le temps.
- **BB**

35. La Cour européenne des droits de l'Homme juge conforme à la Convention européenne (art. 3) cette peine dite incompressible précisément parce qu'il y a un réexamen de la situation du condamné au bout de trente ans : CEDH., 9 juill. 2013, aff. *Vinter et autres c/RU*, n° 66069/09, 130/10, 3896/10 – 13 nov. 2014, aff. *Bodein c/France*, n° 40014/10. – 17 janv. 2017, *aff. Hutchinson c/RU*, n° 57592/08 , Dr. pén. 2017, comm. 51, note Bonis-Garçon E .

B. B. Une période de sûreté facultative

750. L'application de cette modalité, visée à l'article 132-23, al. 3 du Code pénal, est possible si la juridiction prononce une *peine privative de liberté sans sursis supérieure à cinq ans*, même si le texte d'incrimination ne la prévoit pas. Cela permet de compléter le dispositif du premier alinéa pour les hypothèses où le législateur n'a pas prévu de période de sûreté.

La durée de la période de sûreté ne peut excéder les deux tiers de la peine prononcée, ou vingt-deux ans en cas de condamnation à la réclusion perpétuelle.

§3. La rétention de sûreté

751. La rétention de sûreté fait suite à la condamnation à une peine de réclusion criminelle et consiste à maintenir éloigné le condamné présentant une dangerosité caractérisée par une probabilité très élevée de récidive en raison d'un trouble grave de la personnalité (il s'agit donc d'une dangerosité d'ordre criminologie). Cette rétention ne sera ordonnée qu'à la fin de l'exécution de la peine. Par conséquent, la rétention de sûreté n'est pas décidée lors du prononcé de la peine et ne devrait pas à ce titre figurer ici. Si malgré tout nous en faisons mention c'est parce qu'aux termes de l'article 706-53-13 nouveau du Code de procédure pénale la rétention de sûreté ne pourra ultérieurement être prononcée que si la cour d'assises a expressément prévu *dans sa décision de condamnation* que la personne pourra faire l'objet à la fin de sa peine d'un réexamen de sa situation en vue d'une éventuelle rétention de sûreté (Pour le régime juridique de la rétention de sûreté, v. *supra* n°s 651 et 652).

CHAPITRE 2

L'hypothèse du cumul d'infractions

752. On dit qu'il y a cumul (ou concours réel) d'infractions lorsque plusieurs infractions distinctes ne sont pas séparées les unes des autres par une condamnation définitive. Parfois les infractions sont concomitantes. Parfois elles ont été commises successivement. Mais, dans les deux cas, elles n'ont pas donné lieu à une condamnation définitive.

On rappellera que le cumul d'infractions est distinct :

- du concours de qualification (un même fait tombe sous le coup de plusieurs textes de qualification) ;
- du délit d'habitude ;
- de la récidive (entre deux infractions successives est intervenue une condamnation définitive).

En face d'une telle situation, le Code pénal, à l'origine, répondait par une règle laconique en son article 5 : le non-cumul des peines. Seule était prononcée la pleine la plus forte. Ce régime était applicable aux crimes, aux délits, et aux contraventions pour ce qui concernait l'emprisonnement. Quant aux peines d'amende, elles se cumulaient.

Depuis la réforme de 1992, le Code pénal est plus détaillé : la matière est traitée aux articles 132-2 à 132-7. La circulaire d'application du 14 mai 1993 conduit à distinguer entre deux situations, selon que les infractions font l'objet d'une *même poursuite* (section 1) ou qu'elles sont poursuivies *séparément* (section 2). Il existe aussi des règles communes (section 3).

Section 1
La règle applicable en cas d'unité de poursuites

753. Pour la jurisprudence, l'expression « peine la plus forte » s'entendait des peines principales prévues pour l'infraction la plus sévèrement réprimée, les peines en question formant un tout indivisible. Il n'était pas possible de faire apparaître autant de peines que d'infractions. Cela posait un problème du point de vue de la justice pénale : en prononçant uniquement les peines encourues par l'infraction la plus grave, le second délit, s'il était moins grave, était ignoré, alors qu'il avait troublé l'ordre social. Par exemple, si un délit puni de cinq ans d'emprisonnement et un délit puni de trois ans d'emprisonnement et d'une amende étaient compris dans la même poursuite, le juge prononçait une seule peine d'emprisonnement, dans la limite de cinq ans, et ne prononçait pas d'amende.

Désormais, la règle est différente. Chaque peine encourue peut être prononcée. Toutefois, lorsque plusieurs peines de *même nature* sont encourues, il ne peut être prononcé qu'une seule peine de cette nature dans la limite du maximum légal le plus élevé. En conséquence, le juge peut prononcer toutes les peines encourues au regard de chacune des infractions. Pour reprendre l'exemple ci-dessus, il pourra prononcer une peine d'emprisonnement (dans la limite de cinq ans) et une peine d'amende. Les peines de même nature (deux peines d'emprisonnement, deux peines d'amende) se confondent, la plus forte étant seule prononcée.

L'expression « peines de même nature » doit s'entendre en fonction du contenu de ces peines. Il n'y a qu'une catégorie de peines privatives de liberté : l'emprisonnement correctionnel et la réclusion sont des peines de même nature (art. 132-5, al. 1).

Chaque peine prononcée est réputée commune aux infractions en concours dans la limite du maximum légal applicable à chacune d'entre elles (art. 132-3, al. 2) : c'est la règle de l'indivisibilité. L'inconvénient de cette règle est de faire peser sur le délit le moins grave une peine excessive et qui n'aurait pas été prononcée s'il avait été poursuivi seul. Cette règle emporte alors des conséquences sur le plan de la récidive de ces délits moins graves.

Section 2
Règles applicables en cas de poursuites séparées

754. La question, complexe, est traitée à l'article 132-4 du Code pénal et explicitée dans la circulaire du 14 mai 1993. Ce texte pose deux principes déjà dégagés, en ce qui concerne le trafic de stupéfiants, par la loi du 31 décembre 1987 et repris par l'art. 630-3, al. 2 du Code de la santé publique.

Premier principe : celui du cumul des peines dans la limite du maximum légal le plus élevé. Avant la réforme la confusion s'opérait de plein droit entre une peine criminelle et une peine correctionnelle au profit de la première. Désormais, le principe signifie que les peines prononcées pour chaque infraction doivent se cumuler entre elles, mais que, dans l'hypothèse où la peine résultant du cumul serait supérieure au maximum de la peine de même nature encourue pour l'infraction la plus sévèrement sanctionnée, son *exécution* devra être obligatoirement réduite jusqu'à concurrence de ce maximum légal.

Exemple : une première condamnation est prononcée pour escroquerie (C. pén., art. 313-1) à trois ans d'emprisonnement et à 300 000 € d'amende (le maximum légal de l'amende étant 375 000 €). Une seconde condamnation est prononcée pour vol avec violence entraînant une incapacité totale de travail pendant plus de huit jours (C. pén., art. 311-6) à huit ans d'emprisonnement et à 90 000 € d'amende (le maximum légal de l'emprisonnement étant dix ans). Les peines prononcées devraient se cumuler jusqu'à concurrence de dix ans d'emprisonnement et de 375 000 €.

Second principe : celui de la confusion *facultative* des peines de même nature. En précisant que les peines de même nature peuvent être confondues entre elles, l'article 132-4 met fin à la jurisprudence selon laquelle les peines d'emprisonnement et d'amende prévues pour chacune des infractions forment un tout indivisible. En effet, selon la jurisprudence, quand les juges avaient prononcé une peine criminelle et une peine correctionnelle, la peine criminelle absorbait la peine correctionnelle. Il y avait ainsi confusion d'une peine de quatre mois d'emprisonnement et de 200 000 F d'amende résultant d'une première condamnation, avec une peine de trois mois d'emprisonnement et de 600 000 F d'amende résultant d'une seconde condamnation : seule l'amende de 200 000 F était susceptible de recouvrement, dans la mesure où elle accompagnait la peine d'emprisonnement la plus sévère et formait avec elle un tout indivisible.

Désormais, le juge dispose d'un large pouvoir d'individualisation de la sanction. La confusion n'interviendra qu'à l'intérieur de chaque catégorie de sanctions (emprisonnement, ou amende, ou suspension du permis de conduire...). L'article 132-4 précise que la confusion peut être ordonnée soit par la dernière juridiction appelée à statuer, soit ultérieurement dans les conditions prévues par le Code de procédure pénale. (art. 710).

L'article 132-4 est donc novateur.

- Comme dans l'hypothèse précédente, le Code pénal supprime le principe de la confusion de droit des peines d'emprisonnement avec la peine de réclusion.
- Il reconnaît la possibilité d'ordonner la *confusion partielle*. Les juridictions pourront, lorsqu'elles sont saisies d'une demande de confusion portant sur trois peines, faire droit partiellement à la requête et ne confondre que deux d'entre elles, dès lors du moins qu'elles sont compétentes pour le faire : en effet, aucune juridiction ne peut confondre deux peines dont aucune n'a été prononcée par elle. L'article 132-4 offre donc une voie médiane entre le rejet de la demande de confusion et son acceptation pure et simple. Le juge choisira la solution la plus juste en se gardant à la fois d'une trop grande sévérité et d'un laxisme qui resterait incompris[1].

La circulaire de la chancellerie donne l'exemple suivant : une juridiction est saisie d'une demande de confusion d'une peine de trois ans d'emprisonnement et d'une peine de deux ans d'emprisonnement. Elle pourra ne prononcer la confusion de la seconde peine avec la première que dans la limite d'un an. Après confusion, le condamné aura à purger quatre ans, peine plus longue que celle qui serait résultée d'une confusion totale (trois ans), mais plus courte que celle qu'il avait à subir avant confusion (cinq ans).

Toute décision statuant sur une requête en confusion de peines a l'autorité de la chose jugée. Il en résulte qu'une nouvelle demande de confusion ne pourra être présentée pour les mêmes peines.

Enfin on soulignera que par application de l'article 132-23-1 du Code pénal, il est possible d'ordonner la confusion d'une peine prononcée par une juridiction française et d'une peine prononcée par une juridiction d'un État membre de l'Union européenne dès lors que la seconde a été intégralement exécutée au jour où il est statué sur la requête en confusion[2].

---

1. V. Cass. crim., 11 juil. 2017, n° 15-81265, Dr. pén. 2017, comm 155, note Bonis-Garçon E ; *Gaz. Pal.*, 24 oct. 2017, p. 44, note Dreyer E. : « La réduction au maximum légal le plus élevé, de plusieurs peines de même nature prononcées, à l'occasion de poursuites séparées, pour des infractions en concours, n'exclut pas que soit prononcée, par la suite, leur confusion totale ou partielle » – 10 janv. 2018, n° 16-87611, Dr.pén. 2018, comm. 57, note Peltier V. : « si la juridiction statuant sur une demande de confusion facultative de peine doit motiver sa décision en tenant compte du comportement de la personne condamnée depuis la condamnation, de sa personnalité ainsi que de sa situation matérielle, familiale et sociale, elle peut également retenir d'autres motifs relevant du pouvoir d'appréciation que lui reconnaît l'article 132-4 du Code pénal ».

2. CJUE 21 sept. 2017, aff.C-171/16. – Cass. crim., 2 nov. 2017,n° 17-80-833, Dr.pén. 2017, comm., n° 186 ; note Bonis-Garçon E.

Section 3
Règles communes aux cas de poursuite unique et de poursuites séparées

755. À titre liminaire, on notera que par dérogation aux règles précédentes, les peines d'amendes pour contraventions se cumulent entre elles et avec celles encourues ou prononcées pour crimes ou délits en concours (C. pén., art. 132-7)[3]. Il faut s'entendre, par ailleurs, sur la notion de « maximum légal » et l'incidence de certaines mesures, telles le sursis, la grâce ou la réduction de peine.

A. Notion de « maximum légal »

756. Il faut tenir compte des circonstances aggravantes : le maximum est élevé par l'effet de la *récidive*.

Pour la peine de *jour-amende*, le maximum légal est de trois cent soixante jours et de 1 000 € par jour (C. pén., art. 131-5).

Pour le *travail d'intérêt général*, le maximum légal est de deux cent dix heures (le minimum étant de vingt heures) (C. pén., art. 131-8).

Le maximum légal peut à l'inverse être abaissé : quand la réclusion criminelle à perpétuité, encourue pour l'une ou plusieurs des infractions en concours, n'a pas été prononcée, le maximum légal est fixé à trente ans de réclusion criminelle. Il fallait éviter, dans cette hypothèse, un cumul indéfini de peines, faute d'un maximum légal déterminé.

Pour les causes de réduction de peine (anciennes « excuses atténuantes »), le nouveau maximum légal est celui qui résulte de l'application de la cause de réduction. Exemple : en cas d'acte de terrorisme, le nouveau maximum est réduit de moitié dans le cas de l'article 422-2 du Code pénal (c'est-à-dire quand l'auteur ou le complice se repent suffisamment tôt et permet de faire cesser les agissements incriminés ou d'éviter que l'infraction entraîne mort d'homme ou infirmité).

B. Incidence des périodes de sûreté

757. Selon l'article 720-3 alinéas 2 et 3 du Code de procédure pénale résultant de la loi du 3 juin 2016, « lorsque la personne condamnée exécute plusieurs peines qui ne sont pas en concours et qui sont toutes assorties d'une période de sûreté, ces périodes de sûreté s'exécutent cumulativement et de manière continue. En cas de condamnation en concours comportant toutes des périodes de sûreté, la période totale de sûreté à exécuter est réduite au maximum des deux tiers de ces condamnations après leur réduction au maximum légal. Si une peine de réclusion

3. V. pour une application : Cass. crim., 11 sept. 2007 : Juris-Data n° 2007-040776.

criminelle à perpétuité a été prononcée, les périodes de sûreté s'exécutent cumulativement dans la limite de vingt-deux ans ou, le cas échéant, dans la limite de la période de sûreté fixée spécialement par la cour d'assises en application du second alinéa de l'article 221-3, du dernier alinéa de l'article 221-4 et de l'article 421-7 du Code pénal. Lorsque la personne condamnée exécute plusieurs peines assorties d'une période de sûreté et qui ont fait l'objet d'une confusion, la durée de la période de sûreté à exécuter est celle de la période de sûreté la plus longue ».

C. Incidence des mesures d'indulgence

1. Le sursis

758. Aux termes de l'article 132-5, al. 5 : « Le bénéfice du sursis attaché en tout ou en partie à l'une des peines prononcées pour des infractions en concours ne met pas obstacle à l'exécution des peines de même nature non assorties du sursis ». Il était déjà admis avant la réforme du Code pénal, que dans l'hypothèse d'une confusion entre deux peines d'emprisonnement, l'une ferme, l'autre assortie du sursis, la peine ferme était exécutoire immédiatement. En cas de révocation du sursis, le condamné n'avait plus à purger que la fraction de la peine qui excède la peine ferme déjà exécutée. Le texte actuel consacre cette solution, que le sursis soit total ou partiel. La circulaire d'application du 14 mai 1993 donne trois exemples que nous reprenons :

Exemple 1 : la confusion est ordonnée entre une peine d'un an d'emprisonnement ferme et une peine de deux ans d'emprisonnement avec sursis. La peine d'un an doit être exécutée immédiatement. Si le sursis attaché à la peine de deux ans vient à être révoqué, le condamné n'aura plus qu'un an d'emprisonnement à subir.

Exemple 2 : la confusion est ordonnée entre une peine d'un an d'emprisonnement dont six mois avec sursis (ce qui fait six mois ferme) et une peine de deux ans d'emprisonnement dont un an avec sursis (ce qui fait un an ferme). Le condamné devra purger immédiatement dix-huit mois d'emprisonnement (en effet, il a été condamné à six mois ferme + un an ferme, ce qui est inférieur de toute façon à la peine la plus forte, soit deux ans). En cas de révocation des sursis, l'exécution des peines est limitée à six mois (soit deux ans moins dix-huit mois).

Exemple 3 : la confusion est ordonnée entre une peine d'un an d'emprisonnement et une peine de deux ans dont six mois avec sursis (ce qui fait dix-huit mois ferme). L'emprisonnement est subi dans la limite de la peine la plus forte, soit deux ans. Si le sursis est révoqué, il n'y a pas lieu à réincarcération, le maximum (deux ans) ayant déjà été atteint.

2. Incidence de la grâce, du relèvement de peine et de la réduction de peine

a. Grâce

759. En cas de remise gracieuse d'une peine, il convient de tenir compte, pour l'application de la confusion, de la peine après commutation, et non de la peine initialement prononcée. Les règles de confusion s'appliquent aux peines telles que diminuées par l'effet de la grâce. Il faut donc d'abord appliquer la mesure de grâce avant de faire jouer le mécanisme de la confusion.

b. Relèvement de peine

760. Les règles précédentes s'appliquent : la solution est la même qu'en matière de grâce. L'article 132-6, alinéa 2, envisage aussi l'hypothèse où le relèvement interviendrait *après* la confusion de la peine avec une autre. Le relèvement s'applique alors à la peine *résultant de la confusion*.

c. Réduction de peine

761. La réduction de peine est très différente de la grâce et du relèvement de peine. Ces deux dernières mesures s'appliquent à une peine déterminée. Par nature, la réduction de peine s'applique à la *durée globale d'incarcération restant à subir*. Selon l'article D. 115-4 du Code de procédure pénale (Décret n° 2004-1364 du 13 décembre 2004) quand plusieurs peines privatives de liberté sont confondues, le crédit de réduction de peine est calculé sur la peine résultant de la confusion, au moment de la mise à exécution de cette peine. Les crédits de réduction de peine qui correspondaient à chacune des peines confondues sont alors caducs.

Titre 3
La peine exécutée

762. La suite normale du prononcé de la sanction est son exécution. De même que la peine prononcée peut être différente de la peine encourue, de même la peine exécutée ne ressemblera pas nécessairement à la peine prononcée. On connaît la raison de cette différence : le souci d'*individualisation*, qui peut aller jusqu'à faire bénéficier le condamné d'une dispense de toute obligation d'exécuter la condamnation (grâce, relèvement). Dans cette recherche d'individualisation, la juridiction de l'application des peines joue un rôle d'autant plus important que la loi du 15 juin 2000 renforce la « judiciarisation » de l'exécution des peines[1]. L'une des préoccupations en cette matière est d'éviter que des contraintes budgétaires soient à l'origine de peines, certes prononcées, mais non exécutées faute d'un parc carcéral suffisant ou bien exécutées tardivement ce qui rendrait la justice peu crédible et affecterait la politique pénale de lutte contre la récidive. C'est le sens de la loi n° 2012-409 du 27 mars 2012 de programmation relative à l'exécution des peines. Elle a pour objet l'amélioration de cette exécution, un rapport annexé au texte rappelant à ce propos les objectifs poursuivis : garantir la célérité et l'effectivité de l'exécution des peines prononcées notamment des peines d'emprisonnement ferme, renforcer les capacités de prévention de la récidive et améliorer la prise en charge des mineurs délinquants. Il ne faut pas oublier le sort des victimes. Celles-ci sont présentes dans les différentes procédures comme on peut le lire à l'article 707-IV du Code de procédure pénale : la victime a des droits et « l'autorité judiciaire est tenue de garantir l'intégralité de ces droits tout au long de l'exécution de la peine quelles qu'en soient les modalités ». On fera état notamment ici de la mise en place par la loi du 15 août 2014 d'une réponse pénale originale qui se situe hors des sentiers traditionnels empruntés par l'action publique et l'action civile : il s'agit de la justice restaurative (art. 10-1 CPP). Elle prend la forme de « toute mesure permettant à une victime ainsi qu'à l'auteur d'une infraction de participer activement à la résolution des difficultés résultant de l'infraction, et notamment à la réparation des préjudices

1. Cartier M.-E., « La judiciarisation de l'exécution des peines », RSC 2001. 87.

de toute nature résultant de sa commission ». Nous l'évoquons ici car la mesure peut être proposée « à l'occasion de toute procédure pénale et à tous les stades de la procédure, y compris lors de l'exécution de la peine ». La mesure est mise en œuvre par un tiers indépendant sous le contrôle de l'autorité judiciaire ou, à la demande celle-ci, de l'administration pénitentiaire. Elle est confidentielle, sauf accord contraire des parties et excepté les cas où un intérêt supérieur lié à la nécessité de prévenir ou de réprimer des infractions justifie que des informations relatives à son déroulement soient portées à la connaissance du procureur de la République.

Les modalités d'exécution diffèrent évidemment selon la nature des peines : peines privatives ou restrictives de liberté ou bien amende. S'agissant des peines privatives et restrictives de liberté, le régime de leur exécution s'inscrit dans un cadre précis qu'il importe, d'abord, de rappeler (chapitre 1). Nous verrons ensuite les régimes proprement dits d'exécution des peines (chapitre 2), enfin les obstacles qui peuvent s'opposer à cette exécution (chapitre 3).

CHAPITRE 1

Le cadre de l'exécution des peines privatives et restrictives de liberté

763. L'idée des rédacteurs du Code pénal de 1810 était d'instituer, pour les peines privatives de liberté, trois régimes d'exécution correspondant à la division tripartite des peines principales encourues. Ce vœu ne s'est pas réalisé : les lieux d'exécution étaient les mêmes, et l'administration pénitentiaire organisait cette exécution comme elle l'entendait.

Le Code de procédure pénale (art. 717) divisait les sanctions privatives de liberté en deux catégories : les courtes peines, inférieures ou égales à un an, et les longues peines, supérieures à cette durée et confondant les condamnations criminelles et correctionnelles.

La loi du 22 juin 1987 sur le service public pénitentiaire a relevé jusqu'à trois ans le seuil qui distingue les peines courtes et les peines longues. La loi du 8 février 1995 a encore relevé ce seuil de trois à cinq ans (CPP, art. 717, al. 1). Mais en fait, l'administration pénitentiaire a divisé les peines en « très courtes peines » (inférieures à un an), « peines moyennes » (un à trois ans) et « longues peines » (plus de trois ans). L'article 717, alinéa 3 du Code de procédure pénale contient encore des dispositions particulières aux peines d'une durée inférieure ou égale à un an.

La loi du 9 septembre 2002 abandonne finalement le critère de répartition des condamnés en fonction du seul quantum de la peine au profit du critère fondé sur leur dangerosité et leur personnalité. Les deux premiers alinéas de l'article 717 ont été remplacés par un alinéa disposant simplement : « les condamnés purgent leur peine dans un établissement pour peines ».

On étudiera dans une première section les *autorités compétentes* en matière d'exécution des peines (section 1) dans une seconde section les *lieux d'exécution* de la peine privative de liberté (section 2).

Section 1
Les autorités et services compétents en matière d'exécution des peines

764. Il s'agit essentiellement de l'administration pénitentiaire (§ 1), des juridictions de l'application des peines et d'organes mixtes qui travaillent avec ces juridictions (§ 2), des juridictions de la rétention de sûreté (§ 3). Il faut ajouter le Contrôleur général des lieux de privation de liberté, depuis la loi du 30 octobre 2007 (§ 4), les services de police et de gendarmerie, dont le rôle est à présent précisé par la loi de 2014 relative relatif à l'individualisation des peines et renforçant l'efficacité des sanctions pénales (§ 5) sans oublier le ministère public qui, une fois prononcée la condamnation, est chargé de son exécution. À cet égard, l'actuel projet de loi ajoute une disposition concernant les femmes enceintes de plus de douze semaines : le procureur doit rechercher s'il est possible soit de différer cette exécution soit de faire en sorte que la peine s'exécute en milieu ouvert (ces options sont ouvertes également au juge de l'application des peines). Par la suite, il n'a plus de pouvoir de décision directe, mais il demandera aux autorités compétentes (juge de l'application des peines, notamment) de prendre telle ou telle décision qu'il suggère.

§1. L'administration pénitentiaire

765. Jusqu'en 1911, elle était un organe du ministère de l'Intérieur. Depuis cette date, elle dépend du ministère de la Justice, dont elle constitue l'une des directions. En modifiant ainsi son rattachement, le législateur espérait que les magistrats seraient intéressés à l'exécution des peines qu'ils prononcent, et qu'une collaboration s'établirait entre le service de la justice et le service pénitentiaire. En fait, la réforme de 1911 n'a pas eu le succès espéré dans les années qui suivirent : les magistrats ne visitaient guère les prisons. Il faut attendre l'institution du juge de l'application des peines en 1958 pour que les choses changent.

L'administration pénitentiaire assure le service public pénitentiaire sous l'autorité du garde des Sceaux avec le concours des autres services de l'État, des collectivités territoriales, des associations et d'autres personnes publiques et privées, qui toutes doivent veiller à ce que les personnes condamnées accèdent aux droits et dispositifs de droit commun de nature à faciliter leur insertion ou leur réinsertion (art. 2-1, loi 24 novembre 2009, ajouté par la loi du 15 août 2014). L'administration pénitentiaire a pour fonction de gérer les établissements pénitentiaires et d'administrer le personnel. Elle s'occupe également des services pénitentiaires d'insertion et de probation qui se sont substitués aux comités de probation et d'assistance aux libérés depuis le décret du

13 avril 1999[1]. En conséquence, elle s'intéresse non seulement à la gestion des prisons, mais encore au contrôle des mesures prises en faveur des condamnés en milieu libre (ceux qui bénéficient d'un sursis avec mise à l'épreuve, ou d'une libération conditionnelle). La loi pénitentiaire du 24 novembre 2009 insiste d'ailleurs sur le fait que l'organisation du service public pénitentiaire doit permettre d'assurer l'individualisation et l'aménagement des peines des personnes condamnées.

Il existe un *service pénitentiaire d'insertion et de probation* dans chaque département, placé sous l'autorité du directeur régional des services pénitentiaires. Le siège du service et ses antennes locales sont fixés par arrêté du ministre de la Justice. Le service a pour mission[2] :

- de favoriser l'accès aux droits et aux dispositifs d'insertion des détenus et des personnes qui lui sont confiées par les autorités judiciaires ;
- de s'assurer, pour les personnes libérées, de la continuité des actions d'insertion en matière culturelle, sportive et de formation professionnelle ;
- de porter une aide matérielle à ceux qui lui sont confiés par l'autorité judiciaire ;
- de préparer, sur la saisine des autorités judiciaires, les décisions de justice à caractère pénal ; le service pénitentiaire d'insertion et de probation est chargé de l'exécution des enquêtes et mesures préalables au jugement afin de permettre une meilleure individualisation de la peine ;
- d'assurer le suivi et le contrôle des personnes placées sous contrôle judiciaire ou condamnées à des peines restrictives de liberté comportant des obligations précises à exécuter.

§2. Les juridictions de l'application des peines[3]

766. Elles doivent leur existence à la loi du 9 mars 2004 qui en ajoutant au juge de l'application des peines, né en 1958, un tribunal de l'application des peines et une chambre de l'application des peines au sein de la cour d'appel réalise ce que la loi du 15 juin 2000 avait amorcé, à savoir une véritable judiciarisation de l'application des peines. Cette innovation met un terme au débat sur la nature juridique des décisions rendues en matière d'application des peines. Nous traiterons successivement du juge de l'application des peines (A) puis du tribunal et de la chambre de l'application des peines (B).

1. V. art. D. 572 et s., CPP et Couvrat P., RSC 1999. 626.

2. Afin d'améliorer l'exécution des peines le législateur, dans la loi du 27 mars 2012 (art. 4), recentre l'activité des services pénitentiaires d'insertion et de probation sur l'exécution des peines alors que pour l'instant ils interviennent aussi au stade de l'enquête ou de l'instruction afin de renseigner les magistrats sur la situation familiale ou sociale de la personne faisant l'objet de l'enquête ou de l'instruction.

3. Pour une étude détaillée, Bouloc B., *Droit de l'exécution des peines*, Dalloz, 5e édition, 2017, n° 141 et s.

A. Le juge de l'application des peines (JAP)

767. Il trouve son origine dans la pratique suivie par l'administration au lendemain de la Seconde Guerre mondiale. Cette pratique consistait à charger officieusement un magistrat de contrôler l'exécution des peines dans les maisons centrales. Ce magistrat n'avait aucun pouvoir propre. Il agissait en vertu d'une délégation de l'administration centrale.

En 1958, cette pratique se transforme en une institution légale. L'article 722 du Code de procédure pénale plaçait auprès de chaque établissement pénitentiaire un juge de l'application des peines dont la fonction était de déterminer pour chaque condamné les principales modalités du traitement pénitentiaire. L'article 712-2 actuel du Code de procédure pénale rattache clairement ce juge au tribunal de grande instance : « *Dans chaque tribunal de grande instance, un ou plusieurs magistrats du siège sont chargés des fonctions du juge de l'application des peines* » Ce magistrat est désigné, pour une durée indéterminée, par le garde des Sceaux après avis du conseil supérieur de la magistrature. Il est mis fin à ces fonctions dans les mêmes formes que celles qui ont été suivies pour sa nomination. Il est assisté d'un greffier et doté d'un secrétariat-greffe. Il est compétent à l'égard des établissements pénitentiaires situés dans le ressort du tribunal auquel il appartient On examinera successivement son *domaine d'intervention* (1) et ses *décisions* (2).

1. Le domaine d'intervention du juge de l'application des peines

768. Selon l'article 712-1 du Code de procédure pénale, c'est au juge de l'application des peines que revient la charge (partagée avec le tribunal de l'application des peines) de « *fixer les principales modalités de l'exécution des peines privatives de liberté ou de certaines peines restrictives de liberté, en orientant et en contrôlant les conditions de leur application* ». La loi du 15 août 2014 renforce le lien entre les services d'insertion et de probation et le juge de l'application des peines (il en est de même du tribunal de l'application des peines et de la chambre de l'application des peines) : le juge devra être avisé par ces services des modalités de prise en charge des personnes condamnées, définies et mises en œuvre par ces services. Il peut malgré tout faire procéder aux modifications jugées nécessaires au renforcement du contrôle de l'exécution des peines.

Le domaine d'intervention du juge de l'application des peines a été élargi par la loi du 9 mars 2004 puisque, indépendamment de nouvelles compétences, il peut, désormais, accorder des dispenses de peine après ajournement ou bien convertir les peines d'emprisonnement ferme de six mois au plus en travail d'intérêt général ou jours-amende, compétences qui étaient attribuées au tribunal correctionnel. C'est également le juge de l'application des peines qui modifie, ajourne, refuse, retire ou révoque les mesures qu'il a accordées (CPP, art. 712-4 al. 1). La loi du 26 novembre 2009 lui donne cependant la possibilité, chaque fois qu'il l'estime nécessaire – c'est-à-dire en présence d'affaires complexes - de renvoyer le jugement de l'affaire devant le tribunal de l'application des peines (art. 712-6). En outre, dans l'exercice de ses attributions, le juge de l'application des peines peut procéder ou faire procéder sur l'ensemble du territoire national, à tous examens, auditions enquêtes, expertises, réquisitions ou toute autre mesure permettant de rendre une décision d'individualisation de la peine ou de s'assurer qu'un condamné respecte les obligations qui lui incombent à la suite d'une telle décision (art. 712-16). Il faut ajouter, enfin, que la loi de 2014 accroît considérablement son domaine d'intervention à un double titre : d'abord en lui attribuant le pouvoir de modifier, supprimer ou compléter les obligations, interdictions et mesures d'assistance relevant de cette nouvelle peine qu'est la contrainte pénale lorsqu'elle est prononcée par la juridiction de jugement et d'en contrôler le respect ; ensuite, en créant la libération sous contrainte afin de préparer le condamné au retour à la liberté.

Le juge de l'application des peines intervient non seulement dans les prisons mais encore en dehors de celles-ci pour l'exécution des mesures de traitement en liberté (p. ex. sursis avec mise à l'épreuve ou assorti d'un travail d'intérêt général).

a. À l'égard des condamnés détenus

769. Le Code de procédure pénale accorde au juge de l'application des peines la fonction de favoriser le reclassement social du condamné. Selon l'article 712-1, le juge a pour rôle de déterminer pour chaque condamné, dans les conditions prévues par la loi, les principales modalités de son traitement pénitentiaire. Ex : placement à l'extérieur, réductions de peine, fractionnement et suspension de peines, permissions de sortir, libération conditionnelle. Depuis la loi du 17 juin 1998, il a également des pouvoirs en matière de suivi socio-judiciaire et la loi du 19 décembre 1997 l'autorise à placer un détenu sous surveillance électronique (CPP, art. 723-7). La loi du 15 août 2014, ajoutant la *libération sous contrainte* destinée à assurer un retour à la liberté contrôlé, suivi et progressif des condamnés à des peines inférieures ou égales à cinq ans, ne pouvait pas ne pas impliquer le juge de l'application des peines en lui reconnaissant un pouvoir de décision (art. 720 nouveau).

Toutefois, les pouvoirs du juge de l'application des peines sont limités à un double titre :

α. *Limites tenant au rôle prépondérant de l'administration pénitentiaire*

770. C'est l'administration pénitentiaire qui a, à titre principal, pour fonction d'assurer la mise à exécution des décisions judiciaires prononçant une peine privative de liberté ou ordonnant une incarcération provisoire, le juge de l'application des peines intervenant ici *aux côtés* de l'administration.

En conséquence, le juge ne peut pas choisir lui-même *l'établissement* où sera exécutée la détention. Par exemple, l'affectation des condamnés en maison centrale relève de la compétence seule de l'administration centrale.

L'affectation des condamnés à de courtes peines dans les maisons d'arrêt est faite par le directeur régional des services pénitentiaires. Le juge d'application des peines ne donnera que son *avis* sur l'affectation des condamnés à de longues peines (CPP, art. D. 80) et, sauf urgence, sur le transfert des condamnés d'un établissement à un autre (CPP, art. 717-1-1).

Le juge de l'application des peines ne doit pas non plus intervenir dans l'organisation et le fonctionnement de la prison et ne saurait se substituer au directeur régional ou au chef d'établissement pour cette organisation (CPP, art. D. 49-27).

Par conséquent il ne doit pas intervenir dans le régime disciplinaire. Toutefois, il pourrait prononcer, à titre de sanction, le retrait d'une mesure qu'il avait accordée ou, à l'inverse, accorder diverses mesures d'individualisation du traitement (réduction de peine, autorisation de sortie, permission de sortir, etc.) Avant de prendre certaines de ces décisions (ex. : réduction de peine, autorisation de sortie), le juge doit consulter la commission de l'application des peines (CPP, art. 712-5).

β. *Limites légales ou réglementaires*

771. Le juge de l'application des peines ne peut exercer ses pouvoirs que dans les limites légales ou réglementaires. En particulier, l'institution de la *période de sûreté* réduit ses pouvoirs (C. pén., art. 132-23 ; CPP, art. 720-2).

Il ne peut placer à l'extérieur que les condamnés remplissant les conditions visées à l'article D. 128 du Code de procédure pénale (peine n'excédant pas cinq ans, et absence de condamnation antérieure à plus de six mois), à moins que les condamnés puissent bénéficier de la libération conditionnelle.

b. À l'égard des condamnés en liberté

α. *Attributions en cas de sursis avec mise à l'épreuve*

772. Dans ce cas, le juge de l'application des peines est l'organe essentiel. Selon l'article 739, al. 1, le condamné est placé sous le contrôle du juge de l'application des peines territorialement compétent Le juge s'assure de l'exécution des mesures de surveillance et d'assistance (C. pén., art. 132-44) ainsi que des obligations particulières (art. 132-45) imposées par le jugement de condamnation ou par une décision qu'il prend lui-même à tout moment (CPP, art. 739, al. 2). Il donne toutes directives d'insertion et de probation au service pénitentiaire qui l'assiste dans ses fonctions de contrôle. Il a aussi des pouvoirs de décision que nous verrons.

β. *Attributions en matière de travail d'intérêt général*

773. Les modalités d'exécution de l'obligation au travail d'intérêt général sont décidées par le juge de l'application des peines de la résidence habituelle du condamné.

γ. *Attributions en matière d'ajournement du prononcé de la peine avec mise à l'épreuve*

774. Le juge de l'application des peines qui contrôle également l'exécution des obligations mises à la charge du prévenu par le tribunal, peut demander à celui-ci d'aménager ou de supprimer les obligations particulières ou d'en prévoir de nouvelles. En cas de non-respect, il peut saisir le tribunal afin qu'il statue sur la peine (CPP, art. 747-3).

δ. *Attributions en matière de libération conditionnelle*

775. La loi du 15 juin 2000 en modifiant l'article 730, accroît les attributions du juge de l'application des peines en ce domaine : alors qu'il ne pouvait accorder cette mesure que si la peine de détention ne dépassait pas cinq ans, l'article 730 nouveau lui permet d'intervenir dans le cas d'une détention allant jusqu'à dix ans. En revanche, pour les peines de détention d'une durée plus longue, la libération conditionnelle est accordée par le tribunal de l'application des peines[4] (v. *infra*, n° 836).

ε. *Attributions en matière d'interdiction de séjour*

776. Le juge de l'application des peines peut modifier la liste des lieux interdits (C. pén., art. 131-31).

ζ. *Attributions à l'égard des condamnés libérés définitivement*

777. Selon l'article D. 478, al. 2, du Code de procédure pénale, le service pénitentiaire d'insertion et de probation favorise l'accès de chaque personne libérée aux droits sociaux et aux dispositifs d'insertion et de santé et s'assure qu'elle bénéficie d'un hébergement dans les premiers temps de sa libération. Or, c'est le juge de l'application des peines qui est chargé de déterminer les orientations générales relatives à l'exécution des mesures confiées au service pénitentiaire d'insertion et de probation (CPP, art. D. 576).

η. *Attributions en matière de mise en œuvre de la contrainte pénale (CPP, art. 713-42 et s., v.* infra, *n° 827) et de libération sous contrainte (art. 720, v.* infra, *n° 843).*

2. Les décisions du juge de l'application des peines

778. Compte tenu de l'étendue du domaine d'intervention du juge de l'application des peines, ses décisions sont elles-mêmes nombreuses. Cela pose la question de leur nature juridique. Enfin, il faudra dire quelques mots sur les recours dont celles-ci peuvent faire l'objet.

4. En attribuant compétence au tribunal de l'application des peines, la loi du 9 mars 2004 supprime la juridiction régionale de la libération conditionnelle instituée par la loi du 15 juin 2000.

a. La variété des décisions

779. Le juge de l'application des peines n'a pas seulement un pouvoir de contrôle, le pouvoir de s'assurer que la décision du tribunal est bien exécutée. *Il a lui-même le droit de prendre des initiatives.*

On signalera que la loi n° 2012-409 du 27 mars 2012 relative à l'exécution des peines (CPP, art. 712-22-1 nouv.) prévoit dorénavant que lorsqu'une personne placée sous le contrôle du juge de l'application des peines a été condamnée pour un crime ou pour une infraction prévue à l'article 706-47 du Code de procédure pénale (meurtre ou assassinat d'un mineur précédé ou accompagné d'un viol, de tortures ou d'actes de barbarie, agression ou atteintes sexuelles, meurtre ou assassinat commis en état de récidive légale...), ce magistrat peut, d'office ou sur réquisition du ministère public, ordonner qu'une copie de la décision de condamnation ou de la décision d'aménagement de peine, de libération conditionnelle, de surveillance judiciaire ou de surveillance de sûreté soit transmise à la personne chez qui le condamné a sa résidence si cette transmission apparaît nécessaire pour prévenir la récidive. Si le condamné est scolarisé ou a vocation à poursuivre sa scolarité dans un établissement scolaire, public ou privé, la copie de la décision est, dans tous les cas, transmise par le juge de l'application des peines à l'autorité académique et, le cas échéant, au chef d'établissement concerné ; le juge informe aussi ces autorités des décisions modifiant les obligations imposées au condamné qui ont une incidence sur le lieu ou le mode de scolarisation de la personne condamnée ; les personnes qui sont ainsi informées ne peuvent faire état des renseignements ainsi obtenus qu'aux personnels qui sont responsables de la sécurité et de l'ordre dans l'établissement ou dans les structures chargées de l'hébergement des élèves, et aux professionnels qui sont chargés du suivi social et sanitaire des élèves. En cas de divulgation de ces informations à des tiers non autorisés, une amende de 3 750 € est encourue sans préjudice des dispositions de l'article 226-13 réprimant la violation du secret professionnel.

α. *En milieu fermé*

780. 1° Le juge de l'application des peines a un pouvoir de décision en ce qui concerne *l'exécution de la peine* : il accorde ou refuse l'admission du condamné à des régimes d'exécution impliquant une certaine confiance, tels que le placement à l'extérieur (CPP, art. 712-6, al. 1), l'admission à la semi-liberté (art. 712-6, al. 1 et 723-1), l'autorisation de sortie sous escorte ou les permissions de sortir (art. 712-5). Il peut aussi dans le jugement qui octroie une mesure d'aménagement de la peine, ou préalablement à celui-ci, relever en tout ou en partie le condamné qui en ferait la demande d'une interdiction résultant de plein droit d'une condamnation pénale ou prononcée à titre complémentaire (CPP, art. 712-22, ajouté par la loi du 24 novembre 2009).

Le juge de l'application des peines peut procéder à ces aménagements (placement à l'extérieur, semi-liberté, placement sous surveillance électronique) quand il s'agit de condamnations à une ou plusieurs peines privatives de liberté dont la durée totale n'excède pas deux ans ou bien quand il reste à subir par le condamné une ou plusieurs peines privatives de liberté dont la durée totale n'excède pas deux ans. Si le condamné est en état de récidive légale, les durées de deux ans sont réduites à un an (CPP, art. 723-1 et 723-7).

La décision sur le placement à l'extérieur ou la semi-liberté est rendue après avis du représentant de l'administration pénitentiaire et à l'issue d'un débat contradictoire ayant lieu en chambre du conseil au cours duquel le juge entend les réquisitions du ministère public, les observations du condamné et le cas échéant de son avocat. Toutefois, la décision peut être rendue sans débat contradictoire avec l'accord du ministère public et celui du condamné ou de son avocat. Le juge de l'application des peines peut, s'il l'estime nécessaire, décider, d'office ou à la demande du condamné ou du ministère public, de renvoyer le jugement de l'affaire devant le tribunal de l'application des peines. L'ordonnance concernant l'autorisation de sortie sous escorte ou la permission de sortie est prise après avis de la commission de l'application des peines, présidée par le juge de l'application des peines.

Quand il admet le condamné à la semi-liberté, il en détermine lui-même les règles spéciales (art. D. 137, al. 2). Il précise les heures de sortie et de retour[5], les modalités de versement du salaire. Il peut prononcer le retrait de la mesure. On a vu aussi qu'il pouvait accorder la libération conditionnelle.

2° Le juge de l'application des peines a aussi un pouvoir de décision en ce qui concerne la *réduction, la suspension ou le fractionnement de la peine* (CPP, art. 712-6 ; 720-1. 720-1-1 et 721-1) lorsque, selon les cas, le condamné donne des preuves de réinsertion ou fait état de motifs, d'ordre médical, familial, professionnel ou social (v. *infra*, n° 833).

3° La *libération conditionnelle* est accordée par le juge de l'application des peines lorsque la durée de la peine privative de liberté n'excède pas dix ans ou que, quelle que soit la peine initialement prononcée, la durée de la détention restant à subir est inférieure ou égale à trois ans (CPP, art. 730, al. 1 et D. 528). Il statue par jugement motivé (v. *infra*, n° 830).

4° Lorsqu'est prise une décision entraînant la cessation temporaire ou définitive de l'incarcération, la loi du 10 mars 2010 permet au juge de prononcer une interdiction d'entrer en relation avec la victime ou la partie civile et le cas échéant de paraître à proximité de son domicile et de son lieu de travail (CPP, art. 712-16-1et s.). On notera que la loi vise à cet égard « *les juridictions de l'application des peines* », ce qui, en réalité, va au-delà de la seule compétence du juge de l'application des peines.

5° Selon les dispositions du Code de procédure pénale applicable avant la loi du 15 août 2014, le juge de l'application des peines avait un pouvoir *d'homologation* relativement aux propositions d'aménagement du directeur du service pénitentiaire d'insertion et de probation quant à une permission de

5. Le jugement de condamnation qui fait bénéficier le condamné d'un aménagement de peine peut prévoir que les horaires seront modifiés dans un sens favorable par le chef d'établissement ou le directeur du service pénitentiaire d'insertion ou de réinsertion. Le juge de l'application des peines doit en être informé ; il peut le cas échéant annuler ces modifications par ordonnance.

sortir, à la semi-liberté, au placement à l'extérieur, au placement sous surveillance électronique ou à la libération conditionnelle dont pouvaient bénéficier les personnes condamnées détenues à une ou des peines d'emprisonnement dont le cumul était inférieur ou égal à deux ans ou condamnées à une ou des peines d'emprisonnement dont le cumul était inférieur ou égal à cinq ans et dont le reliquat de peine était inférieur ou égal à deux ans. La proposition en question était adressée au procureur de la République aux fins de saisine du juge de l'application des peines. Le juge avait trois semaines à compter de la réception de la requête pour décider par ordonnance d'homologuer ou non la proposition du service pénitentiaire. À défaut de réponse, le directeur du service pénitentiaire qui avait fait la proposition pouvait ramener à exécution la mesure d'aménagement. Cette décision était une mesure d'administration judiciaire qui n'était pas susceptible de recours. Elle était préalablement notifiée au juge de l'application des peines (CPP, art. 723-24).

781. Ce dispositif est désormais abrogé par la loi du 15 août 2014 relative à l'individualisation des peines et renforçant l'efficacité des sanctions pénales qui lui substitue ce qu'il appelle « *la libération sous contrainte* » (CPP, art. 720) : la libération sous contrainte vise le cas de la personne condamnée exécutant une ou plusieurs peines privatives de liberté d'une *durée totale inférieure ou égale à cinq ans* (sur le régime de la libération sous contrainte, v° *infra*, n° 843).

6° La nouvelle loi crée une procédure similaire dans le cadre du régime de la libération conditionnelle (art. 730-3 nouv.) Il s'agit de l'hypothèse de la personne condamnée exécutant une ou plusieurs peines privatives de liberté d'une *durée totale de plus de cinq ans.* Lorsque la durée de la peine accomplie est au moins égale au double de la durée de la peine restant à subir, la situation de la personne doit aussi être examinée par le juge (ou selon les cas par le tribunal de l'application des peines) à l'occasion d'un débat contradictoire (selon les modalités des articles 712-6 ou 712-7) afin qu'il soit statué sur l'octroi d'une libération conditionnelle. Si la personne a été condamnée à la réclusion criminelle à perpétuité, le débat ne peut intervenir avant le terme du temps d'épreuve ni avant celui de la période de sûreté. Si le débat contradictoire n'a pas lieu dans les conditions ainsi définies, la chambre de l'application des peines de la cour d'appel peut, d'office ou sur saisine du condamné ou du procureur assurer un tel débat.

Il est précisé, à cet égard, que l'examen de la situation de la personne condamnée n'aura pas lieu si celle-ci a fait savoir préalablement qu'elle refusait toute mesure de libération conditionnelle (art. 730-3, al. 2 nouv.).

7° Enfin, la loi envisage l'hypothèse de la personne condamnée exécutant une ou plusieurs peines privatives de liberté qui n'a pu bénéficier d'une mesure de libération sous contrainte ou d'une libération conditionnelle. Le juge de l'application des peines peut alors, aux seules fins de favoriser l'insertion ou la réinsertion de la personne condamnée et de prévenir la commission de nouvelles infractions, ordonner que la personne ayant bénéficié d'une ou plusieurs des réductions de peines prévues aux articles 721 et 721-1, soit soumise, après sa libération et pendant une durée qui ne peut excéder le total des réductions de peines dont il a bénéficié, à une ou plusieurs mesures de contrôle, obligations ou interdictions, mesures d'aide. La décision est prise selon les modalités de l'article 712-6 préalablement à la libération du condamné, le cas échéant en même temps que lui est accordée la dernière réduction de peine (CPP, art. 721-2).

β. *En milieu ouvert*

782. 1° Pour ce qui concerne le *sursis avec mise à l'épreuve*, le juge de l'application des peines peut à tout moment, par une décision immédiatement exécutoire, aménager ou supprimer les obligations particulières auxquelles était soumis le condamné[6]. Il peut même imposer à ce dernier une obligation particulière (art. 739, al. 2). Le juge a ici un pouvoir considérable puisqu'il lui est permis de revenir sur une décision qu'il a, certes, prise lui-même mais qui a acquis l'autorité de la chose jugée.

Si, pendant le délai d'épreuve, le condamné ne se soumet pas aux mesures de surveillance ou aux obligations particulières qui lui étaient imposées, le juge de l'application des peines peut délivrer contre le condamné un mandat d'amener ou d'arrêt (si ce dernier réside à l'étranger ou est en fuite) (art. 712-17). La délivrance du mandat d'arrêt suspend, jusqu'à ce qu'il soit exécuté, le délai d'exécution de la peine ou des mesures d'aménagement. Il peut ordonner, après avis du procureur de la République, l'incarcération provisoire du condamné (art. 712-19).

2° En matière de *travail d'intérêt général*, que le travail d'intérêt général soit prononcé à titre de peine principale, ou qu'il assortisse une peine avec sursis, c'est le juge de l'application des peines qui décide des modalités de son exécution (art. 747-1 renvoyant implicitement à l'article 739).

3° En matière de *libération conditionnelle*, le juge de l'application des peines a, envers le bénéficiaire de la libération conditionnelle, les mêmes attributions que celles dont il dispose vis-à-vis des condamnés avec sursis probatoire. Il dirige le service pénitentiaire d'insertion et de probation. Il peut organiser des mesures d'aide psychologique et matérielle de nature à favoriser le reclassement social, et vérifie que le libéré répond aux convocations de l'agent de probation (C.pén., art. 132-44) et, le cas échéant, a établi sa résidence au lieu qui lui a été déterminé (art. 132-45).

4° En matière de *suivi socio-judiciaire*, la personne condamnée est tenue de justifier de l'accomplissement des obligations qui lui sont imposées. Le juge peut, après audition du condamné et avis du procureur, modifier ou compléter ces mesures (CPP, art. 763-3, al. 1). Sa décision est exécutoire par provision. Elle peut être attaquée par la voie de l'appel formé par le condamné, le procureur de la République et le procureur général. En matière de suivi socio-judiciaire, la loi du 10 août 2007 tient compte dans les attributions du juge de l'application des peines de la modification de l'article 131-36-4 du Code pénal selon laquelle l'injonction de soins est applicable par principe

6. Ce qui conduit la Cour de cassation a considéré que la juridiction de jugement n'a pas l'obligation de motiver le choix des obligations qu'elle retient dans ce cadre : Cass. crim., 22 nov. 2017, n° 16-83549, *Gaz. Pal.*, 23 janv. 2018, p. 46, note critique Dreyer E.

au condamné. Désormais l'alinéa 3 de l'article 763-3 du Code de procédure pénale traite du cas où la juridiction a écarté l'injonction de soins. Dans cette hypothèse, le juge de l'application des peines ordonne, en vue de la libération du condamné une expertise médicale afin de déterminer s'il est susceptible de faire l'objet d'un traitement. Si c'est le cas, la personne condamnée doit être en principe soumise à une injonction de soins. Le juge de l'application des peines garde malgré tout son pouvoir d'écarter cette mesure. Il peut ordonner, par décision motivée, la mise à exécution de l'emprisonnement dans le cas où le condamné ne se conforme pas à l'injonction de soins (art. 763-5). Il peut aussi mettre fin de manière anticipée au suivi socio-judiciaire comportant une telle injonction de soins s'il apparaît que le reclassement du condamné est acquis (v. *supra* n° 720). Lorsque le suivi socio-judiciaire comprend à titre de mesure de sûreté, un *placement sous surveillance électronique mobile*, celui-ci est mis en œuvre par le juge de l'application des peines. Un an au moins avant la date prévue pour sa libération, la personne condamnée fait l'objet d'un examen destiné à évaluer sa dangerosité et à mesurer le risque de commission d'une nouvelle infraction. Le juge prend sa décision après avis de la commission pluridisciplinaire des mesures de sûreté. Au vu de cet examen, le juge détermine la durée de ce placement. Cette durée ne peut excéder deux ans, renouvelable une fois en matière délictuelle et deux fois en matière criminelle. Le juge de l'application des peines peut modifier, compléter ou supprimer les obligations du placement (CPP, art. 763-10 et s.)[7].

5° D'une manière générale, on ajoutera que le juge de l'application des peines peut délivrer un *mandat d'amener* contre le condamné qui ne respecte pas les obligations auxquelles il est astreint (dont le fait de refuser de commencer ou de poursuivre le traitement médical prescrit dans le cadre de l'injonction de soins) et même un *mandat d'arrêt* si le condamné est en fuite. Les attributions du juge de l'application des peines rejoignent en cela celles du juge d'instruction (CPP, art. 712-17). Si le juge d'application des peines est empêché et s'il y a urgence, le mandat d'amener peut être délivré par le procureur de la République qui doit en informer dès que possible le juge de l'application des peines. Dans l'hypothèse où le mandat n'a pas été mis à exécution, celui-ci devient caduc s'il n'est pas repris par le juge de l'application des peines dans le premier jour ouvrable qui suit (art. 712-17, al. 3, ajouté par la loi du 5 mars 2007).

6° Le juge de l'application des peines peut également, selon un nouvel article 747-1-2 introduit par la loi du 15 août 2014 d'office, à la demande de l'intéressé ou sur réquisition du procureur de la République, ordonner de substituer à une peine de jours-amende une peine d'emprisonnement avec sursis assorti de l'obligation d'accomplir un travail d'intérêt général. La décision, motivée, est prise après un débat contradictoire, conformément à l'article 712-6. Il faut que le détenu soit présent à l'audience ou ait accepté cette substitution. Dans le cas contraire, la décision ne peut être prise. La durée de

7. La surveillance est assurée par un dispositif, porté par le condamné, qui intègre un émetteur permettant à tout moment de déterminer à distance sa localisation sur le territoire national.

l'emprisonnement ne peut excéder celle qui serait résultée de l'inexécution de la peine de jours-amende, fixée à l'article 131-25 du Code pénal.

La décision de substitution peut aussi être prise en cas de défaut total ou partiel du paiement du montant exigible à l'expiration du délai correspondant au nombre de jours-amende prononcé (art. 747-1-2 dern. al.).

7° Le juge de l'application des peines peut aussi ordonner, à la libération d'une personne condamnée en raison de circonstances tenant à un trouble psychique ayant seulement altéré son discernement, une obligation de soins et à des mesures de sûreté prévues à l'article 706-136 du Code de procédure pénale (CPP, art. 706-136-1 ; v. *supra*, n° 534).

8° Enfin, *la mise en œuvre de la contrainte pénale*, instituée par l'actuelle réforme, repose en grande partie, du point de vue de son contrôle et de son adaptation à la situation du condamné sur le juge de l'application des peines.

b. Nature juridique de ces décisions

783. Avant la loi du 15 juin 2000, l'article 733-1, alinéa 1 du Code de procédure pénale disposait de manière péremptoire : « les décisions du juge de l'application des peines sont des mesures d'administration judiciaire ». Si le Conseil d'État avait considéré à deux reprises que les décisions du juge de l'application des peines avaient un caractère administratif[8], ce qui intégrait le magistrat dans le fonctionnement administratif du service public, ces arrêts n'emportaient pas la conviction. Ils étaient relatifs à des questions de réparation de préjudices causés à des tiers par le fonctionnement des services pénitentiaires. Aucun ne portait sur un grief invoqué par un condamné faisant l'objet d'une décision du juge de l'application des peines. On pouvait donc être hésitant et considérer que « par nature » les décisions du juge de l'application des peines n'étaient pas de simples mesures d'administration judiciaire mais des décisions juridictionnelles parce que d'une part, dans de nombreux cas, ces décisions portent atteinte à l'autorité de la chose jugée, d'autre part, le juge prend ces décisions en fonction d'une appréciation qu'il porte sur l'attitude du délinquant. Ces arguments très forts devaient conduire le Conseil d'État par la suite à modifier sa jurisprudence[9] à propos des décisions du juge de l'application des peines relatives à une mesure de libération conditionnelle.

784. La *loi du 15 juin 2000* clarifia le débat pour les décisions les plus importantes prises par le juge de l'application des peines. En milieu fermé, le placement à l'extérieur, la semi-liberté, la libération conditionnelle, le fractionnement et suspension de peines, le placement sous surveillance électronique était accordé par une décision motivée et rendue à l'issue d'un débat contradictoire ; un appel pouvait être formé devant la

8. CE, 5 févr. 1971, aff. *Picard* : JCP 1973.11.17517 note Fransès-Magne – 2 déc. 1981, aff. *Theys* : JCP 1982.11.19905.

9. CE, 9 nov. 1990, aff. *Théron* : RFDA 1991.1671, note Pradel J. – 4 nov. 1994 aff. *Korber* : LPA, 23 janv. 1995 n° 10, p. 4, avec les conclusions du commissaire du gouvernement Bonichot.

chambre des appels correctionnels. Autant d'indices du caractère juridictionnel de la décision. En milieu ouvert, il en allait de même pour les décisions en matière de sursis avec mise à l'épreuve (aménagement ou suppression d'une obligation particulière), de suivi socio-judiciaire. Toutefois, restaient des mesures d'administration judiciaire la réduction de peine, la réduction du temps d'épreuve, l'autorisation de sortie. Ces exceptions n'étaient guère convaincantes. La transposition en procédure pénale d'une notion bien connue en procédure civile était artificielle. La prétendue mesure d'administration judiciaire du juge de l'application des peines n'avait rien à voir avec celle du juge civil. Il ne s'agissait pas seulement pour le juge de l'application des peines d'organiser le fonctionnement de la juridiction, mais de statuer (comme l'écrivait d'ailleurs l'ancien article 722 du Code de procédure pénale) sans oublier que ces décisions pouvaient faire l'objet d'un recours devant le tribunal correctionnel. La lettre devait donc céder devant l'esprit. En créant un tribunal de l'application des peines, non pas à la place du juge de l'application des peines mais en complément de celui-ci, la *loi du 9 mars 2004* ne pouvait qu'unifier les régimes applicables aux décisions prises par les uns et les autres. Donc, toutes les attributions du juge de l'application des peines sont juridictionnelles même celles relatives aux autorisations de sorties sous escorte, aux permissions de sortir ou bien aux réductions de peines (CPP, art. 712-5 ; on notera cependant que la décision du juge de l'application des peines de renvoyer la connaissance de l'affaire au tribunal de l'application des peines reste une mesure d'administration judiciaire non susceptible de recours : CPP art. 712-6 al. 3). Une différence est, néanmoins, maintenue quant à la procédure qui doit être suivie. Contrairement à toutes les autres décisions du juge de l'application des peines qui nécessitent un *jugement motivé* rendu après un débat contradictoire et susceptible d'appel devant la chambre de l'application des peines de la cour d'appel (art. 712-6), les décisions sur les réductions de peine (il ne s'agit en réalité que des réductions supplémentaires, v. *infra* n° 841), les autorisations de sorties sous escortes et les permissions de sortir sont prises sans débat contradictoire après avis de la commission de l'application des peines par *ordonnance motivée* susceptible d'appel devant le président de la chambre de l'application des peines (CPP, art. 712-5 et 712-12)[10].

c. Le recours contre les décisions du juge de l'application des peines

α. *Avant la loi du 9 mars 2004*

785. Le recours contre les décisions de placement à l'extérieur, semi-liberté, réductions, fractionnement ou suspension de peine, libération conditionnelle (CPP, anciens art. 733-1 et 722, al. 1) était formé devant le

10. Sur la réforme de l'application des peines par la loi du 9 mars 2004 : Couvrat P., « Les dispositions relatives à l'application des peines dans la loi Perben II », Dr. pén. 2004, chron. n° 8 ; Dispositions générales et nouvelle organisation judiciaire de l'application des peines, RSC 2004.682.

tribunal correctionnel qui statuait en chambre du conseil après avoir procédé à toutes auditions utiles et entendu sur leur demande l'avocat du condamné et l'avocat de la partie civile. La décision du tribunal ne pouvait faire l'objet, dans les cinq jours, que d'un pourvoi en cassation non suspensif.

La décision du juge de l'application des peines était déférée au tribunal à la requête du procureur de la République. Donc ce recours n'était exercé que contre les décisions favorables au condamné. Il était refusé au condamné lorsqu'une décision défavorable était prise à son encontre, ce qui était inacceptable.

Dans une affaire curieuse où un juge de l'application des peines avait, à la demande d'un condamné (menacé d'expulsion à sa sortie de prison), rapporté une mesure de réduction de peine prise en sa faveur, la Cour de cassation[11] avait jugé que cette ordonnance de révocation, qui excédait les pouvoirs du juge, entrait néanmoins dans le champ d'application de l'article 733-1, et était susceptible de recours de la part du procureur de la République.

Pour tempérer ces solutions inéquitables, la chambre criminelle de la Cour de cassation avait trouvé une échappatoire. Dans une espèce[12] où une ordonnance d'admission à la libération conditionnelle, rendue par le juge de l'application des peines, avait été annulée, sur recours du procureur de la République, par arrêt de la chambre d'accusation (alors compétente), la Cour de cassation avait déclaré recevable le pourvoi en cassation du condamné contre cet arrêt, en se fondant sur l'article 567 du Code de procédure pénale, d'où il résulte qu'est admise à se pourvoir « toute personne ayant figuré dans l'instance qui a donné lieu à l'arrêt attaqué lorsque ce dernier contient à son égard des dispositions qui lui font grief et qui sont susceptibles d'acquérir l'autorité de la chose jugée ».

Il en résultait que dans un premier temps, seul le procureur de la République pouvait former un recours contre les décisions du juge de l'application des peines. Mais dans un second temps, une fois la décision du tribunal rendue, toutes les parties pouvaient agir et former un pourvoi en application de l'article 567 du Code de procédure pénale.

Quelle était l'*étendue du contrôle* ? Sauf pour les permissions de sortir, le contrôle était un contrôle de légalité (selon l'ancien article 733-1, al. 1, le recours ne pouvait être fondé que sur la violation de la loi).

786. Lorsqu'il s'agissait d'un recours contre une décision par exemple de refus, de retrait ou bien encore de révocation d'une mesure qu'il avait accordée, l'appel était formé devant la chambre des appels correctionnels (CPP, art. 733-1 et 722, al. 6 anciens). Il pouvait être formé par le condamné, par le procureur de la République et par le procureur général dans le délai de dix jours à compter de la notification de la décision. Les décisions du juge de l'application des peines étaient exécutoires par

11. Cass. crim., 24 janv. 1989 : Bull. crim. n° 28 ; RSC 1989. 554, obs. Couvrat P.

12. Cass. crim., 28 févr. 1984 : Bull. crim. n° 79 (aff. *Manterola*).

provision sauf si l'appel du ministère public était formé dans les vingt-quatre heures de la notification.

β. *Droit actuel*

787. Dorénavant, les ordonnances et jugements du juge de l'application des peines peuvent faire l'objet d'un appel par le procureur de la République, le procureur général et le condamné. L'appel est porté devant la chambre de l'application des peines de la cour d'appel ou devant le Président de cette chambre. La chambre de l'application des peines statue par arrêt motivé après un débat contradictoire au cours duquel sont entendues les réquisitions du ministère public et les observations de l'avocat du condamné. Le président statue par ordonnance motivée au vu des observations écrites du ministère public et du condamné ou de son avocat. Aux termes de l'article 712-11 du Code de procédure pénale, cet appel est formé :

1° Dans le délai de *vingt-quatre heures*, s'agissant des appels formés contre les ordonnances relatives aux réductions de peine, autorisation de sortie sous escorte, permissions de sortir et les ordonnances modifiant ou refusant de modifier les mesures mentionnées aux premier et quatrième alinéas de l'article 712-6 ou les obligations résultant de ces mesures ou des mesures ordonnées par le tribunal de l'application des peines en application de l'article 712-7 (v. art. 712-8). Sont visées également les ordonnances mentionnées aux articles 713-43, 713-44, au premier alinéa de l'article 713-47 (textes relatifs à la contrainte pénale) et à l'article 720 (libération sous contrainte).

2° Dans le délai de *dix jours* pour les jugements concernant les mesures de placement à l'extérieur, de semi-liberté, de fractionnement et suspension des peines, de placement sous surveillance électronique, de libération conditionnelle, les peines de suivi socio-judiciaire, d'interdiction de séjour, de travail d'intérêt général, d'emprisonnement avec sursis assorti de la mise à l'épreuve ou de l'obligation d'accomplir un travail d'intérêt général, les mesures d'ajournement du prononcé de la peine avec mise à l'épreuve, les décisions rendues sur le fondement des articles 713-45 (cessation anticipée de la contrainte pénale) et 713-47, alinéa 2 (hypothèse de l'inobservation des mesures de contrainte pénale). Ce délai de dix jours s'applique aussi aux jugements du tribunal de l'application des peines relatifs aux mesures de relèvement de la période de sûreté, de libération conditionnelle ou relatifs à la suspension de peine, lorsque ces décisions ne relèvent pas de la compétence du juge de l'application des peines (il s'agit alors pour le tribunal d'accorder, d'ajourner, refuser, retirer ou refuser l'une de ces mesures).

B. Le tribunal et la chambre de l'application des peines

1. Le tribunal de l'application des peines

788. L'institution d'un tribunal de l'application des peines était attendue depuis de nombreuses décennies. Il eût été probablement plus judicieux de ne pas mettre en place, selon un système de compétence partagée, un juge unique et une juridiction collégiale. On s'aperçoit que les problèmes posés par la juridiction de l'application des peines sont du même ordre que ceux que connaît la juridiction d'instruction : on souhaite une juridiction collégiale, réputée mieux en accord avec notre conception de la justice, mais dans le même temps on n'ose pas supprimer le juge unique. Le système est donc compliqué. Alors que le juge de l'application des peines a une compétence étendue, le tribunal de l'application des peines est compétent essentiellement à l'égard des condamnés à de longues peines et se substitue aux juridictions régionales de la libération conditionnelle. Par exemple, la libération conditionnelle accordée par le juge de l'application des peines quand la peine privative de liberté est inférieure ou égale à dix ans ou lorsque la durée de la détention restant à subir est inférieure ou égale à trois ans, le sera par le tribunal dans les autres cas (CPP, art. 730). Le tribunal de l'application des peines connaît également des suspensions de peine privative de liberté quand la durée est supérieure à dix ans ou quand la durée de détention restant à subir est supérieure à trois ans (CPP, art. 720-1-1). Il est devenu exclusivement compétent pour prononcer la surveillance judiciaire (art. 723-29 nouv., loi du 24 novembre 2009).

Selon l'article 712-3 du Code de procédure pénale il y a un ou plusieurs tribunaux de l'application des peines dans le ressort de chaque cour d'appel dont la compétence territoriale, fixée par décret, correspond à celle d'un ou plusieurs tribunaux de grande instance. Le tribunal est composé d'un président et de deux assesseurs désignés par le Premier Président parmi les juges de l'application des peines du ressort de la cour. Dans les départements d'outre-mer un membre au moins du tribunal est un juge de l'application des peines. Les fonctions du ministère public sont exercées par le procureur de la République du tribunal de grande instance. Le tribunal de l'application des peines dispose dans l'exercice de ses attributions du pouvoir de procéder ou de faire procéder à des enquêtes, auditions... sur l'ensemble du territoire national (v. CPP, art. 712-6, et *supra* n° 768).

2. La Chambre de l'application des peines

789. Elle statue sur les appels formés contre les décisions du juge et du tribunal de l'application des peines. C'est une formation au sein de la cour d'appel composée d'un président et de conseillers auxquels s'adjoignent (quand il s'agit de statuer sur l'appel d'un jugement du tribunal de l'application des peines concernant l'une des mesures visées à l'article 712-7) un responsable d'une association de réinsertion des condamnés et un responsable d'une association d'aide aux victimes (CPP, art. 712-13). En cas de confirmation d'un jugement qui a refusé d'accorder l'une des mesures visées aux articles 712-6 ou 712-7 du Code de procédure pénale, la chambre de l'application des peines peut fixer un délai pendant lequel toute nouvelle demande tendant à l'octroi de la même mesure sera irrecevable (ces délais ne peuvent excéder ni le tiers du temps de détention restant à subir ni trois années (CPP, art. 712-13, al. 3)). Les décisions de la chambre de l'application des peines sont prises après un débat contradictoire.

§3. Les juridictions de la rétention de sûreté

790. La mise en œuvre des nouvelles mesures propres à prémunir la société contre la probabilité de récidive des criminels dangereux prévues par la loi du 25 février 2008 a conduit le législateur à créer des juridictions *ad hoc* : la juridiction régionale de la rétention de sûreté et la juridiction nationale de la rétention de sûreté (CPP, art. 706-53-15).

La *juridiction régionale de la rétention de sûreté* est composée d'un président de chambre et de deux conseillers de la cour d'appel, désignés par le premier président de cette cour pour trois ans. La juridiction est saisie par le procureur général sur proposition de la commission pluridisciplinaire des mesures de sûreté au moins trois mois avant la date prévue pour la libération du condamné. Elle rend sa décision après un débat contradictoire qui peut être public si le condamné le demande. Ce dernier est assisté par un avocat choisi ou commis d'office. Le condamné peut solliciter une contre-expertise ; dans ce cas elle est de droit. La décision est spécialement motivée au regard des dispositions de l'article 706-53-14 et du troisième alinéa de l'article 706-53-15 (vérification que la personne condamnée a effectivement été mise en mesure de bénéficier, pendant l'exécution de sa peine, d'une prise en charge médicale, sociale et psychologique adaptée au trouble de la personnalité dont elle souffre). La décision est exécutoire immédiatement à l'issue de la peine. Le recours contre cette décision est porté devant la juridiction nationale de la rétention de sûreté.

La *juridiction nationale de la rétention de sûreté* est composée de trois conseillers à la Cour de cassation désignés pour une durée de trois ans par le premier président de cette cour. La décision est motivée et susceptible d'un pourvoi en cassation.

§4. Le contrôleur général des lieux de privation de liberté

791. Il fait l'objet de la loi du 30 octobre 2007, modifiée en dernier lieu par la loi n° 2017-55 du 20 janvier 2017. Le contrôleur a pour mission de contrôler les conditions de prise en charge des personnes privées de liberté afin de s'assurer du respect des droits fondamentaux dont elles demeurent titulaires (art. 1er). Les multiples critiques formulées contre les conditions de détention en France, les principes énoncés par la convention européenne des droits de l'Homme imposaient une réaction législative qui se faisait attendre.

Par l'emploi d'une terminologie large (« lieux de privation de liberté »), le projet vise non seulement les établissements pénitentiaires, mais aussi les centres de rétention administrative ou les centres hospitaliers des palais de justice.

Le contrôleur général est nommé par décret pour une durée de six ans. Son mandat n'est pas renouvelable. Il ne peut être mis fin à ses fonctions qu'en cas de démission ou d'empêchement.

Statutairement, il s'agit d'une autorité administrative indépendante qui exerce son contrôle par des visites sur place. Il est soumis au statut général des autorités administratives indépendantes et des autorités publiques indépendantes créé par la loi du 20 janvier 2017 (titre 1er au titre IV). Il ne doit pas intervenir dans une procédure engagée devant une juridiction ni remettre en cause le bien-fondé d'une décision juridictionnelle. Ses fonctions sont notamment incompatibles avec tout mandat électif. Le contrôleur général peut être notamment saisi par le Premier ministre, les membres du Gouvernement, les membres du Parlement, les représentants au Parlement européen élus en France, le Défenseur des droits ou bien se saisir d'office (art. 6 de la loi). Mais toute personne physique et toute personne morale s'étant donné pour objet le respect des droits fondamentaux peuvent porter à la connaissance du contrôleur général des faits ou des situations susceptibles de relever de sa compétence. Il est astreint au secret professionnel. À l'issue de chaque visite, le contrôleur général établit un rapport et fait connaître au ministre intéressé ses observations sur les conditions de détention. Il peut émettre des avis et des recommandations aux autorités publiques et les rendre publics. Il coopère avec les organismes internationaux compétents. Tous les ans, un rapport d'activité est rédigé, remis au Président de la République et au Parlement et rendu public.

§5. Les services de police et de gendarmerie

792. La loi du 15 août 2014 relative à l'individualisation des peines et renforçant l'efficacité des sanctions pénales ajoute un certain nombre de dispositions sur la mission des services de police et des unités de gendarmerie. Notamment, un article 709-1-1 nouveau du Code de procédure pénale prévoit que ces services et unités peuvent, d'office ou sur instructions du procureur de la République ou du juge de l'application des peines, appréhender toute personne condamnée à des peines d'interdiction ou comprenant des obligations à respecter (C. pén., art. 131-9, 131-11) ou placée sous le contrôle du juge de l'application des peines, à l'encontre desquelles il existe une ou plusieurs raisons plausibles de soupçonner qu'elle n'a pas respecté les obligations qui lui incombent en application de sa condamnation. La personne peut alors, sur décision d'un officier de police ou de gendarmerie être retenue vingt-quatre heures au plus dans un local de police ou de gendarmerie, afin que soit vérifiée sa situation et qu'elle soit entendue sur la violation de ses obligations. Cette retenue doit se dérouler dans des conditions assurant le respect de la dignité de la personne. Les mesures de sécurité ne peuvent être imposées à la personne retenue que si elles sont strictement nécessaires. L'officier de police judiciaire doit informer, dès le début de la mesure de rétention, le procureur ou le juge de l'application des peines. Quant au régime de la retenue, on retrouve des règles qui font penser à celles de la garde à vue : information de la personne retenue, dans une langue qu'elle comprend, de la nature des obligations qu'elle est soupçonnée avoir violées ainsi que des droits dont elle dispose ; prévenir son employeur ou un proche ou les autorités consulaires (si étranger) ; être examinée par un médecin en application de l'article 63-3 du Code de procédure pénale ; être assistée d'un avocat en application des articles 63-3-1 à 63-4-1 ; lors des auditions, après avoir décliné son identité, faire des déclarations, répondre aux questions qui lui seront posées ou se taire ; être informée de la durée de la mesure.

Lorsque la personne est placée sous le contrôle du juge de l'application des peines, les pouvoirs conférés au procureur de la République par les articles 63-2 et 63-3 du Code de procédure pénale sont exercés par ce juge ou, en cas d'empêchement, par le procureur.

Un procès-verbal est rédigé par l'officier de police judiciaire (cf. CPP, art. 64).

À l'issue de la mesure de retenue, le procureur de la République ou le juge de l'application des peines peut ordonner que la personne soit conduite devant le juge de l'application des peines dans les conditions des articles 803-2 et 803-3, le cas échéant pour ordonner son incarcération provisoire.

Le procureur de la République ou le juge de l'application des peines peuvent aussi demander à un officier ou à un agent de police judiciaire d'aviser la personne concernée qu'elle est convoquée devant lui à une date ultérieure puis de mettre fin à la rétention de la personne (CPP, art. 709-1-1 dern. al.).

Les services de polices et les unités de gendarmerie sont investis également d'autres pouvoirs : perquisitionner chez une personne condamnée qui en raison de sa condamnation est soumise à l'interdiction de détention d'une arme. La perquisition est soumise à l'autorisation du procureur ou du juge de l'application des peines ; procéder à l'interception, l'enregistrement et la transcription de correspondances émises par la voie des télécommunications lorsqu'il existe une ou plusieurs raisons plausibles de soupçonner que la personne condamnée sortant de détention n'a pas respecté l'interdiction qui lui est faite d'entrer en relation avec certaines personnes (dont la victime). Ces interceptions ont lieu avec l'autorisation du juge de l'application des peines. Elles peuvent être utilisées pour les crimes et délits prévus à l'article 100 du Code de procédure pénale (crimes ou délits punis d'un emprisonnement égal ou supérieur à deux ans). Il est possible aussi de procéder à la localisation en temps réel d'une personne, à l'insu de celle-ci, d'un véhicule ou de tout autre objet, sans le consentement de son propriétaire ou de son possesseur lorsqu'il s'agit d'un crime ou d'un délit mentionné aux 1° et 2° de l'article 230-32 du Code de procédure pénale (disposition créée par la loi n° 2014-372 du 28 mars 2014 sur la géolocalisation ; sont visés, par exemple, les crimes et délits punis d'un emprisonnement d'au moins cinq ans).

Section 2
Les lieux d'exécution de la peine privative de liberté

793. Selon l'article 717 du Code de procédure pénale, modifié par la loi du 9 septembre 2002, les condamnés purgent leur peine dans un établissement pour peines. La distinction n'est plus faite entre les condamnés à l'emprisonnement d'une durée inférieure ou égale à cinq ans (qui devaient exécuter leur peine dans un établissement qui leur était spécialement réservé) et ceux qui étaient condamnés à une peine d'incarcération plus élevée. Le rapport annexé à la loi n° 2012-409 du 27 mars 2012 propose une nouvelle typologie des établissements pénitentiaires. Il y aurait quatre catégories : les établissements à sécurité renforcée, les établissements à sécurité intermédiaire, les établissements à sécurité adaptée et les établissements à sécurité allégée. Cette proposition qui modifierait en profondeur la répartition des établissements pénitentiaires est, à notre avis, plus facile à écrire qu'à réaliser !

Le dispositif légal actuel maintient le régime spécial de ceux qui sont condamnés à une peine d'emprisonnement d'une durée inférieure ou égale à deux ans : ils peuvent, à titre exceptionnel, être maintenus en maison d'arrêt et incarcérés dans un quartier distinct quand leur situation familiale ou leur personnalité le justifient. Il y a, par conséquent, deux catégories d'établissements susceptibles de recevoir des condamnés : les établissements pour peines (§ 1) et les maisons d'arrêt (§ 2).

§1. Les établissements pour peines

794. Selon le vœu du législateur, les condamnés seront affectés au sein de ces établissements en fonction de leur profil et non plus en fonction de critères liés au reliquat ou au quantum de la peine prononcée, comme c'est le cas actuellement. Les nouvelles dispositions doivent faire l'objet de décrets qui ne sont pas encore pris.

Pour l'instant, les établissements pour peines sont les maisons centrales, les centres de détentions, auxquels on peut adjoindre certains établissements spécialisés.

A. Les maisons centrales

795. Ce sont des prisons fermées affectées, en principe, soit à l'exécution de très longues peines (durée supérieure à cinq ans), mais elles peuvent accueillir aussi les condamnés à des peines moins longues (un à cinq ans). Elles comportent toutes un régime de *sécurité* (CPP, art. D. 71, al. 1) dont les modalités internes doivent permettre néanmoins de préserver et de développer les possibilités de reclassement des condamnés. Le décret du 26 février 1982 a supprimé, à cet égard, les maisons centrales à sécurité renforcée (qui avaient été créées en 1975 et qui s'ajoutaient ainsi aux maisons centrales à sécurité ordinaire) et les quartiers de haute sécurité (QHS).

Il y a treize maisons centrales ou quartiers affectés à cet usage. La liste en est fixée à l'article A. 39 du Code de procédure pénale. Exemples : Clairvaux, Arles, Saint-Martin-de-Ré, Saint-Maur.

B. Les centres de détention

796. Les centres de détention ont un régime orienté vers la *resocialisation*. Ils accueillent des condamnés à une longue peine considérés comme moins dangereux à la suite de la procédure d'orientation (v. art. D. 74 et s.). Ils ont été créés par le décret du 23 mai 1975. Avant cette date, il n'y avait que des maisons centrales qui accueillaient tous les condamnés à une peine supérieure à 1 an (criminelle ou correctionnelle). Le nombre de places est devenu rapidement insuffisant et des condamnés à de longues peines restaient dans des maisons d'arrêt dont les structures étaient mal adaptées. D'où la création en 1972 des maisons de moyenne peine (« centres pénitentiaires inter-régionaux ») qui sont devenues en 1975 les centres de détention. Le décret du 30 avril 2002 prévoyait des centres de détention à vocation nationale et à vocation régionale. Les centres à vocation nationale recevaient, comme les centrales, des condamnés à une ou plusieurs peines d'emprisonnement dont la durée était supérieure à cinq ans. Les centres à vocation régionale recevaient les condamnés à une ou plusieurs peines d'emprisonnement dont la durée totale n'excédait pas cinq ans. Le décret du 20 mars 2003 ne reprend pas, dans les articles D. 70 et s. du Code de procédure pénale, cette distinction mais renvoie à une longue liste fixée par arrêté du garde des Sceaux (CPP, art. D. 72 et A. 39-1).

Certains centres sont des centres fermés, d'autres sont des centres de détention à régime ouvert, d'autres des centres de détention pour jeunes condamnés.

Les centres de détention fermés sont d'anciennes maisons centrales (Caen, Melun, Riom, Toul...) ou d'anciens centres pénitentiaires „(Mauzac). De nouveaux centres ont été créés (Châteaudun, Villenauxe-la-Grande [Aube]). Quant à la célèbre maison centrale de Rennes (prison des femmes), elle est divisée en un quartier affecté à l'usage de maison centrale et d'autres quartiers classés en centre de détention.

Les centres de détention à régime ouvert : il en existe un à Casabianda (Corse). Il est dépourvu de murs et de barreaux. C'est un centre agricole. Il accueille les condamnés peu dangereux.

C. Les établissements particuliers

797. Il existe aussi des établissements spécialisés comme les *centres de détention pour jeunes condamnés* (Loos, Œrmingen). Ils reçoivent les condamnés de moins de vingt-huit ans et permettent de continuer l'éducation scolaire et d'assurer la formation professionnelle des jeunes adultes. Il faut mentionner aussi les *établissements pénitentiaires spécialisés pour les mineurs* dont le régime est orienté vers la rééducation (art. D. 70, modif. par le décret du 9 mai 2007).

Le décret du 30 avril 2002 a créé des *centres pour peines aménagées* pour les condamnés qui, notamment, font l'objet d'une mesure de semi-liberté, d'une mesure de placement à l'extérieur, auxquels il reste à subir un reliquat de peine d'une durée inférieure à un an (CPP, art. D. 72-1). L'affectation dans un tel centre ne peut être décidée qu'avec l'accord du condamné. Le régime de ces centres repose sur des actions d'insertion organisées à l'intérieur et à l'extérieur de ces établissements. Le maintien des liens familiaux est privilégié et les condamnés peuvent obtenir facilement des permissions de sortir (art. D. 146-1) ; le régime de détention est souple : les condamnés peuvent téléphoner aux personnes de leur choix.

Il existe aussi des *centres de semi-liberté* plus particulièrement destinés à accueillir les condamnés faisant l'objet d'une mesure de semi-liberté (art. D. 72-1).

Quant aux *établissements pénitentiaires spécialisés,* prévus par l'ancien article 718, al. 2 du Code de procédure pénale, ils devaient permettre d'assurer un suivi médical et psychologique adapté de ceux qui ont été condamnés pour des meurtres, assassinat d'un mineur de quinze ans accompagné d'un viol, de tortures ou d'actes de barbarie ; on pouvait y rattacher les *quartiers sanitaires* pour détenus âgés ou malades chroniques[13].

Ces établissements ne sont plus mentionnés. S'agissant de malades, leur place est plutôt dans les établissements de soins classiques. C'est du moins la politique du moment.

Il faut mentionner cependant les *centres socio-médico-judiciaires de sûreté* (CPP, art. 706-53-13, al. 4) qui remplissent une double fonction en accord avec la double finalité de la loi du 25 février 2008 qui les crée : éloigner par l'enfermement (et non l'incarcération) et soigner. Il sera proposé au condamné enfermé, de façon permanente, une prise en charge médicale, sociale et psychologique en vue de mettre fin à cette mesure. C'est ainsi que fut ouvert fin 2008 à titre expérimental un tel centre au sein de l'établissement public de santé national de Fresnes qui est une unité psychiatrique hospitalière. Se trouvent ainsi associés Justice et Santé.

§2. Les maisons d'arrêt

798. Elles accueillent : 1° les personnes mises en examen, prévenues ou accusées, placées en détention provisoire ; 2° les condamnés à des

13. Quant aux *malades mentaux,* ils doivent échapper à toute incarcération : la loi du 9 sept. 2002 a créé dans ce but, dans le Code de la santé publique, un chapitre intitulé « Hospitalisation des personnes détenues atteintes de troubles mentaux » (art. L. 3214-1 et s.) visant à exclure la possibilité d'hospitalisation psychiatrique au sein d'un établissement pénitentiaire ; ces hospitalisations à temps complet devront être réalisées au sein d'unités spécialement aménagées et sécurisées.

peines d'une durée inférieure ou égale à deux ans qui peuvent être maintenus en maison d'arrêt lorsque des conditions tenant à la préparation de leur libération, leur situation familiale ou leur personnalité le justifient ; 3° les condamnés auxquels il reste à subir une peine d'une durée inférieure à un an.

Il existe en principe une maison d'arrêt auprès de chaque tribunal de grande instance, cour d'appel et cour d'assises (CPP, art. 714, al. 2). Des exceptions sont prévues à l'article D. 54 du Code de procédure pénale. Certains tribunaux de grande instance n'ont pas de maison d'arrêt. Dans ce cas, les personnes visées sont retenues dans une maison d'arrêt de rattachement (la liste en est fixée par tableau, v. art. D. 54).

CHAPITRE 2

Les régimes d'exécution des peines

799. On étudiera d'abord l'exécution des peines privatives ou restrictives de liberté (section 1) ; ensuite, l'exécution de la peine d'amende (section 2).

Section 1
L'exécution des peines privatives ou restrictives de liberté

800. L'exécution des peines privatives de liberté fait l'objet de dispositions générales prévues dans les articles 716-1 et suivants du Code de procédure pénale. Parmi celles-ci, on relèvera en particulier l'article 716-4 aux termes duquel, quand il y a eu détention provisoire à quelque stade que ce soit de la procédure, cette détention est intégralement déduite de la durée de la peine prononcée ou, s'il y a lieu, de la durée totale de la peine à subir après confusion. La règle s'applique aussi notamment en cas de détention subie en exécution d'un mandat d'amener ou d'arrêt, à l'incarcération subie hors de France en exécution d'un mandat d'arrêt européen ou sur demande d'extradition. La loi du 3 juin 2016 complète le dispositif en prévoyant également la déduction de la détention provisoire de la durée de la période de sûreté dont la peine est, le cas échéant, accompagnée nonobstant l'exécution simultanée d'autres peines d'emprisonnement (art. 716-4, dern. al.). La personne condamnée à une peine privative de liberté subit ordinairement sa peine sous le régime de l'*incarcération* (sous-section 1).

Parfois, l'incarcération n'aura pas lieu ou n'ira pas à son terme si la personne condamnée parvient à bénéficier, en dépit de la condamnation, de l'un des *régimes spéciaux* qui ne font que restreindre la liberté d'aller et venir (sous-section 2).

Parfois, la privation ou la restriction de liberté se poursuivra au-delà de l'incarcération quand le condamné sera soumis à *une surveillance judiciaire, une rétention ou une surveillance de sûreté* (sous-section 3).

Sous-section 1
Les régimes privatifs de liberté

801. L'article D. 189 du Code de procédure pénale précise que le service public pénitentiaire assure le respect de la dignité inhérente à la personne humaine et prend toutes mesures destinées à faciliter la réinsertion sociale des détenus. Il y a *théoriquement* plusieurs systèmes possibles (§ 1). On verra ensuite leur application *en France* (§ 2).

§1. Les régimes d'incarcération possibles

A. L'emprisonnement en commun

802. Dans ce régime, les détenus vivent ensemble aussi bien de jour que de nuit (dortoirs, réfectoires, ateliers). Ce régime est dangereux, s'il est plus économique. Il y a une grande promiscuité, véritable terreau propice au développement de la délinquance. Cela nuit aussi à ceux qui veulent se réinsérer dans la vie sociale. En revanche, ce régime ne présente pas le danger inhérent à la détérioration de la santé mentale du condamné, provoquée par un isolement cellulaire.

B. Le régime dit « pennsylvanien »

803. C'est l'isolement total du condamné, de jour et de nuit. Il mange, travaille, dort dans sa cellule, et ne doit jamais communiquer avec les autres détenus. Ce régime a son origine dans l'emprisonnement qui avait lieu au Moyen Âge dans les prisons ecclésiastiques : la solitude propice à la réflexion, à la pénitence, au rachat. À la fin du XVIIe siècle, il était appliqué dans une prison-modèle édifiée à Philadelphie, dans l'État de Pennsylvanie. Ses avantages et inconvénients sont inverses de ceux attachés au régime précédent : il évite la promiscuité et la corruption. Mais il constitue une aggravation du caractère afflictif de la peine en imposant la solitude, et pousse au suicide. C'est un régime coûteux, qui requiert des aménagements spéciaux. Le travail pénitentiaire est plutôt un travail artisanal, guère rentable. La France adopte ce système à partir de 1840, mais les difficultés financières causées par sa mise en place ont fait qu'il n'a jamais été complètement appliqué.

C. Le régime dit « auburnien »

804. Il a été organisé pour la première fois à Auburn, dans l'État de New York. C'est une combinaison des deux régimes précédents. Il comporte l'isolement cellulaire de nuit et la vie en commun pendant la journée (travail, repas, sport). Le détenu doit cependant observer le silence. Ce régime permet de soumettre le détenu à une discipline sociale tout en limitant la promiscuité. Le travail pénitentiaire en commun est plus rentable. Mais le régime n'empêche guère la communication entre détenus malgré la « règle du silence ». Cette loi du silence va à l'encontre du besoin de l'homme de s'exprimer, et peut alors compromettre sa santé. La violation de cette règle du silence entraîne l'application de sanctions pénibles (isolement cellulaire dans une cellule de punition avec rationnement alimentaire). C'est un système qui développe alors chez le détenu puni une agressivité à l'égard du personnel pénitentiaire.

D. Le régime progressif (ou « irlandais »)

805. Il implique un programme de traitement. La privation de la liberté n'est pas une fin en soi. Elle est utilisée comme moyen de réadaptation progressive, comme une préparation à la liberté par étapes. Ce régime comporte plusieurs phases qui permettent successivement de découvrir la personnalité du détenu puis d'orienter le condamné vers la structure appropriée, d'observer ses efforts de réadaptation, ce qui permettra, à l'issue du processus de proposer un travail à l'extérieur ou une libération conditionnelle.

Ce système, expérimenté pour la première fois en Angleterre et étendu à l'Irlande, a été appliqué ensuite par d'autres pays d'Europe (Danemark, Finlande, Italie...). En France, il a été expérimenté après la Seconde Guerre mondiale : en 1958, le Code de procédure pénale (art. 722) l'avait consacré légalement. En 1978, l'article 722 a été modifié : l'allusion au régime progressif a été supprimée. Mais officiellement il avait cessé d'être appliqué dès 1975. En réalité, le régime français n'exclut nullement une certaine progressivité, puisqu'il existe toujours la semi-liberté et la libération conditionnelle.

§2. Les régimes d'incarcération appliqués en France[1]

A. Les modalités d'emprisonnement

806. Les régimes d'incarcération appliqués dans les prisons françaises sont variés et dépendent des possibilités concrètes offertes par les établissements.

1. Sur la vie dans les prisons, v° Fassin D., *L'ombre du monde, une anthropologie de la condition carcérale*, Le Seuil, 2015.

1. Maisons d'arrêt

807. Dans les maisons d'arrêt, le Code de procédure pénale (art. 717-2, al. 1, 719, D. 83, al. 1) prévoit le régime dit « *pennsylvanien aménagé* ». Il y a emprisonnement individuel de jour et de nuit. Des mesures de vidéosurveillance peuvent être mises en place (CPP., art. 716-1 A). Toutefois, les détenus peuvent être réunis pour des activités collectives (sports, conférences, enseignement). Ce régime est en principe applicable aux personnes en détention provisoire et aux condamnés à de courtes peines. Mais la réalité est différente et la majorité d'entre eux se trouvent placés sous le régime de l'emprisonnement en commun, les maisons d'arrêt n'étant pas toujours structurées pour appliquer l'emprisonnement cellulaire. S'il y a emprisonnement en commun, il faut alors que les détenus soient séparés par catégories : délinquants primaires/récidivistes ; mineurs/majeurs ; condamnés à une peine correctionnelle/détenus soumis à la contrainte judiciaire, etc.

2. Maisons centrales et centres de détention

808. Dans ces établissements, le régime applicable (art. D. 95) est le régime « auburnien » : isolement de nuit seulement. Il peut exceptionnellement y être dérogé pour raisons médicales ou parce que les lieux ne s'y prêtent pas. Dans ces cas, il y aura emprisonnement en commun. Les condamnés détenus dans ces établissements peuvent aussi se trouver placés temporairement sous le régime pennsylvanien, soit durant une période d'accueil et d'observation, soit en cours de peine à titre de punition.

Les régimes de détention sont de toute façon différents selon qu'il s'agit de maisons centrales ou de centres de détention, compte tenu de leur finalité respective. Les premières comportent une organisation et un régime de sécurité. Les seconds sont organisés pour favoriser la resocialisation des condamnés(CPP, art. D72). Les détenus des centres de détention peuvent bénéficier de permissions de sortir d'une durée de cinq jours (voire dix jours une fois par an) dès qu'ils ont exécuté le tiers de leur peine (CPP, art. D. 143-2, al. 1). Ils peuvent écrire, téléphoner (art. R. 57-8-21), se livrer à des activités sportives ou à des jeux.

On ajoutera que les députés et les sénateurs ainsi que les représentants au Parlement européen élus en France peuvent visiter à tout moment notamment les établissements pénitentiaires et les centres éducatifs fermés. Des journalistes peuvent les accompagner (CPP, art. 719).

3. Affectation des condamnés dans les établissements

809. L'affectation des condamnés dans les maisons centrales et les centres de détention à vocation nationale résulte d'une décision du ministre de la Justice au terme d'une procédure d'orientation (CPP, art. D. 74 et s.) qui peut amener l'Administration centrale, avant toute décision d'affectation, à envoyer le condamné au Centre national d'évaluation (CNE) de Fresnes. L'affectation des condamnés dans les centres de détention à vocation régionale est décidée par le directeur interrégional des services pénitentiaires. Le juge de l'application des peines est consulté, sauf urgence, avant toute décision d'affectation (CPP, art. D. 80). Selon les articles 717-1 et D. 74 du Code de procédure pénale, l'affectation prend en compte la personnalité du condamné, son sexe, son âge, ses antécédents, sa catégorie pénale, son état de santé physique et mentale, ses aptitudes et ses possibilités de réinsertion.

B. Le statut juridique du détenu

810. La personne condamnée à l'emprisonnement ferme est et reste un citoyen, même en prison. Elle est seulement privée de la liberté d'aller et de venir ; pour ses autres prérogatives, le détenu doit les conserver dans ses relations avec l'administration pénitentiaire[2]. La reconnaissance expresse de véritables droits au profit du détenu est désormais une réalité depuis la loi pénitentiaire du 24 novembre 2009[3] qui consacre tout un chapitre III intitulé « *Dispositions relatives aux droits et devoirs des personnes détenues* ». Il doit d'ailleurs pouvoir connaître ses droits et bénéficier d'un dispositif de consultations juridiques gratuites mis en place dans chaque établissement (art. 24 de la loi) Si le détenu a des droits il a aussi des obligations.

1° Respect de sa dignité.

2° Maintien des liens familiaux et respect de l'intimité de la vie privée[4] : le détenu peut écrire à toute personne de son choix et recevoir des lettres de toute personne. Il peut téléphoner.

3° Exercice des droits civiques et sociaux.

4° Droit à la liberté d'opinion, de conscience et de religion.

5° Droit à l'hygiène, à la santé.

6° Possibilité de bénéficier d'un enseignement ou d'une formation professionnelle dans le but de se réinsérer dans la société.

7° Possibilité de demander qu'il lui soit proposé un travail[5], soit dans l'établissement, soit à l'extérieur, au profit de l'État, d'un concessionnaire ou d'un sous-traitant. La loi du 9 septembre 2002 reconnaît même au détenu la possibilité de travailler pour son propre compte, avec l'autorisation du chef d'établissement (CPP, art. 718). Les relations de travail ne font pas l'objet d'un contrat de travail ; mais il peut être dérogé à cette règle pour les activités exercées à l'extérieur des établissements pénitentiaires. Les détenus

2. V. loi du 12 avr. 2000, relative aux droits des citoyens dans leurs relations avec les administrations, D. 2000. L. 221.

3. JO 25 nov. 2009, p. 20192.

4. V. pour les modalités d'exercice, CPP, art. R. 57-8-16 s. Par ailleurs, afin d'éviter l'utilisation (souvent à des fins d'évasion) de téléphones portables dans l'enceinte de la prison, les procédés rendant inopérant, par des installations radioélectriques dans un périmètre défini, l'usage de ces téléphones sont autorisés (CPCE, art. L. 33-3-1).

5. Le travail des détenus fait l'objet des articles D. 99 et s. du Code de procédure pénale.

perçoivent une rémunération dont une partie est versée sur un compte afin de constituer un pécule de libération ; une autre partie sert à l'indemnisation des victimes et le reste peut être utilisé librement par le détenu. Depuis la loi du 9 septembre 2002, les produits du travail du détenu ne peuvent faire l'objet d'aucun prélèvement pour frais d'entretien en établissement pénitentiaire (CPP, art. 717-3, dernier alinéa). En outre la rémunération du travail ne peut être inférieure à un taux horaire fixé par décret et indexé sur le salaire minimum de croissance.

8° Possibilité de présenter des requêtes ou des plaintes au chef de l'établissement et d'être entendu par les magistrats et fonctionnaires chargés de l'inspection, hors la présence de tout membre du personnel de l'établissement pénitentiaire.

Le détenu a l'*obligation* d'exercer au moins l'une des activités qui lui est proposée dès lors qu'elle a pour finalité sa réinsertion et qu'elle est adaptée à son âge, à ses capacités, à son handicap et à sa personnalité.

Le détenu a l'*obligation* de respecter le règlement intérieur, qui est tenu à la disposition des personnes qui le demande (v° CPP, art. R 57-6-20 et l'annexe à l'article R 57-6-18 portant Règlement intérieur type des établissements pénitentiaires). En cas de faute disciplinaire, il fera l'objet de sanctions. Si l'audience disciplinaire ne garantit que très superficiellement les droits de la défense (l'avocat n'est pas présent), en revanche, il y a eu une évolution favorable dans l'intérêt du détenu quant au recours contre les sanctions. À l'origine, celles-ci étaient comprises comme des mesures d'ordre intérieur non susceptibles de recours devant le juge administratif. Mais sous la pression de la Convention européenne des droits de l'Homme (art. 6, qui prévoit que toute personne a droit à ce que sa cause soit entendue équitablement par un tribunal indépendant et impartial), la jurisprudence a évolué. L'avis donné par le Conseil d'État en 1989[6] à propos du voile islamique préparait le terrain, puisqu'il posait en principe que les règlements intérieurs des lycées et collèges ainsi que les sanctions prononcées pour leur application pouvaient être déférés devant le juge. En 1995, le Conseil d'État[7] admit enfin le recours contre les sanctions disciplinaires devant le juge administratif, peu avant le décret du 2 avril 1996 qui, en modifiant le régime disciplinaire, clôt le débat : l'article R. 57-7-32 du Code de procédure pénale admet, dorénavant, un recours hiérarchique devant le directeur interrégional des services pénitentiaires, puis, en cas d'échec, un recours contentieux devant le tribunal administratif.

811. On signalera l'article 719-1 du Code de procédure pénale, inséré par la loi du 10 mars 2010, destiné à suivre ceux qui ont été libérés et à amoindrir le risque de récidive pour reprendre l'intitulé de la loi : l'identité et l'adresse des personnes condamnées à une peine d'emprisonnement égale ou supérieure à trois ans sont communiquées par

6. Avis du 27 nov. 1989 : AJDA 1990, p. 3945, note PPC ; RFDA 1990, p. 1, note RIVÉRO J.

7. CE, 17 févr. 1995, aff. *Marie* : D. 1995, p. 381, 2e espèce, note BELLOUBET-FRIER N., RSC 1995. 381, obs. COUVRAT P.

l'administration pénitentiaire aux services de police ou aux unités de gendarmerie du lieu de résidence des intéressés.

Sous-section 2
Les régimes restrictifs de liberté

812. Ils ont la préférence du législateur en matière correctionnelle : le juge ne peut, en effet, prononcer une peine d'emprisonnement ferme qu'après avoir spécialement motivé le choix de cette peine et encore ne doit -elle être prononcée qu'« en dernier recours » (C. pén., art. 132-19 modifié par la loi du 15 août 2014). L'institution de la contrainte pénale est faite pour rendre plus rare encore le prononcé de l'emprisonnement ferme en matière correctionnelle, ce qui est loin d'être le cas à l'heure actuelle. Dans les cas où une telle peine se révèle indispensable elle devra, dans toute la mesure du possible, faire l'objet d'une mesure d'aménagement. Quant à la matière criminelle, il y a également place pour des mesures qui laisseront au condamné une certaine marge de liberté : sortir de prison, travailler à l'extérieur.

813. Au niveau européen, la loi n° 2015-993 du 17 août 2015 ajoute au livre V du Code de procédure pénale un titre VII *quater* relatif à l'exécution des condamnations et des décisions de probation en application de la décision-cadre du conseil de l'Union européenne du 27 novembre 2008 (art. 764-1 et s.). On signalera en particulier l'article 764-1 qui fixe le cadre général du régime mis en place. Il s'agit de « faciliter l'insertion ou la réinsertion sociale d'une personne condamnée, d'améliorer la protection des victimes et de la société et de faciliter l'application de peines de substitution aux peines privatives de liberté et de mesures de probation lorsque l'auteur d'une infraction ne vit pas dans l'État de condamnation ». D'où des règles applicables à la « reconnaissance et à l'exécution, dans un État membre de l'Union européenne, des condamnations prononcées par les juridictions françaises et ordonnant des peines de substitution ou des mesures de probation, ainsi qu'à la reconnaissance et à l'exécution en France de telles condamnations et décisions prononcées par les autorités compétentes d'un autre État membre de l'Union européenne ».

814. On peut distinguer deux hypothèses : celle dans laquelle le condamné est maintenu en liberté tout en étant astreint à des obligations particulières (§ 1) ; celle dans laquelle le condamné détenu recouvre la liberté progressivement, voire totalement de façon conditionnelle (§ 2).

§1. L'hypothèse du maintien en liberté

815. La liberté sera restreinte par des mesures de contrôle et par des obligations particulières que le condamné doit accomplir.

C'est le cas dans le cadre d'un sursis avec mise à l'épreuve ou assorti de l'obligation d'exécuter un travail d'intérêt général, ou bien encore d'une condamnation à titre principal ou complémentaire à un travail d'intérêt général, un suivi socio-judiciaire, une interdiction de séjour. On peut y ajouter les aménagements des peines privatives de liberté bénéficiant *ab initio* à des personnes condamnées à une peine d'emprisonnement ou bien bénéficiant à des personnes condamnées à un emprisonnement ferme mais non incarcérées à la suite de l'audience ; on y ajoutera aussi depuis la loi du 15 août 2014, la contrainte pénale.

A. Dans le cadre d'une condamnation à l'emprisonnement avec sursis

1. Le régime du sursis avec mise à l'épreuve

816. Les articles 132-45 et 132-46 du Code pénal précisent les mesures de contrôle et les obligations particulières imposées à la personne condamnée ; à titre complémentaire, il y a des mesures d'aide (art. 132-46).

a. Mesures de contrôle

817. Les mesures de contrôle imposées au condamné sont :

- Répondre aux convocations du juge de l'application des peines ou du travailleur social désigné.
- Recevoir les visites du travailleur social et lui communiquer les renseignements ou documents.
- Prévenir le travailleur social de ses changements d'emploi, de résidence et de tout déplacement dont la durée excéderait quinze jours.
- Obtenir du juge de l'application des peines une autorisation préalable pour tout déplacement à l'étranger ainsi que pour tout changement d'emploi et de résidence lorsque ce changement est de nature à mettre obstacle à l'exécution des obligations auxquelles est soumis le condamné (art. 132-44 modif. L. 15 août 2014).
- Informer préalablement le juge de l'application des peines de tout déplacement à l'étranger (alinéa ajouté par la nouvelle loi).

b. Obligations particulières

818. Les obligations particulières imposées au condamné sont :

- Exercer une activité professionnelle ou suivre un enseignement ou une formation professionnelle.
- Établir sa résidence en un lieu déterminé.
- Se soumettre à des examens médicaux ou des traitements, même sous le régime de l'hospitalisation.

- Justifier de sa contribution aux charges familiales ou de l'acquittement des pensions alimentaires.
- Réparer en fonction de ses facultés contributives les dommages causés par l'infraction, même en l'absence de décision sur l'action civile.
- S'abstenir de conduire certains véhicules ou de conduire un véhicule qui ne soit pas équipé, par un professionnel agréé ou par construction, d'un dispositif homologué d'antidémarrage par éthylotest électronique.
- Ne pas se livrer à l'activité professionnelle à l'occasion de laquelle l'infraction a été commise.
- S'abstenir de paraître en tout lieu spécialement désigné.
- Ne pas engager de paris, ni prendre part à des jeux d'argent et de hasard, ni fréquenter des débits de boissons.
- Ne pas fréquenter certains condamnés, notamment les auteurs et complices de l'infraction.
- S'abstenir d'entrer en relation avec certaines personnes, notamment la victime.
- Résider hors du domicile ou de la résidence du couple, ou s'abstenir de paraître dans ce domicile ou cette résidence ou aux abords immédiats de celui-ci en cas d'infraction commise contre son conjoint, son concubin, son partenaire lié par un pacte civil de solidarité, ses enfants ou les enfants du conjoint ou du concubin.
- Ne pas détenir une arme.
- S'abstenir de diffuser tout ouvrage ou œuvre audiovisuelle dont la personne condamnée serait l'auteur ou le coauteur et portant sur l'infraction commise de même que toute intervention publique relative à cette infraction lorsqu'il s'agit d'une condamnation pour crimes et délits d'atteinte volontaire à la vie, d'agression ou d'atteintes sexuelles.
- Accomplir à ses frais un stage de responsabilisation pour la prévention et la lutte contre les violences au sein du couple et sexistes.
- Accomplir, à ses frais, un stage de sensibilisation à la sécurité routière ou un stage de citoyenneté.
- La loi du 15 août 2014 ajoute à la liste l'obligation de s'inscrire et de se présenter, sous réserve de l'accord du condamné, aux épreuves du permis de conduire, le cas échéant après avoir suivi des leçons de conduite et celle d'obtenir l'autorisation préalable du juge de l'application des peines pour tout déplacement à l'étranger et la loi du 3 juin 2016 ajoute l'obligation de respecter les conditions d'une prise en charge sanitaire, sociale, éducative ou psychologique, destinée à permettre sa réinsertion et l'acquisition des valeurs de la citoyenneté ; cette prise en charge peut, le cas échéant, intervenir au sein d'un établissement d'accueil adapté dans lequel le condamné est tenu de résider.

L'article 132-45-1 du Code pénal (créé par la loi du 10 août 2007) prévoyant la possibilité de prononcer une injonction de soins a été abrogé par la loi du 10 mars 2010. Pour autant la personne bénéficiant du sursis pourra toujours être tenue, à titre d'obligation, de se soumettre à des mesures de soins (art. 132-45,3°).

c. Mesures d'aide

819. Elles ont pour objet de seconder les efforts du condamné en vue de son reclassement social ; elles s'exercent sous forme d'une aide à caractère social, voire matérielle, et sont mises en œuvre par le service pénitentiaire d'insertion et de probation avec la participation, si nécessaire, d'organismes publics ou privés.

Les mesures de contrôle et obligations particulières cessent de s'appliquer et le délai d'épreuve est suspendu pendant le temps où le condamné est incarcéré (C. pén., art. 132-43)[8].

En cas de mauvaise conduite du condamné il y aura révocation du sursis ou prolongation du délai d'épreuve.

2. Le régime du sursis avec obligation d'exécuter un travail d'intérêt général

820. Quand l'obligation d'exécuter un travail d'intérêt général est imposée au condamné dans le cadre d'un sursis, l'intéressé doit non seulement accomplir ce travail, mais aussi respecter un certain nombre d'obligations spécifiques prévues à l'article 132-55 du Code pénal : répondre aux convocations qui lui sont adressées, se soumettre à un examen médical afin de s'assurer qu'il n'est pas atteint d'une affection dangereuse pour les autres travailleurs et qu'il est apte au travail envisagé, justifier des motifs de changements d'emploi et de résidence, obtenir l'autorisation du juge de l'application des peines s'il envisage un déplacement qui ferait obstacle à l'exécution du travail d'intérêt général, recevoir les visites du travailleur social et lui communiquer les documents et renseignements relatifs à l'exécution de la peine. Le condamné doit également respecter les obligations particulières, déjà citées à propos du sursis probatoire, que la juridiction de jugement lui aurait imposées pour une durée qui ne peut excéder dix-huit mois (art. 132-54 modif. loi du 24 novembre 2009).

L'article 132-56 du Code pénal renvoie pour l'exécution du sursis aux règles prévues pour le sursis probatoire. Pour les modalités d'exécution du travail, elles sont semblables à celles du travail d'intérêt général imposé à titre de peine alternative à l'emprisonnement, ainsi que nous allons le voir à présent.

B. Dans le cadre d'une condamnation à une obligation de faire ou de ne pas faire

1. Le travail d'intérêt général

821. Rappelons que le travail d'intérêt général (TIG) peut être : 1° une peine dite principale, quand le délit est puni d'une peine d'emprisonnement ; 2° l'épreuve, dans le sursis avec mise à l'épreuve ; 3° une peine

8. Cass. crim., 14 févr. 1994 : Bull. crim., n° 65.

complémentaire. Il comporte deux modalités d'exécution, selon qu'il est une peine autonome (peine dite principale ou peine complémentaire) ou qu'il accompagne un sursis. Ses modalités sont déterminées par le juge de l'application des peines, qui a également compétence pour décider une suspension provisoire du TIG pour motif grave d'ordre médical, familial, professionnel ou social (C. pén., art. 131-22). Pour ce qui concerne les mineurs, c'est le juge des enfants qui, remplissant les fonctions de juge de l'application des peines, devra choisir des horaires adaptés aux mineurs et des travaux présentant un caractère formateur (Ord. 1945., art. 20-5 et 20-9). Les travaux prescrits sont soumis aux dispositions du Code du travail sur le travail de nuit, l'hygiène, la sécurité et le travail des femmes.

Quand le condamné exerce par ailleurs une activité salariée, la durée hebdomadaire cumulée de cette activité et du TIG ne peut excéder de plus de douze heures la durée légale du travail (C. pén., art. R. 131-25). La durée du TIG n'inclut pas les délais de route et le temps des repas (C.pén, art. R. 131-26). Dans l'exécution du travail, le condamné bénéficie de la législation de la sécurité sociale sur les accidents du travail et les maladies professionnelles. Toutefois, s'agissant d'un travail effectué dans l'intérêt de la communauté, il ne donne lieu à *aucune rémunération*.

Les travaux susceptibles d'être effectués au titre du TIG sont inscrits sur une liste établie par le juge de l'application des peines dans chaque tribunal après avis du ministère public et consultation de tout organisme public compétent en matière de prévention de la délinquance (v. C. pén., art. R. 131-17).

Pour prendre sa décision, le juge de l'application des peines tient compte de l'utilité sociale des travaux proposés et des perspectives d'insertion sociale ou professionnelle qu'ils offrent aux condamnés. La radiation d'un travail inscrit sur la liste s'opère aux mêmes conditions (décision du magistrat après avis du procureur de la République).

822. En ce qui concerne l'habilitation des associations, elle est donnée par le juge de l'application des peines (art. R. 131-13). Il peut consulter le conseil départemental de prévention de la délinquance, d'aide aux victi mes et de lutte contre la drogue, les dérives sectaires et les violences faites aux femmes qui dispose d'un délai de deux mois pour donner son avis. L'habilitation, qui est communiquée au président du tribunal de grande instance, au parquet et au conseil départemental de prévention de la délinquance par le juge de l'application des peines, vaut pour cinq ans. C'est ce magistrat qui désigne l'organisme au profit de qui le travail sera accompli, la nature du travail et les horaires. Il notifie sa décision au condamné et à l'organisme. Avis en est donné au procureur de la République. Cette décision peut être modifiée à tout moment, notamment en raison de l'inaptitude médicale du condamné à l'exécution du travail proposé.

Le condamné doit se soumettre à des mesures de contrôle. Comme nous l'avons déjà vu, il doit répondre aux convocations du juge, se soumettre à un examen médical (ayant pour but de rechercher s'il n'est pas atteint d'une affection contagieuse et s'il est apte au travail), justifier de ses changements d'emploi ou de résidence de nature à faire obstacle à l'exécution du TIG. Il doit également recevoir les visites du travailleur social et lui communiquer tous documents ou renseignements relatifs à l'exécution de la peine.

Le contrôle technique du travail est assuré par un responsable désigné par l'organisme. Son nom est porté à la connaissance du juge de l'application des peines. Ce responsable doit l'informer de toute inexécution du travail, de tous incidents ou de tout préjudice subi par le condamné. En cas de faute grave, ou de danger immédiat pour le condamné ou pour autrui, le responsable peut suspendre l'exécution du travail et doit en aviser le juge.

Quand le condamné a exécuté le travail, l'organisme délivre au juge de l'application des peines ou à l'agent de probation ainsi qu'au condamné une attestation certifiant l'exécution du travail. L'intéressé pourra alors bénéficier de la réhabilitation de plein droit dans les conditions prévues par l'art. 133-13 du Code pénal.

Si le condamné ne respecte pas les obligations d'exécution du travail et de contrôle, il s'expose aux sanctions prévues par l'article 434-42 du Code pénal, à savoir une peine d'emprisonnement de deux ans et une amende de 30 000 €.

2. Le suivi socio-judiciaire

823. D'après l'article 131-36-1, le suivi socio-judiciaire, prononcé en cas de condamnation pour certaines infractions sexuelles, emporte l'obligation pour le condamné de se soumettre, sous le contrôle du juge de l'application des peines, à des mesures de surveillance et d'assistance destinées à prévenir la récidive (v. *supra*, n° 720).

Concernant l'injonction de soins à laquelle serait soumis le condamné, si cette injonction s'exécute en « milieu libre » (soit après l'expiration de la peine d'incarcération, soit en l'absence d'une peine privative de liberté), l'intervention d'un médecin coordonnateur désigné par le juge de l'application des peines sera nécessaire (CSP, art. L. 3711-1 et s.). Ce médecin invitera le condamné à choisir un médecin traitant qui déterminera la nature du traitement. En cas d'interruption du traitement, le médecin traitant signalera sans délai l'incident au médecin coordonnateur qui avertira immédiatement le juge de l'application des peines, qui pourra ordonner l'emprisonnement prévu par la décision de condamnation. En cas d'indisponibilité du médecin coordonnateur, le médecin traitant peut informer directement le juge de l'application des peines de l'attitude du condamné.

3. L'interdiction de séjour

824. La personne condamnée à une telle peine est tenue de ne pas paraître dans les lieux fixés par la juridiction de jugement. Elle est soumise à un contrôle qui rappelle celui exercé dans le cadre du sursis probatoire, et bénéficie d'une assistance destinée à faciliter son reclassement social. La circulaire du 22 juillet 1996 prévoit que la personne interdite de séjour doit être en mesure de connaître l'exacte étendue de ses droits et obligations et de justifier à tout moment de sa situation auprès des autorités. L'article D. 571-2 du Code de procédure pénale impose au parquet près la juridiction qui a prononcé la condamnation de remettre ou faire remettre à l'intéressé une carte où sont portées l'ensemble des mentions permettant de connaître la durée et le contenu de la peine. Ce document permet au condamné de justifier de sa situation, par exemple lors d'un contrôle d'identité, mais son absence de détention n'est pas sanctionnée pénalement. La circulaire insiste bien sur la distinction entre cette carte et l'ancien « carnet anthropométrique » (C. pén., ancien art. 48), document destiné, en priorité, à contrôler le condamné qui devait toujours être en mesure de le présenter sur réquisition des autorités de police. On rappellera que l'interdiction de séjour peut faire l'objet d'une révision ou d'une suspension. Dans ce dernier cas, le temps pendant lequel le condamné a bénéficié de la suspension est compté dans la durée de l'interdiction de séjour (CPP, art. 762-5, dernier al.).

C. Dans le cadre de l'aménagement *ab initio* d'une peine privative de liberté ou avant toute incarcération

825. Lorsque la juridiction prononce une peine égale ou inférieure à deux ans d'emprisonnement (ou en cas de récidive légale, une peine égale ou inférieure à un an), elle peut décider, *ab initio*, que cette peine sera exécutée en tout ou en partie sous le régime de la semi-liberté, du placement à l'extérieur ou du placement sous surveillance électronique (C. pén.. art. 132-25 et 132-26-1). Pour bénéficier de ces mesures d'aménagement, le condamné doit justifier de l'exercice d'une activité professionnelle, même temporaire, du suivi d'un stage, d'un enseignement, d'une recherche d'emploi, d'une formation professionnelle, de sa participation essentielle à la vie de sa famille, de la nécessité de suivre un traitement médical ou de l'existence d'efforts sérieux de réadaptation sociale résultant de son implication durable dans un projet caractérisé d'insertion ou de réinsertion de nature à prévenir la commission de nouvelles infractions. Quand il s'agit d'un placement sous surveillance électronique, il faut l'accord du prévenu qui doit être préalablement informé de son droit d'être assisté par un avocat avant de donner son accord. S'il s'agit d'un mineur non émancipé, la décision ne peut être prise qu'avec l'accord des titulaires de l'exercice de l'autorité parentale.

La juridiction de jugement peut aussi, tout en prononçant une peine d'emprisonnement ferme, ne pas ordonner l'incarcération immédiate. C'est alors au juge de l'application des peines d'intervenir.

826. La procédure est fixée aux articles 723-15 et suivants du Code de procédure pénale. Selon ces dispositions, les personnes non incarcérées ou qui exécutent une peine sous le régime de la semi-liberté, du placement à l'extérieur ou du placement sous surveillance électronique et qui sont condamnées à une peine inférieure ou égale à deux ans d'emprisonnement (ou pour lesquelles la durée de la détention restant à subir est inférieure ou égale à deux ans ou pour lesquelles, en cas de cumul de condamnations, le total des peines d'emprisonnement prononcées ou restant à subir est inférieur ou égal à deux ans) doivent bénéficier, dans la mesure du possible et si leur personnalité et leur situation le permettent, d'une mesure d'aménagement de peine. Il peut s'agir d'une semi-liberté, d'un placement à l'extérieur, d'un placement sous surveillance électronique, d'un fractionnement de la peine, voire, selon le texte, d'une libération conditionnelle ou de la conversion prévue à l'article 132-57 du Code pénal. Comme nous l'avons dit, les durées de deux ans prévues sont réduites à un an si le condamné est en état de récidive légale.

La procédure (que la loi du 24 novembre 2009 qualifie dorénavant de « simplifiée ») est la suivante : préalablement à la mise à exécution de la ou des condamnations, le parquet informe le juge de l'application des peines de la décision en lui adressant toutes les pièces utiles (copie de la décision, bulletin n° 1 du casier judiciaire). Le condamné est convoqué en premier lieu devant le juge de l'application des peines, puis devant le service pénitentiaire d'insertion et de probation dans des délais qui ne peuvent être respectivement supérieurs à trente et à quarante-cinq jours à compter de leur information par le parquet, afin de déterminer les modalités d'exécution de sa peine les mieux adaptées à sa personnalité et à sa situation matérielle, familiale et sociale.

La mesure d'aménagement ne sera ordonnée que si le condamné donne son accord. Dans le cas contraire ou bien si le juge d'application des peines, au vu du rapport motivé du service pénitentiaire d'insertion et de probation, considère que l'aménagement n'est pas opportun, la date d'incarcération sera fixée par le juge. Les modalités d'exécution de la semi-liberté ou du placement à l'extérieur ordonnés par la juridiction de jugement sont fixées par ordonnance non susceptible de recours dans un délai de quatre mois à compter de la date à laquelle la condamnation est exécutoire et dans un délai de cinq jours ouvrables lorsque la juridiction de jugement a ordonné le placement ou le maintien en détention du condamné et déclarer sa décision exécutoire par provision (C. pén. art. 723-2).

À défaut de décision du juge de l'application des peines dans les quatre mois suivant la communication de la copie de la décision ou bien, en cas d'urgence, s'il y a un risque avéré de fuite du condamné ou de danger pour les personnes ou les biens, le ministère public pourra faire directement écrouer le condamné (pour le détail de la procédure, cf. CPP, art. 723-15 à 723-18).

Quand une condamnation n'a pas été mise à exécution dans le délai d'un an à compter de la date à laquelle la condamnation est devenue définitive, le condamné peut saisir le juge de l'application des peines afin de bénéficier de l'une des mesures prévues par le premier alinéa de l'article 712-6 (placement à l'extérieur, semi-liberté, fractionnement et suspension de peine, placement sous surveillance électronique, libération conditionnelle) même s'il s'est vu opposer un refus antérieur et cette saisine suspend la possibilité pour le parquet de mettre la peine à exécution sous réserve des dispositions de l'article 723-16. Il est alors statué sur la demande selon les dispositions de l'article 712-6. CPP, art. 723-17).

La loi du 15 août 2014 ajoute l'hypothèse de la condamnation mentionnée à l'article 723-15 n'a pas été mise à exécution dans le délai de trois ans à compter de la date à laquelle elle est devenue définitive. Le condamné est alors convoqué devant le juge de l'application des peines, préalablement à la mise à exécution de la condamnation, afin de fixer les modalités d'exécution de sa peine les mieux adaptées aux circonstances, à sa personnalité et sa situation matérielle, familiale et sociale. Comme indiqué précédemment, la convocation suspend la possibilité pour le parquet de mettre la peine à exécution, sauf application de l'article 723-16 (CPP, art. 723-17-1 nouv.).

D. La contrainte pénale

827. Le régime de la contrainte pénale, créée par la loi du 15 août 2014, figure aux articles 713-42 à 713-49 du Code de procédure pénale.

L'utilisation de la contrainte pénale suppose au préalable une *évaluation* de la personnalité de la personne condamnée ainsi que de sa situation matérielle, familiale et sociale. C'est le service pénitentiaire d'insertion et de probation qui y procède. Cette évaluation donne lieu à la rédaction d'un *rapport adressé au juge de l'application des peines* contenant des propositions quant au contenu et aux modalités de mise en œuvre des mesures de contrôle et d'assistance, des obligations et des interdictions mentionnées à l'article 131-4-1 du Code pénal. Au vu du rapport et après avoir entendu le condamné, le juge de l'application des peines *détermine*, pour le cas où la juridiction de jugement ne les aurait pas déjà fixées, les obligations et interdictions particulières auxquelles l'intéressé est astreint (il s'agit des mesures mentionnées au 1° à 3° de l'article 131-4-1 du Code pénal) ainsi que les mesures d'aide dont il bénéficie. Si la juridiction de jugement a déjà pris la décision, le juge de l'application des peines peut *modifier* les obligations et interdictions décidées. Dans le cas où le juge décide de soumettre le condamné à un travail d'intérêt général, la décision ne peut être prise qu'une fois le condamné informé de son droit de refuser d'accomplir un tel travail et après qu'il ait donné sa réponse. La décision du juge intervient au plus tard dans les quatre mois qui suivent le jugement de condamnation.

828. Le juge de l'application des peines notifie le jugement à la personne condamnée et lui donne connaissance des articles 713-44, 713-47 et 713-48 à savoir :

- la *réévaluation* par le service pénitentiaire d'insertion et de probation et par le juge de l'application des peines chaque fois que c'est nécessaire, et au moins une fois par an, de la situation matérielle, familiale et sociale du condamné. À cette occasion, les obligations et interdictions peuvent être modifiées, complétées ou supprimées par le juge de l'application des peines selon les modalités prévues à l'article 712-8 et après que le condamné, et, le cas échéant, son avocat aient été entendus (art. 713-44) ;

- en cas *d'inobservation des mesures* de contrôle et d'assistance ainsi que *des obligations ou interdictions*, la possibilité pour le juge de l'application des peines, toujours selon les modalités de l'article 712-8, de modifier ou compléter les mesures prévues initialement, soit d'office soit sur réquisition du procureur de la République. Le juge peut aussi se contenter d'un rappel de ces mesures (art. 713-47, al. 1). Si la personne condamnée ne tient pas compte de ce rappel à l'ordre, le juge de l'application des peines saisit, d'office ou sur réquisition du procureur de la République, par requête motivée, le président du tribunal de grande instance ou le juge désigné par lui afin que soit mis à exécution tout ou partie de l'emprisonnement fixé par la juridiction en application du dixième alinéa de l'article 131-4-1 du Code pénal (l'emprisonnement ne peut dépasser deux ans ni le maximum de la peine d'emprisonnement encourue). La décision est prise à l'issue d'un débat contradictoire public (art. 712-6). Le juge fixe la durée de l'emprisonnement, laquelle ne peut excéder celle fixée par la juridiction. La durée de cet emprisonnement est fixée en fonction de la personnalité et de la situation matérielle, familiale et sociale du condamné, de la gravité de l'inobservation des mesures, obligations et interdictions ainsi que du délai pendant lequel la contrainte pénale a été exécutée et des obligations qui ont déjà été respectées ou accomplies. Lorsque les conditions prévues par l'article 723-15 sont remplies, le juge peut décider que l'emprisonnement s'exécutera sous le régime de la semi-liberté, du placement à l'extérieur ou de la surveillance électronique (art. 713-47, al. 2). Lorsqu'ainsi le juge de l'application des peines envisage la mise à exécution d'un emprisonnement, compte tenu de la durée de cette procédure, il lui est permis d'ordonner *l'incarcération provisoire* du condamné en application des deux premiers alinéas de l'article 712-19. Il faut alors que le débat contradictoire devant le président ou le juge désigné ait lieu dans un délai de quinze jours suivant l'incarcération du condamné. Dans le cas contraire, ce dernier doit être remis en liberté (sauf s'il est détenu pour une autre cause). Cette possibilité de mettre à exécution un emprisonnement peut être utilisée à plusieurs reprises au cours de l'exécution de la contrainte pénale dès lors que la durée totale des emprisonnements ordonnés ne dépasse pas celle fixée par la juridiction. Si la durée de l'emprisonnement ordonné est égale à cette durée ou, compte tenu le cas échéant des précédents emprisonnements ordonnés, atteint cette durée, la décision du président ou du juge par lui désigné met fin à la contrainte pénale (art. 713-47, dern. al.) ;
- en cas de *commission*, pendant la durée d'exécution de la contrainte pénale, *d'un crime ou d'un délit* de droit commun suivi d'une condamnation à une peine privative de liberté sans sursis, la possibilité pour la juridiction de jugement, après avis du juge de l'application des peines, d'ordonner la mise à exécution de tout ou partie de l'emprisonnement

fixé par la juridiction en application du dixième alinéa de l'article 131-4-1 du Code pénal (art. 713-48).

829. Le régime de la contrainte pénale prévoit aussi la possibilité pour le juge de l'application des peines de mettre fin par anticipation à la contrainte pénale. Il faut que le condamné ait satisfait aux mesures, obligations et interdictions durant au moins un an, que son reclassement paraît acquis et qu'aucun suivi n'est plus nécessaire. Le juge de l'application des peines rend alors une ordonnance selon les modalités prévues à l'article 712-8 du Code de procédure pénale sur réquisitions conformes du procureur de la République. Dans le cas où le procureur de la République n'est pas d'accord, le juge de l'application des peines peut saisir par requête motivée, le président du tribunal de grande instance (ou le magistrat désigné par lui). Le président statue après un débat contradictoire public en application de l'article 712-6. En cas de refus opposé à cette première demande, une nouvelle demande ne peut être présentée qu'après un délai d'une année. Il en est de même, le cas échéant, pour les demandes ultérieures (art. 713-45).

Enfin on indiquera que le délai d'exécution de la contrainte pénale peut être suspendu par le juge de l'application des peines en cas d'incarcération du condamné sauf si celle-ci résulte d'une condamnation prononcée par application des trois derniers alinéas de l'article 713-47 ou de l'article 713-48 (art. 713-46). La loi du 3 juin 2016 ajoute au dispositif issu de la loi de 2014 un article 713-49 aux termes duquel les décisions prise en application du deuxième alinéa de l'article 713-47 ou de l'article 713-48 mettant à exécution tout ou partie de l'emprisonnement sont exécutoire par provision. En cas d'appel du condamné, son recours est examiné dans un délai de deux mois, à défaut de quoi il est remis en liberté s'il n'est pas détenu pour une autre cause.

§2. L'hypothèse d'un retour à la liberté

830. Le condamné incarcéré peut bénéficier d'un retour provisoire ou anticipé à la liberté. Ces mesures favorables au détenu supposent qu'il ne soit pas soumis à une période de sûreté. Elles permettent de maintenir un certain lien social et jouent un rôle essentiel dans la prévention de la récidive. La plupart de ces mesures exigent au préalable une expertise psychiatrique quand il s'agit d'une personne condamnée pour une infraction pour laquelle le suivi socio-judiciaire est encouru. S'il s'agit d'une personne condamnée pour une infraction violente ou de nature sexuelle prévue à l'article 706-47 du Code de procédure pénale, l'expertise doit se prononcer spécialement sur le risque de récidive (art. 712-21). En outre, avant toute décision entraînant une cessation temporaire ou définitive de l'incarcération avant la date d'échéance de la peine, les juridictions de l'application des peines doivent prendre en considération les intérêts de la victime ou de la partie civile au regard des conséquences pour cette dernière de la décision envisagée. Il convient de tenir compte du risque que le condamné se trouve un jour ou l'autre en présence de la victime.

Notamment il pourra lui être interdit de paraître « à proximité de son domicile et de son lieu de travail ». Si la juridiction l'estime opportun, elle informera la victime de son droit de présenter des observations par écrit dans le délai de quinze jours à compter de la notification de cette information (CPP, art. 712-16-1 et s.).

Voyons à présent quelles sont ces mesures qui permettent de recouvrer la liberté à titre provisoire, ou de manière anticipée sous des formes diverses pouvant aller jusqu'à une libération « sous contrainte », ce qui est une association de mots bien curieuse[9].

A. Retour provisoire

1. La semi-liberté

831. Prévue par les articles 712-6, 723 à 723-6, D. 137 et D. 138 du Code de procédure pénale, elle est accordée ici par le juge de l'application des peines, par décision motivée, après avis du représentant de l'administration pénitentiaire et débat contradictoire (art. 712-6, al. 1). La loi n° 2016-987 du 21 juillet 2016 exclut de ce régime les personnes condamnées pour terrorisme (art. 723-1 dern. al. visant les infractions des articles 421-1 à 421-6, à l'exclusion de celles définies aux articles 421-2-5 à 421-2-5-2 du Code pénal).

Ce régime permet au condamné d'exercer une activité professionnelle, même temporaire, de suivre un enseignement, un traitement médical ou de participer à la vie de sa famille (art. 132-26). La loi du 24 novembre 2009 ouvre dorénavant la semi-liberté aux condamnés qui justifient le cas échéant d'une recherche d'emploi, d'un projet d'insertion ou de réinsertion de nature à prévenir le risque de récidive.

Le condamné doit rejoindre la prison quotidiennement à l'expiration du temps nécessaire à l'activité. Ce régime peut être envisagé soit comme une étape intermédiaire entre l'enfermement carcéral et la vie en liberté après exécution d'une longue peine (dans un régime progressif, il précédera la libération conditionnelle), soit comme un mode d'exécution directe, et dès la condamnation, des peines de courte durée pour lesquelles l'incarcération apparaît plus nuisible qu'utile, car elle rompt les liens avec la famille et avec l'employeur.

Ce système vise : 1° les condamnations à une ou plusieurs peines privatives de liberté dont la durée totale n'excède pas deux ans ; 2° les condamnés à une ou plusieurs peines d'emprisonnement auxquels il reste à subir un temps de détention qui n'excède pas deux ans - les durées de deux ans prévues précédemment sont réduites à un an si le condamné est en état de récidive légale ; 3° les condamnés admis au bénéfice de la libération conditionnelle sous la condition d'avoir été soumis à titre probatoire au régime de semi-liberté (CPP, art. 723-1). La mesure ne peut excéder un an. La mesure de semi-liberté peut être exécutée un an avant la fin du temps d'épreuve prévu

9. Griffon-Yaza I., « La libération sous contrainte, nouvel oxymore juridique », AJ pénal 2015, p. 80.

à l'article 729 ou, selon la loi pénale de 2014, avant la date à laquelle est possible la libération conditionnelle prévue à l'article 729-3.

Le condamné est tenu de respecter les règles générales qui lui sont imposées par les règlements, ainsi que les obligations fixées par le juge de l'application des peines en application des articles 132-44 et 132-45 du Code pénal.

Si le condamné n'exécute pas ces obligations, la semi-liberté peut être retirée. C'est le juge de l'application des peines qui est compétent, qu'il ait lui-même accordé cette semi-liberté ou que celle-ci ait été octroyée par la juridiction de jugement (art. 723-2, CPP, modifié par la loi du 9 mars 2004). La décision du juge de l'application des peines peut faire l'objet d'un appel devant la chambre de l'application des peines. Le juge de l'application des peines peut aussi substituer à la semi-liberté, selon les mêmes modalités, le placement à l'extérieur ou le placement sous surveillance électronique. En cas d'urgence, aux termes de l'article D. 124 al. 2 du Code de procédure pénale, le chef de l'établissement pénitentiaire peut faire procéder à la réintégration immédiate du détenu. Il doit alors informer sans délai le juge de l'application des peines. Celui-ci statuera dans un délai de dix jours, à compter de la réintégration, sur l'éventuel retrait ou révocation de la mesure dans les conditions fixées à l'article 712-6 du Code de procédure pénale. On ajoutera que les mesures d'interdiction d'entrer en relation avec la victime, évoquées ci-dessus peuvent être ordonnées.

2. Les autorisations et permissions de sortir

832. Les premières, dénommées par le législateur « autorisations de sortie », ont lieu sous escorte et sont accordées pour des circonstances exceptionnelles comme la maladie grave ou le décès d'un proche (CPP, art. 723-6).

Les secondes, ou « permissions de sortir », accordées par le juge de l'application des peines, permettent au détenu de s'absenter de l'établissement carcéral pendant une période de temps déterminée qui s'impute sur la durée de la peine en cours d'exécution. Ces permissions ont pour objet de préparer la réinsertion professionnelle ou sociale du condamné (se présenter à un examen, répondre à une offre d'emploi) et de maintenir ses liens familiaux (art. 723-3). La permission est de trois jours en principe, et bénéficie à ceux qui ont exécuté la moitié de leur peine (les deux tiers s'il s'agit d'un récidiviste) et n'ont plus à subir qu'un temps de détention inférieur à trois ans. La permission de sortir est accordée sans délai si les condamnés exécutent une ou plusieurs peines d'emprisonnement n'excédant pas au total une durée d'un an ou bien si le juge ou le tribunal de l'application des peines ont décidé de subordonner l'octroi de la libération conditionnelle (comme le prévoit l'article D. 535) à la condition d'avoir bénéficié d'une ou plusieurs permission de sortir (art. D. 143, 143-1). Les condamnés incarcérés dans un centre de détention peuvent bénéficier de permissions de sortir quand ils ont effectué le tiers de leur peine. La permission peut aller jusqu'à cinq jours et même, une fois par an, jusqu'à dix jours (CPP, art. D. 143-1, al. 2). L'interdiction d'entrer en relation avec la victime est également possible .Il n' y a pas de permission de sortir en cours d'exécution d'une période de sûreté (CPP , art. D. 142-1).

3. Le placement à l'extérieur

833. Selon les articles 132-26 alinéa 2 et 3 du Code pénal et 723 al. 1 du Code de procédure pénale, le bénéfice du placement à l'extérieur soumet le condamné à l'obligation d'effectuer, en dehors de l'établissement pénitentiaire, des activités sous le contrôle de l'administration. La loi du 10 mars 2010 permet toujours d'assortir la décision de l'interdiction de fréquenter la victime. Le condamné peut aussi être soumis aux autres mesures prévues aux articles 132-43 à 132-46 du Code pénal. À l'issue de chaque journée, le détenu réintègre la prison. Ce placement a lieu en principe sous la surveillance du personnel pénitentiaire. Jusqu'à la loi du 9 mars 2004, le placement à l'extérieur était autorisé par le juge de l'application des peines et s'appliquait aux condamnés qui remplissaient les conditions de délai pour bénéficier de la libération conditionnelle ou de la semi-liberté et à ceux qui avaient à subir une durée d'incarcération inférieure ou égale à cinq ans et n'avaient pas été condamnés antérieurement à une peine privative de liberté supérieure à six mois. Nous rappelons que dorénavant la juridiction de jugement peut décider que, *ab initio*, la peine d'emprisonnement prononcée (qui doit être inférieure ou égale à deux ans ou inférieure ou égale à un an si la personne est en état de récidive légale) sera exécutée sous le régime du placement à l'extérieur. Le placement à l'extérieur est également possible en cas de prononcé d'un emprisonnement partiellement assorti du sursis ou du sursis avec mise à l'épreuve, lorsque la partie ferme de la peine est inférieure ou égale à deux ans (un an en présence d'une récidive).

La libération conditionnelle peut, à titre probatoire, être subordonnée à un placement à l'extérieur pour une durée n'excédant pas un an. La mesure de placement extérieur peut être exécutée un an avant la fin du temps d'épreuve prévu par l'article 729 ou un an avant la date à laquelle est possible la libération conditionnelle prévue à l'article 729-3 (CPP, art. 723-1 modif., L. 15 août 2014).

Pour bénéficier de ce régime d'exécution, les détenus doivent présenter des garanties suffisantes pour la sécurité et l'ordre public au regard de leur personnalité, de leurs antécédents, de leur conduite en détention, et qu'ils donnent des gages de réinsertion (CPP, art. D. 128). La loi du 21 juillet 2016 exclut de cette mesure de faveur ceux qui sont condamnés pour terrorisme (CPP, art. 723-1 dern. al. ajouté).

Il existe, enfin, un placement à l'extérieur *sans surveillance* (pour exécuter un travail, suivre une formation, faire l'objet d'une prise en charge sanitaire), qui s'applique aux condamnés dont la peine restant à subir n'excède pas deux ans (ou un an s'ils sont en état de récidive), à ceux qui sont admis au bénéfice de la libération conditionnelle, sous la condition d'avoir été soumis à titre probatoire au régime du placement à l'extérieur, à ceux qui remplissent les conditions de délai requises pour être proposés au bénéfice de la libération conditionnelle et dont la peine restant à subir n'excède pas trois ans (CPP, art. D. 136). L'employeur ou le directeur de l'établissement de formation est tenu d'informer sans délai le représentant qualifié de l'administration pénitentiaire de tout incident concernant le détenu (absence notamment). Le bénéfice du placement à l'extérieur peut être retiré par le juge de l'application des peines si les conditions d'octroi ne sont plus remplies. La décision est prise conformément à l'article 712-6 du Code de procédure pénale.

B. Retour anticipé

1. La libération conditionnelle

834. Selon l'article 729 du Code de procédure pénale, elle tend à la réinsertion des condamnés et à la prévention de la récidive. Elle permet de libérer le condamné avant la date d'expiration de la peine. Le libéré devra bien se conduire, faute de quoi la mesure sera révoquée et son bénéficiaire sera réincarcéré. La libération conditionnelle a été introduite en France en 1885. Les décisions relatives à la libération conditionnelle étaient jusqu'à la loi n° 2000-516 du 15 juin 2000 soit de la compétence du juge de l'application des peines soit de celle du garde des Sceaux. Le système était critiqué parce que les décisions, par nature non juridictionnelles, n'étaient pas prises contradictoirement. De plus, l'intervention d'une autorité politique dans la fixation des modalités d'exécution d'une peine prononcée par une autorité judiciaire était loin de faire l'unanimité. Pour répondre à cette critique la réforme entreprise par la loi du 15 juin 2000 institua de véritables juridictions spécialisées de la libération conditionnelle au niveau régional et national qui s'ajoutaient à la compétence initiale du juge de l'application des peines. La répartition entre les autorités compétentes était fonction de la durée de la peine privative de liberté. En confiant de manière globale à des juridictions toute la matière de l'exécution des peines, la loi du 9 mars 2004 achève la réforme initiée par la loi du 15 juin 2000.

a. Conditions de la libération conditionnelle

835. Conditions de fond. – La libération conditionnelle est applicable à toutes les peines privatives de liberté, de droit commun, politiques ou militaires. La durée de la peine importe peu : la libération conditionnelle est possible maintenant pour la réclusion à perpétuité et pour les peines temporaires. Elle ne s'applique pas aux mesures de sûreté privatives de liberté (ex. : désintoxication des alcooliques en établissement). Mais elle est subordonnée à une condition de délai : il faut que le condamné, sauf s'il est âgé de plus de soixante-dix ans[10], ait déjà exécuté

10. Art. 729 dern. al. La loi du 26 nov. 2009 tire ainsi les conséquences du vieillissement de la population carcérale. Il faut toutefois que l'insertion ou la réinsertion du condamné soit assurée, qu'il n'y ait pas de risque grave de récidive et que cette libération ne soit pas susceptible de causer un trouble grave à l'ordre public.

la moitié de sa peine (CPP, art. 729)[11]. Le temps d'épreuve ne peut excéder quinze années ou, si le condamné est en état de récidive légale, vingt années. Pour les condamnés à la réclusion criminelle à perpétuité, le temps d'épreuve est de dix-huit années. Si le condamné est en état de récidive légale, le temps d'épreuve est alors de vingt-deux années. Des réductions du temps d'épreuve peuvent être accordées aux condamnés à la réclusion criminelle à perpétuité. La durée totale de ces réductions ne peut excéder, par année d'incarcération, vingt jours ou un mois selon que le condamné se trouve ou non en état de récidive légale. Toutefois, ces réductions ne sont imputables, le cas échéant, que sur la partie de la peine excédant la période de sûreté prévue par l'article 132-23 du Code pénal (CPP, art. 729-1). Les formes et conditions à observer sont celles prévues par l'article 721-1 du Code de procédure pénale. On mentionnera également l'article 729-3 du Code de procédure pénale qui vise le cas où la personne condamnée exercerait l'autorité parentale sur un enfant de moins de dix ans ayant chez elle sa résidence habituelle ainsi que le cas d'une femme enceinte de plus de douze semaines (ce dernier cas est ajouté la loi du 15 août 2014). Selon le texte, la libération conditionnelle peut alors lui être accordée si elle a été condamnée à une peine privative de liberté inférieure ou égale à quatre ans, ou dont la durée de la peine restant à subir est inférieure ou égale à quatre ans. Cependant, cette mesure de faveur, prise dans l'intérêt de l'enfant, n'est pas applicable aux personnes condamnées pour un crime ou un délit commis sur un mineur ou pour une infraction commise en état de récidive légale (cette dernière hypothèse visant la récidive est supprimée depuis la loi du 15 août 2014).

Il faut en outre que le condamné présente « des efforts sérieux de réadaptation sociale »[12] et justifie soit de l'exercice d'une activité professionnelle ou d'un stage, soit de son implication dans un projet sérieux d'insertion, soit de son assiduité à un enseignement, soit de sa participation essentielle à la vie de sa famille, soit de la nécessité de suivre un traitement médical, soit de ses efforts en vue d'indemniser la victime (art. 729). Concrètement, cela veut dire, par exemple, que, s'il était sans travail, il doit faire état d'une démarche, d'une perspective d'emploi. Cela veut dire aussi que s'il a été condamné pour un crime ou un délit pour lequel le suivi socio-judiciaire est encouru, il ne doit pas refuser de suivre le traitement proposé durant son incarcération ou après sa libération (art. 729 et 731-1 CPP modifié par la loi du 10 août 2007). Dans le cas où un traitement est proposé par le juge de l'application des peines durant la détention, le condamné ne doit pas l'interrompre. La libération conditionnelle ne pourra lui être accordée que si le condamné suit régulièrement le traitement. Le juge de l'application des peines est d'ailleurs informé par les attestations délivrées, au moins une fois par trimestre, par le médecin

11. En pratique, la décision est souvent prise au terme d'une exécution de trois quarts de la peine.

12. Cass. crim., 27 janv. 2016, n° 15-84075, Bull. crim., n° 24 : le juge apprécie le bien-fondé de la libération au regard des seuls efforts sérieux de réadaptation sociale. Il ne peut, si ces efforts sont réels, refuser la libération au regard de la seule durée de la peine restant à purger.

traitant du condamné (art. 729, al. 10, modif. L. 27 mars 2012 renvoyant à CPP, art. 717-1).

La personne qui fait l'objet d'une libération conditionnelle peut être soumise aux obligations prévues pour le suivi socio-judiciaire si elle a été condamnée pour un crime ou un délit pour lequel cette mesure est encourue. Cette personne est soumise à une injonction de soins (à condition qu'il soit établi après expertise qu'elle est susceptible de faire l'objet d'un traitement) sauf décision contraire du juge de l'application des peines ou du tribunal de l'application des peines.

La personne qui est condamnée à une peine d'au moins sept ans d'emprisonnement pour une infraction pour laquelle le suivi socio-judiciaire est encouru peut être placée sous surveillance électronique mobile selon les modalités prévues aux articles 763-12 et 763-13 du Code de procédure pénale. Le tribunal de l'application des peines ou le juge de l'application des peines détermine la durée pendant laquelle le condamné sera effectivement placé sous cette surveillance. Cette durée ne peut excéder deux ans, renouvelable une fois en matière délictuelle et deux fois en matière criminelle (CPP, art. 731-1, al. 2).

Le juge de l'application des peines peut également subordonner la libération conditionnelle à l'exécution, à titre probatoire, d'une mesure de semi-liberté, de placement à l'extérieur ou de placement sous surveillance électronique pour une durée n'excédant pas un an. La mesure de semi-liberté ou de placement à l'extérieur peut être exécutée un an avant la fin du temps d'épreuve prévu à l'article 729 ou un an avant la date à laquelle est possible la libération conditionnelle prévue à l'article 729-3 (CPP art. 723-1 et 723-7). Les auteurs d'actes de terrorisme (visés aux articles 421-1 à 421-6, à l'exclusion des actes visés aux articles 421-2-5 à 421-2-5-2), ne peuvent toutefois bénéficier des mesures prévues à l'article 723-1, soit la semi-liberté et le placement à l'extérieur (L. 21 juill. 2016 ajoutant un alinéa à l'article 723-1).

Nous ajouterons que la loi de 2014 complète le dispositif par un alinéa ajouté à l'article 729 selon lequel quand la personne condamnée bénéficie d'une mesure de suspension de peine sur le fondement de l'article 720-1-1, la libération conditionnelle peut être accordée sans condition de durée de la peine accomplie si, à l'issue d'un délai de trois ans après l'octroi de la mesure de suspension, une nouvelle expertise établit que son état de santé, physique ou mental, est toujours durablement incompatible avec le maintien en détention et si elle justifie d'une prise en charge adaptée à sa situation.

836. Conditions de forme. – Elles sont prévues aux articles 730 à 732 du Code de procédure pénale ainsi que dans les articles D. 526 et suivants. Il faut distinguer en règle générale selon que la peine privative de liberté excède ou non dix ans.

Sous le régime de la loi du 15 juin 2000, lorsque la peine prononcée était d'une durée inférieure ou égale à dix ans, ou que, quelle que soit la peine initialement prononcée, la durée de la détention restant à subir était inférieure ou égale à trois ans, la libération conditionnelle était accordée par le juge de l'application des peines qui statuait par décision motivée (l'appel formé contre les décisions était porté devant la chambre des appels correctionnels). Lorsque la peine privative de liberté était supérieure à dix années, la libération conditionnelle ne pouvait être accordée que par la juridiction régionale de la libération conditionnelle (et non plus par le garde des Sceaux). L'appel contre les décisions ainsi rendues par ces juridictions régionales était porté devant la juridiction nationale de la libération conditionnelle. La loi du 9 mars 2004 maintient la compétence du juge de l'application des peines, mais supprime les juridictions régionales et la juridiction nationale de la libération conditionnelle et transfère leurs compétences au tribunal de l'application des peines et à la chambre de l'application des peines de la cour d'appel.

Aux termes de l'actuel article 730 la procédure est la suivante :

Lorsque la peine prononcée est d'une durée inférieure ou égale à dix ans ou que, quelle que soit la peine initialement prononcée, la durée de la détention restant à subir est égale ou inférieure à trois ans, c'est le juge de l'application des peines qui reste compétent et statue selon la procédure de l'article 712-6 soit par décision motivée, après avis du représentant de l'administration pénitentiaire, à l'issue d'un débat contradictoire en chambre du conseil (devant intervenir dans les quatre mois du dépôt de la demande – CPP, art. D. 524) au cours duquel le juge entend le ministère public, les observations du condamné et, le cas échéant, celles de son avocat. Ce débat contradictoire n'est, toutefois, pas obligatoire si le juge obtient l'accord du procureur et du condamné (ou de son avocat). La décision peut faire l'objet d'un appel de la part du condamné, du procureur de la République et du procureur général, dans un délai de dix jours à compter de sa notification. L'appel est porté devant la chambre de l'application des peines de la cour d'appel.

Lorsque la peine privative de liberté est supérieure à dix ans, la libération est accordée par le tribunal de l'application des peines selon les modalités prévues par l'article 712-7. La décision est rendue sur réquisition du ministère public après un débat contradictoire tenu en chambre du conseil dans le délai de six mois suivant le dépôt de la demande et après avis du représentant de l'administration pénitentiaire. Si le débat n'a pas lieu, dans le délai prescrit, le condamné peut saisir directement la chambre de l'application des peines. Le condamné et le cas échéant son avocat peuvent présenter des observations. Sur sa demande, l'avocat de la partie civile peut assister au débat contradictoire pour y faire valoir ses observations.

L'appel contre les décisions du juge et du tribunal de l'application des peines est examiné par la chambre de l'application des peines de la cour d'appel. Pour l'examen de l'appel des jugements mentionnés à l'article 712-7 les trois magistrats composant cette formation sont assistés d'un représentant d'une association d'aide aux victimes et d'un représentant d'une association de réinsertion des condamnés (CPP, art. 712-13, al 2). Le délai d'appel est de dix jours. En cas de confirmation d'un jugement ayant refusé la libération conditionnelle, la chambre peut fixer un délai durant lequel aucune nouvelle demande ne pourra être examinée. Ce délai ne peut excéder ni le tiers du temps de détention restant à subir ni trois années (CPP, art. 712-13, al. 3).

837. Lorsque la personne a été condamnée à la réclusion criminelle à perpétuité ou bien lorsqu'elle a été condamnée soit à une peine d'emprisonnement ou de réclusion criminelle égale ou supérieure à quinze ans pour une infraction pour laquelle le suivi socio-judiciaire est encouru, soit à une peine d'emprisonnement ou de réclusion criminelle égale ou supérieure à dix ans pour une infraction visée à l'article 706-53-13 (crimes, commis sur une victime mineure, d'assassinat ou de meurtre, de torture, viol... ; crimes, commis sur une victime majeure, d'assassinat ou de meurtre aggravé, de torture ou actes de barbaries aggravés, de viol aggravé, d'enlèvement ou de séquestration aggravé prévus par certains textes. ; crimes, commis en état de récidive, de meurtre, de torture ou d'actes de barbarie, de viol, d'enlèvement ou de séquestration.) la libération conditionnelle ne peut être accordée qu'à certaines conditions : d'abord la juridiction compétente est le tribunal de l'application des peines quelle que soit la durée de la détention restant à subir. Ensuite il faut l'avis préalable de la commission pluridisciplinaire des mesures de sûreté rendu après une évaluation pluridisciplinaire de dangerosité réalisée dans un service spécialisé chargé de l'observation des personnes détenues et assortie d'une expertise médicale. Dans l'hypothèse où la personne condamnée l'a été pour un crime mentionné à l'article 706-53-13, l'expertise sera réalisée soit par deux experts médecins psychiatres, soit par un expert médecin psychiatre et par un expert psychologue titulaire d'un diplôme, certificat ou titre sanctionnant une formation universitaire fondamentale et appliquée en psychopathologie. L'expertise doit se prononcer sur l'opportunité, dans le cadre d'une injonction de soins, du recours à un traitement utilisant des médicaments inhibiteurs de libido.

Lorsque la libération conditionnelle n'est pas assortie d'un placement sous surveillance électronique mobile, elle ne peut également être accordée qu'après l'exécution, à titre probatoire, d'une mesure de semi-liberté, de placement à l'extérieur ou de placement sous surveillance électronique pendant une période d'un an à trois ans. Cette mesure ne peut être exécutée avant la fin du temps d'épreuve prévu à l'article 729 du Code de procédure pénale (art. 730-2). Le placement à l'extérieur, ajouté par l'actuelle réforme, sera désormais possible pour des longues peines à titre de mesure probatoire.

Comme nous l'avons relevé précédemment la loi du 15 août 2014 précise dorénavant que la situation de la personne condamnée exécutant une ou plusieurs peines privatives de liberté d'une durée totale de plus de cinq ans doit être obligatoirement examinée aux deux tiers de leur exécution par le juge ou le tribunal de l'application des peines à l'occasion d'un débat contradictoire (modalités prévues aux articles 712-6 ou 712-7) afin de statuer sur l'octroi d'une libération conditionnelle. Si la personne a été condamnée à la réclusion criminelle à perpétuité, le débat en question ne peut intervenir avant le terme du temps d'épreuve ni avant celui de la période de sûreté. Le texte ajoute que le juge ou le tribunal n'est pas tenu d'examiner la situation de la personne qui a fait préalablement savoir qu'elle refusait toute libération conditionnelle. Si le débat contradictoire n'a pu se tenir, la chambre de l'application des peines de la Cour d'appel peut, d'office ou sur saisine du condamné ou du procureur, tenir un tel débat (art. 730-3 ajouté). Enfin, on rappellera[13] que le condamné contre lequel est prononcée une peine de réclusion criminelle à perpétuité incompressible, ne peut bénéficier d'aucune libération conditionnelle à moins d'être relevé de cette peine par le tribunal de l'application des peines, statuant au terme d'une période de trente ans et après avoir recueilli l'avis d'un collège de trois experts (CPP, art. 720-4, al.3).

838. La loi du 3 juin 2016 ajoute désormais dans un article 730-2-1 le cas de la personne condamnée à une peine privative de liberté pour actes de terrorisme (à l'exclusion des infractions prévues par les articles 421-2-5 à 421-2-5-2 du Code pénal). La libération conditionnelle ne peut être accordée que par le tribunal de l'application des peines quelle que soit la durée de la peine de détention restant à exécuter. En outre, il faut l'avis d'une commission chargée de procéder à une évaluation pluridisciplinaire de la dangerosité du condamné. En tout état de cause, le tribunal peut s'opposer à la libération conditionnelle si cette libération est de nature à causer un trouble grave à l'ordre public. Le législateur reprend ici la règle précédente selon laquelle si la libération conditionnelle n'est pas assortie d'un placement sous surveillance électronique mobile, elle ne peut être accordée qu'après l'exécution, à titre probatoire, d'une mesure de semi-liberté, de placement à l'extérieur ou de placement sous surveillance électronique pendant une période d'un à trois ans. Cette mesure ne peut être exécutée avant la fin du temps d'épreuve prévu à l'article 729 du Code de procédure pénale.

b. Effets de la libération conditionnelle

839. La peine et la condamnation sont maintenues. La peine est seulement suspendue. Quant à la condamnation, elle demeure : elle peut faire obstacle à l'octroi du sursis en cas de nouvelle infraction, et elle compte pour la récidive. Le condamné est soumis à une épreuve de bonne conduite pendant un délai qui est variable : si la peine est temporaire, la durée de l'épreuve est égale à celle du temps de peine qui reste à subir (avec la possibilité toutefois de la dépasser pour une période maximum d'une année), sans toutefois excéder, au total, dix ans. Si la peine est perpétuelle, la durée de l'épreuve doit être comprise entre cinq et dix ans (CPP, art. 732). Pendant toute la durée de la libération conditionnelle les dispositions de la décision peuvent être modifiées en application de l'article 712-8.

c. Fin de la libération conditionnelle

840. Si, pendant le délai d'épreuve, le condamné s'est bien conduit et a respecté les mesures d'assistance et de contrôle, le régime de la libération conditionnelle disparaît et le condamné est définitivement libéré, *mais la condamnation n'est pas effacée.*

---

13. *Supra,* n°746.

Si au contraire le condamné se conduit mal, la libération conditionnelle est *révoquée* pour les causes prévues à l'article 733 soit par le juge de l'application des peines soit par le tribunal de l'application des peines, statuant selon les modalités des articles 712-6 et 712-7 du Code de procédure pénale. Pareillement la décision est révoquée avant son exécution si le condamné ne remplit plus les conditions légales pour en bénéficier. La décision est toujours prise à l'issue d'un débat contradictoire. Le fait de refuser de commencer ou de poursuivre le traitement proposé dans le cadre de l'injonction de soins est une cause de révocation de la libération conditionnelle (art. 733 modif. loi 10 mars 2010).

Lorsque la révocation est prononcée et en fonction des décisions prises, le condamné devra subir tout ou partie de la durée de la peine qu'il lui restait à subir au moment de sa mise en liberté conditionnelle, cumulativement, s'il y a lieu, avec toute nouvelle peine qu'il aurait encourue (art. 733, al. 2, CPP modifié par la loi du 9 mars 2004).

Lorsque la libération conditionnelle a bénéficié à une personne condamnée à la réclusion criminelle pour l'un des crimes visés à l'article 706-53-13 du Code de procédure pénale et a été assortie d'une injonction de soins, la juridiction régionale de la rétention de sûreté peut décider de prolonger tout ou partie des obligations auxquelles est astreinte la personne au-delà de la période de libération conditionnelle en la plaçant sous surveillance de sûreté avec injonction de soins pour une durée de deux ans (art. 732-1 nouv.).

2. La réduction, le fractionnement et la suspension de peine

841. Le juge de l'application des peines peut réduire la peine, en fractionner ou en suspendre provisoirement l'exécution. Le régime de la réduction de peine est refondu depuis la loi du 9 mars 2004 qui lui a substitué un mécanisme de *crédit de peine*. Au lieu d'être accordé par le juge de l'application des peines aux seuls condamnés ayant donné des preuves suffisantes de bonne conduite et pour une durée ne pouvant excéder trois mois par année d'incarcération et sept jours par mois pour une incarcération inférieure à un an (art. 721, al. 2 ancien), le nouvel article 721 attribue de plein droit à chaque condamné un crédit de réduction calculé sur la durée de la condamnation prononcée à hauteur de trois mois pour la première année, de deux mois pour les années suivantes. Pour les peines de moins d'un an ou pour la partie de peine inférieure à une année pleine (par exemple, condamnation à un an et demi), la réduction est de sept jours par mois sachant que pour les peines supérieures à un an, le total de la réduction correspondant aux sept jours par mois ne peut excéder deux mois. La loi du 21 juillet 2016 ajoute un article 721-1-1 selon lequel les personnes condamnées à une peine privative de liberté pour terrorisme (actes visés aux articles 421-1 à 421-6, sauf ceux visés aux articles 421-2-5 à 421-2-5-2 du Code pénal) ne bénéficient pas des crédits de réduction de peine mentionnés à l'article 721. Elles pourront néanmoins bénéficier d'une réduction de peine dans les conditions définies à l'article 721-1.

Comme on le constate, ce régime semble être plus favorable que l'ancienne réduction de peine. La modification ne doit pas faire illusion : dès avant la réforme, la réduction de peine avait déjà un caractère quasi automatique sauf cas de mauvaise conduite du condamné. Des dispositions particulières visaient les condamnés en récidive légale pour lesquels les crédits étaient réduits. Cette différence de traitement était critiquée. La loi du 15 août 2014 a mis un terme à cette particularité en abrogeant les dispositions contestées[14]

Les crédits de réduction de peine octroyés par la loi au condamné ne lui sont pas définitivement acquis. Ils peuvent faire l'objet d'un *retrait* (dans certaines limites prévues par l'article 721). Ce retrait est ordonné par le juge de l'application des peines en cas de mauvaise conduite du condamné et, dans l'hypothèse où l'infraction commise sur un mineur serait un meurtre ou un assassinat, un acte de torture ou de barbarie, un viol, une agression ou une atteinte sexuelle, lorsque ce dernier refuse pendant son incarcération de suivre le traitement proposé par le juge de l'application des peines, sur avis médical. Il en est de même quand le juge de l'application des peines est informé, en application de l'article 717-1, que le condamné ne suit pas régulièrement le traitement qu'il lui a proposé (al. 3 de l'art. 721 modifié, loi 27 mars 2012). Pareillement, pour les auteurs d'infractions commises sous l'empire d'un trouble ayant altéré son discernement : le juge de l'application des peines peut ordonner, après avis médical, le retrait quand une telle personne, qui a été condamnée, refuse les soins qui lui ont été proposés (v. *supra*, n° 531). En cas de condamnation à une peine privative de liberté pour un crime ou un délit qui serait commis par le condamné après sa libération pendant une période égale à la durée de la réduction qui résulterait du premier alinéa et le cas échéant du deuxième alinéa de l'article 721, la juridiction de jugement peut ordonner le retrait de tout ou partie de cette réduction de peine et la mise à exécution de l'emprisonnement correspondant, qui n'est pas confondu avec celui résultant de la nouvelle condamnation. Le condamné est informé par le greffe, lors de sa mise sous écrou, de sa date de libération compte tenu de la réduction de peine, des possibilités de retrait, en cas de mauvaise conduite ou de commission d'une nouvelle infraction après sa libération, de tout ou partie de cette réduction. Cette information lui est à nouveau communiquée au moment de sa libération. (CPP, art. 721, dern. al.)

Une réduction *supplémentaire* peut aussi être accordée par le juge de l'application des peines aux condamnés qui manifestent des efforts sérieux de réadaptation sociale[15] en passant avec succès les épreuves d'un examen scolaire, universitaire ou professionnel traduisant l'acquisition de connaissances nouvelles, en justifiant de progrès réels dans le cadre d'un enseignement ou

14. V° Griffon-Yarzza L. « Nouveau régime de réduction de peine : une grâce législative accordée aux seuls récidivistes », *Dr.pén.* 2015, Étude 6.

15. Cass. crim., 22 juin 2016, n° 15-82638.

d'une formation, en s'investissant dans l'apprentissage de la lecture, de l'écriture et du calcul, en participant à des activités culturelles et notamment de lecture (activités ajoutées par la loi de 2014), en suivant une thérapie destinée à limiter les risques de récidive ou en s'efforçant d'indemniser leurs victimes (art. 721-1). Quand un suivi socio-judiciaire est encouru et qu'un traitement est proposé au condamné pendant son incarcération, traitement que ce dernier refuse, l'article 721-1 présume que le condamné n'est pas considéré comme manifestant des efforts sérieux de réadaptation sociale. Il en est de même quand le condamné ne suit pas régulièrement le traitement proposé par le juge de l'application des peines ou bien refuse les soins qui lui sont proposés quand il a été condamné pour une infraction commise sous l'empire d'un trouble psychique ayant altéré son discernement (art. 721-1 modif. par la nouvelle loi). Il ne peut accéder au bénéfice de la réduction supplémentaire sauf décision contraire du juge de l'application des peines prise après avis de la commission de l'application des peines. Cette réduction supplémentaire ne peut excéder trois mois par année d'incarcération ou sept jours par mois si la durée d'incarcération restant à subir est inférieure à une année. Lorsque la personne a été condamnée pour des crimes ou délits commis sur un mineur, de meurtre ou assassinat, torture ou acte de barbarie, viol, agression sexuelle ou atteinte sexuelle, la réduction ne peut excéder deux mois par an ou quatre jours par mois dès lors qu'elle refuse les soins qui lui sont proposés. Aujourd'hui, si la personne est en état de récidive légale, les seuils sont d'un mois par an ou deux jours par mois. Ces seuils sont supprimés par la réforme. Enfin on soulignera que, sauf décision du juge de l'application des peines prise après avis de la commission de l'application des peines, ces réductions supplémentaires ne sont pas applicables à ceux qui ont été condamnés pour l'une des infractions visées à l'article 706-47 du Code de procédure pénale (soit le meurtre ou assassinat d'un mineur précédé ou accompagné de tortures ou de viol, infractions sexuelles) si, lorsque leur condamnation est devenue définitive, le casier judiciaire faisait mention d'une telle condamnation.

Le juge de l'application des peines peut soumettre le condamné ayant bénéficié d'une ou plusieurs réductions de peine prévues aux articles 721 et 721-1, après sa libération, à l'interdiction de recevoir, rencontrer ou d'entretenir des relations avec la victime pendant une durée qui ne peut excéder le total des réductions de peine dont il a bénéficié ou éventuellement à l'obligation de l'indemniser. En cas d'inobservation des interdictions ou obligations le magistrat peut, selon les modalités de l'article 712-6 prononcer le retrait de tout ou partie de la réduction et ordonner la réincarcération du condamné (art. 721-2). La loi du 15 août 2014 prévoit aussi, dans ce même article 721-2 modifié, le cas de la personne condamnée exécutant une ou plusieurs peines privatives de liberté qui n'a pu bénéficier d'une mesure de libération sous contrainte ou d'une libération conditionnelle dans les conditions de l'article 720 et 730-3. Le juge de l'application des peines peut alors, aux seules fins de favoriser l'insertion ou la réinsertion du condamné et de prévenir la commission de nouvelles infractions, ordonner que la personne ayant bénéficié d'une ou plusieurs des réductions de peines prévues aux articles 721 et 721-1 soit soumise, après sa libération et pendant une durée qui ne peut excéder le total des réductions de peines dont elle a bénéficié, à une ou plusieurs mesures de contrôle, obligations ou interdictions, mesures d'aide. La décision est prise selon les modalités de l'article 712-6 préalablement à la libération du condamné, le cas échéant en même temps que lui est accordée la dernière réduction de peine. Si la personne ne respecte pas ce qui lui est imposé, le juge de l'application des peines peut retirer tout ou partie de la durée des réductions de peines dont elle a bénéficié et ordonner sa réincarcération. L'article 712-7 est alors applicable. Ce régime n'est pas applicable aux condamnés mentionnés à l'article 723-29 (personnes condamnées pour des crimes et délits graves susceptibles de placement sous surveillance judiciaire).

Enfin, on relèvera une *réduction exceptionnelle* au profit de ceux qui antérieurement ou postérieurement à leur condamnation ont permis de faire cesser ou d'éviter la commission d'infraction ressortissant à la criminalité organisée par leurs déclarations à l'autorité administrative ou judiciaire. Cette réduction peut aller jusqu'au tiers de la peine. Quand la déclaration émane d'un condamné à la réclusion à perpétuité, une réduction exceptionnelle du temps d'épreuve liée à une libération conditionnelle peut aller jusqu'à cinq ans. Ces réductions exceptionnelles sont accordées par le tribunal de l'application des peines (art. 721-3).

Le *fractionnement* ou la *suspension de peine* peuvent être ordonnés en matière correctionnelle s'il reste à subir par la personne condamnée une peine d'emprisonnement inférieure ou égale à deux ans. Les motifs invoqués, qui doivent être graves, sont d'ordre médical, familial, professionnel ou social. La mesure de suspension ou de fractionnement ne peut excéder une durée de quatre ans ; aucune des fractions ne peut être inférieure à deux jours. Le seuil de deux ans est porté à quatre ans lorsque la suspension pour raison familiale s'applique à une personne condamnée exerçant l'autorité parentale sur un enfant de moins de dix ans ayant chez ce parent sa résidence habituelle où bien à une femme enceinte de plus de trois mois (art 720-1 modif. par la loi du 15 août 2014). La loi du 21 juillet 2016 exclut du bénéfice de cette mesure les personnes condamnées pour terrorisme (art. 720-1 dern. al. CPP).

La suspension de peine peut aussi être ordonnée pour « des condamnés dont il est établi qu'ils sont atteints d'une pathologie engageant le pronostic vital ou que leur état de santé physique ou mentale est durablement incompatible avec le maintien en détention, hors les cas des personnes détenues admises en soins psychiatriques sans leur consentement » (art. 720-1-1, CPP introduit par une loi du 4 mars 2002 et modifié par la loi de 2014). Il ne doit pas, cependant, exister un risque grave de renouvellement de l'infraction. La suspension de peine ne peut être ordonnée que si deux expertises médicales distinctes sont concordantes sur l'état de santé du condamné (la réforme de 2014 n'exige désormais qu'une seule expertise). Dans le cas où il y a urgence, la suspension de peine peut cependant être prononcée au vu d'un certificat médical établi par le médecin responsable de la structure sanitaire dans laquelle est pris en charge le détenu (al. 2 de l'article 720-1-1 modifié par la loi du 24 novembre 2009 et la loi de 2014). C'est le juge de l'application des peines qui ordonne la suspension selon les modalités prévues par l'article 720-1-1 lorsque la peine privative de liberté est d'une durée inférieure ou égale à dix ans ou, quelle que soit la peine initialement prononcée, s'il y a urgence ou si la durée de la détention restant à subir est inférieure ou égale à trois ans. Dans les autres cas, la juridiction compétente est le tribunal de l'application des peines. La personne condamnée doit être régulièrement représentée par son avocat quand son état de santé fait obstacle à son audition ; le débat contradictoire se tient dans ce cas au tribunal de grande instance (art. 720-1-1, al. 5 ajouté par la réforme pénale de 2014). Le juge de l'application des peines peut à tout moment ordonner une expertise médicale et mettre fin à cette suspension si les conditions ne sont plus remplies ; de même si le condamné ne respecte pas les obligations qu'il lui aurait imposées ou bien s'il existe de nouveau un risque grave de renouvellement de l'infraction (hypothèse ajoutée par la loi du 10 mars 2010). Dans le cas où il s'agit d'une condamnation prononcée en matière criminelle, l'expertise a lieu systématiquement tous les six mois (art. 720-1-1 modifié par la loi du 12 décembre 2005). Comme dans le cas de fractionnement, la suspension ne bénéficie pas aux auteurs d'actes de terrorisme.

3. Le placement sous surveillance électronique

842. Cette innovation en matière d'exécution des peines privatives de liberté résulte de la loi du 19 décembre 1997, modifiée par les lois du 9 mars 2004 et 24 novembre 2009 (C. pén., art. 132-26-1 et s. ; CPP, art. 723-7 et s.)[16]. On rappelle que ce dispositif peut s'appliquer pour l'exécution de peines inférieures ou égales à deux ans pour une personne en état de récidive légale, d'une peine égale ou inférieure à un an), voire d'une ou plusieurs peines plus longues pour lesquelles il ne reste plus à subir que moins de deux ans (CPP, art. 723-7, al. 1). Ces durées de deux ans sont réduites à un an si le condamné est récidiviste.

Le placement sous surveillance électronique peut, comme nous l'avons vu (*supra*, n° 825), éviter l'emprisonnement si le tribunal qui prononce la condamnation le décide. Les modalités sont fixées par le juge de l'application des peines au moyen d'une ordonnance non susceptible de recours dans le délai de quatre mois à compter de la date à laquelle la condamnation est exécutoire et dans un délai de cinq jours ouvrables lorsque la juridiction de jugement a ordonné le placement ou le maintien en détention du condamné et déclaré sa décision exécutoire par provision (CPP, art. 723-7-1).

L'article 723-7 du Code de procédure pénale admet aussi que le juge de l'application des peines puisse prévoir une exécution de la peine sous le régime du placement sous surveillance électronique défini par l'article 132-26-1 du Code pénal. Ce placement peut aussi être décidé à titre probatoire de la libération conditionnelle pour une durée n'excédant pas un an. La

16. Couvrat P., « Une première approche de la loi du 19 déc. 1997 relative au placement sous surveillance électronique », RSC 1998. 374.

mesure de placement sous ce régime peut être exécutée un an avant la fin du temps d'épreuve prévu à l'article 729 ou de la date à laquelle est possible la libération conditionnelle prévue à l'article 729-3 (cette dernière date est ajoutée par la loi du 15 août 2014).

La surveillance est assurée au moyen d'un procédé permettant de détecter à distance la présence ou l'absence du condamné dans le lieu désigné par le juge pour chaque période fixée. Ce procédé, qui doit être homologué par le ministère de la Justice, conduira généralement à imposer au condamné le port d'un bracelet contenant un émetteur. Des dispositions réglementaires fixent les conditions d'habilitation des personnes de droit privé chargées de la mise en œuvre du dispositif technique[17]. Il faut, en tout cas, que celle-ci garantisse le respect de la dignité, de l'intégrité et de la vie privée de l'intéressé. Le contrôle à distance est assuré par des fonctionnaires de l'administration pénitentiaire qui peuvent mettre en œuvre un traitement automatisé de données nominatives. Les agents de l'administration pénitentiaire ont le droit de se rendre sur le lieu de l'assignation pour demander à rencontrer le condamné, mais il leur est interdit de pénétrer dans les domiciles sans l'accord des personnes chez qui le contrôle est effectué. Si le condamné ne répond pas à l'invitation qui lui est adressée de se présenter devant les agents chargés du contrôle, il est présumé absent et ces derniers en feront immédiatement rapport au juge de l'application des peines.

843. La personne placée sous surveillance électronique peut, en outre, être soumise au respect des mesures et obligations prévues, dans le cadre d'une mise à l'épreuve, aux articles 132-43 à 133-46 du Code pénal.

Le juge de l'application des peines peut, d'office ou à la demande de l'intéressé, et après avis du procureur de la République, *modifier* les conditions d'exécution du placement ou *retirer* la décision après avoir entendu le condamné en présence de son avocat. Le retrait d'office aura lieu en cas d'inobservation des conditions d'exécution des mesures qui sont imposées au condamné ou, depuis la loi du 9 septembre 2002, en cas d'inconduite notoire. La décision de retrait est prise après un débat contradictoire en chambre du conseil. Elle est exécutoire par provision et peut faire l'objet d'un appel dans les dix jours devant la chambre des appels correctionnels. Le retrait a pour effet de contraindre le condamné à subir tout ou partie de la durée de la peine qui lui restait à accomplir au jour de son placement sous surveillance électronique, mais le temps pendant lequel il a bénéficié de cette mesure compte pour l'exécution de la peine (CPP, art. 723-11 et 723-13).

Le fait pour le condamné de se soustraire au placement ou de neutraliser le dispositif de surveillance est assimilé à une évasion punie de trois ans d'emprisonnement et de 45 000 € d'amende (C. pén., art. 434-29 4°).

Une dernière remarque sur la portée de la réforme : depuis la publication du décret d'application de la loi, le placement sous surveillance électronique peut être, en droit, utilisé sur l'ensemble du territoire ; au lendemain du

17. Art. R. 61-36 à R. 61-42.

décret, le dispositif a été mis en œuvre à titre expérimental dans neuf sites, le ministère de la Justice entendant parvenir dans un délai de cinq ans à placer sous surveillance 3 000 condamnés[18].

4. La libération sous contrainte

844. Avec le souci de favoriser un retour à la liberté contrôlé, suivi et progressif des personnes condamnées, la loi du 15 août 2014 (CPP, art. 720) met en place un *examen obligatoire* de leur situation à un certain moment de l'exécution de la peine. Lorsque la personne est condamnée à une *peine de cinq ans au plus* et que la durée de la peine accomplie est au moins égale au double de la durée de la peine restant à subir (soit les deux tiers), la situation du condamné est examinée par le juge de l'application des peines. À l'issue de cet examen en commission de l'application des peines, le juge de l'application des peines décide par ordonnance motivée soit de prononcer une mesure de *libération sous contrainte* soit, s'il estime qu'une telle mesure n'est pas possible ou si le condamné refuse, de ne pas la prononcer. Le juge peut ordonner la comparution de l'intéressé devant la commission de l'application des peines afin d'entendre ses observations et, le cas échéant, celles de son avocat (qui peut aussi transmettre des observations écrites au magistrat). La libération sous contrainte entraîne l'exécution du reliquat de peine sous le régime, selon la décision qui sera prise, de la semi-liberté, du placement à l'extérieur, du placement sous surveillance électronique ou de la libération conditionnelle. Dans le cas où il n'est pas procédé à l'examen de la situation de la personne condamnée dans les conditions qui viennent d'être indiquées, le président de la chambre de l'application des peines de la cour d'appel peut, d'office ou sur saisine de la personne condamnée ou du procureur de la République, prononcer une mesure de libération sous contrainte. Nous ajoutons que la loi du 15 août 2014 (art. 46) abroge les dispositions jusqu'alors applicables aux condamnés incarcérés (art. 723-19 à 723-27) ainsi que les modalités d'exécution des fins de peines d'emprisonnement en l'absence de tout aménagement de peine (art. 723-28)[19]. Cette libération sous contrainte part d'un souci louable d'éviter au maximum des sorties « sèches ». Mais elle suppose pour réussir des moyens en personnel, ce qui est loin d'être acquis.

18. Annexe à la loi d'orientation et de programmation de la justice du 9 sept. 2002, JO 10 sept. 2002, p. 14947.

19. On rappelle que pour les personnes condamnées à de *longues peines* (plus de cinq ans par conséquent), la loi du 15 août 2014 prévoit également un examen obligatoire de leur situation aux deux tiers de leur exécution afin de voir si une libération conditionnelle est envisageable (art. 730-3 nouv., cf. *supra*, n° 835).

Sous-section 3
La surveillance judiciaire, la rétention et la surveillance de sûreté

§1. La surveillance judiciaire

845. Le tribunal de l'application des peines peut ordonner, sur réquisition du parquet, à titre de mesure de sûreté et aux seules fins de prévenir une récidive dont le risque est avéré un *placement sous surveillance judiciaire* des personnes dangereuses condamnées à une peine privative de liberté d'une durée égale ou supérieure à sept ans pour un crime ou un délit pour lequel le suivi socio-judiciaire est encouru ou d'une durée supérieure ou égale à cinq ans pour un crime ou un délit commis une nouvelle fois en état de récidive légale. Il s'agit d'une innovation de la loi du 12 décembre 2005 relative au traitement de la récidive. La loi du 24 novembre 2009 a retiré la connaissance de cette mesure de sûreté au juge de l'application des peines pour la confier au tribunal compte tenu de la gravité de tels dossiers et la loi du 10 mars 2010 a abaissé le seuil de la peine permettant cette mesure (sept ans au lieu de dix).

846. Le placement sous surveillance judiciaire ne s'applique pas à celui qui a été condamné à un suivi socio-judiciaire ou a bénéficié d'une libération conditionnelle (cpp, art. 723-36). Le jugement est pris avant la date de libération (CPP, art. 723-29 et s.)[20]. Cette surveillance judiciaire commence dès la libération du condamné et pendant une durée qui ne peut excéder celle correspondant au crédit de réduction de peine et aux réductions de peines supplémentaires dont il a bénéficié et qui n'ont pas fait l'objet d'une décision de retrait. Le risque de récidive, condition préalable pour recourir à cette mesure doit être constaté par une expertise médicale ordonnée par le juge de l'application des peines. Dans le cadre de cette surveillance, l'intéressé est soumis au respect des obligations prévues par les articles 132-44, 131-36-4, 131-36-12 du Code pénal et certaines prévues aux articles 132-45 et 131-36-2 du même code. La loi du 25 février 2008 ajoute dans le cas où la personne a été condamnée à une peine de réclusion criminelle d'une durée égale ou supérieure à quinze ans pour l'un des crimes mentionnés à l'article 706-53-13 du Code de procédure pénale, l'obligation d'assignation à domicile qui emporte pour l'intéressé l'interdiction de s'absenter de son domicile ou de tout autre lieu désigné par le juge en dehors des périodes fixées par celui-ci (CPP, art. 723-30)[21]. Il est soumis à une injonction de soins quand il est établi après une expertise médicale qu'il peut faire l'objet d'un traitement (art. 723-30, CPP modif. par la loi du 10 août 2007) Il doit aussi faire l'objet de mesures

20. Cass. crim., 11 mai 2017, n° 16-84383, Dr. pén. 2017, comm., n° 117, note Peltier V.

21. Ces périodes tiennent compte de l'exercice d'une profession, du suivi d'un enseignement, stage, traitement médical ou plus simplement de la participation à la vie de famille.

d'assistance et de contrôle destinées à faciliter sa réinsertion. Le juge de l'application des peines peut modifier par ordonnance les obligations auxquelles le condamné est astreint, mettre fin à ces obligations, mais aussi, dans le cas où le condamné ne respecte pas la décision, retirer tout ou partie de la durée de réduction de peine dont il a bénéficié et ordonner sa réincarcération. Dans ce cas, il est possible d'utiliser la surveillance de sûreté dès la libération de la personne. Mais c'est alors la juridiction régionale de la rétention de sûreté qui est compétente pour l'ordonner (art. 723-37 modifié par la loi du 10 mars 2010). Toute détention qui intervient au cours de l'exécution de la surveillance judiciaire et qui ne découle pas d'un retrait de tout ou partie de la durée des réductions de peine décidé en application de l'article 723-35 du Code de procédure pénale suspend cette surveillance. Elle reprend pour la durée restant à courir à l'issue de cette suspension (CPP, art. 723-38-1).

Lorsque le placement sous surveillance judiciaire est prononcé à l'encontre d'une personne condamnée à une peine de réclusion criminelle d'une durée égale ou supérieure à quinze ans pour l'une des infractions visées à l'article 706-53-13, les obligations auxquelles est astreinte la personne peuvent être prolongées au-delà de la limite fixée par l'article 723-29 ; mais là encore il faut utiliser comme relais le placement sous le régime de la surveillance de sûreté pour une durée de deux ans. C'est la juridiction régionale de la rétention de sûreté qui prendra la décision.

§2. La rétention et la surveillance de sûreté

847. Ces deux mesures sont maintenant connues (v. *supra* n°s 651, 652, 799).

S'agissant de la *rétention de sûreté*, le statut du condamné qui reste ainsi enfermé dans le centre socio-médico-judiciaire de sûreté est différent de celui du détenu. Ses droits sont plus nombreux. L'article 706-53-22 du Code de procédure pénale prend soin de dire qu'il ne peut être apporté à l'exercice de ces droits d'autres restrictions que celles qui sont strictement nécessaires aux exigences de l'ordre public. La personne retenue doit par principe avoir accès aux soins, aux activités sportives et à une formation professionnelle, en exécution du programme de réinsertion financé par le ministère de la Justice et celui de la Santé. Selon l'article L. 381-31-1 du Code de la santé publique, ces personnes bénéficient *a fortiori* des mêmes droits sociaux que les détenus. Les centres socio-médico-judiciaires doivent disposer d'équipes pluridisciplinaires spécialisées prenant en charge la réinsertion du condamné et permettant d'élaborer un projet de sortie : éducateurs spécialisés, médecins psychiatres, psychologues. Les centres doivent pouvoir conclure également des partenariats avec l'éducation nationale, les entreprises, les travailleurs sociaux extérieurs à l'établissement.

La *surveillance de sûreté* comprend des obligations identiques à celles prévues dans le cadre de la surveillance judiciaire mentionnée à l'article 723-30, en particulier une injonction de soins et le placement sous surveillance électronique mobile. Si le condamné méconnaît les obligations qui lui sont imposées de telle sorte que son comportement fait apparaître une probabilité très élevée de commettre à nouveau l'une des infractions visées à l'article 706-53-13 du Code de procédure pénale, le président de la juridiction régionale de la rétention de sûreté peut ordonner d'urgence son placement provisoire dans un centre socio-médico-judiciaire de sûreté à condition toutefois qu'un renforcement des obligations de la surveillance de sûreté s'avère insuffisant pour prévenir la récidive. (art. 706-53-19 al. 4 nouv., loi du 10 mars 2010). La loi du 10 mars 2010, modifiant l'article 706-53-19 précise que constitue une méconnaissance des obligations imposées dans le cadre de la surveillance de sûreté le fait de refuser de commencer ou de poursuivre le traitement prescrit par le médecin dans le cadre de l'injonction de soins (y compris le traitement inhibiteur de la libido). L'intéressé doit d'ailleurs être informé par le président de la juridiction régionale que le placement sous surveillance électronique mobile ne pourra être mis en œuvre sans son consentement mais que, à défaut ou s'il manque à ses obligations, son placement dans un centre socio-médico-judiciaire pourra être ordonné.

Section 2
L'exécution de la peine d'amende

§1. Les modalités de recouvrement

848. D'après l'article 707-1, al. 2, du Code de procédure pénale, modifié par la loi du 9 juillet 2010 visant à faciliter la saisie et la confiscation en matière pénale, les poursuites pour le recouvrement des amendes sont assurées par le comptable public compétent agissant au nom du procureur de la République. Le recouvrement est effectué au vu d'un extrait du jugement de condamnation devenu exécutoire.

Quand il s'agit d'une *amende fixe*, la procédure de droit commun est la suivante : un avertissement est adressé au débiteur, l'invitant à s'acquitter de sa dette. À défaut de règlement dans le mois, le comptable du Trésor, chargé du recouvrement par le receveur des finances, met le débiteur en demeure de se libérer. Si le paiement n'est pas intervenu dans les cinq jours de la mise en demeure, le comptable du Trésor informe le parquet de ses diligences. Des poursuites seront exercées sur les biens du débiteur, voire sur sa personne quand la loi a prévu la contrainte judiciaire.

Quand il s'agit d'amendes prononcées sous forme de *jours-amende*, le montant global n'est exigible qu'à l'expiration du délai correspondant au nombre de jours-amende prononcé, et la mise en demeure sera adressée un mois au plus tard après la date d'exigibilité du montant des jours-amende. Celui qui ne s'acquitte pas de l'amende risque un emprisonnement, sauf à régler l'intégralité de l'amende (cpp, art. 762, dern. al., L. 3 juin 2016 et *supra*, n° 664).

849. Dans un certain nombre de cas s'appliquera un *recouvrement simplifié* au moyen du système de l'*amende forfaitaire* :

- Un premier cas est prévu pour les contraventions des quatre premières classes dans le domaine des infractions au Code de la route ou aux règles d'assurance obligatoire des véhicules : le contrevenant s'acquitte de l'amende entre les mains de l'agent qui a constaté par procès-verbal l'infraction, ou par l'envoi d'un timbre-amende dans les quarante-cinq jours au service indiqué sur la carte de paiement remise par l'agent. Pendant ce délai, le contrevenant peut déposer une requête tendant à son exonération, qui est transmise au ministère public. À défaut de paiement dans les quarante-cinq jours ou de requête, l'amende forfaitaire est *majorée* de plein droit et recouvrée au profit du Trésor public en vertu d'un titre rendu exécutoire par le ministère public (CPP, art. 529 à 529-2).
- Pour certaines contraventions au Code de la route, l'amende peut être *minorée* si le contrevenant en règle le montant immédiatement entre les mains de l'agent verbalisateur ou dans les trois jours à compter de la constatation de l'infraction. Si l'avis est envoyé ultérieurement au contrevenant, le paiement doit être effectué dans les quinze jours qui suivent l'envoi (CPP, art. 529-7 à 529-9).
- Il y a également une procédure particulière quand il s'agit d'une contravention à la police des services publics de transports (CPP, art. 529-3 à 529-5).

850. Pour s'assurer du paiement de l'amende, le Trésor public dispose de *garanties* : un privilège général sur les meubles du débiteur ; une hypothèque légale et même une hypothèque judiciaire pour le recouvrement de condamnations pécuniaires autres que les amendes pénales (C. civ., art. 2412, al. 1). Il existe aussi une solidarité entre ceux qui ont commis plusieurs infractions, permettant au fisc de réclamer à l'un d'eux la totalité du montant des condamnations, celui qui a payé disposant en théorie d'un recours contre les coparticipants, recours illusoire en pratique. Afin de limiter l'atteinte au principe de la personnalité des peines que constitue la solidarité, le législateur a prévu que celle-ci, qui n'est jamais de droit, ne peut être prononcée par le tribunal qu'en cas d'insolvabilité de coauteurs ou complices de crimes, délits ou contraventions de cinquième classe, et par décision spécialement motivée (CPP, art. 375-2, al. 2, 480-1, al. 2, et 543, al. 2).

§2. Le recouvrement forcé sur la personne du condamné : la contrainte judiciaire[22]

851. La contrainte judiciaire s'est substituée à la contrainte par corps depuis la loi du 9 mars 2004. Le changement de vocabulaire traduit un changement de procédure, le juge de l'application des peines jouant

22. V. sur cette mesure, Détraz S., « Rémanence et renaissance d'une institution : de la contrainte par corps à la contrainte judiciaire », Dr. pén. 2004, études n° 14.

désormais un rôle central. C'est lui qui, par un jugement rendu comme toutes les décisions du juge de l'application des peines après un débat contradictoire et dans les conditions de l'article 712-6 du Code de procédure pénale, ordonne l'emprisonnement. Antérieurement c'était le procureur de la République qui mettait en œuvre une mesure sur laquelle s'était prononcé le jugement de condamnation[23]. Comme l'ancienne contrainte par corps, la contrainte judiciaire consiste à forcer le condamné à payer l'amende pénale (et non civile, administrative ou disciplinaire) prononcée à son encontre, en l'incarcérant dans le quartier à cet effet destiné d'un établissement pénitentiaire. Le régime de la contrainte judiciaire est prévu par les articles 749 à 762 du Code de procédure pénale. La condamnation à l'amende doit avoir été prononcée en matière criminelle ou en matière correctionnelle pour un délit puni d'une peine d'emprisonnement. Les amendes contraventionnelles sont désormais exclues. Mais sont concernées les amendes mixtes prononcées en matière de délits de chasse et de pêche, en matière fiscale et douanière. L'auteur de l'infraction ne doit ni être mineur au moment des faits, ni âgé de soixante-cinq ans ou plus au moment de la condamnation, ni insolvable.

La durée de l'incarcération est fonction du montant de l'amende (CPP, art. 750) :

- vingt jours pour les amendes comprises entre 2 000 et 4 000 € ;
- un mois pour les amendes comprises entre 4 000 et 8 000 € ;
- deux mois pour les amendes comprises entre 8 000 et 15 000 € ;
- trois mois pour les amendes au-delà de 15 000 €.

Elle peut aller jusqu'à un an pour les infractions de trafic de stupéfiants et pour les infractions douanières connexes lorsque l'amende dépasse 100 000 € (CPP, art. 706-31, al. 3).

852. L'incarcération du débiteur ne se substitue pas à l'amende, qui reste due une fois subie la contrainte judiciaire. La jurisprudence établie à propos de la contrainte par corps semble pouvoir être maintenue avec la contrainte judiciaire. C'est ainsi que pour la chambre criminelle de la Cour de cassation, la contrainte par corps a été analysée comme une voie d'exécution (« mesure à caractère pénal » toutefois, selon les propres termes utilisés par la chambre criminelle), ne pouvant faire l'objet d'une confusion de peines par application des articles 132-3 et 132-4 du Code pénal[24], ni donner lieu à une réduction de peine par application des articles 721 et 721-1 du Code de procédure pénale[25]. Cette analyse a été

23. L'article 473 du Code de procédure pénale, aujourd'hui abrogé par la loi du 9 mars 2004, disposait en effet : « tout jugement de condamnation se prononce à l'égard du prévenu sur la durée de l a contrainte par corps ».

24. Cass. crim., 29 mai 1997 : Bull. crim., n° 212.

25. Cass. crim., 24 sept. 1996 : Bull. crim., n° 328. Comparer cependant avec Cass. crim., 29 janv. 2003 : Bull. crim., n° 20, qui a jugé que la contrainte par corps présentait « à certains égards les caractères d'une peine » ; cette motivation laissait entrevoir éventuellement une autre qualification pour l'application d'autres règles (notamment européennes). La chambre commerciale a assimilé quant à elle contrainte par

contredite par celle de la Cour européenne des droits de l'Homme qui a assimilé, en revanche, la contrainte par corps à une peine[26].

Cela dit, la contrainte par corps supposait toutefois une condamnation pénale et ne pouvait être utilisée hors les cas prévus par la loi. Ainsi, a-t-il été jugé par la Cour de cassation que « selon l'article L. 272 du Livre des procédures fiscales, la contrainte par corps [...] n'est pas encourue en cas de condamnation pour omission d'écriture en comptabilité définie non par l'article 1741 du Code général des impôts mais par l'article 1743 de ce code »[27].

La personne qui fait l'objet de la contrainte judiciaire peut mettre fin à l'exécution de cette mesure en payant ou consignant une somme suffisante pour éteindre la dette ou bien encore en fournissant une caution bonne et valable (CPP, art. 759).

853. La contrainte judiciaire reste, comme l'était la contrainte par corps, une institution archaïque et critiquable. Quand il y a condamnation à une peine d'emprisonnement et d'amende, la contrainte judiciaire ordonnée par le juge de l'application des peines fait qu'une privation de liberté s'ajoutera à une autre privation de liberté. Compte tenu du montant élevé de certaines amendes, en matière douanière et fiscale notamment, la contrainte judiciaire est toujours susceptible d'allonger considérablement la durée d'incarcération d'un condamné qui, la plupart du temps, ne dispose pas de moyens pécuniaires pour empêcher ou interrompre la contrainte[28]. Une transaction avec l'administration créancière pourra peut-être lui permettre d'abréger la détention, mais elle ne le dispensera pas de régler ultérieurement sa dette ; et comme on peut craindre qu'il n'ait toujours pas de revenus suffisants, on peut s'interroger sur la réelle efficacité de cette mesure d'exécution forcée.

---

corps et peine au sens de l'article 7 de la Convention européenne : Cass. com., 16 mai 2000 : Bull. civ. IV, n° 104.

26. CEDH, *Jamil c/France,* 8 juin 1995, série A 317 B. La cour statuait à propos de l'application de l'article 7 paragr. 1, dernière phrase, de la Convention européenne des droits de l'Homme selon lequel « il n'est infligé aucune *peine* plus forte que celle qui était applicable au moment où l'infraction a été commise ». Pour autant, la Cour européenne a considéré que la non-application en la matière de la règle de confusion des peines n'était pas contraire au principe *non bis in idem* contenu dans l'article 4 du protocole n° 7 : CEDH, *Göktan c/France,* 2 juill. 2002, Req. n° 33402/96 ; RSC 2003. 413 et s. spéc. p. 414 et 415, obs. Massias F.

27. Cass. crim., 7 nov. 1996 : Bull. crim., n° 399

28. Le risque est d'autant plus grand en matière douanière que l'article 382 § 2 du Code des douanes attache de plein droit la contrainte judiciaire à l'exécution des condamnations douanières.

CHAPITRE 3

Les obstacles à l'exécution de la peine

854. Ils sont de deux ordres : ceux qui laissent survivre la condamnation (section 1) et ceux qui l'effacent (section 2).

Section 1
Les obstacles qui laissent survivre la condamnation

855. Il s'agit de la *prescription* (§ 1), du *relèvement* (§ 2) et de la *grâce* (§ 3).

§1. La prescription

856. La prescription de la peine doit être bien distinguée de la prescription de l'action publique. Cette dernière joue sur les poursuites et fait obstacle à toute action publique à l'expiration d'un délai de vingt, six[1] ou un an selon qu'il s'agit d'un crime, d'un délit ou d'une contravention. La prescription de la peine suppose, à l'inverse, que l'action publique soit arrivée à son terme et qu'une condamnation ait été prononcée. Elle empêche, à l'expiration d'un délai donné, toute exécution de la sanction. Elle est fondée, comme toute prescription, sur un motif d'intérêt social. La peine prononcée par le tribunal exprime la réaction de la société au trouble causé par l'infraction. Si l'autorité publique ne met pas tout en œuvre pour que la condamnation devienne effective, c'est ou bien parce que l'atteinte à la valeur protégée n'était pas aussi

1. On rappelle que les délais de prescription de l'action publique en matière de crime et de délit ont été allongés par la loi n° 2017-242 du 27 février 2017.

grave qu'on l'avait laissé paraître, ou bien parce qu'il y a une carence des autorités chargées de l'exécution. La société ne saurait exiger du condamné qu'il participe activement à sa propre condamnation. Au terme d'une certaine période, l'oubli doit prévaloir pour la paix sociale. Ces justifications fixent le *domaine* de la prescription :

- Seules les condamnations donnant lieu à une exécution forcée sont concernées par la prescription. Les peines privatives ou restrictives de droits y échappent.
- Seules les condamnations qu'il est possible d'oublier seront prescrites : ce n'est pas le cas des crimes contre l'humanité (C. pén., art. 213-5).

A. Le délai de prescription

857. Il y a, en la matière, une règle générale et une exception.

La *règle générale* est que tous les crimes se prescrivent par vingt ans (C. pén., art. 133-2), les délits par six ans (art. 133-3) et les contraventions au bout de trois années (art. 133-4). La durée est désormais identique à celle applicable à la prescription de l'action lorsqu'il s'agit d'un crime ou d'un délit.

L'*exception* est qu'il existe des délais allongés pour certaines peines : celles prononcées en cas de crimes d'eugénisme et de clonage reproductif (CP, art. 214-1 à 214-4), de disparitions forcées (CP. art. 221-12), crimes et délits de guerre (Livre IV bis) d'infractions de terrorisme ou de trafic de stupéfiants (CP. art. 706-16 et 706-26) et d'infractions relatives à la prolifération d'armes de destruction massive et de leurs vecteurs (CP. art. 706-167). En ces matières, le délai est de trente ans pour les crimes. Les peines prononcées pour les délits prévus au livre IV bis du Code pénal, aux articles 706-16 et 706-26 du Code de procédure pénale et , lorsqu'ils sont punis de dix ans d'emprisonnement, à l'article 706-167 du même code, se prescrivent par vingt ans. Le délai est également identique pour la prescription de l'action et celle de la peine. Il était difficile de maintenir la différence entre les deux catégories de délai et de prévoir une période de temps plus longue pour la prescription de la peine sans lui faire perdre sa signification. Au-delà de trente ans, pourrait-on encore parler d'oubli ?

Le *point de départ* du délai est le jour où la condamnation est devenue définitive, c'est-à-dire lorsqu'elle est insusceptible de recours. En matière correctionnelle dans l'hypothèse d'une condamnation par défaut, le délai court à compter de l'expiration du délai d'opposition[2]. En matière criminelle, lorsque l'auteur de l'infraction a été jugé selon la procédure du défaut (qui s'est substituée à la contumace), il ne lui est pas permis de purger la condamnation prononcée une fois la peine éteinte par la prescription (CPP, art. 379-4).

Le délai peut être *interrompu* ou *suspendu*. L'interruption fait courir un nouveau délai. Sont interruptifs de prescription tous actes par lesquels l'autorité publique manifeste sa volonté de procéder à l'exécution forcée de la décision : saisie, commandement de payer (CPP, art. 707-1), contrainte judiciaire,

2. Comp. Cass. crim., 20 sept. 1994 : Bull. crim., n° 299.

arrestation. La suspension du délai, à l'inverse de l'interruption, n'anéantit pas les effets accomplis de la prescription. Les causes suspensives ont pour effet de faire obstacle temporairement au cours de la prescription ; certaines sont de droit (le sursis, le pourvoi en cassation), d'autres de fait (guerre, catastrophe naturelle).

B. Les effets de la prescription

858. La prescription est d'ordre public. Elle s'impose aux juridictions et au condamné qui ne peut y renoncer. Ses effets sont limités :

La prescription n'efface pas la condamnation et en particulier la déclaration de culpabilité. La condamnation reste inscrite au casier judiciaire, compte pour la récidive et peut être un obstacle à l'obtention d'un sursis. Selon l'article 133-6 du Code pénal, les obligations civiles qui résultent de la condamnation survivent à la prescription de la peine et se prescrivent d'après les règles du Code civil.

La prescription n'empêche que l'exécution forcée de la peine : les interdictions sont maintenues, et en matière criminelle, à défaut de pouvoir incarcérer le condamné, l'article 763 du Code de procédure pénale prévoit une « peine de substitution », l'interdiction de séjour perpétuelle dans le département où demeure la victime du crime ou ses héritiers directs.

§2. Le relèvement de peine

859. Cette mesure est prévue par les articles 132-21, al. 2, du Code pénal, et 702-1 et 703 du Code de procédure pénale. Le relèvement est subordonné à certaines *conditions*, obéit à une *procédure*, et produit certains *effets*.

A. Conditions

1. Quant aux sanctions

860. Le relèvement s'applique à toute interdiction, déchéance, incapacité, mesure de publication résultant *de plein droit* d'une condamnation en application de dispositions particulières, ou prononcée dans le jugement de condamnation à titre de peine complémentaire. Il s'applique aussi à la durée de la peine. Exemples de peines qui peuvent être relevées : la suspension du permis de conduire (dans ce cas, l'article 131-6 du Code pénal, qui permet de limiter la suspension du permis à la conduite en dehors de l'activité professionnelle, est applicable (CPP, art. 702-1, dernier al.). Autre exemple : l'affichage d'une condamnation.

En revanche, le relèvement ne s'applique pas aux sanctions qui ne sont pas des interdictions, déchéances, incapacités ou mesures de publicité, par exemple : à la révocation du sursis, ni à la confiscation, ni à la reconduite à la frontière[3], ni à l'annulation du permis de conduire prononcée en application de l'ancien article L. 15 du Code de la route[4], ni aux mesures « à caractère réel », par exemple la fermeture d'établissement prévue par le Code des débits de boissons, ni aux sanctions disciplinaires prononcées par une instance disciplinaire[5].

L'interdiction de séjour peut-elle faire l'objet d'un relèvement ? La Cour de cassation avait écarté également l'interdiction de séjour, en se fondant sur les anciens articles 44-2 et 55-1 du Code pénal. Le premier texte prévoyait que la juridiction qui avait prononcé l'interdiction de séjour pouvait à tout moment réduire sa durée ou dispenser le condamné de l'exécution. Cette procédure spécifique dérogeait, selon la haute juridiction, à celle du relèvement[6]. En 1992, le Code pénal n'a pas repris les dispositions de l'ancien article 44-2 sur l'interdiction de séjour. Mais l'article 762-5 du Code de procédure pénale donne au juge de l'application des peines le pouvoir de suspendre l'exécution de cette peine, ce qui constitue une possibilité d'aménagement judiciaire très proche de celle du relèvement. En définitive et *a priori*, le relèvement de l'interdiction de séjour ne paraît pas interdit.

2. Quant au moment de la demande

861. Il existe deux sortes de relèvement : le relèvement « instantané », prononcé au moment même de la condamnation, et le relèvement « différé », accordé par un jugement ultérieur.

3. Quant au mérite de la demande

862. Dans le cas de relèvement différé, l'article 703 du Code de procédure pénale dispose que le procureur de la République à qui est adressée la demande s'entoure de tous les renseignements utiles et prend, s'il y a lieu, l'avis du juge de l'application des peines. On en déduit généralement que le relèvement n'est possible qu'en cas de bonne conduite du demandeur entre la date de sa condamnation et celle de sa requête. Lorsque la demande est relative à une déchéance, interdiction ou incapacité prononcée contre un débiteur coupable de banqueroute, la juridiction ne peut accorder le relèvement que si l'intéressé a apporté une contribution suffisante au paiement du passif du débiteur (CPP, art. 702-1, al. 2 renvoyant à l'article L. 654-6 du Code de commerce)[7].

3. Cass. crim., 5 déc. 1984 : RSC 85. 283.

4. Cass. crim., 17 juin 1986 : RSC 86.844. À noter que l'annulation du permis de conduire en application du nouveau Code de la route *peut* être prononcée, p. ex. pour infractions aux art. L. 234-1 et L. 234-8, ou pour homicide ou blessures involontaires (C. route, art. L. 234-2 ; L. 234-8, II, ; CP., art. 221-8). Elle est prononcée *de plein droit* en cas de récidive (C. route, art. L. 234-13 à propos des infractions prévues aux art. L. 234-1 et L. 234-8).

5. Cass. crim., 4 janv. 1990 : RSC 1990. 559, obs. Vitu A.

6. Cass. crim., 27 mars 1985 : D. 1985. 325, note Azibert – 8 nov. 1988 : RSC 1989. 494, obs. Vitu A.

7. L'article L. 654-6 du Code de commerce est cependant abrogé : il a, en effet, été déclaré contraire à la Constitution pour atteinte au principe d'égalité devant la loi, les sanctions étant différentes selon que le juge pénal se prononce avant la décision définitive du juge civil ou commercial ou l'inverse : Cons. const., 29 sept. 2016, n° 2016-573 QPC.

Dans le cas de relèvement au moment de la condamnation, il faut se fonder sur l'inexistence de l'état dangereux de l'intéressé et sur la disproportion, dont a conscience le juge, entre l'infraction et la peine[8].

4. Quant à l'étendue du relèvement

863. Celui-ci est total ou partiel.

B. Procédure

864. La juridiction compétente est celle qui a prononcé la condamnation. En cas de pluralité de condamnations, c'est la juridiction qui a statué en dernier lieu. Si la condamnation a été prononcée par une cour d'assises, la juridiction compétente pour statuer sur la demande de relèvement est la chambre de l'instruction dans le ressort de laquelle la cour d'assises a son siège.

Le relèvement doit être *demandé*. En cas de relèvement différé, on applique les dispositions de l'article 703 du Code de procédure pénale. La requête est adressée au procureur de la République ou au procureur général selon que la condamnation a été prononcée en première instance ou en appel. La décision est rendue en chambre du conseil et peut être, selon le cas, frappée d'appel ou de pourvoi en cassation.

Sauf lorsqu'il s'agit d'une mesure résultant de plein droit d'une condamnation pénale, la demande ne peut être portée devant la juridiction compétente qu'à l'issue d'un délai de six mois après la décision initiale de condamnation. En cas de refus, une autre demande ne peut être présentée que six mois après ce refus (CPP, art. 702-1, al. 3).

C. Effets

865. Le relèvement efface uniquement les conséquences de la condamnation en matière d'incapacités, déchéances ou interdictions. Pour le surplus, la condamnation subsiste, compte pour l'application de la récidive et fait obstacle à l'octroi d'un sursis simple ultérieur. La condamnation reste en principe mentionnée au casier judiciaire. Mais l'article 775-1 du Code de procédure pénale donne au tribunal qui prononce une condamnation la faculté d'exclure la mention de cette condamnation, soit quand il la prononce, soit postérieurement. Le texte ajoute que l'exclusion de la mention d'une condamnation au bulletin n° 2 emporte relèvement de toutes les interdictions, déchéances ou incapacités résultant de cette condamnation.

8. En ce sens, Pradel J., *op. cit.*, n° 925.

§3. La grâce

866. Elle est une faveur en vertu de laquelle un individu reconnu coupable et définitivement condamné se trouve soustrait en tout ou en partie à l'exécution de la peine. C'est une prérogative traditionnelle du souverain, dont a hérité le chef de l'État (art. 17 de la Constitution). Elle atténue la certitude de la peine, et a pour résultat de violer la séparation des pouvoirs, puisque le chef de l'exécutif contredit ainsi une décision de justice.

A. Champ d'application

867. La grâce peut s'appliquer à toutes les peines principales ou complémentaires, politiques ou de droit commun, lourdes ou légères (elle peut s'appliquer à une amende). Elle ne s'applique pas à des sanctions qui ne sont pas au sens strict des peines : p. ex. sanctions disciplinaires, sanctions administratives, amendes fiscales.

La grâce peut bénéficier à tous les délinquants (majeurs ou mineurs, délinquants primaires ou récidivistes) et même aux personnes morales.

B. Conditions

868. Pour qu'une peine puisse faire l'objet d'une grâce, il faut :

1° que la condamnation qui a prononcé cette peine soit *définitive*, c'est-à-dire qu'elle ne soit plus susceptible d'aucune voie de recours ;

2° que cette condamnation soit *exécutoire* : la grâce n'est donc pas possible si la peine a déjà été exécutée, si elle a été prescrite, ou si elle est assortie d'un sursis.

Sur le plan procédural, le condamné forme un recours en grâce adressé au président de la République et acheminé par la voie hiérarchique. Ce recours n'est soumis à aucune forme. Il peut émaner du condamné, de son avocat, ou même de toute personne ayant un intérêt matériel ou moral à la grâce (conjoint, parent...). Le conseil supérieur de la magistrature intervient sur la procédure de recours dans toutes les affaires sur lesquelles le président de la République décide de solliciter son avis. Si la grâce est accordée, elle fait l'objet d'un décret signé par le président de la République et contresigné par le Premier ministre et le ministre de la Justice. Le décret de grâce n'a pas à être publié. Il sera notifié au condamné par le parquet. Aucun recours juridique n'est possible contre lui.

La grâce est une mesure *individuelle*[9]. Elle peut être pure et simple, ou bien affectée de *conditions* : p. ex. le condamné ne devra pas faire l'objet d'une nouvelle condamnation dans un certain délai, ou encore il devra exécuter certaines obligations positives (cure de désintoxication, paiement d'une amende ou désintéressement de la victime selon l'article 133-8 du Code pénal).

9. La grâce collective est supprimée depuis la loi constitutionnelle du 23 juill. 2008.

C. Effets

869. La grâce dispense de l'exécution de la peine (C. pén., art. 133-7), soit en *totalité*, soit en *partie* : par exemple, la grâce portera sur la peine principale mais laissera subsister les peines complémentaires.

Mais la grâce *laisse subsister la condamnation*[10]. En conséquence, c'est la condamnation primitive, avec la peine prononcée, qui continue à figurer au casier judiciaire (avec l'indication toutefois que la grâce a été accordée). C'est elle qui compte pour la récidive et qui fait éventuellement obstacle au sursis.

Par ailleurs, comme la grâce est une modalité d'exécution, elle permet au condamné qui est censé avoir exécuté la moitié de la peine de bénéficier de la libération conditionnelle.

De la grâce, il convient de rapprocher ce qu'on peut appeler la *remise de peine* (ou *réduction de peine*) accordée par le juge de l'application des peines. Les lois des 29 décembre 1972 et 11 juillet 1975 ont reconnu à ce juge le droit d'accorder des remises de peine, ce qui traduit un transfert à ce magistrat d'une partie du pouvoir régalien du chef de l'État.

La loi du 9 mars 2004 maintient le dispositif tout en l'aménageant par la mise en place de crédits de réduction complétés par des réductions supplémentaires accordées par le juge de l'application des peines (CPP, art. 721-1 : v. *supra*, n° 833).

Section 2
Les obstacles qui font disparaître la condamnation

870. Ce sera le cas de l'*amnistie* (§ 1) et de la *réhabilitation* (§ 2).

§1. L'amnistie

871. Selon l'article 133-9 du Code pénal, elle « efface les condamnations prononcées ». La loi d'amnistie anéantira la condamnation selon différents procédés :

- Dans certains cas, en subordonnant l'amnistie à la peine qui sera effectivement prononcée par le juge. Par exemple, l'article 5 de la loi du 6 août 2002 vise les délits qui « ont été ou seront punis... ». La peine peut n'exister, alors, que durant un instant de raison. On s'aperçoit que le juge se trouve investi, par le choix de la peine, du pouvoir de faire bénéficier ou non le prévenu de la clémence de la loi. C'est

10. Elle se distingue en cela de la réhabilitation, qui efface la condamnation dans ses conséquences actuelles et futures, notamment en la faisant disparaître du casier judiciaire.

pourquoi la doctrine parle, à ce propos, d'amnistie « judiciaire[11] ». À notre avis, le terme est excessif, le juge n'ayant pas, en France, le pouvoir d'amnistier, même par délégation du législateur. En toute hypothèse, le juge doit repousser la tentation de s'arroger une telle prérogative, et ne pas oublier que la peine, dans sa nature ou son quantum, se détermine uniquement en fonction de la gravité des faits et de la culpabilité de leur auteur, et non par rapport à la volonté du juge de pardonner ou non le prévenu.

- Dans d'autres cas, en soumettant le bénéfice de l'amnistie à l'exécution, par le condamné, de la peine ou d'une obligation particulière : ainsi, l'article 5 de la loi du 6 août 2002 soumet l'amnistie des délits punis d'une amende supérieure à 750 € au paiement de cette amende ; l'article 6 de la même loi exige que le condamné à une peine d'emprisonnement avec sursis assorti d'une mise à l'épreuve ou de l'obligation d'accomplir un travail d'intérêt général ait accompli le délai d'épreuve ou la totalité du travail.
- Dans d'autres cas encore, en faisant simplement jouer l'effet extinctif et rétroactif attaché à l'amnistie à partir du moment où la décision de condamnation est devenue irrévocable.

A. La portée de l'effet extinctif

872. *Sur le fond*, l'effacement de la condamnation emporte « remise de *toutes* les peines » (C. pén., art. 133-9), ce qui couvre aussi, en principe, les mesures de sûreté. D'ailleurs, les dernières lois d'amnistie les visent expressément. C'est le cas de la loi du 3 août 1995 ou de celle du 6 août 2002 dont l'article 15 dispose que l'amnistie entraîne « la remise des peines et des mesures de police et de sûreté ». L'ancienne jurisprudence[12] qui réservait l'effet extinctif de l'amnistie aux peines et non aux mesures de sûreté n'a donc plus la même force, sauf à remarquer que dans les lois d'amnistie, la remise des mesures de sûreté est loin d'avoir un caractère général comme on l'indiquera ci-après. En revanche, l'amnistie porte sur les sanctions disciplinaires et professionnelles (ex : art. 11, loi du 6 août 2002).

Si la peine est en cours d'exécution, celle-ci doit être interrompue : le condamné à une peine d'emprisonnement doit être remis en liberté ; l'amende ne devra plus être acquittée.

L'amnistie rétablit, par ailleurs, l'auteur ou le complice de l'infraction dans le bénéfice du sursis qui avait pu lui être accordé lors d'une condamnation antérieure et qui, du fait de la nouvelle condamnation, avait été révoqué.

En cas de condamnation pour des infractions multiples, le condamné est amnistié pour l'ensemble des infractions en concours dès lors que l'infraction amnistiée est « légalement punie de la peine la plus forte ou d'une peine égale à celles qui sont prévues pour les autres infractions poursuivies » (à condition

11. Pradel J., *op. cit.*, n° 397 – Desportes F. et Le Gunehec F., *op. cit.*, n° 1098.

12. Cass. crim., 7 janv. 1972 : D. 1972. 501, note Roujou de Boubée G.

que l'une de ces infractions ne soit pas exclue du bénéfice de l'amnistie). C'est une mesure bienveillante pour le condamné et souvent prévue (ex. art. 4, loi 6 août 2002).

Sur la forme, l'article 133-9 du Code pénal conduit à interdire à quiconque qui aurait connaissance de condamnations amnistiées d'en rappeler l'existence ou d'en laisser subsister la mention dans un document quelconque. Il en résulte que la condamnation doit être retirée du casier judiciaire (art. 22, loi du 6 août 2002) et du sommier de police technique du ministère de l'Intérieur (CPP, art. 773-1). Néanmoins, aux termes de l'article 133-11 du Code pénal, les minutes des jugements échappent à l'interdiction de rappel, et l'amnistie ne saurait s'opposer à l'exécution de la publication ordonnée à titre de réparation. Quant à la Cour de cassation, elle considère que la prohibition du rappel des condamnations amnistiées est d'interprétation stricte : une condamnation rappelée dans un acte juridique n'emporte pas nullité de cet acte, sauf si ce rappel a influé sur l'appréciation de la peine prononcée pour la nouvelle infraction[13].

B. Les limites de l'effet extinctif

873. En premier lieu, l'amnistie ne peut préjudicier aux droits des tiers (C. pén., art. 133-10). La loi du 6 août 2002 (art. 21) dispose, par conséquent, qu'en cas d'instance sur les intérêts civils, le dossier pénal doit être versé aux débats et mis à la disposition des parties.

En deuxième lieu, l'amnistie ne donne lieu à aucune restitution (C. pén., art. 133-9) : l'amende payée ne saurait faire l'objet d'un remboursement ; le préjudice né de l'incarcération ne peut être indemnisé. L'amnistie n'est pas une mesure de réparation mais une mesure de clémence.

En troisième lieu, l'amnistie ne met pas obstacle à la réhabilitation ou à l'action en révision tendant à faire établir l'innocence du condamné, et reste sans effet sur les mesures de retrait total ou partiel de l'autorité parentale (ex : art. 17, loi du 6 août 2002).

Enfin, nombre de mesures de police et de sûreté sont souvent exclues de l'amnistie pour des raisons de protection sociale : la faillite personnelle, l'interdiction du territoire français, l'interdiction de séjour, les mesures de démolition ou de mise en conformité, la dissolution de la personne morale, les mesures de placement ou de protection des mineurs délinquants... (ex : art. 16, loi du 6 août 2002). De même, l'amnistie laisse en dehors de son champ d'application certains faits constituant des manquements à l'honneur, à la probité ou aux bonnes mœurs passibles de sanctions disciplinaires ou professionnelles (sauf amnistie personnelle accordée par décret du président de la République (ex : art. 11, loi du 6 août 2002).

13. Cass. crim., 8 nov. 1995 : D. 1997. 321, note Fournier A., Dr. pén. 1997, comm. n° 99, note Véron M. ; RSC 1996, obs. Bouloc B.

§2. La réhabilitation

874. La réhabilitation est le rétablissement du condamné dans son honneur et ses droits. C'est une mesure de reclassement. Aux termes de l'article 133-16 du Code pénal, elle produit les mêmes effets que l'amnistie. Les deux institutions sont néanmoins différentes : l'amnistie est une mesure législative dans un but d'apaisement social, qui interdit toute déclaration de culpabilité ou neutralise *a posteriori* une condamnation, tandis que la réhabilitation peut être légale ou judiciaire, constitue une mesure individuelle de réinsertion sociale, suppose qu'une condamnation ait été rendue préalablement, et exige que la peine ait été subie. Cependant, le législateur est généreux : « Pour l'application des règles sur la réhabilitation, la remise gracieuse d'une peine équivaut à son exécution » (C. pén., art. 133-17). La contrainte judiciaire (même si le débiteur de l'amende ne l'acquitte pas et en reste débiteur) et la grâce sont assimilées généralement à l'exécution de la condamnation.

Dans ces conditions, envisager la réhabilitation comme un obstacle à l'exécution de la peine, c'est ne l'envisager qu'au regard des peines complémentaires, interdictions ou déchéances attachées à la condamnation.

A. Conditions de la réhabilitation

875. L'article 133-12 du Code pénal prévoit deux formes de réhabilitation : de plein droit, et judiciaire.

1. La réhabilitation de plein droit

876. Les conditions en sont précisées à l'article 133-13 pour les personnes physiques et à l'article 133-14 pour les personnes morales.

a. Personnes physiques

877. La réhabilitation opère *de plein droit,* à la condition que l'intéressé n'ait eu à subir aucune condamnation nouvelle à une peine criminelle ou correctionnelle pendant un *délai d'épreuve.*

Le délai est de trois ans pour la condamnation à l'amende ou à la peine de jours-amende, à compter du jour du paiement de l'amende ou du montant global des jours-amende, de l'expiration de la contrainte judiciaire ou du délai de l'incarcération prévue en cas de non-paiement des jours-amende (v. art. 131-25) ou de la prescription accomplie.

Le délai est de cinq ans pour la condamnation unique, soit à un emprisonnement n'excédant pas un an, soit à une peine autre que la réclusion criminelle, la détention criminelle, l'emprisonnement, l'amende ou le jour-amende, à compter soit de l'exécution de la peine, soit de la prescription accomplie.

Le délai est de dix ans pour la condamnation unique à un emprisonnement n'excédant pas dix ans ou pour les condamnations multiples à l'emprisonnement dont l'ensemble ne dépasse pas cinq ans, à compter soit de l'expiration de la peine subie, soit de la prescription accomplie.

La loi du 5 mars 2007 relative à la prévention de la délinquance a complété l'article 133-13 du Code pénal par deux règles supplémentaires :

D'une part, quand la personne a été condamnée pour des faits commis en état de récidive légale, les délais prévus ci-dessus sont doublés.

D'autre part, quand il s'agit de condamnations assorties en tout ou partie du sursis avec mise à l'épreuve ou avec obligation d'accomplir un travail d'intérêt général, les délais de réhabilitation courent pour chacune de ces condamnations y compris en cas de condamnations multiples, à compter de la date à laquelle la condamnation est non avenue.

b. Personnes morales

878. Le délai pendant lequel aucune condamnation nouvelle à une peine criminelle ou correctionnelle ne doit avoir été subie par la personne morale est unique et d'une durée de cinq ans. Il est calculé :

- en cas de condamnation à l'amende, à compter du jour du paiement de l'amende ou de la prescription accomplie ;
- en cas de condamnation à une peine autre que l'amende ou la dissolution, à compter soit de l'exécution de la peine, soit de la prescription accomplie.

L'article 133-15 ajoute que les peines dont la *confusion* a été accordée sont considérées comme constituant une peine unique et cela, qu'il s'agisse d'un délinquant personne physique ou personne morale.

Les délais sont doublés lorsque la personne morale a été condamnée pour des faits commis en état de récidive légale. Si une condamnation a été assortie du sursis, les délais de réhabilitation courent à compter de la date à laquelle la condamnation est non avenue (art. 133-14 modifié par la loi du 5 mars 2007).

2. La réhabilitation judiciaire

879. Les conditions sont prévues dans les articles 782 à 798-1 du Code de procédure pénale, auquel renvoie l'article 133-12 du Code pénal. La réhabilitation judiciaire a vocation à s'appliquer de manière générale dans les hypothèses qui ne donnent pas lieu à réhabilitation légale. La personne condamnée, physique ou morale, doit la solliciter auprès de la juridiction judiciaire.

a. Personnes physiques

880. Il y a des conditions de fond et de forme.

α. *Conditions de fond*

881. Elles sont relatives au délai au terme duquel la réhabilitation est possible et à la conduite de la personne condamnée.

S'agissant du délai d'épreuve, sa *durée* varie selon la nature de la peine prononcée. Elle est de cinq ans pour les peines criminelles, de trois ans pour les peines correctionnelles et d'une année pour les peines contraventionnelles (CPP, art. 786, al. 1). Ces durées sont portées à six et dix ans dans les trois cas prévus par l'article 787 du Code de procédure pénale : lorsque la personne est en état de récidive légale, lorsqu'après avoir obtenu la réhabilitation elle encourt une nouvelle condamnation, et lorsqu'après avoir été condamnée contradictoirement ou par défaut à une peine criminelle ou correctionnelle, elle a prescrit contre l'exécution de la peine. Le *point de départ* du délai est fixé pour l'amende au jour où la condamnation est devenue irrévocable, et pour les peines privatives de liberté, au jour de la libération définitive, ou de la libération conditionnelle lorsque celle-ci n'a pas été suivie de révocation. Quand il s'agit d'une peine autre que l'emprisonnement ou l'amende et que cette peine a été prononcée à titre principal, le délai part de l'expiration de la sanction subie (art. 786, al. 2 et 3).

S'agissant de l'attitude de la personne condamnée, celle-ci doit, sauf le cas de prescription, justifier du payement de l'amende et des dommages-intérêts ou de la remise qui lui en est faite ; à défaut de cette justification, le condamné doit établir qu'il a subi le temps de contrainte judiciaire déterminé par la loi ou que le Trésor public a renoncé à ce moyen d'exécution. Si le condamné a prescrit sa peine, il doit établir qu'il a eu pendant les délais de la prescription une conduite irréprochable. Toutefois, si depuis l'infraction le condamné a rendu des services éminents au pays, aucune condition de temps, d'exécution de la peine, voire de payement de l'amende et des dommages-intérêts n'est exigée (CPP, art. 789).

β. *Conditions de forme*

882. La personne condamnée adresse sa demande de réhabilitation au procureur de la République de sa résidence actuelle. S'il demeure à l'étranger, la demande sera adressée au procureur de sa dernière résidence en France ou, à défaut, à celui du lieu de condamnation. La requête doit préciser la date de la condamnation et les lieux où le condamné a résidé depuis sa libération. Si le condamné est décédé, la demande doit être formée par le conjoint, ses ascendants ou descendants, dans l'année du décès.

La demande doit porter sur l'ensemble des condamnations prononcées qui n'ont pas été effacées par une réhabilitation antérieure.

Une fois saisi, le procureur de la République instruit la demande et prend l'avis du juge de l'application des peines (CPP, art. 791). Le procureur se fait délivrer certaines pièces : une expédition des jugements de condamnation ; un extrait du registre des lieux de détention où la peine a été subie, constatant qu'elle a été la conduite du condamné ; un bulletin n° 1 du casier judiciaire.

Le procureur transmet le dossier avec son avis au procureur général qui saisit la chambre de l'instruction. La cour statuera dans les deux mois de sa saisine après un débat contradictoire. L'arrêt peut faire l'objet d'un pourvoi en cassation ; mais la conduite du condamné pendant le délai d'épreuve est appréciée souverainement par la chambre de l'instruction[14].

En cas de rejet de la demande, s'il est motivé par l'insuffisance des délais d'épreuve, une nouvelle demande peut être formée dès l'expiration de ces délais. Si le rejet est motivé par une autre cause, le condamné doit attendre deux ans avant de formuler une nouvelle demande (CPP, art. 797).

b. Personnes morales

883. Les conditions de fond et de forme peuvent être transposées, sous réserve de leur adaptation au particularisme de la personne morale. On notera les différences suivantes :

Le délai d'épreuve est de deux ans à compter de l'expiration de la durée de la sanction subie.

La demande est formée par le représentant légal de la personne morale. Elle précise la date de la condamnation pour laquelle la réhabilitation est demandée ainsi que tout transfert du siège de la personne morale intervenu depuis la condamnation. La requête est adressée au procureur de la République du lieu du siège de la personne morale ; si cette dernière a son siège à l'étranger, la demande est adressée au procureur du lieu de la juridiction qui a prononcé la condamnation.

Le délai d'attente pour formuler une nouvelle demande après rejet de la première est d'une année et non de deux ans.

B. Effets de la réhabilitation

884. La réhabilitation produit les mêmes effets que l'amnistie (C. pén., art. 133-16).

La peine est effacée, ce qui signifie son anéantissement rétroactif. Mais, depuis la loi du 5 mars 2007 relative à la prévention de la délinquance, la mention de la condamnation n'est plus systématiquement retirée du casier judiciaire. On en revient donc à la situation antérieure à 1992 à ceci près que la personne dont la condamnation a fait l'objet d'une réhabilitation légale peut demander que cette condamnation soit retirée du casier judiciaire et que parallèlement, la juridiction ayant procédé à une réhabilitation judiciaire peut ordonner la suppression de la condamnation (CPP art. 769 8e et 798-1), la mention de l'arrêt de réhabilitation est portée en marge du jugement de condamnation. En réalité, la réhabilitation va au-delà de l'amnistie, car elle concerne non seulement les peines principales, mais encore les déchéances et incapacités (art. 133-16), ce qui est parfaitement logique dans la mesure où la réhabilitation suppose le reclassement du condamné et s'assimile à un pardon. La réhabilitation complète l'amnistie, et l'on comprend pourquoi

14. Cass. crim., 3 nov. 1994 : Bull. crim., n° 350.

certains bénéficiaires d'une amnistie veulent obtenir leur réhabilitation[15]. Il y a deux limites, cependant :

D'une part, quand il s'agit de délinquants qui ont été condamnés à un suivi socio-judiciaire ou à la peine d'interdiction d'une activité professionnelle ou bénévole impliquant un contact avec les mineurs : la réhabilitation ne produira ses effets qu'à la fin de ces mesures (al. 2 art. 133-16, ajouté par la loi du 17 juin 1998 relative aux infractions sexuelles et à la protection des mineurs). En outre la réhabilitation ne produit ses effets qu'à l'issue d'un délai de quarante ans lorsqu'a été prononcée, comme peine complémentaire, une interdiction, incapacité ou déchéance à titre définitif (al. 2 art 133-16, modif. Loi 27 mars 2012, applicable à compter du 1er janvier 2015 pour des condamnations relatives à des faits commis après la publication de cette loi).

D'autre part, la réhabilitation n'interdit pas la prise en compte de la condamnation, en cas de nouvelles poursuites, par l'autorité judiciaire pour l'application des règles sur la récidive (C. pén., art. 133-16, modifié par la loi du 5 mars 2007 relative à la prévention de la délinquance).

885. On ajoutera que la loi n° 2012-409 du 27 mars 2012 a ajouté un article 133-16-1 afin d'envisager les effets de la réhabilitation en lien avec une condamnation prononcée par une juridiction pénale d'un État membre de l'Union européenne. Dans ce cas, la réhabilitation n'est susceptible de produire ses effets sur les condamnations françaises antérieures qu'à l'issue de certains délais qui dépendent du type de peine : si la peine prononcée par le juge étranger est une sanction pécuniaire, la réhabilitation ne produit effet qu'à partir de l'effacement de la condamnation étrangère ou de l'écoulement d'un délai de trois ans à compter de son prononcé ; si la peine prononcée est un emprisonnement d'une durée supérieure à un an, les effets se produisent à partir de l'effacement de la condamnation ou de l'écoulement d'un délai de dix ans à compter de son prononcé ; si la peine prononcée est un emprisonnement de plus de dix ans, les effets se produiront à partir de l'effacement de cette condamnation ou de l'écoulement d'un délai de quarante ans à compter de son prononcé ; enfin pour les autres peines, les effets se produiront à partir de l'effacement de la condamnation ou de l'écoulement d'un délai de cinq ans à compter de son prononcé.

15. V. Cass. crim., 7 janv. 1972 (2e espèce) : D. 1972. 501, note Roujou de Boubée G.

Index

A

B

E

F

L

M

N

O

P

Q

R

U

V, W

Table des matières

DEUXIÈME PARTIE – L'INFRACTION

MANUELS

Collection dirigée par Bernard AUDIT et Yves GAUDEMET

D. Amson : *Histoire constitutionnelle française, De la prise de la Bastille à Waterloo*, t. 1, 2010.

D. Amson : *Histoire constitutionnelle française, De la bataille de Waterloo à la mort de Louis XVIII*, t. 2, 2014.

D. Amson : *Histoire constitutionnelle française, De la mort de Louis XVIII à l'installation du nouveau régime (1824-1830)*, t. 3, 2016.

Ph. Ardant et B. Mathieu : *Droit constitutionnel et institutions politiques*, 30e éd., 2018.

B. Basdevant-Gaudemet et J. Gaudemet : *Introduction historique au droit, XIIIe-XXe siècle*, 4e éd., 2016.

A. Batteur : *Droit des personnes, des familles et des majeurs protégés*, 9e éd., 2017.

H. Belrhali : *Droit de la responsabilité administrative*, 2017.

N. Binctin : *Droit de la propriété intellectuelle*, 5e éd., 2018.

J.-B. Blaise et R. Desgorces : *Droit des affaires*, 9e éd., 2017.

R. Bonhomme : *Instruments de crédit et de paiement*, 12e éd., 2017.

C. Boussard et C. Le Berre : *Droit administratif des biens*, 2014.

C. Boutayeb : *Droit institutionnel de l'Union européenne. Les institutions, l'ordre juridique, les contentieux*, 5e éd., 2018.

C. Boutayeb : *Droit matériel de l'Union européenne*, 4e éd., 2017.

M. Bouvier, M.-Ch. Esclassan et J.-P. Lassale : *Finances publiques*, 17e éd., 2018.

B. Brachet : *Le système fiscal français*, 7e éd., 1997.

Ph. Braud : *Sociologie politique*, 13e éd., 2018.

C. Broyelle : *Contentieux administratif*, 6e éd., 2018.

F. Buy, J.-M. Marmayou, D. Poracchia et F. Rizzo : *Droit du sport*, 5e éd., 2018.

F. Buy, M. Lamoureux et J.-C. Roda : *Droit de la distribution*, 2017.

O. Cachard : *Droit du commerce international*, 3e éd., 2018.

D. Carreau et P. Juillard : *Droit international économique*, 4e éd., 1998.

M. Chagny et L. Perdrix : *Droit des assurances*, 3e éd., 2014.

J.-P. Chauchard, J.-Y. Kerbourc'h et C. Willmann : *Droit de la sécurité sociale*, 8e éd., 2018.

J.-Ph. Colson et P. Idoux : *Droit public économique*, 9e éd., 2018.

G. Cuniberti : *Grands systèmes de droit contemporains*, 3e éd., 2015.

I. Dauriac : *Droit des régimes matrimoniaux et du PACS*, 5e éd., 2017.

A. Decocq et G. Decocq : *Droit de la concurrence, Droit interne et droit de l'Union européenne*, 8e éd., 2018.

A. Decocq et G. Decocq : *Droit européen des affaires*, 2e éd., 2010.

B. Delaunay : *Droit public de la concurrence*, 2e éd., 2018.

E. Derieux : *Droit des médias (Droit français, européen et international)*, 8e éd., 2018.

P. Deumier : *Introduction générale au droit*, 4e éd., 2017.

J.-Y. Faberon et J. Ziller : *Droit des collectivités d'Outre-Mer*, 3e éd., 2007.

B. Fages : *Droit des obligations*, 8e éd., 2018.

F. Favennec-Héry et P.-Y. Verkindt : *Droit du travail*, 6e éd., 2018.
N. Fricero et P. Julien : *Procédure civile*, 5e éd., 2014.
M. Fromont et H. Maurer : *Droit administratif allemand*, 1995.
Y. Gaudemet : *Droit administratif*, 22e éd., 2018.
O. Gohin et J.-G. Sorbara : *Institutions administratives*, 7e éd., 2016.
G. Goubeaux et P. Voirin : *Droit civil*, 2 vol., t. 1, 38e éd., 2018, t. 2, 30e éd., 2018.
C. Grimaldi : *Droit des biens*, 2016.
F. Hamon et M. Troper : *Droit constitutionnel*, 39e éd., 2018.
J. Huet et E. Dreyer : *Droit de la communication numérique*, 2011.
J.-J. Israel : *Droit des libertés fondamentales*, 1998.
J.-C. Javillier, M. Moreau et J.-M. Olivier : *Droit du travail*, 7e éd., 1999.
P. Julien et G. Taormina : *Voies d'exécution et procédures de distribution*, 2e éd., 2010.
P. Kinder-Gest : *Droit Anglais*, vol. 1 : *Institutions politiques et judiciaires*, 3e éd., 1997.
J. Laroche : *Politique internationale*, 2e éd., 2000.
F. Leclerc : *Le droit des contrats spéciaux*, 2e éd., 2012.
D. Legeais : *Droit des sûretés et garanties du crédit*, 12e éd., 2017.
J. Leroy : *Droit pénal général*, 7e éd., 2018.
J. Leroy : *Procédure pénale*, 5e éd., 2017.
G. Lyon-Caen et J. Tillhet-Pretnar : *Droit social*, 5e éd., 1995.
C. de la Mardière, *Droit fiscal de l'entreprise et fiscalité notariale*, 2018.
B. Mathieu et M. Verpeaux : *Contentieux constitutionnel des droits fondamentaux*, 2002.
J. Mestre, M.-È. Pancrazi, I. Arnaud-Grossi, L. Merland et N. Tagliarino-Vignal : *Droit commercial*, 30e éd., t. 1, *Activité commerciale, Structures d'entreprise (commerçants, sociétés et autres groupements)*, 2016, t. 2, *Contrats, sûretés et moyens de paiement, Fonds de commerce et droits intellectuels, Commerce international, Prévention et traitement des difficultés*, 2018.
M.-L. Moquet-Anger : *Droit hospitalier*, 5e éd., 2018.
M.-L. Niboyet et G. de Geouffre de la Pradelle : *Droit international privé*, 6e éd., 2017.
H. Oberdorff : *Droits de l'homme et libertés fondamentales*, 6e éd., 2017.
F. Pérochon : *Entreprises en difficulté*, 10e éd., 2014.
J.-F. Renucci : *Droit européen des droits de l'homme*, 7e éd., 2017.
L. Richer et F. Lichère : *Droit des contrats administratifs*, 10e éd., 2016.
J. Rideau : *Droit institutionnel de l'Union européenne*, 6e éd., 2010.
J.-J. Roche : *Relations internationales*, 8e éd., 2018.
J.-C. Soyer : *Droit pénal et procédure pénale*, 21e éd., 2012.
F. Stasiak : *Droit pénal des affaires*, 2e éd., 2009.
L. Trotabas et P. Isoart : *Droit public (droit constitutionnel, droit administratif, finances publiques, droit administratif spécial)*, 24e éd., 1998.
D. Vidal : *Droit des sociétés*, 7e éd., 2010.

Imprimé en France - JOUVE, 1, rue du Docteur Sauvé, 53100 MAYENNE
N° 2777352S - Dépôt légal : août 2018